Wirtschaft heute

Wirtschaftskunde/Wirtschaftskompetenz für berufliche Schulen

von

Dr. Bernd Crone
Reiner Kühn
Martin Lay

17., aktualisierte Auflage

Dr. Felix Büchner – Handwerk und Technik · Hamburg

Die Grundlagen für das Lehrbuch „Wirtschaft heute" sind aktuelle **Lehrplaninhalte für den kompetenzorientierten Unterricht** im Fach Wirtschaftskunde an beruflichen Schulen sowie das von der Kultusministerkonferenz beschlossene „Kompetenzorientierte Qualifikationsprofil für den Unterricht der Berufsschule im Bereich Wirtschafts- und Sozialkunde gewerblich-technischer Ausbildungsberufe". In der vorliegenden, aktualisierten 17. Auflage werden die bewährten prüfungsrelevanten Inhalte vier Kompetenzbereichen zugeordnet, die sich in insgesamt 14 Hauptkapitel gliedern.

Alle Hauptkapitel schließen mit **kompetenzorientierten Themenbearbeitungen** ab, die die Schülerinnen und Schüler anhand komplexer Situationen aus dem betrieblichen und privaten Alltag motivieren sollen, einen umfassenden Blick auf Zusammenhänge zu werfen, Problemfelder zu beleuchten, Lösungsstrategien zu entwickeln und Antworten für die Praxis zu finden.

Das Buch ist auf den kompetenzorientierten Unterricht zugeschnitten. Es kann jedoch auch im primär auf Wissensvermittlung ausgerichteten Unterricht eingesetzt werden. Neben der Kompetenzvermittlung steht die **Erarbeitung eines soliden wirtschaftlichen und rechtlichen Grundwissens** im Vordergrund, welches in der Prüfung, aber auch im weiteren „realen" Leben von nicht zu unterschätzender Bedeutung ist.

Bereits bewährt sind dabei die folgenden in „Wirtschaft heute" enthaltenen Elemente:

- Damit sich die Schülerinnen und Schüler unmittelbar in die Thematik hineinfinden, beginnt jedes Unterkapitel (Kapitel 2. Ordnung) mit einem **Einstiegsbeispiel**. Die daran angelehnten Problem- und Fragestellungen geben bereits einen Hinweis auf die folgenden Inhalte.
- In der **Randspalte** befinden sich über den Lehrstoff hinausgehende **Informationen und Anregungen** zur Vertiefung sowie Hinweise auf weiterführende Internetadressen und Broschüren, die angefordert oder heruntergeladen werden können.
- Am Ende jedes Unterkapitels werden die wesentlichen Inhalte noch einmal in Form eines **grafischen Überblicks** zusammengefasst.
- Jedes Unterkapitel schließt mit den **„Wie fit sind Sie ... ?"**-Wiederholungsaufgaben ab. Die Angabe von Seitenverweisen gibt Hilfestellung bei der Lösung. Wiederkehrende Symbole weisen auf solche Fragen hin, deren Lösung vorrangig Eigeninitiative erfordert:

  = eigene Überlegungen

  = Offlinerecherche

  = Onlinerecherche
- Die **Methodenseiten** am Ende des Buches zeigen grundlegende Arbeitstechniken und handlungsorientierte Verfahren auf. Alle Methodenseiten beginnen mit allgemeinen Informationen zum jeweiligen Thema, gefolgt von Vorschlägen, wo diese Methode eingesetzt werden kann. Schließlich wird die Vorgehensweise erläutert, die stets in die Schritte Vorbereitung, Anwendung und Auswertung untergliedert ist.

Autoren und Verlag

KOMPETENZBEREICH I: Mitarbeiter in der Arbeitswelt

KOMPETENZBEREICH II: Konsumenten im Alltag

KOMPETENZBEREICH III: Soziale Marktwirtschaft

KOMPETENZBEREICH I:
Mitarbeiter in der Arbeitswelt

1

DAS KONZEPT DER DUALEN BERUFSAUSBILDUNG

1.1 Formen der Berufsausbildung

Studie: Duale Ausbildung rechnet sich auch in Spanien

Das duale Ausbildungssystem nach deutschem Vorbild gilt als besonders wirkungsvolles Mittel gegen Jugendarbeitslosigkeit. Lange war es auch Garant für ausreichenden Nachwuchs an Fachkräften für die Wirtschaft. Es in Spanien zu etablieren, könnte die dortige Jugendarbeitslosigkeit senken. Sie liegt bei 29,6 Prozent und damit weit über dem EU-Durchschnitt (14,4 Prozent).

(Stand: Januar 2023)

- Was genau versteht man unter dualer Berufsausbildung?
- Wo kann man nachschauen, was in der Ausbildung an Wissen und Fertigkeiten vermittelt werden soll?

dual
duo (lat.) = zwei (Zweiersystem)

Wer in Deutschland einen anerkannten Ausbildungsberuf erlernen will, bekommt es je nach Ausbildungsberuf mit einer

- **dualen** oder
- **vollschulischen Berufsausbildung**

zu tun.

1.1.1 Duale Berufsausbildung

Die Kombination von Lernen im **Betrieb** und Lernen in der **Berufsschule** wählen jährlich rund 500.000 Jugendliche in Deutschland. Beide Ausbildungsstätten bemühen sich um eine arbeitsteilige, partnerschaftliche Zusammenarbeit.

Den in diesem **dualen System** ausgebildeten Fachkräften eröffnen sich viele gute Beschäftigungsperspektiven.

	Ausbildungsbetrieb	Berufsschule

Aufgabe	Vermittlung der Fachpraxis und Einführung in die Arbeitswelt	Vermittlung der Fachtheorie und Vertiefung/Erweiterung der Allgemeinbildung
gesetzliche Grundlage	Berufsbildungsgesetz (BBiG)/ Handwerksordnung (HwO)	Schulgesetze (SchG) der Länder
Lerninhalte	Ausbildungsrahmenplan (Ausbildungsordnung)	Rahmenlehrplan
beaufsichtigt durch	Kammern	Kultusministerien der Länder
Abschluss	nach Kammerprüfung: Gesellenbrief oder Gehilfenbrief	nach Schulabschlussprüfung: Schulabschlusszeugnis

Folgende Vor- und Nachteile des dualen Systems werden angeführt:

Duales System

Vorteile	Nachteile
aktuellere Ausbildung, weil technische Neuerungen im Betrieb schnell verwirklicht werden können	**spezialisierte Betriebe** können den Auszubildenden nicht das gesamte Berufsfeld gleich gut zeigen
praxisorientiertes Lernen vom Ausbilder, von erfahrenen Kollegen und von den Vorgesetzten	**unterschiedliche Ausstattung** der Betriebe bzw. Arbeitsplätze (z. B. Alter und Qualität von Maschinen)
Wechsel zwischen **Betrieb und Schule**	schwierige **Abstimmung der Ausbildungsinhalte** (Betrieb/Schule)
Kennenlernen des Arbeitslebens durch die Stellung als Arbeitnehmer während der Ausbildungszeit	für seltenere Berufe **oft weite Schulwege** oder Internatsunterbringung notwendig, weil Bezirks- oder Landesfachklassen gebildet werden

Neue bzw. modernisierte Ausbildungsberufe (Auswahl):

- *Medizinischer Technologe/ Medizinische Technologin für Funktionsdiagnostik (2023)*
- *Pharmazeutisch-technische/r Assistent/in (2023)*
- *Binnenschifffahrtskapitän/in (2022)*
- *Fachkraft Küche (2022)*
- *Elektroniker/in für Gebäudesystemintegration (2021)*

Die **Inhalte einer Berufsausbildung** müssen regelmäßig an die neuen Erfordernisse der Wirtschaft und Gesellschaft angepasst werden. Damit das in Deutschland in allen Bundesländern einheitlich geschieht, hat die Bundesregierung für jeden einzelnen der von Jugendlichen erlernbaren Berufe eine **Ausbildungsordnung** erlassen. Diese beschreibt den Beruf mit seinen verbindlich zu erwerbenden Fertigkeiten, Kenntnissen und Fähigkeiten. Jedes Jahr entstehen zudem neue Ausbildungsberufe, bestehende werden neu geordnet. Das hat dazu geführt, dass es derzeit ca. 330 „staatlich anerkannte Ausbildungsberufe" gibt.
Die Ausbildungsordnung gibt den **Betrieben** mit dem darin enthaltenen **Ausbildungsrahmenplan** vor, was der Auszubildende im jeweiligen Beruf zu erlernen hat. Den **Berufsschulen** dient als Vorgabe für den Unterricht der **Lehrplan** des jeweiligen Bundeslandes, der sich an den bundeseinheitlichen Rahmenlehrplan hält und inhaltlich sowie zeitlich mit der Ausbildungsordnung abgestimmt ist.

Hinweise
Ausbildungsordnungen, Rahmenlehrpläne und Informationen über alle Berufe:
www.bibb.de

Ausbildungsangebote von Betrieben, Möglichkeiten berufsbezogener Zusatzqualifikationen, Infos über Berufsausbildung und duale Studiengänge:
www.azubiyo.de

Innerhalb der EU existieren auch andere Ausbildungskonzepte, zum Beispiel das Qualifizierungssystem Großbritanniens. Es zielt auf mehrere Qualifikationsstufen und reiht Teilqualifikationen aneinander. Um auf das Niveau eines deutschen Meisters zu kommen, werden ca. 100 Einzelzertifikate über Teilqualifikationen benötigt. Das System ist sehr flexibel. Die Anforderungen erhöhen sich von einer Stufe zur anderen.

	Großbritannien: **Modulares System** der Berufsausbildung	Deutschland: **Duales System** der Berufsausbildung
Zielgruppe	vom Berufsschüler bis zum Fachhochschulabsolventen	Jugendliche und junge Erwachsene
Konzeption	Modulkonzept, d. h. Aneinanderreihung von Teilqualifikationen	Berufskonzept, d. h. Vermittlung eines vollständigen Berufsbildes in Betrieb und Berufsschule
Ausbildungsziel	Fachkenntnisse, die bei vielen Berufen Voraussetzung sind	Berufsqualifikation in Verbindung mit Berufserfahrung
Prüfung	lediglich Begutachtung am Arbeitsplatz	schriftliche und praktische Abschlussprüfung

Hinweis
Die Informationskampagne „Du + Deine Ausbildung = Praktisch unschlagbar!" bietet aktuelle weiterführende Informationen zu den beruflichen Bildungswegen.
www.praktisch-unschlagbar.de

Die folgende Informationsbroschüre zu Rechten und Pflichten während der Berufsausbildung kann auf der Homepage des Bundesministeriums für Bildung und Forschung heruntergeladen werden:
https://www.bmbf.de/SharedDocs/Publikationen/de/bmbf/3/29340_Ausbildung_und_Beruf.pdf

1.1.2 Vollschulische Ausbildung

Einige Berufsausbildungsgänge finden ausschließlich in der Schule statt. Ein Teil vermittelt eine berufliche Grundausbildung für eine anschließende Berufsausbildung im dualen System. Andere führen zu einem vollwertigen Berufsabschluss.

Berufliche Grundbildung

Das **Berufsgrundbildungsjahr** bzw. Berufsgrundschuljahr vermittelt nach dem Hauptschulabschluss eine breite berufliche Grundbildung und eine Vertiefung der Allgemeinbildung. Da diese Grundausbildung ein ganzes **Berufsfeld** (z. B. Metalltechnik, Bautechnik, Holztechnik, Farbtechnik und Raumgestaltung) abdeckt, bleiben dem Jugendlichen noch zahlreiche Möglichkeiten für die Berufsentscheidung. Der Besuch des Berufsgrundbildungsjahres kann auf eine Berufsausbildung im betreffenden Berufsfeld als erstes Jahr angerechnet werden. Der Besuch der **ein-, zwei- und dreijährigen Berufsfachschule** vermittelt den Hauptschülern eine berufliche Grundbildung sowie eine vertiefte Allgemeinbildung.

Einjährige Berufsfachschulen gibt es beispielsweise mit folgender Ausrichtung:

• Bautechnik • Bauzeichner • Druck- und Medientechnik • Elektrotechnik	• Ernährung und Hauswirtschaft • Farbtechnik • Glaser • Holztechnik	• Informationselektronik • Körperpflege • Lebensmittelhandwerk • Metalltechnik • Textilindustrie

Der Abschluss an einer solchen Berufsfachschule kann als erstes Ausbildungsjahr bei einer anschließenden dualen Ausbildung angerechnet werden.

Zweijährige, zur Fachschulreife führende Berufsfachschulen gliedern sich z. B. in Baden-Württemberg in den

- kaufmännischen Bereich,
- gewerblich-technischen Bereich (mit den Profilen Metall-, Elektro-, Holz-, Fahrzeug-, Labor- und Bautechnik, Farbtechnik und Raumgestaltung sowie MINTec) und den
- Bereich Ernährung und Gesundheit (mit den Profilen Hauswirtschaft und Ernährung, Gesundheit und Pflege sowie Ernährung und Gastronomie).

Nach Erreichen der Fachschulreife kann (evtl. unter Anrechnung des ersten Jahres) eine duale Berufsausbildung begonnen werden. Es besteht aber auch die Möglichkeit, ein Berufskolleg oder ein berufliches Gymnasium zu besuchen.

Berufliche Vollausbildung

Schließlich gibt es mehrjährige Berufsfachschulen, die direkt zu einem vollwertigen Berufsabschluss führen, wie die zweijährigen Berufsfachschulen für Kinderpflege sowie die dreijährigen Berufsfachschulen für Pflege und Technik. Beim Ablegen einer Zusatzprüfung können die dreijährigen Berufsfachschulen zudem zur Fachhochschulreife führen. Weitere Beispiele für mehrjährige Berufsfachschulen sind:

- Ballettakademie (zweijährig)
- BFS für Büro und Handel (zweijährig)
- BFS für Sozialpflege (zweijährig)
- BFS für Änderungsschneider/innen (zweijährig)
- BFS für Goldschmiede (zweijährig)

(Eignungsvoraussetzung: qualifizierter Hauptschulabschluss)

ÜBERBLICK

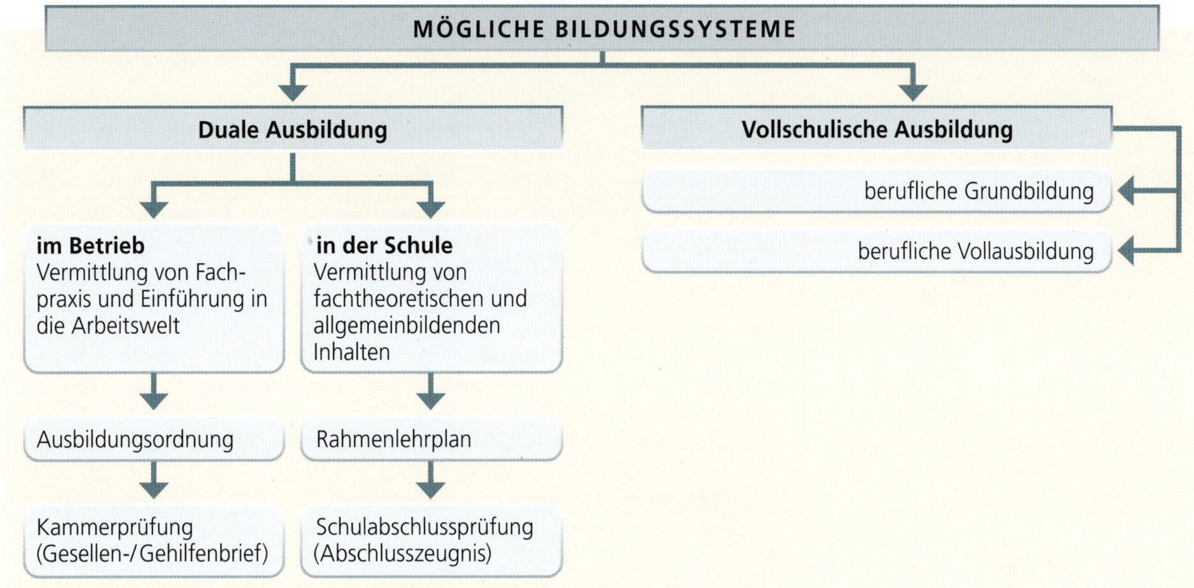

	Wie fit sind Sie beim Thema „Formen der Berufsausbildung"?	Inhaltsbezug Seite
1	a) Was versteht man unter dem „dualen System"? b) Welche Vor- und Nachteile kennzeichnen das „duale System"?	8–9
2	Wo sind die Inhalte der Berufsausbildung niedergeschrieben? a) Für den Ausbildungsbetrieb? b) Für die Berufsschule?	9
3	Arbeiten Sie die Unterschiede zwischen dem deutschen und britischen Bildungssystem heraus.	9
4	Welche vollschulischen Ausbildungsgänge werden in Deutschland angeboten?	10
5	Unterscheiden Sie „berufliche Grundausbildung" und „berufliche Vollausbildung".	10
6	Tragen Sie die nachfolgenden Schularten, durch die das Erreichen der jeweiligen Abschlüsse möglich ist, in das (vereinfachte) Schaubild ein: Hauptschule, Realschule, Gymnasium, Berufsfachschule, Berufsschule, Fachschule, Berufskolleg, berufliches Gymnasium. Erstellen Sie ggf. ein neues Schaubild für die Bildungswege in Ihrem Bundesland.	8, 10

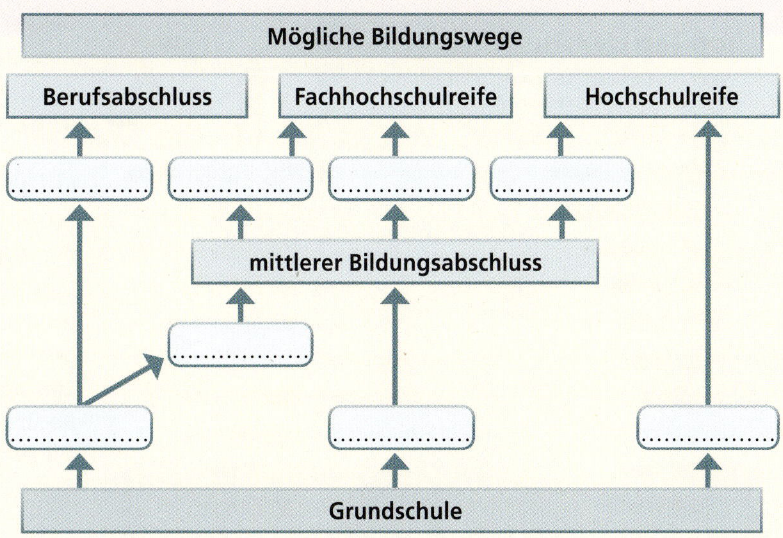

1.2 Berufsausbildungsvertrag im dualen System

Lehrvertrag aus dem Jahr 1864:
Eduard Groos in Grünberg einerseits und Philipp Wanner in Biedenkopf andererseits haben folgende Übereinkunft getroffen:

1. *Groos nimmt als Lehrherr den Sohn des Philipp Wanner mit Namen Georg auf vier Jahre, und zwar vom 15ten Oktober 1864 bis dahin 1868, als Lehrling in sein Geschäft auf.*
2. *Groos macht sich verbindlich, seinen Lehrling in allem dem, was in seinem Geschäft vorkommt, gewissenhaft zu unterrichten und ein wachsames Auge auf sein sittliches Betragen zu haben.*
3. *Der Lehrling verpflichtet sich allen berechtigten Anforderungen, die der Lehrherr oder sein Vertreter an ihn stellen, nachzukommen.*
4. *Der Lehrling erhält von Groos freie Kost und Logis.*
5. *Groos gibt seinem Lehrling alle 14 Tage des Sonntags von 12 bis 5 Uhr frei; dabei ist es gestattet, dass er auch an dem Sonntage, wo er seinen Ausgangstag nicht hat, einmal den Gottesdienst besuchen kann.*
6. *Groos erhält kein Lehrgeld von seinem Lehrling, hat aber dagegen die Lehrzeit auf vier Jahre ausgedehnt.*
7. *Der Lehrling darf während seiner Lehrzeit kein Wirtshaus oder eine Tanzbelustigung besuchen, er müsste denn ausdrücklich die Erlaubnis hierzu von seinem Lehrherrn erhalten haben.*
8. *Zur Sicherstellung, dass beide Teile diese Übereinkunft treulich halten und erfüllen wollen, haben beide ein unterschriebenes Exemplar erhalten.*

(angelehnt an Informationen zur politischen Bildung Nr. 175)

- Welche Vereinbarungen sind heutzutage nicht mehr üblich?
- Welche Inhalte dieses Vertrags werden auch heute noch (mit anderen Einzelheiten) geregelt?
- Welche Regelungen fehlen im Vergleich zu Ihrem Ausbildungsvertrag?

1.2.1 Inhalt

Damit es zwischen dem Ausbildenden und dem Auszubildenden zu einem festen Vertragsverhältnis kommt, muss **vor Beginn der Ausbildung** ein Berufsausbildungsvertrag abgeschlossen werden. Dieser muss einige **Mindestangaben** (siehe Tabelle auf S. 14) enthalten (z. B. die Ausbildungsvergütung) und sollte **schriftlich** abgefasst sein.

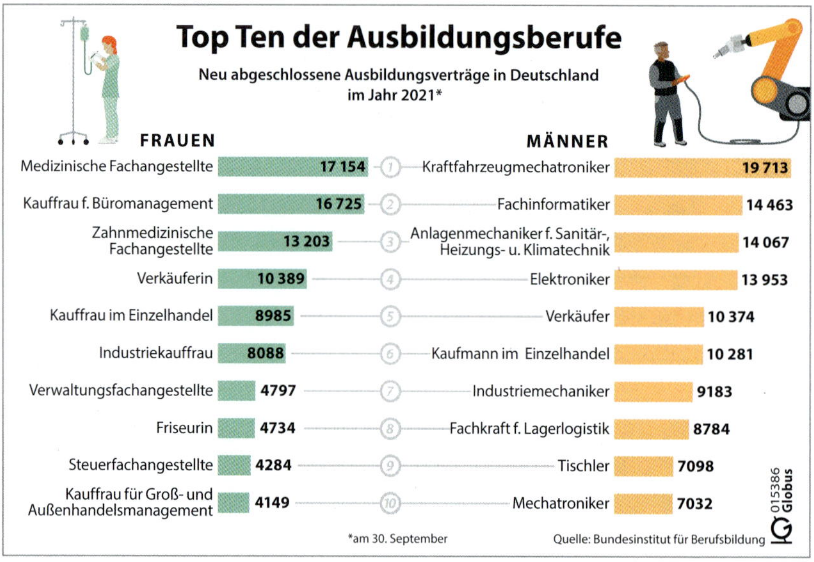

Der Berufsausbildungsvertrag ist vom Ausbildenden und dem Auszubildenden (bei Minderjährigen zusätzlich von deren gesetzlichem Vertreter) zu unterschreiben. Der ausbildende Betrieb hat dem Auszubildenden und gegebenenfalls seinem gesetzlichen Vertreter sofort nach Unterzeichnung ein Exemplar auszuhändigen. Der Ausbildungsvertrag muss dann der zuständigen Stelle (Kammer) gemeldet und die **Eintragung in das Verzeichnis der Berufsausbildungsverhältnisse** beantragt werden.

Dieser Vertrag ist anerkannt und in das Verzeichnis der Berufsausbildungsverhältnisse eingetragen

Nr. 46338-2112920

am: 9. März 2023

	Sommer	Winter	Jahr
Vorhergesehner Prüfungstermin		X	2027

Handwerkskammer Freiburg

Postfach 620 • 79006 Freiburg • Ausbildungshotline: 0761 21800-200 • Fax: 0761 21800-222 • E-Mail: ausbildung@hwk-freiburg.de

Berufsausbildungsvertrag

Zwischen dem Ausbildenden* (Ausbildungsbetrieb)
Autohaus Rasant
Ferraristr. 33
79111 Freiburg

und dem Lehrling (Auszubildenden)
Brendler, Stefan
Hauptstr. 15
77933 Lahr

Ausbilder (Betriebsinhaber) bzw. verantwortlicher Ausbilder
Max Meisterschrauber

Geburtsdatum
21.12.2006

Staatsangehörigkeit
deutsch

wird nachstehender Vertrag zur Ausbildung im Ausbildungsberuf
12231 Kraftfahrzeugmechatroniker
mit Schwerpunkt:PKW Instandhaltung
nach Maßgabe der Ausbildungsordnung geschlossen.

Die reguläre Ausbildungszeit beträgt nach der Ausbildungsordnung
3,5 Jahre

Das Berufsausbildungsverhältnis

beginnt am:	endet am:	Probezeit (Monat/e)[1]
01.09.2023	28.02.2027	4

Wird die Ausbildung während der Probezeit um mehr als ein Drittel dieser Zeit unterbrochen, so verlängert sich die Probezeit um den Zeitraum der Unterbrechung.

B Die Ausbildung findet in
Freiburg

und den mit dem Betriebssitz für die Ausbildung üblicherweise zusammenhängenden Bau-, Montage- und sonstigen Arbeitsstellen statt.

C Berufsschule (Name und Ort)
Im 1. Ausbildungsjahr
Richard-Fehrenbach-Gewerbeschule

Im 2., 3. und 4. Ausbildungsjahr
Richard-Fehrenbach-Gewerbeschule

D Ausbildungsmaßnahmen außerhalb der Ausbildungsstätte
Der Auszubildende hat an sämtlichen überbetrieblichen Unterweisungsmaßnahmen, die nach Beschlüssen der Vollversammlung der Handwerkskammer Freiburg durchgeführt werden, teilzunehmen.

[1] Die Probezeit muss mind. einen Monat und darf höchstens vier Monate betragen.

E Die regelmäßige wöchentliche Arbeitszeit beträgt
36,0 Stunden

F der Ausbildende zahlt dem Auszubildenden eine angemessene Vergütung. Soweit Vergütungen tariflich geregelt sind, oder während der Dauer der Ausbildung tariflich geregelt werden, gelten mindestens die tariflichen Sätze. Besteht keine tarifliche Regelung, werden mindestens die Richtsätze des zuständigen Landesfachverbandes bezahlt.
Bei Änderungen der tariflichen Vergütungssätze während der Ausbildung ändert sich die Vergütung entsprechend.

Sie beträgt zur Zeit monatlich brutto: Euro

1. Ausbildungsjahr	2. Ausbildungsjahr	3. Ausbildungsjahr	4. Ausbildungsjahr
979,00	1.041,00	1.144,00	1.202,00

Vereinbarungen über Sachleistungen sind unter I aufzuführen.

G Der Ausbildende gewährt dem Lehrling Urlaub nach den geltenden Bestimmungen. Es gilt folgender Jahresurlaubsanspruch.

2023	2024	2025	2026	2027
10AT	30AT	30AT	30AT	5AT

H Auf anzuwendende Tarifverträge und Betriebs- und Dienstvereinbarungen wurde hingewiesen. Nebentätigkeiten bedürfen der Genehmigung des Ausbildenden.

I Sonstige Vereinbarungen:

* Aus Lesbarkeitsgründen wird im Text auf die weibliche Form verzichtet. HINWEIS: Die sich aus dem Berufsverhältnis ergebenen Daten gemäß § 28 HWO und § 34/35 BbiG werden bei den zuständigen Stellen gespeichert

Mindestinhalte des Berufsausbildungsvertrags laut § 11 BBiG	Konkrete Angaben
1. Berufsausbildung	Art, sachliche/zeitliche Gliederung, Ziel der Ausbildung
2. Beginn und Dauer der Berufsausbildung	2 bis 3 ½ Jahre je nach Ausbildungsordnung, Verkürzung bei entsprechender Vorbildung möglich. Der Vertrag endet mit dem vereinbarten Termin oder bestandener Abschlussprüfung.
3. Maßnahmen außerhalb der Ausbildungsstätte	z. B. Fachseminare der Kammern, des Verbandes
4. Dauer der regelmäßigen täglichen Arbeitszeit	Jugendliche nach Jugendarbeitsschutzgesetz (JArbSchG), Erwachsene nach Arbeitszeitgesetz (ArbZG)
5. Dauer der Probezeit	mindestens 1 Monat, maximal 4 Monate; Kündigung beiderseits ohne Begründung fristlos möglich
6. Zahlung und Höhe der Vergütung	Angabe der Bruttovergütung, Auszahlungszeitpunkt spätestens am Monatsende, Zahlung auch während Erkrankung und Urlaub; jährlicher Anstieg der Vergütung; liegt die Vergütung unterhalb der Geringverdienergrenze, zahlt der Betrieb die Sozialversicherungsbeiträge allein.
7. Urlaubsdauer	Jugendliche nach JArbSchG, Erwachsene nach Bundesurlaubsgesetz (BUrlG); Tarifverträge
8. Voraussetzungen für eine Kündigung des Berufsausbildungsvertrags	Nach der Probezeit nur aus „wichtigem Grund" fristlos oder durch Auszubildenden wegen Aufgabe der Ausbildung mit einer Frist von 4 Wochen möglich.
9. allgemeiner Hinweis auf Tarifverträge	Bestimmungen aus Tarifverträgen gelten mit

Was Auszubildende verdienen
Durchschnittliche tarifliche Ausbildungsvergütungen pro Monat in Euro (im Durchschnitt über die gesamte Ausbildungsdauer):

Maurer/-in	West Ost	1.224 1.034
Mechatroniker/-in	West Ost	1.110 1.070
Industriekaufleute	West Ost	1.077 1.014
Dachdecker/-in	West Ost	1.020 999
Medizinische Fachangestellte	West Ost	966 973
Bäcker/-in	West Ost	783 768
Florist/-in	West Ost	866 728
Schornsteinfeger/-in	West Ost	724 719

(Quelle: BIBB, 2022)

Achtung: Seit 2020 sieht § 17 BBiG Mindestausbildungsvergütungen vor: So liegt z. B. die Mindestvergütung für 2022 gestartete Ausbildungen bei 585 Euro, bei 2023 begonnenen Ausbildungen sind es 620 Euro.

Der Ausbildungsvertrag wird erst gültig, wenn er von der Kammer in das **„Verzeichnis der Berufsausbildungsverhältnisse" (Lehrlingsrolle)** eingetragen ist. Das hängt von zwei Bedingungen ab: Erstens prüft die Kammer den Vertrag auf seine Recht- und Gesetzmäßigkeit (siehe Tabelle oben). Zweitens wird geprüft, ob der Vertrag der Ausbildungsordnung entspricht, also ob die persönliche und die fachliche Eignung des Ausbildungspersonals sowie die Eignung der Ausbildungsstätte vorliegen. Sind beide Voraussetzungen erfüllt, wird der Vertrag in das Verzeichnis der Berufsausbildungsverhältnisse eingetragen und damit als Berufsausbildung anerkannt. **Ohne Eintrag ist eine Zulassung zur Gesellenprüfung nicht möglich!**

Pflichten der Auszubildenden und der ausbildenden Betriebe

Aus jedem Vertrag entstehen Pflichten, aber auch Rechte. Hier besteht eine gegenseitige Wechselbeziehung: Die Rechte des Auszubildenden sind die Pflichten des Ausbildenden, wie auch die Pflichten des Auszubildenden die Rechte des Ausbildenden sind (vgl. Tabelle rechts oben). Jeder Auszubildende hat einen Anspruch darauf, dass sein Ausbilder die Ausbildereignungsprüfung abgelegt hat.

Pflichten des Auszubildenden	Pflichten des ausbildenden Betriebs
1. **Lernpflicht:** Bereitschaft zum Aneignen von allgemeinen und berufsbezogenen Kenntnissen und Fähigkeiten	1. **Ausbildungspflicht:** planmäßiges Beibringen von Kenntnissen und Fähigkeiten zur Erreichung des Ausbildungsziels
2. **Berichtsheft führen**	2. **Ausbildungsmittel kostenlos** bereitstellen (was auch das Berichtsheft umfasst)
3. **sorgfältige Ausführung** der aufgetragenen Aufgaben	3. **Fürsorgepflicht:** Übertragen von Aufgaben, die allein dem Ausbildungszweck dienen und den körperlichen Kräften angemessen sind
4. **Berufsschulbesuch** und Teilnahme an Prüfungen und weiteren Ausbildungsmaßnahmen	4. **Freistellung von der Arbeit für Berufsschulbesuch,** Teilnahme an Prüfungen, weitere Ausbildungsmaßnahmen
5. **Weisungen befolgen** von weisungsbefugten Personen	5. **Zahlung der Ausbildungsvergütung** bei Gewährung von **Pausen und Urlaub** gemäß gesetzlicher Bestimmungen
6. **Betriebsordnung beachten, pflegliche Behandlung** von Werkzeugen, Maschinen und sonstigen Einrichtungen	6. **charakterliche und sittliche Förderung**
7. **Stillschweigen** über Betriebs- und Geschäftsgeheimnisse	7. **einfaches oder** (auf Wunsch des Auszubildenden) **qualifiziertes Zeugnis ausstellen**

1.2.2 Dauer und Beendigung

Die Ausbildungsordnung legt die Dauer der Berufsausbildung fest. Sie soll nicht mehr als drei und nicht weniger als zwei Jahre betragen. Bei entsprechender Vorbildung (z. B. mittlerer Bildungsabschluss, Abitur, Berufsfachschule) kann bei der zuständigen Kammer ein Antrag auf Ausbildungszeitverkürzung gestellt werden.

Beendigung des Berufsausbildungsverhältnisses innerhalb der Probezeit

Das Berufsausbildungsverhältnis beginnt mit einer **Probezeit**, die mindestens einen Monat und **höchstens vier Monate** betragen darf. Der Gesetzgeber hat die Probezeit eingeführt, damit beide Partner, die die nächsten zwei bis drei Jahre zusammenarbeiten müssen, ihre Entscheidung überprüfen können:

- der Auszubildende, ob er die **richtige Berufswahl** getroffen hat,
- der ausbildende Betrieb, ob er einen **Mitarbeiter gefunden** hat, der seinen betrieblichen Zielen entspricht; denn oft werden Auszubildende eingestellt, damit sie später als Gesellen und Gehilfen dort weiterarbeiten.

In der Probezeit können **beide Seiten**, also Auszubildender und Ausbildender, **fristlos und ohne Angabe von Gründen kündigen** (schriftlich).

Beendigung des Berufsausbildungsverhältnisses nach der Probezeit

Sollte nach der Probezeit der Auszubildende oder Ausbildende das Ausbildungsverhältnis vorzeitig beenden wollen, so muss er schriftlich kündigen. Die Kündigung ist vom Gesetzgeber erschwert worden, um insbesondere den Auszubildenden während seiner Ausbildung zu schützen. Es darf nur gekündigt werden:

- von beiden Seiten **aus wichtigem Grund** ohne Einhaltung einer Kündigungsfrist („aus wichtigem Grund" heißt: tätlicher Angriff, Diebstahl oder Betrug, grobe Beleidigungen, wiederholte Arbeitsverweigerung, wiederholtes unentschuldigtes Fehlen in der Berufsschule, Weitergabe von Geschäftsgeheimnissen, Zahlungsverweigerung durch den Arbeitgeber);
- vom Auszubildenden, falls er die **Ausbildung aufgeben** oder sich für eine **andere Berufstätigkeit** ausbilden lassen will (Kündigungsfrist vier Wochen).

Kündigung

Beendigung des Berufsausbildungsverhältnisses durch Vertragsablauf oder bestandene Prüfung

Läuft ein Ausbildungsverhältnis vertragsgemäß, so steht nach der Ausbildungszeit die Abschlussprüfung an. Es können verschiedene Fälle eintreten, die zu einer Beendigung des Ausbildungsverhältnisses führen:

- bei **Ablauf der Vertragslaufzeit** auch ohne bestandene Abschlussprüfung (weil diese z. B. erst vier Wochen später stattfindet) oder
- bei **abgelegter Abschlussprüfung** vor dem vertraglich festgehaltenen Ende der Berufsausbildung oder
- **nach Verlängerung** der Vertragslaufzeit (auf Verlangen des Auszubildenden) wegen Nichtbestehen der Prüfung und **anschließend bestandener Wiederholungsprüfung**. Sie kann in zwei zeitlich auseinanderfallenden Teilen erfolgen. Die Prüfung kann zweimal wiederholt werden.

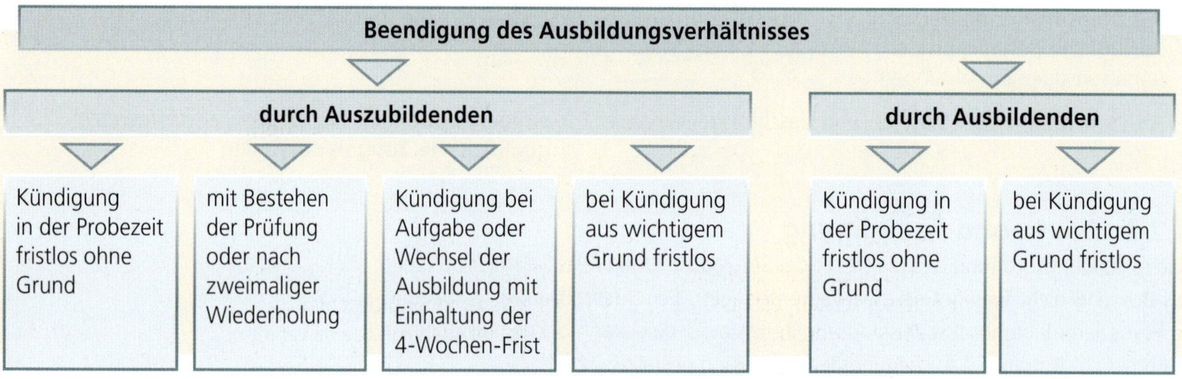

1.2.3 Überwachung und Beratung

Damit alle inhaltlichen Punkte des Berufsbildungsgesetzes (BBiG) auch eingehalten werden, wird die praktische Durchführung der Berufsausbildung durch die jeweils zuständige Stelle (Handwerkskammer, Industrie- und Handelskammer, Anwaltskammer, Ärztekammer, Steuerberaterkammer etc.) und den ihr angegliederten **Berufsbildungsausschuss** überwacht. Dieser Ausschuss besteht aus Arbeitgebern, Arbeitnehmern und Lehrern aus der Berufsschule.

Aber auch die **Landesausschüsse für Berufsbildung** (pro Bundesland) kümmern sich um die Auszubildenden, indem sie die Landesregierung in Fragen der Berufsbildung beraten. Die Landesausschüsse setzen sich zu gleichen Teilen aus Vertretern der Arbeitgeber, Arbeitnehmer und der öffentlichen Hand zusammen. Ein Schwerpunkt ihrer Arbeit stellt z.B. die Zusammenarbeit zwischen schulischer und betrieblicher Berufsbildung dar.

Sollten sich gar **Streitigkeiten zwischen Ausbildendem und Auszubildendem** ergeben, die aus dem Berufsausbildungsvertrag entstehen, so muss zunächst die Schlichtungsstelle bei der zuständigen Kammer angerufen werden („**Ausschuss zur Schlichtung** von Streitigkeiten zwischen Ausbildenden und Lehrlingen"). Gegen deren Entscheidung kann der betroffene Auszubildende innerhalb eines Monats Widerspruch einlegen, sodass dieser durch das Arbeitsgericht geprüft wird.

Innerhalb des Betriebs bietet sich für Beschwerden der Betriebsrat an. Über Fragen des Jugendarbeitsschutzes (Arbeitszeit, Urlaubstage, Pausen etc.) geben Gewerbeaufsichtsämter Auskunft.

ÜBERBLICK

BEIM BERUFSAUSBILDUNGSVERTRAG MÜSSEN FOLGENDE PUNKTE BEACHTET WERDEN

Vorgeschriebene Mindestinhalte:
- Gliederung und Ziele der Ausbildung
- Maßnahmen außerhalb der Ausbildungsstätte
- Dauer der regelmäßigen Arbeitszeit
- Dauer der Probezeit
- Zahlung und Höhe der Ausbildungsvergütung
- Urlaubsdauer
- Kündigungsvoraussetzungen

Lehrlingsrolle: Eintrag nach Meldung und Prüfung

Pflichten: für Betriebe und Auszubildende

Pflichten der Betriebe:
- kostenlos ausbilden
- fürsorglich sein
- freistellen für Schulbesuch
- Vergütung bezahlen
- Erholungszeiten gewähren
- Persönlichkeit festigen
- Zeugnis schreiben

Pflichten der Auszubildenden:
- lernen
- Berichtsheft führen
- sorgfältig arbeiten
- Berufsschule besuchen
- Weisungen befolgen
- Betriebsordnung beachten
- Geschäftsgeheimnisse bewahren

Dauer: Vertragslaufzeit, Probezeit

Beendigung: Probezeit, Prüfung, Vertragsende

Überwachung: Ausschüsse

	Wie fit sind Sie beim Thema „Berufsausbildungsvertrag im dualen System"?	Inhaltsbezug Seite
1	In welcher Form muss der Berufsausbildungsvertrag abgeschlossen werden?	12
2	Welche Inhalte sind in einem Berufsausbildungsvertrag zwingend vorgeschrieben?	14
3	Nennen Sie die Pflichten, die sich aus dem Ausbildungsvertrag ergeben für den a) Ausbildenden und für den b) Auszubildenden.	15
4	Der Ausbildungsvertrag enthält eine Regelung über die Probezeit. a) Wie lange dauert die Probezeit? b) Aus welchen Gründen ist eine Probezeit für beide Seiten notwendig?	15
5	Nach einem halben Jahr der Ausbildung möchte ein Auszubildender seinen Betrieb wechseln, da ein guter Freund in dem anderen Betrieb arbeitet. Wie ist die Rechtslage?	15
6	Welche Umstände müssen vorliegen, damit ein Betrieb dem Auszubildenden nach der Probezeit noch kündigen kann?	15
7	Wer überwacht die praktische Durchführung des BBiG?	16

1.3 Lebenslanges Lernen – Ausbildung erweitern

Simon, 18 Jahre, ist Malergeselle und kann sehr gut mit Computerprogrammen umgehen. Das hat er sich selbst und durch den Austausch mit Freunden beigebracht. Nun würde er gerne seine Englischkenntnisse erweitern und für ein Jahr nach England gehen. „Das bringt dir doch in deinem Beruf gar nichts", meint sein Opa, „und was heißt Malergeselle auf Englisch?"

- Sollte Lernen immer auf den Beruf bezogen sein?
- Kann Simon ein Zertifikat über seine selbst erworbenen Computerkenntnisse erhalten?
- Wie kann Simon sicherstellen, dass sein angestrebter Abschluss und die damit erworbenen Fähigkeiten und Kompetenzen auch in England verstanden werden?
- Welche Möglichkeit hat Simon, sich in seinem Beruf weiterzubilden und ggf. aufzusteigen?
- Welche Fördermöglichkeiten kann er ggf. in Anspruch nehmen?

Lernen im Ausland
Das Berufsbildungsgesetz (BBiG) schreibt das Recht fest, einen Teil der Ausbildung im Ausland absolvieren zu können. Bis zu ein Viertel der Lehrzeit können Jugendliche in einem anderen Land verbringen und sich in Deutschland anrechnen lassen.

1.3.1 Bedeutung von lebenslangem Lernen

Wir leben in einer stark wissensbasierten Wirtschaft und Gesellschaft. Die Zusammenhänge im Umfeld jedes Einzelnen sind kompliziert und die Anforderungen verändern sich immer schneller, gerade auch im Berufsleben. Deshalb ist mittlerweile für diejenigen, die verbesserte Chancen im Arbeitsleben haben und ihren Arbeitsplatz sicherer machen wollen, lebenslanges Lernen unverzichtbar.

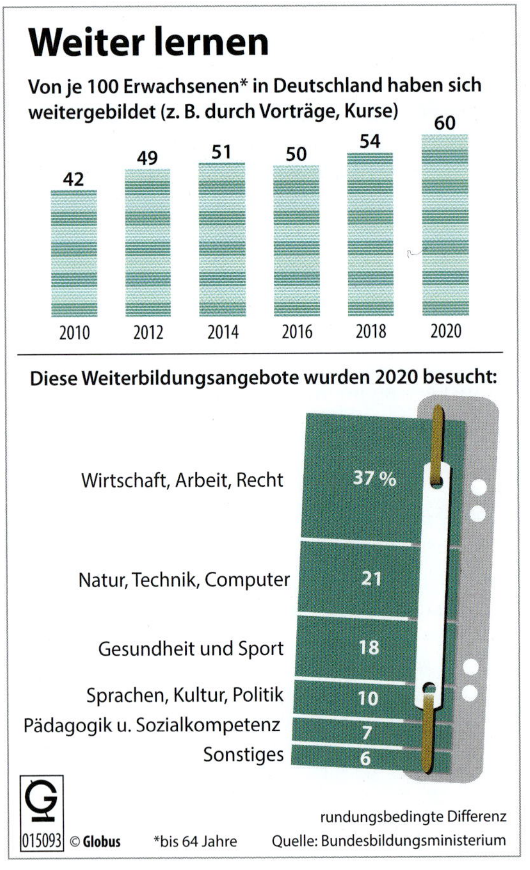

Lebenslanges Lernen bezieht sich nicht nur auf ökonomisch verwertbare Inhalte. Ebenso wichtig ist Lernen, das **Engagement in der Gesellschaft** ermöglicht: z. B. einen Verein zu gründen, ein Benefizkonzert zu organisieren usw. Auch auf rein **private Interessen**, wie etwa Smartphone-Apps zu programmieren oder eine Reise vorzubereiten, und damit die Bildung der eigenen Persönlichkeit, kann lebenslanges Lernen abzielen. Es beinhaltet alle Lebensbereiche – den beruflichen, den gesellschaftlichen und den privaten Bereich.

Neben dem eher fremdgesteuerten, **formalen Lernen** (über Bildungsinstitutionen wie die duale Ausbildung, Schulen, Kammern, Innungen, Volkshochschulen etc.) wird beim lebenslangen Lernen das eher selbstgesteuerte, sogenannte **informelle Lernen** als ebenso wichtig erachtet. Hierbei wird Wissen für eine aktuelle Lebenssituation, wie etwa zur Bewältigung eines beruflichen Mobbing-Problems, der Organisation einer Skifreizeit für eine Kindergruppe oder dem Erstellen einer eigenen Homepage dadurch erworben, dass man sich aktiv informiert. Das kann **allein**, in **Projekten** oder in **Gemeinschaftsaktionen** geschehen.

Teilweise können informell erworbene Kenntnisse und Fähigkeiten durch autorisierte Prüfzentralen in Form eines Zertifikats bestätigt werden. Der Europäische Computerführerschein (ECDL) ist ein Beispiel dafür.

Wegen der großen Bedeutung lebenslangen Lernens für den Erfolg unserer Wirtschaft (beruflicher Lernbereich), die Zukunft unserer Gesellschaft (gesellschaftlicher Lernbereich) und die Zufriedenheit jedes Einzelnen (privater Lernbereich) **versuchen Deutschland und die Europäische Union** (EU) die **Lernmöglichkeiten** in jeder Lebensphase („vom Kind bis zum Rentner") **zu verbessern** und Hindernisse zu beseitigen. Das geschieht z. B. durch das Meisterbafög, die Anerkennung der Ausbildung innerhalb Europas, die Erhöhung der Mobilität der Europäer (z. B. durch den Europass) und die ständige Verbesserung des Angebots an formalen und informellen Lernmöglichkeiten – etwa durch kostenlose Informationsbroschüren und Angebote der Volkshochschulen. Beispielhaft hierfür ist das Förder-**Programm „Erasmus + Berufsbildung"** der EU, das es Menschen, die sich in der Berufsausbildung befinden oder diese gerade beendet haben, ermöglicht, ihre Kenntnisse durch einen Auslandsaufenthalt zu vertiefen.

1.3.2 Leben, Lernen und Arbeiten in Europa – der „Europass"

Ein Praktikum oder einen Teil der Ausbildung außerhalb Deutschlands zu absolvieren, vielleicht sogar nach der Ausbildung in einem europäischen Land zu arbeiten, erscheint reizvoll. Doch werden die deutschen Bildungswege und Abschlüsse, die dahinter stehenden Kenntnisse und Fähigkeiten im EU-Ausland verstanden und richtig eingeschätzt? Der „Europass" ist ein **kostenloser Service** der Europäischen Union, der bei diesem Problem allen Beteiligten hilft und damit die **Mobilität (Leben, Lernen und Arbeiten)** jedes Einzelnen **innerhalb Europas** erleichtern soll.
Durch die europaweite Einheitlichkeit der Dokumente des Europasses werden die eigenen **Fähigkeiten, Qualifikationen und Kompetenzen** in allen anderen europäischen Ländern **verständlich und vergleichbar** gemacht. Das ist wichtig für Arbeitgeber in EU-Ländern, die deutsche Bildungsnachweise („Geselle") nicht kennen, aber auch für europäische Bildungsinstitutionen, bei denen man sich fortbilden will.

europass Deutschland

Hinweis
Die Dokumente können auch einzeln verwendet werden (z. B. für eine Bewerbung). Weitere Informationen auf: www.europass-info.de

Im **Europass-Portal** gibt es verschiedene Instrumente, die bei der Erfüllung des Wunsches nach Leben, Lernen und Arbeiten in Europa hilfreich sind: z. B. ein Online-Profil, in dem individuelle Qualifikationen und Kompetenzen dokumentiert werden können, einen Lebenslauf-Editor sowie ein Selbsteinschätzungs-Tool für Sprachkenntnisse und digitale Kompetenzen.

Weitere wichtige Bestandteile des Europasses sind die folgenden **Dokumente**:

Europass-Dokumente	Erläuterung
Mobilitätsnachweis	Im Europass Mobilitätsnachweis werden Lernergebnisse von Auslandsaufenthalten – z. B. Praktika – dokumentiert.
Zeugniserläuterungen	Dies sind Erläuterungen von Inhalten und Lernergebnissen der dualen und vollzeitschulischen Berufsabschlüsse. Die Erläuterungen können in mehreren Sprachen im Internet heruntergeladen werden.
Hochschulabschluss (Diploma Supplement)	Es beschreibt die Inhalte und das Niveau eines Studiengangs. Somit liefert es ein Bild der Kompetenzen von Hochschulabsolventen, das in anderen EU-Staaten nachvollzogen werden kann.

Info
In Baden-Württemberg können Abiturienten parallel zur Ausbildungszeit am Kurs „Management im Handwerksbetrieb" (MiH) teilnehmen, der im Abschluss zum Management-Assistenten (HWK) führt und als Teil III der Meisterprüfung anerkannt werden kann.

1.3.3 Bildungswege

Berufliche Fortbildung

Fortbildung soll die beruflichen Kenntnisse und Fertigkeiten der Arbeitnehmer erweitern, sie aber auch an neue technische Entwicklungen heranführen. Nach einer Gesellen- oder Facharbeiterprüfung sowie einer sich daran anschließenden mehrjährigen in- oder ausländischen beruflichen Tätigkeit steht jedem der Weg offen, seine beruflichen Zukunftsaussichten durch eine Qualifikation zu verbessern.

System der Fortbildung – am Beispiel Baden-Württembergs

	Fachschulen / Fachakademien	Meisterschulen
Voraussetzungen	• abgeschlossene Berufsausbildung in der entsprechenden Fachrichtung und • ein- oder mehrjährige Berufstätigkeit und • Hauptschulabschluss (mittlerer Bildungsabschluss für Fachschulen für Wirtschaft)	• abgeschlossene Berufsausbildung und • mehrjährige Berufstätigkeit
Dauer	1–2 Jahre Vollzeit oder im Einzelfall bis 4 Jahre Teilzeit (abends und samstags)	1 Jahr Vollzeit oder im Einzelfall 2 Jahre Teilzeit
Abschluss	staatlich geprüfter/geprüfte: • Techniker/-in (und Fachhochschulreife) • Betriebswirt/-in (und Fachhochschulreife) • Wirtschafter/-in • Betriebsmanager/-in im Handwerk (und Fachhochschulreife) • Gestalter/-in (und Fachhochschulreife) • Fachkraft Leitung einer Pflege- und Funktionseinheit • Fachkraft für Gerontopsychiatrie • Fachwirt für Organisation und Führung	Meister/-in

Berufliche Weiterbildung

Sie bringt den Arbeitnehmern größere Arbeitsplatzsicherheit, indem sie **zusätzliche Fertigkeiten** erlernen, die für den derzeitigen Technik- und Wissensstand des jeweiligen Berufs wichtig sind. Aufstiegschancen bestehen für Arbeitnehmer nur dann, wenn Führungsaufgaben übernommen werden können. Sie aber müssen gelernt werden.

Aus Sicht der Arbeitgeber (Unternehmer) ist Weiterbildung ebenfalls unverzichtbar, auch wenn die Maßnahmen, die zu ihrem Zweck ergriffen werden, häufig kostspielig sind. Motive für eine betriebliche Weiterbildung der Arbeitnehmer sind aus Sicht der Unternehmer in erster Linie:

- Förderung der Kompetenzen der Mitarbeiter
- Steigerung der Wertschöpfung und des Geschäftserfolgs
- Steigerung der Produktivität und Leistungsfähigkeit der Mitarbeiter
- Erhöhung der Motivation und Arbeitszufriedenheit der Mitarbeiter
- Sicherung der Innovationsfähigkeit des Unternehmens
- Mitarbeiterbindung
- Qualifizierungsbedarf aufgrund neuer Technologien
- größere Attraktivität des Unternehmens für neue Mitarbeiter

Umschulung
Die Umschulung führt immer zu einer Zweitausbildung. Gründe für eine Ausbildung in einem völlig neuen Beruf können sein:
- technische Neuorientierung eines gesamten Berufsfelds (z. B. bei den Druckern)
- konjunkturelle Veränderungen (z. B. bei bestimmten Bauberufen)
- neue Anforderungen an einen Beruf (z. B. CAD und kaufmännisches Bürowissen)
- gesundheitliche Gründe (z. B. Rückenleiden, Allergien bei Bäckern und Metzgern oder Friseuren)
- altersbedingte Umorientierung
- falsche Berufswahl
- andauernde Arbeitslosigkeit
- Berufsunfähigkeit wegen Krankheit oder Unfall

1.3.4 Förderungsmaßnahmen

Bundesausbildungsförderungsgesetz (BAföG)
Wollen junge Menschen allgemeinbildende Schulen oder berufsbildende Vollzeitschulen, höhere Fachschulen, Akademien oder Hochschulen besuchen, so bietet der Staat ihnen finanzielle Hilfe an. Dadurch soll jeder in die Lage versetzt werden, die **Ausbildung** zu absolvieren, **die seinen Fähigkeiten und Wünschen entspricht**. Die Höhe der Unterstützung, die das Amt für Ausbildungsförderung gewährt, hängt von den eigenen Einkommens- und Vermögensverhältnissen sowie von denen der Eltern bzw. Ehegatten ab.

Hinweis
Ausführliche Informationen zum BAföG:
www.bafög.de

Download der Broschüre unter:
www.bafög.de

Förderungsfähige Ausbildungen/Förderungswege:
- schulische Ausbildung zum Beruf, 2. Bildungsweg: 100 % Zuschuss
- Auszubildende mit Kindern oder mit einer Behinderung: 100 % Zuschuss (für angemessene Zeit)
- Hochschulstudien: 50 % Zuschuss, 50 % zinsloses Darlehen
- Studienabschluss, wenn Regelstudienzeit überschritten: 100 % verzinstes Darlehen

Die Darlehen sind in niedrigen Raten zurückzuzahlen.

Betriebliche Ausbildungen (**Lehre**) über das duale System werden **nicht** über das BAföG gefördert, sondern über die Berufsausbildungsbeihilfe.

Berufsausbildungsbeihilfe (BAB)
Gefördert wird eine Erstausbildung in einem staatlich anerkannten Ausbildungsberuf. Antragsberechtigt sind nur diejenigen,
- die während der Lehre **nicht mehr zu Hause** wohnen und
- **volljährig** sind.

Wer minderjährig ist, muss einen guten Grund haben, nicht mehr bei seinen Eltern wohnen zu können (z. B. weil dies aus sozialen/psychischen Gründen nicht zumutbar ist oder der Lehrbetrieb mehr als ca. eine Stunde pro Fahrt entfernt liegt).

Auch bei der Berufsausbildungsbeihilfe spielt das eigene Einkommen und das der Eltern für die Förderung eine Rolle. Die Berufsausbildungsbeihilfe sollte frühzeitig bei der Bundesagentur für Arbeit beantragt werden, da sie erst ab Antragstellung und nicht rückwirkend gewährt wird. Grundlage für diese Hilfe ist das Sozialgesetzbuch III (SGB III).

Hinweis
Hier kann jeder selbst prüfen, ob er Anspruch auf BAB hat:
www.babrechner.arbeitsagentur.de

Hinweis
Ausführliche Erläuterungen können in der Broschüre „Aufstiegs-BAföG – Machen Sie Ihre Karriere zum Highlight!" nachgelesen werden. Download der Broschüre unter: www.aufstiegs-bafoeg.de

Das Aufstiegsfortbildungsförderungsgesetz (AFBG)

Das auch als **Meister-BAföG** bzw. Aufstiegs-BAföG bezeichnete Gesetz gewährt einen individuellen Rechtsanspruch auf die finanzielle Förderung von nicht nur einer, sondern mehreren Aufstiegsfortbildungen (z. B. zunächst Meister, dann Betriebswirt des Handwerks). Deshalb ist diese Förderung auch altersunabhängig. Die einzelnen Maßnahmen können in Vollzeit oder neben dem (Teilzeit-)Beruf besucht werden. Wer die Fortbildung bestanden hat, bekommt 40 Prozent des Restdarlehens für die Prüfungs- und Lehrgangsgebühren erlassen. Das AFBG berücksichtigt besonders Familien und Alleinerziehende (Unterstützung zum Lebensunterhalt) und bietet einen finanziellen Anreiz zur Existenzgründung.

Da die gesetzlichen Ansprüche auf Förderung in Zusammenhang mit dem Bundeshaushalt stehen, ändern sich die finanziellen Förderungen und deren Voraussetzungen mit der Zeit. Genaue Auskünfte können jede Agentur für Arbeit (www.arbeitsagentur.de) und das Bundesministerium für Arbeit und Soziales (www.bmas.de) erteilen.

Schlüsselqualifikationen

Die Globalisierung des Wettbewerbs, internationale Wirtschaftsverflechtungen in Europa und der Welt, neue Technologien und ökologische Probleme führen zu veränderten Unternehmenssituationen und -strategien. Die Anpassung an diese Veränderungen verlangt von der Ausbildung, dass berufsspezifische Fähigkeiten und Fertigkeiten verbunden mit persönlichen Qualifikationen vermittelt werden. Diese nennt man Schlüsselqualifikationen. Der Auszubildende soll nicht ausschließlich eine spezielle Fachkompetenz erwerben, sondern eine **allgemeine berufliche Leistungsfähigkeit**, um Problemlösungen für die täglich neu gestellten Aufgaben finden zu können.

Schlüsselqualifikationen

Soziale Kompetenz	Methodisch-fachliche Kompetenz	Personale Kompetenz
• Kooperationsbereitschaft • Teamfähigkeit • Höflichkeit • Freundlichkeit • Konfliktfähigkeit • Toleranz	• grundlegende Sprachbeherrschung • Beherrschung einfacher Rechentechniken • naturwissenschaftliche Grundkenntnisse • Grundkenntnisse wirtschaftlicher Zusammenhänge • Grundkenntnisse in Englisch • Grundkenntnisse und -fertigkeiten im IT-Bereich • Basiskenntnisse unserer Kultur	• Zuverlässigkeit • Lern- und Leistungsbereitschaft • Ausdauer • Durchhaltevermögen • Belastbarkeit • Sorgfalt • Gewissenhaftigkeit • Konzentrationsfähigkeit • Verantwortungsbereitschaft • Selbstständigkeit • Kritikfähigkeit • Kreativität • Flexibilität

(aus: wissensschule.de)

Lebens- und Arbeitswelt

ÜBERBLICK

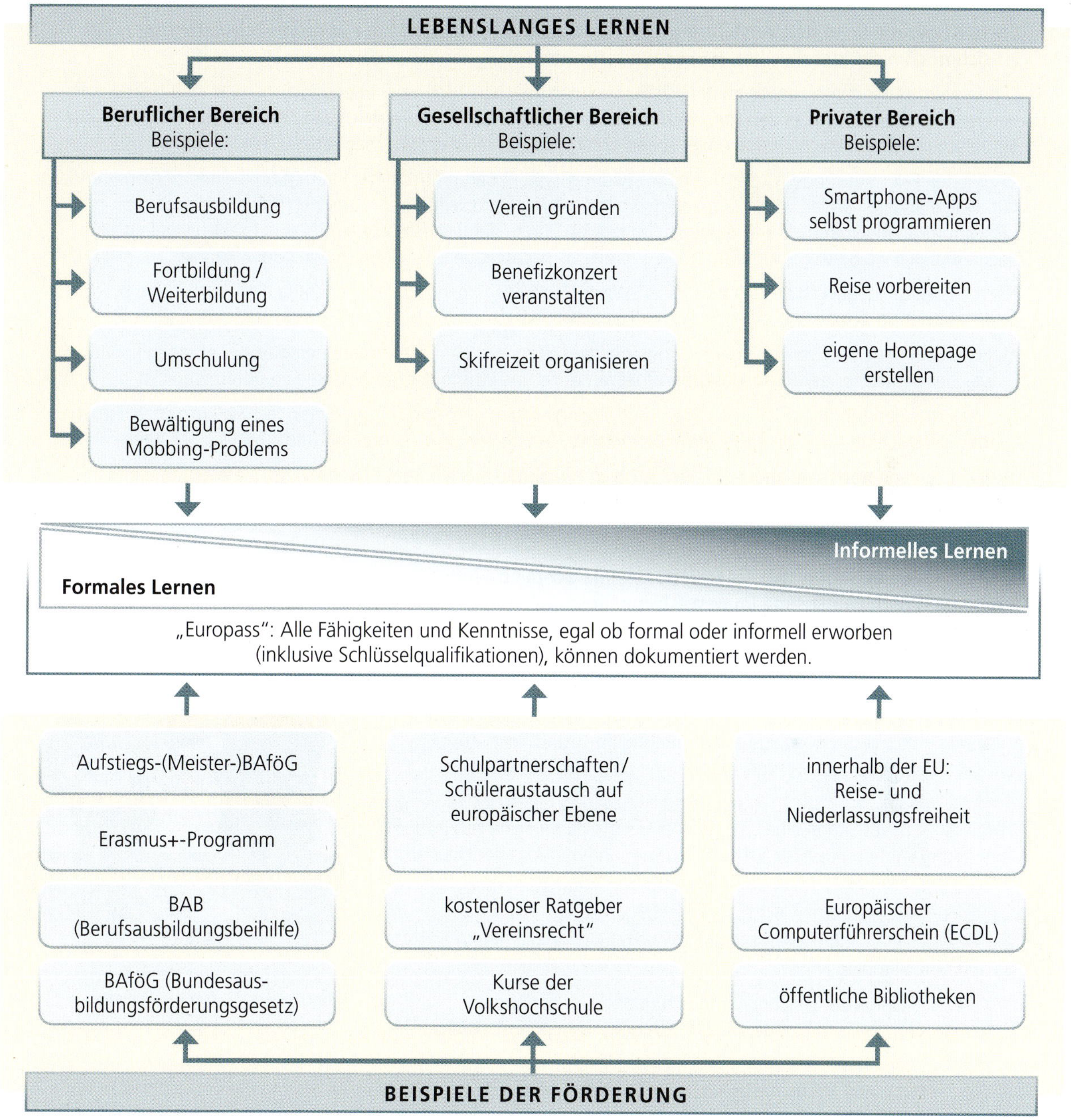

	Wie fit sind Sie beim Thema „Lebenslanges Lernen – Ausbildung erweitern“?	Inhaltsbezug Seite
1	Was versteht man unter „lebenslangem Lernen“?	18
2	Warum nimmt die Wichtigkeit beruflicher Fort- und Weiterbildung heute immer mehr zu?	20
3	Welche Gründe können eine Umschulung notwendig machen?	21
4	a) Welche finanziellen Förderungsmaßnahmen bietet der Staat für Aus- und Fortbildungen? b) Welche Ziele verfolgt der Staat mit dieser Förderung?	21–22
5	Was versteht man unter Schlüsselqualifikationen?	22

1.4 KTB – Kompetenzorientierte Themenbearbeitung

1 Carla ist gerade im ersten Ausbildungsjahr. Ihr Cousin Simon steht kurz vor dem Schulabschluss und ist sich noch nicht klar darüber, wie es weitergehen soll.

Simon würde sehr gerne „etwas im Bereich Bautechnik" machen. „Ich weiß aber gar nicht, was innerhalb dieses Bereichs die Unterschiede in den speziellen Ausbildungsberufen sind und was ich alles machen werde. Und in der Berufsschule wird möglicherweise etwas unterrichtet, was mir nicht gefällt", sagt er zu Carla.

„Auf jeden Fall ist unser deutsches duales Ausbildungssystem berühmt und hat international einen hervorragenden Ruf. Einige andere Länder, wie z. B. Spanien, wollen das jetzt auch einführen", erwidert Carla und ergänzt: „Die Informationen darüber, was du genau im Betrieb und in der Berufsschule lernst, sind exakt festgelegt und nachlesbar. Ich weiß nur gerade nicht mehr, wo du das nachschauen und sogar downloaden kannst."

Nach kurzer Überlegung hat Carla eine Idee: „Warte, ich frage jemand, der auch gerade eine Ausbildung macht." Dann wendet sie sich an Sie.

a) Helfen Sie Carla und Simon, indem Sie den beiden sagen, wo Sie die Informationen darüber erhalten können, was der Betrieb für den Ausbildungsberuf lehren muss und was in der Berufsschule zu unterrichten ist.

b) „Was ist eigentlich mit ‚dual' in unserem Ausbildungssystem gemeint?", fragt Simon Sie. Sie können es ihm mit Hilfe der Aspekte *Aufgabe, gesetzliche Grundlage, Lerninhalte, Beaufsichtigung* und *Abschluss* erläutern.

c) „Gibt es denn noch eine andere Art der Ausbildung, als die duale", fragt Simon weiter. Sie erklären ihm die Vollschulische Ausbildung und beschreiben bei der Variante „Berufliche Grundbildung" einen Vorteil, da sich ja Simon bei seiner genauen Berufswahl noch nicht so ganz sicher ist.

2 Mittlerweile hat Simon sich entschieden, seine Schule beendet und eine mündliche Zusage im Bewerbungsgespräch von einem sehr guten Ausbildungsbetrieb erhalten.

Da er den Berufsausbildungsvertrag noch nicht vorliegen hat, macht er sich Gedanken, was dort alles schriftlich geregelt wird. „Eine Probezeit brauche ich nicht, das werde ich dem Betrieb noch sagen", denkt er sich. „Dann könnte mir nur noch aus einem ‚wichtigem Grund' vom Ausbildungsbetrieb gekündigt werden, was bei mir aber nicht vorkommen wird."

Weiterhin schreibt Simon eine Liste, was er noch alles für seine zukünftige Ausbildung kaufen muss. Darauf setzt er unter anderem das Berichtsheft, drei Ordner, Werkzeug, Übungsstücke und weitere Dinge. Er freut sich schon sehr auf den Beginn seiner Ausbildung.

Als Sie das alles von ihm gehört haben, hinterfragen Sie mit Simon nochmals einige Dinge:

Sicher ist sicher: Auszubildender mit schriftlichem Ausbildungsvertrag

a) Kann sich Simon zurücklehnen und sich über die gegenüber ihm gemachte mündliche Zusage seines künftigen Ausbildungsbetriebs freuen?

b) Wo (Gesetz) kann Simon nachschauen, was alles zwischen ihm und seinem Ausbildungsbetrieb schriftlich geregelt werden muss?

c) Warum wird der Betrieb dennoch und auf jeden Fall eine Probezeit mit Ihm vereinbaren und wie lange darf die Probezeit maximal sein?

d) Was darf während seiner Ausbildungszeit niemals vorkommen, dass nicht doch so ein „wichtiger Grund" für den Arbeitgeber als fristloser Kündigungsgrund vorliegt?

e) Warum kann Simon seine Kaufliste direkt dem Ausbildungsbetrieb geben, anstatt die Dinge selbst zu bezahlen?

f) Gibt es weitere Pflichten für Simon, die sich aus dem Ausbildungsverhältnis ergeben und wo (Gesetz) kann er das nachlesen?

KOMPETENZBEREICH I:
Mitarbeiter in der Arbeitswelt

2

SCHUTZVORSCHRIFTEN AM BETRIEBLICHEN ARBEITSPLATZ

2.1 Schutzvorschriften in der Arbeitswelt

Nelson, 16 Jahre, erfährt gleich beim Ausbildungsbeginn, dass der Betrieb genau in dem Zeitraum Betriebsferien macht, in dem der Blockunterricht an seiner Berufsschule stattfindet.
Hat er jetzt weniger Erholungsurlaub oder kann er der Berufsschule fernbleiben?

Die 18-jährige Auszubildende Sabrina hat gerade erst ihre Ausbildung begonnen und ist in der Probezeit schwanger geworden. Sie hat es ihrem Chef noch nicht mitgeteilt, und jetzt hat er ihr – ohne davon zu wissen – gekündigt.
Kann einer schwangeren Auszubildenden in der Probezeit gekündigt werden?

Arbeitsschutz gestern (im Bergbau 1936) und heute

2.1.1 Notwendigkeit des Arbeitsschutzes

Zu Beginn der Industrialisierung am Anfang des 19. Jahrhunderts war die Technik noch sehr unsicher. So kam es immer wieder zu Unfällen an Maschinen. Hinzu kamen noch soziale Probleme, die sich aus dem Arbeitsverhältnis ergaben. So dauerte der Arbeitstag oft über 16 Stunden, Urlaub kannte man nicht, und Kinderarbeit war an der Tagesordnung. Kein Wunder, dass die Menschen allein durch solche Belastungen krank wurden. Falls jedoch Beschäftigte durch einen Arbeitsunfall oder eine Krankheit nicht weiterarbeiten konnten, wurden sie von heute auf morgen einfach entlassen. Wegen dieser schlimmen Zustände sind seitdem eine ganze Reihe von Gesetzen und Vorschriften erlassen worden, durch welche die Arbeitnehmer einerseits vor **Arbeitsunfällen** und andererseits vor **Berufskrankheiten** geschützt werden sollen.

Arbeitsunfälle können trotz immer besserer Unfallverhütungsvorschriften nie völlig verhindert werden. Durch den technischen Fortschritt entstehen zusätzlich **neue Unfallgefahren**, z. B. durch die immer häufigere Anwendung von Laser-Strahlen. Deshalb hat der Gesetzgeber hierauf mit einer „Verordnung über künstliche optische Strahlung am Arbeitsplatz" reagiert.
Während altbekannte berufsbedingte Krankheiten, wie z. B. Hautkrankheiten oder Schwerhörigkeit durch Lärm, fortbestehen, entwickeln sich durch vermehrten Stress und immer höhere Anforderungen an den Einzelnen ganz **neue, psychische Krankheiten** wie z. B. das sogenannte „Burnout-Syndrom" (= völlige Erschöpfung).

Immerhin konnte durch Gesetze, Vorschriften und Sicherheitskontrollen erreicht werden, dass sich die Zahl der Arbeitsunfälle seit 1960 mehr als halbiert hat. Die Tatsache, dass immer noch alle acht Minuten in Deutschland ein schwerer Arbeitsunfall passiert, ist jedoch Grund genug, die Unfallverhütungsvorschriften genauestens einzuhalten.

Gewerbliche Arbeitsunfälle in Deutschland 2021 (nach Häufigkeit in Berufsgruppen)	
Baukonstruktions- und verwandte Berufe	48.338
Maschinenmechanik, Maschinenschlosserei	42.097
Verkaufskräfte: Handelsgeschäfte	40.246
Fahren schwerer Lastkraftwagen/Busse	37.767
Ausbaufachkräfte und verwandte Berufe	34.449
Hilfsarbeiten: Herstellung von Waren	27.450
Hilfsarbeiten: Transport/Lagerei	26.998

(Quelle: Deutsche Gesetzliche Unfallversicherung, 2022)

2.1.2 Technischer Arbeitsschutz

Der technische Arbeitsschutz befasst sich mit der Abwehr von **Gefahren durch angewandte Technik** am Arbeitsplatz und im Betrieb. Bedeutsame rechtliche Vorschriften sind:

- Die **Gewerbeordnung** stammt aus dem Jahr 1869 und war die Grundlage des Unfallschutzes. Sie hat z. B. vorgeschrieben, dass Schutzvorschriften an Maschinen anzubringen, Umkleideräume einzurichten sind etc.
- Die **Arbeitsstättenverordnung** regelt die menschenfreundliche Gestaltung von Arbeitsplätzen, enthält Vorschriften u. a. zu Temperaturen, Lärm, Beleuchtung, Energieverteilungsanlagen, Verkehrswegen, Nichtraucherschutz.
- Die **Bildschirmarbeitsverordnung**, die der Sicherheit und dem Gesundheitsschutz bei der Arbeit an Bildschirmgeräten diente, wurde 2016 mit ihren wesentlichen Vorschriften in die Arbeitsstättenverordnung eingegliedert.
- Das **Arbeitssicherheitsgesetz** verpflichtet Arbeitgeber je nach Betriebsgröße, Betriebsärzte und Sicherheitsfachkräfte anzustellen (kleinere Betriebe: arbeitsmedizinischer Dienst).
- Die **Gefahrstoffverordnung** dient der Verhinderung von Gesundheits- und Umweltgefahren durch Vorgaben zur Kennzeichnung gefährlicher Stoffe und zum Schutz der Beschäftigten.
- Die **Unfallverhütungsvorschriften** werden durch die Berufsgenossenschaften und sonstigen Unfallversicherungsträger zur Vermeidung von Unfällen aller Art im Berufsleben erlassen.
- Das **Produktsicherheitsgesetz** schreibt vor, dass nur solche Geräte und Produkte in den Verkehr gebracht werden dürfen, die diesem Gesetz entsprechen.

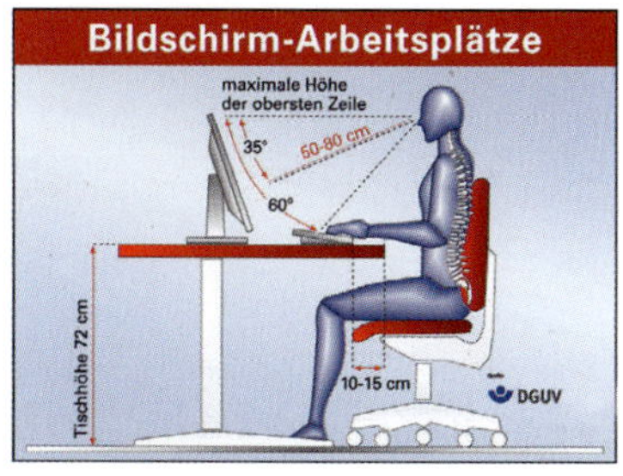

2.1.3 Sozialer Arbeitsschutz

Der soziale Arbeitsschutz befasst sich mit der Regelung der Arbeitszeit und des Erholungsurlaubs aller Arbeitnehmer und dem Schutz besonderer Personengruppen.

Regelung der Arbeitszeit (Arbeitszeitgesetz)

Die Arbeitszeit für alle Arbeitnehmer über 18 Jahre wird im Arbeitszeitgesetz (ArbZG) geregelt.

Arbeitszeitgesetz (ArbZG)

	Bestimmung	Inhalt
§ 3	Arbeitszeit der Arbeitnehmer	8 Stunden an Werktagen. Sie kann auf bis zu 10 Stunden nur verlängert werden, wenn innerhalb von 6 Kalendermonaten oder innerhalb von 24 Wochen im Durchschnitt 8 Stunden werktäglich nicht überschritten werden.
§ 4	Ruhepausen	An einem Arbeitstag mit 6 bis 9 Stunden mindestens 30 Minuten volle Pause, 45 Minuten bei mehr als 9 Stunden; Ruhepausen müssen mindestens 15 Minuten dauern. Länger als 6 Stunden dürfen Arbeitnehmer nicht ohne Ruhepause arbeiten.
§ 5	Ruhezeit	Zwischen Feierabend und Arbeitsbeginn mindestens 11 Stunden Pause. Verkürzung auf 10 Stunden in besonderen Fällen.
§ 6	Nachtarbeit	Die tägliche Nachtarbeit der Nachtarbeitnehmer darf 8 Stunden nicht überschreiten.
§ 7	abweichende Regelungen	Durch Tarifvertrag oder Betriebsvereinbarung Erhöhung der Arbeitszeit auf über 10 Stunden täglich möglich. Ausgleichszeitraum kann auf 12 Monate ausgedehnt werden. Vereinbarungen darüber hinaus dürfen die Gesundheit des Arbeitnehmers nicht gefährden und bedürfen seiner schriftlichen Zustimmung.

Regelung des Urlaubs (Bundesurlaubsgesetz)

Anspruch und Länge des jährlichen Urlaubs sind im Bundesurlaubsgesetz (BUrlG) geregelt.

Bundesurlaubsgesetz (BUrlG)		
	Bestimmung	**Inhalt**
§ 1 **§ 2** **§ 3**	Urlaubsanspruch	Jeder Arbeitnehmer hat in jedem Kalenderjahr Anspruch auf mindestens 4 Wochen Urlaub (24 Werktage). Dies hat zur Folge, dass Teilzeitarbeitnehmer, die z. B. nur an 3 Tagen der Woche arbeiten, 12 Urlaubstage erhalten.
§ 7	Zeitpunkt	Die Urlaubswünsche des Arbeitnehmers sollen, soweit nicht dringende betriebliche Gründe entgegenstehen, berücksichtigt werden.
	Übertragbarkeit	Der Urlaub soll möglichst zusammenhängend in dem jeweiligen Kalenderjahr gewährt werden. Eine Übertragung in das nächste Jahr ist nur aus dringenden betrieblichen oder persönlichen Gründen statthaft.
	Abgeltung	Urlaub kann nicht durch Geldzahlungen abgegolten werden. Dies gilt nicht bei Beendigung des Arbeitsverhältnisses.
§ 9	Erkrankungen	Durch ärztliches Attest nachgewiesene Erkrankungen während der Urlaubszeit werden nicht auf den Urlaub angerechnet.

Achtung:
Arbeitstage ≠ Werktage
Gibt es – wie heute in den allermeisten Fällen – eine abweichende Urlaubsregelung im Arbeitsvertrag, ist nach Werktagen und Arbeitstagen zu unterscheiden: Arbeitstage sind im Gegensatz zu Werktagen nur solche Tage, an denen auch tatsächlich gearbeitet wird. Legt also der Arbeitsvertrag einen Urlaub von „25 Arbeitstagen" fest und besteht eine 5-Tage-Woche, so stehen dem Arbeitnehmer 5 Wochen Urlaub zu. Bei „25 Werktagen" wären es nur 4 Wochen und 1 Tag.

Die §§ 1 bis 3 sind ausdrücklich im Bundesurlaubsgesetz als „unabdingbar" bezeichnet, d. h. sie sind als Mindestbestimmungen anzusehen, die weder durch Tarifvertrag noch durch individuelle Vereinbarungen im einzelnen Arbeitsvertrag unterlaufen werden dürfen. Ähnlich wie bei der Arbeitszeit hat sich aber auch hier gezeigt, dass in der Praxis durch Tarifvertrag weit höhere Urlaubszeiten (z. B. 30 Arbeitstage) vereinbart werden. Darüber hinaus wird häufig noch ein zusätzliches Urlaubsgeld gezahlt.

Download der Broschüre zum Jugendarbeitsschutz beim Bundesministerium für Arbeit und Soziales unter:
www.bmas.de

Schutz von arbeitenden Jugendlichen (Jugendarbeitsschutzgesetz)

Jugendliche befinden sich noch in der Entwicklung und sind daher weniger belastbar als Erwachsene. Durch die Unerfahrenheit als Berufsanfänger liegt das **Unfallrisiko** junger Menschen am Arbeitsplatz um **über 50 Prozent** höher. Deshalb sind für sie besondere Schutzmaßnahmen notwendig, damit sie in ihrer Gesundheit nicht gefährdet und in ihrer Entwicklung nicht gestört werden.

Das hat der Gesetzgeber 1960 erkannt und das mittlerweile mehrfach an aktuelle Entwicklungen angepasste Jugendarbeitsschutzgesetz (**JArbSchG**) für Personen unter 18 Jahren erlassen. Dieses Gesetz schützt Kinder und Jugendliche vor Arbeit, die

- zu früh beginnt,
- zu lange dauert,
- zu schwer ist,
- sie gefährdet oder
- ungeeignet für sie ist.

Die Einhaltung der Bestimmungen wird vom Gewerbeaufsichtsamt (bzw. Amt für Arbeitsschutz) überprüft. Auf der nächsten Seite folgt eine Übersicht zu den wichtigsten Bestimmungen des JArbSchG.

Jugendarbeitsschutzgesetz (JArbSchG)			
	Bestimmung	**Inhalt**	**Ausnahmen und Besonderheiten**
§ 2 **§ 5**	Mindestalter für eine Beschäftigung	15 Jahre	ab 13 Jahren: leichte Tätigkeiten beschränkt zulässig (Zeitungsaustragen u. Ä.)
§ 8	Arbeitszeit	höchstens 8 Stunden am Tag und 40 Stunden in der Woche	• in Ausnahmefällen auch 8,5 Std., wenn 40 Std./Woche nicht überschritten werden • ab 16 Jahren in der Landwirtschaft bis 85 Stunden in der Doppelwoche (Erntezeit)
§ 9	Berufsschule	Berufsschulzeit ist Arbeitszeit • bei Teilzeitunterricht: Berufsschultag mit mehr als 5 Unterrichtsstunden ist voller Arbeitstag • bei Blockunterricht: Berufsschulwoche mit mindestens 25 Stunden an 5 Tagen ist volle Arbeitszeit	Volljährige Auszubildende können, soweit der Unterricht vor 9 Uhr beginnt, nach der Berufsschule am gleichen Tag auch noch im Betrieb beschäftigt werden. Während des Blockunterrichts sind betriebliche Ausbildungsveranstaltungen bis zu 2 Stunden zulässig.
§ 10	Prüfung	Freistellung an allen Prüfungstagen und am Tag unmittelbar vor der schriftlichen Abschlussprüfung	
§ 11	Ruhepausen	• insgesamt mindestens 60 Minuten Pause an vollem Arbeitstag • erste Pause spätestens nach 4,5 Stunden • Mindestdauer einer Pause: 15 Minuten	bei viereinhalb- bis sechsstündiger Arbeitszeit: 30 Minuten Pause
§ 13	beschäftigungsfreie Zeit	mindestens 12 Stunden Pause zwischen Feierabend und Arbeitsbeginn am nächsten Tag	
§ 14	Nachtruhe	Beschäftigung nur von 6.00 bis 20.00 Uhr zulässig	ab 16 Jahren: • im Gaststättengewerbe bis 22.00 Uhr • in Bäckereien und Konditoreien ab 5.00 Uhr • in mehrschichtigen Betrieben bis 23.00 Uhr • in der Landwirtschaft ab 5.00 Uhr oder bis 21.00 Uhr ab 17 Jahren: in Bäckereien ab 4.00 Uhr
§ 15	5-Tage-Woche	Jugendliche dürfen nur 5 Tage in der Woche beschäftigt werden.	
§ 16 **§ 17** **§ 18**	Samstage, Sonn- und Feiertage	Beschäftigung verboten	Sonderregelungen für: Krankenanstalten, Verkaufsstellen, Veranstaltungen, Familienhaushalte, Gaststätten, Landwirtschaft und Tierhaltung, Verkehrswesen, Reparaturwerkstätten für Kfz
§ 19	Urlaub	Mindesturlaub, wenn der Jugendliche zu Beginn des Kalenderjahres noch nicht • 16 Jahre alt ist: 30 Werktage • 17 Jahre alt ist: 27 Werktage • 18 Jahre alt ist: 25 Werktage	• Urlaub soll in der Zeit der Berufsschulferien liegen • Soweit er nicht in den Berufsschulferien gegeben wird, ist für jeden Berufsschultag, an dem die Berufsschule während des Urlaubs besucht wird, ein weiterer Urlaubstag zu gewähren.
§ 22 **§ 23** **§ 24**	Beschäftigungsverbot	• die Leistungsfähigkeit überschreitende Arbeiten wie Akkord- und Fließbandarbeit • gefährliche Arbeiten (Lärm, Strahlung etc.)	
§ 32 **bis** **§ 46**	gesundheitliche Betreuung	ärztliche Untersuchung vor Eintritt in das Berufsleben und Nachuntersuchung nach einjähriger Beschäftigung	der Jugendliche kann sich jedes Jahr untersuchen lassen

Die besondere Stellung des Mutterschutzes ergibt sich aus dem Grundgesetz, Art. 6 Abs. 4: „Jede Mutter hat Anspruch auf den Schutz und die Fürsorge der Gemeinschaft."

Schutz von (werdenden) Müttern (Mutterschutzgesetz)

Insbesondere während der Schwangerschaft und nach der Entbindung ist die Frau in ihrer beruflichen Leistungsfähigkeit zum Teil erheblich eingeschränkt. Sie und ihr Kind sollen in dieser Zeit ganz besonders geschützt werden. Hierzu ist neben Verordnungen wie der Arbeitsstättenverordnung (ArbStättV), der Biostoffverordnung (BioStoffV) und der Gefahrstoffverordnung (GefStoffV) insbesondere das **Mutterschutzgesetz (MuSchG)** zuständig.

Mutterschutzgesetz (MuSchG)		
	Bestimmung	**Inhalt**
§ 9	Gestaltung der Arbeitsbedingungen	Schwangere und stillende Frauen sind so zu beschäftigen, dass sie vor Gefahren für Leben und Gesundheit geschützt sind. Insbesondere haben sie ein **Anrecht auf Sitzgelegenheiten** zum kurzen Ausruhen und auf kurze **Arbeitsunterbrechungen**.
§ 4 **§ 5** **§ 6** **§ 11**	verbotene Arbeiten	Schwere körperliche und andere gesundheitsgefährdende Arbeiten sind für schwangere Frauen verboten; insbesondere **verboten sind Akkord- und Fließbandarbeit** sowie Mehr-, Nacht- und Sonntagsarbeit.
§ 3	Beschäftigung vor der Entbindung	Schwangere Frauen dürfen **6 Wochen vor der Entbindung** nur beschäftigt werden, wenn sie ausdrücklich zustimmen. Die Zustimmung kann jederzeit wieder widerrufen werden.
§ 3	Beschäftigung nach der Entbindung	Frauen dürfen **8 Wochen** (bei Mehrlingsgeburt 12 Wochen) **nach der Entbindung** nicht beschäftigt werden, auch wenn sie es selbst wollen (**absolutes Beschäftigungsverbot**).
§ 17	Kündigungsverbot	Während der Schwangerschaft und bis zum Ablauf von 4 Monaten nach der Entbindung ist eine **Kündigung durch den Arbeitgeber unzulässig**. Voraussetzung ist aber, dass die Schwangerschaft dem Arbeitgeber bekannt war. Deshalb sollte die schwangere Frau den **Arbeitgeber informieren**, sobald sie Gewissheit über ihre Schwangerschaft hat (§ 15 MuSchG). Die Mitteilung über die Schwangerschaft kann die schwangere Frau **innerhalb von 2 Wochen** nach dem Zugang der Kündigung **nachholen**.

Das Kündigungsverbot besteht übrigens bereits während einer Probezeit bzw. sogar vor Arbeitsaufnahme (sofern ein unterschriebener Arbeitsvertrag vorliegt). Das gilt natürlich auch bei schwangeren Auszubildenden.

Download der Broschüre unter: www.bmfsfj.de

Schwangerschaftsmitteilung an den Arbeitgeber

Ohne Kenntnis der Schwangerschaft kann der Arbeitgeber die werdende Mutter nicht schützen und für mangelnden Schutz auch nicht verantwortlich gemacht werden. Wenn die Mitteilung zu spät gemacht wird, kann der Arbeitgeber evtl. Schadenersatz (wegen Verstoßes gegen die Treuepflicht) geltend machen, z. B. wenn keine Zeit mehr besteht, eine qualifizierte Schwangerschaftsvertretung einzuarbeiten.

Schutz von Familien (Bundeselterngeld- und Elternzeitgesetz)

Das Mutterschutzgesetz wird durch das **Bundeselterngeld- und Elternzeitgesetz (BEEG)** ergänzt. Darin ist geregelt, dass Eltern für maximal 14 Monate Anspruch auf **Elterngeld** für die Betreuung ihres Kindes erhalten. Die Eltern müssen nicht verheiratet und das Kind kann auch angenommen sein, muss also nicht das eigene sein.

Beide Elternteile können den Betreuungszeitraum beliebig untereinander aufteilen. Ein Teil kann dabei mindestens zwei und höchstens zwölf Monate für sich beanspruchen. Den jeweiligen Rest (bis insgesamt maximal 14 Monate) übernimmt dann der jeweils andere Elternteil. Wird die Betreuung also nur von einem Elternteil alleine übernommen, besteht nur für die Dauer von zwölf Monaten ein Anspruch auf Elterngeld. Ausnahme: Wer alleinerziehend ist, erhält immer 14 Monate Elterngeld.
Die Erweiterungsmöglichkeit auf **14 Monate** ist als **Anreiz für die Väter** gedacht, sich ebenfalls in den Anfangsmonaten um ihre Kinder zu kümmern.

Download der Broschüre unter:
www.bmfsfj.de

© Bergmoser + Höller Verlag AG 141 214

Die Zahlung des Elterngelds soll dazu beitragen, dass das Kind optimal betreut werden kann und dafür ein Elternteil seine Arbeit ruhen lässt. Während der Elternzeit (früher Erziehungsurlaub) bleibt das Arbeitsverhältnis bestehen, es ruhen lediglich die beiden Hauptpflichten zur Arbeitsleistung bzw. zur Lohnzahlung.

Bundeselterngeld- und Elternzeitgesetz (BEEG)		
	Bestimmung	**Inhalt**
§ 1	Elterngeld	**Anspruch** auf Elterngeld hat, wer mit seinem **Kind** (eigenes oder fremdes) **in einem Haushalt lebt**, es selbst betreut und erzieht sowie keine (volle) Erwerbstätigkeit ausübt.
§ 2	Höhe des Elterngelds	Elterngeld wird für die 12 bis 14 Monate unmittelbar nach der Geburt (bei Teilzeitarbeit auch darüber hinaus: Elterngeld Plus) gewährt. Die Höhe beträgt **65–100 % des wegfallenden Nettoeinkommens,** maximal 1.800,00 €, mindestens 300,00 €.
§ 15	Elternzeit	Der Anspruch auf Elternzeit besteht bis zur Vollendung des 3. bzw. 8. Lebensjahr (siehe Grafik). Die Elternzeit kann von jedem Elternteil allein oder von beiden gemeinsam genommen werden.
§ 18	Kündigung	8 Wochen vor Beginn der Elternzeit und währenddessen darf der Arbeitgeber nicht kündigen.

Schutz von Menschen mit Behinderung (Sozialgesetzbuch IX)

In Deutschland leben rund 7 Millionen Menschen mit einer schweren Behinderung – das bedeutet, dass ihre **Erwerbsfähigkeit um mindestens 50 %** gemindert ist. Naturgemäß sind Menschen mit einer schweren Behinderung im Arbeitsalltag benachteiligt. Um diese Benachteiligung abzumildern, wurden ihnen im Sozialgesetzbuch IX (SGB IX) besondere Rechte zuerkannt.

Sozialgesetzbuch IX (SGB IX)

	Bestimmung	Inhalt
§ 154	Beschäftigungspflicht	Arbeitgeber mit mindestens 20 Arbeitsplätzen müssen mindestens 5 % davon mit Menschen mit Schwerbehinderung besetzen.
§ 160	Ausgleichsabgabe	Wird diese Pflicht nicht erfüllt, zahlt der Arbeitgeber für jeden unbesetzten Pflichtarbeitsplatz zwischen 125,00 und 320,00 € monatlich in einen Fonds zur Unterstützung von Menschen mit Schwerbehinderung.
§ 168	Kündigungsschutz	Der Kündigung eines Menschen mit Schwerbehinderung muss vorher durch das jeweilige Integrationsamt* zugestimmt werden.
§ 208	zusätzlicher Urlaub	Menschen mit Schwerbehinderung haben einen Anspruch auf einen bezahlten Zusatzurlaub von fünf Arbeitstagen.

** Integrationsämter helfen bei der Eingliederung von Menschen mit schwerer Behinderung in das Arbeitsleben. Dabei sind sie gleichermaßen für Menschen mit Behinderung wie auch für die Arbeitgeber tätig.*

Achtung:
Durch das „Bundesteilhabegesetz" wurde das SGB 9 im Jahr 2018 neu gefasst. Das Gesetz soll mehr Möglichkeiten und mehr Selbstbestimmung für Menschen mit Behinderungen schaffen. Bereits seit 2017 sind Kündigungen gegenüber Menschen mit Behinderung wirkungslos, wenn nicht zuvor die Schwerbehindertenvertretung ordnungsgemäß unterrichtet und angehört wurde. Schwerbehindertenvertretungen sind in Betrieben einzurichten, in denen wenigstens fünf schwerbehinderte Menschen nicht nur vorübergehend beschäftigt sind.

2.1.4 Überwachung der Arbeitsschutzvorschriften

Die beiden tragenden Säulen bei der Überwachung der Arbeitsschutzvorschriften sind die Berufsgenossenschaften und die Gewerbeaufsichtsämter:

- Die **Berufsgenossenschaften** achten auf die Einhaltung der Unfallverhütungsvorschriften. So sind Aufsichtspersonen berechtigt, Betriebe während der Arbeitszeit zu besichtigen und Auskünfte über Einrichtungen, Arbeitsverfahren und Arbeitsstoffe zu verlangen. Werden Mängel festgestellt, so können sie deren Behebung verlangen. Bei vorsätzlichem oder fahrlässigem Verursachen der Mängel muss eine entsprechende Haftung übernommen werden.
- Zu den Aufgaben der **Gewerbeaufsichtsämter** (in einigen Bundesländern auch „Amt für Arbeitsschutz" genannt) gehört unter anderem auch die **Überprüfung** der Einhaltung **des sozialen Arbeitsschutzes**. Werden Verstöße angezeigt (z. B. gegen das JArbSchG), so müssen sie diesen Anzeigen nachgehen und eventuell Geldbußen verhängen. Andererseits können die Gewerbeaufsichtsämter gesetzliche Regeln über das gewohnte Maß hinaus auslegen (z. B. einer Schwangeren bestimmte Arbeiten verbieten, die nicht im Gesetz stehen). Sie können aber auf Antrag des Arbeitgebers auch Ausnahmen bewilligen.

Weitere wichtige Einrichtungen auf dem Gebiet des Arbeitsschutzes sind die Konferenz der Landesminister für Arbeit und Soziales (ASMK), welche der Koordinierung der Länderinteressen und der Zusammenarbeit mit dem Bund dient, die Bundesanstalt für Arbeitsschutz und Arbeitsmedizin (BAuA) sowie die technischen Überwachungsvereine (TÜV).

ÜBERBLICK

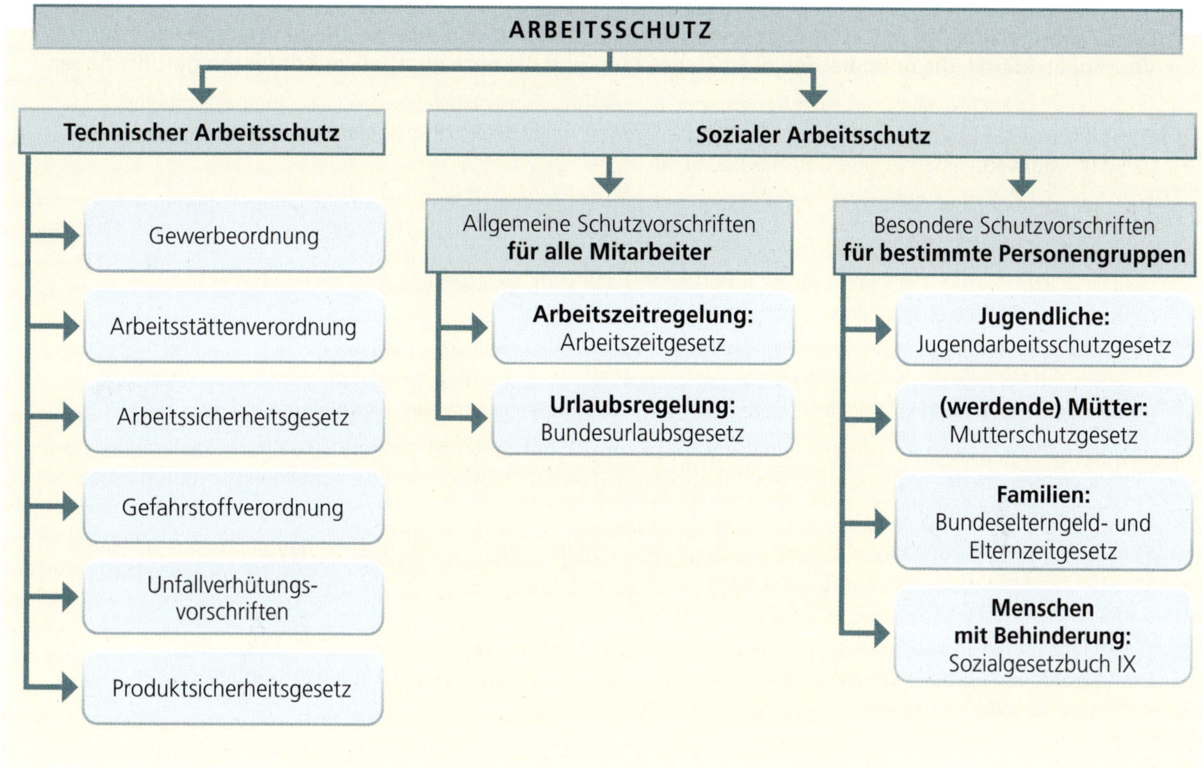

	Wie fit sind Sie beim Thema „Schutzvorschriften in der Arbeitswelt"?	Inhaltsbezug Seite
1	Warum sind Arbeitsschutzgesetze notwendig?	26
2	Für wen gilt das Arbeitszeitgesetz und welche Bestimmungen sind besonders wichtig?	27
3	Wie hoch ist Ihr Urlaubsanspruch a) nach dem Bundesurlaubsgesetz, b) nach dem Tarifvertrag und c) nach dem JArbSchG?	28–29
4	a) Für wen gilt das Jugendarbeitsschutzgesetz (JArbSchG)? b) Warum ist das JArbSchG notwendig? c) Wie lange darf ein Jugendlicher am Tag und in der Woche höchstens arbeiten? d) Unter welchen Voraussetzungen muss ein Jugendlicher nach der Berufsschule noch in den Betrieb? e) Wie lange muss mindestens die Arbeitsunterbrechung zwischen Feierabend und Wiederbeginn sein? f) Welche Tätigkeiten sind für Jugendliche verboten? g) Wer überwacht das JArbSchG?	28–29
5	Erklären Sie den Begriff „Elternzeit".	31
6	a) Welche Menschen werden als „schwerbehindert" bezeichnet und warum müssen diese besonders geschützt werden? b) Wie viele Menschen mit schwerer Behinderung muss ein Arbeitgeber beschäftigen? c) Warum haben Menschen mit schwerer Behinderung einen besonderen Kündigungsschutz? d) Warum steht Menschen mit schwerer Behinderung zusätzlicher Urlaub zu?	32
7	Wer überwacht die Einhaltung der Arbeitsschutzvorschriften?	32

2.2 KTB – Kompetenzorientierte Themenbearbeitung

Der 17-jährige Sinan ist im ersten Jahr seiner Berufsausbildung und möchte einige offene Fragen zu Vorgängen klären, die er im Betrieb nicht so gut fand und die auch zum Teil zu Konflikten geführt haben.

Deshalb will er auch seinen Chef nicht fragen, sondern selbst in den entsprechenden Gesetzen nachschauen. Er zieht hierzu das Berufsbildungsgesetz (BBiG), das Bundesurlaubsgesetz (BUrlG), das Arbeitszeitgesetz (ArbZG) und das Jugendarbeitsschutzgesetz (JArbSchG) heran.

Dann wendet er sich an Sie und fragt, ob Sie ihm bei der Klärung folgender Sachverhalte helfen können:

a) Sinan ist sich nicht sicher, ob das ArbZG auch für Ihn gilt, oder nur das JArbSchG. Was meinen Sie?

b) Sinan hatte im ersten Jahr fünf Monate Probezeit, für alle seine Kollegen galt eine kürzere Dauer. Durfte sein Betrieb eine so lange Probezeit mit ihm vereinbaren?

c) Als der erste Berufsschulblock näher rückte, teilte der Chef Sinan mit, dass momentan „jede Hand im Betrieb gebraucht" würde und Sinan deshalb erst am zweiten Tag in die Berufsschule gehen könne. Am ersten Tag finde ja ohnehin noch kein richtiger Unterricht statt. Was halten Sie von dieser Argumentation des Chefs?

d) Sinan bekommt seine Ausbildungsvergütung jeweils am 28. des laufenden Monats, sein Klassenkamerad Benjamin aber erst am 10. des folgenden Monats. Steht irgendwo etwas darüber, wann die Ausbildungsvergütung spätestens gezahlt werden muss?

e) Sinan wurde von seinem Chef mitgeteilt, dass er während der Tage, die er in der überbetrieblichen Ausbildung verbringt, keine Ausbildungsvergütung erhält, da er ja auch nicht für den Betrieb arbeitet. Ist das tatsächlich rechtens? Sinan benötigt das Geld eigentlich dringend …

f) Am letzten Samstag war der diesjährige „Tag der offenen Tür" im Betrieb. Sinan hat an diesem Tag sechs Stunden aushelfen müssen, obwohl er bereits von Montag bis Freitag 40 Stunden gearbeitet hatte. Muss er so viele Stunden innerhalb einer Woche arbeiten?

Sinan würde gern für viereinhalb Wochen mit seinen Eltern und seiner jüngeren Schwester zu Verwandten ans Meer fahren. Doch reicht sein Urlaub dafür aus?

g) Sinan erhält 24 Tage Urlaub. Sein Chef meint, dass damit aber Werktage gemeint, also Samstage mitzuzählen seien. Außerdem gelten diese Urlaubstage laut Chef für eine 6-Tage-Woche. Deshalb müssten die Werktage mit der Formel „Anzahl Werktage geteilt durch 6 und das Ergebnis dann mal 5" in Arbeitstage (5-Tage-Woche) umgerechnet werden. Also habe Sinan nur 20 Arbeitstage Urlaub und eben nicht 24. Stimmt das?

h) Im Urlaub wurde Sinans Kollege und Freund Dennis (20 Jahre alt) mit über 41 Grad Fieber krank. Jetzt hat er gar keine Erholung gehabt und die Urlaubstage sind verbraucht. Dennis hat dies gleich am ersten Tag nach seinem Urlaub mit Sinan besprochen, der es auch ungerecht findet. Bekommt Dennis die Krankheitstage während des Urlaubs wieder gutgeschrieben oder hat er Pech gehabt?

i) Immer wieder zieht Staub durch die Arbeitsräume. „Das haben wir noch nie anders gemacht", sagt ein Geselle. Sinan fragt sich, ob so etwas tatsächlich in Ordnung gehe oder ob das nicht gesundheitsschädlich sei. Und müssten nicht wenigstens Masken getragen werden?

j) Kann sich Sinan irgendwo anders hin wenden, um Unterstützung zu bekommen, wenn der Chef auf seine Argumente nicht eingeht?

KOMPETENZBEREICH I:
Mitarbeiter in der Arbeitswelt

3

ARBEITSVERTRAG

3.1 Einzelarbeitsvertrag

Hannah, 21 Jahre, ausgebildete Bauzeichnerin, sieht die folgende Anzeige in der Tageszeitung. Da ihr jetziger Betrieb die Zeichnungen nicht mit CAD, sondern per Hand anfertigt, reizt Hannah die neue Stelle, zumal diese auch in Stuttgart ist. Sie stellt ihre Bewerbungsunterlagen zusammen und formuliert lange am Bewerbungsschreiben; denn sie weiß, dass der erste Eindruck der wichtigste ist.

Wir suchen für unser Ingenieurbüro eine/n gelernte/n

Bauzeichner/-in

für Tragwerksplanung im Hochbau.

Sie werten selbstständig statische Berechnungen aus und erstellen die dazugehörigen Konstruktionszeichnungen.

Ideale Voraussetzungen sind ein fundiertes Fachwissen, CAD-Kenntnisse, Freude am selbstständigen Arbeiten und Sie sollten nicht älter als 30 Jahre sein.

Bitte senden Sie Ihre ausführlichen Bewerbungsunterlagen an:

Architekturbüro Karl Wagner & Partner
Industriestraße 12 · 70565 Stuttgart

KW

Hannah Groß
Hauptstraße 1
70563 Stuttgart

Stuttgart, der

Architekturbüro
Karl Wagner & Partner
Industriestraße 12
70565 Stuttgart

Bewerbung

Sehr geehrter Herr Wagner,

aufgrund Ihrer Anzeige vom 20. 5. d. J. bewerbe ich mich um die Stelle einer Bauzeichnerin.

Zurzeit arbeite ich als Bauzeichnerin im Architekturbüro Kammerer in Stuttgart. Dort machte ich meine Ausbildung und wurde anschließend in ein festes Arbeitsverhältnis übernommen.

Nach der Ausbildung habe ich in einem Abendkurs bei der Handwerkskammer Stuttgart die Zusatzqualifikation „Betriebsassistentin (HWK)“ erworben. In diesem Zusammenhang legte ich auch die Prüfung für den „Europäischen Computerführerschein (ECDL)“ ab. Im Anschluss an diesen Computerkurs besuche ich zurzeit einen CAD-Kurs, ebenfalls bei der HWK. Er wird Ende Juli beendet sein.

Ihre ausgeschriebene Stelle interessiert mich besonders, da ich glaube, die erworbenen praktischen und theoretischen Kenntnisse dort anwenden zu können, insbesondere im Bereich CAD.

Gern würde ich mich bei Ihnen persönlich vorstellen.

Mit freundlichen Grüßen

Hannah Groß

Anlagen:
Lebenslauf mit Lichtbild
Realschulzeugnis
Gesellenbrief
Berufsausbildungszeugnis
Zeugnis „Betriebsassistentin (HWK)“
Europäischer Computerführerschein

- Ist ihr bisheriger Arbeitgeber verpflichtet, Hannah ein Zeugnis zu schreiben?
- Welche Informationen kann Hannah aus der Anzeige entnehmen?
- Worauf ist bei einer Bewerbung besonders zu achten?
- Welches Ziel verfolgt ein Vorstellungsgespräch?

3.1.1 Anbahnung und Zustandekommen eines Arbeitsvertrags

Der Weg zum gewünschten Arbeitsvertrag kann schwierig sein. Aus diesem Grund ist es wichtig, den Ablauf von der Stellenausschreibung bis zur endgültigen Auswahl und Einstellung eines Bewerbers genau zu kennen.

	Das Verfahren aus der Sicht des Arbeitgebers	Hinweise für Arbeitnehmer
Stellenanzeige 	In der Stellenanzeige sind normalerweise folgende **Informationen** enthalten: • Vorstellung des Unternehmens • Auskunft über die angebotene Stelle • Leistungsangebot • Anforderungen an den Bewerber	Achtung vor **Chiffre-Anzeigen**, d. h. die werbende Firma nennt nicht ihren Namen, sondern man schreibt unter einer Nummer an die Zeitung. Nur wer sich sofort zu erkennen gibt, kann sich ein seriöses Unternehmen nennen.
Vorauswahl der Bewerbungen 	Die **Beurteilung der Bewerbung** erfolgt nach folgenden Kriterien: • Vollständigkeit der Daten und Unterlagen • saubere äußere Form • Lückenlosigkeit des Lebenslaufs, insbesondere mit lückenloser Beschreibung des beruflichen Werdegangs • Ausbildungszeugnisse • sonstige Zeugnisse oder Prüfungsbestätigungen • (selten) Gehaltsvorstellungen	• Achten Sie bei der Bewerbung auf die vollständige, saubere und fehlerfreie Beschreibung der erforderlichen Angaben. • Fügen Sie die notwendigen Anlagen wie Zeugnisse und sonstige Abschlüsse hinzu. • Geben Sie Hinweise auf frühere Arbeitgeber **(Referenzen)**.
Persönliche Vorstellung 	Das **Vorstellungsgespräch** verfolgt mehrere Ziele: • persönlicher Eindruck von der Erscheinung und vom Auftreten des Bewerbers • Vorstellung des Unternehmens • Erörterung von offenen Fragen aus der Bewerbung, z. B. genaue Beschreibung des Tätigkeitsbereichs • Frage nach den Gehaltsvorstellungen	• Informieren Sie sich vor dem Gespräch genauestens über die Firma (Mitarbeiterzahl, technische Ausstattung, Produktpalette, Betriebsklima, Ruf). • Gehen Sie mit genauen Gehaltsvorstellungen in das Gespräch (Gehaltsspanne). • Gehen Sie auf Ihre **Stärken** und Ihre **Wünsche** ein, begründen Sie damit das besondere Interesse an der Stelle.
Endgültige Auswahl und Einstellung 	Die **Einstellungsentscheidung** fällt aufgrund eines Vergleichs zwischen Anforderungsprofil und Bewerberprofil.	Versuchen Sie, sich so schnell wie möglich **mit der Firma**, deren Zielen und Image zu **identifizieren**.

3.1.2 Form, Inhalt, Rechte und Pflichten

Beim Abschluss eines Arbeitsvertrags muss Folgendes erfüllt sein:

Vertragsschließende Personen

Die vertragsschließenden Personen sind Arbeitgeber und Arbeitnehmer, beide müssen voll geschäftsfähig sein. Beschränkt Geschäftsfähige können aber nach § 113 BGB vom gesetzlichen Vertreter ermächtigt werden, rechtsgültig Arbeitsverhältnisse einzugehen.

> **BGB § 113 [Dienst- oder Arbeitsverhältnis]**
> Ermächtigt der gesetzliche Vertreter den Minderjährigen, in Dienst oder in Arbeit zu treten, so ist der Minderjährige für solche Rechtsgeschäfte unbeschränkt geschäftsfähig (...)

Form des Vertrags

Der Arbeitsvertrag kann zwar grundsätzlich mündlich vereinbart werden, besser ist es jedoch, ihn schriftlich abzuschließen. Denn nur so lässt sich der Abschluss beweisen. Gemäß **Nachweisgesetz** hat der Arbeitgeber spätestens einen Monat nach dem vereinbarten Beginn des Arbeitsverhältnisses die wesentlichen Vertragsbedingungen eines mündlich geschlossenen Arbeitsvertrags schriftlich und unterschrieben nachzureichen. Auch wenn wesentliche Änderungen der Vertragsbedingungen auftreten, sind diese dem Arbeitnehmer spätestens einen Monat nach Eintritt der Änderungen mitzuteilen. Sollte nur ein mündlicher Arbeitsvertrag vorliegen, so bleibt er trotzdem wirksam.

Inhalt des Vertrags

Das Nachweisgesetz schreibt vor, mindestens folgende Punkte aufzunehmen:

- Name und Anschrift der Vertragsparteien
- Tag des Beginns des Arbeitsverhältnisses (bei Befristung: Beginn und Ende)
- Dauer einer vereinbarten Probezeit
- Arbeitsort oder, falls der Arbeitnehmer nicht nur an einem bestimmten Arbeitsort tätig sein soll, ein Hinweis darauf, dass der Arbeitnehmer an verschiedenen Orten beschäftigt werden kann
- Bezeichnung oder allgemeine Beschreibung der zu leistenden Tätigkeit, z. B. charakteristisches Berufsbild inklusive Vollmachten
- Zusammensetzung und Höhe des Arbeitsentgelts einschließlich der Zuschläge, der Zulagen, Prämien und Sonderzahlungen sowie anderer Bestandteile des Arbeitsentgelts und deren Fälligkeit
- vereinbarte Arbeitszeit
- Dauer des jährlichen Erholungsurlaubs
- Kündigung: Hinweis auf einzuhaltende Fristen und erforderliche Schriftform
- ein in allgemeiner Form gehaltener Hinweis auf die Tarifverträge, Betriebs- oder Dienstvereinbarungen, die auf das Arbeitsverhältnis anzuwenden sind

Das **Arbeitsschutzrecht** greift zugunsten von Arbeitnehmern stark in die inhaltliche Gestaltung ein (siehe hierzu auch Abschnitt 2.1.3):

- Arbeitszeitgesetz (ArbZG): z. B. Arbeitszeitregelungen, Ruhepausen
- Bundesurlaubsgesetz (BUrlG): z. B. mindestens 24 Werktage Urlaub im Jahr
- Jugendarbeitsschutzgesetz (JArbSchG): z. B. Urlaubsdauer für die einzelnen Altersgruppen unterschiedlich geregelt
- Mutterschutzgesetz (MuSchG): z. B. schwangere Frauen dürfen bestimmte Arbeiten nicht übernehmen

Aus einem Arbeitsvertrag ergeben sich besondere **Pflichten**:

Pflichten des Arbeitnehmers	Pflichten des Arbeitgebers
Arbeitspflicht: Der Arbeitnehmer muss die vertraglich vereinbarte Arbeit selbst leisten, er darf also keinen „Ersatzmann" schicken. Außerdem werden ihm Art, Umfang und Tempo der Arbeit vorgegeben.	**Lohnzahlungspflicht:** Der Arbeitgeber muss dem Arbeitnehmer für seine Arbeitsleistung Lohn bezahlen.
Weisungsgebundenheit: Der Arbeitnehmer muss sich an die Weisungen des Arbeitgebers halten, solange diese die vertraglich vereinbarte Arbeit betreffen.	**Beschäftigungspflicht:** Der Arbeitnehmer hat das Recht, gemäß dem Inhalt des Arbeitsvertrags beschäftigt zu werden. Sollte dies aus irgendeinem Grund nicht möglich sein, so erlischt der Lohnanspruch nicht.
Treuepflicht: Der Arbeitnehmer muss über betriebliche Ereignisse und Gegebenheiten Stillschweigen bewahren. Er darf außerdem seinem Arbeitgeber ohne dessen Einwilligung keine Konkurrenz machen (Wettbewerbsverbot).	**Fürsorgepflicht:** Der Arbeitgeber muss Leben, Gesundheit und Eigentum des Arbeitnehmers schützen, Versicherungen, Steuern, Sozialabgaben abführen, Urlaub gewähren, Zeugnisse schreiben, Einsicht in die Personalakte gewähren usw.

3.1.3 Teilzeitarbeit und befristete Arbeitsverträge

Das **Teilzeit- und Befristungsgesetz (TzBfG)** soll Unternehmen flexibler machen, aber auch mehr zeitlichen Spielraum für alle Beschäftigten bringen.

Teilzeitarbeit

Das Gesetz soll Teilzeitarbeit in allen Berufsgruppen, auch bei qualifizierten und leitenden Tätigkeiten, ermöglichen.

- **Verringerung der Arbeitszeit**
  Ein Arbeitnehmer, dessen Arbeitsverhältnis länger als sechs Monate bestanden hat, kann verlangen, dass seine vertraglich vereinbarte Arbeitszeit verringert wird. Dies gilt nur, wenn der Arbeitgeber mehr als 15 Personen beschäftigt (ohne Auszubildende).
- **Verlängerung der Arbeitszeit**
  Will der teilzeitbeschäftigte Arbeitnehmer wieder länger arbeiten, so ist dies bei freien Arbeitsplätzen und gleicher Eignung zu berücksichtigen.
- **Arbeit auf Abruf**
  Arbeitgeber und Arbeitnehmer können vereinbaren, dass der Arbeitnehmer seine Arbeitsleistung entsprechend dem Arbeitsanfall zu erbringen hat. Die Vereinbarung muss eine bestimmte Dauer der wöchentlichen/täglichen Arbeitszeit festlegen.
- **Arbeitsplatzteilung**
  Arbeitgeber und Arbeitnehmer können vereinbaren, dass mehrere Arbeitnehmer sich die Arbeitszeit an einem Arbeitsplatz teilen. Bei Verhinderung sind die anderen Arbeitnehmer zur Vertretung verpflichtet.

Befristung eines Arbeitsvertrags

Das Gesetz unterscheidet:

- eine Befristung des Arbeitsvertrags mit sachlichem Grund
  1. bei vorübergehendem betrieblichen Bedarf
  2. im Anschluss an eine Ausbildung als Übergang zu einer unbefristeten Stelle
  3. bei Vertretung eines Beschäftigten
  4. bei Arbeiten, die nur zeitlich begrenzt möglich sind
  5. bei Arbeit auf Probe
  6. bei Personen, die nur zeitlich begrenzt eingesetzt werden können (z. B. Schüler, Studenten, Saisonarbeiter)

- Die kalendermäßige Befristung des Arbeitsvertrags (z. B. „bis zum 31. Dez." oder „sechs Monate") ohne Vorliegen eines sachlichen Grundes ist bis zur Dauer von zwei Jahren zulässig. Bis zu dieser Gesamtdauer ist höchstens eine dreimalige Verlängerung möglich.
- Die kalendermäßige Befristung des Arbeitsvertrags, den ein Existenzgründer mit einem Arbeitnehmer abschließt, ist ohne Grund für vier Jahre möglich. Bis zu dieser Gesamtdauer von vier Jahren ist auch die mehrfache Verlängerung eines kalendermäßig befristeten Arbeitsvertrags zulässig.
- Die kalendermäßige Befristung des Arbeitsvertrags für ältere Arbeitnehmer, die das 52. Lebensjahr vollendet haben, gilt für die Dauer von höchstens fünf Jahren.

Die Befristung ist schriftlich niederzulegen. Befristete Arbeitsverträge enden nach Ablauf der Zeit oder der Zweckerreichung. Sie bedürfen **keiner Kündigung.**

3.1.4 Beendigung des Arbeitsverhältnisses

Es gibt eine Vielzahl von Möglichkeiten, einen Arbeitsvertrag zu beenden. Üblich ist die **ordentliche Kündigung**. Sie muss schriftlich erfolgen. Die Schriftform bezieht sich nur auf die Kündigung, nicht auf die Begründung.

Die **Kündigungsfrist** beträgt vier Wochen zum Monatsende oder zum 15. eines Monats. Bei Kleinbetrieben ist sie zu jedem Tag des Monats möglich, wenn dies vereinbart wurde. Während einer vereinbarten **Probezeit (längstens sechs Monate) beträgt die Kündigungsfrist zwei Wochen**. Längere Kündigungsfristen dürfen im Arbeitsvertrag vereinbart werden. Während der Arbeitnehmer ohne Grund ordentlich kündigen kann, unterliegt der Arbeitgeber in seiner Kündigungserklärung gewissen Vorschriften nach dem Kündigungsschutzgesetz (siehe Abschnitt 3.1.5).

Will ein Arbeitgeber oder ein Arbeitnehmer eine Kündigung ohne Einhaltung der Kündigungsfristen aussprechen, so muss eine **fristlose Kündigung** erfolgen. Diese Möglichkeit ist vorgesehen, damit ein unzumutbar gewordenes Arbeitsverhältnis ohne zeitliche Verzögerung aufgelöst werden kann. Eine fristlose Kündigung ist aber nur wirksam, wenn ein **wichtiger Grund** vorliegt. Als wichtige Gründe zählen alle groben Verstöße von Arbeitnehmer und Arbeitgeber gegen die jeweiligen Pflichten sowie Verfehlungen wie Straftaten im Betrieb (z. B. Körperverletzung, Diebstahl) oder sexuelle Belästigung. Wirtschaftliche Maßnahmen, wie die Reaktion auf eine allgemeine Wirtschaftsflaute, Rationalisierung, „Gesundschrumpfung" oder Insolvenz, sind keine wichtigen Gründe.

Beendigung eines Arbeitsverhältnisses		
Art der Beendigung	**durch**	**Frist**
ordentliche Kündigung	gesetzliche Regelung	4 Wochen zum 15. oder zum Ende des Kalendermonats
	vertragliche Regelung	einzelvertragliche Regelungen dürfen die gesetzlichen/tariflichen Fristen nicht unter-, aber überschreiten
	tarifliche Regelung	die gesetzlichen Fristen dürfen durch Tarifvertrag unter- oder überschritten werden
fristlose Kündigung	nur bei wichtigem Grund möglich	keine
andere Möglichkeiten	• wenn ein befristeter Arbeitsvertrag ausläuft • durch Aufhebung des Vertrags in beiderseitigem Einvernehmen • durch erfolgreiche Anfechtung • durch den Tod des Arbeitnehmers • durch Erreichen des Renteneintrittsalters	

Vor jeder ordentlichen oder fristlosen Kündigung muss der Arbeitgeber den **Betriebsrat** angehört haben. Ansonsten ist die Kündigung unwirksam. Im Rahmen der Anhörung muss der Arbeitgeber dem Betriebsrat den Namen des Arbeitnehmers, die Art der Kündigung, den Termin und die Gründe mitteilen. Sollte kein Betriebsrat vorhanden sein, muss der Arbeitnehmer vor der Kündigung angehört werden.

Wie sich der Betriebsrat nach einer solchen Mitteilung verhalten kann, ist in der folgenden Übersicht dargestellt:

Kündigungsmitteilung des Arbeitgebers an den Betriebsrat

Betriebsrat stimmt zu	**Betriebsrat schweigt**	**Betriebsrat widerspricht schriftlich innerhalb der vorgeschriebenen Frist**	
Wenn der Betriebsrat innerhalb von 1 Woche zustimmt oder länger als 1 Woche schweigt, gilt die Kündigung als rechtmäßig.		Bei **ordentlicher** Kündigung innerhalb von 1 Woche.	Bei **fristloser** Kündigung innerhalb von 3 Tagen.
		Der Arbeitgeber darf die Kündigung grundsätzlich erst nach Ablauf dieser Fristen aussprechen, sonst ist sie bereits deshalb unwirksam.	
Arbeitgeber kann Kündigung aussprechen; das Arbeitsverhältnis wird beendet.		Bei Klage des Arbeitnehmers besteht Weiterbeschäftigungspflicht bis zum Abschluss des Rechtsstreits vor dem Arbeitsgericht. Dieses entscheidet über die Fortsetzung oder Beendigung des Arbeitsverhältnisses.	

Bei Beendigung des Arbeitsverhältnisses muss dem Arbeitnehmer vom Arbeitgeber ein **Arbeitszeugnis** ausgehändigt werden. Das Zeugnis soll klar und verständlich formuliert sein, es darf keine Missverständnisse aufkommen lassen. Es muss mit einem ordnungsgemäßen Briefkopf ausgestattet sein, mit Name und Anschrift des Ausstellers. Außerdem muss klar gekennzeichnet sein, ob es sich um ein Zwischen-, Abschluss-, Praktikanten- oder Ausbildungszeugnis handelt.

Art der Zeugnisse	
einfaches Zeugnis	**qualifiziertes Zeugnis**
Enthält Angaben über die Person des Arbeitnehmers und die Art und Dauer der Beschäftigung.	Zusätzlich sind äußeres Verhalten und Benehmen (z. B. Pünktlichkeit, Verhältnis zu Mitarbeitern und Vorgesetzten und Einfügen in den Betriebsablauf) zu erwähnen.
Die Art der Beschäftigung soll umfassend beschrieben werden. Typische Merkmale der Arbeit sind zu nennen.	Hinzu kommen berufliche Kenntnisse, Fähigkeiten und Fertigkeiten, Geschicklichkeit, Sorgfalt, Einstellung zur Arbeit und Einsatzfreude. Es ist darauf zu achten, dass die positiven Eigenschaften besonders hervorgehoben werden.

Es gilt der Grundsatz der Wahrheit. Allerdings dürfen dem Arbeitnehmer dadurch keine beruflichen Nachteile entstehen. Eine negative Beurteilung kann z. B. durch Sätze wie

- ... bemühte sich ...,
- ... im Großen und Ganzen zu unserer Zufriedenheit ...,
- ... zeigte für die Arbeit Verständnis ...,
- ... mit großem Fleiß ...

im Zeugnis festgehalten werden.

Das Landesarbeitsgericht Hamm schlägt eine 7-stufige Notenskala vor:		
1	stets zu unserer vollsten Zufriedenheit	= sehr gute Leistungen
2	stets zu unserer vollen Zufriedenheit	= gute Leistungen
3	zu unserer vollen Zufriedenheit	= vollbefriedigende Leistungen
4	stets zu unserer Zufriedenheit	= befriedigende Leistungen
5	zu unserer Zufriedenheit	= ausreichende Leistungen
6	im Großen und Ganzen zu unserer Zufriedenheit	= mangelhafte Leistungen
7	zu unserer Zufriedenheit erledigen versucht	= unzureichende Leistungen

Fehler im Arbeitszeugnis
Enthält ein Zeugnis falsche Darstellungen oder unrichtige Behauptungen, kann der Arbeitnehmer die Ausstellung eines neuen Zeugnisses verlangen. Eine schlichte Korrektur ist nicht ausreichend. Notfalls kann ein Zeugnis im arbeitsgerichtlichen Verfahren überprüft werden. Die Arbeitsgerichte sind befugt, das Zeugnis unter Umständen selbst neu zu formulieren.

Beispiel für ein einfaches Zeugnis

Herr Sebastian Krause, geb. am 15. Oktober 1985 in Pforzheim, war in der Zeit vom 1. Juli 20.. bis zum 30. August 20.. in unserem Unternehmen als Maurer tätig.
Herr Krause hatte alle anfallenden Maurerarbeiten und Reparaturen durchzuführen. Auf eigenen Wunsch scheidet Herr Krause heute aus unserem Unternehmen aus.

Beispiel für ein qualifiziertes Zeugnis (Berufsausbildung)

Frau Hannah Groß, geb. am 30. Juni 2002 in Stuttgart, trat am 1. September 20.. als Auszubildende für den Beruf „Bauzeichnerin" in unser Architekturbüro ein. In ihrer 3-jährigen Ausbildungszeit wurde Frau Groß in allen Bereichen unseres Büros ausgebildet:

- Darstellung im Entwurfsbereich
- Bauanträge
- Abrechnung von Bauleistungen
- Werkplanung
- Dokumentation
- Massenberechnung und Leistungsverzeichnisse
- Aufmaß
- Detailplanung

Frau Groß hat die ihr übertragenen Aufgaben mit größtem Engagement und größter Gewissenhaftigkeit erledigt. Ihre rasche Auffassungsgabe ermöglichte es ihr, während ihrer Ausbildung einen breiten Wissensstand zu erreichen.
Frau Groß war vertrauenswürdig, gewissenhaft und fleißig. Durch ihr reges Interesse für ihre Arbeit gelang es ihr mühelos, die erworbenen Kenntnisse in die Praxis umzusetzen. Sie ging planvoll und überlegt vor und konnte ihre Aufgaben selbstständig durchführen.
Ihr Verhalten gegenüber den Ausbildern, Vorgesetzten, Kollegen und auch Kunden war immer freundlich und aufgeschlossen.
Am 17. Juli 20.. legte Frau Groß ihre Gesellenprüfung vor der Industrie- u. Handelskammer mit sehr gutem Erfolg ab.
Wir haben Frau Groß mit Wirkung vom 1. August 20.. als Bauzeichnerin in unser Architekturbüro übernommen.

3.1.5 Kündigungsschutz

Da der Arbeitsplatz im Leben des Arbeitnehmers von besonderer Bedeutung ist, hat der Gesetzgeber für den Schutz des Arbeitsplatzes besondere Vorschriften erlassen. Bis 1914 konnten Arbeitgeber und Arbeitnehmer jederzeit kurzfristig und ohne Angabe von Gründen kündigen. Für den Arbeitnehmer und seine Familie bedeutete dies, dass er nicht ausreichend abgesichert war, ggf. einschneidende Veränderungen in Kauf nehmen musste und möglicherweise für längere Zeit arbeitslos wurde. Um den Arbeitnehmer vor diesen Folgen zu schützen, hat der Gesetzgeber für den allgemeinen Kündigungsschutz (betrifft alle Arbeitnehmer) und den besonderen Kündigungsschutz (betrifft nur spezielle Arbeitnehmergruppen) bestimmte Vorschriften erlassen.

Allgemeiner Kündigungsschutz

Kündigungsgründe		
die **in der Person** des Arbeitnehmers liegen	die **im Verhalten** des Arbeitnehmers liegen	die **durch betriebliche Erfordernisse** hervorgerufen werden
• Krankheit - lange Krankheit (Kündigung nur äußerstes Mittel, wenn keine andere Maßnahme möglich) - wiederholte Krankheit (wenn wirtschaftliche Belastung des Arbeitgebers zu groß wird) • Leistung (mangelnde Einsatzfähigkeit) • mangelnde Eignung • mangelnde Fähigkeiten	• Alkoholgenuss (wenn verboten) • Unterlassung von Krankmeldungen • beharrliche Verweigerung von Überstunden • wiederholte Unpünktlichkeit • Verlassen des Arbeitsplatzes ohne wichtigen Grund • Beleidigungen • Störung des Betriebsfriedens • Arbeitsverweigerung • Verstoß gegen Betriebsgeheimnisse • außerdienstliches Verhalten (z. B. Straftat)	• unaufschiebbare Rationalisierungsmaßnahmen • Änderung der Produktionsmethoden • mangelnde Auftragslage • Betriebsänderungen
Voraussetzungen		
keine	keine Kündigung ohne vorherige erfolglose **schriftliche Abmahnung**	**Gemäß § 1 KSchG muss jede Kündigung sozial gerechtfertigt sein.** Danach ist der Arbeitgeber verpflichtet, die Dauer der Betriebszugehörigkeit, das Lebensalter, ggf. Unterhaltsverpflichtungen und eine mögliche Behinderung zu berücksichtigen. Die Kündigung muss schriftlich erfolgen und kann auf Sozialwidrigkeit hin überprüft werden.

Sollte keiner der genannten Gründe vorliegen, so liegt es nahe, dass eine Kündigung ungerechtfertigt ist. Sollte trotzdem für den Arbeitnehmer oder Arbeitgeber die Fortsetzung des Arbeitsverhältnisses nicht zumutbar sein, kann beim Gericht die Auflösung des Arbeitsvertrags beantragt werden. Die Auflösung erfolgt aber erst durch ein Urteil, wobei gleichzeitig eine **Abfindung** vom Arbeitgeber an den Arbeitnehmer zu zahlen ist. Eine Abfindung ist auch im Falle einer Kündigung aufgrund betrieblicher Erfordernisse zu zahlen.

Der **allgemeine Kündigungsschutz** gilt für Arbeitnehmer,

- deren Arbeitsverhältnis länger als sechs Monate besteht und
- die in Betrieben mit mehr als zehn Arbeitnehmern (ohne Auszubildende) arbeiten.

Teilzeitbeschäftigte Arbeitnehmer werden bei der Berechnung der Arbeitnehmerzahl wie folgt berücksichtigt:

- Arbeitnehmer, der nicht mehr als 20 Std./Woche arbeitet = 0,5 Arbeitnehmer
- Arbeitnehmer, der nicht mehr als 30 Std./Woche arbeitet = 0,75 Arbeitnehmer

Besonderer Kündigungsschutz

Wegen der besonderen persönlichen und betrieblichen Situation gewährt der Gesetzgeber bestimmten Personengruppen einen besonderen Kündigungsschutz:

Personengruppen	Ordentliche Kündigung	Fristlose Kündigung	Besonderheiten
Betriebsratsmitglieder, Jugend- und Auszubildendenvertreter (JAV), Datenschutzbeauftragte	generell unzulässig	• möglich nur mit wichtigem Grund und mit Zustimmung des Betriebsrats • bei Ablehnung durch den Betriebsrat muss das Arbeitsgericht entscheiden	nach Beendigung der Amtszeit besteht der Kündigungsschutz noch 1 weiteres Jahr, für nicht gewählte Wahlbewerber 6 Monate
Beschäftigte während des Mutterschutzes, der Elternzeit und der Pflegezeit	• generell unzulässig während der Schwangerschaft und 4 Monate nach der Entbindung sowie 8 Wochen vor und während der Elternzeit • bei der Pflegezeit von deren Ankündigung bis zur Beendigung	generell unzulässig (bei groben Verstößen darf der Arbeitgeber nur die Annahme des Arbeitsangebots verweigern mit der Folge des Lohnentzugs)	ausnahmsweise ist die (ordentliche oder außerordentliche) Kündigung zulässig, wenn die für den Arbeitsschutz zuständige oberste Landesbehörde vor der Kündigung diese für zulässig erklärt
Menschen mit Schwerbehinderung (mindestens 50 % Behinderung)	• nur mit Zustimmung des zuständigen Integrationsamtes und nach Beteiligung der Schwerbehindertenvertretung • die Kündigung muss vom Arbeitgeber schriftlich beantragt werden		bei Probearbeitsverhältnissen besteht 6 Monate lang kein Kündigungsschutz
	Mindestfrist: 1 Monat nach Antrag	Mindestfrist: 2 Wochen nach Antrag	
Auszubildende	generell während der Ausbildungszeit (außerhalb der Probezeit) unmöglich	möglich nur mit wichtigem Grund	
langjährige Mitarbeiter (Arbeiter und Angestellte)	**Beschäftigungsdauer ab** – **Kündigungsfristen für AG** 2 Jahre – 1 Monat 5 Jahre – 2 Monate 8 Jahre – 3 Monate 10 Jahre – 4 Monate 12 Jahre – 5 Monate 15 Jahre – 6 Monate 20 Jahre – 7 Monate zum Monatsende	möglich nur mit wichtigem Grund	eine einzelvertragliche Übernahme der tariflich kürzeren Kündigungsfristen durch nicht tarifgebundene Arbeitgeber und Arbeitnehmer ist zulässig

ÜBERBLICK

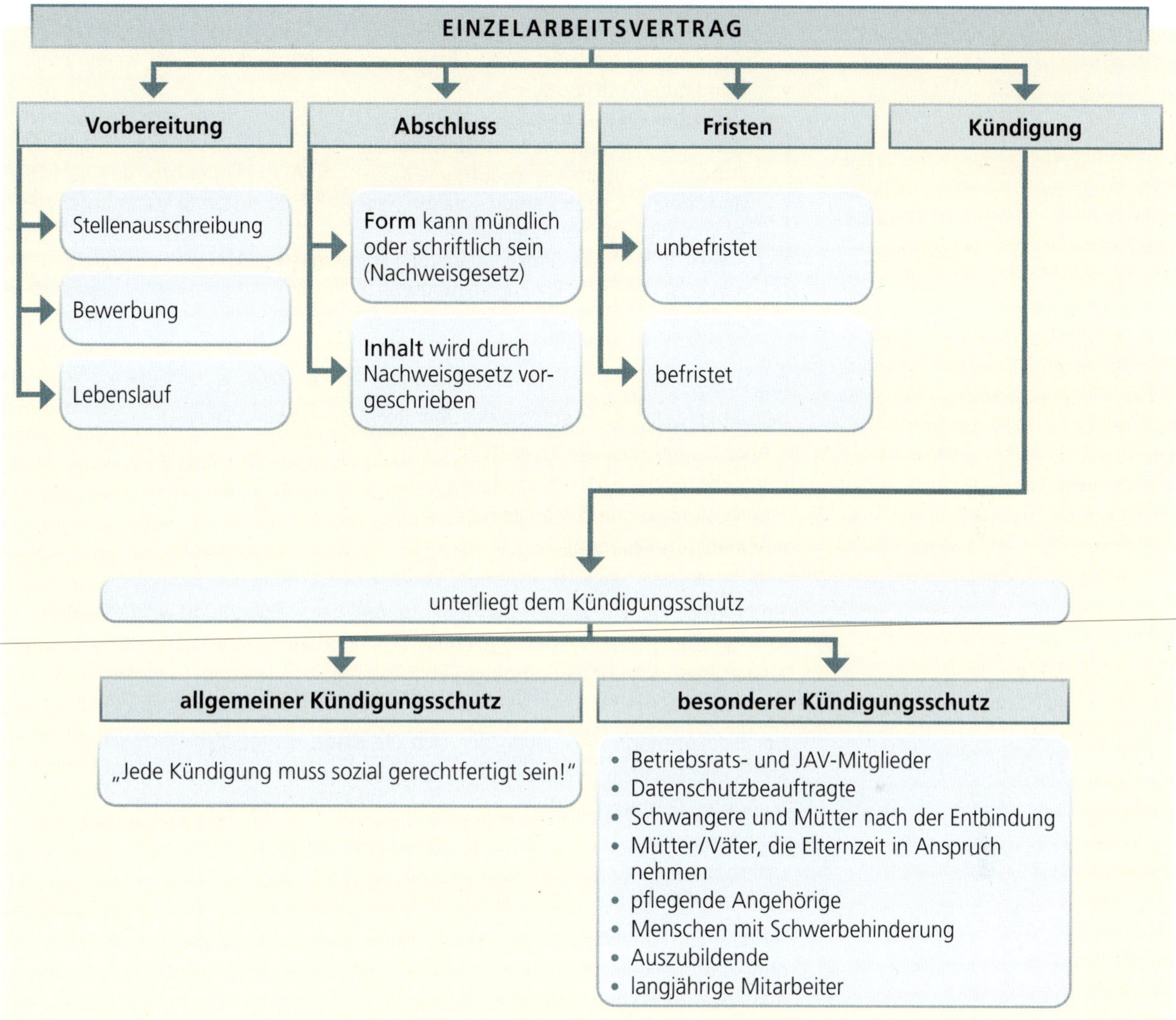

	Wie fit sind Sie beim Thema „Einzelarbeitsvertrag"?	Inhaltsbezug Seite
1	Welche Merkmale muss ein Arbeitsvertrag besitzen?	**38**
2	Nennen Sie die Pflichten, die sich aus einem Arbeitsvertrag ergeben für a) Arbeitgeber und b) Arbeitnehmer.	**39**
3	a) Welche Fristen gelten für ordentliche Kündigungen? b) Nennen Sie Gründe für eine fristlose Kündigung.	**40**
4	Unter welchen Voraussetzungen können die Fristen einer ordentlichen Kündigung unterschritten werden?	**40**
5	Warum hat der Gesetzgeber vor jeder ordentlichen und fristlosen Kündigung eine Anhörung des Betriebsrats vorgeschrieben?	**41**
6	Welche Regelung gilt, wenn kein Betriebsrat vorhanden ist?	**41**
7	Erklären Sie, wann eine Kündigung sozial gerechtfertigt ist.	**43**

3.2 Arbeitsgericht

Bei ihren Gesprächen mit dem Betriebsrat erfährt Hannah, dass zurzeit ein Arbeitsgerichtsprozess eines Mitarbeiters gegen die Moser AG wegen einer Kündigung stattfindet.
Da Arbeitsgerichtsprozesse grundsätzlich öffentlich sind, möchte Hannah gerne als Zuschauerin daran teilnehmen. Es interessiert sie, wie ein solcher Arbeitsgerichtsprozess abläuft, wie Kläger und Angeklagter bzw. ihre Rechtsanwälte als Vertreter argumentieren, wie ein Urteil zustande kommt und wie es vom Richter begründet wird.
- Welche Rechtsstreitigkeiten werden vor dem Arbeitsgericht verhandelt?
- Wie ist das Gericht zusammengesetzt?

Das Arbeitsgericht ist sachlich nur zuständig für Rechtsfragen, die sich aus dem Arbeitsleben ergeben. Es entscheidet über Rechtsstreitigkeiten aus:
- Arbeits- und Ausbildungsverträgen
- Tarifverträgen
- Mitbestimmung und Mitwirkung
- Betriebsvereinbarungen

Einen Arbeitsgerichtsprozess darf jeder führen, der volljährig und voll geschäftsfähig ist. Man kann sich durch seinen Rechtsanwalt oder durch seine Gewerkschaft, Innung oder seinen Verband vertreten lassen.

Der Beklagte (also der, gegen den sich die Klage richtet) kann sich schriftlich zur Sach- und Rechtslage äußern. Diese Klageerwiderung dient als Grundlage für eine mündliche **Güteverhandlung**, die immer einem Prozess vorgeschaltet ist. Darin wird vom zuständigen Arbeitsrichter der Versuch einer vorgerichtlichen gütlichen Einigung unternommen.

Viele Klagen können in dieser vorgerichtlichen Phase bereits gütlich beigelegt werden, ohne dass Gerichtskosten entstehen. Das Ergebnis kann folgendermaßen aussehen:
- **Zurücknahme** der Klage durch den Kläger
- **Anerkenntnis** der Klage durch den Beklagten
- **Vergleich** zwischen den streitenden Parteien

Bundesarbeitsgericht in Erfurt

Kommt es zu keiner gütlichen Einigung, findet eine **Gerichtsverhandlung** statt, die mit einem **Urteil** endet. Eine Berufung leitet das Verfahren weiter an das **Landesarbeitsgericht**, bei weiterer Revision ist das **Bundesarbeitsgericht** in Erfurt zuständig. Beim Landes- und Bundesarbeitsgericht herrscht Anwaltszwang.

Dem Richter oder den Richtern in den Instanzen sitzen immer zwei Laienrichter bei, die konkrete Kenntnisse der Arbeitswelt mitbringen und zwar je
- ein Vertreter von der Arbeitgeberseite und
- ein Vertreter von der Arbeitnehmerseite.

Die beiden Laienrichter üben das Richteramt mit gleichem Stimmrecht aus wie der oder die Berufsrichter.

Eine **streitige Verhandlung** läuft folgendermaßen ab:

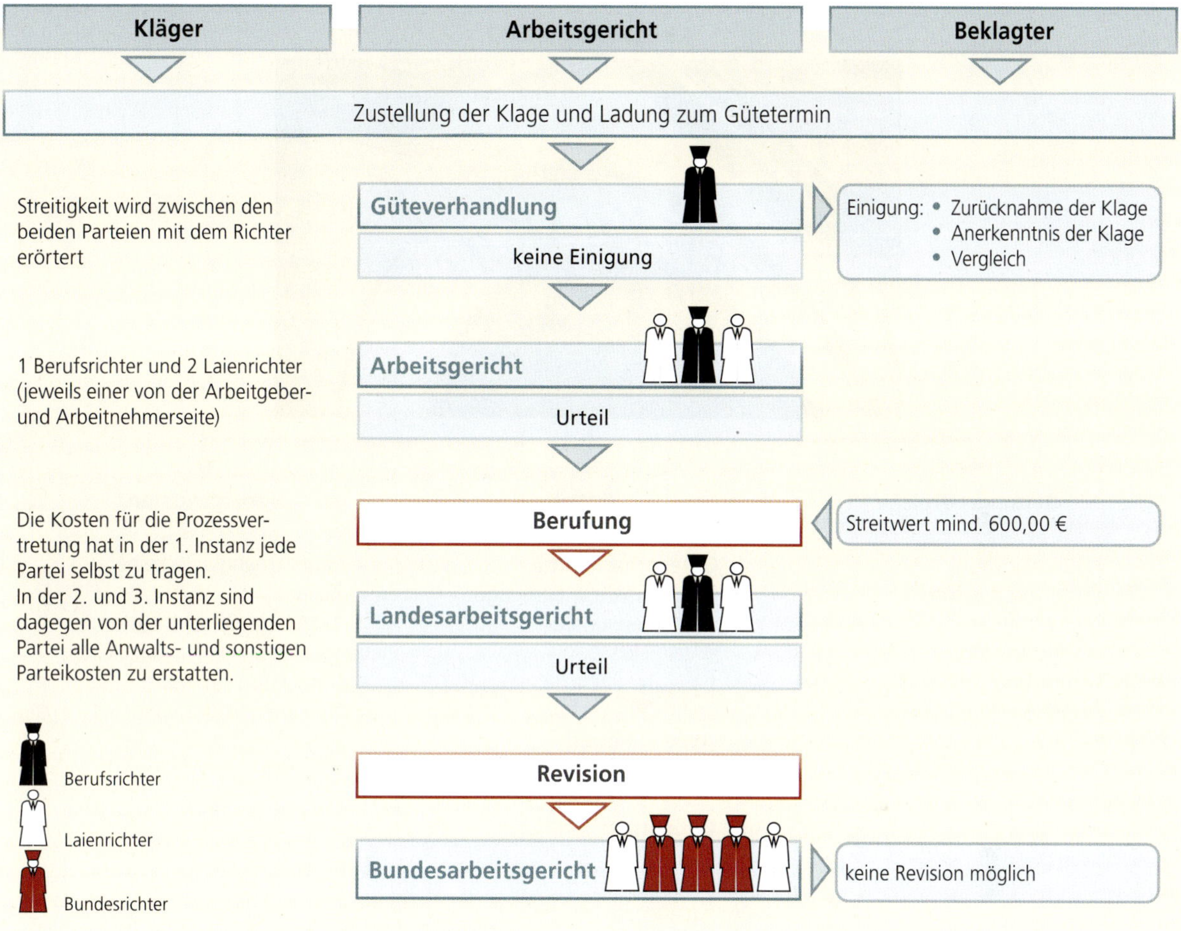

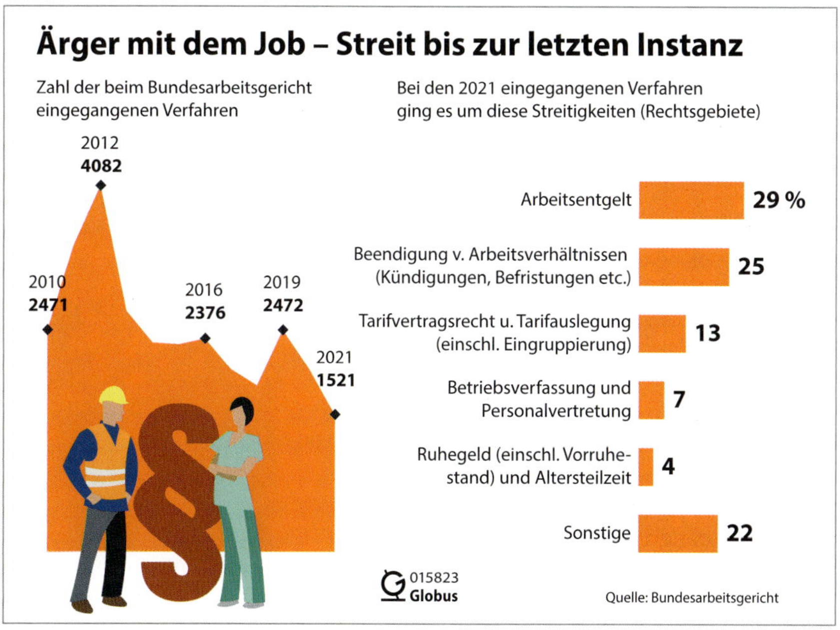

ÜBERBLICK

ARBEITSGERICHT

Geltungsbereiche

- Arbeitsvertrag
- Ausbildungsvertrag
- Tarifvertrag
- Mitbestimmung
- Mitwirkung
- Betriebsvereinbarung

Ablauf

1. **Güteverhandlung**
   - Zurücknahme der Klage
   - Anerkennung der Klage
   - Vergleich

↓

keine Einigung

↓

2. **Gerichtsverhandlung**
   - Urteil
   - ggf. Berufung (Landesarbeitsgericht)
   - ggf. Revision (Bundesarbeitsgericht)

Gerichtskosten

- Güteverhandlung: keine Kosten
- 1. Instanz: Gerichtskosten zahlt Verlierer, Anwaltskosten trägt jede Seite selbst
- 2. und 3. Instanz: Gerichts- und Anwaltskosten trägt der Verlierer

	Wie fit sind Sie beim Thema „Arbeitsgericht"?	Inhaltsbezug Seite
1	Für welche Rechtsstreitigkeiten ist das Arbeitsgericht sachlich zuständig?	46
2	Was ist der Unterschied zwischen Güteverhandlung und Gerichtsverhandlung?	46
3	a) Warum setzt man eine Güteverhandlung vor eine Gerichtsverhandlung? b) Welche Ergebnisse kann eine Güteverhandlung bringen?	46
4	Warum ist die Güteverhandlung kostenlos?	💡
5	Dem Richter werden in den einzelnen Instanzen Laienrichter zugewiesen. a) Aus welchen Bereichen kommen die Laienrichter? b) Welche Aufgaben haben sie?	46
6	Wie verläuft eine streitige Verhandlung bis in die letzte Instanz?	47
7	Welcher Grund liegt wohl vor, dass in der 1. Instanz jede Partei ihre Anwaltskosten selbst bezahlen muss?	💡

3.3 KTB – Kompetenzorientierte Themenbearbeitung I

Wir suchen zum nächstmöglichen Zeitpunkt einen

Schreiner (m/w/d)

MÜLLER-HAUS

ist ein erfolgreiches, expandierendes Fertighausunternehmen mit über 80 Jahren Erfahrung im Holzbau. Viele zufriedene Kunden sind Beweis für Produktqualität und Kompetenz – vom Vertrieb bis zum Kundendienst

Ihr Aufgabengebiet
- Einbau von Haus- und Innentüren sowie Fenstern
- Verlegen von Parkett- und Laminatböden
- Innenausbau- und Trockenbauarbeiten
- Ihr Einsatzbereich erstreckt sich von den Schreinerarbeiten bei der Erstellung und Montage des Hauses bis zur späteren Bearbeitung von Kundendienstaufträgen.

Wir erwarten
- Teamfähigkeit
- eine freundliche, offene Art
- hohe Leistungsbereitschaft
- Flexibilität
- abgeschlossene Berufsausbildung als Schreiner
- Führerschein Klasse C/CE

Wir bieten
- gutes Betriebsklima
- sicheren Arbeitsplatz
- gute Bezahlung

Bitte richten Sie Ihre aussagekräftige Bewerbung an:
Müller-Haus GmbH
z. Hd. Frau Müller, Marienthaler Str. 1, 70567 Stuttgart

1 Lesen Sie die oben stehende Anzeige eines Fertighausunternehmens.

1.1 Sie entscheiden sich dafür, sich bei der Firma Müller-Haus GmbH zu bewerben.

a) Worauf legt der Unternehmer bei einer Bewerbung besonderen Wert?

b) Formulieren Sie ein Bewerbungsschreiben auf die Anzeige.

c) Erstellen Sie Ihren tabellarischen Lebenslauf.

d) Warum erhöht es Ihre Chancen auf eine Einstellung, wenn Sie sich vor einem Bewerbungsgespräch sehr genau über die Müller-Haus GmbH erkundigen?

1.2 Die Müller-Haus Fertigbauunternehmung bietet Ihnen ein gutes Betriebsklima, einen sicheren Arbeitsplatz und gute Bezahlung.

a) Beurteilen Sie diese drei Kriterien.

b) Welches ist für Sie das wichtigste der drei Kriterien? Begründen Sie Ihre Auswahl.

1.3 Bei einem erfreulichen Vorstellungsgespräch, bei dem Sie auch Ihre Gehaltsvorstellung vorgetragen haben, konnten Sie den zuständigen Personalchef der Müller-Haus GmbH davon überzeugen, Sie einzustellen. Nun geht es um den Arbeitsvertrag.

a) Der Personalchef des Fertigbauunternehmens, Herr Schlindwein, ist ein vielbeschäftigter Mann, der stets von Termin zu Termin eilt. Zwischen Tür und Angel ruft er Ihnen nach dem Vorstellungsgespräch zu: „Sie können gleich zum 1. September in Vollzeit beginnen, mit ihren Gehaltsvorstellungen sind wir einverstanden."
Nachdem Sie „Sehr gerne!" gerufen haben, verschwindet Schlindwein bereits.
Bis zum 1. September sind es nur noch sechs Tage hin und etwas Schriftliches liegt ihnen nicht vor.
Können Sie trotzdem auf den Beginn des Arbeitsverhältnisse zum 1. September vertrauen?

b) Sie treten die Arbeit wie besprochen am 1. September an. In der Mittagspause werden Sie von Herrn Schlindwein offiziell begrüßt, doch so etwas wie einen Vertrag legt er Ihnen immer noch nicht vor.
Auf welcher gesetzlichen Grundlage können Sie etwas „Schriftliches" verlangen und wann muss Ihnen die Müller-Haus GmbH spätestens etwas Schriftliches vorlegen?

c) Nennen Sie mindestens sieben Punkte, die in diese Niederschrift aufgenommen werden müssen.

3.3 KTB – Kompetenzorientierte Themenbearbeitung II

2 Sie sind seit zwei Jahren bei der Müller-Haus GmbH zur beiderseitigen Zufriedenheit beschäftigt, da gerät das Unternehmen in eine Bauflaute. Ihr Arbeitsplatz wird Ihnen jetzt zu unsicher. Sie bewerben sich bei einem anderen Holzbauunternehmen, der Dickgießer KG, und haben Erfolg: Man bietet Ihnen eine Stelle zum 1. November an.

2.1 Sie möchten Ihre Stelle bei der Müller-Haus GmbH am 4. September kündigen.

a) Zu welchem Zeitpunkt wäre frühestens eine Kündigung möglich?

b) Sie erinnern sich daran, dass der Chef, Herr Schlindwein, immer ein Freund des Mündlichen war. Ist es ratsam, dem Arbeitgeber die Kündigung mündlich mitzuteilen?

c) Sie bitten Ihren Chef um ein qualifiziertes Zeugnis. Formulieren Sie ein solches Zeugnis auf einem Formbrief.

2.2 Leider läuft es für Sie bei der Dickgießer KG lange nicht so gut wie zuvor bei der Müller-Haus GmbH. Häufig kommt es zu Meinungsverschiedenheiten mit dem Chef, Herrn Quaisser. Dies geht allerdings auch anderen Mitarbeitern so.

a) Nach einer erneuten Diskussion über Arbeitsabläufe, die von Ihnen sachlich und im höflichen Ton geführt wird, flattert Ihnen am nächsten Tag eine fristlose Kündigung ins Haus, die Herr Quaisser mit „andauernden unsinnigen Diskussionen" begründet. Ist die fristlose Kündigung wirksam? Begründen Sie Ihre Antwort.

b) Eine Ihrer Kolleginnen bei der Dickgießer KG muss morgens ihr Kind in den Kindergarten bringen. Sie ist alleinerziehend und kommt deshalb sehr oft zu spät zur Arbeit. Sie arbeitet seit fünf Jahren im Unternehmen. Trotz einer Abmahnung kommt sie wieder zu spät. Worauf muss der Chef hier bei einer Kündigung achten? Begründen Sie Ihre Antwort.

3 Der 19-jährige Lukas, der erst kürzlich seine erste Stelle als Schreiner bei der Firma Müller-Haus GmbH angetreten hat, nimmt am Freitagnachmittag eine Bohrmaschine aus dem Betrieb mit nach Hause. Er will sie am Wochenende privat nutzen, jedoch am Montag wieder mit in den Betrieb bringen, damit dem Arbeitgeber kein Schaden entsteht. Den Chef um Erlaubnis zu fragen traut er sich nicht. Der Chef bemerkt zufällig, wie Lukas die Bohrmaschine einpackt und konfrontiert ihn am Montag mit einem Schreiben: „fristlose Kündigung wegen Diebstahls".

a) Bei welchem Gericht kann sich Lukas gegen die Kündigung zu Wehr setzen, wenn seine Beteuerungen, das Werkzeug nur ausleihen zu wollen, beim Chef kein Gehör finden?

b) Was muss Lukas tun, damit seine Kündigung gerichtlich geprüft wird?

c) Charakterisieren Sie die Verhandlung vor Gericht, die dem eigentlichen Prozess vorgeschaltet ist, im Hinblick auf ihren Zweck.

d) Was verstehen Sie unter „Laienrichtern"?

KOMPETENZBEREICH I:
Mitarbeiter in der Arbeitswelt

4

MITBESTIMMUNG UND TARIFVERTRÄGE: KOLLEKTIVES ARBEITSRECHT

4.1 Interessenvertretung der Arbeitnehmer

Hannah plant den Sommerurlaub mit ihrem Freund. Bei Anmeldung des Urlaubs in der Firma widerspricht die Personalabteilung. Sie könne den Urlaub in dieser Zeit nicht genehmigen, da Mitarbeiter, die länger in der Firma seien, Vortrittsrechte hätten. Das gefällt Hannah gar nicht.
Sie geht zum Betriebsrat und spricht mit ihm über ihr Problem. Dort wird sie über das Mitbestimmungsrecht des Betriebsrats nach § 87 Abs. 1 Nr. 5 BetrVG aufgeklärt, nämlich: die Regeln über die Verteilung des Urlaubs innerhalb des Jahres, die Behandlung konkurrierender Urlaubswünsche von Arbeitnehmern, Urlaubssperren sowie Regelungen über das Verfahren der Urlaubserteilung, den Zeitpunkt von Betriebsferien usw.
Im Urlaubsplan werden der konkrete Urlaub der einzelnen Arbeitnehmer und ggf. auch die Planung ihrer Vertretung festgelegt. Sowohl bei der Aufstellung als auch bei allgemeinen Änderungen des Urlaubsplans hat der Betriebsrat ein Mitbestimmungsrecht.

- Informieren Sie sich über § 87 des Betriebsverfassungsgesetzes.
- Welche weiteren Mitbestimmungsrechte hat der Betriebsrat nach § 87 BetrVG?
- Welche Antwort wird wohl der Betriebsrat Hannah auf ihren Urlaubswunsch geben?

Interessenvertretung im öffentlichen Dienst
Im öffentlichen Dienst ersetzt der Personalrat den Betriebsrat. Für Arbeitnehmer im öffentlichen Dienst gelten deshalb statt des Betriebsverfassungsgesetzes die Personalvertretungsgesetze der Länder oder des Bundes.

Die Idee von der Partnerschaft und Mitwirkung der Arbeitnehmer im sozialen, personellen, wirtschaftlichen und technisch-organisatorischen Bereich eines Unternehmens fand ihren Niederschlag vor allem im **Betriebsverfassungsgesetz (BetrVG)**.

Danach werden Beteiligungsrechte eingeräumt:

- den Arbeitnehmern,
- ihren Interessenvertretungen (Betriebsrat, Jugend- und Auszubildendenvertretung) und
- den sonstigen Organen der Betriebsverfassung (Einigungsstelle, Betriebsversammlung, Jugend- und Auszubildendenversammlung).

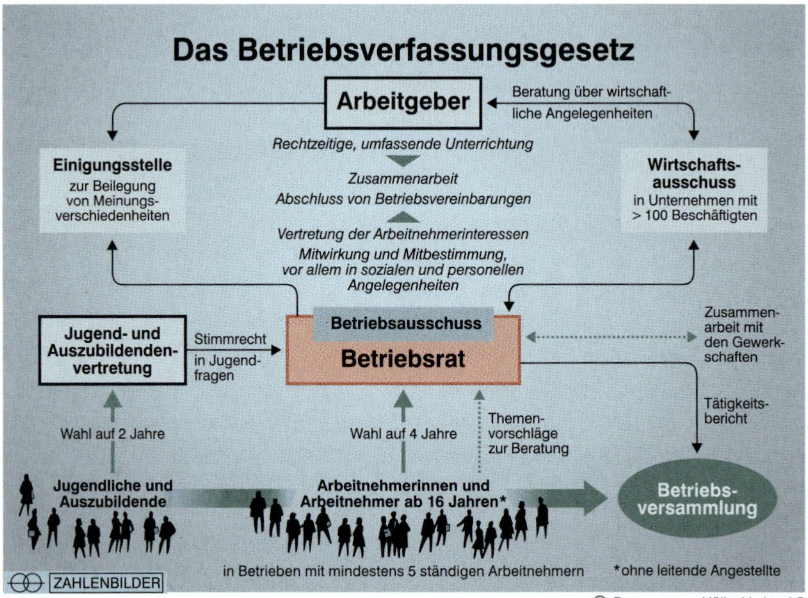

243 511 © Bergmoser + Höller Verlag AG

4.1.1 Interessenvertretung des einzelnen Arbeitnehmers am Arbeitsplatz

Jeder Arbeitnehmer hat das Recht, sich über das Geschehen im Unternehmen zu informieren und Einfluss darauf zu nehmen:

- durch die unmittelbare Wahrnehmung seiner Interessen im Rahmen der Mitwirkung, z. B. Unterrichtung, Anhörung, Erörterung, Beschwerden, Personalakteneinsicht oder
- indirekt im Rahmen der Mitbestimmung, z. B. durch die Teilnahme an Betriebsratswahlen, Betriebsversammlungen usw.

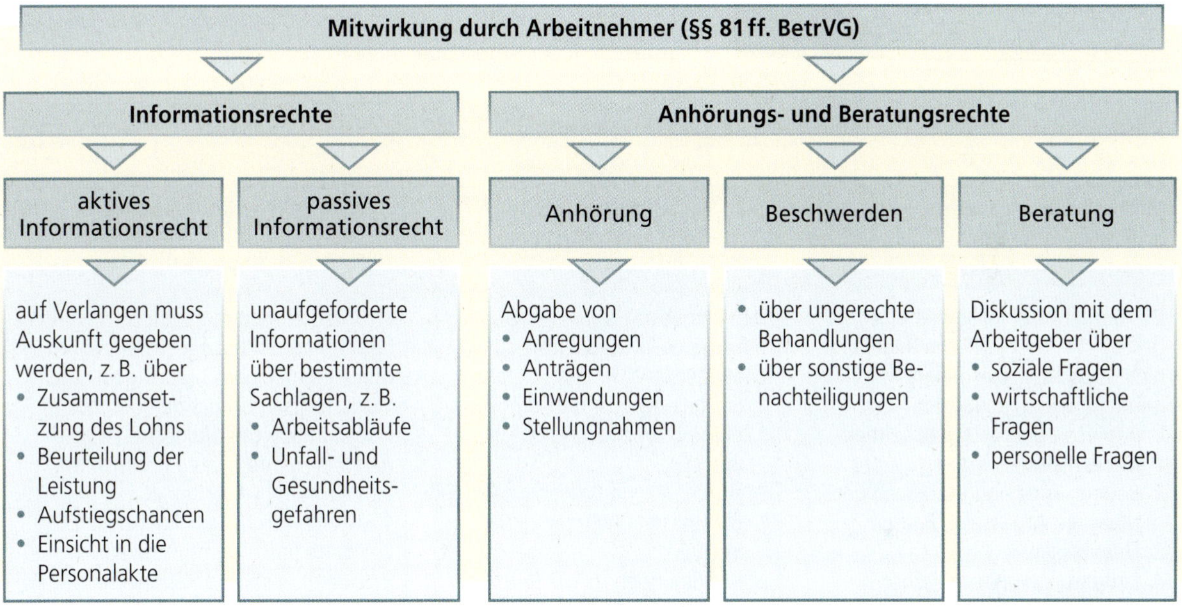

Diese Form der individuellen Mitwirkung gilt für Unternehmen mit und ohne Betriebsrat.

4.1.2 Interessenvertretung im Betrieb

Betriebsrat

Der Betriebsrat besteht aus einem oder mehreren frei gewählten Betriebsangehörigen, die die Arbeitnehmerinteressen gegenüber dem Arbeitgeber vertreten. Die Anzahl der Betriebsratsmitglieder ergibt sich aus der ständigen Mitarbeiterzahl eines Unternehmens.

Alle Arbeitnehmer ab 16 Jahre sind **wahlberechtigt**. Nicht wahlberechtigt sind dagegen alle Gesellschafter, der Chef sowie seine direkten Verwandten und alle leitenden Angestellten (z. B. Prokuristen).

Wählbar sind nur wahlberechtigte Arbeitnehmer, die das 18. Lebensjahr vollendet haben und dem Betrieb mindestens sechs Monate angehören. Das zahlenmäßige Verhältnis zwischen Frauen und Männern im Betrieb soll sich auch im Betriebsrat widerspiegeln. Die Wahlen zum Betriebsrat finden alle vier Jahre statt und sind geheim.

Der Betriebsrat hat die **Aufgabe**, zum Wohl der Arbeitnehmer und des Betriebs mit dem Arbeitgeber vertrauensvoll zusammenzuarbeiten. Er soll Interessenkollisionen weitgehend vorbeugen und bestehende Konflikte und Spannungen ausgleichen.

Zahl der Betriebsräte	Zahl der Arbeitnehmer
1	5– 20
3	21– 50
5	51–100
7	101–200
9	201–400
11	401–700

usw. (siehe § 9 BetrVG)

ab 200 Arbeitnehmern muss ein Betriebsratsmitglied freigestellt werden

Vereinfachtes Wahlverfahren für Kleinbetriebe (§ 14a BetrVG)
In Betrieben mit in der Regel 5 bis 50 wahlberechtigten Arbeitnehmern wird der Betriebsrat in einem zweistufigen Verfahren gewählt. Auf einer 1. Wahlversammlung wird der Wahlvorstand gewählt, auf einer 2. der Betriebsrat in geheimer und unmittelbarer Wahl. Diese Wahlversammlung findet 1 Woche später statt.

Die Mitwirkung und Mitbestimmung spielt sich also überwiegend auf der Ebene „Geschäftsleitung – Betriebsrat" ab. Kommt einmal keine Lösung zustande, so kann die **Einigungsstelle** angerufen werden, deren Entscheidung verbindlich ist. Die Einigungsstelle besteht aus einer beliebigen Anzahl von Personen, die je zur Hälfte vom Arbeitgeber und vom Betriebsrat benannt werden. Hinzu kommt ein unparteiischer Vorsitzender, auf den sich beide Seiten einigen müssen. Kann hier keine Einigung erzielt werden, bestimmt das Arbeitsgericht den Vorsitzenden.
Arbeitgeber- und Arbeitnehmerseite müssen versuchen, eine Einigung herbeizuführen. Der Vorsitzende muss sich zunächst enthalten. Erst bei Nichteinigung entscheidet er mit seiner Stimme. Die Kosten (inkl. Lohnausfall) trägt der Arbeitgeber.

Mitbestimmung und Mitwirkung durch den Betriebsrat

Mitbestimmungsrechte in sozialen Angelegenheiten (§ 87 BetrVG)	**Mitwirkungsrechte** in personellen Angelegenheiten	**Mitwirkungsrechte** in wirtschaftlichen Angelegenheiten
Der Betriebsrat hat, soweit eine gesetzliche oder tarifliche Regelung nicht besteht, insbesondere in folgenden Fällen mitzubestimmen: 1. Betriebsordnung und Arbeitnehmerverhalten 2. Beginn, Ende und Verteilung der täglichen Arbeitszeit, Pausen 3. Urlaubsplan 4. Einführung von technischen Einrichtungen zur Überprüfung von Verhalten und Leistung der Arbeitnehmer 5. Unfallverhütung 6. Sozialeinrichtungen im Betrieb 7. betriebliche Entlohnungsgrundsätze und -methoden 8. Akkord- und Prämiensätze 9. betriebliches Vorschlagswesen	Der Betriebsrat ist bei der Durchführung einer Maßnahme zu beteiligen: 1. Einstellung, Ein- und Umgruppierung, Versetzung (§ 99 BetrVG) 2. Durchführung betrieblicher Bildungsmaßnahmen (§ 98 BetrVG) 3. Kündigungen (§ 102 BetrVG)	In Unternehmen mit mehr als 100 Arbeitnehmern muss der Arbeitgeber durch einen eigens hierfür gebildeten Wirtschaftsausschuss den Betriebsrat insbesondere über folgende Angelegenheiten unterrichten und sich mit ihm beraten (§ 106 BetrVG): 1. wirtschaftliche und finanzielle Lage 2. Produktions- und Absatzlage 3. Investitionen und Rationalisierungen 4. Arbeitsmethoden 5. Stilllegen, Verlegen und Zusammenschließen von Betrieben In kleineren Betrieben mit mehr als 20 Arbeitnehmern hat der Betriebsrat ein Informations- und Beratungsrecht bei wesentlichen Betriebsänderungen (§ 111 BetrVG).

Jedes Vierteljahr hat der Betriebsrat eine **Betriebsversammlung** einzuberufen, die der Betriebsratsvorsitzende leitet. Sie besteht aus den Arbeitnehmern des Betriebs, ist nicht öffentlich und findet während der Arbeitszeit ohne Verdienstausfall statt. Auch der Arbeitgeber muss eingeladen werden. Beauftragte der im Betrieb vertretenen Gewerkschaften können beratend teilnehmen.
Aufgabe einer Betriebsversammlung ist es, die Arbeitnehmer über betriebliche Angelegenheiten zu informieren:

- Der Betriebsrat hat einen Bericht über seine Tätigkeit abzugeben und muss sich der Diskussion mit den Arbeitnehmern stellen.
- Der Arbeitgeber hat an diesem Ort die Möglichkeit, seine Meinung zu aktuellen Themen, z. B. zur wirtschaftlichen und sozialen Lage des Betriebs, mitzuteilen. Diese Informationen können einmal im Jahr von den Arbeitnehmern erzwungen werden.

Beschlüsse dürfen auf der Betriebsversammlung nicht gefasst werden.

Europäischer Betriebsrat (EBR)
Der Europäische Betriebsrat ist eine Arbeitnehmervertretung in grenzüberschreitend tätigen Unternehmen in der EU. Das gilt für Firmen mit mehr als 1.000 Beschäftigten, die mindestens 150 Mitarbeiter in einem zweiten EU-Land beschäftigen.
Die Mitglieder des Euro-Betriebsrats werden nicht gewählt, sondern von den Betriebsräten der verschiedenen Konzernstandorte in den Euro-Betriebsrat delegiert.

Jugend- und Auszubildendenvertretung (JAV)
Damit auch die besonderen Interessen der jugendlichen Arbeitnehmer im Betrieb vertreten werden, sieht das Betriebsverfassungsgesetz eine Jugend- und Auszubildendenvertretung vor, wenn mindestens fünf Arbeitnehmer unter 18 Jahren oder Auszubildende unter 25 Jahren im Betrieb arbeiten und ein Betriebsrat vorhanden ist.

Wahlberechtigt sind alle Arbeitnehmer unter 18 Jahren und alle Auszubildenden ohne Altersbeschränkung. Gewählt werden dürfen alle Arbeitnehmer, die das 25. Lebensjahr noch nicht vollendet haben, sowie alle Auszubildenden. Sie dürfen nicht Mitglied des Betriebsrats sein. Können mehrere Jugend- und Auszubildendenvertreter gewählt werden, so sollen sich sowohl die unterschiedlichen Beschäftigungsgruppen als auch das zahlenmäßige Verhältnis der Geschlechter in der Vertretung widerspiegeln. Die Jugend- und Auszubildendenvertreter werden alle zwei Jahre neu gewählt.

Aufgabe der Jugend- und Auszubildendenvertretung ist es, persönliche Belange – besonders innerhalb der Berufsausbildung – in den Betriebsrat zu tragen, der wiederum in direkten Verhandlungen mit dem Arbeitgeber steht. Aus diesem Grund kann ein Mitglied der Jugend- und Auszubildendenvertretung an jeder Betriebsratssitzung und an allen Sitzungen des Betriebsausschusses teilnehmen.
Weitere Aufgabe der Vertretung ist es, die Einhaltung von JArbSchG und BBiG, Unfallverhütungsvorschriften, Tarifverträgen, Betriebsvereinbarungen und sonstigen die Jugendlichen und Auszubildenden betreffenden Verordnungen und Vereinbarungen zu kontrollieren.

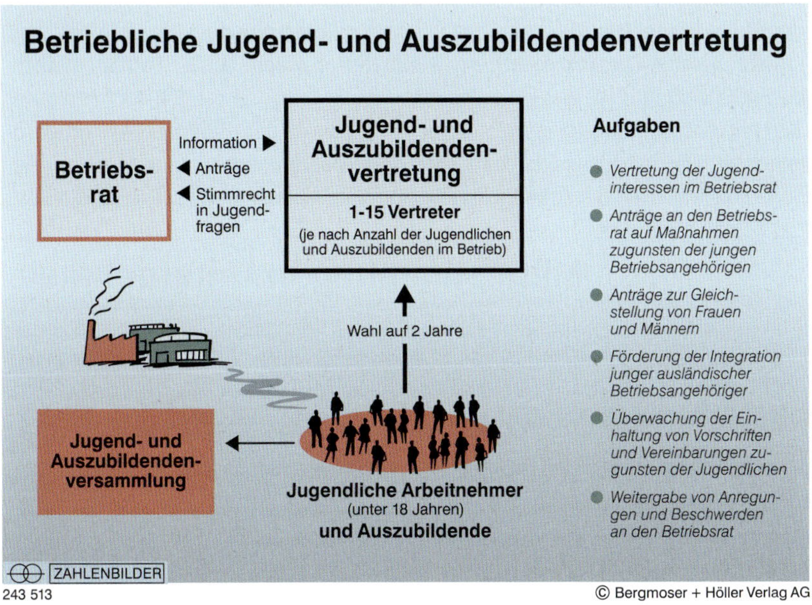

243 513 © Bergmoser + Höller Verlag AG

4.1.3 Mitbestimmung im Aufsichtsrat
Wichtige Entscheidungen in Großunternehmen wirken sich in besonderem Maße auf die Arbeitnehmerschaft aus. Deshalb wurde in der Bundesrepublik Deutschland seit Anfang der Fünfzigerjahre die Mitbestimmung der Arbeitnehmer in den Unternehmen bis zum Mitbestimmungsgesetz 1976 immer weiter ausgebaut. Den größten Einfluss haben die Arbeitnehmervertretungen in den Aufsichtsräten der Kapitalgesellschaften (AG und GmbH).

Drittelbeteiligungsgesetz von 2004

Dieses Gesetz sieht Mitbestimmung von Arbeitnehmerseite für Aktiengesellschaften und GmbHs mit weniger als 2.000 Arbeitnehmern vor, die nicht zum Montanbereich gehören. Der Aufsichtsrat besteht hier zu zwei Dritteln aus Kapitalvertretern und zu einem Drittel aus Arbeitnehmervertretern. Ein Arbeitsdirektor ist im Vorstand nicht vorgesehen.
Für alle GmbHs und AGs als Familiengesellschaften mit weniger als 500 Mitarbeitern findet die Mitbestimmung keine Anwendung.

Mitbestimmungsgesetz von 1976

Dieses Gesetz gilt für alle Unternehmen, die nicht dem Montanbereich angehören und mehr als 2.000 Arbeitnehmer beschäftigen. Im Aufsichtsrat sitzen sich Arbeitnehmer- und Kapitalvertreter paritätisch, d. h. in gleicher Anzahl gegenüber.
Die Besonderheiten dieses Modells liegen darin, dass einer der Arbeitnehmervertreter im Aufsichtsrat „leitender Angestellter" sein muss und dass der Aufsichtsratsvorsitzende, der immer von der Kapitalseite gestellt wird, in „Patt-Situationen" eine zweite Stimme hat.
Als Besonderheit sieht das Gesetz im Vorstand einen „Arbeitsdirektor" vor, der vom Aufsichtsrat mit Mehrheit bestimmt wird. Zu seinen Aufgaben gehören insbesondere die Personalabteilung, Tariffragen, Aus- und Weiterbildung, Arbeits- und Sozialrecht sowie Arbeitssicherheit.

Teilhabegesetz
Das 2015 in Kraft getretene Teilhabegesetz bestimmt, dass paritätisch mitbestimmte Unternehmen bei den Wahlen zu ihren Aufsichtsräten eine feste Quote von mindestens 30 Prozent bei Frauen und Männern erfüllen müssen.

Montanmitbestimmungsgesetz von 1951

Dieses Gesetz gilt nur für Unternehmen des Bergbaus und der Eisen und Stahl erzeugenden Industrie. Der Aufsichtsrat ist in dieser Mitbestimmungsform ebenfalls „paritätisch" besetzt. Dazu wird noch ein „Neutraler" gewählt, der in „Patt-Situationen" die Entscheidung trifft, was in der Praxis bisher allerdings sehr selten notwendig war. Auch in diesen mitbestimmten Unternehmen gehört dem Vorstand ein Arbeitsdirektor an. Der Arbeitsdirektor darf nach dem Montanmitbestimmungsgesetz nicht gegen die Mehrheit der Arbeitnehmervertreter im Aufsichtsrat gewählt werden.

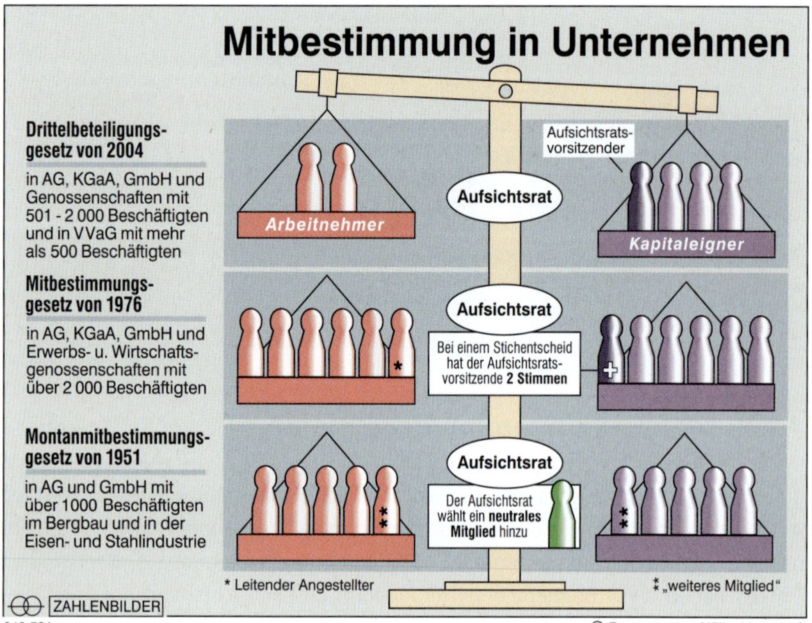

© Bergmoser + Höller Verlag AG

ÜBERBLICK

INTERESSENVERTRETUNG DER ARBEITNEHMER

persönlich bei der Unternehmensleitung durch:
- Informationsrechte
- Anhörung
- Beschwerden
- Beratung

über den Betriebsrat in:
- sozialen Angelegenheiten
- personellen Angelegenheiten
- wirtschaftlichen Angelegenheiten

→ persönlich
→ in der Betriebsversammlung

über die Jugend- und Auszubildendenvertretung für:
- Berufsausbildung
- alle Themen, die die Jugendlichen und Auszubildenden interessieren

MITBESTIMMUNG IM AUFSICHTSRAT

Montanmitbestimmungsgesetz (1951)
für die Eisen und Stahl erzeugende Industrie

Drittelbeteiligungsgesetz (2004)
für Kapitalgesellschaften zwischen 501 und 2.000 Beschäftigten

Mitbestimmungsgesetz (1976)
für Kapitalgesellschaften mit mehr als 2.000 Beschäftigten

	Wie fit sind Sie beim Thema „Interessenvertretung der Arbeitnehmer"?	Inhaltsbezug Seite
1	Welche Ziele verfolgt das Betriebsverfassungsgesetz?	52
2	a) Welche Mitbestimmungsrechte hat der Arbeitnehmer? b) Welche Mitbestimmungsrechte hat der Betriebsrat?	53–54
3	Beantworten Sie jeweils für Betriebsrat und Jugend- und Auszubildendenvertretung die folgenden Fragen: a) Wer ist wahlberechtigt? b) Wer ist wählbar? c) In welchen Zeitabständen wird gewählt?	53–55
4	Welche Aufgaben haben: a) der Betriebsrat? b) die Jugend- und Auszubildendenvertretung?	53–55
5	Erarbeiten Sie die Unterschiede zwischen den drei Mitbestimmungsmodellen hinsichtlich folgender Punkte: a) Hat die Größe eines Unternehmens Einfluss auf die Mitbestimmungsrechte? Begründen Sie Ihre Antwort. b) Welcher Seite gehört der „Neutrale" bzw. Vorsitzende des Aufsichtsrats an und welchen Einfluss hat er auf die Abstimmung?	55–56
6	Mitbestimmungsmodell von 1976: a) Welche Aufgaben hat der Arbeitsdirektor? b) Was ist ein „leitender Angestellter"? c) Warum hat man bei diesem Mitbestimmungsmodell wohl den „leitenden Angestellten" verpflichtend mit in den Aufsichtsrat eingebunden?	56

Info
In Betrieben ohne Betriebsrat können keine Betriebsvereinbarungen getroffen werden.

4.2 Betriebsvereinbarung

Im Bauunternehmen Moser AG gibt es eine Betriebsvereinbarung zum Datenschutz. Darin sind z. B. die Regelungen enthalten,
- dass jeder Beschäftigte einmal jährlich eine komplette Auflistung der über ihn gespeicherten Daten und deren Verwendungszwecke erhält.
- dass der Betriebsrat stellvertretend für die Beschäftigten auf das Grundrecht des Brief-, Post- und Fernmeldegeheimnisses verzichtet, also alle Briefe, E-Mails, Faxe und Telefonate überprüft werden können.

- Wer schließt eine Betriebsvereinbarung ab?
- Wenn die Moser AG keinen Betriebsrat hätte, wäre eine Betriebsvereinbarung zwischen dem Unternehmen und den Arbeitnehmern möglich?
- Beurteilen Sie die obigen Regelungen hinsichtlich ihrer Rechtmäßigkeit.

Bei einzelnen Arbeitgebern und Belegschaften besteht oft der Wunsch, generelle Regelungen im Betrieb vorzunehmen, um so den täglichen Arbeitsablauf reibungsloser zu gestalten. In diesem Fall sieht das Betriebsverfassungsgesetz vor, dass Arbeitgeber und Betriebsrat Betriebsvereinbarungen schriftlich abschließen können. Sie müssen an geeigneter Stelle im Betrieb ausgehängt werden, z. B. durch Anschlag am Schwarzen Brett. Betriebsvereinbarungen können gültige Tarifabschlüsse und gesetzliche Regelungen (z. B. zur Mitbestimmung) nicht außer Kraft setzen. In der Hierarchie des Arbeitsrechts gelten für den Arbeitsvertrag die Regeln einer bestehenden Betriebsvereinbarung, die wiederum die Regeln des Tarifvertrags einhalten muss. Über allem steht das Gesetz, gegen das nicht verstoßen werden darf. Allerdings gilt das **Günstigkeitsprinzip**, d. h. für den Arbeitnehmer gilt immer die günstigste, also beste Regelung.

Beispiel

Für den Urlaub gilt das Bundesurlaubsgesetz; es sei denn, im Tarifvertrag oder der Betriebsvereinbarung sind günstigere Regeln für den Arbeitnehmer enthalten. Weniger Urlaubstage im Arbeitsvertrag sind also nicht zulässig.

Gesetzlicher Rahmen
Tarifvertraglicher Rahmen
Betriebsvereinbarung
Arbeitsvertrag

Betriebsvereinbarungen werden also immer Bestandteil des Arbeitsvertrags, indem z. B. ein Satz im Arbeitsvertrag auf Betriebsvereinbarungen verweist („Im Übrigen gelten die betrieblichen Regeln") oder auf diese im Arbeitsvertrag direkt hingewiesen wird. Deshalb sollte jeder Arbeitnehmer, also auch der Auszubildende, nach evtl. vorhandenen Betriebsvereinbarungen fragen, um später nicht überrascht zu werden.

Betriebsvereinbarungen regeln üblicherweise

die **notwendige Ordnung** im Betrieb, wie z. B.
- Arbeitszeit, Pausen
- Überstunden
- Urlaub
- Akkord- und Richtlohnsätze
- neue Entlohnungsmethoden

das **Verhalten des Arbeitnehmers**, wie z. B.
- Tragen von Schutzkleidung
- Rauch- und Alkoholverbot
- Behandlung von Maschinen, Werkzeug, Material
- Benutzen sozialer Einrichtungen

die **Aufgaben des Betriebsrats**, wie z. B.
- Sprechstunden in der Arbeitszeit
- Freistellung der Betriebsratsmitglieder von der beruflichen Tätigkeit
- Einrichtung und Verwaltung sozialer Einrichtungen

ÜBERBLICK

BETRIEBSVEREINBARUNG

- **Abschluss**
  - nur zwischen Betriebsrat und Arbeitgeber
  - muss schriftlich erfolgen
- **Inhalt**
  - notwendige Ordnung im Betrieb
  - Verhalten der Arbeitnehmer
  - Aufgaben des Betriebsrats
- **Geltungsbereich**
  - wirkt nur innerhalb des Betriebs im Zuständigkeitsbereich des Betriebsrats
  - muss an geeigneter Stelle im Betrieb veröffentlicht werden

	Wie fit sind Sie beim Thema „Betriebsvereinbarung"?	Inhaltsbezug Seite
1	a) Wann ist es sinnvoll, eine Betriebsvereinbarung abzuschließen? b) Wer schließt sie ab?	**58**
2	Welche Inhalte sollte eine Betriebsvereinbarung üblicherweise enthalten?	**58**
3	Was versteht man unter dem Günstigkeitsprinzip?	**58**
4	Überprüfen Sie, ob es in Ihrem Ausbildungsbetrieb eine Betriebsvereinbarung gibt. Wenn ja, geben Sie die wichtigsten Inhalte wieder.	

Betriebsvereinbarung

In dem Willen, das Betriebsklima in unserem Unternehmen zu verbessern, Konflikte produktiv zu nutzen und zu bearbeiten und negative Auswirkungen sozialer Konflikte auf Einzelne zu verhindern, schließen Betriebsrat und Geschäftsleitung folgende Vereinbarung:

§ 1 Geltungsbereich

Diese Betriebsvereinbarung gilt für alle Betriebsangehörigen des ABC-Betriebs.

§ 2 Belästigungsverbot

Geschäftsleitung und Betriebsrat sind sich einig darüber, dass im ABC-Betrieb keiner Person wegen ihrer Abstammung, Religion, Nationalität, Herkunft, Alter, Geschlecht, sexueller Orientierung, persönlicher Eigenheiten, politischer oder gewerkschaftlicher Betätigung oder Einstellung Nachteile entstehen dürfen. Geschäftsleitung und Betriebsrat/Personalrat sehen eine wichtige Aufgabe darin, die freie Entfaltung der Persönlichkeit der im Betrieb beschäftigten Arbeitnehmer zu schützen und zu fördern. Deshalb werden alle Betriebsangehörigen aufgefordert, Maßnahmen zu unterlassen, die die Entfaltung der Persönlichkeit Einzelner beeinträchtigen können oder als Belästigung und Beleidigung empfunden werden können. (...)

§ 3 Sanktionen

Unabhängig von den im Folgenden genannten Vorgehensweisen zur Verhinderung von Belästigungen und Beeinträchtigungen kommen Geschäftsleitung und Betriebsrat überein, dass sie belästigende Handlungen nach § 2 als ernstliche Verletzung des Betriebsfriedens betrachten. Personen, die trotz Ermahnung solche Verhaltensweisen ausüben, müssen mit Versetzung oder Entlassung rechnen. (...)

4.3 Tarifverträge

Hannah wechselt nach zwei Jahren vom Architekturbüro Wagner zum Bauunternehmen Moser AG, das ihr bessere Verdienstmöglichkeiten bietet. Die Moser AG hat 200 Mitarbeiter und gehört dem Zentralverband des Deutschen Baugewerbes (ZDB) an. Hannah ist kein Gewerkschaftsmitglied.

- Hat Hannah ein Anrecht auf den Tariflohn?
- Welcher Tarifvertrag, der zwischen dem ZDB und der Gewerkschaft IG BAU ausgehandelt wurde, kommt dafür infrage?
- Kann Hannah auch streiken?

Ein Tarifvertrag ist eine Vereinbarung zwischen **Tarifvertragsparteien** (= Sozialpartnern). Auf der Arbeitnehmerseite sind dies die **Gewerkschaften**, auf der Arbeitgeberseite die **Arbeitgeberverbände** (für die Industrie) und die **Landesinnungsverbände** (für das Handwerk). Sie handeln die branchenbezogenen Tarifverträge aus. Darüber hinaus gibt es noch die Haustarifverträge, die zwischen Gewerkschaft und einzelnen Unternehmen (z. B. VW) ausgehandelt werden. Sie gelten ausschließlich für Mitglieder – es sei denn, der Tarifvertrag wurde für allgemeingültig erklärt.

Die Funktionen eines Tarifvertrags

Schutzfunktion

Da die tarifvertraglichen Arbeitsbedingungen nicht unterschritten werden dürfen, sind Arbeitnehmer gegen einseitige Festlegungen durch die Arbeitgeber geschützt.

Ordnungsfunktion

Während der Laufzeit eines Tarifvertrags sind alle davon erfassten Arbeitsverhältnisse gleichartig geregelt.

Friedensfunktion

Arbeitskämpfe um neue Forderungen zu tarifvertraglichen Abmachungen sind während der Geltungsdauer eines Tarifvertrags ausgeschlossen.

Tarifautonomie

Die Verhandlungen über den Inhalt eines Tarifvertrags dürfen ausschließlich von den Tarifvertragsparteien durchgeführt werden, d. h. jegliche Einflussnahme von außen (insbesondere vom Staat) muss unterbleiben. Selbst bei Nichteinigung zwischen den Arbeitgeberverbänden bzw. Landesinnungsverbänden und den Gewerkschaften tritt nicht der Staat als Schlichter ein, sondern beide Parteien einigen sich auf eine Schlichtungskommission, die sich paritätisch aus Arbeitgeber- und Arbeitnehmervertretern zusammensetzt. Ihr Vorsitzender ist in der Regel eine unabhängige Persönlichkeit aus Politik oder Wirtschaft.

paritätisch *= gleichgestellt, gleichberechtigt*

Friedenspflicht

Tarifverträge dürfen abgeschlossen werden, damit für eine bestimmte Dauer wirtschaftlicher Friede eintritt, d. h., dass der Produktionsprozess nicht durch Kampfmaßnahmen (Streik, Aussperrung) unterbrochen wird. Deshalb kann man auch sagen: „Der Tarifvertrag ist ein Friedensvertrag." Ohne dass im Tarifvertrag darauf Bezug genommen werden muss, beinhaltet jeder Tarifvertrag die Friedenspflicht. Ein Ausschluss der Friedenspflicht ist nicht möglich.

Sollte trotzdem während der Laufzeit eines Tarifvertrags gestreikt werden, so darf die Gewerkschaft diesen „wilden Streik" nicht unterstützen, will sie nicht schadenersatzpflichtig gegenüber den Arbeitgeberverbänden werden. Ein regulärer Streik ist nur nach Ablauf des Tarifvertrags möglich.

Allgemeinverbindlichkeit

Der Tarifvertrag ist zunächst nur für die Mitglieder der Vertragsparteien gültig. Ein Tarifvertrag kann aber auch für allgemeingültig erklärt werden, d. h. auch wenn Arbeitnehmer und Arbeitgeber nicht einer entsprechenden Organisation angehören, wirkt der allgemein verbindliche Tarifvertrag wie ein zwingendes Recht für alle Firmen der Branche, z. B. der Baubranche. In der Mehrzahl sind die jeweiligen Manteltarifverträge für allgemeingültig erklärt worden, in einigen Fällen auch die Löhne und Gehälter oder andere Teilbereiche, wie z. B. die Urlaubsvergütung.

4.3.1 Tarifvertragsarten

Beim Tarifvertrag unterscheidet man drei Arten:

Tarifverträge

Manteltarifvertrag/ Rahmentarifvertrag	**Lohn- und Gehaltsrahmentarifvertrag**	**Lohn- und Gehaltstarifvertrag**
wird üblicherweise für mehr als 2 Jahre abgeschlossen	wird üblicherweise für mehr als 2 Jahre abgeschlossen	wird für 1 bis 2 Jahre abgeschlossen
Inhalt: • Probezeit • Aushilfstätigkeit • Kündigung • Zeugnisse • Arbeitszeit • Ruhepausen • Mehr-, Spät-, Nacht-, Sonn- und Feiertagsarbeit • Kurzarbeit • Arbeitsbefreiung bei Heirat, Geburt, Tod usw. • Alterssicherung • Urlaub • Unfallschutz • Schiedsgericht (= Einigungsstelle bei Mitbestimmung)	Inhalt: • Grundsätze zur Arbeits- und Leistungsbewertung • Lohngruppen • die Eingruppierung von Arbeitnehmern in die Lohngruppen	Inhalt: Lohnsätze für die im Lohn- und Gehaltsrahmentarifvertrag festgelegten Lohngruppen wie z. B. • Lohn- und Gehaltshöhe pro Lohngruppe (Ecklohn = Lohn für einen 21-jährigen Facharbeiter im 3. Gesellenjahr = 100 %) • Zulagen und Zuschläge • Lohnfortzahlung • Akkordlohn • Erfolgsbeteiligung

4.3.2 Bedeutung von Tarifverträgen

Es gilt das Prinzip der Tarifeinheit. Dafür ist die Branchenzugehörigkeit entscheidend. Der Tarifvertrag gilt dann auch einheitlich für alle Arbeitnehmer im Betrieb, wenn sie fachfremde Arbeiten ausüben, so unterliegt z. B. der Kantinenkoch in einem metallverarbeitenden Betrieb dem Metall-Tarifvertrag.

Im Rahmen des **Gleichbehandlungsgebots** ist der Arbeitgeber, soweit er einer Tarifbindung unterliegt (er ist z. B. Mitglied im Arbeitgeberverband oder einer Innung), verpflichtet, den Tarifvertrag unterschiedslos und unabhängig von der Gewerkschaftszugehörigkeit auf alle Arbeitnehmer des Betriebs anzuwenden.

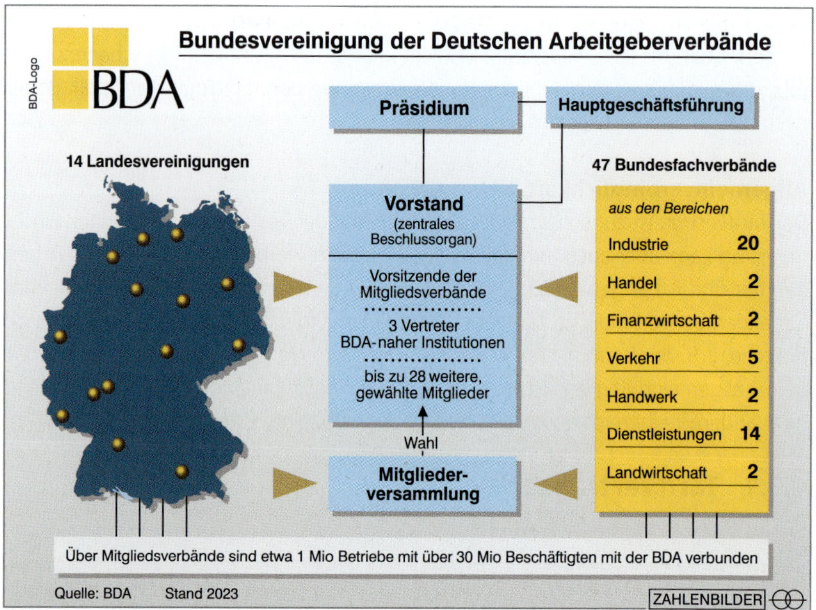

236 150

Ausnahmen vom Gleichbehandlungsgrundsatz: Ein bestimmter Personenkreis wird im Geltungsbereich des Tarifvertrags ausgeschlossen oder seine Tätigkeitsbeschreibung wurde im Tarifvertrag nicht berücksichtigt.
In der Regel unterliegen leitende Angestellte nicht dem Tarifvertrag, da das Betriebsverfassungsgesetz (BetrVG) für sie nicht gilt (vgl. S. 52).
Der Tarifvertrag ist an geeigneter Stelle im Betrieb auszuhängen.

Vorteile eines Tarifvertrags für Arbeitnehmer:

- Die Mindestarbeitsbedingungen sind für den Arbeitnehmer gesichert. Sie dürfen nicht unterschritten werden (Unabdingbarkeit). Dazu zählen der Mindestlohn, der Mindesturlaub und das Urlaubsgeld.
- Gleichstellung mit anderen Arbeitnehmern, d. h. für gleiche Arbeit und Verantwortung sind gleicher Lohn und beim Wechsel des Arbeitsplatzes im gleichen Bereich gleiche Gehalts- und Arbeitsbedingungen garantiert.

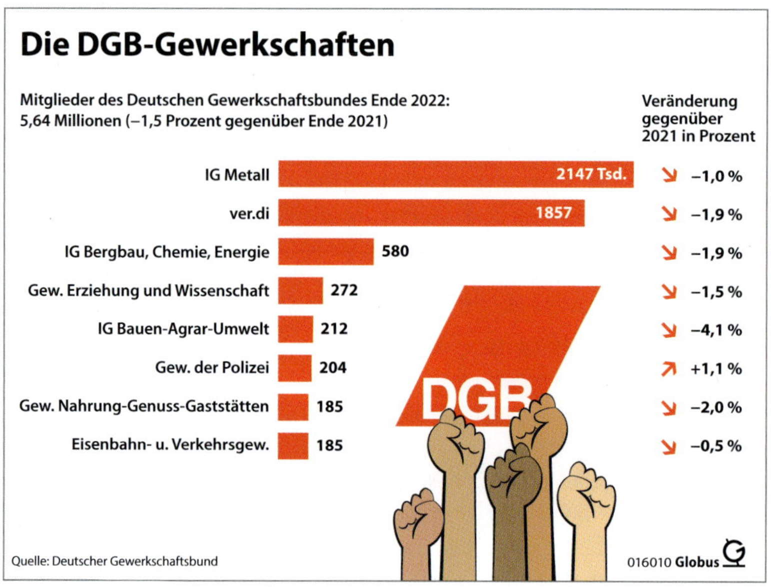

Vorteile eines Tarifvertrags für Arbeitgeber:

- Durch die festen Lohn- und Gehaltstarife können die entstehenden Kosten besser kalkuliert werden.
- Gleiche Lohnzahlungen bei der Konkurrenz vermeiden große Schwankungen auf dem Arbeitskräftemarkt und glätten das Lohnniveau.
- Streikbedingte Produktionsunterbrechungen sind nicht möglich, da die Friedenspflicht während der Laufzeit eines Tarifvertrags Streiks unterbindet.

4.3.3 Tarifverhandlungen und Arbeitskampf

Tarifverhandlungen

finden immer dann statt, wenn Tarifverträge ausgelaufen oder gekündigt sind. Es finden neue Verhandlungen zwischen Arbeitgeberverband und Gewerkschaft statt.

Einigung

Einigen sich die Parteien, tritt ein neuer Tarifvertrag in Kraft.

keine Einigung

Einigen sie sich aber nicht, so werden die Verhandlungen für gescheitert erklärt.

Verhandlungen gescheitert

Nach dem Scheitern kann durch Arbeitgeberverband (bzw. Landesinnungsverband) und Gewerkschaft eine Schlichtungskommission bestimmt werden, die einen Schlichtungsvorschlag erarbeitet.

Einsetzen einer Schlichtungskommission

Die Kommission soll den Tarifparteien Einigungsempfehlungen vorschlagen.

Schlichtungsvorschlag

Der Schlichtungsvorschlag ist meist ein Kompromiss zwischen den hohen Forderungen der Gewerkschaften und den niedrigen Angeboten der Arbeitgeberverbände.

Einigung

Nehmen beide Parteien den Schlichtungsvorschlag an, so tritt der neue Tarifvertrag in Kraft.

keine Einigung

Wird die Schlichtung nicht angenommen, so muss die Gewerkschaft zunächst einmal eine Urabstimmung über Kampfmaßnahmen vornehmen.

Urabstimmung über Streik

Nur wenn eine bestimmte Anzahl der Gewerkschaftsmitglieder (meist 75 %) zustimmt, kann ein Streik durchgeführt werden, d. h. die Arbeitnehmer versuchen durch „Nichtarbeit" die Produktion zu stoppen und damit ihre Forderungen durchzusetzen.

Streik

Während eines Streiks bekommen die streikenden Gewerkschaftsmitglieder **Streikgeld**, das sich nach der Höhe des Monatsbeitrags richtet, der an die Gewerkschaft bezahlt wird. Damit die Streikkassen der Gewerkschaften nicht zu sehr belastet werden, wird ein Streik meist als **Schwerpunktstreik** durchgeführt, d. h. es werden nur einige wichtige Unternehmen (Zulieferer) bestreikt, um so einen gesamten Wirtschaftszweig lahmzulegen.

Davon müssen folgende Begriffe abgegrenzt werden:

Warnstreik: kurze Arbeitsunterbrechung von wenigen Stunden in bestimmten Betrieben zur Unterstützung der Verhandlungen.

Generalstreik: Streik aller Arbeitnehmer für eine bestimmte Zeit.

Streikposten sind streikende Arbeitnehmer, die verhindern wollen, dass Arbeitswillige ihrer Arbeit nachgehen.

Aussperrung

Der Arbeitgeber wehrt sich gegen den Streik mit der **Aussperrung**, d. h. er schließt alle Arbeitnehmer (ob Gewerkschaftsmitglied oder nicht) von der Arbeit aus und verweigert damit auch die Lohnzahlung. Die Aussperrung bedeutet nicht automatisch die Kündigung. Nach Beendigung der Aussperrung wird der ursprüngliche Arbeitsvertrag fortgesetzt (**Wiedereinstellungspflicht**). Die Aussperrung kann sich auf bestreikte und auf nicht bestreikte Betriebe beziehen.

neue Verhandlungen

Die Kampfmaßnahmen zielen auf neue Verhandlungen zwischen den Parteien.

Urabstimmung über Beendigung des Streiks

Führen solche Verhandlungen zu einem Ergebnis, so muss der Streik beendet werden, wenn bei einer dann folgenden Urabstimmung eine bestimmte Mitgliederzahl (meist 25 %) für die Beendigung ist.

neuer Tarifvertrag

Es gilt die **Friedenspflicht** während der Laufzeit dieses Tarifvertrags.

ÜBERBLICK

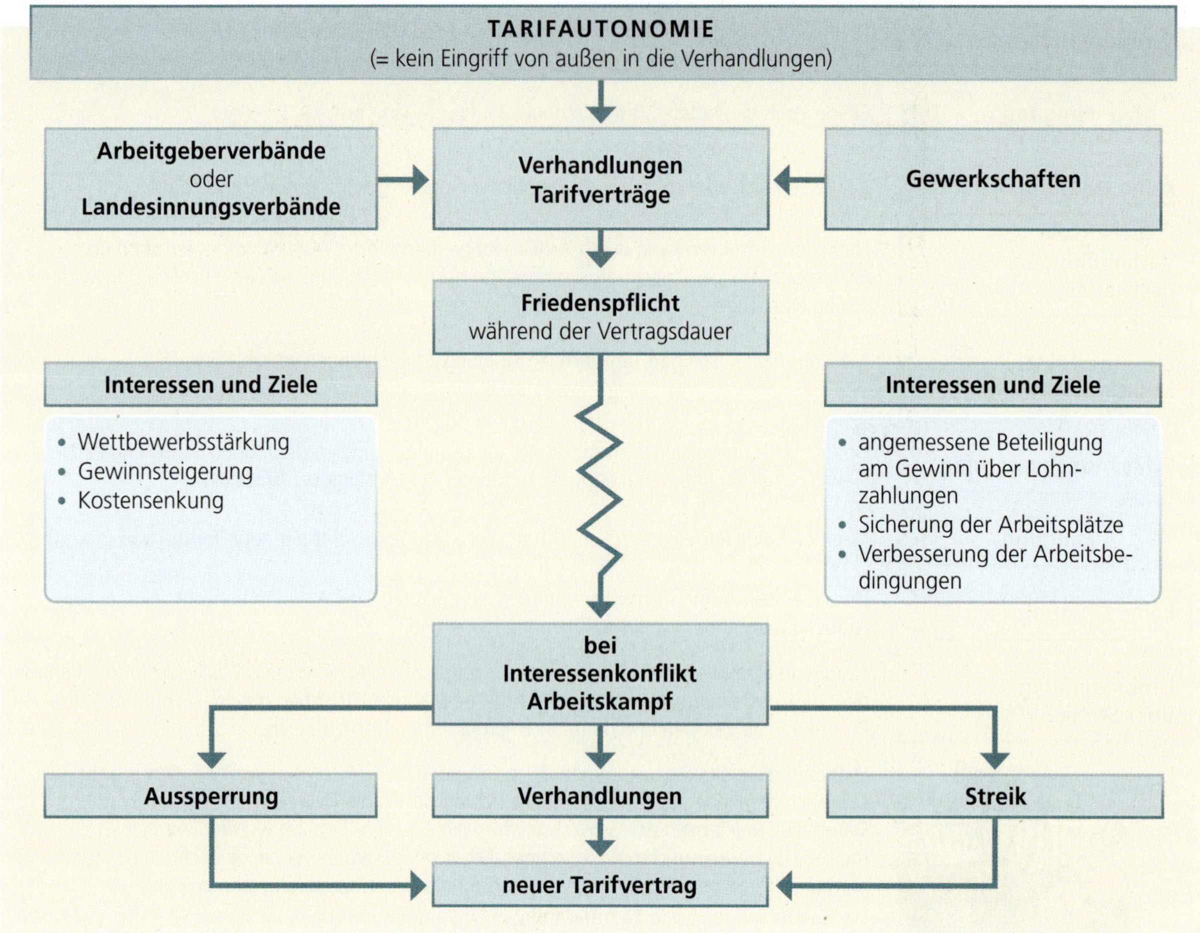

	Wie fit sind Sie beim Thema „Tarifverträge"?	Inhaltsbezug Seite
1	Was versteht man unter a) Tarifautonomie? b) Friedenspflicht? c) Allgemeinverbindlichkeit?	60–61
2	a) Welche Arten von Tarifverträgen gibt es? b) Nennen Sie die jeweiligen Inhalte.	61
3	Welche Vorteile ergeben sich für Arbeitgeber und Arbeitnehmer aus einem Tarifvertrag?	62
4	Beschreiben Sie den Ablauf vom Scheitern der Tarifverhandlungen über Streik, Aussperrung bis zum Abschluss eines neuen Tarifvertrags.	63
5	Worin unterscheiden sich Streik und Aussperrung?	63
6	Erkundigen Sie sich, welchem Unternehmerverband/welcher Innung Ihr Betrieb angehört.	
7	Wenn Sie Gewerkschaftsmitglied werden wollen, welcher Gewerkschaft würden oder müssten Sie beitreten?	
8	Welche Vorteile hätte Ihre Mitgliedschaft in einer Gewerkschaft?	63

4.4 KTB – Kompetenzorientierte Themenbearbeitung I

1 Die Firma Müller-Haus GmbH (siehe KTB zum Kapitel 3, S. 49 f.) hat keinen Betriebsrat. Das familiengeführte Unternehmen hat 201 Mitarbeiter (ohne leitende Angestellte).

Schreiner (Tischler) Felix ist bereits seit einem Jahr bei der Müller-Haus GmbH angestellt. Auf seine Frage zum Betriebsrat antwortet ihm der Meister: „Wir pflegen den direkten Draht zum Chef und klären die Dinge im Vier-Augen-Gespräch. Wir brauchen keinen Betriebsrat."

1.1 Felix findet allerdings, dass in einer Firma mit über 200 Mitarbeitern ein Betriebsrat sinnvoll wäre – und beschäftigt sich mit folgenden Fragen, die er ihnen zur Beantwortung vorlegt. Recherchieren Sie zur Beantwortung der Fragen im Betriebsverfassungsgesetz (BetrVG).

a) Muss nicht in einem Betrieb mit 201 Mitarbeitern ein Betriebsrat verpflichtend eingeführt werden?

b) Wie muss Felix vorgehen, um einen Betriebsrat bei der Müller-Haus GmbH zu gründen?

1.2 Unter anderem auf Felix' Initiative hin soll nun bei der Müller-Haus GmbH ein Betriebsrat gegründet werden.

a) Im Betrieb sind vier ausländische Arbeitnehmer über 16 Jahre beschäftigt. Sie wollen bei der Betriebsratswahl auch ihre Stimme abgeben. Ist das möglich? Begründen Sie Ihre Aussage.

b) Wer kann in den Betriebsrat gewählt werden?

c) Wie viele Mitglieder wird der Betriebsrat bei der oben genannten Mitarbeiterzahl haben?

2 Mittlerweile besteht der Betriebsrat der Müller-Haus GmbH bereits seit mehr als einem Jahr. Die Zusammenarbeit mit der Geschäftsleitung läuft zumeist reibungslos.

2.1 Nun will die Geschäftsleitung dem Mitarbeiter Hans Vogt kündigen.

a) Der Betriebsrat geht davon aus, dass er beteiligt werden muss. Hat der Betriebsrat hier ein Mitwirkungsrecht?

b) Der Betriebsrat widerspricht der Kündigung, weil soziale Gesichtspunkte nicht eingehalten wurden. Trotzdem wird Vogt gekündigt. Wie beurteilen Sie die Rechtslage? Lesen Sie dazu im BetrVG § 99 und § 102.

2.2 Der Betriebsrat will die gesetzlich vorgeschriebene Betriebsversammlung durchführen. Lesen Sie dazu im BetrVG § 43.

a) Wie häufig muss diese Betriebsversammlung durchgeführt werden?

b) Die Geschäftsleitung will an der Betriebsversammlung aktiv teilnehmen, d. h. den Mitarbeitern ihre Meinung zu den anstehenden Problemen mitteilen. Sie möchte insbesondere wegen der „Bauflaute" den Arbeitnehmern klar machen, dass Entlassungen notwendig werden. Hat die Geschäftsleitung das Recht dazu?

3 Bei der Müller-Haus GmbH, die als Ausbildungsbetrieb bekannt ist, sind neben 19 Auszubildenden im Alter von 17 bis 26 Jahren auch zwei Arbeitnehmer im Alter von 17 Jahren beschäftigt. Es wird angeregt, eine Jugend-und Auszubildendenvertretung (JAV) zu wählen. Recherchieren Sie zu den folgenden Fragen erneut im BetrVG, §§ 60 ff.

a) Sind bei der Müller-Haus GmbH genügend jugendliche Arbeitnehmer bzw. Auszubildende beschäftigt, um eine JAV zu gründen?

b) Felix, der selbst 22 Jahre alt ist, traute sich dies beim Betriebsrat noch nicht zu, möchte sich aber in die JAV wählen lassen. Ist dies möglich?

c) Schließlich wird eine dreiköpfige JAV (inkl. Felix) gewählt. Bei der ersten Sitzung möchten sich die JAV-Mitglieder zunächst über ihre allgemeinen Aufgaben klar werden. Nennen Sie mindestens drei dieser Aufgaben.

4.4 KTB – Kompetenzorientierte Themenbearbeitung II

4 Die Müller-Haus GmbH ist Mitglied im Arbeitgeberverband.
Felix ist Mitglied in der IG Metall (der sich im Jahr 2000 die Gewerkschaft Holz und Kunststoff angeschlossen hat). Elektriker Jan ist nicht Gewerkschaftsmitglied.

4.1 Beide beziehen ein Gehalt von € 2.000,00. Arbeitgeberverband und IG Metall beschließen im Lohntarifvertrag ab 1. Januar eine Gehaltserhöhung um 5 %.
Felix bekommt jetzt € 2.100, Jan bekommt keine Gehaltserhöhung.

a) Informieren Sie sich über die Frage, ob der Arbeitgeber hier richtig handelt.

b) Unter welchen Voraussetzungen könnte Jan doch Anspruch auf die Gehaltserhöhung haben?

c) Es gibt Unternehmen, die aus dem Arbeitgeberverband austreten. Welche Folgen hat diese Entscheidung für die Mitarbeiter?

4.2 Als Felix und Jan Urlaub einreichen, stellen sie fest, dass die Länge ihres Jahresurlaubs sehr unterschiedlich ist. Jans Urlaubsanspruch ergibt sich mangels Gewerkschaftsmitgliedschaft und mangels anderweitiger Absprachen aus dem entsprechenden Gesetz.
Außerdem müssen Felix und Jan unterschiedlich lange in der Woche arbeiten.

a) Ermitteln Sie die Grundlagen für die unterschiedliche Behandlung bei der Länge des Urlaubs. Recherchieren Sie dabei im Internet nach dem entsprechenden Tarifvertrag für die Holz und Kunststoff verarbeitende Industrie im Tarifgebiet Baden-Württemberg.

b) Wie viele Urlaubstage stehen demnach Jan, wie viele Felix zu?

c) Ermitteln Sie für Felix die Dauer der regelmäßigen wöchentlichen Arbeitszeit.

d) Ermitteln Sie die gesetzlich erlaubte wöchentliche Höchstarbeitszeit.

e) Jan arbeitet 38 Stunden in der Woche. Wie erklären Sie sich den Unterschied zur ermittelten gesetzlichen Höchstarbeitszeit (zumal Jan nicht Mitglied der Gewerkschaft ist)?

4.3 Als die Müller-Haus GmbH voll von der Bauflaute erwischt wird, kündigt der Chef zehn Mitarbeitern. Aufgrund der Entlassungen streiken alle Müller-Mitarbeiter spontan. Es liegt ein gültiger Tarifvertrag vor.

a) Dürfen die Müller-Mitarbeiter streiken?

b) Wie kann der Arbeitgeber auf diesen Streik reagieren?

Ist der spontane Streik der Müller-Haus-Mitarbeiter rechtmäßig?

4.4 Kommentieren Sie folgende Zitate zu Inhalten des Tarifvertrages:

a) „Für einen gesunden Menschen macht es nichts aus, ob er 37 Stunden, 40 Stunden oder 42 Stunden arbeitet."
Erwin Teufel, ehemaliger Ministerpräsident Baden-Württembergs.

b) „Tarifverträge sind die Festschreibung von Machtverhältnissen auf Zeit."
Otto Brenner, ehemaliger IG Metall-Vorsitzender

c) „Ich kann mir ein gutes Funktionieren unserer Wirtschaft ohne Gewerkschaften überhaupt nicht vorstellen."
Konrad Adenauer, ehemaliger Bundeskanzler

d) „Tarifverhandlungen ohne das Recht zum Streik wären nicht mehr als ‚kollektives Betteln'."
Bundesarbeitsgericht in einem Grundsatzurteil

KOMPETENZBEREICH I:
Mitarbeiter in der Arbeitswelt

5

SOZIALVERSICHERUNG UND PRIVATE ZUSATZVERSICHERUNGEN

KOMPETENZBEREICH I

5.1 Sozialversicherungen

Franka, 17 Jahre, beginnt bald ihre Ausbildung und wird dadurch ein ganzes Stück unabhängiger. Sie muss aber auch einiges abklären, z. B. ist sie nicht mehr bei ihren Eltern in der gesetzlichen Krankenversicherung mitversichert.

- Bestimmt Frankas Ausbildungsbetrieb, in welcher gesetzlichen Krankenkasse sie sich versichern muss?
- Der Gesetzgeber schreibt eine Unfallversicherung vor. Zahlt Frankas Ausbildungsbetrieb die Kosten oder muss sie diese tragen?
- Erhält sie Arbeitslosengeld, falls sie nach der Ausbildung nicht übernommen wird und nicht sofort einen anderen Arbeitgeber findet?
- Muss Franka schon zu Beginn ihrer Ausbildung in die gesetzliche Rentenversicherung einzahlen?

Kaiserliche Botschaft
„(...) Schon im Februar dieses Jahres haben Wir Unsere Überzeugung aussprechen lassen, dass die ***Heilung der sozialen Schäden (...) auf dem Wege der positiven Förderung des Wohles der Arbeiter*** *zu suchen sein werde. Wir halten es für Unsere Kaiserliche Pflicht (...), den* ***Hilfsbedürftigen größere Sicherheit und Ergiebigkeit des Beistandes****, auf den sie Anspruch haben, zu hinterlassen."*
(aus: „Kaiserliche Botschaft", 17. November 1881, von Kaiser Wilhelm I)

Entstehung und Bedeutung der Sozialversicherungen

Die Phase der Industrialisierung im 19. Jahrhundert schwächte das Handwerk (damals organisiert in Zünfte) und damit auch die soziale Sicherstellung des Einzelnen. Die Ausnutzung der Arbeitskraft stand bei Industriebetrieben meist im Vordergrund. Wer wegen Krankheit, Unfall oder Alter nicht mehr arbeiten konnte, wurde entlassen. Elend und schlimme Not waren die Folge. Die Arbeitnehmer schlossen sich daraufhin zusammen, um ihre Positionen gegenüber den Unternehmern vertreten zu können. Wegen der extremen Armut und der zugespitzten gesellschaftlichen Lage führte der Staat stufenweise die Sozialversicherungen als Pflichtversicherungen ein.

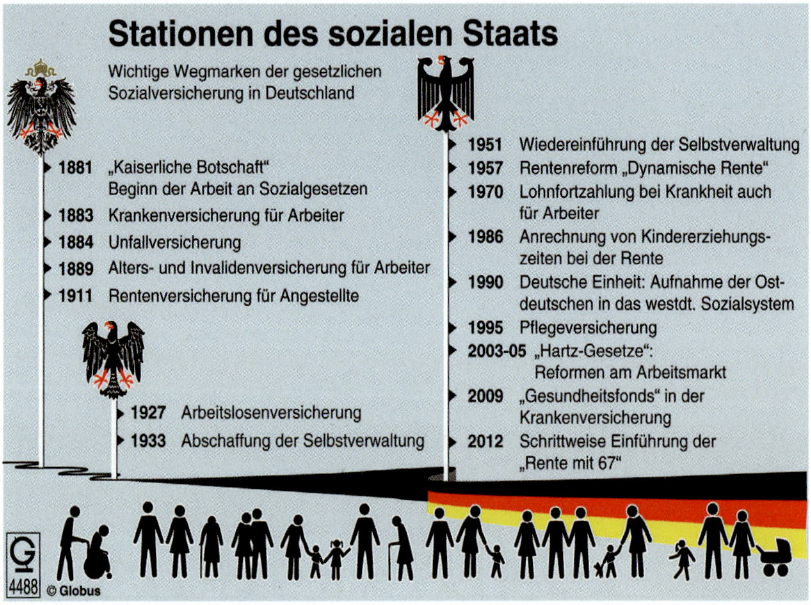

System der sozialen Sicherung

Aus folgenden fünf „Säulen" besteht das System der Sozialversicherungen. Es wird finanziert durch Beiträge der Arbeitnehmer und Arbeitgeber:

- **Krankenversicherung (KV):** seit 1883, Sozialgesetzbuch V
- **Unfallversicherung (UV):** seit 1884, Sozialgesetzbuch VII
- **Rentenversicherung (RV):** seit 1889, Sozialgesetzbuch VI
- **Arbeitslosenversicherung (AV):** seit 1927, Sozialgesetzbuch III
- **Pflegeversicherung (PV):** seit 1995, Sozialgesetzbuch XI

Geringverdienergrenze
Wer weniger als 325,00 € erhält, muss keine Sozialversicherungsbeiträge zahlen. Der Arbeitgeber übernimmt diese dann komplett. Für Auszubildende, die 2023 oder später eine Ausbildung beginnen, kommt dies wegen der seit 2020 geltenden Mindestvergütung (2023: 620 € im ersten Ausbildungsjahr) nicht mehr zum Tragen.

5.1.1 Rentenversicherung

Aufgaben/Leistungen

Rentenzahlung: Sie soll den Einzelnen und die Familie unterstützen, wenn Lohnzahlungen wegfallen.	
Altersrente	Erhalt bei Vollendung des 67. Lebensjahres. Wer mindestens 45 Jahre versichert war, erhält die Rente mit 65 Jahren.
Hinterbliebenen-rente	• **Witwen-/Witwerrente** erhält der jeweils länger Lebende in einer standesamtlich eingetragenen Ehepartnerschaft. • **Waisenrente** erhalten Kinder bis zum Ende der ersten Berufsausbildung, wenn mindestens ein Elternteil verstirbt (längstens bis zum Alter von 27 Jahren). • **Erziehungsrente** erhalten Geschiedene, die ein minderjähriges Kind erziehen und deren geschiedener Ehepartner stirbt.
Erwerbs-minderungsrente	• **Volle Erwerbsminderung** liegt vor, wenn weniger als 3 Stunden pro Arbeitstag (unter normalen/üblichen Bedingungen) gearbeitet werden kann. Die Höhe entspricht der Altersrente. • **Teilweise Erwerbsminderung** liegt vor, wenn mehr als 3 Stunden, aber höchstens 6 Stunden pro Arbeitstag (unter normalen/üblichen Bedingungen) gearbeitet werden kann. Die Höhe entspricht dann der halben Altersrente.
Rehabilitation (Reha): Wer aus gesundheitlichen Gründen aus dem Arbeitsleben auszuscheiden droht, erhält medizinische und berufsfördernde Leistungen, um die Erwerbsfähigkeit zu erhalten oder wiederherzustellen.	
medizinische Reha	• ärztliche Behandlung • Arznei- und Verbandsmittel • Heilmittel einschließlich Krankengymnastik • Bewegungs-, Sprach- und Beschäftigungstherapie • Belastungserprobung und Arbeitstherapie • Körperersatzstücke sowie orthopädische und andere Hilfsmittel
berufsfördernde Reha	• Leistungen zur Erhaltung oder Erlangung eines Arbeitsplatzes • Berufsbildung einschließlich der erforderlichen Grundausbildung • berufliche Anpassung, Ausbildung und Weiterbildung einschließlich eines schulischen Abschlusses • Arbeits- und Berufsförderung in einer anerkannten Werkstatt für Menschen mit Behinderung
ergänzende Leistung	insbesondere Zahlung von Übergangsgeld zur wirtschaftlichen Versorgung des Versicherten

Versicherungsträger

Die Durchführung der Aufgaben für Angestellte und Arbeiter übernehmen die
- Deutsche Rentenversicherung Bund und Regional
- Deutsche Rentenversicherung Knappschaft-Bahn-See

Deutsche Rentenversicherung

www.deutsche-rentenversicherung.de

Mitgliedschaft

Pflichtversicherte	Freiwillig Versicherte
Auszubildende, Arbeitnehmer, Personen mit Behinderung in anerkannten Werkstätten, Personen im Wehr- und Bundesfreiwilligendienst, selbstständige Handwerker (mindestens 216 Monate)	Selbstständige wie z. B. Ärzte, Rechtsanwälte, Apotheker, Einzelhändler

Beitragsbemessungsgrenze (Rentenversicherung)
Maximale Höhe des monatlichen Bruttolohns, mit dem der Höchstbeitrag berechnet wird. Wer darüber hinaus verdient, zahlt keine höheren Beiträge. Die maximale Bruttolohnhöhe ändert sich jedes Jahr. Für 2023 beträgt sie 7.300,00 €/Monat (West) und 7.100,00 €/Monat (Ost).

Beiträge

Der Beitragssatz zur gesetzlichen Rentenversicherung beträgt 2023 18,6 % des Bruttoverdienstes, wobei Arbeitgeber und Arbeitnehmer je die Hälfte zahlen.

Umfassende Informationen zur Gesundheitsversorgung in Deutschland, insbesondere zur gesetzlichen Krankenversicherung und ihren Leistungen, erhalten Sie im Ratgeber Krankenversicherung des Bundesministeriums für Gesundheit. Dieser kann kostenfrei unter http://www.bundesgesundheitsministerium.de/service/publikationen/details/ratgeber-krankenversicherung heruntergeladen und bestellt werden.

5.1.2 Krankenversicherung

Die gesetzliche Krankenversicherung (GKV) ist der älteste Zweig der Sozialversicherung in Deutschland. Rund 90 % der Bevölkerung sind gesetzlich krankenversichert.

Aufgaben/Leistungen

Ziel ist es, die Gesundheit der Versicherten zu erhalten, wiederherzustellen oder ihren Gesundheitszustand zu verbessern (§ 1 SGB V).	
Verhütung von Krankheiten	Aufklärung und Beratung über Gesundheitsgefährdungen und Verhütung von Krankheiten, z. B. durch Impfungen, Zahnuntersuchungen, Kuraufenthalte als Vorsorge
Früherkennung von Krankheiten	• für Kinder bis zum 6. Lebensjahr • Krebsfrüherkennungsuntersuchung bei Frauen ab dem 20. Lebensjahr, bei Männern ab dem 45. Lebensjahr • Gesundheitscheck alle 2 Jahre ab dem 35. Lebensjahr
Krankheitsfall	• Kranken**behandlung** (ärztliche Behandlung, Arzneien usw.) • häusliche Kranken**pflege** • **Krankenhaus**behandlung • Kranken**geld** (Zahlung setzt ein nach 6-wöchiger Lohnfortzahlung des Arbeitgebers und beträgt 70 % des Bruttoentgelts – höchstens jedoch 90 % des Nettoentgelts)
Schwangerschaft und Mutterschaft	• stationäre Entbindung • ärztliche Behandlung, Hebammenhilfe, Arzneien • Mutterschaftsgeld (6 Wochen vor bis 8 nach der Geburt)
sonstige Hilfen	• nicht rechtswidrige/r Sterilisation/Schwangerschaftsabbruch

Versicherungsträger

Die Krankenversicherung wird von den Krankenkassen wahrgenommen. Folgende Kassenarten können unterschieden werden:

- Allgemeine Ortskrankenkassen (AOK)
- Betriebskrankenkassen (BKK)
- Innungskrankenkassen (IKK)
- Ersatzkassen
- Landwirtschaftliche Krankenkassen
- Deutsche Rentenversicherung Knappschaft-Bahn-See

Mitgliedschaft

Die Krankenversicherungspflicht gilt bis auf wenige Ausnahmen für **alle Personen**, die in Deutschland einen Wohnsitz haben oder hier arbeiten. Das bedeutet, dass Kinder, Schulpflichtige, Praktikanten, Arbeitslose, Arbeitnehmer, Selbstständige, Rentner etc. entweder **gesetzlich oder privat krankenversichert sein müssen**.
Kinder sind bis zu einem bestimmten Alter beitragsfrei bei den Eltern mitversichert und ein nicht arbeitender oder gering verdienender Ehepartner (2023: bis 520,00 €) ist beim arbeitenden Partner **beitragsfrei mitversichert** (= Familienversicherung).
Wer mit seinem durchschnittlichen Monatsgehalt über einem bestimmten Bruttobetrag liegt (2023: 5.550,00 €), der sogenannten Versicherungspflichtgrenze (= Jahresarbeitsentgeltgrenze), kann in eine private Krankenversicherung wechseln. Wer nicht wechselt, muss in der gesetzlichen Krankenkasse bleiben (= „freiwillig" Versicherte).

Beitragsbemessungsgrenze (Krankenversicherung)
Maximale Höhe des monatlichen Bruttolohns, mit dem der Höchstbeitrag berechnet wird. Wer darüber hinaus verdient, zahlt keine höheren Beiträge. Diese Grenze ändert sich jedes Jahr. Für 2023 beträgt sie 4.987,50 € Bruttolohn/Monat (Ost und West).

Beiträge

Die Höhe des Beitragssatzes beträgt 2023 **bundesweit** 14,6 Prozent vom Bruttolohn. Arbeitgeber und Arbeitnehmer teilen sich den Beitrag hälftig. Seit 2019 gilt die hälftige Teilung auch für den **Zusatzbeitrag**, dessen Höhe von der jeweiligen Krankenkasse festgelegt wird. Er beträgt 2023 zwischen 0,80 und 1,99 Prozent.

Gesundheitsfonds

Neben den Arbeitgeber- und Arbeitnehmerbeiträgen leistet der Staat zusätzliche Zuschüsse in den Gesundheitsfonds (z. B. für beitragsfrei Mitversicherte) und verteilt daraus folgendermaßen das Geld an die Krankenkassen: Jede Krankenkasse erhält pro Versichertem zunächst einen **Grundbetrag**. Sind bei einer Krankenkasse sehr viele ältere und gesundheitlich angeschlagene Personen versichert, bekommt sie dafür zusätzlich Geld aus dem Fonds (Risikoausgleich). Dadurch werden alle Krankenkassen auf die gleiche finanzielle Grundlage gestellt.

Wenn eine Krankenkasse trotz dieser gleichen Ausgangslage schlecht wirtschaftet (teure Verwaltung o. Ä.), muss sie evtl. erstmals **Zusatzbeiträge** von ihren Versicherten verlangen bzw. diese erhöhen. Die betroffenen Versicherten dürfen dann aber mit Ablauf einer zweimonatigen Kündigungsfrist zu einer anderen Krankenkasse wechseln. Dadurch soll ein Wettbewerb zugunsten der Versicherten entstehen.

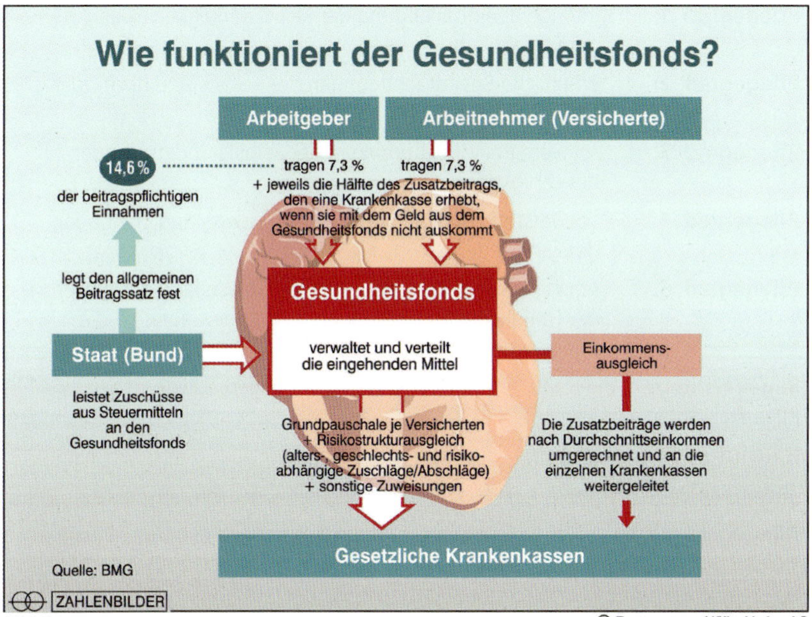

146 142 © Bergmoser + Höller Verlag AG

Grundsatz der freien Kassenwahl

Zwar sind ungefähr 95 % aller Leistungen der gesetzlichen Krankenkassen als Pflichtleistungen vorgeschrieben, Unterschiede zwischen den Kassen bestehen aber bei kostenlosen **Zusatzleistungen**, die über die gesetzliche Leistungspflicht hinausgehen, wie z. B. Zahnreinigung oder die Zahlung alternativer Heilmethoden.

Auch hinsichtlich der Beitragshöhe unterscheiden sich die Krankenkassen. Die Versicherten haben einerseits die Möglichkeit, verschiedene Tarife zu wählen **(Wahltarife)**. Dazu gehören auch die **Bonustarife**, die eine gesunde Lebensweise der Mitglieder belohnen (z. B. mit Geldprämien, Ermäßigungen).
Andererseits kann die Beitragshöhe aber auch durch die Erhebung von Zusatzbeiträgen unterschiedlich hoch sein (eine Rückerstattung ist nicht erlaubt).

Deshalb ist es sinnvoll, zu Beginn einer Ausbildung und danach regelmäßig zu prüfen, welche Krankenkasse für einen individuell infrage kommt.

Wechsel der Krankenkasse
- **Normale Kündigung:** Nach 12 Monaten Mitgliedschaft jederzeit möglich mit einer Kündigungsfrist von 2 Monaten ab dem nächsten Monatsende.
- **Sonderkündigung:** Möglich, wenn die Krankenkasse einen Zusatzbeitrag erstmals erhebt oder erhöht (auch wenn man noch nicht 12 Monate dort war). Die Kündigungsfrist beträgt 2 Monate ab dem Ende des Monats der Erhöhung.
Achtung: Bei bestimmten Wahltarifen ist man ggf. 3 Jahre gebunden!

Hinweis
Einen guten Überblick bei einem Wechselwunsch bietet die Stiftung Warentest mit einem Vergleichsrechner auf:
www.test.de
sowie Vergleichsportale wie:
www.krankenkassen.de
www.check24.de
www.finanztip.de

Wahl der Krankenkasse
Zu Beginn einer Ausbildung ist dem Ausbildungsbetrieb innerhalb von 14 Tagen mitzuteilen, bei welcher Krankenkasse man versichert sein will. Der Betrieb darf keine bestimmte Krankenversicherung einfach vorgeben. Verstreicht die Frist ohne Angabe, wird man vom Arbeitgeber bei der bisherigen Krankenkasse (bei Auszubildenden die der Eltern) angemeldet. Nach 12 Monaten besteht dann wieder die freie Kassenwahl, also die Möglichkeit zu kündigen und sich bei einer anderen Krankenkasse anzumelden.

Info
*Pflegende Angehörige können bei ihrem Arbeitgeber eine sogenannte **Familienpflegezeit** beantragen. Der Arbeitnehmer kann dann unbezahlt, aber sozialversichert von der Arbeit freigestellt werden.*

*Die Pflegekassen zahlen auch Zuschüsse für **„wohnumfeldverbessernde Maßnahmen“**, wenn dadurch die häusliche Pflege ermöglicht oder erheblich erleichtert wird.*

Beitragsbemessungsgrenze (Pflegeversicherung)
Maximale Höhe des monatlichen Bruttolohns, mit dem der Höchstbeitrag berechnet wird. Wer darüber hinaus verdient, zahlt keine höheren Beiträge. Diese Grenze ändert sich jedes Jahr. Für 2023 beträgt sie 4.987,50 € Bruttolohn/Monat (Ost und West).

5.1.3 Pflegeversicherung

Pflegebedürftig wird ein Mensch, wenn er gesundheitlich (körperlich, geistig, psychisch) bedingte Beeinträchtigungen der Selbstständigkeit oder seiner Fähigkeiten aufweist und deshalb der Hilfe durch andere bedarf. Das kann jedem durch eine Krankheit oder einen Unfall geschehen, meistens sind jedoch ältere Menschen betroffen. Da die Anzahl Älterer in unserer Gesellschaft zunimmt, gibt es immer mehr Pflegefälle. Ihre Betreuung überforderte vor Einführung der Pflegeversicherung viele Angehörige – auch finanziell.

Aufgaben/Leistungen

Die Pflegeversicherung hilft Menschen, die wegen ihrer Pflegebedürftigkeit auf solidarische Unterstützung angewiesen sind. Je nach Schwere der Pflegebedürftigkeit werden seit 2017 **fünf Pflegegrade** unterschieden. Entsprechend unterscheidet sich auch die Höhe der bezahlten Leistungen.

Pflegegrad 1:	geringe Beeinträchtigung der Selbstständigkeit oder der Fähigkeiten
Pflegegrad 2:	erhebliche Beeinträchtigungen der Selbstständigkeit oder der Fähigkeiten
Pflegegrad 3:	schwere Beeinträchtigungen der Selbstständigkeit oder der Fähigkeiten
Pflegegrad 4:	schwerste Beeinträchtigungen der Selbstständigkeit oder der Fähigkeiten
Pflegegrad 5:	schwerste Beeinträchtigungen der Selbstständigkeit oder der Fähigkeiten mit besonderen Anforderungen an die pflegerische Versorgung

Regelleistungen, die bis zu einem Höchstbetrag je Pflegegrad von den Pflegekassen bezahlt werden:

Häusliche Pflege (daheim)	
„Pflegesachleistungen“	professionelle Pflegehilfe, wie Pflegedienste
Pflegegeld	Eine private Pflegeperson (= Angehörige, Freunde, Nachbarn), die anstelle der professionellen Pflegehilfe pflegt, beantragt ein monatliches Pflegegeld.
Verhinderungspflege	Vertretung für eine private Pflegeperson bei Urlaub, Krankheit oder sonstiger Verhinderung.
teilstationäre Pflege und Kurzzeitpflege	Bei Berufstätigkeit der Familie wird die pflegebedürftige Person tagsüber, nachts oder kurzzeitig stationär versorgt.
Pflegehilfsmittel	ergänzende Geräte und Sachmittel (Verbrauchsprodukte)
soziale Sicherung der privaten Pflegeperson	kostenfreie Renten- und Unfallversicherung für eine private Pflegeperson, die mindestens 10 Stunden verteilt auf mindestens 2 Tage wöchentlich ab Pflegegrad II pflegt und höchstens 30 Stunden pro Woche anderweitig arbeitet
Vollstationäre Pflege (Pflegeheim)	

Versicherungsträger

Träger der sozialen Pflegeversicherung sind die **Pflegekassen**. Diese sind eng an die Krankenkassen angegliedert, die auch die Verwaltung übernehmen.

Mitgliedschaft
Die Pflegeversicherungspflicht entspricht der Krankenversicherungspflicht, gilt also bis auf wenige Ausnahmen für **alle Personen**, die in Deutschland einen Wohnsitz haben oder hier arbeiten.

Beiträge
Jeder Arbeitnehmer hat die Hälfte des Gesamtbeitrags (2023: 3,05 % des Bruttolohns) zur Pflegeversicherung zu zahlen. Die andere Hälfte übernimmt der Arbeitgeber (jeder also 1,525 %). Kinderlose Arbeitnehmer zahlen, wenn sie älter als 23 Jahre sind, 0,35 % mehr (2023: 1,525 + 0,35 = 1,875 %).

Abweichende Beiträge zur Pflegeversicherung in Sachsen: 2,025 % Arbeitnehmer und 1,025 % Arbeitgeber (2023)

5.1.4 Arbeitslosenversicherung und Arbeitsförderung

Bundesagentur für Arbeit
www.arbeitsagentur.de

Aufgaben/Leistungen

Arbeitslosigkeit soll verhindert werden und Arbeitslose sollen schnell wieder in das Arbeitsleben zurückgeholt werden (aktive Arbeitsförderung). Damit die Betroffenen nicht in finanzielle Not kommen, werden Entgeltersatzleistungen gezahlt.	
Aktive Arbeitsförderung durch	
Beratung	zur Berufswahl und zur beruflichen Entwicklung
Vermittlung	• Bewerbungskosten, Reisekosten • Vermittlungsgutschein
Hilfe zur Aufnahme einer Tätigkeit	durch Fahrtkostenbeihilfe, Trennungskostenbeihilfe, Umzugskostenbeihilfe, …
Förderung der Berufsausbildung	Berufausbildungsbeihilfe (BAB) für Auszubildende
Förderung der beruflichen Weiterbildung	• Weiterbildungskosten • Unterhaltsgeld
Eingliederungs- und Einstellungszuschüsse an Arbeitgeber	Zuschuss für Einarbeitung bei „schwer vermittelbaren" Arbeitnehmern (Langzeitarbeitslose, Menschen mit Behinderung, Geringqualifizierte)
Förderung von Arbeitsbeschaffungsmaßnahmen	zeitlich befristete, gemeinnützige Arbeiten (in Zeiten hoher Arbeitslosigkeit)
Personal-Service-Agentur	eigene „Zeitarbeits"-Firma der Agenturen für Arbeit
Passive Entgeltersatzleistungen bei Arbeitslosigkeit	
Arbeitslosengeld I (ALG I)	für Arbeitslose, die sich beim Arbeitsamt arbeitslos gemeldet haben und die Anwartschaftszeit (innerhalb von 2 Jahren vor der Arbeitslosigkeit 12 Monate versicherungspflichtig beschäftigt) erfüllen: 67 % (mit Kind) bzw. 60 % des Nettoarbeitsentgelts, gezahlt für 12 Monate; für ältere Arbeitslose bis 24 Monate; finanziert aus Beiträgen zur Arbeitslosenversicherung
Teilarbeitslosengeld	bei Verlust einer von mehreren versicherungspflichtigen Beschäftigungen
Kurzarbeitergeld	bei Arbeitsausfall aus wirtschaftlichen Gründen
Insolvenzgeld	Wenn Arbeitsentgelt durch eine Insolvenz ausgefallen ist, wird 3 Monate lang Insolvenzgeld gezahlt.

Hinweis
Wer nach der Ausbildung nicht gleich eine Beschäftigung findet, kann hier ausrechnen, wie viel Arbeitslosengeld I er erhält:
www.pub.arbeitsagentur.de/alt.html

Wer innerhalb der letzten 2 Jahre so lange sozialversichert beschäftigt war …	… erhält so lange Arbeitslosengeld I (ALG I):
12 Monate	6 Monate
16 Monate	8 Monate
20 Monate	10 Monate
24 Monate	12 Monate

Bürgergeld (löst seit 2023 das Arbeitslosengeld II ab)	Das **Bürgergeld** wird nicht durch die Beiträge finanziert, sondern über Steuern. Als **Grundsicherung** (= menschenwürdige Existenzsicherung) soll es den grundlegenden Bedarf für den Lebensunterhalt absichern. Im Gegenzug werden **erwerbsfähige und hilfebedürftige Personen** durch die Jobcenter auf der anderen Seite aber auch gefordert:
	Grundsicherung
	• Der **Regelbedarf** (für Ernährung, Kleidung, Körperpflege, Hausrat, Bedürfnisse des täglichen Lebens, „Beziehungen zur Umwelt", die Teilnahme am kulturellen Leben) beträgt für Alleinstehende 502 € monatlich (2023). • **Unterkunft und Heizung** werden – wenn angemessen – übernommen. • **Mehrbedarf** (= einmalige Leistungen) erhält man z. B. für die Erstausstattung mit Bekleidung, für die Anschaffung therapeutischer Geräte etc.
	Forderung
	Maßnahmen zur beruflichen Eingliederung, zur Qualifizierung sowie zumutbare Angebote für geringfügige Beschäftigung oder Arbeitsgelegenheiten **müssen wahrgenommen werden**, ansonsten drohen Minderungen des Regelsatzes um bis zu 30 Prozent.

Hilfebedürftig bedeutet, dass das Einkommen und verwertbare Vermögen nicht nur der hilfebedürftigen Person selbst, sondern auch von den mit im Haushalt lebenden Personen (Bedarfsgemeinschaft) verbraucht sein muss (außer bei Wohngemeinschaften).

jobcenter Gießen

Versicherungsträger

Die Bundesagentur für Arbeit ist Träger der Arbeitslosenversicherung. Der Hauptstelle in Nürnberg sind zehn Regionaldirektionen unterstellt. Diesen sind die einzelnen „Agenturen für Arbeit" zugeordnet, die vor Ort direkt im Kontakt mit den Menschen die Aufgaben und Leistungen sicherstellen.

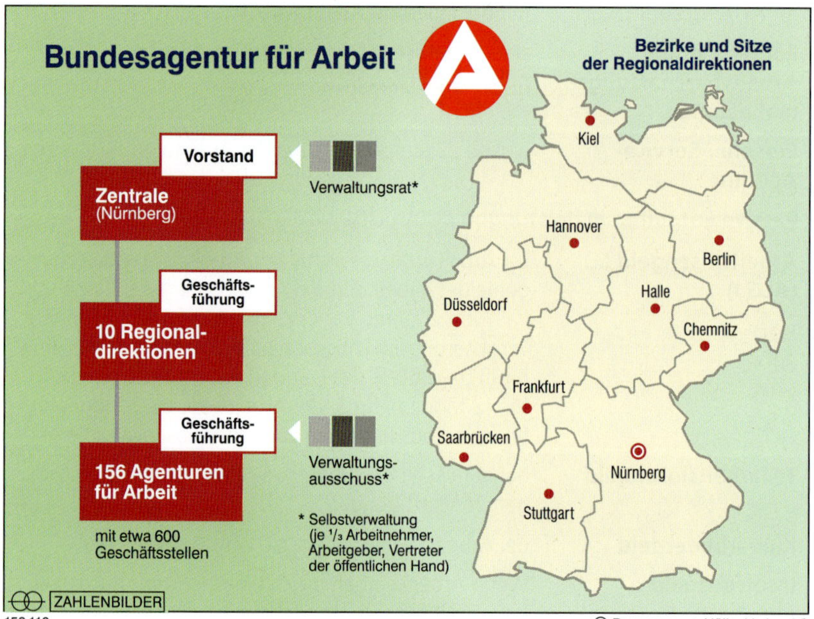

152 110

Mitgliedschaft

Versicherungspflichtig sind alle Arbeitnehmer und Auszubildenden. Versicherungsfrei sind geringfügig Beschäftigte (Minijobber).

Beiträge

Der Arbeitslosenversicherungsbeitrag beträgt 2023 2,6 % des Bruttoverdienstes. Arbeitgeber und Arbeitnehmer zahlen jeweils die Hälfte.

Hartz-Gesetze

Im Jahr 2002 wurde von der Bundesregierung eine Kommission für „moderne Dienstleistungen am Arbeitsmarkt" eingesetzt. Der Vorsitzende war Peter Hartz, damaliger Personalchef von VW, dessen Namen die sogenannten „Hartz-Gesetze" (Hartz I–IV) erhalten haben. Mit diesen Gesetzespaketen wurden die Vorschläge der Kommission in mehreren Phasen nach und nach umgesetzt.

Überblick über wichtige Arbeitsmarktreformen

Bezeichnung	wichtigste Regelungen
Hartz I 2003	Von Arbeitslosigkeit Bedrohte müssen sich frühzeitig bei einer Arbeitsagentur melden.
	Die Arbeitsagenturen richten Personal-Service-Agenturen (PSA) ein, die wie Zeitarbeitsfirmen arbeiten und Arbeitslose in reguläre Arbeitverhältnisse bringen sollen. 2008 werden die PSA abgeschafft.
	Zeitarbeitsvorschriften werden gelockert und ein Tariflohn eingeführt.
Hartz II 2003	Gründungszuschuss für Existenzgründer (früher: „Ich-AG")
	Errichtung von Job-Centern mit gleichzeitiger Förderung und Vermittlung durch persönliche Ansprechpartner
	Einrichtung von Minijobs (geringfügig Beschäftigte), bei denen der Arbeitnehmer bis zu einer Grenze von 520,00 € (2023) monatliches Entgelt keine Sozialversicherungsabzüge hat
Hartz III 2004	Bundesanstalt wird „Bundesagentur" für Arbeit
	Verkürzung der Bezugsdauer von Arbeitslosengeld
	Verbesserung der Betreuung, gerade in Problemregionen
Hartz IV 2005/ Bürgergeld 2023	Sozialhilfe und Arbeitslosenhilfe werden zum Arbeitslosengeld II (ALG II) zusammengeführt. **2023** tritt das **Bürgergeld** an dessen Stelle. Ein Anspruch besteht: • bei Bedürftigkeit • bei grundsätzlicher Erwerbsfähigkeit • oft im Anschluss an den Anspruch auf Arbeitslosengeld I • bei Aufenthalt im Bereich des örtlichen Jobcenters (Grundsatz der Erreichbarkeit). Sanktionen sind nach wie vor möglich.

Beitragsbemessungsgrenze (Arbeitslosenversicherung)
Maximale Höhe des monatlichen Bruttolohns, mit dem der Höchstbeitrag berechnet wird. Wer darüber hinaus verdient, zahlt keine höheren Beiträge. Die maximale Bruttolohnhöhe ändert sich jedes Jahr. Für 2023 beträgt sie 7.300,00 €/Monat (West) und 7.100,00 €/Monat (Ost).

Sozialhilfe

Im heutigen Sprachgebrauch entspricht die „Sozialhilfe" der **Grundsicherung von Erwerbsunfähigen** und der **Grundsicherung im Alter** (Grundsicherung = menschenwürdige Existenzsicherung). Sie ist wie das Bürgergeld steuerfinanziert, der Unterschied besteht aber darin, dass Sozialhilfeberechtigte **nicht erwerbsfähig** sind. Sozialhilfe soll nicht nur Armut verhindern, sondern auch in die Lage versetzen, das Leben möglichst bald wieder aus eigener Kraft zu gestalten.

5.1.5 Unfallversicherung

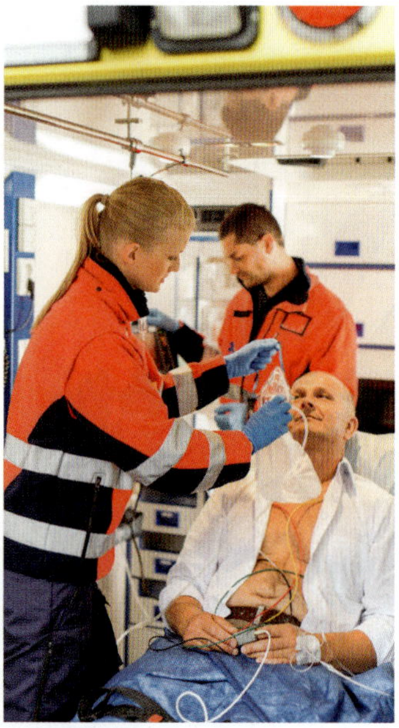

Aufgaben/Leistungen

Es sollen Arbeitsunfälle verhindert werden, aber auch die Folgen eines Arbeitsunfalls oder von Erkrankungen (aufgrund gesundheitsschädlicher Arbeitsbedingungen) gemindert oder beseitigt werden.
Unterscheiden kann man:
- Arbeitsunfälle
- Wegeunfälle (auf dem Weg zwischen Wohnung und Arbeits-/Ausbildungsstelle)
- Berufskrankheiten (wegen gesundheitsschädlicher Arbeiten)

Verhinderung von Unfällen und Berufskrankheiten	
Berufsgenossenschaften/Unfallversicherungsträger	• Erlass der Berufsgenossenschaftlichen Vorschriften für Arbeitssicherheit und Gesundheitsschutz (BGV) bzw. der Unfallverhütungsvorschriften (GUV-V) • Kontrolle durch Aufsichtspersonen • Strafen bei Zuwiderhandlung
Bundesanstalt für Arbeitsschutz und Arbeitsmedizin (BAuA)	Erforschung der Unfallursachen und der Möglichkeiten zur Unfallverhütung
Beseitigung von Unfallschäden und den Auswirkungen von Berufskrankheiten	
Heilbehandlung	ärztliche und zahnärztliche Behandlung, Arznei- und Verbandsmittel, evtl. auch Hauspflege, Krankenhausbehandlung oder Kur
Verletzungsgeld	wird während der Arbeitsunfähigkeit gezahlt
berufsfördernde Leistungen zur Rehabilitation	Kostenübernahme für die Eingliederung in den alten Beruf bzw. für die Ausbildung in einem neuen Beruf
Verletzungsrente	ist dann zu zahlen, wenn die Erwerbsfähigkeit nicht wiederhergestellt werden kann
Sterbegeld	nur, wenn der Tod aufgrund eines Arbeitsunfalls oder einer Berufskrankheit eintritt
Hinterbliebenenrente	tritt nur nach Berufsunfalltod ein und soll den Unterhalt des Verstorbenen ersetzen
Abfindung	für bestimmte Renten aufgrund von Unfallfolgen, d. h. nach der (einmaligen) Zahlung der Abfindung erlischt der Anspruch

Kennzahlen der gesetzlichen Unfallversicherung für 2021:
- *rund 63,1 Mio im Bereich der allgemeinen Unfallversicherung gegen Arbeits-, Wege- und Schülerunfälle sowie Berufskrankheiten Versicherte*
- *17,71 Mio. versicherte Studierende, Schüler und Kinder in Tageseinrichtungen*
- *806.217 meldepflichtige Arbeitsunfälle und 170.853 Wegeunfälle*
- *rund 123.626 offiziell anerkannte Berufskrankheitsfälle*
- *rund 10,72 Mrd. Euro Entschädigungsleistungen*

(Quelle: DGUV, 2022)

Versicherungsträger

Die Berufsgenossenschaften sind Träger der Unfallversicherung und nach Wirtschaftszweigen aufgeteilt, z. B. die **Berufsgenossenschaft der Bauwirtschaft – BG BAU**.

Mitgliedschaft

Pflichtversicherte

alle Arbeitnehmer, Auszubildende, Lernende in Aus- und Fortbildung	teilweise Arbeitgeber, je nach Satzung der Berufsgenossenschaft	Heimarbeiter, Arbeitslose, Schüler, Studenten, Ersthelfer, Pflegepersonen

Beiträge

Die Beiträge zur Unfallversicherung zahlt nur der Arbeitgeber. Die Beitragshöhe richtet sich nach dem Arbeitsverdienst der Versicherten (gesamte **Lohnsumme** des Betriebs) und nach der **Gefahrenklasse des Betriebs**, die das Unfallrisiko repräsentiert. Eine Unfallanzeige muss innerhalb von drei Tagen vom Unternehmen aus bei der Berufsgenossenschaft eingegangen sein.

5.1.6 Prinzipien der Sozialversicherung

Auf dem Gebiet der gesetzlichen Sozialversicherung lassen sich Prinzipien unterscheiden, die für die Sozialversicherung insgesamt oder für einzelne Zweige gelten.

Solidaritätsprinzip	• bestimmendes Prinzip in Kranken- und Pflegeversicherung • Beitragshöhe nach finanziellen Möglichkeiten des Versicherten • Familienangehörige sind mitversichert • jeder Versicherte erhält im Bedarfsfall Leistungen gleichen Umfangs
Zwangsprinzip	• es besteht eine Versicherungs- und Beitragspflicht für alle Beschäftigten • Ausnahmen: - Einkommen liegt über der Beitragsbemessungsgrenze, - Minijobber - Beamte - Selbstständige
Äquivalenzprinzip (bei der Rentenversicherung)	je höher die Beiträge, desto mehr Leistungen: gilt als Ausnahme vom Solidaritätsprinzip bei der Rentenversicherung
Selbstverwaltungsprinzip	• Träger der jeweiligen Versicherung sind Körperschaften des öffentlichen Rechts • eigenverantwortliche Verwaltung unter Rechtsaufsicht des Staates • Beteiligung der Arbeitnehmer und Arbeitgeber über Sozialwahlen
Prinzip des Generationenvertrags (bei der Rentenversicherung)	Der jeweils gerade arbeitende Teil der Bevölkerung kommt für die Rentenzahlungen an den nicht mehr arbeitenden Teil auf. Es besteht kein wirklicher Vertrag, „Vertrag" ist bildlich gemeint.

Gegensatz Sozialversicherung – Individualversicherung

Das Solidaritäts- und das Zwangsprinzip der gesetzlichen Sozialversicherung stehen im Gegensatz zu den Prinzipien der Individualversicherungen (siehe folgender Abschnitt 5.2). Dort gelten die Gesetze des freien Wirtschaftsverkehrs. D. h. jedem steht es frei, ob er eine Versicherung abschließt (und wenn ja, welche). Und: Wer mehr einzahlt, bekommt bei Eintritt des Versicherungsfalls auch mehr zurück. Das Äquivalenzprinzip ist dort also die Regel (siehe auch Tabelle auf S. 84).

5.1.7 Sozialgerichtsbarkeit

Wer eine Entscheidung eines Trägers der gesetzlichen Sozialversicherung für falsch hält und durch die Entscheidung belastet ist (etwa durch einen Kostenbescheid der Krankenversicherung oder die zu geringe Festsetzung des ALG I), kann zunächst innerhalb von einem Monat **Widerspruch** bei dem entsprechenden Versicherungsträger einlegen.
Wird der Widerspruch abgelehnt, kann innerhalb eines weiteren Monats Klage beim Sozialgericht eingereicht werden. Das gerichtliche Verfahren ist für den Versicherten kostenfrei.

Mit einer **Klage** vor dem Sozialgericht wird der betreffende Bescheid des Sozialversicherungsträgers gerichtlich überprüft. Gegenstand einer solchen Überprüfung sind vor allem Entscheidungen bezüglich

- der Sozialversicherungen (z. B. Leistung wurde abgelehnt),
- der Arbeitsförderung (z. B. Berufsausbildungsbeihilfe wurde nicht gewährt),
- des Kindergeldrechts (z. B. Antrag wurde abgelehnt),
- der Grundsicherung (z. B. Kosten der Unterkunft werden nicht voll übernommen) etc.

Durch die Möglichkeit zur Klage erhält der Bürger Rechtsschutz vor einem „willkürlichen" Handeln der Verwaltung.

Die **Sozialgerichte** entscheiden in Kammern, denen ein Berufsrichter als Vorsitzender und zwei ehrenamtliche Richter als Beisitzer angehören. Sie erforschen den streitigen Sachverhalt und erlassen ein Urteil.

Wer mit der Entscheidung des Sozialgerichts nicht einverstanden ist, kann innerhalb eines Monats nach Zustellung des Urteils Berufung beim **Landessozialgericht** einlegen, das den Streitfall noch einmal überprüft. Es verhandelt und entscheidet in Senaten, die mit drei Berufs- und zwei ehrenamtlichen Richtern besetzt sind.

Die Senate des **Bundessozialgerichts** in Kassel entscheiden über das Rechtsmittel der Revision. Hierbei werden nicht mehr die Tatsachen, sondern lediglich die Verletzung von Rechtsregeln bei der Urteilsfindung überprüft.

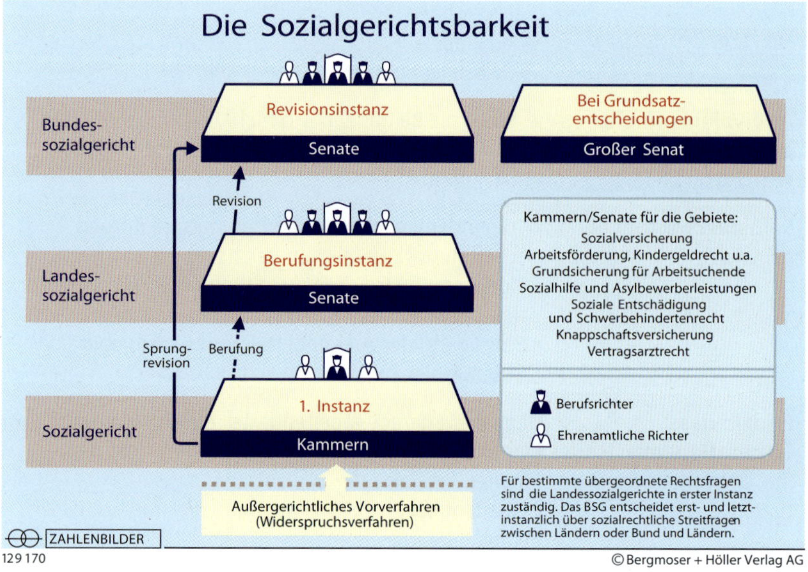

© Bergmoser + Höller Verlag AG

ÜBERBLICK

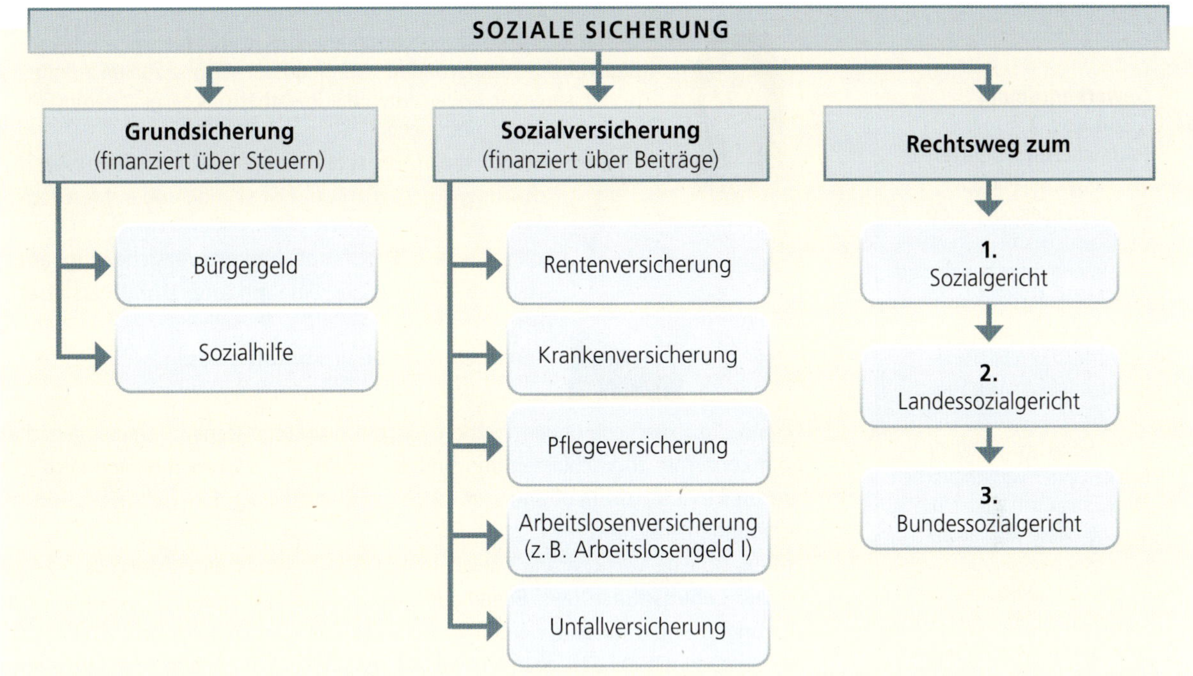

	Wie fit sind Sie beim Thema „Sozialversicherungen"?	Inhaltsbezug Seite
1	Welche Aufgaben hat die soziale Sicherung?	68
2	a) Welche Aufgaben übernimmt die Rentenversicherung? b) Wer muss sich durch die Rentenversicherung pflichtversichern? c) Was versteht man unter „Rehabilitation"? d) Durch welche Ereignisse können Rentenzahlungen ausgelöst werden?	69
3	a) Welche Aufgaben übernimmt die Krankenversicherung? b) Auf welche Regelleistungen hat der Versicherte Anspruch?	70
4	Erklären Sie die fünf Pflegegrade der Pflegeversicherung.	72
5	Welche Aufgaben übernimmt die Arbeitsförderung?	73
6	a) Welche Maßnahmen führt die „aktive Arbeitsförderung" durch? b) Welche Maßnahmen zählen zu den Entgeltersatzleistungen?	73–74
7	Wer ist arbeitslosenversichert?	75
8	a) Warum gibt es die gesetzliche Unfallversicherung? b) Was leistet sie?	76
9	Geben Sie an, wie hoch die Beitragslast für Arbeitgeber und Arbeitnehmer ist bei der a) Rentenversicherung b) Krankenversicherung c) Pflegeversicherung d) Arbeitslosenversicherung e) Unfallversicherung	69–77
10	Beschreiben Sie den Rechtsweg, den Sie einschlagen können, wenn Sie zu Unrecht keine Berufsausbildungsbeihilfe erhalten.	78

Gewerbeordnung
§ 34d Abs. 2
[Versicherungsberater]
Wer gewerbsmäßig über Versicherungen oder Rückversicherungen beraten will (Versicherungsberater), bedarf nach Maßgabe der folgenden Bestimmungen der Erlaubnis der zuständigen Industrie- und Handelskammer. Versicherungsberater ist, wer ohne von einem Versicherungsunternehmen einen wirtschaftlichen Vorteil zu erhalten oder in anderer Weise von ihm abhängig zu sein
1. den Auftraggeber bei der Vereinbarung, Änderung oder Prüfung von Versicherungsverträgen [...] berät.

Hinweis
Versicherungsberater findet man z. B. beim Bundesverband der Versicherungsberater e. V. unter: www.bvvb.de

5.2 Private Zusatzversicherungen

Franka hat ihre Ausbildung begonnen. Das Risiko, für einen unbeabsichtigt verursachten Schaden in unbegrenzter Höhe zahlen zu müssen, war bisher durch die Privathaftpflichtversicherung ihrer Eltern abgesichert.
- Muss Franka nun selbst eine **Privathaftpflichtversicherung** abschließen oder ist sie noch über ihre Eltern mitversichert?
- Sollte sie eine **Berufsunfähigkeitsversicherung** abschließen oder besser eine **private Unfallversicherung**?
- Von wem kann sie sich **beraten** lassen?

Private Zusatzversicherungen werden mit privatwirtschaftlichen Firmen (Versicherungskonzerne) abgeschlossen und sind **freiwillig**. Da das Leben Risiken birgt, die finanziell **existenzbedrohend** sein können, sollte sich jeder durch private Zusatzversicherungen absichern.
Prüfen, ob eine Versicherung sinnvoll ist, sollte man immer dann, wenn sich die jeweilige **Lebensphase** (z. B. Beendigung der Ausbildung) ändert. Da private Versicherungen selbst gezahlt werden müssen und die Versicherungsbedingungen für Neuverträge mit der Zeit geändert werden, empfiehlt sich ca. **alle drei Jahre eine Überprüfung** auf Kosten (= Beiträge) und Leistungen.

Weil einige private Zusatzversicherungen sehr komplex sind und z. T. lange Vertragslaufzeiten haben, ist eine **Beratung** sinnvoll. Eine solche erhält man kostenlos bei **Versicherungsvertretern**, die von Versicherungsgesellschaften zu diesem Zweck eingesetzt werden und von diesen für Vertragsabschlüsse Entgelt (Provisionen) erhalten. Außerdem gibt es **Versicherungsmakler**, die Kunden kostenlos beraten und ihr Geld von unterschiedlichen Versicherungsgesellschaften für vermittelte Verträge erhalten. Als dritte Möglichkeit gibt es noch die sogenannten **Versicherungsberater**, die keine Provisionen von Versicherungsunternehmen entgegennehmen dürfen, sondern für ihre unabhängige, (rechts-)beratende, gutachterliche Tätigkeit direkt vom Versicherungsnehmer über Stundensätze (z. B. 120,00 € pro Stunde) bezahlt werden. Eine ebenfalls unabhängige, persönliche Beratung, die kostenpflichtig ist (z. B. 60,00–80,00 € pro Stunde), leisten auch einige **Verbraucherzentralen** vor Ort.

5.2.1 Personenversicherungen

Hierunter fallen Versicherungen, die Personen gegen Risiken absichern.

Lebensversicherung

- **Risiko-Lebensversicherung**
  Im Todesfall erhält ein Hinterbliebener (= Begünstigter) Geld, was z. B. sinnvoll ist, um eine Familie mit Kindern abzusichern, wenn einer der Verdiener verstirbt. Sie kann auch der Absicherung von Verbindlichkeiten (z. B. Darlehen) dienen.
- **Kapital-Lebensversicherung**
  Ab einem bestimmten Alter (oft Rentenalter) erhält der Versicherte seine Beiträge mit einer Verzinsung zurück. Im Todesfall wird eine Summe an einen Begünstigten ausbezahlt. Hier liegt eine Mischung aus Risikolebensversicherung und Rentenversicherung (Sparen) vor.

Private Krankenversicherung

Private Krankenvollversicherung

Wer Freiberufler oder Selbstständiger ist bzw. als Arbeitnehmer über der Versicherungspflichtgrenze (2023 monatlich 5.550,00 €, siehe Abschnitt 5.1.2) liegt, kann von der gesetzlichen in eine private Krankenversicherung (PKV) wechseln.

Private Krankenzusatzversicherungen

Da den Versicherten die – gesetzlich oder privat – angebotenen Leistungen oft nicht ausreichen, bieten diverse Versicherungen zusätzliche Leistungen an – wie z. B.:

- die **Auslandskrankenversicherung** für den Krankheitsfall auf Reisen,
- die **Krankenhauszusatzversicherung** z. B. für die Nutzung von 1-Bett-Zimmern,
- die **Zahnzusatzversicherung** z. B. für die Einsetzung von Goldkronen,
- die **Krankentagegeldversicherung** für Freiberufler und Selbstständige, denn diese erhalten im Krankheitsfall weder Lohnfortzahlung noch Krankengeld.

Hinweis
Die Stiftung Warentest hat auf ihrer Homepage ein umfangreiches Angebot an Informationen zu Versicherungen, z. B.:
www.test.de/thema/versicherungs-check/

Berufsunfähigkeitsversicherung

Wer wegen eines **Unfalls** oder einer **Krankheit** längerfristig seinen Beruf nicht mehr ausüben kann, erhält vom Versicherer eine monatliche **Zahlung, die den Lebensstandard aufrechterhalten soll**. Da die entsprechenden Leistungen aus der gesetzlichen Rentenversicherung viel zu gering sind, ist diese Versicherung sehr wichtig für alle, die arbeiten, also bereits für Auszubildende.

Private Unfallversicherung

Diese zahlt bei bleibenden Körperschäden durch Unfälle im beruflichen und – im Gegensatz zur gesetzlichen Unfallversicherung – auch im **privaten Bereich**, wie z. B. beim Sport, im Haushalt oder Urlaub. Die Höhe der Zahlung richtet sich nach der vereinbarten Versicherungssumme (z. B. 150.000,00 €) und dem Grad der festgestellten Invalidität (beim Verlust einer Hand etwa 55 %) sowie ggf. der Gefährlichkeit des ausgeübten Berufs. Mit der Zahlung können unfallbedingt erforderliche Umbauten in der Wohnung vorgenommen und der monatliche Finanzbedarf abgedeckt werden.

Private Rentenversicherung

Da die gesetzliche Rentenversicherung in Zukunft nicht mehr allein für die Altersvorsorge ausreicht (bis 2050 sinkt die Rente voraussichtlich auf ca. 40 % des letzten Nettogehalts) muss jeder selbst Vorsorge treffen:

private Altersvorsorge

Riester-Förderung

Für Investitionen in bestimmte „riesterfähige" Produkte – wie z. B. eine private Rentenversicherung, einen Fonds oder einen Banksparplan – zahlt der Staat Zulagen. Der Versicherer muss die spätere Rückzahlung in Höhe der eingezahlten Beiträge plus Mindestverzinsung garantieren. Nur dann kann sein Produkt zertifiziert und gefördert werden.

Einen Überblick über die Höhe staatlicher Zulagen (seit dem Geltungsjahr 2008), die ab einer Sparleistung von 4 % des versicherungspflichtigen Bruttoeinkommens geleistet werden, gibt die folgende Tabelle:

Alleinstehende	Ehepaare	je Kind	je Kind ab Geburtsjahr 2008	„Berufseinsteigerbonus" für unter 25-Jährige
175,00 €	350,00 €	185,00 €	300,00 €	200,00 €

Sparbeiträge können im Rahmen der „Riester-Rente" zudem bis zur Höhe von 2.100,00 € als Sonderausgaben von der Steuer abgesetzt werden.

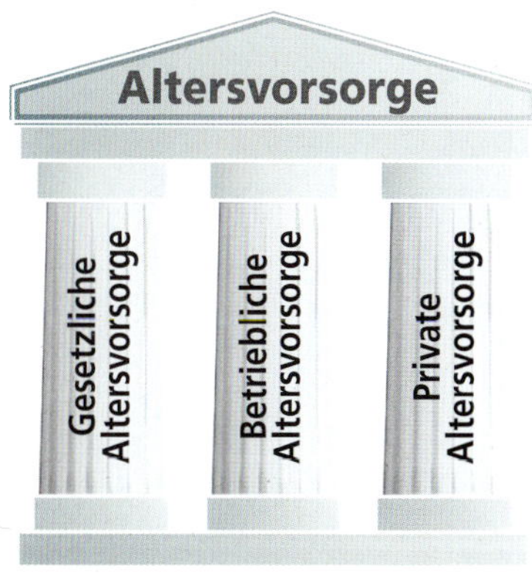

Die drei Säulen der Altersvorsorge

KOMPETENZBEREICH I

Riester-Sparformen
Im dritten Quartal des Jahres 2022 lag die Zahl der staatlich geförderten „Riester-Verträge" bei rund 15,942 Millionen. Dabei ist der Versicherungsvertrag mit Abstand das beliebteste Produkt, wie das Kreisdiagramm über die prozentuale Verteilung der Riester-Produkte zeigt:

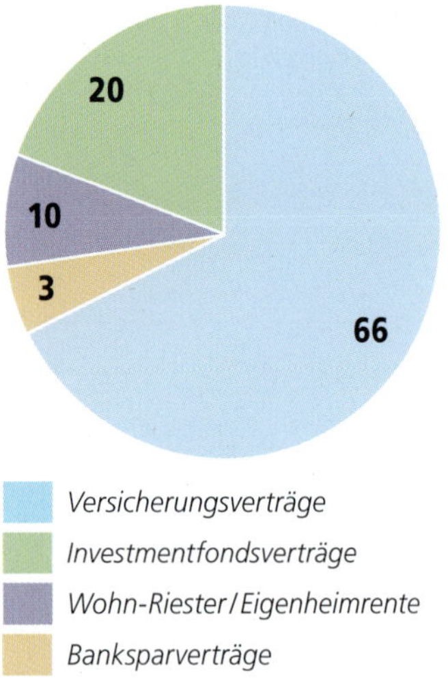

(Quelle: BMAS)

- **Rürup-Rente (Basisrente)**
  Diese Form der vom Staat geförderten privaten Altersvorsorge ist vor allem für ältere Selbstständige und Freiberufler attraktiv. Die Förderung findet hier nicht über Zulagen, sondern über die hohe steuerliche Abzugsfähigkeit während der Ansparphase statt.
- **Klassische private Rentenversicherung**
  Die klassische private Rentenversicherung ist für Personen mit hohem Einkommensteuersatz im Alter und für Selbstständige und Freiberufler sinnvoll. Vorteil im Gegensatz zur Basisrente (Rürup-Rente) ist die niedrigere Besteuerung bei der Auszahlung. Außerdem kann ein vorgezogener Renteneintritt bedarfsgerecht geplant werden (z. B. auch mit einer Einmalzahlung).

Betriebsrente (betriebliche Altersvorsorge)
Grundsätzlich hat jeder Beschäftigte (damit auch jeder Auszubildende) **Anspruch auf eine betriebliche Altersvorsorge**, falls dies nicht in einem Tarifvertrag ausgeschlossen wurde. Das bedeutet, dass Beschäftigte einen Teil ihres Entgelts für ihre Altersversorgung sparen, wobei der Betrieb die Abwicklung übernimmt. Das wird **Entgeltumwandlung** genannt und ist staatlich dadurch gefördert, dass das zu versteuernde Einkommen um diesen Entgeltbetrag gemindert wird. Der Arbeitgeber gibt seinen Beschäftigten die Art der Entgeltumwandlung vor.

Folgende Formen der betrieblichen Altersvorsorge werden unterschieden:
- Bei der **Direktversicherung** schließt der Arbeitgeber für den Arbeitnehmer eine Lebens- oder Rentenversicherung ab.
- Im Rahmen **betrieblicher Pensionszusagen** gibt der Arbeitgeber dem Arbeitnehmer die Direktzusage, ihm später eine Pension zu zahlen.
- **Unterstützungs- und Pensionskassen:** Der Arbeitgeber zahlt in die Kasse ein – diese zahlt später dem Arbeitnehmer eine Pension aus.
- Der Arbeitgeber kann für den Arbeitnehmer in einen **Pensionsfonds** einzahlen, der auch Aktien enthalten darf.

5.2.2 Sachversicherungen
Bei Sachversicherungen sind die im Versicherungsvertrag bezeichneten Sachwerte versichert.

Wohnungsbrand

Hausratversicherung
Diese Versicherung **deckt Schäden an sämtlichen Gegenständen ab**, die der Versicherungsnehmer in seiner **Wohnung** hat. Hierzu zählen etwa Teppiche, Bilder, Vorhänge, Schränke, Betten, Kleidung, Computer, Haushaltsgeräte und Bücher. Die Schadensursache kann Feuer (Brand), Blitzschlag, Explosion, Absturz eines Luftfahrzeugs, Einbruchdiebstahl, Raub, Vandalismus, Leitungswasser, Rohrbruch, Frostschaden, Sturm oder Hagel sein.

Die Hausratversicherung **erstattet den aktuellen Neuwert** der jeweiligen Gegenstände. Auszubildende oder Studenten, die gerade von zu Hause ausgezogen sind, können auf eine Hausratversicherung verzichten. Für Familien mit Kindern z. B. ist sie aber ratsam, da sich mit der Zeit schnell „ein kleines Vermögen" ansammelt. Bei Paaren, die zusammenwohnen, reicht es, wenn einer von beiden eine Hausratversicherung hat. Verfügen bereits beide Partner über eine Hausratversicherung, kann der jüngere Vertrag gekündigt werden.

Kfz-Kaskoversicherung

- **Teilkaskoversicherung**
  Die Versicherung zahlt bei Beschädigung, Zerstörung und Verlust des Fahrzeugs (z. B. Brand, Explosion, Diebstahl, Sturm, Hagel, Überschwemmung, Zusammenstoß mit Haarwild, Glasbruch). Durch eine Selbstbeteiligung (z. B. 150,00 €) im Schadensfall kann der Beitrag gesenkt werden. Dabei gilt: Je höher die Selbstbeteiligung, desto geringer der zu zahlende Versicherungsbeitrag.
- **Vollkaskoversicherung**
  Sie deckt zusätzlich Schäden am Fahrzeug bei selbstverschuldeten Unfällen oder Fahrerflucht des Unfallgegners ab sowie mutwillige Beschädigungen durch Fremde (Vandalismus). Durch eine Selbstbeteiligung (z. B. 500,00 €) kann auch hier der Beitrag gesenkt werden.

Manche Kfz-Kaskoversicherer haben in ihren Versicherungsbedingungen den sogenannten „Einwand der groben Fahrlässigkeit" aufgenommen. Entsprechend zahlt der Versicherer nicht in Fällen, in denen grobe Fahrlässigkeit (z. B. Verursachen eines Unfalls durch Überfahren einer roten Ampel oder durch zu schnelles Fahren bei starkem Regen) vorliegt.

5.2.3 Vermögensversicherungen

Diese Versicherungen schützen vor einem finanziellen Schaden, der am eigenen Vermögen entsteht.

Privathaftpflichtversicherung

Eine der wenigen Versicherungen, die man **unbedingt haben** muss, ist die „Privathaftpflicht". Durch eine kleine Unachtsamkeit ist schnell ein großer Schaden entstanden, für den **der Verursacher mit seinem Vermögen unbegrenzt haftet**. Die Versicherung übernimmt bis zur Höhe der vereinbarten Versicherungssumme (z. B. fünf Millionen Euro) die **Kosten für Personen-, Sach- und Vermögensschäden** im privaten Bereich.
Der Versicherungsschutz **umfasst die ganze Familie**, denn der Ehepartner oder eheähnliche Lebenspartner und unverheiratete Kinder, die sich noch in der ersten Ausbildung befinden, fallen unter den Versicherungsschutz.

Kfz-Haftpflichtversicherung

Wenn man ein Fahrzeug zulassen will, ist sie die einzige private Zusatzversicherung, die **gesetzlich vorgeschrieben** ist. Die Kfz-Haftpflichtversicherung kommt für **Personen- und Sachschäden sowie für Vermögensschäden** der Geschädigten auf. Dazu gehört auch der Schutz der Insassen im eigenen Fahrzeug.

Sonstige Haftpflichtversicherungen

Es gibt weitere Haftpflichtversicherungen, die je nach Lebenslage an Bedeutung gewinnen können, z. B. die Hundehalterhaftpflicht, die Hausbesitzerhaftpflicht etc.

Rechtsschutzversicherung

Sie wird für einzelne Bereiche angeboten (Verkehrsrechtsschutz, Arbeitsrechtsschutz, Mietrechtsschutz) oder in Form von Paketen (z. B. Familienrechtsschutz). Die Rechtsschutzversicherung trägt nach erfolgter Deckungszusage die **Anwaltskosten, Gerichtskosten**, Kosten und Gebühren für Zeugen und Sachverständige sowie weitere Auslagen für Gutachten und Vollstreckung.

Police
Vom Versicherer ausgestellte Urkunde über den Abschluss eines Versicherungsvertrags.

Die Versicherungen bieten weitere Produkte an, die Risiken absichern, die einerseits bereits durch die vorgenannten Versicherungen abgedeckt werden oder gar keine Existenzbedrohung darstellen. Deshalb sollten Versicherungen, wie z. B. Handyversicherungen, Kfz-Insassenunfallversicherungen, Krankenhaustagegeldversicherungen oder Ausbildungsversicherungen gut überlegt werden.

5.2.4 Überblick: Sozial- und Individualversicherungen

Die wichtigsten Unterschiede – hier noch einmal kurz zusammengefasst:

Merkmal	Sozialversicherung	Individualversicherung
Leistungen	Art und Höhe werden gesetzlich vorgeschrieben	Art und Höhe werden vertraglich vereinbart
Kosten	Beiträge, die sich nach der Einkommenshöhe richten	Prämie, die sich nach dem versicherten Risiko richtet
Teilnahme	staatlicher Zwang zur Versicherung; wählbar ist aber z. B. die Krankenkasse	• freiwillig nach Risikoabwägung • frei zu vereinbarender Vertrag
Prinzip von Leistung und Gegenleistung	Solidaritätsprinzip: Leistungen sind unabhängig von der Höhe der geleisteten Beiträge	Äquivalenzprinzip: Wer mehr einzahlt, bekommt auch mehr heraus

Im **Versicherungsvertragsgesetz (VVG)** sind die Rechte und Pflichten von Versicherern und Versicherungsnehmern bei Individualversicherungen festgelegt. Unter anderem ist hierin ein **Widerrufsrecht von 14 Tagen** (bei Lebensversicherungen 30 Tage) für den Versicherungsnehmer enthalten. Die Frist läuft erst, wenn sämtliche Vertragsunterlagen übergeben worden sind.

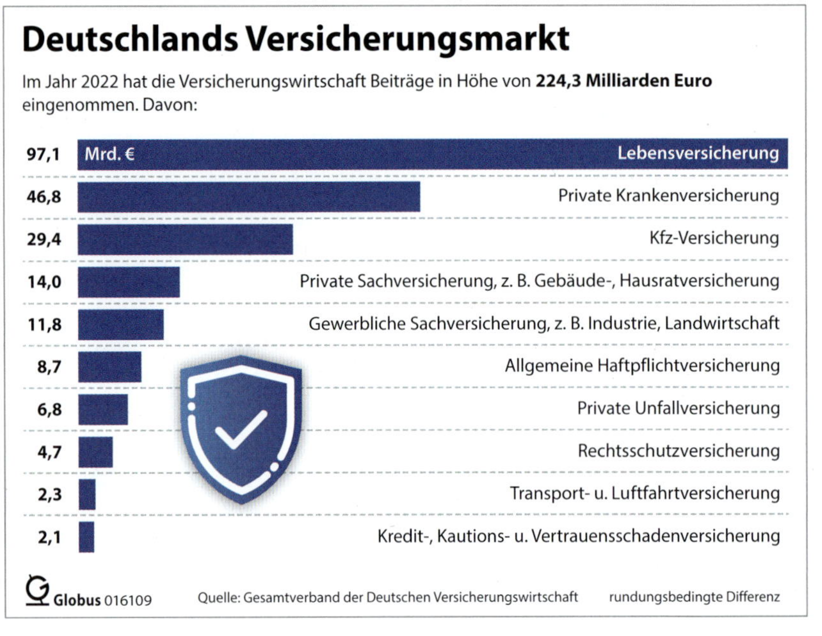

ÜBERBLICK

PRIVATE ZUSATZVERSICHERUNGEN

Personenversicherungen	Sachversicherungen	Vermögensversicherungen
Lebensversicherung	Hausratversicherung	Privathaftpflichtversicherung
private Krankenversicherung	Kfz-Teilkaskoversicherung	Kfz-Haftpflichtversicherung
Berufsunfähigkeitsversicherung	Kfz-Vollkaskoversicherung	sonstige Haftpflichtversicherung
private Unfallversicherung		Rechtsschutzversicherung
private Rentenversicherung		

BERATUNG

	Wie fit sind Sie beim Thema „Private Zusatzversicherungen"?	Inhaltsbezug Seite
1	Welche Aufgaben übernehmen private Zusatzversicherungen?	80
2	Wer kann Sie über eine Berufsunfähigkeitsversicherung unabhängig und in Ihrem Sinne beraten?	80
3	Sie können aufgrund einer Allergie nicht mehr in Ihrem Beruf arbeiten. Welche Versicherung leistet in diesem Fall?	81
4	Warum kann eine private Unfallversicherung sinnvoll sein, obwohl doch die Krankenversicherung die Krankheitskosten bei einem Freizeitunfall übernimmt?	81
5	Was versteht man unter der „Riester-Rente", was unter der „Rürup-Rente"?	81–82
6	Muss Ihnen Ihr Ausbildungsbetrieb eine betriebliche Altersvorsorge auf Verlangen anbieten?	82
7	Wenn bei Ihnen zu Hause eingebrochen wird und dort Teppiche, Tablet-PC, Smartphone und der Flachbildfernseher gestohlen werden, welche Versicherung tritt dann ein?	82
8	Welche private Zusatzversicherung benötigt jeder, der nicht über die Familie mitversichert ist? Begründen Sie Ihre Antwort.	83
9	Welche Versicherungen sind nicht unbedingt notwendig und daher gut zu überlegen?	83–84
10	Arbeiten Sie den Unterschied zwischen Sozialversicherung und Individualversicherung heraus.	84
11	Finden Sie im Internet heraus, in welche Berufsgruppen (und damit in welche Prämienstufe) Beschäftigte im Rahmen der Berufsunfähigkeitsversicherung je nach Gefährdungsgrad eingeteilt werden. Welcher Gruppe würden Sie persönlich zugeordnet werden?	

KOMPETENZBEREICH I

5.3 KTB – Kompetenzorientierte Themenbearbeitung

1 Isabell und Mario haben gerade ihre Berufsausbildung begonnen: Isabell als Bankkauffrau, Mario als Industriemechaniker. Mario ist ganz stolz, dass er jetzt 1.000 € im Monat verdient. Er überlegt sich schon, was er sich für das Geld anschaffen will.

„Du musst aber noch die Sozialversicherungsbeiträge abziehen", gibt Isabell zu bedenken. Mario ist verblüfft: „Wieso hat mein Freund dann keine Abzüge?" „Weil unter einem gewissen Wert der Arbeitgeber alles zahlen muss, aber den überschreitest du in deinem Ausbildungsberuf auf jeden Fall", antwortet Isabell.

Sie erzählt Mario weiter, dass sie gerade dabei ist, die aktuellen Prozentzahlen der Arbeitnehmerbeiträge zusammenzustellen. „Denn die Arbeitnehmer- und Arbeitgeberbeiträge sind nicht gleich hoch, sondern auch wir als Azubis zahlen anteilsmäßig mehr", erläutert Isabell.

„Ja, du hast recht", wird Mario bewusst. „Die Abzüge, z. B. für die Rentenversicherung, muss ich ja noch wegrechnen, dabei haben wir doch erst was davon, wenn wir ewig später in Rente gehen." „Bei der Krankenversicherung kannst du deine Abzüge immerhin etwas selbst bestimmen", meint Isabell. „Du musst deinem Ausbildungsbetrieb nur sagen, in welche Krankenkasse du gehen willst und da kannst du ja eine mit geringen Zusatzbeiträgen wählen."

„Ok, ich habe auch gehört, dass man nach der Ausbildung, falls man nicht übernommen wird, Anspruch auf Arbeitslosengeld hat", fällt Mario ein. „Richtig, also so schlimm sind doch dann die Sozialversicherungsabzüge gar nicht, eigentlich sind sie ja auch ziemlich sinnvoll", beendet Isabell das Thema.

a) Warum kann Mario nicht einfach sein angegebenes Gehalt als Grundlage für seine geplanten Ausgaben machen?

b) Wie hoch ist der Wert („Geringverdienergrenze"), von dem Isabell spricht?

c) Wie lauten die aktuellen Prozentzahlen der Arbeitnehmerbeiträge zu den einzelnen Sozialversicherungen. Bilden Sie auch eine Gesamtsumme der prozentualen Abzüge.

d) Welche ungleich verteilten Sozialversicherungsbeiträge meint Isabell, wenn sie sagt, dass Arbeitnehmer und auch Azubis prozentual mehr bezahlen als die Arbeitgeber?

e) Fällt Ihnen ein Fall ein, bei dem man entgegen der Aussage von Mario schon weit vorher etwas von der Rentenversicherung hat?

f) Isabell hat nicht darauf hingewiesen, in welcher kurzen Frist man den Namen der gewählten Krankenkasse dem Ausbildungsbetrieb mitteilen muss. Machen Sie die Angabe in Tagen.

g) Was Mario zur Arbeitslosenversicherung sagt, stimmt. Aber wie lange muss man gearbeitet haben, bevor man Arbeitslosengeld I erhält? Wäre es sogar möglich, bei einem Ausbildungsabbruch bezugsberechtig zu sein?

2 Jetzt geht es noch um private Zusatzversicherungen. „Ein Versicherungsvertreter hat mir gesagt, dass ich in dieser neuen Lebensphase auch zusätzliche private Versicherungen benötige, z. B. eine Privathaftpflichtversicherung und eine Berufsunfähigkeitsversicherung. Was kommt denn da noch alles auf mich zu?", klagt Mario.

„Du, da gibt es aber noch andere als die Versicherungsvertreter", wirft Isabell ein. „Bei denen würde ich mich gerade bei langfristig laufenden Versicherungen eher erkundigen als bei den Vertretern, die nur ihre Provisionen sehen. Ich finde mal raus, wer das ist". „Okay", entgegnet Mario, „sag mir dann aber unbedingt Bescheid."

a) Welche Berufsgruppe meint Isabell, die eine unabhängige Beratung bezüglich privater Zusatzversicherungen gibt.

b) Recherchieren Sie zur privaten Haftpflichtversicherung im Internet drei Angebote. Vergleichen Sie diese in Bezug auf die Kriterien „Versicherungssumme", „Beitragshöhe", „versicherte Schäden", „Versicherungsdauer" und „Auslandsschutz".

c) Welches der recherchierten Angebote wäre das beste für Sie? Begründen Sie Ihre Antwort.

KOMPETENZBEREICH I:
Mitarbeiter in der Arbeitswelt

6

LOHN, LOHNABRECHNUNG UND STEUERERKLÄRUNG

Herr Rudolf

Frau Simon

6.1 Lohnformen

> Egon Rudolf und Sylvia Simon arbeiten in einer Textilfabrik in Lörrach. Herr Rudolf ist Meister und kümmert sich hauptsächlich um den Einsatz der Arbeitskräfte je nach Auftragslage und um eine geordnete Produktion. Frau Simon hat eine Lehre als Schneiderin absolviert und ist jetzt als Zuschneiderin und Näherin in der Textilfabrik tätig. Viele ihrer Arbeiten werden im Akkord erledigt.
> - Warum richtet sich die Gehaltshöhe bei Herrn Rudolf nach seiner Anwesenheit in der Firma, bei Frau Simon aber nach ihrer konkreten Arbeitsleistung?
> - Was ist der Unterschied zwischen Stückgeldakkord und Stückzeitakkord?
> - Wäre bei diesen Mitarbeitern auch ein Prämienlohn sinnvoll?

Damit eine Volkswirtschaft leistungsstark sein und bleiben kann, muss jeder Arbeitnehmer davon überzeugt sein, dass er seiner Leistung entsprechend bezahlt wird. Deshalb müssen bei der Berechnung des Lohns die körperliche und geistige Anforderung der Arbeit und die tatsächlich erbrachte Arbeitsleistung im Mittelpunkt stehen.

__Lohn__ = Entgelt für überwiegend körperliche Arbeitsleistung der Arbeiter

__Gehalt__ = Entgelt für überwiegend geistig-schöpferische Arbeit der Angestellten

In Gesetzgebung und Tarifverträgen ist die Differenzierung in Lohn und Gehalt weitgehend aufgegeben worden, stattdessen heißt es meistens „Entgelt".

Löhne und Gehälter sind Entgelte, die Arbeitnehmer für ihre geleistete Arbeit erhalten. Um allen Arbeitsbereichen und Vorstellungen gerecht zu werden, hat man in der Praxis ein differenziertes System mit unterschiedlichen Lohnformen entwickelt.

6.1.1 Zeitlohn

Mit dem Zeitlohn wird die Dauer der Arbeitszeit entlohnt, ohne dass der Erfolg der Arbeit dabei berücksichtigt wird. Bei Arbeitern wird in der Regel ein Stunden-, Tages- oder Wochenlohn gezahlt. Angestellte erhalten ein Monatsgehalt (unabhängig davon, wie viele Arbeitstage der Monat hat).

Berechnungsbeispiel

Ein Arbeiter arbeitet 8 Stunden am Tag. Er erhält 13,50 € pro Stunde.
Wie viel verdient er in einem Monat mit 22 Arbeitstagen?

Arbeitsstunden	x	Stundenlohnsatz	= Bruttolohn
(8 Std./Tg. x 22 Tg.)	x	13,50 €/Std.	= 2.376,00 €

Wann wird der Zeitlohn angewendet?

Da zwischen dem gezahlten Lohn und der erbrachten Leistung kein direkter Zusammenhang besteht, wendet man den Zeitlohn dann an, wenn
- überwiegend Qualitätsarbeit geleistet werden muss oder Sorgfalt und Gewissenhaftigkeit im Mittelpunkt stehen (z. B. Kassierer, Buchhalter),
- Maschinen das Arbeitstempo vorschreiben (z. B. Fließfertigung),
- der Arbeitnehmer keinen Einfluss auf die Arbeitsmenge hat (z. B. Verkäuferin, Telefonistin, Lagerarbeiter) oder
- ein übersteigertes Arbeitstempo zu Unfällen und Maschinenschäden führen würde (z. B. durch Nichtbeachten von Sicherheitsvorschriften).

Vorteile des Zeitlohns	Nachteile des Zeitlohns
• kein Zeitdruck, weniger Stress • fester Verdienst für Arbeitnehmer • weniger Ausschuss • Maschinen werden geschont • einfache Abrechnung für Arbeitgeber	• nur geringer Leistungsanreiz für Arbeitnehmer • Leistung ist schwer kontrollierbar • Leistungsunterschiede werden nicht berücksichtigt

Erfassung der Arbeitszeit

6.1.2 Akkordlohn

Der Akkordlohn ist ein Leistungslohn. Der Grundgedanke dabei ist: „Wer viel leistet, der soll auch viel verdienen". Arbeitnehmer können also durch erhöhten Arbeitseinsatz ihren Lohn steigern. Damit unter Akkord gearbeitet werden kann, müssen folgende Bedingungen erfüllt sein:

- Die einzelnen Arbeitsgänge müssen gleichartig sein und sich ständig wiederholen.
- Der Arbeitnehmer muss das Arbeitstempo beeinflussen können.
- Die Arbeitszeit, die für einen Arbeitsgang notwendig ist, muss durch Arbeitszeitstudien vorher ermittelt worden sein (= **Vorgabezeit**).

Bei der Festlegung der Akkordkonditionen geht man von einer **Normalleistung** aus, mit deren Hilfe der Akkordrichtsatz festgelegt wird.

Berechnungsbeispiel

garantierter Mindestlohn	13,50 €
+ Akkordzuschlag (z. B. 20 %)	2,70 €
= Grundlohn (= Akkordrichtsatz)	16,20 €

Überschreitet ein Arbeitnehmer die Normalleistung, so verdient er dank der entsprechenden Akkordzuschläge mehr als den Mindestlohn. Wird sie unterschritten, so erhält er trotzdem den garantierten Mindestlohn.
In Handwerk und Industrie werden zwei Berechnungsmethoden angewandt:

Geldakkord

Bei dieser Methode wird ein ganz bestimmter Geldbetrag (= **Geldfaktor**) für eine hergestellte Einheit (z. B. 1 Stück, 1 Meter, 1 m^2, 1 m^3) zugrunde gelegt. Die benötigte Zeit spielt hier also keine Rolle.

Berechnungsbeispiel

Frau Simon näht an einem Tag 80 Hosenteile zusammen. Sie erhält pro Stück 1,35 €. Welchen Lohn bekommt sie für das Nähen der Hosen?

Stückzahl	x	Geldfaktor	=	Bruttolohn
80 Stück	x	1,35 €/Stück	=	108,00 €

Zeitakkord

Beim Zeitakkord wird die Zeit vorgegeben (= **Vorgabezeit**), die für die Herstellung eines Stücks bei normaler Leistung notwendig ist. Da diese Zeit in der Regel in Minuten angegeben wird, rechnet man statt mit dem Stundenlohn mit einem **Minutenfaktor*** (= Grundlohn/60 Minuten).

**** Dezimalminutenfaktor***
In der Praxis wird häufig ein sogenannter Dezimalminutenfaktor angewendet, d. h. eine Stunde hat dann 100 Dezimalminuten. Damit kann genauer gerechnet werden.

Berechnungsbeispiel

Gleiche Situation wie im vorherigen Beispiel: Frau Simon näht wieder an einem Tag 80 Hosenteile zusammen. Die Vorgabezeit ist mit 6 Minuten pro Stück veranschlagt und der Stundenlohn beträgt 13,20 €.
Wie berechnet sich jetzt der Lohn von Frau Simon?

Stückzahl	x	Vorgabezeit	x	Minutenfaktor	=	Bruttolohn
80 Stück	x	6 Min./Stück	x	0,22 €/Min.	=	105,60 €

Schafft es Frau Simon, an einem Tag 90 Hosen zu nähen, so erhöht sich ihr Lohn auf 118,80 € (= 90 x 6 x 0,22).

Wie man an den Berechnungsbeispielen auf der vorherigen Seite erkennen kann, unterscheiden sich Geldakkord und Zeitakkord im Ergebnis nicht. Der Zeitakkord hat sich aber in der Industrie durchgesetzt, da bei Tariferhöhungen nicht alle Stücklohnsätze (wie beim Geldakkord), sondern nur der Minutenfaktor neu berechnet werden muss, während die Vorgabezeit unverändert bleibt.

Einzel- und Gruppenakkord

Beide besprochenen Akkordformen können als Einzel- und Gruppenakkord gezahlt werden. Während der **Einzelakkord** sich auf die Leistungen einer einzelnen Person bezieht, wird der **Gruppenakkord** angewendet, wenn mehrere Arbeiter gemeinsam an einem Werkstück oder in einem Montagetrupp arbeiten. Ein Mehrverdienst wird dann auf alle Beteiligten aufgeteilt. Vorteilhaft für den Arbeitgeber ist, dass sich die beteiligten Arbeiter gegenseitig motivieren und kontrollieren.

Wann wird der Akkordlohn angewendet?

Der Akkordlohn wird angewendet, wenn

- das hergestellte Produkt und der entsprechende Arbeitsprozess dies ermöglichen.
- der Arbeitgeber die Arbeitsleistung seiner Arbeitnehmer beeinflussen will.
- der Arbeitnehmer selbst die Möglichkeit haben möchte, seine Arbeitsleistung und damit seine Lohnhöhe zu beeinflussen.

Vorteile des Akkordlohns	Nachteile des Akkordlohns
• Arbeitnehmer werden entsprechend ihrer Leistung entlohnt und können Einfluss darauf nehmen (erhöhte Motivation) • Produktionssteigerung durch Akkordlohn als Anreiz möglich • vereinfachte Kalkulation, da Lohnstückkosten gleichbleiben	• Quantität (Menge) geht unter Umständen vor Qualität (Güte) • für Qualitätskontrollen fallen Extrakosten an • erhöhtes Risiko für Unfall- und Gesundheitsgefahren durch übersteigertes Arbeitstempo

6.1.3 Prämienlohn

Der Prämienlohn ist wie der Akkordlohn ein Leistungslohn. Er stellt eine Kombination aus Zeitlohn und einer zusätzlichen Vergütung für besondere Leistungen dar. Ziel dieser Lohnform ist es, die Vorteile des Zeitlohns mit denen der Leistungsvergütung zu verbinden. Mit einer Prämie wird also eine feststellbare Mehrleistung belohnt, die der Arbeiter bei reinem Zeitlohn ohne Prämie wahrscheinlich nicht erbracht hätte.

Berechnungsbeispiel	
Grundlohn (i. d. R. Zeitlohn)	2.376,00 €
+ Prämie (z. B. 2 % auf den Umsatz von 15.000,00 €)	300,00 €
= Prämienlohn	2.676,00 €

Wofür werden Prämien gezahlt?

Prämien werden für eine Vielzahl von besonderen Leistungen gewährt, die vom Arbeitnehmer erbracht werden können, z. B. für

- erhöhten Umsatz, der durch Verkaufsgeschick erzielt wurde (Umsatzprämie)
- schnelleres Arbeiten und dadurch erreichte Mehrleistung (Quantitätsprämie)
- besondere Sorgfalt bei technisch hochwertigen Produkten (Sorgfaltsprämie)
- sparsamen Verbrauch von Material und Energie (Ersparnisprämie)
- Einhaltung von Terminen (Terminprämie)

Vorteile des Prämienlohns	Nachteile des Prämienlohns
• Kosten des Arbeitgebers können gesenkt werden: weniger Ausschuss, weniger Betriebsstörungen, weniger Reklamationen etc. • Arbeitnehmer erhält zusätzliche Leistungen (insbesondere Qualitätsarbeit) durch Prämien vergütet	Prämie ist schwer zu bestimmen, wenn es nicht um quantitative Bemessungsgrundlagen geht

6.1.4 Beteiligungslohn

Erarbeitet ein Betrieb im Laufe eines Jahres einen hohen Gewinn, so werden in manchen Unternehmen auch die Arbeitnehmer am Jahresgewinn beteiligt. Der Beteiligungslohn erfolgt als Zuschlag zum normalen Lohn und wird meistens nur einmal im Jahr ausgeschüttet.

Welche Beteiligungsmodelle gibt es?

▶ **Investivlohn (Kapitalbeteiligung)**

Der Mitarbeiter bekommt z. B.
- Aktien des Unternehmens oder
- es werden Beteiligungsfonds gebildet oder
- Einzahlungen in eine Lebensversicherung/Pensionskasse getätigt.

Dem Arbeitnehmer steht also das Geld nicht für den Konsum zur Verfügung. Mit den Aktien und der Pensionskasse will der Arbeitgeber zwar den Arbeitnehmer beteiligen, aber gleichzeitig auch das Geld im Unternehmen belassen, damit es für Investitionen zur Verfügung steht.

▶ **Gewinnbeteiligung**

Der Gewinnanteil wird dem Arbeitnehmer ausbezahlt und steht ihm zur freien Verfügung, z. B. für Konsumzwecke.

Die Einführung des Beteiligungslohns soll beim Arbeitnehmer bezwecken, dass er sich mehr mit dem Unternehmen identifiziert („meine Firma"), ihm mehr Arbeitsleistung und Arbeitslust entgegenbringt. Der Arbeitgeber hofft damit auf größere Leistungsfähigkeit und höhere Produktivität.

Gesellschaftspolitische Vorteile	Betriebswirtschaftliche Vorteile
• Arbeitnehmer bilden Vermögen • Mitbestimmungsmöglichkeit der Arbeitnehmer als Kapitalgeber oder Miteigentümer	• Bindung an die Firma • Erhöhung der Arbeitszufriedenheit und ggf. der Arbeitsproduktivität • Verbesserung des Betriebsklimas • Steuerersparnis für Arbeitgeber

Geiz ist nicht geil
Wer für seinen hohen Einsatz für „sein" Unternehmen nur den lapidaren Hinweis erhält, er habe ja einen Arbeitsplatz, wird keinen besonderen Anreiz verspüren, Leistungen auf höchstem Niveau zu erbringen. Ein gerechter Lohn ist mehr als die bloße Abgeltung einer festgelegten Arbeitszeit. Unternehmen, die ihre Mitarbeiter am Unternehmensertrag teilhaben lassen, werden die besseren Erfolge erzielen.
(Zeitungskommentar)

Vgl. die Methodenseite „Eine Karikatur lesen" auf S. 320

ÜBERBLICK

LOHNFORMEN

- **Zeitlohn**
  Dauer der Arbeitszeit wird entlohnt
  - Stundenlohn
  - Tageslohn
  - Wochenlohn
  - Monatslohn
- **Leistungslohn**
  Arbeitsmenge wird entlohnt
  - Akkordlohn (Geld- oder Zeitakkord)
  - Prämienlohn
- **Beteiligungslohn**
  Beteiligung des ArbN am Gewinn
  - Kapitalbeteiligung
  - Gewinnbeteiligung

	Wie fit sind Sie beim Thema „Lohnformen"?	Inhaltsbezug Seite
1	Nennen Sie die Vorteile, die sich für Arbeitnehmer und Arbeitgeber bei Zahlung des Zeitlohns ergeben.	88
2	Welcher Unterschied besteht zwischen Zeitlohn und Akkordlohn?	88–89
3	Wann ist es sinnvoll, a) Zeitlohn zu zahlen? b) Akkordlohn zu zahlen?	88–90
4	Geldakkord: Ein Arbeiter bekommt für die Herstellung eines Stücks 17,5 ct. Wie viel Stück muss er pro Tag herstellen, wenn er brutto 98,00 € verdienen will?	89
5	Zeitakkord: Die Unternehmensleitung stellt von Geldakkord auf Zeitakkord um. Sie setzt für die Herstellung eines Stücks eine Minute fest. Sie zahlt einen Stundenlohn von 12,60 €. Wird der Arbeiter besser oder schlechter bezahlt als in Aufgabe 4? Nehmen Sie eine Berechnung vor.	89
6	Nennen Sie Beispiele, in welchen Fällen eine Prämie sinnvoll ist.	90
7	Sollte der Arbeitnehmer durch Beteiligungslohn Teilhaber des Unternehmens werden? Nehmen Sie Stellung.	91
8	Welche Lohnform ist in den unten abgebildeten Fällen jeweils sinnvoll? Begründen Sie Ihre Ansicht.	88–91

6.2 Gerechte Entlohnung

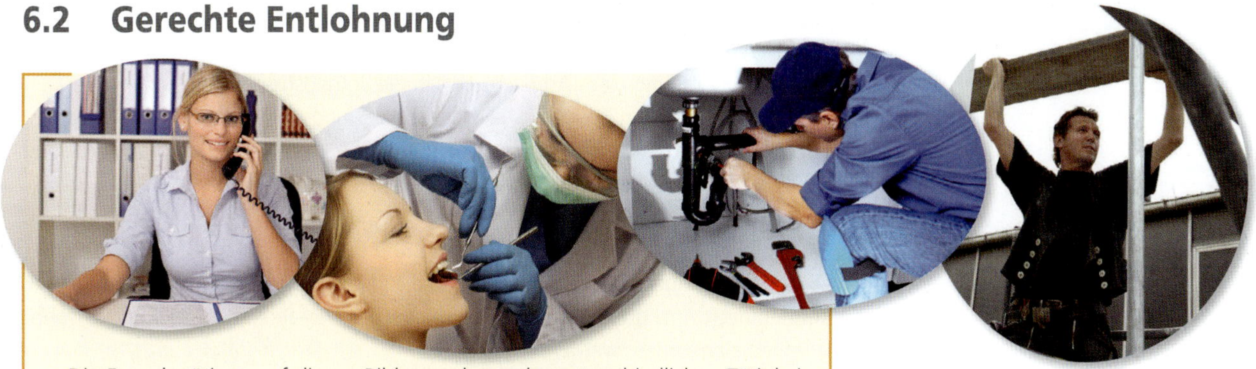

von links nach rechts: Sekretärin, Zahnärztin, Installateur, Gerüstbauer

Die Erwerbstätigen auf diesen Bildern gehen sehr unterschiedlichen Tätigkeiten nach. Je nach Beruf sind gute Fachkenntnisse, starke körperliche Belastbarkeit und/oder hohes Verantwortungsbewusstsein erforderlich.

- Nach welchen Maßstäben sollte sich der Lohn/das Gehalt dieser Beschäftigten richten?
- Welche Rolle sollte die Ausbildung, die für den jeweiligen Beruf erforderlich ist, bei der Entlohnung spielen?
- Sollten auch das Lebensalter, die Dauer der Betriebszugehörigkeit oder sogar der Familienstand und die Anzahl der Kinder bei der Entlohnung berücksichtigt werden?

6.2.1 Arbeitsleistung und das Problem der gerechten Bewertung

Für Arbeitnehmer ist das Arbeitsentgelt das Einkommen, mit dem sie ihren Lebensunterhalt und ggf. den ihrer Familien bestreiten müssen. Daher werden sie stets darauf achten, ob ihr Arbeitsentgelt im Vergleich zu ihren Kollegen oder anderen Berufsgruppen angemessen und „gerecht" ist. Was aber ist gerecht?

Bei der Suche nach dem gerechten Lohn können folgende drei Prinzipien als Orientierung dienen:

Anforderungsgerechtigkeit
Der Lohn muss in einem angemessenen Verhältnis zu den Anforderungen des Arbeitsplatzes stehen. So ist etwa ein Arbeiter am Fräsautomaten stärkeren Belastungen ausgesetzt als ein Pförtner am Firmeneingang.

Leistungsgerechtigkeit
Der Lohn soll die individuelle Arbeitsleistung (Einsatzbereitschaft, Arbeitsqualität) angemessen berücksichtigen. So kann z. B. ein Arbeitnehmer mit besseren Arbeitsergebnissen, die vielleicht sogar schneller vorliegen, zu Recht einen höheren Lohn beanspruchen.

Sozialgerechtigkeit
Soziale Gesichtspunkte können oder sollten berücksichtigt werden. Soll z. B. ein lediger und junger Arbeitnehmer den gleichen Lohn erhalten wie ein langjährig Beschäftigter eines Unternehmens?

Eine absolute Gerechtigkeit wird es bei der Ermittlung des Arbeitsentgelts nicht geben können. Aber eine relative Gerechtigkeit kann angestrebt werden, indem die Anforderungen an die Arbeitsplätze möglichst genau beschrieben werden.

Arbeitsplatzbeschreibung	
Bezeichnung der Stelle	**Arbeitsplatz XYZ**
Einordnung der Stelle	• übergeordnete Abteilung/en • untergeordnete Stelle/n • Zeichnungsvollmacht
Vertretungen	• Der Stelleninhaber vertritt ... • und wird verteten durch ...
Aufgaben	• Zielsetzungen und Tätigkeiten • Entscheidungsbefugnisse • Verantwortungsbereich/e • Informationspflichten
Anforderungen	• erforderliche Vorbildung • wesentliche Kenntnisse • Persönlichkeitsmerkmale
Ausstattung	• Arbeitsplatz/-zimmer • Ausstattung mit Hard- und Software und anderen Kommunikationsmitteln • Mobiliar • Arbeitsgeräte/-mittel

Dies kann in einer **Arbeitsplatzbeschreibung** vorgenommen werden, die in der Regel auch gleichzeitig eine Stellenbeschreibung darstellt (für Stellenausschreibungen oder zur Einordnung eines Arbeitsplatzes in die Betriebshierarchie).
Bei diesem Vorgehen bleibt die Leistungsbewertung des Arbeitnehmers zunächst vollkommen unberücksichtigt und wird erst später durch eine Personalbeurteilung (z. B. durch Mitarbeitergespräche) festgestellt.

6.2.2 Arbeitsbewertungsverfahren

Die Anforderungen, die sich aus der Arbeitsplatzbeschreibung im Detail ergeben, können nach zwei grundsätzlich unterschiedlichen Verfahren bewertet und in Lohngruppen eingeordnet werden:

Summarische Arbeitsbewertung

Bei diesem Verfahren werden die Anforderungen, die der Arbeitsplatz stellt, allein aufgrund der Stellenbeschreibung als Ganzes „summarisch" eingeschätzt. Durch den Verzicht auf die Aufgliederung der Anforderungsarten ist das Ergebnis vielleicht weniger genau, auf der anderen Seite stellt dies ein wesentlich einfacheres Vorgehen dar. Wichtigste Kriterien bei der Definition der Lohngruppen sind die Vorkenntnisse und Qualifikationen, die ein potenzieller Stelleninhaber mitbringen muss.
Dieses Verfahren wird heute noch in den meisten Tarifverträgen angewendet und sieht natürlich in den verschiedenen Branchen eigenständige Lohngruppen-Einteilungen und Definitionen vor.

Beispiel

Unten stehend ein Beispiel für die Definition der Lohngruppen aus der Holz und Kunststoff verarbeitenden Industrie. Der Vorteil dieses Verfahrens liegt darin, dass bei Tarifverhandlungen nur der **Ecklohn** verhandelt werden muss. Dieser beträgt stets 100 % für einen über 21-jährigen Facharbeiter und ist in diesem Fall der Lohngruppe V zugeordnet. Die Lohnhöhe der anderen Gruppen ergibt sich dann durch den vereinbarten Prozentsatz (Schlüssel).

Grp.	Lohngruppen-Definition	Schlüssel
I	Einfache Arbeiten von geringer Belastung, die ohne einschlägige Vorkenntnisse (ohne besondere Ausbildung oder Anlernung) nach kurzer Einweisung ausgeführt werden können.	86,0 %
II	Einfache Arbeiten von geringer Belastung, die mit geringen Vorkenntnissen nach kurzer Einarbeitung ausgeführt werden können.	88,5 %
III	Arbeiten, die geringe Sach- und Arbeitskenntnisse voraussetzen und ohne besondere Anlernung oder Übung nach kurzer Einarbeitung ausgeführt werden können.	91,0 %
IV	Arbeiten, die eine längere Anlernzeit (bis zu 6 Monate) und damit bestimmte Fertigkeiten und notwendige Kenntnisse über Werkstoffe und Betriebsmittel voraussetzen.	96,0 %
V	Arbeiten, die neben beruflicher Handfertigkeit und den für die Tätigkeit erforderlichen Kenntnissen über Werkstoffe und Betriebsmittel ein Können erfordern, wie es entweder durch eine fachentsprechende Berufslehre oder durch eine entsprechende Anlernung und Übung erworben wird.	**100,0 %**
VI	Selbstständige, schwierige und verantwortungsvolle Facharbeiten, deren Anforderungen über die für Lohngruppe 5 erforderlichen Merkmale hinausgehen.	115,0 %
VII	Hochwertige Facharbeiten, die hervorragendes Können, Selbstständigkeit sowie eine dispositive und umfassende verantwortungsvolle Tätigkeit erfordern und entsprechende theoretische Kenntnisse voraussetzen.	125,0 %

Analytische Arbeitsbewertung
Mithilfe dieses Verfahrens werden die Anforderungen, die sich aus der Arbeitsplatzbeschreibung ergeben, präzisiert und „bewertet“, d.h. je nach Anforderungshöhe mit Punkten belegt. Die Summe der Punkte ergibt den **Arbeitswert**, der wiederum die Grundlage für die Einteilung in Lohngruppen darstellt.

Beispiel

In diesem Beispiel ist mit der Punktzahl (Score) vorgegeben, wie hoch jede einzelne Anforderungsart maximal gewichtet werden soll. Die Summe der tatsächlich vergebenen Teilarbeitswerte ergibt den gesamten Arbeitswert einer Tätigkeit. Teilt man die maximal 48 Punkte in 6 Lohngruppen ein, so würde die Sekretärin gegenüber dem Gerüstbauer eine Lohngruppe höher eingestuft.

Bei der Zuordnung der Punkte kann zwar ein hohes Maß an Subjektivität einfließen, werden diese Tabellen aber von geschulten Experten erstellt, so ergibt sich insbesondere durch den Vergleich verschiedener Berufe eine annähernd gerechte Einordnung. Das Schema kann noch dadurch verbessert werden, dass man die Anforderungsarten entsprechend ihrem Anteil gewichtet.

Anforderungsarten (Genfer Schema / REFA)		Max. Pkt.	Gerüstbauer	Sekretärin
Können	• Berufsausbildung	5	2	5
	• Fachkenntnisse	6	1	6
	• Denkfähigkeit	4	1	3
	• Geschicklichkeit	3	2	1
Belastung	• Aufmerksamkeit, Konzentration	5	2	4
	• körperliche Belastung	5	5	3
	• Ausdauer	3	2	2
Verantwortung	• für Arbeitsmittel und Produkte	4	3	4
	• für die Arbeit und Sicherheit anderer	4	4	2
Arbeitsbedingungen	• Unfallgefahren	3	2	1
	• Staub, Nässe usw.	3	2	1
	• Lichtverhältnisse, Geräuschpegel	3	2	1
Summe der Teilarbeitswerte:		**48**	**28**	**33**

6.2.3 Soziale Aspekte der Entlohnung

Zusätzlich zu den jeweiligen Anforderungen an den Arbeitsplatz kommen heute meist noch soziale Aspekte hinzu, die die Höhe des Gesamtlohns nicht unwesentlich beeinflussen können. Sie spielen inzwischen auch bei den Tarifverhandlungen zwischen Gewerkschaften und Arbeitgeberverbänden eine große Rolle.

So werden folgende soziale Aspekte, die dem Leistungsprinzip durchaus widersprechen können, berücksichtigt:

- **Urlaubs- und Weihnachtsgeld**
  Besondere Anlässe im Jahr werden dem Arbeitnehmer zusätzlich vergütet, z.B. Urlaubsgeld, Weihnachtsgeld oder ein 13. Monatsgehalt, ohne dass er dafür Leistungen erbracht hat.
- **Ungünstige Arbeitszeiten**
  Müssen Arbeitsleistungen zu unüblichen Zeiten oder in außergewöhnlichem Umfang erbracht werden, werden diese dem Arbeitnehmer gesondert vergütet, wie z.B. Sonn- und Feiertagsarbeit, Nachtarbeit und Überstunden.

Lohndumping statt gerechte Entlohnung?
Wer in Vollzeit arbeitet, muss davon leben können. Lange galt dieser Grundsatz in der Bundesrepublik. Die Arbeitswelt hat sich aber geändert: Es gibt immer mehr Erwerbstätige, die sich von ihrem Arbeitslohn allein keinen angemessenen Lebensstandard leisten können und mit Bürgergeld „aufstocken“ müssen.

Mindestlohn

In Deutschland wurde nach jahrelangen Diskussionen zum Jahresbeginn 2015 ein flächendeckender gesetzlicher Mindestlohn eingeführt; er startete mit 8,50 €, wurde seitdem regelmäßig angepasst (z. B. auf 9,60 € zum Juli 2021) und beträgt im Jahr 2023 12,00 € pro Stunde. Die Ausbildungsvergütung beträgt 2023 620,00 € im ersten Ausbildungsjahr und steigt in den folgenden Ausbildungsjahren um 18/35/40 %. (Mehr Informationen zum gesetzlichen Mindestlohn: siehe S. 264.)

- **Garantierter Mindestlohn**
  Der Akkordlohn hätte eigentlich zur Folge, dass bei Krankheit kein Lohn bezahlt würde. Um diese soziale Härte zu mindern, gibt es bei der Akkordarbeit immer einen garantierten Mindestlohn.
- **Dauer der Betriebszugehörigkeit**
  Langjährig Angestellte eines Unternehmens können erhöhte Zuschläge (z. B. beim Weihnachtsgeld oder beim 13. Monatsgehalt) erhalten.
- **Regionale Differenzierung**
  Da die regionalen Lebenshaltungskosten durchaus sehr unterschiedlich sein können (Großstadt, ländlicher Raum), sollte sich dies auch in der Entlohnung niederschlagen.
- **Sozialorientierung**
  Die Zeiten, in denen Alter, Familienstand und Kinderzahl bei der Höhe des Lohns berücksichtigt wurden, sind wohl passé. Heute werden eher Zuschüsse zur Kinderbetreuung, zu den Fahrtkosten und den vermögenswirksamen Leistungen gezahlt. Auch ein Dienstwagen wird vielfach gestellt, Bildungsurlaub oder zusätzliche Urlaubstage gewährt.

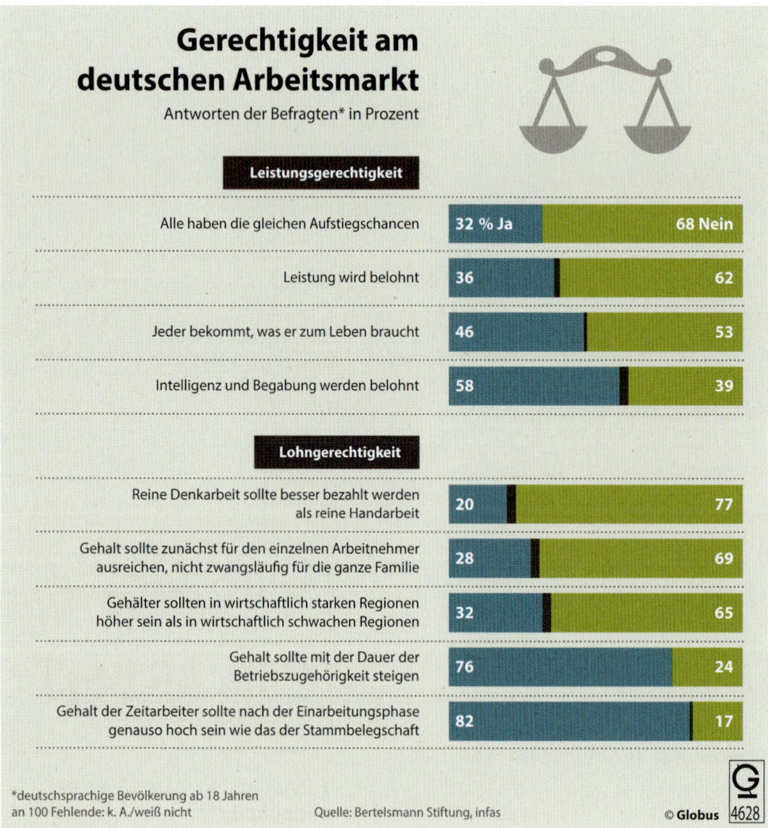

Durch die Berücksichtigung der genannten Aspekte sollen die Arbeitnehmer stärker an das Unternehmen gebunden werden. In Zeiten knapper werdender Fachkräfte sind diese Konditionen auch ein Mittel, fähige Mitarbeiter zu halten bzw. anzuwerben. Objektive Kriterien, in welchem Ausmaß soziale Aspekte berücksichtigt werden sollten, gibt es nicht. Daher bleibt es letztlich der Verhandlungsmacht der Vertragspartner überlassen, in den Tarifverträgen für „gerechte" Löhne zu sorgen.

Kriterien wie Familienstand und Kinderzahl sind eigentlich Aspekte, die in den Bereich der **staatlichen Sozialpolitik** fallen. In der Tat sorgt der Staat z. B. dafür, dass durch das Splitting im Steuerrecht, den progressiven Steuertarif, die Zahlung von Kindergeld, Zuzahlungen bei Niedriglöhnen und die Berücksichtigung des Existenzminimums Familien und Geringverdiener günstiger gestellt werden.

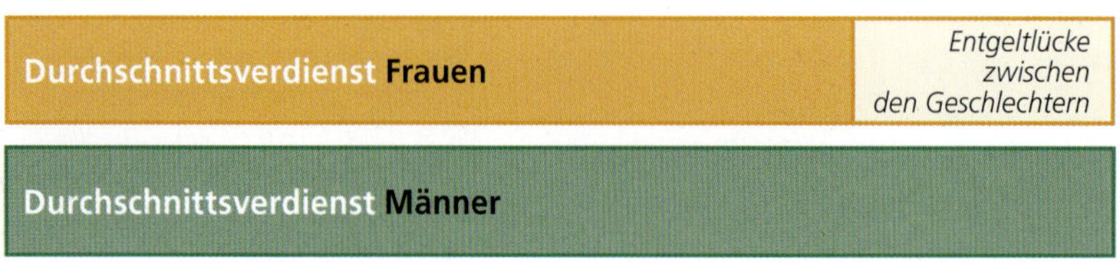

Im Hinblick auf die Lohngerechtigkeit muss erwähnt werden, dass in Deutschland laut Statistischem Bundesamt Frauen durchschnittlich 18 % (2022) weniger verdienen als Männer, was mit der Beschäftigungsstruktur (In welchen Berufen sind Frauen eher tätig? Welche Aufstiegsmöglichkeiten haben sie?) in unserem Land zu tun hat.

ÜBERBLICK

UM EINEN „GERECHTEN" LOHN ZU ERREICHEN ...

sollten diese Prinzipien erfüllt werden:
- Anforderungsgerechtigkeit
- Leistungsgerechtigkeit
- Sozialgerechtigkeit

sollte der Arbeitswert korrekt ermittelt werden.
- **Arbeitsplatzbeschreibung** – Qualifikation und Anforderungen der Stelle
- **summarische Arbeitsbewertung** – Tätigkeit wird pauschal als Ganzes bewertet
- **analytische Arbeitsbewertung** – Tätigkeit wird nach einzelnen Anforderungen bewertet

sollten soziale Aspekte berücksichtigt werden.
- Familienstand, Kinder
- Alter, Betriebszugehörigkeit
- Sondervergütungen
  - Dienstwagen
  - Sonderurlaub
  - Zuschüsse zu Kinderbetreuung und Fahrtkosten
  - vermögenswirksame Leistungen

	Wie fit sind Sie beim Thema „Gerechte Entlohnung"?	Inhaltsbezug Seite
1	Erkunden Sie in Ihrem Betrieb das Verfahren der Lohnfindung.	
2	Welche Gesichtspunkte sollten in einer Arbeitsplatzbeschreibung berücksichtigt werden?	93
3	a) Führen Sie für Ihre derzeitige Tätigkeit eine Arbeitsplatzbeschreibung durch. b) Welches Bewertungsverfahren (summarisch oder analytisch) möchten Sie bei sich selbst angewendet wissen? Welches Verfahren ist Ihrer Meinung nach gerechter? Begründen Sie Ihre Antwort.	93–95
4	Erläutern Sie, was man unter einem „Ecklohn" versteht.	94
5	a) Führen Sie für den Installateur (siehe Einführungsbeispiel auf S. 93) eine analytische Arbeitsbewertung durch. b) Angenommen, für den Gerüstbauer würde eine ähnliche Lohngruppen-Definition gelten wie auf Seite 94, in welche Lohngruppe würden Sie ihn dann „summarisch" einordnen?	94–95
6	Diskutieren Sie folgende Fragen und Probleme: a) Soll ein lediger Arbeitnehmer bei gleicher Arbeit den gleichen Lohn erhalten wie sein verheirateter Kollege mit drei Kindern? b) Soll ein junger, leistungsstarker Arbeitnehmer genauso entlohnt werden wie der ältere, aber erfahrenere Kollege? c) Sollte bei gleicher Position die Ausbildung (hier Hochschulstudium, dort mittlere Reife mit Lehre) bei der Entlohnung eine Rolle spielen? d) Woran liegt es, dass Frauen im Durchschnitt weniger verdienen als Männer? Wie könnte diese Art von Diskriminierung beseitigt werden?	95–96
7	a) Leiharbeiter und Beschäftigte mit Werkverträgen erhalten bei gleicher Arbeit oft niedrigere Löhne als die Stammbelegschaft. Ist dies gerechtfertigt? b) Halten Sie Mindestlöhne (tariflich oder gesetzlich) für eine geeignete Maßnahme, um Lohngerechtigkeit zu erlangen? Begründen Sie Ihre Meinung. c) Im Zusammenhang mit Lohngerechtigkeit wird immer wieder diskutiert, ob die Gehälter von Geschäftsführern und Managern ein bestimmtes Vielfaches des durchschnittlichen Arbeitnehmereinkommens nicht überschreiten dürfen. Diskutieren Sie diese Forderung in der Klasse.	
8	Orientieren Sie sich im Internet (z. B. www.wikipedia.de oder www.gesamtmetall.de) über die Bewertung der Arbeitsleistung nach dem Entgeltrahmenabkommen (ERA). a) In welchen Branchen wird dieses Verfahren angewendet und was sind die Ziele dieses Verfahrens? b) Wie ist die Entgeltstruktur des ERA aufgebaut?	

6.3 Grundzüge der Lohn- und Gehaltsabrechnung

„Mehr Netto vom Brutto!" Diese Forderung hat der Industriemechaniker Alexander Fischer von Politikern und Gewerkschaftern schon oft gehört. Aber wenn er seinen Lohnzettel anschaut, bezweifelt er, ob den Worten auch Taten folgen: Von seinem Bruttolohn gehen über ein Drittel für Steuern und Sozialabgaben ab.

- Wie errechnet sich eigentlich der Bruttolohn?
- In welcher Höhe behält der Arbeitgeber Steuern und Abgaben für das Finanzamt und die Sozialversicherungsträger ein?
- Wie hängt die Höhe der Abgaben mit dem Familienstand und der Kinderzahl zusammen?
- Wozu sind eigentlich Steuerklassen gut?
- Welcher Betrag erscheint letztendlich auf dem Bankkonto?

6.3.1 Zulagen, Zuschläge und Zuwendungen

Alle Einnahmen, die ein Arbeitnehmer aufgrund seines Arbeitsverhältnisses hat, ergeben seinen Bruttolohn. Durch Zulagen, Zuschläge und Zuwendungen kann sich sein Grundlohn noch beträchtlich erhöhen:

Grundlohn (tariflich oder einzelvertraglich vereinbart)	
+ Zulagen	• Leistungszulage • Erschwerniszulage • Gefahrenzulage 
+ Zuschläge	• Überstundenzuschläge • Sonn- und Feiertagszuschläge* • Nachtarbeitszuschläge* 
+ Zuwendungen	• Urlaubsgeld • Weihnachtsgeld • Arbeitgeberanteil zur Vermögensbildung • Geburt, Heirat* • Jubiläum 
= Bruttolohn	

Erklärung zur Tabelle
Die mit einem Stern (*) gekennzeichneten Zuschläge und Zuwendungen sind, sofern sie nicht bestimmte Freigrenzen überschreiten, ganz oder teilweise steuer- und sozialversicherungsfrei.

Der so errechnete Bruttolohn ist Berechnungsgrundlage für die gesetzlichen Abzüge.

6.3.2 Abzüge

Der Arbeitgeber ist verpflichtet, die gesetzlichen Lohnabzüge einzubehalten und die Lohn- und ggf. Kirchensteuer an das Finanzamt sowie die Sozialversicherungsbeiträge an die zuständige Krankenkasse abzuführen. Die Krankenkasse (sog. Einzugsstelle) leitet die anteiligen Beiträge an die Rentenversicherungsträger und an die Bundesagentur für Arbeit weiter. Darüber hinaus können noch weitere (zum Teil freiwillige) Abzüge vorgenommen werden, je nach persönlicher Situation des Arbeitnehmers (siehe „sonstige Abzüge" in Tabelle unten).

Steuerberechnung im Internet
Im Internet gibt es Onlineprogramme, mit deren Hilfe der Nettolohn berechnet werden kann.
Hier einige Beispiele:
www.nettolohn.de
www.bmf-steuerrechner.de
www.steuertipps.de

Bruttolohn	
– Lohnsteuer	• Die Höhe kann mithilfe von Monatslohntabellen oder PC-Programmen zur Lohnabrechnung bestimmt werden. • Sie richtet sich nach der Angabe zur Steuerklasse, die der Arbeitgeber vom Bundeszentralamt für Steuern (BZSt) anfordern muss.
– Kirchensteuer	• Sie wird vom Staat für die Kirchen von Mitgliedern der großen Religionsgemeinschaften eingezogen. • Die Kirchensteuer beträgt in Bayern und Baden-Württemberg 8 %, in allen anderen Bundesländern 9 % von der Lohnsteuer.
– Sozialversicherung	Dazu gehören: • Rentenversicherung (RV) • Krankenversicherung (KV) • Pflegeversicherung (PV) • Zuschlag zur PV für Kinderlose (Z) ab 23 Jahre • Arbeitslosenversicherung (AV) **Summe (% vom Bruttolohn)**
= Nettolohn	
– sonstige Abzüge	Das können sein: • vermögenswirksame Sparleistung nach dem Vermögensbildungsgesetz (vgl. Abschnitt 9.2.3, Seite 191 f.) • Lohnpfändung aufgrund eines rechtskräftigen Urteils unter Beachtung der Pfändungsgrenzen • Lohnabtretungen, die unmittelbar an Dritte überwiesen werden • Lohnverrechnungen (z. B. eines bereits erhaltenen Vorschusses)
= Auszahlungsbetrag	Dieser wird dem Arbeitnehmer heutzutage überwiegend bargeldlos auf ein Konto überwiesen.

AG-Anteil in %	AN-Anteil in %	Beitragssatz in %	
9,300	9,300	18,60	RV
7,300	7,300	14,60*)	KV
1,525	1,525	3,05	PV
–	0,350	0,35**)	Z
1,300	1,300	2,60	AV
19,425	19,775	39,20***)	

(Stand 2023)

*) Die Krankenkassen können von ihren Mitgliedern kassenindividuelle und einkommensabhängige Zusatzbeiträge erheben, die von Arbeitnehmern und Arbeitgebern hälftig zu tragen sind – das sind 2023 durchschnittlich 1,6 %.

**) Die Zahl der Kinder muss bei den Beiträgen zur PV in Zukunft berücksichtigt werden (Neuregelung muss bis 31.07.2023 erfolgen).

***) Die Summen sind ohne den KV-Zusatzbeitrag berechnet, aber mit dem Zuschlag für Kinderlose. Wird der durchschnittliche KV-Zuschlag eingerechnet, so ergibt sich eine Gesamtsumme für die Sozialversicherung von 40,8 %.

www.lohn-info.de

6.3.3 Lohnabrechnung

Ab einer bestimmten Einkommenshöhe sind Arbeitnehmer zur Zahlung von Steuern und Beiträgen zur Sozialversicherung verpflichtet. Besteuerungsgrundlage für die zu zahlende Einkommensteuer ist das Jahreseinkommen. Da dessen genaue Höhe erst nach Jahresende festgestellt werden kann, müssen Steuerpflichtige auf die zu erwartende Steuerschuld eine Vorauszahlung leisten: Dies ist bei Arbeitnehmern die **Lohnsteuer**.

Damit die im Laufe des Jahres einbehaltene Lohnsteuer der Arbeitnehmer möglichst genau der tatsächlich zu zahlenden Steuer entspricht, wurden sechs **Steuerklassen** gebildet, in denen – je nach persönlicher Situation der Arbeitnehmer – bereits verschiedene Freibeträge eingerechnet sind.

Steuerklasse	
I	Ledige, Geschiedene, Verwitwete und dauernd getrennt Lebende (Steuerklasse der „Alleinstehenden")
II	Ledige, Geschiedene, Verwitwete und dauernd getrennt Lebende, in deren Wohnung mindestens ein Kind lebt, für das ein Haushaltsfreibetrag beantragt werden kann
III	Verheiratete, wenn der Ehegatte keinen Arbeitslohn bezieht oder in Steuerklasse V eingereiht ist
IV	Verheiratete, wenn beide Ehegatten Arbeitslohn beziehen (oder Faktorverfahren, wodurch jeder Ehegatte proportional so viel Steuern zahlt, wie seinem Einkommen entspricht)
V	Verheiratete, wenn beide Ehegatten Arbeitslohn beziehen und der Ehegatte der Steuerklasse III zugeordnet ist
VI	Arbeitnehmer, die ein zweites Arbeitsverhältnis haben, werden mit diesem Arbeitsverhältnis der Steuerklasse VI zugeordnet

Hinweis
Nähere Informationen zum Bundeszentralamt für Steuern und zur Steueridentifikationsnummer finden Sie unter:
www.bzst.de

Welche Steuerklasse?

Die relevanten Lohnsteuerdaten für neu eingestellte Mitarbeiter kann sich der Arbeitgeber vom Bundeszentralamt für Steuern (BZSt) als sogenannte „elektronische Steuerkarte" übermitteln lassen. Dazu benötigt er vom Arbeitnehmer bei der Einstellung die Steueridentifikationsnummer, die jeder Bundesbürger zugeteilt bekommen hat. Dieses Verfahren wird **ELStAM** genannt und steht für „**E**lektronische **L**ohn**St**euer**A**bzugs**M**erkmale".

Ändern sich „lohnsteuerrelevante" Daten, muss dies dem BZSt über das Finanzamt gemeldet werden (z. B. Freibeträge, Heirat, Kinderzahl). Diese Daten übernimmt der Arbeitgeber in seine Personalkartei/-datei und kann dann mithilfe dieser Angaben die entsprechende Lohnabrechnung für den Mitarbeiter durchführen.

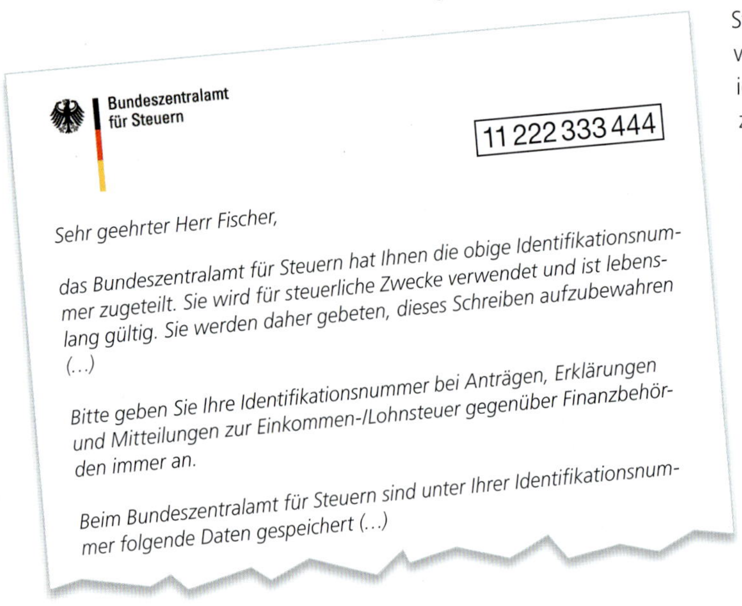
Bundeszentralamt für Steuern

11 222 333 444

Sehr geehrter Herr Fischer,

das Bundeszentralamt für Steuern hat Ihnen die obige Identifikationsnummer zugeteilt. Sie wird für steuerliche Zwecke verwendet und ist lebenslang gültig. Sie werden daher gebeten, dieses Schreiben aufzubewahren (…)

Bitte geben Sie Ihre Identifikationsnummer bei Anträgen, Erklärungen und Mitteilungen zur Einkommen-/Lohnsteuer gegenüber Finanzbehörden immer an.

Beim Bundeszentralamt für Steuern sind unter Ihrer Identifikationsnummer folgende Daten gespeichert (…)

Beispiel

Beispiel für eine Lohnabrechnung, die man im Internet durchführen kann:
Alexander Fischer, Industriemechaniker in einem Recyclingunternehmen, ist 26 Jahre alt, ledig und hat kein Kind. Entsprechend ist er in Steuerklasse I einzuordnen.
Er ist Mitglied der katholischen Kirche und wohnt in Baden-Württemberg. Sein Bruttogehalt beträgt 2.890,00 €.

Folgende Besonderheiten sind zu beachten:

- Die Angabe des Bundeslands ist wichtig wegen der unterschiedlichen Prozentsätze bei der Kirchensteuer (zusätzliche Besonderheit bei der Pflegeversicherung gilt in Sachsen, siehe S. 73).
- Die Angabe der Kinderzahl hat keinen Einfluss auf die Höhe der Lohnsteuer, wohl aber gibt es dadurch Freibeträge bei der Kirchensteuer.
- Die Altersangabe spielt bei der Pflegeversicherung eine Rolle, da Arbeitnehmer ab 23 Jahre und ohne Kinder einen Zuschlag zahlen müssen.
- Die Krankenkasse von Herrn Fischer erhebt einen Zusatzbeitrag von 1,6 % vom Bruttolohn.
- Die gesamten Personalkosten für den Arbeitgeber betragen in diesem Beispiel 3.474,50 €, da er ja noch den Arbeitgeberanteil zur Sozialversicherung zahlen muss (Berechnung: siehe folgende Seite).

Gehaltsrechner (www.nettolohn.de)

Allgemeine Angaben	
Lohnsteuerzeitraum	Monat
Bundesland	BW
Kirchensteuerpflicht	✓
Kinder	–
Geburtsjahr	1997

Lohnsteuerdaten	
Steuerklasse	I
Kinderfreibeträge	--
Bruttogehalt	2.890,00 €

Berechnung der Steuern und Abgaben

Bruttogehalt		2.890,00 €
- Lohnsteuer (nach Steuertarif)	316,41 €	
- Kirchensteuer (8 % von LSt)	25,31 €	
= Summe der Steuern und Abgaben		341,72 €

Berechnung der Sozialversicherungsbeiträge (AN)

- Rentenversicherung (9,3 %)	268,77 €	
- Arbeitslosenversicherung (1,3 %)	37,57 €	
- Krankenversicherung (7,3+0,8 %)	234,09 €	
- Pflegevers. (1,525 + 0,35%)	54,19 €	
= Summe der Sozialversicherungsbeiträge		594,62 €
Nettogehalt		1.953,66 €

In den Lohnsteuertabellen kann man je nach Einkommenshöhe, Steuerklasse, Kinderzahl und Religionszugehörigkeit die jeweiligen Abzüge ablesen.

Diese Tabellen gibt es in gedruckter Form oder auch im Internet (meistens kostenpflichtig).

Monats-Lohnsteuertabelle (Ausschnitt)

Br.Geh.	StKl	LSt	SolZ	KiSt	Summe
2.890,00	I	316,41	-	25,31	341,72
	II*	227,66	-	11,74	239,40
	III	69,16	-	5,53	74,69
	IV	316,41	-	25,31	341,72
	V	630,16	-	50,41	680,57
	VI	670,33	-	53,33	723,66

*StKl 2: 1 Kind + Kinderfreibetrag 0,5 vorausgesetzt

6.3.4 Lohnzusatzkosten

Lohnzusatzkosten (auch als Lohnnebenkosten oder Personalzusatzkosten bezeichnet) sind die Anteile der Lohnkosten, die neben dem vereinbarten Bruttolohn für den Arbeitgeber zusätzlich anfallen.

Erklärung zur Tabelle
Die mit einem (*) gekennzeichneten Ausgaben werden durch die Umlagen U1 bzw. U2 abgedeckt, die ähnlich wie eine Versicherung funktionieren. Dazu kommt noch die Umlage U3 für die Absicherung eines ggf. notwendigen Insolvenzgeldes.

Gesetzlich oder tariflich vorgeschriebene Lohnzusatzkosten	Freiwillige betriebliche Sozialleistungen
• **Arbeitgeberanteil zur Sozialversicherung** - Arbeitgeberanteil zur Kranken-, Renten-, Arbeitslosen- und Pflegeversicherung - gesamter Beitrag zur Unfallversicherung • **Entgeltfortzahlung** - im Krankheitsfall* - für Feier- und Urlaubstage - im Mutterschutz* - Aufwendungen nach dem Schwerbehindertenrecht • **vermögenswirksame Leistungen** werden häufig vom Arbeitgeber ganz oder teilweise übernommen • **Sonderzahlungen** Weihnachts- und Urlaubsgeld	• **übertarifliche Zahlungen** - betriebliche Altersversorgung - Mitarbeiterbeteiligung - Fahrtkostenzuschuss - 13. Monatsgehalt - erhöhtes Weihnachts- und Urlaubsgeld - Lehrgänge, Seminare, Bildungsurlaub • **Sonderzahlungen** - Jubiläumsgeschenke - Gratifikationen (Geburt, Hochzeit) • **betriebliche Einrichtungen** - Kantine - Sportanlagen - Kinderbetreuung - Werkswohnung

3.474,50 € *2.890,00 €* *1.953,66 €*

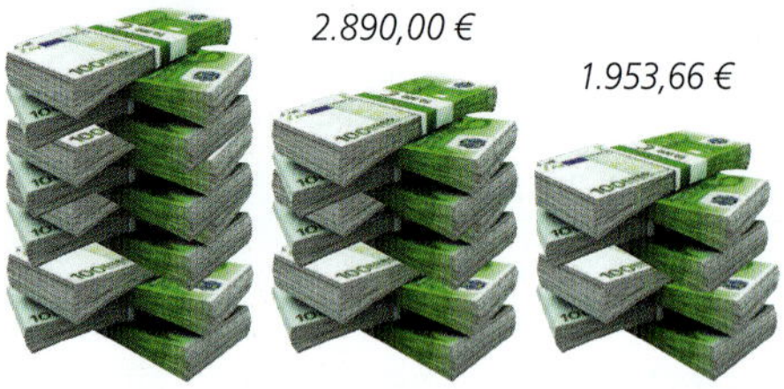

Personalkosten des Arbeitgebers *Bruttolohn des Arbeitnehmers* *Nettolohn des Arbeitnehmers*

Die wirtschaftlichen Auswirkungen, die sich hierzulande aufgrund des relativ hohen Lohnniveaus und der Lohnzusatzkosten für Arbeitnehmer und Arbeitgeber ergeben, können unterschiedlich bewertet werden:

1. Für die Arbeitgeber sind Lohnzusatzkosten erhöhte Personalkosten, die sich auf die Verkaufspreise und damit die Wettbewerbsfahigkeit der Firmen auswirken.
2. Die aufgeführten Lohnzusatzkosten kommen den Mitarbeitern zugute und bilden sozusagen einen „zweiten Lohn". Dies kann bei ihnen eine besondere Identifikation, Motivation und Leistungsbereitschaft fur „ihre Firma" hervorrufen.
3. Die Lohnzusatzkosten betragen in Deutschland ca. 30 % des Bruttolohns eines Arbeitnehmres und liegen damit ziemlich genau im europäischen Durchschnitt.

Beispiel

In der Tabelle rechts wird die Lohnabrechnung von Alexander Fischer (vgl. Kapitel 6.3.3) aus Arbeitgebersicht dargestellt. Zwar zahlt der Arbeitgeber bei der Pflegeversicherung etwas weniger als der Arbeitnehmer, aber insgesamt betragen allein die gesetzlichen Lohnzusatzkosten mehr als 20 %. Dazu kommen dann noch weitere gesetzliche, tarifliche und freiwillige Sozialleistungen.

Direkte Personalkosten des Arbeitgebers			
Bruttogehalt			2.890,00 €
+ Rentenversicherung	9,3 %	268,77 €	
+ Arbeitslosenversicherung	1,3 %	37,57 €	
+ Krankenversicherung	7,3 % + 0,8 %	234,09 €	
+ Pflegeversicherung	1,525 %	44,07 €	
= Arbeitgeberanteil zur Sozialversicherung			584,50 €
Belastung des Arbeitgebers insgesamt			**3.474,50 €**

6.3.5 Nominal- und Reallohnentwicklung

Bei der Frage, ob ein Lohn angemessen ist, ist nicht nur die absolute Höhe des Lohns ausschlaggebend, sondern auch die Frage, wie viel man sich dafür kaufen kann. Sind die Lebenshaltungskosten hoch, kann man sich für das Einkommen weniger Güter und Dienstleistungen kaufen, als wenn sie niedrig wären.

Da sich die Lebenshaltungskosten – gemessen am Verbraucherpreisindex (vgl. Abschnitt 11.1.2) – in der Regel erhöhen, sinkt die Kaufkraft des Einkommens im Umfang dieser Preissteigerungen. Man muss daher den Nominallohn und den Reallohn voneinander unterscheiden:

nominal *= zum Nennwert*
real *= wirklich, tatsächlich*

Nominallohn	Reallohn
Dies ist der ausgezahlte Lohn zum Nennwert. Wie viel sich der Einkommensbezieher dafür kaufen kann, bestimmen die Preise der Güter und Dienstleistungen.	Dieser Lohn gibt an, wie viele Güter und Dienstleistungen sich der Einkommensbezieher tatsächlich nur noch kaufen kann, da die Preise inzwischen gestiegen sind.

Löhne und Lohnsteigerungen müssen stets im Zusammenhang mit den Preisen und Preissteigerungen (Inflationsrate) gesehen werden. In Zeiten, in denen die Preise stark steigen, werden die Gewerkschaften versuchen, höhere Löhne durchzusetzen, schließlich können sie ja auf die guten Gewinne der Unternehmen verweisen. Steigen die Löhne aber wesentlich stärker als die Preise, werden die Unternehmer natürlich versuchen, die erhöhten Lohnkosten auf die Preise abzuwälzen, was ihnen bei einem erhöhten verfügbaren Einkommen (und wenn die Konkurrenzsituation dies auch zulässt) gelingen wird. Damit schließt sich der Kreis zur sogenannten **Lohn-Preis-Spirale** (siehe auch Seite 237). Es kann dabei vollkommen offenbleiben, ob zuerst die Preise gestiegen sind oder erst die Löhne – es handelt sich vielmehr um stetige Anpassungsreaktionen der Arbeitnehmer und Arbeitgeber an gestiegene Löhne bzw. Preise, wodurch die Inflation eher angeheizt als gebremst wird.

  Nominallohnsteigerung
– Preissteigerungsrate
= Reallohnsteigerung

Beispiel

Nominal- und Reallohn

In der nebenstehenden Grafik sieht man, dass sich das Bruttoeinkommen der Arbeitnehmer in Deutschland im Vergleich zu 1991 etwas mehr als verdoppelt hat. Auch das Nettoeinkommen ist in dieser Zeit um rund 94 % gestiegen.

Das Realeinkommen ist demgegenüber aber nur um 93,00 €, das sind ca. 8 %, gestiegen.

Das heißt also: Die Arbeitnehmer können sich heute mit ihrem Einkommen nur rund 8 % mehr Güter und Dienstleistungen leisten als vor 31 Jahren.

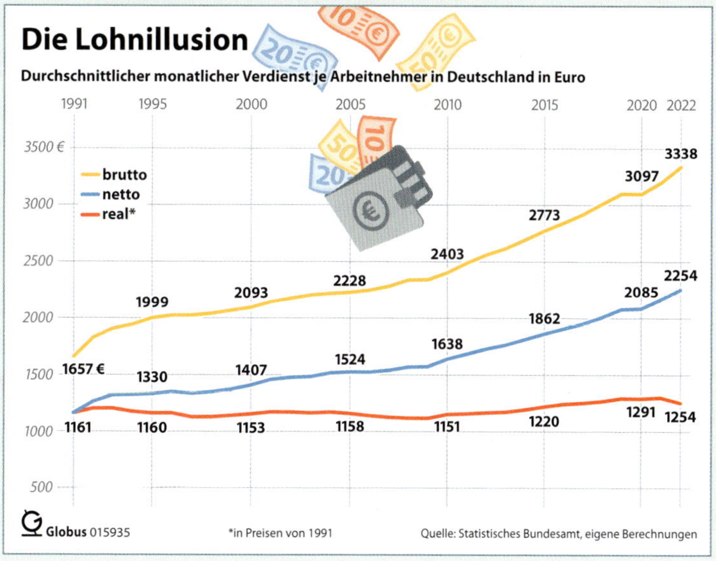

ÜBERBLICK

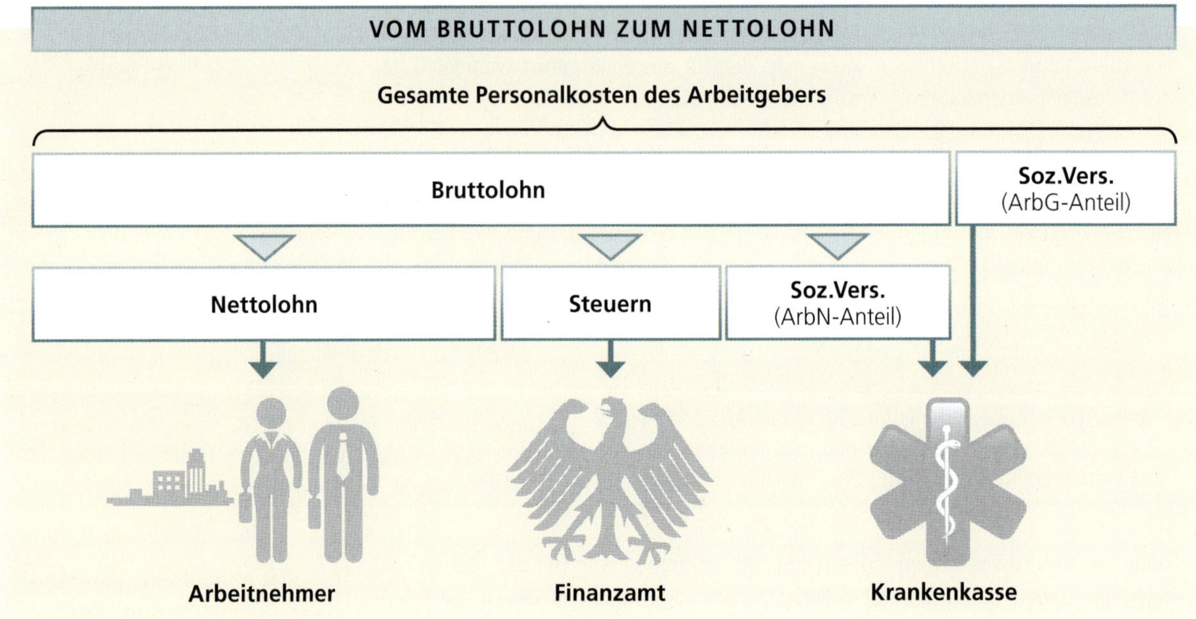

	Wie fit sind Sie beim Thema „Grundzüge der Lohn- und Gehaltsabrechnung"?	Inhaltsbezug Seite
1	Erläutern Sie, ausgehend vom Grundlohn, wie sich durch Zulagen, Zuschläge und Zuwendungen der Bruttolohn ergibt.	98
2	Welche steuerlichen Abgaben muss der Arbeitgeber vom Bruttolohn einbehalten und an das Finanzamt überweisen? Wie hoch sind diese Abgaben jeweils?	99
3	Die Beiträge zur Sozialversicherung muss der Arbeitgeber ebenfalls einbehalten und an die jeweilige Krankenkasse überweisen. In welcher Höhe fallen diese Beträge bei den einzelnen Versicherungen an und welche Besonderheiten gelten bei der Krankenersicherung und bei der Pflegeversicherung?	99
4	In welche Steuerklasse sind Sie selbst, Ihre Eltern, Arbeitskollegen oder ggf. weitere Personen, die Sie gut kennen, eingeordnet? Begründen Sie die jeweilige Zuordnung.	100
5	a) Wie hoch wären die steuerlichen Abzüge für Alexander Fischer in dem vorgestellten Beispiel, wenn er heiraten würde und damit nach Steuerklasse III besteuert würde? b) Würde sich steuerlich etwas ändern, wenn er noch ein Kind hätte? (Verwenden Sie den Gehaltsrechner www.nettolohn.de.)	101
6	Erstellen Sie mithilfe eines Gehaltsrechners online eine Lohnabrechnung für den verheirateten Arbeitnehmer Frank Meyer, 45 Jahre alt, zwei Kinder, evangelisch und wohnhaft in Rheinland-Pfalz. Sein Bruttogehalt beträgt 3.350,00 € und er ist in Steuerklasse IV eingestuft.	
7	Erklären Sie, wie die unterschiedlichen Geldbeträge in der Grafik auf S. 102 (Randspalte oben) zustande kommen.	101–102
8	Nennen Sie a) drei gesetzlich/tariflich vorgeschriebene und b) drei freiwillig gewährte Lohnzusatzkosten.	102
9	Welche positiven Effekte können von hohen Lohnzusatzkosten ausgehen?	102
10	Erläutern Sie, was mit der Lohn-Preis-Spirale gemeint ist.	103
11	Wie kann es sein, dass Arbeitnehmer trotz kräftiger Lohnsteigerungen heute finanziell schlechter gestellt sind als vor zehn Jahren?	103

6.4 Grundzüge der Besteuerung und Steuererklärung

Immer im Mai gibt das Ehepaar Struwe die Steuererklarung für das vorhergehende Jahr ab. Es wäre doch wirklich toll, wenn man das auf einem Formular von der Größe eines Bierdeckels erledigen könnte

- Was sind eigentlich Steuern und welche Einkunftsarten gibt es?
- Wie funktioniert unser Steuersystem? Was genau sind Steuerklassen und welche Bedeutung hat der Steuertarif?
- Muss auch der Lottogewinn vom Wochenende oder das Stipendium des Sohnes versteuert werden?
- Wann ist man zur Abgabe einer Steuererklärung verpflichtet?
- Welche Angaben muss man bei einer Steuererklarung machen?
- Was ist mit Werbungskosten, Sonderausgaben und ausergewohnlichen Belastungen gemeint?

Leider hat die Steuererklärung (heutzutage noch) nicht auf einem Bierdeckel Platz

6.4.1 Besteuerung des Einkommens

Steuern

Die Abgabenordnung (AO) definiert Steuern folgendermaßen:

AO § 3 Abs. 1 [Steuern]
Steuern sind Geldleistungen, die nicht eine Gegenleistung für eine besondere Leistung darstellen und von einem öffentlich-rechtlichen Gemeinwesen zur Erzielung von Einnahmen allen auferlegt werden, bei denen der Tatbestand zutrifft, an den das Gesetz die Leistungspflicht knüpft; die Erzielung von Einnahmen kann Nebenzweck sein.

Zurzeit werden in der Bundesrepublik über 40 verschiedene Steuern erhoben. Diese bringen dem Staat (Bund, Länder und Gemeinden) Einnahmen in Höhe von rund 896 Milliarden € jährlich (Stand 2022). Davon ist die Lohnsteuer mit ca. 25 % nach der Umsatzsteuer die zweithöchste Steuereinnahme des Staates.

Sieben Einkunftsarten

Welche Einnahmen steuerrechtlich als **Einkünfte** zählen, die der Einkommensteuer unterliegen, ist im Einkommensteuergesetz erschöpfend aufgezählt: Hat jemand Einnahmen aus mehreren Einkunftsarten, so muss er die Summe dieser Einkünfte versteuern. Die Summe der Einkünfte wird noch um eine ganze Reihe von Abzugsbeträgen reduziert, bevor sich das **zu versteuernde Einkommen (zvE)** ergibt.

Andererseits gibt es Einnahmen, die unter keine dieser Einkunftsarten fallen und folglich **steuerfrei** bleiben. Dazu gehören unter anderem:

- **Lotto- und Totogewinne** (die Erträge, die später aus der Anlage dieser Gewinne fließen, müssen allerdings versteuert werden!)
- **Lohnersatzleistungen** wie z. B. Krankengeld, Mutterschaftsgeld (diese Leistungen bleiben selbst zwar steuerfrei, erhöhen aber den Steuersatz für die sonstigen regulären Einkünfte = Progressionsvorbehalt)

Einkünfte aus	Dazu gehören insbesondere
1. Land- und Forstwirtschaft	Landwirtschaft, Forstwirtschaft, Weinbau, Obst- und Gemüseanbau, Tierzucht
2. Gewerbebetrieb	Industrieunternehmen, Handwerksbetriebe, Handelsbetriebe, Gaststätten, Agenturen
3. selbstständiger Arbeit	freiberufliche Tätigkeit (Ärzte, Rechtsanwälte, Architekten, Steuerberater)
4. nichtselbstständiger Arbeit	Löhne, Gehälter, Gratifikationen
5. Kapitalvermögen	Zinsen, Dividenden
6. Vermietung und Verpachtung	Miet- und Pachteinnahmen von Grundstücken, Häusern und Wohnungen
7. sonstige Einkünfte	Renten, Spekulationsgewinne (bei Immobilien und Wertpapieren)

- **Sozialleistungen** wie z. B. ALG II, Sozialhilfe, Wohngeld
- Leistungen aus einer **Sozialversicherung** (Kranken-, Pflege-, Unfallversicherung)
- Leistungen nach dem **Bundeskindergeldgesetz**
- **Stipendien** für Schüler und Studenten
- **Trinkgelder**, die freiwillig gezahlt werden (z. B. für einen guten Service)

Veranlagungsverfahren

Besteuerungsgrundlage für die zu zahlende Einkommensteuer ist das **Jahreseinkommen**. Da dies in der genauen Höhe erst nach Ablauf des Jahres festgestellt werden kann, wird die Einkommensteuererklärung in der Regel für das vorherige Jahr abgegeben. Da der Staat aber nicht so lange auf seine Einnahmen warten will, muss jeder Steuerpflichtige auf die zu erwartende Steuerschuld eine Vorauszahlung leisten. Das Verfahren dazu ist unterschiedlich gestaltet, je nachdem, ob der Steuerpflichtige Einkünfte aus **selbstständiger** oder **unselbstständiger Tätigkeit** bezieht.
In welche Steuerklasse ein Lohnsteuerpflichtiger einzuordnen ist und wie die monatliche Lohnsteuer nach dem **Lohnsteuerabzugsverfahren** berechnet wird, ist im Zusammenhang mit der Lohnabrechnung in Abschnitt 6.3.3 genau beschrieben.

Steuerzahlungen von Unselbstständigen	Steuerzahlungen von Selbstständigen und Gewerbetreibenden
Bei Arbeitnehmern, die nur Einkünfte aus unselbstständiger Arbeit beziehen (dies ist die überwiegende Zahl der Steuerzahler), stellt die vom Arbeitgeber einbehaltene Lohnsteuer diese Vorauszahlung dar. Das Finanzamt bedient sich also beim Steuereinzug der Hilfe der Arbeitgeber. Dieser muss die Lohnsteuer einbehalten und regelmäßig an das Finanzamt abführen. Die Lohnsteuer stellt somit nur eine besondere Erhebungsform der Einkommensteuer dar. Bezüglich der Höhe besteht kein Unterschied. In beiden Fällen gelten die Regelungen des Einkommensteuergesetzes.	Bei diesem Personenkreis gibt es niemanden, den das Finanzamt beauftragen könnte, die Steuer einzuziehen. Daher wird unterstellt, dass das Einkommen dieser Steuerzahler im laufenden Jahr so hoch ist wie im abgelaufenen Kalenderjahr. Auf dieses geschätzte Einkommen müssen vierteljährliche Steuervorauszahlungen an das Finanzamt abgeführt werden. Ist das tatsächliche Einkommen höher, ist der Steuerzahler nicht verpflichtet, dies dem Finanzamt zu melden. Umgekehrt kann er die Anpassung seiner Zahlungen beantragen, wenn er nachweist, dass sein Einkommen im laufenden Jahr geringer ausfällt.
▽	▽
Lohnsteuerabzugsverfahren	**Veranlagungsverfahren**

Steuertarif

Das bei der Lohnabrechnung beschriebene Vorgehen beruht auf der im Einkommensteuergesetz (§ 32a EStG) festgelegten Berechnungsmethode für das **Jahreseinkommen**.
Ein wichtiger Grundsatz in einem Rechtsstaat ist die **Steuergerechtigkeit**. Auch das Bundesverfassungsgericht hat ausgeführt, dass die Besteuerung nach der wirtschaftlichen Leistungsfähigkeit ausgerichtet werden muss. Gemäß diesem Prinzip ergibt sich ein Steuertarif, der hohe Einkommen prozentual stärker belastet als niedrige. Außerdem ist der Tarif so gestaltet, dass ein Grundfreibetrag in Höhe des Existenzminimums überhaupt nicht besteuert wird.
Das Gerechtigkeitsprinzip besagt aber auch, dass unterschiedliche soziale Verhältnisse berücksichtigt werden müssen: So zahlt z. B. ein Verheirateter bei gleichem Einkommen weniger Steuern als ein Lediger. Unterhaltsverpflichtungen mindern die Steuerschuld. Die unterschiedliche Belastung der Einkommen soll durch einen entsprechend gestalteten Steuertarif erreicht werden. Die dafür verwendete Formel kann anschaulich als Grafik dargestellt werden (siehe rechte Seite oben).

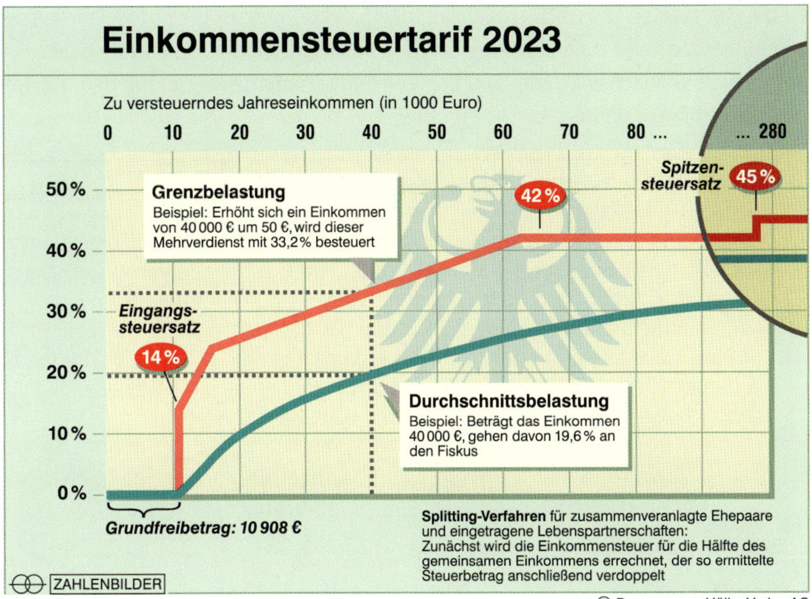

181 272 © Bergmoser + Höller Verlag AG

- **Grundfreibetrag:** Bei jedem Bürger bleibt das Existenzminimum steuerfrei (Nullzone); im Jahr 2023 beträgt der Grundfreibetrag 10.908,00 €.
- **Grenzsteuersatz:** Dieser Steuersatz gibt an, mit wie viel Prozent ein zusätzliches Einkommen belastet ist. Wie in der Grafik zu sehen ist, wird bei einem Einkommen von 40.000,00 € eine Gehaltserhöhung von 50,00 € mit 33,2 % besteuert.
- **Eingangssteuersatz:** Dies ist der Prozentsatz, mit dem das Einkommen unmittelbar oberhalb des Grundfreibetrags besteuert wird. Steigt also beispielsweise das Jahreseinkommen von 10.908,00 € auf 11.008,00 €, so zahlt man auf diese Mehreinnahmen von 100,00 € genau 14,00 € Steuern, also 14 %.
- **Spitzensteuersatz:** Dies ist der Prozentsatz, mit dem das Einkommen an der oberen Grenze besteuert wird. Verdient jemand mehr als 62.809,00 €, so wird jeder Euro Mehrverdienst mit 42 ct (42 %) besteuert. Bei mehr als 277.826,00 € steigt der Spitzensteuersatz noch einmal auf 45 % an (sog. „Reichensteuer").
- **Durchschnittssteuersatz:** Dies ist der Prozentsatz, der sich ergibt, wenn man die gezahlte Steuer auf das zu versteuernde Einkommen (zvE) bezieht. Verdient jemand 40.000,00 € und zahlt nach dem Grundtarif 7.828,00 € Steuern, so beträgt der Durchschnittssteuersatz 7.828,00 x 100 / 40.000,00 = 19,6 % (vgl. Grafik). Bei Zusammenveranlagung würde ein Ehepaar mit diesem Einkommen nach Splittingtarif nur 3.912,00 € Steuern zahlen; das entspräche einem Durchschnittssteuersatz von 9,8 %.

Hinweis
Die Berechnungen können mit dem Steuerrechner des Bundesfinanzministeriums nachvollzogen werden: www.bmf-steuerrechner.de

Während Ledige nach dem sogenannten **Grundtarif** besteuert werden, wird bei Verheirateten der **Splittingtarif** angewendet, sofern sie die Zusammenveranlagung beantragt haben. Der Splittingtarif (englisch: to split = teilen) ergibt sich aus dem Grundtarif dadurch, dass das gemeinsame Einkommen halbiert und die sich daraus ergebende Steuer nach dem Grundtarif verdoppelt wird. Verheiratete zahlen bei gleichem Einkommen aufgrund der Steuerprogression dadurch weniger Einkommensteuer als Ledige. Durch Heirat kann also ein Steuervorteil erzielt werden.
Das Ehegattensplitting ist stark in die politische Diskussion geraten. Der Splittingvorteil fällt umso höher aus, je weniger einer der beiden Partner (meistens die Ehefrau) verdient, was mit anderen sozialpolitischen Zielen kollidiert. Außerdem werden hohe Einkommen aufgrund der Progression bevorteilt, während niedrige weniger profitieren.

***Progression** (von lat. progressus für Fortschritt) = stufenweise Steigerung der Steuersätze*

Deswegen werden Vorschläge gemacht, den Splittingtarif auf die ganze Familie auszudehnen, das heißt auch die Kinder würden beim Splitten berücksichtigt. In dem Fall würde aber wahrscheinlich der Splittingvorteil (ganz oder teilweise) mit dem Kindergeld verrechnet werden.

Vergleich der Veranlagungsverfahren

Wären Bernd und Monika Struwe nicht verheiratet, dann würde im Folgenden Beispiel nur Bernd Struwe Steuern i. H. v. 3.033,00 € auf das zu **versteuernde Einkommen (zvE)** nach dem Grundtarif zahlen (Monika Struwe liegt unter dem Grundfreibetrag). Sind sie verheiratet, gilt der Splittingtarif – sie sparen 747,00 €. Gäbe es ein Familiensplitting, bei dem jedes Kind z. B. mit dem Faktor 0,5 berücksichtigt würde, könnte Familie Struwe, wenn sie ein Kind hätte, eine beachtliche Steuerersparnis von 1.268,00 € verzeichnen.

	zu versteuerndes Einkommen	Grundtarif	Ehegattensplitting	Familiensplitting
Bernd	24.095,00 €	3.033,00 €	33.465,00 € : 2	33.465,00 € : 2,5
Monika	9.370,00 €	0,00 €	= 16.732,50 €	= 13.386,00 €
	Σ = 33.465,00 €	↓	1.143,00 € · 2 ↓	407,00 € · 2,5 ↓
Steuern		**3.033,00 €**	**2.286,00 €**	**1.017,50 €**

747,00 € (Grundtarif – Ehegattensplitting); 1.268,50 € (Ehegattensplitting – Familiensplitting)

6.4.2 Grundzüge der Einkommensteuererklärung

Verfahren der Einkommensteuerveranlagung

Wer als **Selbstständiger** (Gewerbetreibender, Freiberufler, Land- oder Forstwirt) Einkünfte erzielt, **muss** eine Einkommensteuererklärung abgeben, wenn sein zu versteuerndes Einkommen nicht unterhalb des steuerlichen Grundfreibetrags liegt. Bei **Arbeitnehmern**, die Einkünfte aus nichtselbstständiger Arbeit beziehen, richtet sich die Entscheidung nach nebenstehendem (vereinfachten) Ablaufschema.

Auch wenn eine Einkommensteuererklärung nicht pflichtmäßig abgegeben werden muss, lohnt sich unter Umständen die freiwillige Abgabe (**Antragsveranlagung**).

Dies ist zum Beispiel der Fall, wenn:

- der Arbeitslohn im Laufe des Jahres unterschiedlich hoch war (Wechsel der Arbeitsstelle, Lohnerhöhung).
- nicht während des ganzen Jahres ein Arbeitsverhältnis bestanden hat (Berufsbeginn, Arbeitslosigkeit).

Arbeitnehmer
(bezieht Einkommen aus unselbstständiger Arbeit)

- Auf der Lohnsteuerkarte ist ein Freibetrag eingetragen.
- Es bestehen mehrere Arbeitsverhältnisse nebeneinander.
- Arbeitnehmer bezieht zusätzlich Einkommen aus Kapitalvermögen, Vermietung oder selbstständiger Nebentätigkeit von mehr als 410,00 €.
- Zusammenveranlagte Ehegatten haben nicht beide die Steuerklasse IV.

Mindestens **eine** der Bedingungen ist erfüllt?

JA: Es **muss** eine Steuererklärung abgegeben werden, und zwar bis zum 31. Juli des folgenden Jahres (Fristverlängerung ist möglich).

NEIN: Eine Steuererklärung ist **nicht** verpflichtend, **kann** aber freiwillig bis zum 31. Dez. des übernächsten Jahres abgegeben werden (Fristverlängerung nicht möglich).

- Änderungen in den persönlichen Verhältnissen eingetreten sind und dadurch eine günstigere Steuerklasse angewendet werden konnte (Eheschließung, Geburt eines Kindes).
- höhere Werbungskosten, Sonderausgaben oder außergewöhnliche Belastungen entstanden sind, die über die Pauschbeträge hinausgehen und für die kein Freibetrag auf der Lohnsteuerkarte eingetragen worden ist.

Die Einkommensteuererklärung (ob pflichtmäßig oder freiwillig) muss auf den dafür vorgesehenen Formularen des Finanzamts erfolgen. Zur Steuererklärung gehört der vierseitige **Hauptvordruck**. Für jede Einkunftsart ist ein gesondertes Formular als **Anlage** beizufügen (die jeweilige Bezeichnung der Anlage ist oben rechts auf dem Formular angegeben und ist auch in der nebenstehenden Tabelle zu sehen).

Welche Formulare vorgelegt werden müssen, richtet sich nach den erzielten Einkünften und den persönlichen und wirtschaftlichen Verhältnissen der Steuerpflichtigen.

Die **Formulare** bekommt man:

- beim Finanzamt (oder sie werden zugesandt)
- bei der Gemeindebehörde/Ortsverwaltung
- im Internet zum Ausdrucken
- bei der Bundesfinanzverwaltung (BFinV) zum digitalen Ausfüllen und Speichern

Einkünfte		
+ 1. Einkünfte aus Land- und Forstwirtschaft	(Anlage L)	Einnahmen − Betriebsausgaben = (Gewinn-)Einkünfte
+ 2. Einkünfte aus Gewerbebetrieb	(Anlage G)	
+ 3. Einkünfte aus selbstständiger Arbeit	(Anlage S)	
+ 4. Einkünfte aus nichtselbstständiger Arbeit	(Anlage N)	Einnahmen − Werbungskosten (ggf. Pauschbetrag) = (Überschuss-)Einkünfte
+ 5. Einkünfte aus Kapitalvermögen	(Anlage KAP)	
+ 6. Einkünfte aus Vermietung und Verpachtung	(Anlage V/FW)	
+ 7. sonstige Einkünfte	(Anlage SO)	
= Summe der Einkünfte		
− Sonderausgaben, die Vorsorgeaufwendungen sind (ggf. Pauschbetrag)	(Anlage Vorsorgeaufwand/V)	
− sonstige Sonderausgaben (ggf. Pauschbetrag)		
− außergewöhnliche Belastungen		
− Kinderfreibeträge	(Anlage Kind/K)	
= zu versteuerndes Einkommen		

Bei der Erstellung der Einkommensteuererklärung gibt es u. a. folgende „Hilfsmittel“:

- kostenlose Online-Steuererklärung mit **Elster** (= **El**ektronische **Steuer**e**r**klärung) mit Direktübertragung der Steuererklärung an das Finanzamt
- kommerzielle Programme
- Steuerberater oder Lohnsteuerhilfevereine

www.formulare-bfinv.de

Für alle Aufwendungen, die steuermindernd geltend gemacht werden, müssen **Belege** (Quittungen, Rechnungen) vorgelegt oder glaubhaft (Kontoauszug) gemacht werden. Das vereinfachte Schema zur Berechnung des **zu versteuernden Einkommens** (zvE) ist in der Tabelle oben wiedergegeben.

www.elster.de

Um die Steuererklärung zu vereinfachen, kann die **„vorausgefüllte Steuererklärung“ (VaSt)** verwendet werden (z. B. im ElsterOnline-Portal oder mithilfe kommerzieller Programme). Bei dieser Steuererklärung sind viele Daten, die der Finanzverwaltung ohnehin bekannt sind, bereits in das Steuerformular eingetragen, z. B.: Name, Adresse, Gehalt/Rente, Krankenversicherungs- und Vorsorgebeiträge. Wer allerdings noch Werbungskosten, außergewöhnliche Belastungen oder andere steuermindernde Aufwendungen hat, muss diese nach wie vor zusätzlich geltend machen und mit Rechnungen belegen.

www.vlh.de

Um eine Einkommensteuererklärung verstehen und ggf. selbst erstellen zu können, muss man zudem folgende **wichtige Begriffe** kennen:

- **Betriebsausgaben** sind Aufwendungen, die der Gewinnerzielung dienen. Insofern entsprechen sie den Werbungskosten. Dieser Begriff wird bei den Gewinneinkünften verwendet.
- **Werbungskosten** sind alle Aufwendungen, die durch das Arbeitsverhältnis veranlasst werden (z. B. Kosten für die Fahrt zum Arbeitsplatz, für Arbeitskleidung, Fachbücher, Gewerkschaftsbeiträge). Aufwendungen, deren Anschaffungswert (netto) höher als 952,00 € ist, müssen monatsgenau auf die voraussichtliche Nutzungsdauer verteilt werden (z. B. Schreibtisch, Computer). Statt des Nachweises der Aufwendungen kann auch der Arbeitnehmerpauschbetrag in Höhe von 1.230,00 (2023 / 2022: 1.200,00) € geltend gemacht werden. Auch bei Einkünften aus Kapitalvermögen können Werbungskosten anfallen (z. B. für Depotgebühren). Bei Einkünften aus Vermietung können z. B. die Abschreibungen auf das Gebäude als Werbungskosten geltend gemacht werden.
- **Sonderausgaben** sind Aufwendungen der Lebensführung, die aus sozialpolitischen Gründen steuerlich begünstigt werden. Hierzu gehören Arbeitnehmerbeiträge zur Sozialversicherung und Beiträge zur Kranken-, Unfall- und Haftpflichtversicherung. Aus diesen Beträgen werden die sogenannten Vorsorgeaufwendungen berechnet, um die das Einkommen gemindert werden kann. Dabei gibt es eine maximale Vorsorgepauschale, die vom Arbeitslohn und den Freibeträgen des jeweiligen Jahres abhängig ist.
  Zu den sonstigen Sonderausgaben zählen u. a. Kirchensteuern und Spenden. Hier gilt ein Pauschbetrag von 36,00 € für Alleinstehende und 72,00 € für Verheiratete.
- **Außergewöhnliche Belastungen** sind zwar Aufwendungen der Lebensführung, die aber ungewöhnlich sind und denen sich der Steuerzahler nicht entziehen kann. Sie sind steuerfrei, wenn sie über eine zumutbare Eigenbelastung hinausgehen. Hierzu gehören insbesondere Ausgaben, die für den Unterhalt bedürftiger Personen, für Ausbildungskosten der Kinder sowie durch Krankheit, Körperbehinderung, Todesfall oder Ehescheidung entstehen.
- **Pauschbeträge** sind Aufwendungen, die jeder Steuerpflichtige mindestens geltend machen kann, ohne dass er dies nachweisen muss. Das heißt also, dass auch derjenige in den Genuss der Steuerminderung kommt, der diese Aufwendungen gar nicht hatte. Dies hat der Gesetzgeber aus Gründen der Steuervereinfachung und einer rationelleren Bearbeitung der Steuererklärung so geregelt.

Beispiel für eine Einkommensteuererklärung (für das Steuerjahr 2022)

▶ Allgemeine Angaben und Angaben zu Kindern

Bernd Struwe (Steuerklasse 3) aus Erfurt ist angestellter Kfz-Mechatroniker, seine Frau Monika (Steuerklasse 5) arbeitet halbtags als Krankenschwester. Beide gehören keiner Religionsgemeinschaft an. Tochter Alice ist Schülerin, Sohn Chris Auszubildender. Herr Struwe trägt die persönlichen Daten der Ehegatten in den **Hauptvordruck ESt 1A**, die Angaben zu den Kindern in die **Anlagen Kinder** ein.

X **Einkommensteuererklärung**
X **Antrag auf Festsetzung der Arbeitnehmer-Sparzulage**
Erklärung zur Festsetzung der Kirchensteuer auf Kapitalerträge
Erklärung zur Feststellung des verbleibenden Verlustvortrags

Eingangsstempel

Steuernummer 01306 / 78901

Identifikationsnummer (IdNr.)
Steuerpflichtige Person (stpfl. Person), bei Ehegatten: **Ehemann** 28 567 131 409
Ehefrau 29 567 929 621

An das Finanzamt
Erfurt
Bei Wohnsitzwechsel: bisheriges Finanzamt

Allgemeine Angaben
Telefonische Rückfragen tagsüber unter Nr. 0361/98532
Steuerpflichtige Person (stpfl. Person), bei Ehegatten: **Ehemann**
Name: Struwe
Geburtsdatum: 15.10.1976
Vorname: Bernd
Religionsschlüssel: Evangelisch = EV, Römisch-Katholisch = RK, nicht kirchensteuerpflichtig = VD, Weitere siehe Anleitung
Straße und Hausnummer (derzeitige Anschrift): Lotusweg 1
Postleitzahl: 99085
Wohnort: Erfurt
Religion: VD
Ausgeübter Beruf: Kfz-Mechatroniker
Verheiratet seit dem: 25.05.2000
Verwitwet seit dem:
Geschieden seit dem:
Dauernd getrennt lebend seit dem:
bei Ehegatten: **Ehefrau**

Hauptvordruck ESt 1A
Seite 1 (Ausschnitt)

Beispiel für eine Einkommensteuererklärung (Fortsetzung)

Angaben zum Arbeitslohn

Laut Lohnsteuerbescheinigung hat Herr Struwe im Vorjahr 35.820,00 € verdient. Der Arbeitgeber hat davon 1.908,00 € Lohnsteuer einbehalten. Diese Angaben werden auf der **Anlage N** zur Steuererklärung auf der Vorderseite eingetragen. Monika Struwe hatte einen Bruttoarbeitslohn von 13.800,00 €. Bei ihr wurden 1.416,00 € Lohnsteuer einbehalten. Für Monika Struwe muss eine **zweite Anlage N** ausgefüllt werden. Da sie allerdings keine Werbungskosten über 1.200,00 € geltend machen kann, braucht sie das Formular nur auf der Vorderseite auszufüllen. Sie erhält den Arbeitnehmerpauschbetrag ohne Nachweis in voller Höhe.

Werbungskosten

Herr Struwe fährt täglich 28 km (einfache Entfernung) mit seinem Pkw zur Arbeit, wofür er die Entfernungspauschale in Anspruch nehmen kann (30 ct je Entfernungskilometer). Das ergibt in diesem Fall den stattlichen Betrag von 0,30 x 210 x 28 = 1.764 € (wird vom Finanzamt aufgrund der Angaben errechnet). Zusammen mit den anderen Werbungskosten trägt er die Angaben auf der Rückseite des Formulars ein.

Werbungskosten **Wege zwischen Wohnung und regelmäßiger Arbeitsstätte** (Entfernungspauschale) 8

Die Wege wurden ganz oder teilweise zurückgelegt mit einem eigenen oder zur Nutzung überlassenen ✓ privaten Kfz (Kz 101) Firmenwagen Letztes amtl. Kennzeichen EF-XY 99

Regelmäßige Arbeitsstätte in (PLZ, Ort und Straße)	Arbeitstage je Woche	Urlaubs- und Krankheitstage
99092 Erfurt, Industriestraße 32	5	35

Arbeitsstätte lt. Zeile	aufgesucht an Tagen	einfache Entfernung	davon mit eigenem oder zur Nutzung überlassenem Pkw zurückgelegt	davon mit Sammelbeförderung des Arbeitgebers zurückgelegt	davon mit öffentl. Verkehrsmitteln, Motorrad, Fahrrad o. Ä., als Fußgänger, als Mitfahrer einer Fahrgemeinschaft zurückgelegt	Aufwendungen für Fahrten mit öffentlichen Verkehrsmitteln (ohne Flug- und Fährkosten) EUR	Behinderungsgrad mind. 70 oder mind. 50 und Merkzeichen „G"
32	110 210	111 28 km	112 28 km	113 km	km	114 ,—	115 1=Ja
	130	131 km	132 km	133 km	km	134 ,—	135 1=Ja
	150	151 km	152 km	153 km	km	154 ,—	155 1=Ja
	170	171 km	172 km	173 km	km	174 ,—	175 1=Ja

Arbeitgeberleistungen lt. Nr. 17 und 18 der Lohnsteuerbescheinigung und von der Agentur für Arbeit gezahlte Fahrtkostenzuschüsse — steuerfrei ersetzt 290 EUR ,— pauschal besteuert 295 ,—

Beiträge zu Berufsverbänden (Bezeichnung der Verbände)

Gewerkschaft		310	192,—

Aufwendungen für Arbeitsmittel – soweit nicht steuerfrei ersetzt – (Art der Arbeitsmittel bitte einzeln angeben.)

	EUR		
Arbeitskleidung	120,—		
Fachliteratur	+ 150,—	320	270,—

Aufwendungen für ein häusliches Arbeitszimmer

Fortbildung IHK Erfurt	325	635,—

Fortbildungskosten – soweit nicht steuerfrei ersetzt –

Anlage N
Seite 2 (Ausschnitt)

Sonderausgaben

Bernd und Monika Struwe haben Beiträge zu Sozial- (KV, RV, AV, PV) und Privatversicherungen (z. B. Lebensversicherung, Haftpflichtversicherung) geleistet. Diese Beiträge können als Vorsorgeaufwendungen (in der **Anlage Vorsorgeaufwand**) zwar nicht in voller Höhe, jedoch nach einem komplizierten Berechnungsverfahren zu einem Großteil geltend gemacht werden. Wir nehmen hier einen Betrag von 8.321,00 € an, der steuermindernd geltend gemacht werden kann. Außerdem wird noch eine Spende des Ehepaars Struwe i. H. v. 373 € in den Hauptvordruck eingetragen.

Außergewöhnliche Belastungen

Für die Heimunterbringung der Mutter von Frau Struwe zahlt das Ehepaar Struwe monatlich 300,00 € Unterhalt. Für diese Leistung wird kein Eigenanteil berechnet. Die Eintragung erfolgt wiederum im Hauptvordruck.

Kapitaleinkünfte

Familie Struwe hat Zinserträge (Bausparvertrag, Sparkonto, festverzinsliche Wertpapiere) in Höhe von 806,00 €, die eigentlich in der **Anlage KAP** deklariert werden müssten. Da aber bei Kapitaleinkünften ein Sparer-Pauschbetrag von 801,00 € für Alleinstehende und 1.602,00 € für Verheiratete gilt, liegt Familie Struwe weit unter dem Freibetrag.

Beispiel für eine Einkommensteuererklärung (Fortsetzung)

Steuerbescheid

Nachdem Herr Struwe alle notwendigen Formulare ausgefüllt und alle Belege zusammengestellt hat, muss die Steuererklärung noch von beiden Ehegatten unterschrieben werden. Danach kann die Steuererklärung mit allen Belegen beim Finanzamt – per Post oder persönlich – eingereicht werden. Herr Struwe möchte aber nicht auf den Steuerbescheid des Finanzamts warten, um zu wissen, ob er eine Nachzahlung zu leisten hat oder ob er mit einer Steuererstattung rechnen kann. Mithilfe eines Steuerprogramms oder einer Tabellenkalkulation kann er am Computer alle notwendigen Daten eingeben und sich seinen eigenen Steuerbescheid ausdrucken. Sofern das Finanzamt alle Angaben der Familie Struwe ohne Beanstandung übernimmt, ergibt sich in diesem Fall eine Steuererstattung von 756,00 €.

Einkommensteuer-Berechnung 2022

	Einkünfte / Abzüge	**Ehemann**	**Ehefrau**	**Zusammen**
+	Bruttoarbeitslohn	35.820,00 €	13.800,00 €	
–	Werbungskosten	– 2.861,00 €	– 1.200,00 €	
=	**Einkommen aus nichtselbstständiger Arbeit**	**32.959,00 €**	**12.600,00 €**	**45.559,00 €**
+	Zinseinkommen			+ 806,00 €
–	Sparer-Pauschbetrag			– 1.602,00 €
=	**Einkünfte aus Kapitalvermögen** (nicht negativ!)			**0,00 €**
=	**Gesamtbetrag der Einkünfte**			**45.559,00 €**
–	Vorsorgeaufwendungen			– 8.321,00 €
–	Sonderausgaben			– 373,00 €
–	außergewöhnliche Belastung			– 3.600,00 €
=	**zu versteuerndes Einkommen (zvE)**			**33.265,00 €**
▶	**Einkommensteuer**			**2.568,00 €**
–	bereits gezahlte Lohnsteuer			– 3.324,00 €
=	**Steuererstattung (–)**			**– 756,00 €**

(Berechnung mit: www.bmf-steuerrechner.de)

Einspruch und Klage

Die Entscheidungen des Finanzamts muss man nicht ohne Weiteres akzeptieren. Wenn offensichtliche Fehler im Steuerbescheid vorliegen (z. B. vergessene Beträge) genügt ein Anruf, um dies korrigieren zu lassen. Schwieriger wird es, wenn geltend gemachte Aufwendungen nicht anerkannt werden (Arbeitszimmer, erhöhte Abschreibungen etc.). Dann kann man klagen und muss sich an den nebenstehenden Verfahrensablauf halten.

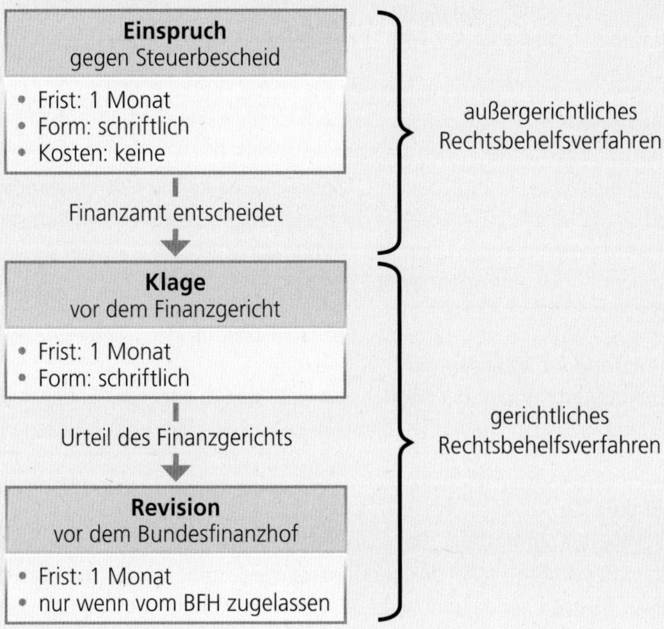

ÜBERBLICK

GRUNDZÜGE DER BESTEUERUNG UND STEUERERKLÄRUNG

Lohnsteuer

Bei Einkünften aus nichtselbstständiger Arbeit nach dem **Lohnsteuerabzugsverfahren** durch den Arbeitgeber

Einkommensteuer

Bei Einkünften aus selbstständiger Arbeit, Kapitalvermögen oder Vermietung nach dem **Veranlagungsverfahren** durch das Finanzamt

= **Gesamtbetrag aller Einkünfte** ← jeweils unter Abzug von Werbungskosten bzw. Pauschbeträgen
– Vorsorgeaufwendungen
– Sonderausgaben
– außergewöhnliche Belastungen ← nach Abzug der zumutbaren Belastung (Eigenenateil)
= **zu versteuerndes Einkommen (zvE)**

Steuertarif

= **Einkommensteuer**
+ Kirchensteuer
– bereits gezahlte Steuer
= **Steuererstattung/Steuernachzahlung**

- pflichtgemäße Steuererklärung bis spätestens 31. Juli des Folgejahres
- freiwillige Steuererklärung bis spätestens 31. Dezember des übernächsten Jahres

	Wie fit sind Sie beim Thema „Grundzüge der Besteuerung und Steuererklärung"?	Inhaltsbezug Seite
1	Zählen Sie Einkünfte auf, die der Einkommensteuer unterliegen, und Einkünfte, die steuerfrei bleiben.	105
2	Erläutern Sie die unterschiedlichen Veranlagungsverfahren für Arbeitnehmer und Selbstständige bei der Einkommensteuer.	106
3	Beschreiben Sie den Verlauf des Einkommensteuertarifs und erklären Sie, warum nicht alle Einkommen mit dem gleichen Prozentsatz besteuert werden.	107
4	Erklären Sie die Begriffe a) Grundfreibetrag – Durchschnittssteuersatz b) Grundtarif – Splittingtarif c) Werbungskosten – Sonderausgaben – außergewöhnliche Belastungen – Pauschbetrag.	107, 110
5	a) Wer muss, wer kann eine Einkommensteuererklärung abgeben? b) Welche Fristen sind dabei zu beachten? c) Unter welchen Voraussetzungen ist die freiwillige Abgabe einer Steuererklärung vorteilhaft?	108–109
6	Wie errechnet sich das zu versteuernde Einkommen?	109
7	Der Sohn Chris Struwe hat nach seiner Lehre im ersten Jahr ein zu versteuerndes Einkommen von 21.600,00 € brutto. Er ist 22 Jahre alt, ledig, kinderlos und konfessionslos. a) Berechnen Sie mithilfe des Steuerrechners des Bundesfinanzministeriums die Höhe der Einkommensteuer. b) Wie hoch wäre die Steuer, wenn er seine nicht berufstätige Freundin geheiratet hätte?	

6.5 KTB – Kompetenzorientierte Themenbearbeitung

Die Auftragslage des Küchenherstellers KüchenDesign in Köln hat sich im letzten Jahr erheblich verbessert, sodass zusätzliches Personal eingestellt werden soll. Mit der Einstellung von acht neuen Mitarbeitern würde das Unternehmen auf 40 Angestellte anwachsen.

KüchenDesign

Wir stellen ein:
2 Schreiner/-innen
1 Schreinermeister/-in
1 Möbelmonteur/-in
1 Sanitärfachkraft
1 Kfz-Fahrer/-in
2 Auszubildende

1 Arbeitsbewertung

a) Nehmen Sie eine Arbeitsplatzbeschreibung für den Schreiner vor.

b) Auf welchen Arbeitswert kommen Sie für den Kfz-Fahrer und die Sanitärfachkraft, wenn Sie eine analytische Arbeitsbewertung nach dem Genfer Schema durchführen?

c) In welche Lohngruppe kämen diese beiden Mitarbeiter, wenn Sie die maximal 48 Punkte in sechs Lohngruppen einteilen?

2 Lohnformen

a) Übertragen Sie die nebenstehende Tabelle in Ihr Heft und kreuzen Sie darin an, welche Lohnformen Sie für die zukünftigen Mitarbeiter vorschlagen würden. Begründen Sie Ihre Entscheidungen.

b) Warum sind die Auszubildenden nicht in der Tabelle aufgeführt?

c) Der Kfz-Fahrer soll in einer Fünf-Tage-Woche 7,5 Stunden pro Arbeitstag bei einem Stundenlohn von 13,50 € arbeiten. Wie hoch ist sein Wochenlohn?

d) Der Schreiner soll Küchenschubladen im Akkord herstellen. Wie hoch ist sein Bruttolohn pro Tag, wenn er täglich 15 Schubladen herstellen kann? Die Vorgabezeit liegt bei 30 Minuten pro Stück und der Minutenfaktor beträgt 24 Cent pro Minute.

e) In der Firma KüchenDesign sollen für bestimmte Leistungen Prämien gezahlt werden. Welche Art der Prämie würden Sie für den Schreiner, den Möbelmonteur und den Schreinermeister vorschlagen?

	Zeitlohn	Akkordlohn	Prämienlohn	Beteiligungslohn
Schreiner				
Schreinermeister				
Möbelmonteur				
Sanitärfachkraft				
Kfz-Fahrer				

3 Lohnabrechnung

a) Der Schreinermeister K. Schätzle (mit 10-jahriger Berufserfahrung) erhält einen monatlichen Bruttolohn von 3.225,00 €. Berechnen Sie mithilfe eines Nettolohnrechners aus dem Internet, wie hoch sein Nettolohn ausfällt, wenn er 36 Jahre und verheiratet ist, seine Ehefrau nicht arbeitet, sie zwei Kinder haben, beide konfessionslos sind und in Leverkusen (NRW) wohnen.

b) Berechnen Sie für den Schreinermeister den Grenzsteuersatz und den Durchschnittssteuersatz (bei einer Gehaltserhöhung von 100,00 €).

4 Einkommensteuererklärung

Herr Schätzle ist nach Ablauf des Jahres verpflichtet, eine Einkommensteuererklärung abzugeben, da er zusätzlich zu seinem Arbeitseinkommen auch Zinseinnahmen aus Wertpapieren hat. Außerdem möchte er seine erhöhten Werbungskosten berücksichtigen lassen. Frau Schätzle geht zur Zeit keiner Beschäftigung nach.

Im Einzelnen kann Herr Schätzle folgende Beträge geltend machen:

Bruttojahreseinkommen:	38.700,00 €
Zinseinkommen:	2.715,00 €
Sonderausgaben:	188,00 €
Bereits gezahlte Lohnsteuer:	2.854,00 €
Werbungskosten:	2.580,00 €
Vorsorgeaufwendungen:	5.321,00 €
Außergewöhnliche Belastung:	3.207,00 €

Erstellen Sie auf Basis einer Excel-Tabelle entsprechend der Vorlage auf S. 112 (allerdings ohne Ehefrau) die Steuererklärung für Herrn Schätzle. Berechnen Sie die Einkommensteuer mithilfe des Steuerrechners des Bundesfinanzministeriums nach dem Steuertarif 2022.

KOMPETENZBEREICH II:
Konsumenten im Alltag

7

GRUNDLAGEN DER RECHTSGESCHÄFTE – KAUFVERTRAG IM FOKUS

7.1 Rechts- und Geschäftsfähigkeit

Claudia, 4 Jahre, wird von ihren Eltern mit einem Einkaufszettel zum Bäcker geschickt. Sie soll zwei Laugenbrezeln und drei Brötchen holen. Sie kauft diese und noch einen Schokoriegel, der auf der Ladentheke stand. Den Schokoriegel zahlt sie von ihrem Taschengeld.

- Darf Claudia die Laugenbrezeln und Brötchen kaufen? Sie hat ja den Einkaufszettel dabei.
- Darf sie sich den Schokoriegel mit ihrem Taschengeld kaufen?
- Darf der Bäcker Claudia überhaupt etwas verkaufen?
- Ist die 4-Jährige rechts- und geschäftsfähig?

Das Zusammenleben von Menschen erfordert Einschränkungen der persönlichen Freiheit des Einzelnen. Um Freiheitsbereiche zu schützen und notwendige Freiheitsbeschränkungen gerecht zu verteilen, bedarf es gewisser Regeln des Zusammenlebens. **Brauchtum** und **Sitte** stellen hierbei eine wichtige Orientierung für das Zusammenleben dar, die allerdings noch durch **Rechtsregeln** der staatlichen **Rechtsordnung** ergänzt werden müssen.
Die Verletzung der Regeln, die von der Gesellschaft vorgegeben werden, führt zu Kritik, Ablehnung oder Verachtung. Die Verletzung von Rechtsregeln der staatlichen Rechtsordnung hingegen führt zu einer gerichtlichen Entscheidung, die die Erfüllung der Verpflichtungen aufzeigt oder zu Bestrafung führt.

Das Grundgesetz im Netz:
www.gesetze-im-internet.de/gg/

Die wichtigsten Gesetze, die jeden Bürger betreffen, sind:

- **das GG (Grundgesetz)**
  = darin werden mit den Grundrechten die Freiheitsräume jedes Bürgers gesichert.
- **das BGB (Bürgerliche Gesetzbuch)**
  = regelt u. a. die Rechtsgeschäfte, Schuldverhältnisse aus verschiedenen Verträgen, Eigentum und Besitz und enthält familien- und erbrechtliche Vorschriften.
- **das HGB (Handelsgesetzbuch)**
  = Sonderrecht für Kaufleute mit dem Ziel, eine möglichst rasche und klare Abwicklung des Rechtsgeschäfts vorzunehmen.

Zusammenleben von Menschen ist nur möglich, wenn bestimmte Regeln eingehalten werden

Sitten und Gebräuche (= Regeln, die von der Gesellschaft vorgegeben werden), z. B. • Essen mit Messer und Gabel • Bescherung zu Weihnachten	Gesetze, Erlasse, Verordnungen und richterliche Entscheidungen (= Regeln, die durch das Recht vorgegeben werden = Rechtsordnung), z. B. • Berufsschulpflicht • Anzahl der Klassenarbeiten pro Jahr (Erlass)

Verletzung

von Gesellschaft bestraft, z. B. durch • Kritik • Ablehnung • Verachtung	durch richterliche Entscheidung erzwungen und gegebenenfalls bestraft, z. B. • bei Nichtzahlung: Verurteilung auf Erfüllung • bei Diebstahl: Verurteilung zu Strafe

7.1.1 Rechtsfähigkeit

Bei den Rechtssubjekten unterscheidet man zwischen natürlichen und juristischen Personen. **Natürliche Personen** sind alle Menschen. **Juristische Personen** sind dagegen rechtlich geregelte Organisationen, wie z. B. Sportvereine, Aktiengesellschaften oder der Staat.

Staatliche Organisationen, wie z. B. Gemeinden, Ortskrankenkassen oder die Bundesbank, bezeichnet man als juristische Personen des **„öffentlichen Rechts"**, während Vereine (e. V.), Aktiengesellschaften (AG), Gesellschaften mit beschränkter Haftung (GmbH) usw. als juristische Personen des **„privaten Rechts"** bezeichnet werden.

Im Rechtsleben der juristischen Personen handeln nicht die einzelnen Mitglieder der jeweiligen Organisationen, sondern sie werden durch ihre „Organe" vertreten; das sind z. B. der Vorsitzende eines Vereins, der Geschäftsführer einer GmbH oder der Vorstand einer AG.

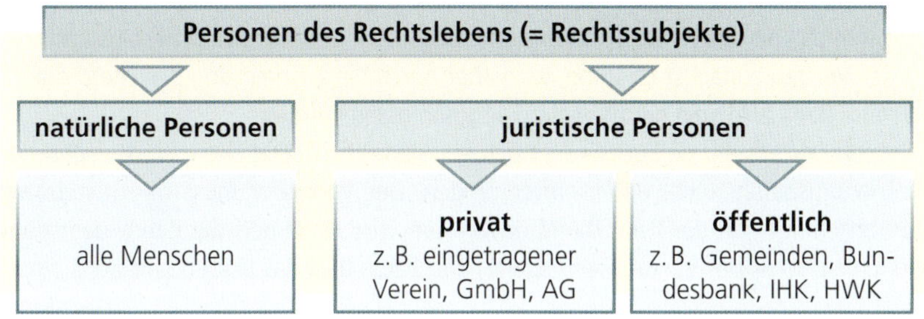

IHK *= Industrie- und Handelskammer*
HWK *= Handwerkskammer*

Rechtsfähigkeit bezeichnet die Fähigkeit, Träger von Rechten und Pflichten zu sein. Diese Fähigkeit besitzen grundsätzlich alle natürlichen und juristischen Personen. Die Rechtsfähigkeit des Menschen beginnt mit der Vollendung der Geburt (§ 1 BGB) und endet mit dem Tod. Das bedeutet, dass auch ein Kind, z. B. durch Erbschaft oder Schenkung, Eigentum erwerben kann. Die Rechtsfähigkeit juristischer Personen dauert von der Eintragung bis zur Löschung im jeweiligen Register (Vereinsregister, Handelsregister usw.).

7.1.2 Geschäftsfähigkeit

Geschäftsfähigkeit bezeichnet die Fähigkeit von Personen, rechtswirksame Willenserklärungen abzugeben und Rechtsgeschäfte (z. B. Kaufvertrag) zu tätigen. Personen können also im Rechtsverkehr selbstständig handeln. Die Geschäftsfähigkeit fällt bei juristischen Personen mit der Rechtsfähigkeit zusammen. Bei natürlichen Personen ist sie vom Lebensalter der handelnden Person abhängig.

Geschäftsunfähigkeit

Wer das 7. Lebensjahr noch nicht vollendet hat, ist geschäftsunfähig. Auch Personen, die unter einer dauernden krankhaften Störung der Geistestätigkeit leiden, sind grundsätzlich geschäftsunfähig (§ 104 BGB). Rechtsgeschäfte, die mit diesen Personen abgeschlossen werden, sind generell **„nichtig"**, d. h. sie sind von Anfang an **ungültig** (§ 105 BGB).
Beispiel: Der 6-jährige Max sieht auf dem Schreibtisch seiner Eltern einen 5-Euro-Schein liegen, nimmt ihn und kauft sich dafür Süßigkeiten.

Beschränkte Geschäftsfähigkeit

Jugendliche, die das 7., aber noch nicht das 18. Lebensjahr vollendet haben, sind beschränkt geschäftsfähig. Rechtsgeschäfte und Willenserklärungen, die diese Personen abschließen oder abgeben, sind **„schwebend unwirksam"**, d. h. sie sind erst wirksam, wenn die Eltern oder der gesetzliche Vertreter zustimmen. Bei vorheriger Zustimmung der Eltern ist der Vertrag sofort gültig. Bei nachträglicher Zustimmung ist der Vertrag zunächst ungültig, wird aber durch die Zustimmung der Eltern gültig. Es muss dann also kein neuer Vertrag abgeschlossen werden.
Beispiel: Der 16-jährige Lucas kauft sich ein Skateboard. Die Eltern sind wegen der Verletzungsgefahr nicht damit einverstanden. Der Verkäufer muss das Skateboard zurücknehmen, da der Kauf damit unwirksam wird. Stimmen die Eltern dem Kauf jedoch zu, so ist der Verkauf rechtsgültig und Lucas darf das Skateboard behalten.

Rechtsgeschäfte, die dem Minderjährigen nur rechtliche Vorteile bringen, bedürfen allerdings keiner Genehmigung des gesetzlichen Vertreters. Ein Rechtsgeschäft, das „nur" einen rechtlichen Vorteil bringt, ist z. B. ein Geldgeschenk, da dem Minderjährigen keine Gegenleistung abverlangt wird.
Auch Rechtsgeschäfte, die nur mit dem Taschengeld bezahlt werden, sind nicht zustimmungspflichtig (§ 110 BGB „Taschengeldparagraf").

> **§ BGB § 110 [Bewirken der Leistung mit eigenen Mitteln]**
> Ein von dem Minderjährigen ohne Zustimmung des gesetzlichen Vertreters geschlossener Vertrag gilt als von Anfang an wirksam, wenn der Minderjährige die vertragsmäßige Leistung mit Mitteln bewirkt, die ihm zu diesem Zweck oder zu freier Verfügung von dem Vertreter oder mit dessen Zustimmung von einem Dritten überlassen worden sind.

Über sein Taschengeld kann der Minderjährige frei verfügen und es ohne Zustimmung der Eltern ausgeben. Da er aber über „zukünftiges Taschengeld" nicht verfügen kann, sind Abonnement-Abschlüsse und Ratenkäufe für Jugendliche nicht möglich. Beispiel: Lucas will unbedingt alles über Skateboards wissen. Er abonniert „Skateboard – Das Magazin". Dieser Vertrag ist in jedem Fall ungültig.

Ist der Minderjährige mit Einwilligung der Eltern ein Dienst- oder Arbeitsverhältnis eingegangen, kann er alle in Zusammenhang damit stehenden Rechtsgeschäfte rechtsgültig abschließen.

Unbeschränkte Geschäftsfähigkeit

Unbeschränkt oder voll geschäftsfähig wird man mit Vollendung des 18. Lebensjahres. Volljährige Personen können selbstständig Rechtsgeschäfte vornehmen, also alleine **gültige Verträge** abschließen, und sind damit für ihre eingegangenen Verpflichtungen allein verantwortlich.

ÜBERBLICK

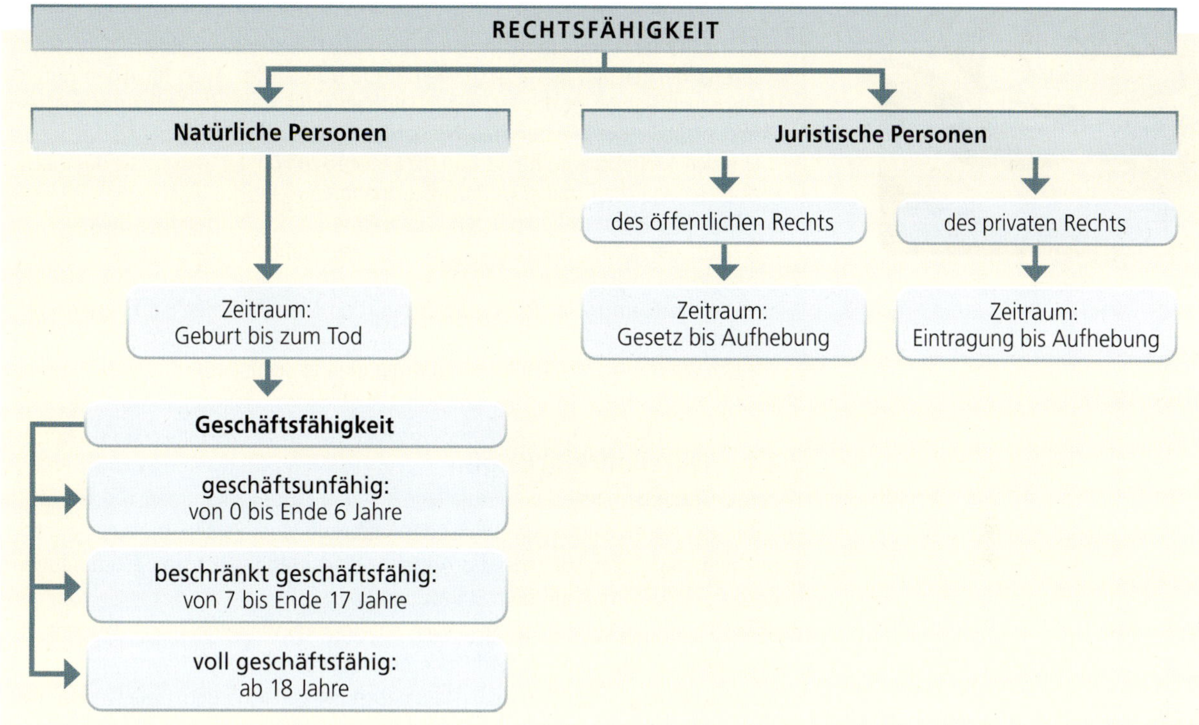

	Wie fit sind Sie beim Thema „Rechts- und Geschäftsfähigkeit"?	Inhaltsbezug Seite
1	Warum sind für das menschliche Zusammenleben Rechtsregeln erforderlich?	116
2	a) Unterscheiden Sie Rechtsfähigkeit von Geschäftsfähigkeit. b) Wann beginnt und wann endet die Rechtsfähigkeit von natürlichen bzw. juristischen Personen? c) Warum ist der Grad der Geschäftsfähigkeit vom Lebensalter abhängig? d) Nennen Sie die drei Stufen der Geschäftsfähigkeit.	117
3	a) Wie bezeichnet man Rechtsgeschäfte von beschränkt geschäftsfähigen Personen? b) Unter welchen Umständen sind die Rechtsgeschäfte von beschränkt Geschäftsfähigen im vollen Umfang gültig?	118
4	Die 6-jährige Lilli kauft sich mit Genehmigung der Eltern im Kaufhaus eine CD. Wie ist die Rechtslage?	118
5	Darf sich der 16-jährige Kilian ohne Zustimmung der Eltern von seiner Ausbildungsvergütung ein Smartphone für 115,00 € kaufen?	118
6	Der 15-jährige Simon kauft sich bei einem Discounter eine Stereoanlage zu einem absoluten Tiefstpreis. Er glaubt, damit einen rechtlichen Vorteil erlangt zu haben. Wie beurteilen Sie die rechtliche Situation?	118
7	Die 17-jährige Auszubildende Caroline führt Verhandlungen über einen Gebrauchtwagen. Den Kaufvertrag unterschreibt sie an ihrem 18. Geburtstag. Ist der Vertrag wirksam?	118
8	Direkt nach ihrem 18. Geburtstag kauft sich Lea ein Motorrad, obwohl sie noch keinen Motorradführerschein hat und ihr angespartes Geld nicht reicht. Ist der Vertrag trotzdem gültig?	118

KOMPETENZBEREICH II

7.2 Rechtsgeschäfte

Maria, 19 Jahre, möchte sich von ihrem selbst verdienten Geld ein Auto kaufen. Leider reichen die angesparten 5.000,00 € nicht. Auch für einen guten Gebrauchtwagen ist das zu wenig. Deshalb schlägt ihr der Verkäufer vor, einen zusätzlichen Kreditvertrag bei der Bank abzuschließen.
Um sich ihr Traumauto für 13.000,00 € leisten zu können, müsste sie demnach noch einen Kredit über 8.000,00 € aufnehmen.

- Darf Maria eigenständig einen Kaufvertrag für das Auto unterschreiben?
- Muss der Kaufvertrag schriftlich sein oder kann er auch mündlich abgeschlossen werden?
- Welche Form muss der Kreditvertrag, den Maria mit der Bank abschließt, haben?
- Um welche Art von Rechtsgeschäft handelt es sich?

7.2.1 Willenserklärungen

Willenserklärungen stellen die Grundlage für das Zustandekommen von Rechtsgeschäften dar. Eine Willenserklärung ist die Äußerung einer Person, die zu einer rechtlichen Wirkung führen soll (z. B. das Angebot eines Handwerkers an einen Bauherrn oder das „Ja" der Braut auf dem Standesamt).

Willenserklärungen können grundsätzlich auf dreierlei Weise geäußert werden:

- **ausdrücklich** (mündlich, schriftlich, fernmündlich)
- **durch schlüssiges Handeln** (z. B. Handheben bei Versteigerung, Heranwinken eines Taxis)
- **durch Schweigen** (gilt im Allgemeinen als Ablehnung; unter Kaufleuten, die in dauernder Geschäftsverbindung stehen, als Zustimmung)

7.2.2 Formvorschriften

Grundsätzlich gilt für alle Rechtsgeschäfte Formfreiheit. Aber es gibt auch Verträge, die nur gültig werden, wenn sie bestimmte Formvorschriften erfüllen:

▶ **Textform**

Der Schriftsatz ist auch ohne Unterschrift gültig (z. B. E-Mail, SMS, Fax).

▶ **Schriftform**

Die Willenserklärung muss schriftlich niedergelegt und mit einer Unterschrift versehen werden (z. B. Kündigung eines Arbeitsvertrags, Verbraucherdarlehensvertrag, Bürgschaftserklärung).

▶ **Elektronische Form**

Sie kann mithilfe einer elektronischen Signatur die gesetzlich vorgeschriebene schriftliche Form ersetzen.

▶ **Beglaubigung**

Mit der Beglaubigung wird öffentlich durch eine befugte Stelle (z. B. Schule, Stadtverwaltung usw.) bestätigt, dass eine Abschrift inhaltlich mit der Vorlage identisch ist.

▶ **Öffentliche Beglaubigung**

Der Antrag wird schriftlich gestellt und von einem Notar beglaubigt (z. B. Anmeldung zur Eintragung ins Handelsregister).

▶ **Notarielle Beurkundung**

Der Notar fertigt eine öffentliche Urkunde über die Willenserklärungen der Vertragspartner an und bestätigt die inhaltliche Erklärung sowie die Echtheit der Unterschriften (z. B. bei Veräußerung oder Belastung von Grundstücken oder bei Schenkungsversprechen).

7.2.3 Arten

Rechtsgeschäfte lassen sich danach unterscheiden, ob eine oder mehrere Personen an ihnen beteiligt sind. Die Rechtsordnung verlangt dann die Erfüllung der in den Willenserklärungen eingegangenen Verpflichtungen. Man kann zwei verschiedene Arten von Rechtsgeschäften unterscheiden:

Einseitiges Rechtsgeschäft

- **Empfangsbedürftige Willenserklärungen,** die an eine bestimmte Person gerichtet sein müssen und erst durch ihren Zugang beim Empfänger rechtswirksam werden (z. B. Kündigung).
- **Nicht empfangsbedürftige Willenserklärungen,** die keinen Erklärungsempfänger voraussetzen (z. B. Testament), werden mit ihrer Abgabe rechtswirksam.

Diese Rechtsgeschäfte bestehen nur aus jeweils einer Willenserklärung. Es handelt sich also um ein einseitiges Rechtsgeschäft.

Zweiseitiges Rechtsgeschäft

Hierbei handelt es sich um **annahmebedürftige Willenserklärungen**. Sie setzen voraus, dass eine Übereinstimmung der abgegebenen Willenserklärung mit dem Erklärungsempfänger vorliegt.

Schließen also zwei Personen einen Vertrag ab, z. B. über den Kauf eines Fernsehgeräts, müssen **zwei sich deckende Willenserklärungen** vorliegen, damit der Vertrag rechtswirksam wird. Wenn der Käufer nur 500,00 € bezahlen will, der Verkäufer aber 600,00 € für das Fernsehgerät verlangt, decken sich die beiden Willenserklärungen nicht und der Kaufvertrag kommt nicht zustande. Decken sich die Willenserklärungen aber in allen Punkten, ist ein sogenanntes zweiseitiges Rechtsgeschäft zustande gekommen. Dieses bezeichnet man als **Vertrag**.

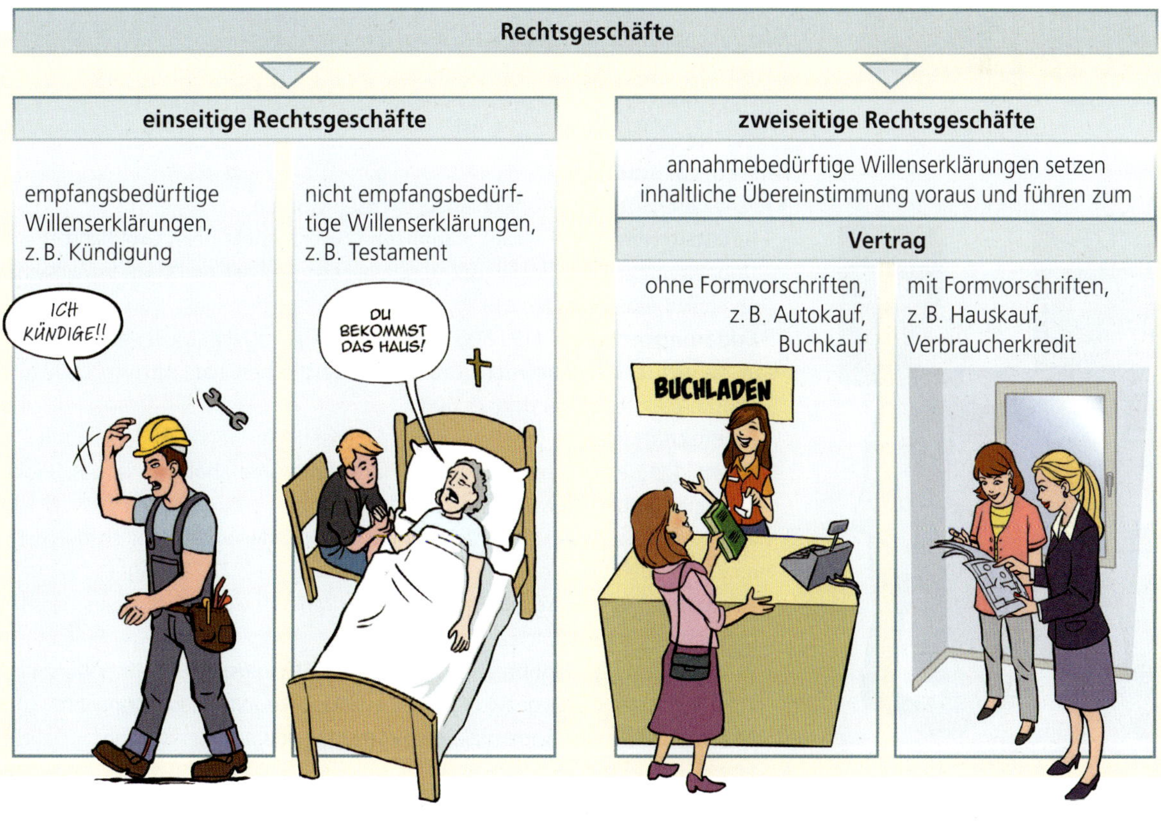

7.2.4 Wirksamkeit der Rechtsgeschäfte

Normalerweise sind Rechtsgeschäfte rechtswirksam. Es gibt aber auch Rechtsgeschäfte, die von Anfang an unwirksam, also ungültig sind. Man spricht dann von der **Nichtigkeit der Rechtsgeschäfte.**

Andere Rechtsgeschäfte wiederum sind zwar zunächst voll wirksam, können aber aus verschiedenen Gründen angefochten und dadurch nachträglich ungültig werden **(Anfechtbarkeit der Rechtsgeschäfte)**.

Nichtig sind:

- Rechtsgeschäfte mit **geschäftsunfähigen Personen** (§ 105 I BGB; z. B. ein 5-Jähriger kauft Kaugummi) und solche, die im Zustand der Bewusstlosigkeit oder einer vorübergehenden Störung der Geistestätigkeit abgeschlossen werden (§ 105 II BGB).
- Rechtsgeschäfte, die mit Einverständnis des Vertragspartners **nur zum Schein** abgeschlossen werden (§ 117 BGB); z. B. ein Kaufmann verkauft seinen Geschäftswagen und setzt mit Einverständnis des Käufers den Preis im Vertrag niedriger an, als tatsächlich vereinbart, um Mehrwertsteuer zu sparen.
- Rechtsgeschäfte, die nicht ernst gemeint sind und von denen man annimmt, dass die **mangelnde Ernsthaftigkeit** dem Erklärungsempfänger klar ist (§ 118 BGB); z. B. der Clown im Zirkus ruft: „Wer diesen störrischen Esel reitet, bekommt 10.000,00 €!" (= Scherzgeschäft).
- Rechtsgeschäfte, die **gegen Gesetze** verstoßen (§ 134 BGB); z. B. der Handel mit Rauschgift.
- Rechtsgeschäfte, die **gegen die guten Sitten** verstoßen (§ 138 BGB); z. B. ein Hausbesitzer verlangt Wuchermieten von illegal in Deutschland arbeitenden Immigranten.
- Rechtsgeschäfte, die **gegen Formvorschriften** verstoßen (§ 125 BGB); z. B. es wird ein Kaufvertrag über ein Grundstück abgeschlossen, ohne dass dieser notariell beurkundet wird.

Scherzgeschäft

Anfechtbar sind:

- Rechtsgeschäfte, die irrtümlich abgeschlossen wurden.
  - **Inhaltsirrtum** (§ 119 I BGB): Kaufmann Müller bestellt beim Großhändler einen Doppelzentner Kartoffeln in der Annahme, ein „dz" seien 200 kg. In Wirklichkeit entspricht ein „dz" aber 100 kg.
  - **Erklärungsirrtum** (§ 119 I BGB): Der Großhändler schickt Müller eine Rechnung, in die sich ein sogenannter „Dreher" eingeschlichen hat. Anstatt 52,00 € für Druckerpatronen steht dort 25,00 €.
  - **Eigenschaftsirrtum** (§ 119 II BGB): Galerist Meier verkauft dem Kunden die Nachbildung eines Kunstwerks in der fälschlichen Annahme, es sei das Originalbild eines großen Meisters.
- Rechtsgeschäfte, die durch arglistige Täuschung oder widerrechtlich durch Drohung zustande gekommen sind (§ 123 BGB).
  - **Arglistige Täuschung:** Ein Teppichhändler verkauft wissentlich einen maschinell gefertigten Perserteppich als handgeknüpft.
  - **Widerrechtliche Drohung:** Erzwingen eines Vertrags; z. B. Rentner Kunze wird vom Reiseveranstalter gezwungen, eine Heizdecke auf einer sogenannten „Kaffeefahrt" zu kaufen, andernfalls darf er nicht wieder mit der Reisegruppe zurückfahren.

Eigenschaftsirrtum

ÜBERBLICK

RECHTSGESCHÄFT

Willenserklärung
- ausdrücklich
- schlüssiges Handeln
- Schweigen

Form
- schriftlich
- mündlich
- beglaubigt
- beurkundet

Arten
- einseitig:
  - empfangsbedürftig (z. B. Kündigung)
  - nicht empfangsbedürftig (z. B. Testament)
- zweiseitig: Vertrag (z. B. Autokauf, Verbraucherkredit)

Wirksamkeit
- nichtig:
  - Verträge mit Geschäftsunfähigen
  - Scheingeschäfte
  - Scherzgeschäfte
  - gesetzlich verbotene Geschäfte
  - Verstoß gegen „gute Sitten"
  - Formmängel
- anfechtbar:
  - Inhaltsirrtum
  - Erklärungsirrtum
  - Eigenschaftsirrtum
  - arglistige Täuschung
  - widerrechtliche Drohung

	Wie fit sind Sie beim Thema „Rechtsgeschäfte"?	Inhaltsbezug Seite
1	Auf welche Weise können Willenserklärungen geäußert werden?	120
2	Welche Formvorschriften für Willenserklärungen gibt es und welche Konsequenzen leiten sich daraus ab?	120
3	Worin besteht der Unterschied zwischen „öffentlicher Beglaubigung" und „notarieller Beurkundung"?	120
4	Sie wollen Ihr möbliertes Zimmer heute kündigen. Sie haben eine 14-tägige Kündigungsfrist vereinbart. Formulieren Sie die Kündigung. (Vgl. auch die Methodenseite „Schreib- und Gestaltungsregeln für die Textverarbeitung" auf Seite 322.)	
5	Schauen Sie sich die vier Illustrationen zu den Rechtsgeschäften auf S. 121 genau an. In welchen Fällen werden dort ggf. Formvorschriften nicht beachtet?	120–121
6	Unterscheiden Sie einseitige und zweiseitige Rechtsgeschäfte.	121
7	Nennen Sie mindestens vier anfechtbare Rechtsgeschäfte.	122
8	Welche Rechtsgeschäfte sind nichtig?	122
9	Wie ist die Rechtslage in folgenden Fällen? a) Ein Ausbildungsvertrag wird per Handschlag mit dem Arbeitgeber vereinbart. b) Ein Kunde entscheidet sich für ein Paar Schuhe in Größe 42, die Verkäuferin packt versehentlich Größe 45 ein. c) Ein Privattestament wird mit dem PC geschrieben.	120–122
10	Warum sollte ein Arbeitsvertrag sowohl vom Arbeitgeber als auch vom Arbeitnehmer unterschrieben werden?	121
11	Warum muss beim Testament nur der Vererbende und nicht auch der Begünstigte unterschreiben?	121

7.3 Kaufvertrag

Reza, 18 Jahre, kauft sich in einem Elektronikmarkt einen Tablet-PC.
- Vor dem Kauf informiert sich Reza bei verschiedenen Firmen. Welche Informationen sollte er einholen?
- Welche Verpflichtungen ergeben sich für Reza einerseits und den Elektronikmarkt andererseits?
- Wie sieht die Erfüllung des Vertrags aus?
- Welche Regelung sollte auf jeden Fall im Kaufvertrag enthalten sein?

7.3.1 Anbahnung eines Kaufvertrags

Vor dem Kauf eines Produkts wollen sich viele Kunden vorab informieren. Sie fragen z. B. in verschiedenen Geschäften nach, lassen sich Prospekte geben, recherchieren im Internet und erkundigen sich nach Lieferzeiten.
Wichtig ist, jede **Anfrage** ist unverbindlich, d. h. der Kunde geht durch diese Anfrage keine rechtliche Verpflichtung ein. Der Verkäufer hingegen wird durch die Anfrage aufgefordert, ein Angebot abzugeben. Bei der Anfrage sollte nicht nur der Preis im Vordergrund stehen, sondern auch Qualität, Lieferzeit, Kundendienst, Garantieleistungen, Liefer- und Zahlungsbedingungen.

Info
Schaufensterauslagen und -preise sind keine Angebote, denn ein Angebot muss an eine bestimmte Person gerichtet sein.

7.3.2 Abschluss und Erfüllung eines Kaufvertrags

Das Einkaufen beim Bäcker, Metzger oder Lebensmittelhändler, das Kaufen einer Zeitung am Kiosk, der Einkauf von Kleidung, das Tanken an der Tankstelle, das Bestellen von Waren bei einem Versandhaus oder im Internet, eine Ersteigerung auf ebay und viele weitere Handlungen des täglichen Lebens stellen Kaufverträge dar, die erfüllt werden müssen.

Für das Zustandekommen eines rechtsgültigen Kaufvertrags sind zwei inhaltlich vollständig übereinstimmende Willenserklärungen erforderlich. Die zuerst abgegebene Willenserklärung bezeichnet man als **Antrag**, die zustimmende Willenserklärung des Vertragspartners als **Annahme**. Mit diesen Erklärungen verpflichten sich Käufer und Verkäufer, die vereinbarten Leistungen zu erbringen.

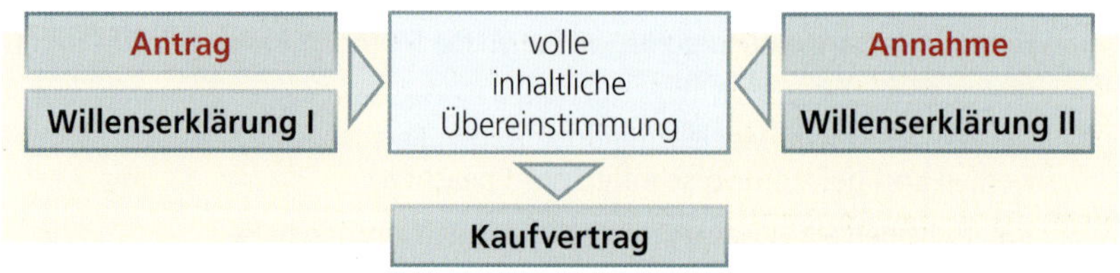

Antrag und Annahme können jeweils sowohl vom Käufer als auch vom Verkäufer ausgehen:

1) Reza bestellt bei einem Verkäufer des Elektronikmarkts einen bestimmten Tablet-PC. Seine **Bestellung** gilt als erste Willenserklärung (Antrag). Die **Auftragsbestätigung** des Elektronikmarkts stellt dann die entsprechende, inhaltlich voll übereinstimmende zweite Willenserklärung (Annahme) dar. In diesem Kaufvertrag verpflichtet sich der Elektronikmarkt, Reza den bestellten Tablet-PC zu liefern und ihm das Eigentum daran zu verschaffen (§ 433 I BGB). Reza hat sich andererseits verpflichtet, dem Elektronikmarkt den vereinbarten Kaufpreis zu zahlen und die gekaufte Sache abzunehmen (§ 433 II BGB).

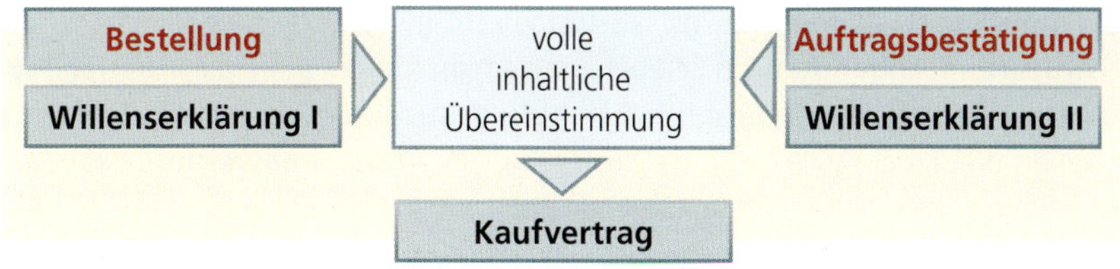

2) Die erste Willenserklärung, also der Antrag, könnte im geschilderten Fall aber genauso gut vom Verkäufer ausgegangen sein, indem der Elektronikmarkt Reza ein **verbindliches Angebot** unterbreitet. Die **Bestellung** von Reza, also die Annahme des Angebots, würde dann die zweite Willenserklärung darstellen.

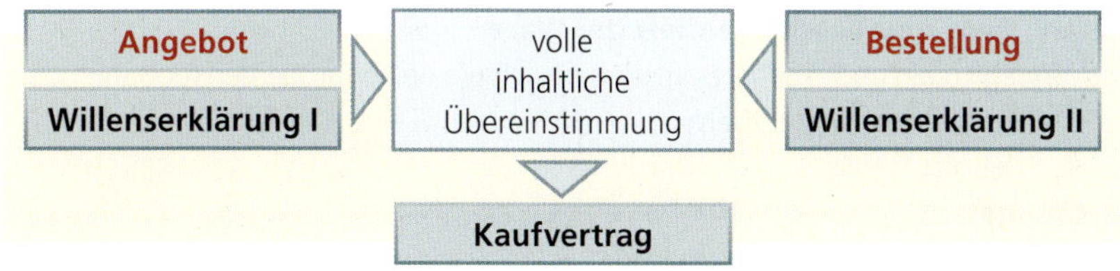

In beiden Fällen kommt durch Übereinstimmung von Antrag und Annahme der Kaufvertrag zustande.

Der abgeschlossene Kaufvertrag verlangt nun von beiden Vertragspartnern die **Erfüllung** ihrer übernommenen Pflichten, die in einem zweiten Schritt erfolgt. Anhand unseres Beispiels bedeutet das, dass Reza den Tablet-PC **bezahlen** und **abnehmen** muss, der Elektronikmarkt die Ware **liefern** und die **Bezahlung annehmen** muss. Erst dann sind die übernommenen Pflichten von beiden Seiten voll erfüllt.

Während man die vertragliche Verpflichtung durch die beiden übereinstimmenden Willenserklärungen als **Verpflichtungsgeschäft** bezeichnet, wird der zweite Teil, also die Lieferung, die Bezahlung, die Annahme von Ware und Geld und die Eigentumsübertragung als **Erfüllungsgeschäft** bezeichnet.
Die vertragliche Verpflichtung und ihre Erfüllung gehören zwar rechtlich zusammen, müssen aber trotzdem getrennt betrachtet werden, da sie sich inhaltlich unterscheiden. Zeitlich können sie zusammenfallen (z. B. Kauf von Lebensmitteln) oder auch durch einen Zeitraum getrennt sein (z. B. Autokauf).

Bindung an das Angebot

Abgegebene Angebote sind grundsätzlich bindend. Mithilfe von **Freizeichnungsklauseln** kann der Anbieter die Bindung an das Angebot jedoch einschränken, z. B.:

- **unverbindlich:** Das Angebot kann geändert oder zurückgenommen werden.
- **Preise freibleibend:** Die angegebenen Preise können sich ändern.
- **solange der Vorrat reicht:** Die Menge ist unverbindlich, sie kann nach einiger Zeit ausverkauft sein, ohne dass man als Käufer einen Anspruch auf den „alten" Preis geltend machen kann.

Der Anbieter ist außerdem nicht mehr an sein Angebot gebunden, wenn er selbst sein Angebot rechtzeitig **widerruft** (d. h. wenn der Empfänger den Widerruf erhält, bevor er eine Annahmeerklärung abgesandt hat) oder die Annahme des Käufers nicht **fristgerecht** erfolgt.

Abschluss eines Kaufvertrags

1. Möglichkeit:

- *Kunde bestellt:*

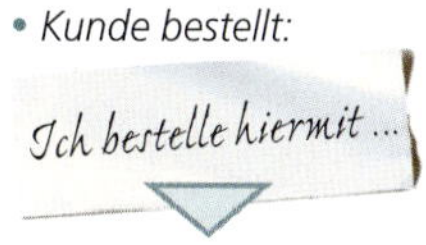

Bestellung = Antrag

- *Verkäufer bestätigt:*

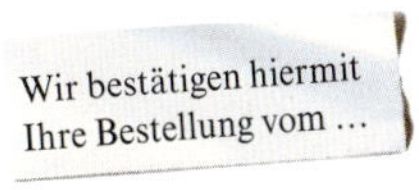

Auftragsbestätigung = Annahme

2. Möglichkeit:

- *Verkäufer macht ein Angebot:*

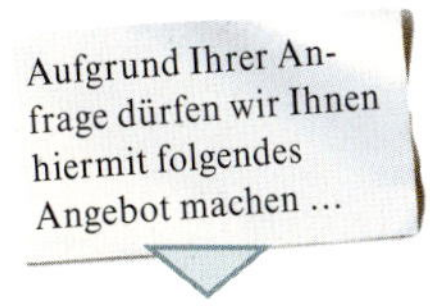

Angebot = Antrag

- *Kunde bestellt:*

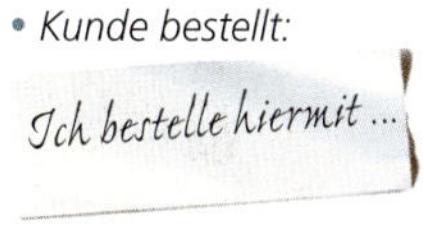

Bestellung = Annahme

Bei **mündlichen Angeboten** gilt als fristgerecht nur die sofortige Annahme, bei **schriftlichen Angeboten** ein Zeitraum, in dem man unter „normalen Umständen" mit einer Antwort rechnen kann (z. B. mit der Post ca. eine Woche, per E-Mail ca. zwei bis drei Tage). Auch wenn die Bestellung vom Angebot **abweicht**, ist der Verkäufer nicht mehr an sein Angebot gebunden.

7.3.3 Inhalt eines Kaufvertrags

Obwohl der Kaufvertrag grundsätzlich auch mündlich abgeschlossen werden kann, ist es unter Kaufleuten üblich, Angebote schriftlich zu machen, um den Inhalt der Willenserklärung eindeutig zu erklären. Folgende Punkte sollten dabei in einem ausführlichen Angebot, der Grundlage eines Kaufvertrags, enthalten sein:

1. Art, Güte und Beschaffenheit der Ware

Ist vertraglich nichts Besonderes vereinbart, gilt die gewöhnliche Verwendung oder übliche Beschaffenheit der Ware.

2. Menge

Angabe in gesetzlichen Maßeinheiten (z. B. kg, l, cm) oder handelsüblichen Maßeinheiten (z. B. Stück, Palette, Fass). Es kann eine Mindest- oder Höchstmenge für die Abnahme vorgegeben oder die gewünschte Menge angegeben werden.

3. Preis

Es muss der Nettopreis plus MwSt. angegeben werden (bei Kleinbetragsrechnungen bis 150,00 € inkl. MwSt. genügt der Bruttobetrag). Die Angabe des Steuersatzes ist allerdings Pflicht.

4. Zahlungsbedingungen

Preisnachlässe wie Rabatte und Skonti, aber auch der Zahlungszeitpunkt, sollten vereinbart werden.

Rabatte	Skonti	Zahlungszeitpunkt
• Mengenrabatt (für große Mengen) • Wiederverkäuferrabatt (für Zwischenhändler) • Treuerabatt (für langjährige Kunden) • Naturalrabatt (erfolgt in Form von Ware) • Sonderrabatt (z. B. für Mitarbeiter oder bei Firmenjubiläum)	Preisnachlass für • sofortige Bezahlung • Zahlung innerhalb einer bestimmten Frist (evtl. gestaffelt nach Fristen)	• Barzahlung (sofort) • Vorauszahlung (vor Lieferung der Ware) • Zahlung Zug um Zug (nach Teillieferungen) • Zahlung auf Ziel (Vorgabe einer Frist) • Nachnahme (Zahlung bei Empfang der Ware)

5. Lieferbedingungen

Üblicherweise handelt es sich beim Kauf einer Ware im täglichen Leben um einen Verbrauchsgüterkauf, d. h. der private Kunde kauft beim gewerblichen Anbieter. In diesem Fall gilt der Grundsatz, dass die Gefahr der Beschädigung oder des Verlusts erst mit der Auslieferung der Ware an den Käufer übergeht. Eine abweichende Regelung ist in den AGB nicht möglich.

Der Käufer hat die Kosten der Versendung einschließlich der Versandverpackung zu tragen, sofern vertraglich nichts anderes vereinbart wurde.

Im Folgenden eine Übersicht über die Möglichkeiten der Kostenverteilung bei der Lieferung eines Verbrauchsgutes:

Lieferbedingung	Verkäufer zahlt	Käufer zahlt	
ab Werk/ab Lager	nichts	alles	gesetzliche Regelung
unfrei/ab hier	Rollgeld Anfuhr (= Kosten bis zur Versandstation)	Verladekosten, Fracht, Rollgeld Zufuhr, Entladekosten	vertragliche Regelung
frachtfrei/frei dort	Rollgeld Anfuhr, Verladekosten, Fracht	Rollgeld Zufuhr, Entladekosten	vertragliche Regelung
frei Haus/frei Lager	alles	nichts	vertragliche Regelung

6. Erfüllungsort

Dies ist der Ort, an dem der Schuldner jeweils seine Verpflichtung erfüllen soll. Durch rechtzeitige und mangelfreie Lieferung wird der Schuldner an diesem Ort von seiner vertraglichen Verpflichtung befreit.
Beim Kaufvertrag ist jeder Beteiligte einerseits Gläubiger und andererseits zugleich auch Schuldner:

- Der Verkäufer ist Warenschuldner und Geldgläubiger.
- Der Käufer ist Geldschuldner und Warengläubiger.

Schuldner
Steht aufgrund einer vertraglichen Vereinbarung oder gesetzlichen Regelung dem Gläubiger gegenüber in der Leistungspflicht.

Gläubiger
Hat das Recht, vom Schuldner eine Leistung einzufordern.

Der **gesetzliche Erfüllungsort für den Warenschuldner (Verkäufer)** ist dessen Geschäftssitz. Er muss dort die Ware losschicken, dann hat er erfüllt, und das Risiko für die Beschädigung oder den Verlust der verkauften Ware geht auf den Käufer über. Anders verhält es sich beim Verbrauchsgüterkauf, bei dem ein besonderer Schutz für den Verbraucher besteht. **Im Versendungsfall** geht hier die Gefahr nicht schon mit der Auslieferung an die zur Versendung bestimmte Person, sondern erst mit der Übergabe an den Käufer auf diesen über.
Gesetzlicher Erfüllungsort für die Geldschuld (des Käufers) ist der Wohn- oder Geschäftssitz des Geldschuldners. Dort muss er das Geld einzahlen oder überweisen, dann hat er erfüllt. Geldschulden sind allerdings Schickschulden, d. h. der Geldschuldner trägt das Verlustrisiko und die Kosten der Zahlung.
Abweichend hiervon kann aber auch etwas anderes vereinbart werden (z. B. Erfüllungsort für beide Vertragspartner ist der Wohnsitz des Verkäufers). Solche Vereinbarungen über den Erfüllungsort bezeichnet man als **vertraglichen Erfüllungsort.**

7. Gerichtsstand

Der **gesetzliche Gerichtsstand** liegt am Ort des Beklagten. Für Streitigkeiten wegen der Zahlung ist also das Gericht am Wohnort des Geldschuldners zuständig, bei Streitigkeiten wegen der Warenlieferung ist hingegen das Gericht am Wohnort des Warenschuldners zuständig. Auch hier kann unter Kaufleuten vertraglich etwas anderes vereinbart werden, z. B. dass für beide Teile der Gerichtsstand am Ort des Verkäufers oder Käufers liegen soll **(vertraglicher Gerichtsstand).**
Unter Kaufleuten genügt bereits die Vereinbarung des Erfüllungsorts zur gleichzeitigen Festlegung des Gerichtsstandes. In diesem Fall ist das Gericht am Erfüllungsort zuständig.

8. Allgemeine Geschäftsbedingungen (AGB)

Die meisten Kaufverträge werden mündlich abgeschlossen, z. B. Kauf einer Zeitung, einer Fahrkarte, einer Cola, einer Jeans usw. Gibt es Probleme (z. B. ist die Seitennaht einer Jeans nicht richtig vernäht), so richten sich Fragen der Ersatzlieferung, Reklamation usw. nach dem BGB. Auch bei schriftlichen Verträgen reicht für Streitfälle das BGB aus. Soll ein Kaufvertrag in Zweifelsfällen anders ausgelegt werden, so werden dem Vertrag häufig **„allgemeine Geschäftsbedingungen" (AGB)** zugrunde gelegt. Darunter versteht man für eine Vielzahl von Verträgen vorformulierte (also nicht im Einzelnen ausgehandelte) Vertragsbedingungen, die aber nicht eine Vertragsseite unangemessen benachteiligen dürfen. Auf die AGB muss so hingewiesen werden, dass der Kunde davon Kenntnis nehmen kann. Befinden sie sich z. B. auf der Rückseite eines Bestellformulars, muss auf der Vorderseite darauf aufmerksam gemacht werden. Auch die im Handwerk häufig verwendete VOB (Vergabe- und Vertragsordnung für Bauleistungen) gilt als „allgemeine Geschäftsbedingung", wenn sie im Angebot schriftlich vermerkt ist und dem Kunden ausgehändigt wird.

7.3.4 Besitz und Eigentum

Umgangssprachlich werden die Begriffe Eigentum und Besitz oft im gleichen Sinne verwendet, obwohl rechtlich zwischen beiden ein großer Unterschied besteht:

- **Eigentum** ist die **rechtliche Herrschaft** über eine Sache, d. h. der Eigentümer kann nach Belieben mit einer Sache umgehen, soweit nicht andere Rechte verletzt werden.
- **Besitz** ist die **tatsächliche Herrschaft** über eine Sache, d. h. eine Person verfügt über eine Sache, die ihr nicht gehört. So ist z. B. der Mieter einer Wohnung der Besitzer, aber nicht der Eigentümer der Wohnung.

Beim Kaufvertrag muss das Eigentum auf den Käufer übergehen.

Man unterscheidet verschiedene Arten von **Eigentumsübertragung:**

- **Bewegliche Sachen** werden durch Einigung zwischen den Vertragspartnern und Übergabe der Ware übereignet, z. B. beim Einkauf im Supermarkt.
- **Unbewegliche Sachen**, wie z. B. ein Haus, können nur durch einen notariell beurkundeten Vertrag und die Eintragung ins Grundbuch übereignet werden.

Als Sonderform der Eigentumsübertragung gilt der **Eigentumsvorbehalt**. Da viele Käufe nicht sofort bezahlt werden, behält sich der Verkäufer das Eigentum, z. B. an einem Auto oder Tablet-PC so lange vor, bis der Kaufpreis vollständig bezahlt worden ist. Hier fallen beim Kauf Besitz- und Eigentumsübertragung auseinander. Sollte der Käufer mit der Zahlung in Verzug kommen, so ist der Verkäufer zum Rücktritt vom Vertrag berechtigt. Der Eigentumsvorbehalt muss ausdrücklich vereinbart werden.

ÜBERBLICK

KAUFVERTRAG

Verpflichtungsgeschäft
= Abschluss des Kaufvertrags

Verkäufer = Angebot → **volle inhaltliche Übereinstimmung über folgende Inhalte:** ← **Käufer = Bestellung**

VERTRAG

1. Art, Güte und Beschaffenheit der Ware
2. Menge
3. Preis
4. Zahlungsbedingungen
5. Lieferbedingungen
6. Erfüllungsort
7. Gerichtsstand
8. allgemeine Geschäftsbedingungen

Erfüllungsgeschäft
= Erfüllung des Kaufvertrags

Erfüllung der **Pflichten** aus dem Kaufvertrag für den **Verkäufer**:

- Ware frei von Sach- und Rechtsmängeln übergeben
- Eigentum verschaffen
- Geld annehmen

Erfüllung der **Pflichten** aus dem Kaufvertrag für den **Käufer**:

- Ware bezahlen
- Ware annehmen

	Wie fit sind Sie beim Thema „Kaufvertrag"?	Inhaltsbezug Seite
1	Erklären Sie die beiden Rechtsgeschäfte, aus denen ein Kaufvertrag besteht.	124–125
2	Inwieweit ist ein Anbieter an sein Angebot gebunden?	125–126
3	Welche Punkte sollte jedes ausführliche Angebot enthalten?	126–127
4	Welche Rabattarten kennen Sie?	126
5	Welche Zahlungszeitpunkte gibt es?	126
6	Was bedeuten die Vereinbarungen „ab Werk", „unfrei", „frachtfrei", „frei Haus"?	127
7	Erarbeiten Sie die Unterschiede zwischen a) gesetzlichem und vertraglichem Erfüllungsort, b) gesetzlichem und vertraglichem Gerichtsstand.	127
8	Grenzen Sie die Begriffe Eigentum und Besitz voneinander ab.	128

7.4 Störungen bei der Erfüllung von Kaufverträgen

Eva hat sich eine neue Jacke gekauft. Zu Hause stellt sie fest, dass das Innenfutter nicht richtig eingenäht ist.
- Wie ist dieser Mangel zu bewerten?
- Kann Eva von ihrem Vertrag zurücktreten und das Geld zurückfordern?

7.4.1 Leistungspflicht

Jeder Schuldner muss nach dem Abschluss eines Kaufvertrags seine Verpflichtungen erfüllen. Die **Lieferung der mängelfreien Sache** wird sogar im Gesetz erwähnt:

§

BGB § 433 [vertragstypische Pflichten beim Kaufvertrag]
(1) Durch den Kaufvertrag wird der Verkäufer einer Sache verpflichtet, dem Käufer die Sache zu übergeben und das Eigentum an der Sache zu verschaffen. Der Verkäufer hat dem Käufer die Sache frei von Sach- und Rechtsmängeln zu verschaffen.
(2) Der Käufer ist verpflichtet, dem Verkäufer den vereinbarten Kaufpreis zu zahlen und die gekaufte Sache abzunehmen.

Diese Leistungspflicht entfällt nur dann, wenn eine objektive oder subjektive Unmöglichkeit eintritt:
- **Objektive Unmöglichkeit** bedeutet, die Leistung kann von niemandem erbracht werden. Dies ist der Fall, wenn die Kaufsache nicht mehr vorhanden ist (z. B. durch Zerstörung: der verkaufte Pkw brennt aus).
- **Subjektive Unmöglichkeit** bedeutet, dass nur der Schuldner selbst die Leistung nicht erbringen kann, ein anderer könnte es aber tun (z. B. der Arbeitnehmer hat drei Arbeitsverträge für den gleichen Zeitraum abgeschlossen).

Ausnahme: Bei Geldschulden gibt es keinen Ausschluss der Leistungspflicht. Hier gilt der Grundsatz „Geld hat man zu haben".

7.4.2 Mangelhafte Lieferung (Mangel der Kaufsache)

Sachmangel

Mangelhaft ist eine Lieferung, wenn ein **Sachmangel** vorliegt. Wann ein Sachmangel vorliegt, wurde im Jahr 2022 im BGB (§ 434) neu geregelt. Frei von Sachmängeln ist eine Sache demnach nur noch dann, wenn sie den subjektiven Anforderungen, den objektiven Anforderungen und den Montageanforderungen entspricht.

▶ **Subjektive Anforderungen**

Die subjektiven Anforderungen an die Sache sind erfüllt, wenn sie die vereinbarte Beschaffenheit hat, sich für die nach dem Vertrag vorausgesetzte Verwendung eignet und mit vereinbartem Zubehör und vereinbarten Anleitungen übergeben wird. Zur **„vereinbarten Beschaffenheit"** enthält § 434 BGB neue Kategorien. Hier einige Beispiele für mögliche Sachmängel:
- *Qualität:* Der Kakaoanteil einer gelieferten Schokolade beträgt statt der vereinbarten 85 % nur 50 %.
- *Funktionalität:* Die gekauften Wanderschuhe sind entgegen der Vereinbarung mit dem Verkäufer nicht wasserabweisend.
- *Kompatibilität:* Der Käufer möchte zu einem gekauften Smartphone ein passendes Ladekabel erwerben. Das vom Verkäufer empfohlene Ladekabel passt nicht, es ist nicht kompatibel.

Hinweis
Der Unterschied zwischen subjektiven und objektiven Anforderungen wird am Beispiel zur Kompatibilität deutlich: Das Ladekabel funktioniert bei passenden Smartphones einwandfrei und ist deshalb objektiv mangelfrei. Der Sachmangel ergibt sich aber aus der zwischen Verkäufer und Käufer vereinbarten Kompatibilität mit einem bestimmten Smartphone. Da die Kompatibilität fehlt, sind subjektive Anforderungen verletzt.

- *Interoperabilität* (zwischen Systemen): Gekaufte Boxen lassen sich trotz Zusicherung des Händlers nicht mit einem fremden Hifi-System verbinden.

▶ **Objektive Anforderungen**

Den objektiven Anforderungen genügt eine Kaufsache, wenn sie sich für die gewöhnliche Verwendung eignet und eine übliche Beschaffenheit aufweist.

- Beispiele: Dass ein Auto fährt, ein Staubsauer saugt, eine Lampe leuchtet – dafür braucht es keine subjektive Vereinbarung. Wenn dies nicht der Fall ist, sind die objektiven Anforderungen verletzt und es liegt ein Mangel vor.

Ein Sachmangel wegen Fehlens objektiver Anforderungen liegt auch vor, wenn die **Werbung** die Kaufsache falsch darstellt.

- Beispiel: Wirbt der Verkäufer eines E-Rollers mit einem Energieverbrauch von 4,5 Kilowattstunden pro 100 km, so liegt bei grundsätzlich höherem Energieverbrauch ein Mangel vor, weil der geringere Energieverbrauch aufgrund der Werbung zu einer objektiven Anforderung an den E-Roller wurde.

▶ **Montageanforderungen**

- Ist die **Montageanleitung** fehlerhaft und deshalb die Montage nicht fehlerfrei möglich, liegt ein Sachmangel vor. Erfasst wird die Beschädigung, die durch die Montage eintritt. Beispiel: Ein Regal wird aufgrund unklarer oder unrichtiger Anleitung vom Käufer falsch montiert und dadurch beschädigt.
- Sachmängel wegen **Montagemängeln** treten auf, wenn Verkäufer vertraglich die Montage übernehmen und mangelhaft durchführen, z. B., wenn ein falscher Anschluss einer Heizungsanlage die Elektronik der Heizung beschädigt.

Um aus Mängeln Rechte geltend machen zu können, muss der Käufer sie beim Verkäufer beanstanden (Mängelrüge). Die Frist beträgt in der Regel zwei Jahre (siehe hierzu aber auch Kap. 7.6 Verjährung). Man unterscheidet:

- **offene Mängel**, die beim Auspacken und Überprüfen der gelieferten Ware sofort und gleich feststellbar sind. Beispiel: Bruch, verdorbene Ware.
- **versteckte Mängel**, die nicht sofort erkennbar sind. Beispiel: Bei einem gelieferten Schlafzimmerschrank klemmen nach einigen Wochen die Türen und Schubladen, an den Seitenwänden löst sich das Furnierholz.
- **arglistig verschwiegene Mängel**. Dabei handelt es sich um versteckte Mängel, die der Verkäufer kennt, dem Kunden jedoch absichtlich verschweigt.

Ansprüche und Rechte des Käufers bei Mängeln (§ 437 BGB)

Aus der mangelhaften Lieferung (egal, ob Sach- oder Rechtsmangel) kann der Käufer das Recht auf **Nacherfüllung als Nachbesserung oder Ersatzlieferung (§§ 437, 439 BGB)** ableiten. Wenn ein mangelhaftes Produkt vom Verkäufer geliefert wird, so steht dem Käufer zunächst der Nacherfüllungsanspruch zu. Dieser kann entweder in der Beseitigung von Fehlern oder der erneuten Lieferung einer mangelfreien Ware bestehen. Der Käufer hat dabei das Wahlrecht zwischen Nachbesserung oder Ersatzlieferung. Erst wenn die **Nachbesserung zweimal fehlgeschlagen** ist, kommen Rücktritt und/oder Schadenersatz oder Minderung in Betracht. Beispiel: Die Schiebetüren des neuen Schlafzimmerschranks „laufen nicht richtig". Nach erfolgloser zweiter Reparatur hat der Käufer die Auswahl zwischen folgenden Möglichkeiten:

▶ **Rücktritt und Schadenersatz (§§ 437, 440, 323 BGB)**

Ist eine vom Käufer zur Nacherfüllung gesetzte Frist erfolglos abgelaufen, kann der Käufer vom Vertrag zurücktreten. Der Kauf gilt dann als nie abgeschlossen. Der Käufer erhält sein Geld zurück und muss die Kaufsache zurückgeben.

Falsch- und Zuweniglieferung
*Die **Falschlieferung** wird dem Sachmangel gleichgestellt (§ 434 BGB). Beispiel: Die Gärtnerei liefert statt der bestellten Buche eine Eiche. Die Eiche wird wie eine mangelhafte Buche behandelt.*
*Auch die **Lieferung einer zu geringen Menge** (Zuweniglieferung) gilt gemäß § 434 als Sachmangel. Beispiel: Werden statt 100 Lehrbüchern nur 50 geliefert, liegt ein Sachmangel vor.*

Rechtsmangel (§ 435 BGB)
Ist die Sache an sich mangelfrei, so kann doch ein Rechtsmangel vorliegen, wenn eine am Kauf nicht beteiligte Person Rechte an der Sache zustehen. Beispiel: Das vom Betrüger B an Käufer K verkauft Auto steht im Eigentum des E, dem es gestohlen wurde. Da K nicht Eigentümer werden kann, ist der Kauf rechtlich mangelhaft.

Sonderfall: Kauf von Waren mit digitalen Elementen (§ 475b BGB)
Wenn körperliche Waren ohne ein integriertes digitales Produkt (Software) nicht funktionstüchtig sind, muss der Verkäufer die Software während der üblicherweise zu erwartenden Nutzungsdauer, mindestens jedoch 2 Jahre lang, aktualisieren. Beispiele sind Smartphones, Tablets und Smartwatches. Unterlässt der Verkäufer die Aktualisierung, liegt ein Sachmangel vor.

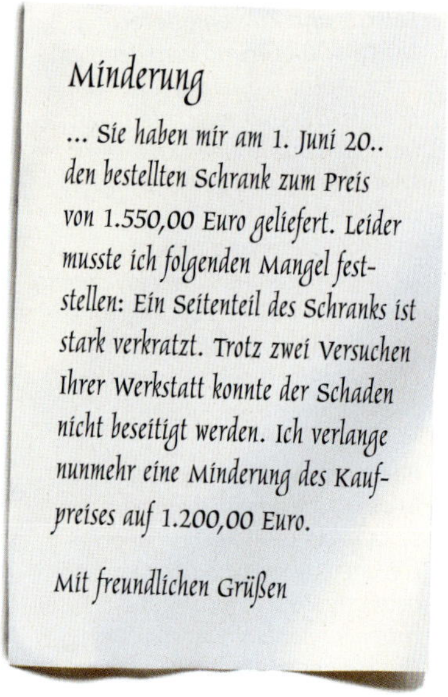
Minderung

... Sie haben mir am 1. Juni 20.. den bestellten Schrank zum Preis von 1.550,00 Euro geliefert. Leider musste ich folgenden Mangel feststellen: Ein Seitenteil des Schranks ist stark verkratzt. Trotz zwei Versuchen Ihrer Werkstatt konnte der Schaden nicht beseitigt werden. Ich verlange nunmehr eine Minderung des Kaufpreises auf 1.200,00 Euro.

Mit freundlichen Grüßen

Neben dem Rücktrittsrecht hat der Käufer zusätzlich Anspruch auf Schadenersatz. Beispiel: Der Käufer kann den mangelhaften und nicht nachzubessernden Schrank zurückgeben und den bezahlten Betrag zurückverlangen. Ist ihm in dieser Zeit ein zusätzlicher Aufwand entstanden, kann er in dieser Höhe Schadenersatz verlangen. Alternativ kann der Käufer aber auch Schadenersatz für den bestehenden Mangel und eventuell aufgetretene Mangelfolgeschäden verlangen. Beispiel: Die mangelhafte Waschmaschine führt zu einem Wasserschaden.

▶ **Minderung (§ 441 BGB)**

Statt zurückzutreten, kann der Käufer bei kleineren Mängeln den Kaufpreis durch Erklärung gegenüber dem Verkäufer mindern. Die Minderung muss im angemessenen Verhältnis zum Kaufpreis stehen. Beispiel: Ein Kunde mindert den Kaufpreis eines Schranks, der mit Kratzern angeliefert wurde, von 1.550,00 € auf 1.200,00 €.

▶ **Ersatz vergeblicher Aufwendungen (§ 284 BGB)**

„Anstelle des Schadenersatzes statt der Leistung kann der Gläubiger Ersatz der Aufwendungen verlangen, die er im Vertrauen auf den Erhalt der Leistung gemacht hat…" (§ 284 BGB). Diese Aufwendungen sind jedoch für den Gläubiger nutzlos, wenn die Leistung ausbleibt. Beispiel: Vergebliche Aufwendungen sind die Zinsen, die der Gläubiger für ein Darlehen zahlt, das zur Begleichung des Kaufpreises vorgesehen war.

▶ **Unerhebliche Mängel**

Die Sachmängelhaftung tritt auch bei unerheblichen Mängeln ein. Ein Rücktritt vom Vertrag ist ausgeschlossen. Beispiel: Am neu gelieferten Schrank fehlt ein Griff. Es besteht ein Anspruch auf Nachlieferung und Einbau des fehlenden Griffs.

7.4.3 Lieferungsverzug (Nicht-rechtzeitig-Lieferung)

Voraussetzungen

Bei Nicht-rechtzeitig-Lieferung gerät der Schuldner in Verzug, wenn

- die Lieferung fällig ist.
- er trotz einer Mahnung, die nach dem Eintritt der Fälligkeit erfolgt, nicht seine Leistung erbringt. Eine Mahnung ist nicht erforderlich, wenn der Liefertermin kalendermäßig bestimmt oder bestimmbar ist.
- er die nicht rechtzeitig gelieferte Leistung zu vertreten hat.

Ansprüche und Rechte des Käufers bei Lieferungsverzug

Aus dem Lieferungsverzug kann der Käufer folgende Rechte ableiten:

- **ohne Fristsetzung**
  - kann er Erfüllung verlangen und
  - eventuell Schadenersatz für entgangenen Gewinn und ggf. angefallene Anwaltskosten fordern.
- **mit angemessener Nachfrist** kann der Käufer
  - vom Vertrag zurücktreten, wenn z. B. die Ware bei einem anderen Lieferanten günstiger ist oder
  - Schadenersatz wegen Nichterfüllung verlangen, wenn z. B. aufgrund des Lieferungsverzugs bei einem teureren Lieferanten, der schneller liefern kann, bestellt wird (Preisdifferenz als Schaden), oder
  - Schadenersatz wegen vergeblicher Aufwendungen verlangen. Beispiel: Im Vertrauen auf die Lieferung einer CNC-gesteuerten Maschine wurde ein Mitarbeiter in der Anwendung der CNC-Software fortgebildet. Die Maschine wurde nicht geliefert, die Fortbildungskosten sind als Schaden zu sehen.

7.4.4 Zahlungsverzug

Voraussetzungen

Die Nicht-rechtzeitig-Zahlung führt zum Zahlungsverzug,

- wenn die Zahlung fällig ist.
- wenn ein kalendermäßig bestimmter (z. B. 17. 11. 20XX) oder kalendermäßig bestimmbarer Zahlungstermin (z. B. 12 Tage nach Erhalt der Rechnung; 14 Tage ab Bestellung) überschritten wird.
- automatisch nach Ablauf von 30 Tagen ab Rechnungszugang beim Schuldner. Dabei muss der Verbraucher auf der Rechnung ausdrücklich auf die „30-Tage-Frist" hingewiesen werden (Verbraucherprivileg).

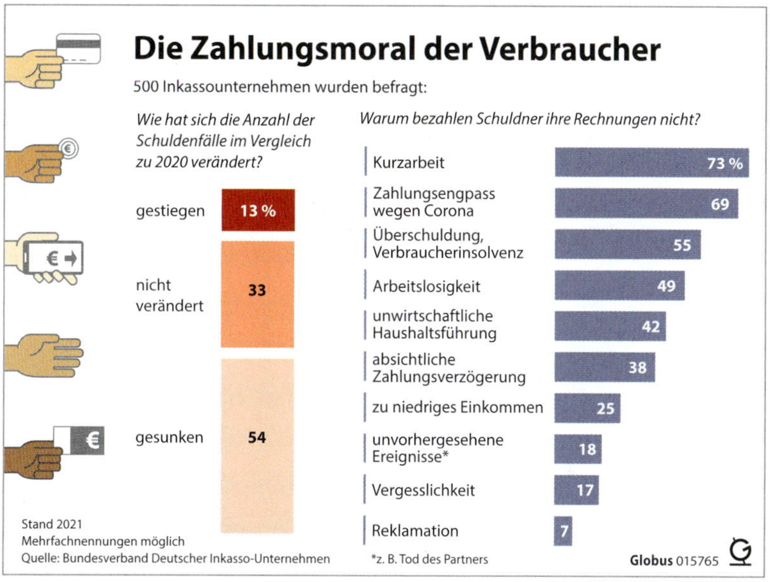

Wurde ein konkreter Zahlungstermin vertraglich vereinbart, z. B.

- kalendermäßig bestimmt,
- Hinweis auf 30-Tage-Frist,

werden Verzugszinsen ohne Mahnung fällig.

Ansonsten tritt der Verzug nur durch Mahnung ein.

Ansprüche und Rechte des Verkäufers bei Zahlungsverzug

Aus dem Zahlungsverzug kann der Verkäufer folgende Rechte ableiten:

- Der Verkäufer kann auf Zahlung des Kaufpreises bestehen.
- Kommt der Käufer dieser Pflicht nicht nach, muss ein möglicher Verzögerungsschaden ersetzt werden. Beispiel: Ein Handwerker muss wegen verzögerter Zahlung einen Kredit aufnehmen. Die Verzugszinsen können in Rechnung gestellt werden.
- Der Verkäufer kann bei abgelaufener Nachfrist auch vom Vertrag zurücktreten und/oder Schadenersatz verlangen.

7.4.5 Annahmeverzug

Voraussetzungen

Ein Annahmeverzug liegt vor, wenn eine ordnungsgemäß angebotene Leistung nicht angenommen wird. Beispiel: Die bestellte Pizza wird pünktlich vom Pizzaboten gebracht. Es ist aber niemand zu Hause, der sie annimmt.

Ansprüche und Rechte des Verkäufers bei Annahmeverzug

Aus dem Annahmeverzug kann der Verkäufer folgende Rechte ableiten:

- Die Ware wird auf Kosten und Gefahr des Käufers gelagert.
- Unter Fristsetzung zur Abnahme und der Androhung eines **Selbsthilfeverkaufs** kann der Verkäufer die Ware in Form einer öffentlichen Versteigerung oder eines freihändigen Verkaufs anbieten. Ort, Zeitpunkt und Ergebnis müssen dem Käufer mitgeteilt werden. Verderbliche Ware kann ohne vorherige Fristsetzung und Androhung verkauft werden (Notverkauf).

Annahmeverzug

ÜBERBLICK

LEISTUNGSPFLICHT
(jeder Schuldner ist verpflichtet, seine Leistung zu erfüllen)

	Mangelhafte Lieferung	Lieferungsverzug	Zahlungsverzug	Annahmeverzug
Voraussetzungen	Kaufsache widerspricht entweder • den subjektiven Anforderungen oder • den objektiven Anforderungen oder • den Montageanforderungen	• bei Nichtlieferung • bei Fälligkeit der Lieferung • bei Mahnung durch den Käufer (bzw. Fristsetzung) • bei Verschulden des Verkäufers	durch Überschreiten • des festgelegten Fälligkeitstermins • der „30-Tage-Frist"	angebotene Leistung wird nicht angenommen
Ansprüche und Rechte	• Nacherfüllung (2x) danach: • Rücktritt und Schadenersatz oder • Minderung	• ohne Fristsetzung: Erfüllung und/oder Schadenersatz • mit Nachfristsetzung: Rücktritt und/oder Schadenersatz	• ohne Fristsetzung: Erfüllung und/oder Schadenersatz • mit Nachfristsetzung: Rücktritt und/oder Schadenersatz	• kostenlose Lagerung • Selbsthilfeverkauf

	Wie fit sind Sie beim Thema „Störungen bei der Erfüllung von Kaufverträgen"?	Inhaltsbezug Seite
1	Was wird unter „Leistungspflicht" verstanden?	130
2	Grenzen Sie Rechts- und Sachmängel voneinander ab.	130
3	Welcher Mangel an der Kaufsache liegt in folgenden Fällen vor, und welche Rechte haben Sie bzw. die Betroffenen? a) Sie kaufen einen Computer und stellen beim Auspacken fest, dass kein CD-Laufwerk eingebaut ist. Im Vertrag war darüber nichts vereinbart. b) In der Zeitung wird überregional für einen Blu-ray-Player für 99,00 € geworben. Sie wollen genau dieses Gerät im Geschäft kaufen, dort wird es aber für 125,00 € angeboten. c) Sie kaufen ein Regal zum Zusammenbauen. Die Montageanleitung ist fehlerhaft. Aus diesem Grund unterläuft Ihnen beim Zusammenbau ein Fehler, der zur Beschädigung des Regals führt. d) Eine Kundin bringt enttäuscht einen neuen Flachbildschirm ins Geschäft zurück. Sie will ihr Geld wiederhaben, da der Bildschirm die in der Werbung versprochenen gestochen scharfen Bilder nicht liefert. Dies lässt sich objektiv nachprüfen. e) Ein Weinhändler hat bei einem Weingroßhändler 25 Kartons mit verschiedenen Weinsorten gekauft. Die Kartons werden ihm per Versand zugeschickt. Bei der Kontrolle stellt der Weinhändler fest, dass die Lieferung nur 23 Kartons umfasst.	130–132
4	Eine Kundin reklamiert einen Anrufbeantworter, bei dem der zweite Ansagetext nicht funktioniert. Da sie sowieso keine zweite Ansage benötigt und der Verkäufer wegen unverhältnismäßig hoher Kosten eine Reparatur ablehnt, verlangt sie eine Minderung des Kaufpreises. Ist das möglich?	131–132
5	Ein Unternehmer hat eine Ladung Hummer geordert, die für eine Galaveranstaltung am 23. Oktober bestimmt ist. Die Lieferung erfolgt nicht. Welche Möglichkeiten hat der Unternehmer?	132

7.5 Mahn- und Klageverfahren

In dem Blumengeschäft, in dem Anne beschäftigt ist, kommt es bei Großaufträgen öfter vor, dass Kunden ihre Rechnung nicht pünktlich bezahlen. Die Geschäftsinhaberin bittet Anne daher, abgestufte Mahnungen zu formulieren, mit denen die Kunden an ihre Zahlungsverpflichtungen erinnert werden sollen.

- Ist Anne mit den links unten formulierten Mahnschreiben dieser Aufgabe gerecht geworden?
- Warum ist es sinnvoll, den Kunden zunächst sehr höflich auf sein Versäumnis hinzuweisen?
- Ab welchem Zeitpunkt sind gerichtliche Schritte notwendig?
- Wie können Kunden auf Mahn- bzw. Vollstreckungsbescheide reagieren?
- Wie läuft eine Zwangsvollstreckung ab?

Sinkende Zahlungsmoral

Die Zahlungsmoral in Handel, Gewerbe und auch der öffentlichen Hand ist in schwierigen wirtschaftlichen Zeiten besonders schlecht. Darauf hat der Verband der Inkassounternehmen hingewiesen. Erstaunlich ist, dass fast ein Drittel aller Zahlungsverzüge vorsätzlich herbeigeführt wird. Die mangelnde Zahlungsmoral hat dazu geführt, dass die Inkassofirmen in jedem Jahr Außenstände von mehreren Milliarden Euro eintreiben müssen. Die Erfolgsquote liegt bei rund 60 % – der Rest geht verloren.

Die Hauptpflicht aus einem Kaufvertrag ist für den Käufer die Bezahlung der Ware. Zahlt der Schuldner nicht, nicht vollständig oder nicht pünktlich – aus welchen Gründen auch immer –, hat der Gläubiger verschiedene abgestufte Möglichkeiten, den Zahlungspflichtigen zu erinnern oder gar zur Zahlung zu zwingen.

7.5.1 Außergerichtliche Mahnung

Um einen säumigen Kunden an die Begleichung einer offenen Rechnung zu erinnern, wird man zunächst in sehr höflicher Form eine **Zahlungserinnerung** an ihn richten. Reagiert der Schuldner darauf nicht, ist eine ausdrückliche **Mahnung** notwendig. Sollte er auf die Forderung daraufhin immer noch nicht eingehen, kann ein eingeschriebener Brief mit Fristsetzung und ggf. **Androhung gerichtlicher Schritte** den Kunden vielleicht zur Zahlung bewegen.

Welche Maßnahmen im Einzelfall ergriffen werden müssen, hängt auch von den Eigenarten des Kunden, den Ursachen des Zahlungsverzugs und der eigenen Interessenlage ab. Es ist durchaus möglich, noch mehr Mahnstufen vorzusehen oder auch Stufen zu überspringen. Im Extremfall können sogar sofortige gerichtliche Schritte eingeleitet werden, ohne vorherige außergerichtliche Mahnungen.

Heutzutage ist das Mahnverfahren in vielen Firmen mithilfe entsprechender Programme automatisiert. Ist der Zahlungstermin überschritten, wird „ohne Ansehen der Person" ein Mahnbrief ausgedruckt und verschickt.

Werden Forderungen durch Inkassofirmen eingezogen, können dem säumigen Schuldner die Inkassogebühren in Rechnung gestellt werden. Es besteht aber die Gefahr, dass Kunden dies als besonders rigoroses Vorgehen ansehen und verärgert sind.

Sicherlich haben Sie die Begleichung unserer Rechnung bisher übersehen. Daher möchten wir Sie bitten, dies in den nächsten Tagen nachzuholen.

Höfliche Zahlungserinnerung

Trotz unserer Erinnerung haben Sie unsere Rechnung noch immer nicht beglichen. Wir fordern Sie nunmehr auf, dies umgehend nachzuholen.

1./2. Mahnung mit zunehmendem Nachdruck

Da Sie auch auf unsere letzte Mahnung nicht reagiert haben, fordern wir Sie letztmalig auf, den fälligen Betrag bis zum 5. Mai zu überweisen. Sollte der Betrag einschließlich der Mahnkosten bis zu diesem Termin nicht auf unserem Konto eingehen, sehen wir uns leider gezwungen, gerichtliche Schritte gegen Sie einzuleiten.

Letzte Mahnung mit Androhung gerichtlicher Schritte

Nach § 286 BGB kommt der Schuldner einer Geldforderung spätestens 30 Tage nach Fälligkeit und Zugang der Rechnung automatisch in **Verzug**. Eine Mahnung ist nicht erforderlich. Diese Regelung gilt gegenüber Verbrauchern aber nur, wenn in der Rechnung ausdrücklich darauf hingewiesen wurde. Unbeschadet dieses Grundsatzes kann eine Mahnung jedoch auch früher erfolgen.

Ab Eintritt des Verzugs muss der Schuldner – wenn er Verbraucher ist – Verzugszinsen in Höhe von 5 % (sonst 8 %) über dem Basiszinssatz zahlen (§ 288 BGB).

7.5.2 Gerichtliches Mahn- und Klageverfahren

Mahnverfahren

Sollte der Schuldner auch nach der Androhung gerichtlicher Schritte nicht zahlen, so muss der Gläubiger zur Eintreibung seiner Forderungen in das **gerichtliche Mahnverfahren** übergehen. Dieses abgekürzte zivilrechtliche Verfahren soll dem Gläubiger schnell und kostengünstig zur Erfüllung seines Zahlungsanspruchs verhelfen.

Beispiel

Frau Sutter musste sich eine neue Waschmaschine kaufen. Aufgrund eines unvorhergesehenen Ereignisses ist sie plötzlich in Geldnot geraten und hat die Rechnung noch nicht bezahlt. Der Verkäufer, Herr Groß, beantragt nach mehreren erfolglosen Mahnungen beim zuständigen Amtsgericht den Erlass eines Mahnbescheids. Er gibt den Grund für seine Forderung und den Geldbetrag (einschließlich tatsächlich entstandener Kosten) an. Das Gericht prüft nur die formale, nicht die inhaltliche Richtigkeit und stellt Frau Sutter den Mahnbescheid zu. (Die Tatsache, dass ein Gericht eingeschaltet ist, heißt nicht, dass die Forderung des Antragstellers inhaltlich berechtigt ist, das Gericht überprüft dies nicht. Die Einschaltung des Gerichts unterstreicht nur die Ernsthaftigkeit des Anspruchs.)
Nach Zustellung des Mahnbescheids hat Frau Sutter drei Möglichkeiten zu reagieren (siehe nebenstehendes Schaubild).

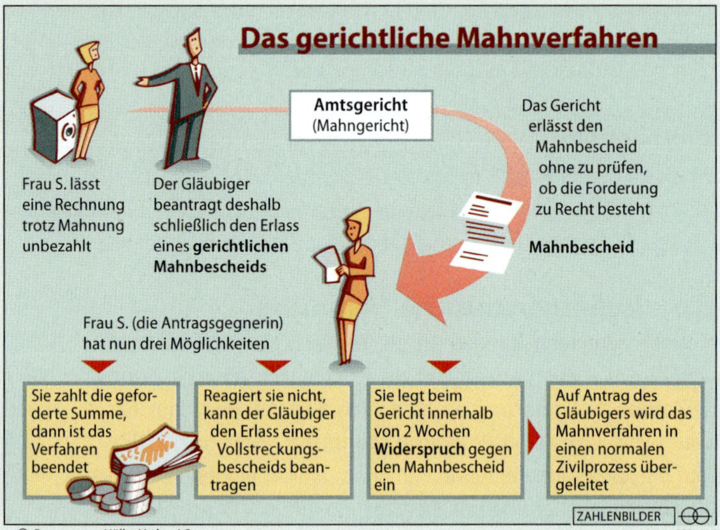

© Bergmoser + Höller Verlag AG 129 615

Vollstreckungsverfahren

Fortsetzung des Beispiels

Reagiert Frau Sutter auf den Mahnbescheid nicht, kann Herr Groß den Erlass eines Vollstreckungsbescheids beantragen. Jetzt hat Frau Sutter wieder drei Möglichkeiten:

1. Sie zahlt (einschließlich aller Kosten) und das Verfahren ist beendet.
2. Sie legt Einspruch ein, dann kommt es zu einem Zivilprozess, in dem geklärt wird, ob der Anspruch zu Recht besteht.
3. Sie unternimmt nichts. In diesem Fall kann Herr Groß die Zwangsvollstreckung beantragen (siehe nebenstehendes Schaubild).

© Bergmoser + Höller Verlag AG 129 616

Zwangsvollstreckung

Wird der Antrag bewilligt, erhält der Gläubiger einen „vollstreckbaren Titel", der erst nach 30 Jahren verjährt und ihn zur **Zwangsvollstreckung** gegenüber dem Schuldner berechtigt. Die Zwangsvollstreckung wird vom Gerichtsvollzieher durchgeführt. Wertsachen und Geld werden direkt mitgenommen (Taschenpfändung). Andere Dinge, wie z. B. Möbel, werden mit dem Pfandsiegel („Kuckuck") versehen. Lebensnotwendige, aber hochwertige Güter können durch geringerwertige Güter ausgetauscht werden. Gegenstände, die zur Berufsausübung notwendig sind, dürfen nicht gepfändet werden. Die gepfändeten Gegenstände werden bei Nichteinlösung innerhalb einer Frist von ca. vier Wochen öffentlich versteigert.

Neben dieser Zwangsvollstreckung in das bewegliche Vermögen können auch noch unbewegliche Vermögensteile unter die Zwangsvollstreckung fallen (Grundstücke und Gebäude). Hier erfolgt dann eine Zwangsverwaltung oder die Eintragung einer Sicherungshypothek zugunsten des Gläubigers im Grundbuch.

Auch **Lohnpfändung** kann vorgenommen werden, allerdings unter Belassung des für den Lebensunterhalt notwendigen Existenzminimums, welches in der Lohnpfändungstabelle nach Familienstand gestaffelt, festgelegt ist. Hier ein Auszug aus einer Lohnpfändungstabelle (Stand: 1. Halbjahr 2023/stark verkürzt):

Euro		**Pfändbarer Betrag bei Unterhaltspflicht für ... Personen**					
Nettolohn monatlich		**0**	**1**	**2**	**3**	**4**	**5 und mehr**
bis	**1.339,99**	–	–	–	–	–	–
1.340,00	**1,349,00**	6,89	–	–	–	–	–
1.440,00	**1.449,99**	76,89	–	–	–	–	–
1.840,00	**1.849,99**	356,89	4,61	–	–	–	–
2.040,00	**2.049,99**	496,89	104,61	–	–	–	–
2.340,00	**2.349,99**	706,89	254,61	92,13	–	–	–
2.540,00	**2.549,99**	846,89	354,61	172,13	45,43	–	–
2.840,00	**2.849,99**	1.056,89	504,61	292,13	135,43	34,50	–
3.740,00	**3.749,99**	1.686,89	954,61	652,13	405,43	214,50	79,36

Der Mehrbetrag über 4.077,72 € ist voll pfändbar.

War die Zwangsvollstreckung nicht erfolgreich, weil kein oder nicht genügend pfändbares Vermögen vorhanden war, kann der Gläubiger verlangen, dass der Schuldner eine **Vermögensauskunft** erteilt und eine eidesstattliche Versicherung über die Richtigkeit und Vollständigkeit derselben abgibt.

Vermögensauskunft
- *Die Aufstellung eines Vermögensverzeichnisses mit eidesstattlicher Versicherung hieß bis 1970* ***Offenbarungseid****.*
- *Bis 2012 wurde der Begriff* ***eidesstattliche Versicherung*** *verwendet, der für Altfälle weiterhin gilt.*
- *Seit 2013 muss der Schuldner eine* ***Vermögensauskunft*** *erteilen, die er ebenfalls beeiden muss.*

Klageverfahren

Will der Gläubiger den langen Weg über Mahn- und Klageverfahren vermeiden oder vermutet er, dass der Schuldner zahlungsunwillig ist, kann er sogleich eine **Klage** beim Amtsgericht einreichen. Vor der Gerichtsverhandlung findet eine **Güteverhandlung** statt, bei der das Gericht die Prozessgegner zu einem Vergleich ermuntert. Können sich die Prozessgegner nicht einigen, erlässt das Gericht ein Urteil und das Verfahren endet je nach Sachlage mit

- einem **Vergleich**, wenn sich die beiden Parteien doch noch einigen.
- einem **Urteil** nach Aktenlage und vorgelegten Beweisen.
- einer **Rücknahme der Klage**, wenn sie aussichtslos erscheint.
- einem **Säumnisurteil**, wenn eine Partei nicht zur Verhandlung erscheint.

ÜBERBLICK

MAHN- UND VOLLSTRECKUNGSVERFAHREN

Zahlt ein Schuldner eine Geldforderung nicht, können nacheinander folgende Maßnahmen ergriffen werden:

Außergerichtliches Mahnverfahren
- Schuldner wird zunächst in höflicher Form auf das Versäumnis hingewiesen
- bei Nichtzahlung können weitere Mahnungen erfolgen (ggf. auch sehr energisch und mit Fristsetzung)

↓

Gerichtliches Mahnverfahren
- Gläubiger beantragt Mahnbescheid beim Amtsgericht
- Amtsgericht prüft den Antrag formal, aber nicht inhaltlich auf Richtigkeit und stellt dem Schuldner den Mahnbescheid zu

↓

Vollstreckungsverfahren
- bei Nichtzahlung beantragt Gläubiger Vollstreckungsbescheid beim Amtsgericht
- Amtsgericht stellt dem Schuldner den Vollstreckungsbescheid zu

↓

Zwangsvollstreckung
- bei Nichtzahlung erhält der Gläubiger einen „vollstreckbaren Titel" und kann Zwangsvollstreckung durchführen lassen
- Schuldner muss ggf. Vermögensauskunft mit eidesstattlicher Versicherung abgeben

Bei Widerspruch gegen den Mahnbescheid oder Einspruch des Schuldners gegen den Vollstreckungsbescheid findet ein **streitiges Verfahren** vor dem Prozessgericht statt.

	Wie fit sind Sie beim Thema „Mahn- und Klageverfahren"?	Inhaltsbezug Seite
1	Warum ist bei der Formulierung von außergerichtlichen Mahnungen besondere Sorgfalt geboten und warum sollte das Verfahren in mehreren Stufen erfolgen?	135
2	Was spricht für und was gegen den Forderungseinzug durch ein Inkassounternehmen?	135
3	Sie persönlich haben ein Mahnschreiben eines Inkassobüros erhalten, weil Sie angeblich einen kostenpflichtigen Vertrag im Internet abgeschlossen haben. Orientieren Sie sich auf der Website des Bundesministeriums der Justiz und für Verbraucherschutz, wie Sie sich in einem solchen Fall verhalten sollten (www.bmjv.de).	
4	Von wem und in welcher Form wird ein Mahnbescheid ausgestellt und dann erlassen?	136
5	„Wenn das Gericht die Berechtigung der Forderung beim Mahnbescheid gar nicht prüft, betätigt es sich ja nur als besserer Postbote!" Was halten Sie von dieser Aussage?	
6	Sollte ein Antragsgegner, der nach seiner eigenen Meinung berechtigterweise nicht gezahlt hat, auf einen Mahnbescheid lieber schweigen oder Widerspruch einlegen? Begründung Sie Ihre Antwort.	
7	Ein Richter möchte in einem Klageverfahren die Vertragsparteien zu einem Vergleich bewegen. Welches Ziel steckt dahinter?	
8	a) Welche (Wert-)Gegenstände oder Geldbeträge dürfen gepfändet werden? b) Welche Bedeutung hat ein „Kuckuck" auf einem Möbelstück? c) Welche Bedeutung hat die Vermögensauskunft?	137
9	a) In welchen Fällen kann eine sofortige Klage sinnvoll sein? b) Welchen Sinn hat eine Güteverhandlung? c) Wie kann ein Klageverfahren enden?	137
10	Versuchen Sie, mit Ihrer Klasse an einer mündlichen Verhandlung Ihres Amtsgerichts zum Zahlungsverzug teilzunehmen.	

7.6 Verjährung

Maria hat sich ihren neuen Gebrauchtwagen (vgl. Kapitel 7.2) bei einem Privatmann gekauft. Doch bereits nach fünf Monaten gibt es ein Problem: Der elektrische Fensterheber auf der Fahrerseite lässt sich nicht mehr bedienen.

- Hat Maria aufgrund des abgeschlossenen Vertrags mit einem Privatmann einen Anspruch auf Mängelhaftung (Gewährleistung)?
- Hätte Maria bei einem Gebrauchtwarenhändler andere Mängelansprüche?
- Wie sähe die Mängelhaftung bei einem Neuwagen aus?

Wenn der Käufer einer Ware oder einer Leistung Mängel entdeckt, muss er seine Rechte gegenüber dem Verkäufer kennen:

- **Mängelhaftung (Gewährleistung):** Weist die Kaufsache Mängel auf, kann der Käufer dem Verkäufer gegenüber gesetzliche Ansprüche und Rechte geltend machen (vgl. Kapitel 7.4). Dieses Recht gilt allerdings nicht unbefristet, d. h. es tritt nach einer bestimmten Zeit eine Verjährung ein.
- **Verjährung:** Nach Ablauf einer bestimmten Frist kann der Käufer seine Ansprüche gegenüber dem Verkäufer nicht mehr durchsetzen (§ 214 BGB).

Einrede der Verjährung
Einseitige Erklärung einer Vertragspartei, dass eine Leistung nicht erbracht wird, weil zwischenzeitlich die Verjährung eingetreten ist.

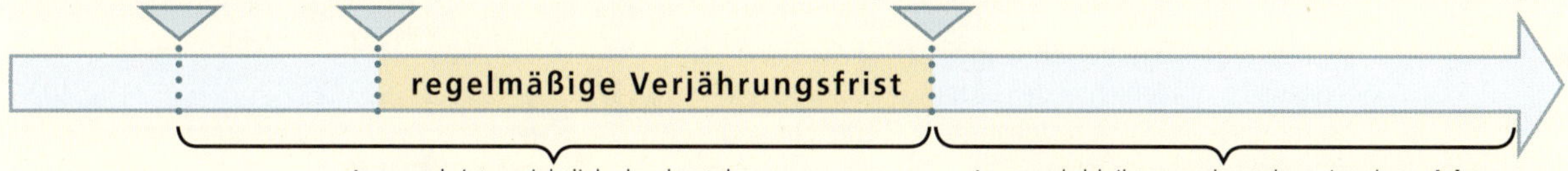

- **Garantie:** Im Gegensatz zur Mängelhaftung (Gewährleistung) stellt sie eine freiwillige Leistung dar. Garantieleistungen beruhen immer auf einem Vertrag zwischen Käufer und Verkäufer und können aufgrund der Vertragsfreiheit individuell ausgestaltet sein. Häufig wird vom Verkäufer eine Garantie über die gesetzlich geregelte Anspruchszeit auf Mängelhaftung hinaus (z. T. gegen Bezahlung) angeboten.
- **Kulanz:** Diese Art des großzügigen Entgegenkommens wird immer freiwillig gewährt, d. h. der Käufer hat gegenüber dem Verkäufer darauf keinen Anspruch.

Mängelrechte (Beispiel)
Ein Laptop hat eine gesetzlich garantierte Mängelhaftung von zwei Jahren. Gegen Bezahlung von 50,00 € wird eine Garantie von zusätzlich drei Jahren vereinbart. Falls der Laptop im 6. Jahr Mängel aufweist, besteht kein Anspruch aus der Garantie mehr. Es obliegt dem Verkäufer zu entscheiden, ob er kulant sein und die Reparatur noch kostenlos vornehmen möchte.

Besonderheiten beim Verbrauchsgüterkauf (siehe auch: S. 161)

Für die kauf- und werkvertragsrechtliche **Mängelhaftung** gilt, dass der gewerbliche Verkäufer **zwei Jahre** lang für Mängel an der Sache haften muss. Bei **gebrauchten Waren** kann diese Frist durch den gewerblichen Verkäufer auf **ein Jahr** verringert werden. Diese Fristen gelten auch bei gewerblichen Verkäufen im Internet.
Handelt es sich um ein privates Gebrauchtwarengeschäft, kann die Mängelhaftung vertraglich sogar ganz ausgeschlossen werden. Geschieht dies nicht, gilt auch hier für Mängel eine Haftungsfrist von zwei Jahren (gilt auch für private Internetverkäufe).

Im ersten Jahr nach Gefahrübergang gilt beim Verbrauchsgüterkauf eine **Beweislastumkehr**. In diesem Zeitraum wird nach § 477 BGB beim Auftreten eines Sachmangels zugunsten des Käufers vermutet, dass der Fehler bei Lieferung bzw. Übergabe der Kaufsache bereits vorhanden war. Den Gegenbeweis muss der Verkäufer vorlegen. Nach Ablauf des Jahres geht die Beweislast auf den Käufer über.

Gefahrübergang
Zeitpunkt, an dem das Risiko für Schäden oder Verlust an der Sache vom Schuldner auf den Gläubiger übergeht.

Achtung: Neuregelung
Die Verlängerung des Zeitraums für die Beweislastumkehr beim Verbrauchsgüterkauf von sechs Monaten auf ein Jahr wurde im Jahr 2022 umgesetzt.

Beispiel: Ein privater Hausbesitzer kauft Heizöl ein. Nach acht Monaten kommt es zu einer Heizstörung. Es wird vermutet, dass das Heizöl die Ursache ist. Der Heizölhändler muss im ersten Jahr beweisen, dass dies nicht am Heizöl lag. Erst danach muss der Käufer nachweisen, dass das Heizöl der Grund für die Störung war.

Verjährungsfristen

Je nach Art des Anspruchs gelten unterschiedlich lange Verjährungsfristen, die im BGB festgehalten sind:

Verjährungszeitraum	Anspruchsarten	Beginn der Verjährung	BGB	Beispiel
2 Jahre	• kauf- und werkvertragliche Mängelansprüche, d. h. bei mangelhafter Lieferung bzw. Leistung auf alle neuen und gebrauchten Waren sowie Reparaturen • Mängelansprüche aus Herstellung, Wartung oder Veränderung einer Sache oder aus der Erbringung von Planungs- oder Überwachungsleistungen	am Tag der Lieferung, Übergabe oder Abnahme der Ware oder Leistung	**§ 200** **§ 438** **§ 634 a**	**Verjährungsfrist 2 Jahre** 5.2.2023 – 5.2.2025 Kauf bzw. Lieferung oder Abnahme – kein Anspruch mehr
3 Jahre	• grundsätzlich für alle Ansprüche gültig, die nicht anderweitig geregelt sind (**regelmäßige Verjährungsfrist**) • regelmäßig wiederkehrende Leistungen (z. B. rechtskräftig festgestellte, vollstreckbare Ansprüche) • arglistiges Verschweigen eines Mangels durch den Verkäufer	mit dem **Ende des Jahres**, in dem der Anspruch entsteht und der Gläubiger Kenntnis vom Bestehen seines Anspruchs hat	**§ 195** **§ 199** **§ 197** **§ 438**	**Verjährungsfrist 3 Jahre** Lieferung 5.2.2023 31.12.2023 – 31.12.2026 Beginn des Verjährungszeitraums – kein Anspruch mehr
5 Jahre	Ansprüche für Mängel an einem Bauwerk oder alle mit dem Bauwerk verbundenen Arbeiten	Abnahme des Bauwerks	**§ 634 a** **§ 438**	**Verjährungsfrist 5 Jahre** 5.2.2023 – 5.2.2028 Abnahme – kein Anspruch mehr
10 Jahre	Ansprüche auf Übertragung des Eigentums an einem Grundstück (z. B. Kauf, Grundschuld, Hypothek)	Tag der Anspruchsentstehung	**§ 196**	**Verjährungsfrist 10 Jahre** 5.2.2023 – 5.2.2033 Anspruch – kein Anspruch mehr
30 Jahre	• Herausgabeansprüche aus Eigentum und anderen dinglichen Rechten • rechtskräftig festgestellte Ansprüche • Ansprüche aus vollstreckbaren Vergleichen/Urkunden • Ansprüche, die durch die im Insolvenzverfahren erfolgte Feststellung vollstreckbar geworden sind • Ansprüche auf Erstattung der Kosten der Zwangsvollstreckung • Schadenersatzansprüche, die auf der Verletzung von Leben, Körper, Gesundheit oder Freiheit beruhen	an dem Tag, an dem der Anspruch entstand am Tag des den Schaden auslösenden Ereignisses	**§ 197** **§ 199**	**Verjährungsfrist 30 Jahre** 5.2.2023 – 5.2.2053 Anspruch – kein Anspruch mehr

Die AGB und einzelvertragliche Regelungen können die genannten Verjährungsregeln wirksam abändern. Hier die wichtigsten im Vergleich:

Verkauf an Verbraucher	Gesetzliche Gewährleistungspflicht	Durch AGB abänderbar	Durch Vertrag abänderbar
neue Ware von Händler/Produzent	2 Jahre	nein	nein
gebrauchte Ware von Händler/Produzent	2 Jahre	ja, auf 1 Jahr	ja, auf 1 Jahr
gebrauchte Ware von privat	2 Jahre	--	ja, auch ganz ausschließbar

7.6.1 Neubeginn der Verjährung

Unter bestimmten Umständen kann die Verjährung wieder von vorne beginnen (Ausnahmefall) oder um einen bestimmten Zeitraum verlängert werden (Regelfall). Neubeginn einer Verjährungsfrist bedeutet, dass **nach dem Ereignis**, welches zu einer Unterbrechung der Frist führt, die **volle Verjährungsfrist neu beginnt** (§ 212 BGB).

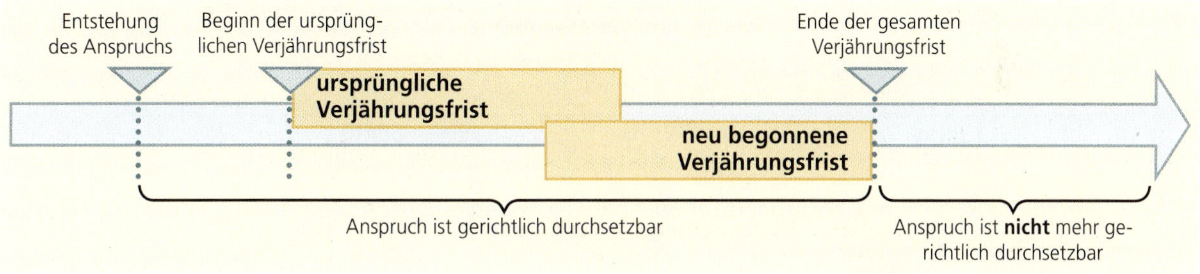

Der Neubeginn kann sowohl vom Gläubiger als auch vom Schuldner bewirkt werden:

- **durch den Gläubiger:** Beantragung oder Vorwegnahme einer gerichtlichen oder behördlichen Vollstreckungshandlung.
- **durch den Schuldner:** Anerkenntnis durch den Schuldner, z. B. durch Abschlagszahlung, Zinszahlung, Sicherheitsleistung, Stundungsbitte.

Der **Neubeginn einer Verjährung** gleicht einer Stoppuhr, die nach einiger Zeit gestoppt und wieder auf Null gestellt wird. Die Verjährungszeit beginnt wieder von vorne.

7.6.2 Hemmung der Verjährung

Wird die Verjährungsfrist gehemmt, setzt der Ablauf der Frist während dieser Zeit aus. Fällt die Hemmung weg, läuft die Verjährung genau an diesem Zeitpunkt weiter. D. h. die Verjährungsfrist verlängert sich um die Dauer der Hemmung (§§ 203 ff. BGB).

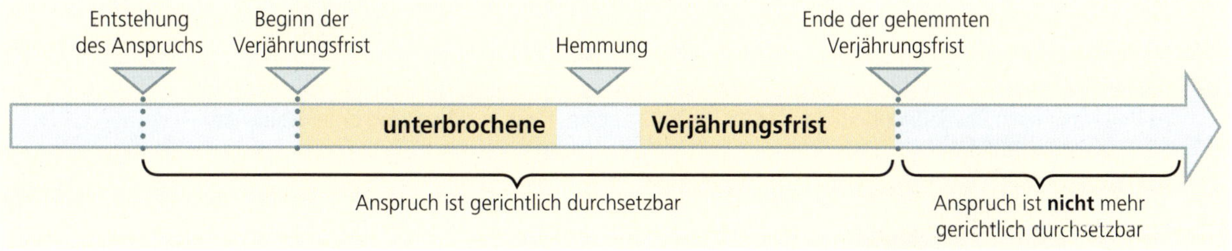

Die Hemmung kann sowohl vom Gläubiger als auch vom Schuldner bewirkt werden:

- **durch den Gläubiger:** Klageerhebung, Zustellung des Mahnbescheids.
- **durch den Schuldner:** Leistungsverweigerungsrecht des Schuldners.
- **durch Gläubiger oder Schuldner:** Verhandlungen über den Anspruch, Anrufung einer Gütestelle, Verfahren zur Erstellung einer Fertigstellungsbescheinigung, Antrag auf Durchführung eines Beweisverfahrens, Antrag auf einstweilige Verfügung.

Die **Hemmung einer Verjährung** gleicht einer Stoppuhr, die angehalten wird. Drückt man erneut den Knopf, läuft sie weiter, wo sie gestoppt wurde.

ÜBERBLICK

VERJÄHRUNG

Die wichtigsten Fristen

30 Jahre	• Ansprüche aus vollstreckbaren Vergleichen und Urkunden • rechtskräftig festgestellte Forderungen (z. B. Unterhaltsforderungen, Urteile) • Herausgabeansprüche aus Eigentum • Ansprüche aufgrund der Verletzung von Leben, Körper, Gesundheit, Freiheit
10 Jahre	Eigentumsübertragungsrechte an Grundstücken
5 Jahre	• Mängelansprüche bei Bauwerken • Mängelansprüche aus Kaufverträgen über Sachen, die für ein Bauwerk verwendet wurden
3 Jahre	• **regelmäßige Verjährungsfrist** • regelmäßig wiederkehrende Leistungen • arglistiges Verschweigen von Mängeln
2 Jahre	• kauf- und werkvertragliche Mängelansprüche • Mängelansprüche aus Herstellung, Wartung etc.

Verlängerung der Verjährungsfristen

Neubeginn
Die Frist der Verjährung beginnt von Neuem zu laufen.

Hemmung
Die Frist der Verjährung setzt während der Hemmung aus und verlängert sich um die Dauer der Hemmung.

	Wie fit sind Sie beim Thema „Verjährung"?	Inhaltsbezug Seite
1	Unterscheiden Sie zwischen Mängelhaftung, Garantie und Kulanz.	139
2	Was versteht man unter Verjährung?	139
3	Wie lang ist die regelmäßige Verjährungsfrist? Wann beginnt und wann endet sie?	140
4	In welchen Zeiträumen haben der Verkäufer und der Käufer (Verbraucher) die Beweislast, dass ein Fehler an der Kaufsache vorliegt?	139
5	Kunde Müller kauft einen Neuwagen beim Kfz-Händler Herrmann. Müller soll laut Vertrag spätestens einen Monat nach Rechnungseingang vom 15.05.2023 zahlen. Nach Nichtzahlung bittet Müller am 15.07.2023um Stundung. a) Welchen Anspruch hat Herrmann? b) Wie ist die Verjährungsfrist? c) Wann wird der Anspruch fällig? d) Wann beginnt die Verjährung? e) Handelt es sich um Neubeginn oder Hemmung der Verjährung? Zu welchem Zeitpunkt? f) Auf welchen Zeitpunkt verschiebt sich die Verjährungsfrist?	141
6	Sie haben einen Laptop für 1.999,00 € gekauft. Die Rechnung sieht eine Zahlung am 03.04.2023 vor. Sie haben zu diesem Zeitpunkt kein Geld und zahlen nicht. Nach einer Mahnung bitten Sie schriftlich am 01.06.2023 um eine Stundung von zwei Monaten – sie wird Ihnen gewährt. Wie ist die Rechtslage? Beantworten Sie hierzu erneut die Unterpunkte a) bis d) der Aufgabe 5.	141

7.7 Haftung und Schadenersatz

Maria hat ihr Auto zur Inspektion in eine Werkstatt gegeben. Beim Abholen des Wagens stellt sie fest, dass das Glas des rechten Scheinwerfers zertrümmert ist. Da der Schaden in der Werkstatt entstanden sein muss, meldet sie ihn sofort beim Werkstattleiter. Die Werkstatt will die Reparatur vornehmen, möchte das Auto dafür aber noch einen Tag behalten. Weil Maria an diesem Tag noch zu einem wichtigen Kunden fahren muss, nimmt sie sich einen Mietwagen.
- Haftet die Werkstatt für den entstandenen Schaden und muss sie ihn kostenlos reparieren?
- Wer zahlt das Mietauto und warum?

Tritt ein Schaden ein, so stellt sich immer die Frage: Wer haftet? Die Antwort fällt meist schwer. Es muss deshalb der genaue Tathergang analysiert werden. Hierbei sind Tatbestände wie **Vorsatz (mit Absicht)** und **Fahrlässigkeit (aus Nachlässigkeit)** von besonderer Bedeutung, die die Frage nach dem Verschuldungsgrad beantworten.

Als **Schaden** gilt jede Einbuße, die jemand an seinem Körper, seinem Vermögen, seiner Ehre oder Freiheit erleidet. Ist der eingetretene Schaden durch einen Dritten verschuldet, also nicht durch eigenes Verschulden, dann ist der Verursacher zum Ausgleich des Schadens verpflichtet. Er haftet also für den entstandenen Schaden. Es wird unterschieden zwischen:
- **Sachschäden**
- **Personenschäden**
- **Vermögensschäden**

7.7.1 Haftung und Schadenersatz aus Verträgen

Grundlage für die Haftung aus Verträgen ist der zwischen den Parteien geschlossene Vertrag. Der Gesetzgeber hat rechtliche Regeln für die Behandlung von Verträgen getroffen. Geregelt ist, wann welche Rechte (z. B. Minderung oder Schadenersatz) geltend gemacht werden können.
Im Rahmen der Haftung muss Schadenersatz geleistet werden. Der Verursacher muss also den Zustand wiederherstellen, der bestehen würde, wenn der Schaden nicht eingetreten wäre. Statt der Wiederherstellung kann der Geschädigte auch Geld verlangen.

Man unterscheidet verschiedene Formen des Schadenersatzes:

Form	Beispiel
einfacher Schadenersatz „neben" der Leistung d. h. neben der vereinbarten Leistung muss auch noch Schadenersatz gezahlt werden	Ein Schreiner bohrt beim Aufhängen eines Küchenhängeschranks ein Wasserrohr an. In diesem Fall schuldet er einerseits die vertraglich vereinbarte Leistung zum Aufbau der Küche, andererseits auch den Ausgleich für den Wasserschaden.
Verzugsschadenersatz d. h. die Verzögerung einer Zahlung kann zu einem Finanzschaden führen	Der Holzgroßhändler liefert an einen Schreiner und einen Privatkunden Bodendielen. Trotz ausbleibender Zahlungen verzichtet er auf eine Mahnung. Nach 30 Tagen kann er nach § 286 BGB Verzugszinsen in Höhe von 8 % über dem Basiszinssatz beim Schreiner und 5 % beim Privatkunden geltend machen.

(Fortsetzung der Tabelle auf S. 144)

KOMPETENZBEREICH II

7.8 KTB – Kompetenzorientierte Themenbearbeitung

1 Handwerksmeister für Elektroinstallationen Ernst Mauser ist 60 Jahre alt. Aus erster Ehe hat er einen Sohn (Dennis, 35 Jahre) und eine Tochter (Nina, 32). In zweiter Ehe ist er mit der 40-jährigen Marita verheiratet. Aus dieser Ehe stammen der 6-jährige Michael und die 16-jährige Hanna.

a) Klären Sie die Rechts- und Geschäftsfähigkeiten der einzelnen Personen.

b) Darf sich der 6-jährige Michael von seinem Taschengeld Süßigkeiten kaufen?

c) Darf sich die 16-jährige Hanna, die eine Ausbildung zur Vermessungstechnikerin macht, ohne Zustimmung der Eltern von ihrer Ausbildungsvergütung ein Sommerkleid für 49,99 € kaufen?

2 Ernst Mauser schreibt ein Testament.

a) Welche Formvorschriften muss er einhalten?

b) Welche Art von Rechtsgeschäft liegt hier vor?

3 Ernst Mauser schließt einen Vertrag mit dem Kunden Friedrich über den Bau einer Alarmanlage ab.

a) Wie kommt der Vertrag zustande?

b) Welche Pflichten übernehmen die Vertragspartner?

c) Erstellen Sie ein Angebot über den Einbau einer Alarmanlage.

Arbeiten mit Recht und Gesetz: wissen, wo man suchen muss.

4 Beim regelmäßig durchgeführten Test der Alarmanlage stellt Kunde Friedrich nach fünf Monaten fest, dass diese nicht durchgängig in allen Funktionen einwandfrei arbeitet.

a) Welche Leistungsstörung liegt vor?

b) Welche Reklamationsmöglichkeit hat er?

c) Wie lang ist die Verjährungsfrist?

d) Die Reparatur dauert wegen der Bestellung eines Ersatzteils 14 Tage. Ändert sich hierdurch die Verjährungsfrist?

5 Ernst Mauser hat einen Teil seines Vermögens in Aktien angelegt. Da die Firma ABC, von der er bereits Aktien besitzt, eine Gewinnsteigerung veröffentlicht, ruft er bei der Bank an, um weitere 100 Aktien dieser Firma zu kaufen. Der Mitarbeiter der Bank versteht ihn jedoch falsch und verkauft stattdessen 100 Aktien aus dem Depot seines Kunden.

Kann Ernst Mauser dieses Geschäft anfechten?

6 Dennis baut in seiner Freizeit Modellflugzeuge.

a) Beim Zusammenbauen eines neu gekauften Modells stellt Dennis fest, dass die Montageanleitung fehlerhaft ist. Aus diesem Grund unterläuft ihm beim Zusammenbauen ein Fehler, der zur Beschädigung des Modellflugzeugs führt. Welche Rechte hat er?

b) Eine überregionale Anzeige des Modellbau-Herstellers bewirbt ein Modellflugzeug mit 99,00 €. Als Dennis im Geschäft seines Ortes genau dieses Modell kaufen möchte, beträgt der Preis 125,00 €. Hat er Anspruch auf den günstigeren Preis?

7 Marita Mauser, die im Elektrobetrieb ihres Mannes den kaufmännischen Bereich leitet, wird am 2. Mai ein schriftliches Angebot eines Computerfachmarkts unterbreitet, für 500,00 € einen PC zu kaufen. Das Angebot gilt aber nur bis zum 15. Mai. Da sie dies aus ihrer Sicht günstige Angebot gerne annehmen möchte, bestätigt sie es am 3. Mai, was am Poststempel zu ersehen ist. Aus Krankheitsgründen ist der Computerfachmarkt aber vom 3. bis 17. Mai geschlossen.

Ist hier ein Kaufvertrag zustande gekommen?

KOMPETENZBEREICH II:
Konsumenten im Alltag

8

VERBRAUCHERSCHUTZ

8.1 Verbraucherberatung

Anne, 18 Jahre, absolviert zurzeit eine Lehre als Floristin. Um für ihre anstrengende Tätigkeit fit zu bleiben, fährt sie immer mit dem Fahrrad zur Arbeit. Damit ihr neues Fahrrad draußen auf der Straße besser gesichert ist, möchte sie sich ein richtig gutes und möglichst aufbruchsicheres Fahrradschloss kaufen.

- Wie kann sich Anne über die Preise und Qualität vergleichbarer Schlösser informieren, wenn sie nicht die Zeit hat, in verschiedene Geschäfte zu gehen, oder es solche Geschäfte gar nicht in ihrer Nähe gibt?
- Kann sie sich auf das Urteil der Stiftung Warentest verlassen oder ist das nur eine Werbemasche der Hersteller?
- In welchen weiteren Medien (Internet, Zeitschriften, Radio, TV) findet man Informationen zum Verbraucherschutz?
- Wie schützt und unterstützt der Staat die Verbraucher?

8.1.1 Ziele und Inhalte der Verbraucherberatung

Ein Ziel unserer Wirtschaftsordnung ist die bestmögliche Versorgung der Verbraucher mit Waren und Dienstleistungen, und entsprechend werden die Kunden umworben. Das ist die Theorie – in der Praxis aber steht der Verbraucher auf ziemlich verlorenem Posten:

- **Fehlende Markttransparenz**
  Wer kann sich bei der Vielzahl der Produkte schon ständig einen Marktüberblick verschaffen?
- **Fehlendes Fachwissen**
  Die Kunden sind in der Regel nicht in der Lage, die Behauptungen eines Verkäufers über die Qualität eines Produkts zu überprüfen.
- **Schwache Marktstellung**
  Meistens muss der Kunde das Angebot des Verkäufers, einschließlich der allgemeinen Geschäftsbedingungen, akzeptieren oder er muss ganz auf den Kauf verzichten.
- **Geringes Verbraucherbewusstsein**
  Viele Menschen unterschätzen die Möglichkeiten der Verbraucher und geben damit von vornherein ihre Machtposition auf.
- **Unzureichende Organisation**
  Verbraucher bilden eine sehr uneinheitliche Bevölkerungsgruppe, die nur selten zu einem Machtfaktor wird.
- **Verwirrende Werbung**
  Hauptanliegen der Werbung scheint es zu sein, den Markt durcheinanderzubringen und nicht, den Verbraucher zu informieren.

Aus diesen Gründen schützt der Staat durch seine **Verbraucherpolitik** (d. h. durch Verbraucherinformationen, Verbrauchererziehung) den Einzelnen und die Gesamtheit der Verbraucher. Sie müssen in die Lage versetzt werden, sich über ihre Rechte zu informieren und diese dann auch durchzusetzen. Dies ist besonders wichtig in Bereichen, die für Verbraucher schwer zu überblicken sind und die zu einseitigen Benachteiligungen führen können (z. B. Internetkostenfallen, Abschluss von Verträgen am Telefon).

Auf der anderen Seite soll die größere Marktmacht der Unternehmen durch Gesetze und Verordnungen eingeschränkt werden (siehe Kap. 8.3). Dazu gehört insbesondere die Vermeidung von Gefährdungen der Verbraucher im Bereich der Lebensmittel- und Produktsicherheit.

Wer ist eigentlich Verbraucher?
Verbraucher ist nach § 13 BGB jede natürliche Person, die ein Rechtsgeschäft ausschließlich für private Zwecke abschließt (also weder gewerblich noch freiberuflich).

Die verbraucherpolitischen Ziele sind:
- Stärkung der Stellung der Verbraucher
- Information und Beratung der Verbraucher über
  - wirtschaftliche Zusammenhänge
  - aktuelles Marktgeschehen
  - richtiges Marktverhalten
  - rationelle Haushaltsführung
  - umwelt- und ressourcenschonenden Konsum
- Verbesserung der Rechtsposition der Verbraucher
  - Rechtsberatung durch die Verbraucherorganisationen
  - Verbandsklagen durch die Verbraucherorganisationen
- Schutz der Verbraucher durch
  - Qualitätsnormen
  - Gesundheits- und Hygienekontrollen
  - umweltfreundliche Verpackungen
  - bestmögliche Versorgung

Beispiele für das Engagement der Verbraucherzentralen

Darüber hinaus sollte jeder Verbraucher aber auch **wirtschaftsethische Fragen** stärker in den Vordergrund stellen:
- Benötige ich die Produkte wirklich?
- Wenn ja, warum und wozu?
- Wo kommen die Produkte her und wie sind sie transportiert worden?
- Wer hat die Produkte unter welchen Bedingungen produziert?
- Welche Folgen hat der Kauf – für mich, die Gesellschaft und die Umwelt?

Verbraucherbewusstes Verhalten muss die Zusammenhänge von Produktion und Konsum in ihren ökonomischen, ökologischen und sozialen Aspekten mit einbeziehen.

8.1.2 Organisationen der Verbraucherberatung

Für die Verbraucher ist es nicht einfach, sich in dem riesigen und unübersichtlichen Angebot an Waren und Dienstleistungen zurechtzufinden und überlegte Entscheidungen zu treffen. Lebensmittelskandale, undurchsichtige oder unlautere Geschäftspraktiken von Unternehmen und Nachrichten über gesundheitsschädliche Produkte tragen zusätzlich zur Verunsicherung der Verbraucher bei. Daher haben es sich zahlreiche von der privaten Wirtschaft unabhängige Institutionen zum Ziel gesetzt, die Verbraucher zu beraten, über ihre Rechte und mögliche Vorgehensweisen aufzuklären sowie ihre Interessen gegenüber Politik und Wirtschaft zu vertreten.

Info:
Vergleiche dazu auch „Nationales Programm für nachhaltigen Konsum" unter
www.bmel.de

Hier eine Auswahl:

▶ **Bundesministerium für Umwelt, Naturschutz, nukleare Sicherheit und Verbraucherschutz (BMUV)**

Das BMUV ist – wie schon aus der Bezeichnung ersichtlich – u. a. für den Verbraucherschutz zuständig. Es setzt sich dafür ein, dass die Rahmenbedingungen für angemessene Verbraucherrechte und für den Schutz der Verbraucher vor Täuschung und Irreführung zeitgemäß gestaltet werden. Dazu werden von dem Ministerium die notwendigen Gesetze und Verordnungen bearbeitet und die Bürger über Internetseiten und mithilfe von Broschüren aufgeklärt. Auf der Website des BMUV gibt es Informationen u. a. zu: Internet/Datensicherheit, Reisen/Verkehr und Produktsicherheit.

Bundesministerium für Umwelt, Naturschutz, nukleare Sicherheit und Verbraucherschutz

www.bmuv.de

▶ **Bundesministeriums für Ernährung und Landwirtschaft (BMEL)**

Informationen zu gesunder Ernährung, sicheren Lebensmitteln und deren Kennzeichnung findet man auf der Seite des BMEL.

Bundesministerium für Ernährung und Landwirtschaft

www.bmel.de

Neben der Bundeszentrale gibt es die 16 Verbraucherzentralen der Bundesländer

www.vzbv.de

Verbraucherzentralen (Bundesverband und Landeszentralen)

Die wichtigste Anlaufstelle in allen Verbraucherfragen sind die 16 Verbraucherzentralen, die über das ganze Bundesgebiet verteilt Beratungsstellen unterhalten. Neben der individuellen Beratung ist die kollektive Durchsetzung von Verbraucherrechten die Haupttätigkeit der Verbraucherzentralen. Mit über tausend Verfahren jährlich tragen der Bundesverband und die Verbraucherzentralen der einzelnen Bundesländer dazu bei, die Rechte der Verbraucher zu stärken.

Verbraucher können spezielle Kurse der Beratungsstellen besuchen oder sich Informationen mithilfe der vielen (Sonder-)Broschüren, der kostenlosen Zeitschrift „Die Verbraucherzeitung" (Download) oder des Internetangebots verschaffen. Die Beratung kann persönlich in einer der rund 200 Beratungsstellen stattfinden, aber auch schriftlich, telefonisch oder per E-Mail. Außerdem bieten einige Beratungsstandorte das Selbstinformationssystem „Verbraucherinfothek" mit Testergebnissen aus unterschiedlichen Fachzeitschriften und der Stiftung Warentest an.

Die erhältlichen Informationen und Beratungen über grundsätzliche Verbraucherfragen decken praktisch alle Lebensbereiche ab:

VERBRAUCHER-BERATUNG

Energie, Bauen + Wohnen
- Energiespartipps
- Tarifrechner
- Anbieterwechsel
- Gebäudesanierung
- Bauberatung

Finanzen
- Geldanlage
- Baufinanzierung
- Altersvorsorge
- Überschuldung
- Kontopfändung
- Privatinsolvenz
- Ausbildungsförderung

Haushalt + Umwelt
- energieeffiziente Haushaltsgeräte
- Abfalltrennung
- Ökoprodukte
- umweltschonende Haushaltsreiniger
- Klimaschutz

Gesundheit + Pflege
- Arztbehandlungen
- Krankenhausaufenthalt
- Zuzahlung für Medikamente
- Krankenkassen
- Pflege + Pflegeversicherung

Medien + Kommunikation
- Computer + Internet
- Festnetz + Mobiltelefon
- Telefonwerbung
- kostenpflichtige Telefonnummern
- Radio + Fernsehen

Reise, Freizeit + Mobilität
- Ärger mit der Autowerkstatt
- Fitnessstudio
- Fluggastrecht
- Ärger im Hotel oder Restaurant
- Ausweis/Geld gestohlen
- Kaffeefahrten

Markt + Recht
- Kaufvertragsrecht
- Internetkauf
- Schnäppchenjagd
- Kundenkarten
- Lockvogelangebote

Versicherungen
- notwendige + überflüssige Versicherungen
- Berufsunfähigkeit
- Krankheit + Unfall
- Kfz-Versicherungen
- Kündigung von Versicherungen

Als staatliche Institutionen werden die Verbraucherzentralen aus Steuermitteln finanziert. Während die Informationsangebote zum großen Teil kostenlos sind, müssen für die individuelle Beratung Gebühren bezahlt werden. Übrigens kann jeder Bürger für einen geringen Betrag (Förder-)Mitglied der Verbraucherzentralen werden.

▶ **Zentrum für europäischen Verbraucherschutz e. V. (ZEV)**

Das ZEV ist ein gemeinnütziger Verbraucherschutzverein mit Sitz in Kehl bei Straßburg. Die Juristen des ZEV unterstützen Verbraucher kostenlos bei deutsch-französischen Angelegenheiten, z. B. Einkaufen, Leben und Arbeiten im Nachbarland.

Unter seinem Dach arbeiten die Europäischen Verbraucherzentren Deutschland und Frankreich. Sie informieren Verbraucher über ihre Rechte in Europa und beraten kostenlos bei Streitigkeiten mit (Online)-Händlern aus einem anderen EU-Land, Norwegen oder Island. Beispiele: annullierte Flüge, verspätete Züge, mangelhafte Waren. Ziel ist es, eine außergerichtliche Lösung zu finden.

Informationen zu europaweiten Einkäufen, Reisen, Auto, Handy usw. gibt es auf der Internetseite des EVZ Deutschlands (www.evz.de). Informationen zu deutsch-französischen Themen bietet die Internetseite des ZEV (www.cec-zev.eu).

Europäisches Verbraucherzentrum Deutschland

www.evz.de

▶ **Stiftung Warentest**

Durch vergleichende Warentests wird den Käufern eine Marktübersicht über eine bestimmte Produktgruppe (z. B. Fahrräder, Handys, Waschmaschinen) oder Dienstleistung (z. B. Versicherungen, Energieversorger, Provider) gegeben. Ein solcher objektiver Warenvergleichstest ist zurzeit das wirksamste Instrument, um den Käufer vor einer Kaufentscheidung zu informieren. Monatlich werden diese Ergebnisse in der Zeitschrift „test" und jedes Jahr in systematischer Form im „test-Jahrbuch" veröffentlicht. Um ihre Unabhängigkeit zu bewahren, wird die Stiftung Warentest aus Steuermitteln finanziert; alle Publikationen sind werbefrei.

Da sich die Tests großer Beliebtheit bei den Verbrauchern erfreuen, schmücken sich die Anbieter gerne mit einem positiven Testurteil, da es zu erhöhten Umsätzen beitragen kann. Allerdings wird dabei häufig auch Missbrauch betrieben (Verwendung veralteter Urteile, geänderte Produkte, Angabe von positiven Teilurteilen etc.). Umgekehrt kann ein negatives Urteil in einem Test eine Firma aber auch an den Rand des Ruins bringen. So haben z. B. schon oft Unternehmen versucht, gegen die Testurteile juristisch anzugehen. Aber noch nie ist die Stiftung Warentest in ihrer über 50-jährigen Geschichte zu Schadenersatz verurteilt worden.

www.test.de

▶ **Öko-Test Verlag**

Ein ganz ähnliches Informationsangebot wie die Stiftung Warentest bietet die Zeitschrift Öko-Test. Die Tests beziehen sich auf alle Produkte und Dienstleistungen des täglichen Bedarfs. Diese werden nicht nur in Bezug auf Schadstoffe und ökologische Aspekte, sondern oft auch in puncto ihres Gebrauchswertes unter die Lupe genommen. Für die Untersuchungen werden zertifizierte Labore beauftragt.

In seinen Tests berücksichtigt Öko-Test teilweise auch die sogenannte Corporate Social Responsibility (CSR), also die Frage, inwieweit ein Unternehmen im Produktionsprozess seiner gesellschaftlichen Verantwortung und dem Gesichtspunkt der Nachhaltigkeit gerecht wird.

www.oekotest.de

▶ **Deutscher Mieterbund e. V. (DMB)**

In allen Bundesländern und allen größeren Städten gibt es örtliche Mietervereine. Diese vertreten in erster Linie die unmittelbaren Interessen ihrer Mitglieder; dazu gehören insbesondere die Rechtsberatung und Hilfe bei Mietstreitigkeiten. Darüber hinaus wirken sie bei der kommunalen Wohnungspolitik mit (z. B. bei der Erstellung eines Mietenspiegels) und machen Vorschläge zu Mieterrechtsfragen (z. B. Heizkostenabrechnung, Nebenkosten, Maklerrecht).

Der DMB ist die Dachorganisation der Mietervereine. Er kümmert sich um die politische Durchsetzung von Mieterinteressen auf Landes- und Bundesebene. Von großer Wichtigkeit ist bei 20 Millionen Mietverhältnissen in der Bundesrepublik auch die Öffentlichkeitsarbeit (u. a. durch Aufklärungsbroschüren).

www.mieterbund.de

foodwatch die essensretter
www.foodwatch.org

Bundesverband Die Verbraucher Initiative e.V.
www.verbraucher.org

Bundeszentrum für Ernährung
www.bzfe.de

Umwelt Bundesamt
www.umweltbundesamt.de

BfDI Der Bundesbeauftragte für den Datenschutz und die Informationsfreiheit
www.bfdi.bund.de

Weitere Verbraucherorganisationen

- **Foodwatch:** Der gemeinnützige Verein befasst sich hauptsächlich mit der Qualität von Lebensmitteln. Er hat insbesondere mediengängige Themen wie z.B. Lebensmittelskandale aufgegriffen und sich dadurch öffentlich als Lobbyorganisation der Verbraucher gegenüber der Nahrungsmittelindustrie positioniert.
- **VERBRAUCHER INITIATIVE e.V.:** Als Vertretung kritischer Verbraucherinnen und Verbraucher setzt sich die gemeinnützige Organisation für eine ökologische und sozialverträgliche Produktion von Waren ein. Dabei vertritt sie das Leitbild des mündigen, eigenverantwortlichen Verbrauchers.
- **Bundeszentrum für Ernährung (BZfE):** Das BZfE informiert kompetent rund ums Essen und Trinken. Eingerichtet wurde diese Anlaufstelle für Ernährungsfragen vom Bundesministerium für Ernährung und Landwirtschaft (BMEL).
- **Umweltbundesamt:** Die Behörde bietet Informationen für die Öffentlichkeit (z.B. über Schadstoffe, Chemikalien, Energie, Klimaschutz, Lärm) und unterstützt die Bundesregierung wissenschaftlich zu allen Fragen des Umweltschutzes.
- **Der Bundesbeauftragte für den Datenschutz und die Informationsfreiheit (BfDI):** Aufgabe des auf Vorschlag der Bundesregierung für fünf Jahre vom Bundestag gewählten BfDI ist es, u.a. dafür zu sorgen, dass die Vorgaben des Datenschutzgesetzes eingehalten werden und die Weiterentwicklung von Datenschutz und Informationsfreiheit gewährleistet ist. Staat und Wirtschaft sammeln immer mehr persönliche Daten und gefährden damit das Recht auf informationelle Selbstbestimmung. Der Datenschutz soll die Bürgerinnen und Bürger vor einer Beeinträchtigung ihres Persönlichkeitsrechts und ihrer Privatsphäre schützen und ihnen helfen, ihre Rechte durchzusetzen. Die Einhaltung der datenschutzrechtlichen Vorschriften wird zwar von den Datenschutzbehörden kontrolliert, immer wichtiger werden aber auch Möglichkeiten des Selbstschutzes.

8.1.3 Verbraucherinformationen in den Medien

Alle im vorherigen Abschnitt genannten Organisationen und Behörden sind im Internet vertreten, geben größtenteils aber auch gedruckte Informationen (Printmedien) zur Verbraucheraufklärung heraus. Darüber hinaus spielen auch Rundfunk- und Fernsehsendungen, Artikel in den Tageszeitungen sowie auf bestimmte Verbraucherthemen spezialisierte Zeitschriften, Broschüren oder Websites eine wichtige Rolle.

Zeitschriften

Die Stiftung Warentest und der Öko-Test Verlag (siehe Abschnitt 8.1.2) geben monatlich erscheinende Testzeitschriften und zu einigen Themenbereichen auch Sonder- und Spezialhefte heraus (z.B. „Energie sparen", „Digitalkameras", „Altersvorsorge", „Mein Baby"). Darüber hinaus gibt es zahlreiche Verlage, die ebenfalls Zeitschriften zu bestimmten Spezialgebieten anbieten, wie z.B. Hi-Fi, Autos, Foto, Computer und Internet. Hier einige Beispiele:

Broschüren und Ratgeber

Die Bundesbehörden (die einzelnen Ministerien und das Bundespresseamt) und einige der in Abschnitt 8.1.2 genannten Verbraucherorganisationen geben eine Vielzahl von Broschüren und Informationsmaterialien heraus, die zum Teil kostenpflichtig sind, zum Teil aber auch kostenlos im Internet heruntergeladen werden können. Hier eine kleine Auswahl:

Fernsehen und Rundfunk

Sowohl im Fernsehen als auch im Radio gibt es eine Vielzahl von Sendungen zum Verbraucherschutz. Sie sind auf den Homepages der jeweiligen Sender mithilfe der Suchfunktion zu finden. Hier einige Beispiele:

www.zdf.de

Fernsehsendungen				Radiosendungen/Podcasts	
ARD:	Plusminus	SWR:	Marktcheck	DLF:	Umwelt & Verbraucher
ARD:	Ratgeber	MDR:	Umschau	DLF:	Marktplatz
ZDF:	WISO	WDR:	ServiceZeit	WDR4:	Drinnen und Draußen
3Sat:	nano	RBB:	SUPER.MARKT	BR:	Landwirtschaft & Umwelt

www.ard.de

Internet und Onlinedienste

▶ Lebensmittelklarheit

Die vom Verbraucherzentrale Bundesverband betriebene Internetseite bietet Informationen zur Kennzeichnung von Lebensmitteln und die Möglichkeit, Fragen zu diesem Thema zu stellen. Außerdem können Verbraucher sich beschweren, wenn sie sich durch die Aufmachung oder Kennzeichnung von Lebensmitteln getäuscht sehen.

www.lebensmittelklarheit.de

▶ Wir ernten was wir säen

www.wir-ernten-was-wir-saeen.de

Dies ist eine Internetplattform, die sich mit Informationen, Initiativen und Aktionen rund um das Thema „Nachhaltige Entwicklung" in erster Linie an Jugendliche wendet. Der „Nachhaltigkeitsratgeber" beinhaltet z. B. die Rubriken „Gesundheit & Ernährung", „Energie & Rohstoffe" sowie „Reisen & Mobilität". Das Angebot umfasst auch Infos über Studiums- und Ausbildungsangebote zum Thema „Nachhaltigkeit".

▶ Weitere hilfreiche Internetadressen für Verbraucher

- www.vzbv.de (Verbraucherzentrale Bundesverband)
- www.bmuv.de: kostenloser Download von Broschüren und Flyern zu Verbraucherthemen
- www.verbraucherlotse.de: zentrale Anlaufstelle für Bürgeranfragen
- www.verbraucherzentrale.de
- www.verbraucherschutz.de
- www.bvl.bund.de (Bundesamt für Verbraucherschutz und Lebensmittelsicherheit)
- www.beuc.eu (Europäischer Verbraucherverband)

ÜBERBLICK

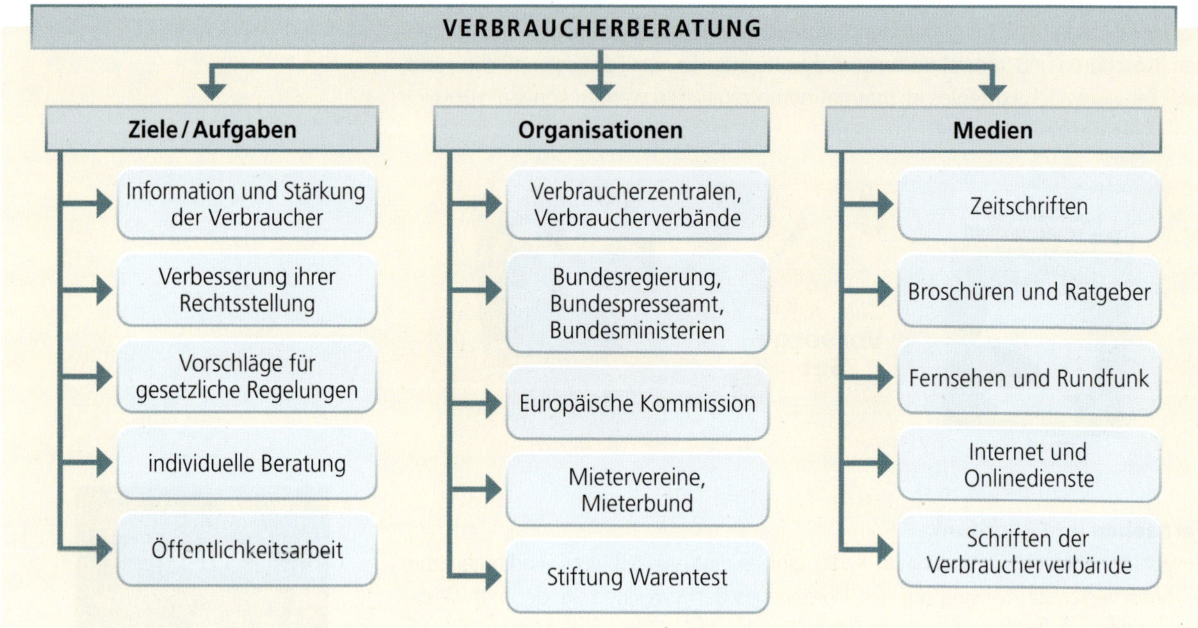

	Wie fit sind Sie beim Thema „Verbraucherberatung"?	Inhaltsbezug Seite
1	a) Welche Bedeutung hat der Verbraucherschutz in der sozialen Marktwirtschaft? b) Was meinen Sie: Steht der Käufer gegenüber dem Verkäufer auf „verlorenem Posten" oder ist der Kunde mitunter auch mal König?	148–149
2	Stellen Sie in einem Rollenspiel die Positionen der beiden Marktkontrahenten – Verbraucher und Anbieter – dar (z. B. Anne beim Kauf eines Fahrradschlosses). Schauen Sie vorher auf die Methodenseite „Rollenspiel", Seite 319.	
3	Welche Möglichkeiten haben Sie, sich über Verbraucherfragen zu informieren? a) Welche Informationsquellen nutzen Sie und warum? b) Für wie zuverlässig halten Sie die von Ihnen verwendeten Quellen? c) Würden Sie sich beim Kauf eines Produkts auch mit den Angaben des Herstellers oder des Verkäufers zufriedengeben?	149–153
4	Nennen Sie beispielhaft fünf Bereiche, zu denen Sie bei den Verbraucherzentralen Informationen und Beratung erhalten können.	150
5	Finden Sie heraus, welche Unterschiede zwischen der Stiftung Warentest und Öko-Test bestehen.	151
6	a) Stellen Sie im Internet (www.mieterbund.de) fest, welchen Mieterverein Sie in Ihrer Nähe erreichen können und informieren Sie sich über das Angebot. b) Welche Themen sind beim Deutschen Mieterbund gerade aktuell? Auf Seite 323 finden Sie eine Hilfestellung zum Thema „Informationssuche im Internet".	
7	Welche Themen werden in der aktuellen Sendung ZDF-WISO behandelt? Informieren Sie sich auch über die Themen im Archiv. Informationen erhalten Sie im Internet auf der Seite www.zdf.de/verbraucher/wiso	
8	Sie wollen sich einen Tablet-PC kaufen. a) Warum kann der Preis nicht alleiniges Kaufkriterium sein? b) Welche unterschiedlichen Geräte gibt es (z. B. Leistungsklassen, Preiskategorien)? c) Wo finden Sie Testergebnisse zu den von Ihnen favorisierten Geräten? d) Was halten Sie von den Bewertungen der Kunden, die dieses Gerät bereits gekauft haben?	

8.2 Warenkennzeichnung

Durch ihre Ausbildung zur Floristin weiß Anne, dass Schnittblumen aus Deutschland „Das grüne Zertifikat" tragen, wenn sie umweltgerecht angebaut wurden. Was bedeuten aber all die anderen Güte- und Umweltzeichen und wie sieht es insbesondere bei den Lebensmitteln aus?

- Welche Angaben müssen oder können auf den Etiketten von Lebensmitteln stehen?
- Was bedeuten die E-Nummern in der Zutatenliste?
- Als aufgeklärte Verbraucherin möchte Anne Lebensmittel ohne Gentechnik kaufen. Wie kann sie solche Lebensmittel erkennen?
- Sind Bio-Produkte besser als normale Lebensmittel?
- Kann sie sich auf die angegebenen Gütezeichen verlassen oder ist das nur ein Werbegag?
- Welche Produktinformationen und Sicherheitszeichen gibt es beim Kauf von Elektrogeräten?

8.2.1 Gesetzliche Warenkennzeichnung

In einem durchschnittlichen Supermarkt sind ungefähr 33.000 Artikel zu finden. Der Käufer soll unter diesen auswählen, hat aber häufig aufgrund mangelnder Kenntnisse keinen Vergleichsmaßstab. An dieser Stelle versucht der Staat, aber auch die private Wirtschaft, dem Käufer Orientierungspunkte zu geben. Es gibt deshalb gesetzlich vorgeschriebene und von den Unternehmen freiwillig eingehaltene Warenkennzeichnungen, die Informationen über Inhalt, Beschaffenheit und Qualität der Ware vermitteln.

Lebensmittel-Informationsverordnung (LMIV)

Sie soll den Verbraucher vor gesundheitlichen Gefahren und vor Täuschung schützen und ist deshalb bei verpackten Waren Pflicht. Folgende Angaben müssen in deutscher Sprache deutlich sichtbar und gut lesbar auf der Verpackung bzw. dem Etikett angebracht sein (alle darüber hinausgehenden Angaben sind freiwillig bzw. Werbung):

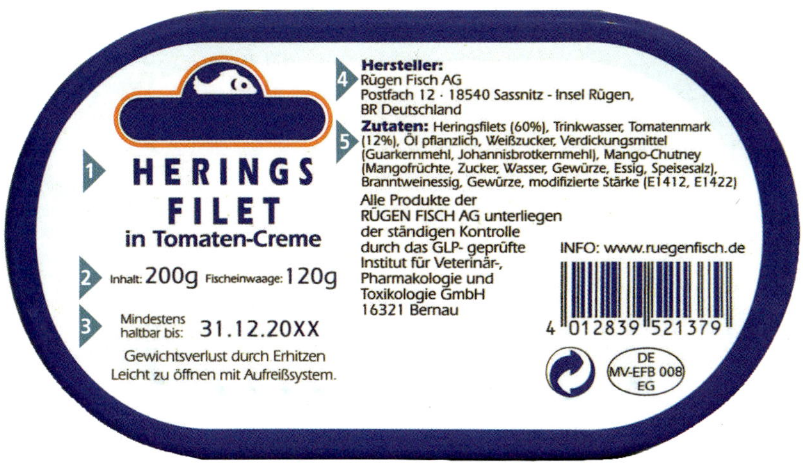

1	2	3	4	5
Bezeichnung des Lebensmittels	*Nettofüllmenge nach deutschem Maß und Gewicht*	*Mindesthaltbarkeitsdatum bei ordnungsgemäßer Lagerung*	*Name und Anschrift des Lebensmittelunternehmers*	*Verzeichnis der Zutaten in der Reihenfolge des Mengenanteils nach QUID* (einschließlich der Stoffe, die Allergien und Unverträglichkeiten auslösen können)*

E-Nummern
Hinter den E-Nummern verbergen sich meist künstlich hergestellte Lebensmittelzusatzstoffe, die zum Teil gesundheitsbedenklich sind.
Weitere Informationen z. B. unter: www.zusatzstoffe-online.de

Global Trade Item Number (GTIN)
Diese früher als Europäische Artikelnummer (EAN) bezeichnete Nummer, die auch als Barcode angegeben wird, dient u. a. zum Einscannen an der Kasse.

Artikelpreis
Da jeder Händler in seiner Preisgestaltung frei ist, befindet sich der Preis der Ware i.d.R. nicht auf dem Etikett, sondern er wird von der Scannerkasse aus der zugeordneten Artikeldatei gelesen.

** QUID*
Gemäß den Vorschriften zur Quantitativen Inhalts-Deklaration (QUID) müssen die Hauptzutaten, die aus dem Namen oder bildlich erkennbar sind, mit ihrem Prozentanteil angegeben werden.

EU-Vermarktungsnormen und Handelsklassen

Für landwirtschaftliche Produkte (frisches Obst und Gemüse, Eier, Geflügel und Fleisch) sowie für Fischereiprodukte gelten in der Europäischen Union bindende Vermarktungsnormen und/oder Handelsklassen, die den Verbrauchern eine bessere Marktübersicht erlauben und sie vor minderwertiger Ware schützen sollen. Die Einhaltung der gesetzlichen Vorschriften wird streng kontrolliert.
Hier eine Übersicht über die wesentlichen Regelungen zu den Vermarktungsnormen und Handelsklassen:

Produkt	Vermarktungsnorm / Handelsklasse
Obst & Gemüse 	Allgemeine Vermarktungsnorm • die Frucht muss ganz, gesund und sauber sein • kaum Rückstände an Pflanzenschutzmitteln • frei von fremdem Geruch und Geschmack • frei von Schädigungen durch Schädlinge • genügend entwickelt und ausreichend reif } gilt für **alle** Obst- und Gemüsesorten als Mindeststandard Spezielle Vermarktungsnorm • Klasse Extra: höchste Qualität, frei von jeglichen Fehlern • Klasse I: gute Qualität mit leichteren Fehlern • Klasse II: mittlere Qualität auch mit gröberen Fehlern } gilt nur für die gebräuchlichsten Obst- und Gemüsesorten
Eier  	• Für Endverbraucher dürfen nur Eier der **Güteklasse A** gehandelt werden (die Güteklassen B und C gelten nur für weiterverarbeitende Betriebe). • Bei der **Haltungsform** (1. Ziffer) gilt: 0 = Ökologische Erzeugung 1 = Freilandhaltung 2 = Bodenhaltung 3 = Käfighaltung (seit 2012 verboten; in Kleingruppen zzt. noch erlaubt) • Beim **Herkunftsland** gilt: DE = Deutschland, AT = Österreich usw. • Die nächsten zwei Ziffern geben das **Bundesland** an: z. B. 02 = Hamburg
Fleisch & Geflügel 	Auf dem Etikett für Fleischprodukte müssen folgende Pflichtangaben stehen: • Name und Anschrift des Herstellers, Verpackers oder Verkäufers sowie die Teilnehmernummer bei einem neutralen Prüfinstitut • Verkehrsbezeichnung der Tierart und des Teilstücks • Herkunftskennzeichnung und Nummer des Schlachtbetriebs • Mindesthaltbarkeitsdatum • Ident-Nr. bei Rindfleisch und Güteklasse bei Geflügel
Fisch 	Bei unverarbeitetem Fisch müssen außer der Fischart diese Angaben erfolgen: • Seefisch: Fanggebiet • Binnenfisch: Herkunftsland • Aquakultur/Zucht: Land, in dem der Fisch die letzte Entwicklungsphase durchlaufen hat

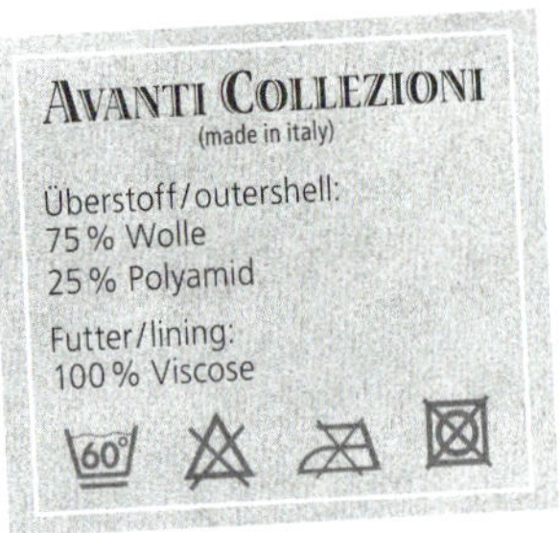

Textilkennzeichnungsgesetz

Textilerzeugnisse (Stoffe, Kleidung, Bezüge, Futterstoffe, Matratzen und textile Fußbodenbeläge) dürfen an Endverbraucher nur verkauft werden, wenn sie mit einer Angabe über Art und Gewichtsanteil der verwendeten textilen Rohstoffe versehen sind. Die Angaben müssen in Prozentanteilen am Textilgewicht in absteigender Reihenfolge an der Ware selbst, z. B. durch Einweben, Etikett, oder durch Aufdruck auf der Verpackung, genannt werden. Allgemein übliche Pflegekennzeichnungen sind möglich und sinnvoll, aber nicht vorgeschrieben.

Preisangabenverordnung

Ausgestellte und Endverbrauchern angebotene Waren müssen (bis auf wenige Ausnahmen, wie z. B. Antiquitäten oder Kunstwerke) deutlich sichtbar auf der Ware selbst oder am Regal mit dem Verkaufspreis (also einschließlich Mehrwertsteuer) ausgezeichnet werden. Zusätzlich muss zum besseren Preisvergleich der Grundpreis angegeben werden (vgl. nebenstehende Zeitungsmeldung). Anstelle des Endpreises kann auch der Stundensatz für bestimmte Leistungen (z. B. bei Kfz-Reparaturen) genannt werden. Im Versandhandel müssen außerdem die Liefer- und Versandkosten genannt werden. Banken müssen bei Darlehensverträgen mit Privatkunden den Effektivpreis angeben. Diese Bestimmungen gelten insbesondere auch für Online-Geschäfte im Internet.

EU erleichtert Preisvergleiche
Damit die Verbraucher die Preise besser vergleichen können, muss bei Handelswaren zusätzlich zum Endpreis (einschließlich der MwSt.) auch der sogenannte Grundpreis angegeben werden. Das ist der Preis pro (üblicher) Maßeinheit, z. B. 235 g zu 4,50 € ergibt einen Grundpreis von 19,15 €/kg. Die Angabe des Grundpreises ist besonders wichtig, seit die EU die Verpackungsgrößen freigegeben hat.

Mess- und Eichgesetz

Das Mess- und Eichgesetz schreibt u. a. vor, dass Waagen, Gewichte, Füllmaße, Längenmaße etc. für den gewerblichen Einsatz regelmäßig auf ihre Genauigkeit überprüft („geeicht") werden müssen. Dadurch sollen Verbraucher vor unlauteren Geschäftspraktiken geschützt werden.
Ferner definiert das Eichgesetz, was unter einer **Fertigpackung** zu verstehen ist und welche Anforderungen hinsichtlich der Füllmenge bestehen. Demnach muss eine Verpackung so gestaltet sein, dass dem Käufer keine größere Füllmenge vorgetäuscht wird, als in ihr enthalten ist (sogenannte „Mogelpackung").

Mogelpackung
Der Cremetiegel überschreitet die tolerierbare Größe für seine 15 Milliliter Inhalt um deutlich mehr als ein Drittel. Auch die Faltschachtel ist für den Tiegel viel zu groß und damit eine Mogelpackung.
(Quelle: Stiftung Warentest (Hg.): test 6/2013)

Seit vielen Jahren stellt die Verbraucherzentrale Hamburg (www.vzhh.de) eine „Mogelpackung des Monats" vor.

Produktinformationen

Für einige bestimmte Produkte sind neben den freiwilligen Informationen eines Unternehmens weitere Angaben vorgeschrieben:

- Neuwagen müssen mit einem **Effizienzlabel** gekennzeichnet werden, bei dem allerdings außer dem CO_2-Ausstoß auch das Fahrzeuggewicht in die Berechnung mit einfließt, d. h. schwere Autos dürfen mehr Kohlendioxid ausstoßen als leichtere Modelle. Dies ist durchaus kritisch anzusehen, da sparsame Kleinwagen benachteiligt und größere Wagen mit einem höheren Spritverbrauch bevorteilt werden.
- Elektrische Haushaltsgroßgeräte müssen ein **Energie-Etikett** aufweisen (gemäß EU-Richtlinie). Es enthält Informationen über verschiedene energie- und umweltrelevante Daten sowie Angaben zur Gebrauchstauglichkeit der Geräte. Die standardisierte Darstellung bestimmter Warenmerkmale soll dem Kunden verbesserte Vergleichsmöglichkeiten schaffen und damit dazu beitragen, die Kaufentscheidung zu vereinfachen.
- Damit Bankkunden beim Kauf von (komplizierten) Anlageprodukten besser geschützt werden, muss ihnen ein **Produktinformationsblatt** (gemäß Anlegerschutzgesetz) ausgehändigt werden, auf dem sie kompakt und verständlich über Funktionsweise, Risiken und Kosten der Geldanlage informiert werden. Der Kunde muss zudem erfahren, unter welchen Bedingungen er sein Geld zurückbekommen kann. Die Informationsblätter sind ein unterstützendes Element der Finanzberatung eines Kunden, sie können aber nicht die eigentliche Beratung ersetzen.

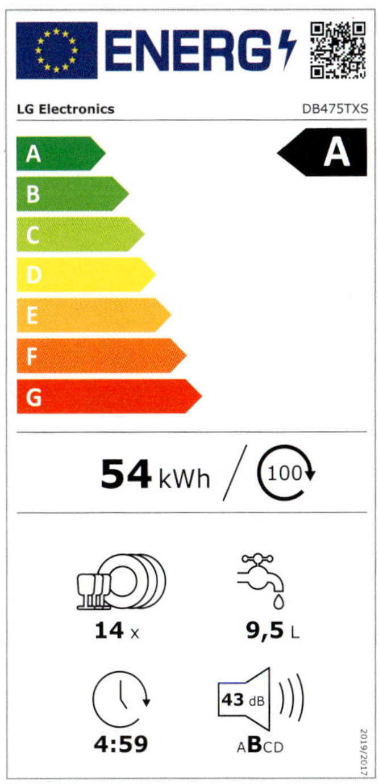

8.2.2 Freiwillige Warenkennzeichnung

Informationen zu über 400 Labels: www.label-online.de

Viele Hersteller geben auf einem Produkt oder seiner Verpackung zusätzlich zu den gesetzlich vorgeschriebenen Kennzeichnungen freiwillig Informationen in Wort- und/oder Bildzeichen. Damit wird auf die besonderen Qualitäten von Produkten und Dienstleistungen, z. B. soziale, ökologische oder die Gesundheit betreffende Eigenschaften, hingewiesen. Die Kennzeichen (auch Labels oder Logos genannt) dienen der Abgrenzung gegenüber anderen Produkten und Dienstleistungen und sind dadurch ein wichtiges Marketinginstrument.

Kennzeichen / Label

- **Gütezeichen** werden nach einem Prüfverfahren vom Deutschen Institut für Gütesicherung und Kennzeichnung e. V. (RAL) anerkannt und überprüft.
- **Umweltzeichen** werden für Produkte vergeben, die besonders umweltschonend hergestellt wurden.
- **Prüfzeichen** werden von wissenschaftlichen Instituten für Produkte mit hohen sicherheitstechnischen Anforderungen vergeben.
- **Regionalzeichen** Mit diesen Herkunftszeichen wird für Produkte aus bestimmten Regionen geworben.
- **Test-Label** werden von der Stiftung Warentest bzw. Öko-Test für getestete Produkte vergeben (siehe Seite 151).

Hier sind einige ausgewählte Beispiele unterschiedlicher Labels:

DE-ÖKO-000
EU-Landwirtschaft

EU-Bio-Logo mit Kontrollstellencode

www.oekolandbau.de/bio-siegel/

Bio-Siegel

Alle in der EU produzierten und vorverpackten Bio-Lebensmittel sind mit dem **EU-Bio-Logo** („Euro-Blatt") verpflichtend zu kennzeichnen. So sollen einheitliche Mindeststandards für den ökologischen Landbau europaweit gewährleistet werden. Zusätzlich können die Bio-Lebensmittel mit dem staatlichen **deutschen Bio-Siegel** gekennzeichnet werden. Nur wenn bei der Erzeugung, Verarbeitung, Lagerung und Kennzeichnung die EU-Rechtsvorschriften für den ökologischen Landbau eingehalten werden und die Produzenten sich den vorgeschriebenen Kontrollen unterziehen, müssen vorverpackte Bio-/Öko-Lebensmittel mit dem EU-Bio-Logo und können zusätzlich mit dem staatlichen Bio-Siegel und darüber hinaus auch mit den Logos der Öko-Anbauverbände gekennzeichnet werden. Das Ziel ist Markttransparenz und vor allem eine bewusste Orientierung der Verbraucher beim Kauf von Lebensmitteln.

www.blauer-engel.de

Blauer Engel

Dieses Umweltzeichen zeigt die besondere Umweltverträglichkeit eines Produkts – bei gleichzeitigem Erhalt der Gebrauchstauglichkeit und Sicherheit – an. Die „Jury Umweltzeichen" vergibt das Umweltzeichen für bestimmte Einzelprodukte, wie z. B. für umweltfreundlich hergestellte Matratzen, Recyclingpapier (aus 100 % Altpapier), Mehrwegflaschen, strahlungsarme Handys, schadstoffarme Lacke, wiederaufbereitete Toner-Module usw. Mithilfe dieses Zeichens sollen umweltfreundliche Alternativen für Verbraucher besser erkennbar sein.

www.eu-ecolabel.de

Europäisches Umweltzeichen (Euroblume)

Das Ecolabel der Europäischen Union ist ein freiwilliges internationales Gütezeichen für besonders umweltfreundliche Produkte und Dienstleistungen (z. B. für Reinigungsprodukte, Elektrogeräte, Textilien, Farben; nicht aber für Nahrungsmittel, Getränke, Arzneimittel). Es wird bei einer nationalen Stelle beantragt (in Deutschland beim Deutschen Institut für Gütesicherung und Kennzeichnung – RAL) und von der Europäischen Kommission entsprechend den vereinbarten Kriterien bewilligt. Diese Kriterien gehen über das gesetzlich vorgeschriebene Maß hinaus. Die Vergabe ist zeitlich begrenzt und muss ggf. erneut beantragt werden.

CE-Kennzeichnung

Mit dieser Kennzeichnung bestätigt der Hersteller (bzw. der Importeur in die EU), dass das Produkt die Anforderungen der jeweiligen EU-Richtlinie erfüllt. Damit soll ein Mindestniveau an Sicherheit und Gebrauchstauglichkeit dieser Waren erreicht werden. Die CE-Kennzeichnung ist derzeit u. a. für folgende Produktgruppen verpflichtend: Spielzeuge, Bauprodukte, Elektrogeräte, medizinische Geräte.

Der Hersteller muss die Beurteilung selbst durchführen, sie dokumentieren, und bestätigen, dass das Produkt alle Anforderungen erfüllt. Eine Beurteilung oder Kontrolle durch externe Stellen ist nicht vorgesehen. Daher ist das Label eher ein Verwaltungskennzeichen für die Behörden als ein Gütesiegel und hat für den Verbraucher keine große Aussagekraft.

www.ce-zeichen.de

Geprüfte Sicherheit (GS)

Mit dem freiwilligen GS-Zeichen können Produkte gekennzeichnet werden, die gesetzlich geregelte sicherheitstechnische Anforderungen erfüllen. Das Produktsicherheitsgesetz schreibt vor, dass Hersteller oder Importeure nur technische Geräte auf den deutschen Markt bringen dürfen, die nach den allgemein anerkannten Regeln der Technik und den Vorschriften für Arbeitsschutz, Arbeitssicherheit und Gesundheitsschutz gebaut worden sind. Das Zeichen wird immer zusammen mit der überprüfenden Stelle angegeben, z. B. Technischer Überwachungsverein (TÜV) oder Verband der Elektroindustrie (VDE).

www.vde.com
www.tuev-sued.de

Trusted Shops

Dieses Zeichen erhalten Online-Shops im Internet, wenn sie die strengen Bedingungen bezüglich Seriösität, Datenschutz und Liefersicherheit erfüllen. Mithilfe des Gütesiegels und einem Bewertungssystem für Online-Shops sollen vertrauenswürdige Händler für die Käufer besser erkennbar werden. Außerdem wird den Kunden eine über die gesetzlichen Bestimmungen hinausgehende Geld-zurück-Garantie gewährt. Trusted Shops ist mit rund 15.000 zertifizierten Händlern Marktführer in Deutschland.

www.trustedshops.de

Fairtrade-Siegel

Mit diesem Siegel werden Produkte aus fairem Handel (hauptsächlich Lebensmittel und Handwerksprodukte aus Entwicklungsländern) ausgezeichnet, wenn sie unter menschenwürdigen Lebens- und Arbeitsbedingungen und umweltverträglichen Produktionsverhältnissen hergestellt wurden. Den Produzenten wird ein Mindestpreis garantiert, der die Lebenshaltungs- und Produktionskosten decken soll. Zudem wird eine Sozialprämie gezahlt, mit der ökonomische und soziale Entwicklungsprojekte finanziert werden.

www.fairtrade-deutschland.de

Für fast alle Lebensbereiche scheint es Labels (Siegel) zu geben, allein in Deutschland sind es über 1.000. Einerseits geben diese Labels den Verbrauchern in komprimierter Form eine wertvolle Orientierungshilfe beim Einkauf, andererseits muss man natürlich hinterfragen, wie seriös die einzelnen Kennzeichen sind:

- Welche Organisation steckt hinter der Vergabe eines Gütesiegels?
- Wird eine unabhängige Prüfung und Bewertung der ausgezeichneten Unternehmen, Produkte und Dienstleistungen durchgeführt?
- Wird die Einhaltung der Standards später auch überwacht?

Es gibt auch frei erfundene oder problematische Labels, die gar nicht oder nicht korrekt zertifiziert sind (z. B. „dermatologisch getestet" oder „Umweltbaum"). Häufig steht für die Unternehmen bei der Auszeichnung ihrer Produkte das Vermarktungsinteresse im Vordergrund. Für die Verbraucher heißt das, sich nicht blind auf Werbeversprechen zu verlassen, sondern sich über die jeweiligen Labels genau zu informieren.

ÜBERBLICK

WARENKENNZEICHNUNG
(zur Information und zum Schutz der Verbraucher)

Gesetzlich vorgeschrieben
(Gesetze und Verordnungen)

- Lebensmittel-Informationsverordnung
- EU-Vermarktungsnorm/Handelsklasse
- Textilkennzeichnungsgesetz
- Preisangabenverordnung
- Mess- und Eichgesetz
- Produktinformationen

Freiwillig
(als Werbemaßnahme)

- Gütezeichen (z. B. Bio-Siegel, Fairtrade, Neuform)
- Umweltzeichen (z. B. Blauer Engel, Naturland)
- Prüfzeichen (z. B. TÜV, VDE, GS)
- Regionalzeichen (z. B. Geprüfte Qualität aus ...)
- Test-Label (z. B. Stiftung Warentest, Öko-Test)

	Wie fit sind Sie beim Thema „Warenkennzeichnung"?	Inhaltsbezug Seite
1	Welche Verbraucherinformationen müssen auf Lebensmittelverpackungen angebracht sein?	155
2	a) Nennen Sie mindestens drei gesetzliche und drei freiwillige Warenkennzeichnungen. b) Worin besteht der Unterschied zwischen der gesetzlichen und der freiwilligen Warenkennzeichnung?	155–159
3	Führen Sie in der Klasse eine Pro-und-Kontra-Diskussion über die Kennzeichnung von gentechnisch veränderten Lebensmitteln durch.	
4	Die Preisauszeichnung einer Fertigpackung lautet: 3,25 €/250 g. Begründen Sie, warum diese Preisauszeichnung unzureichend ist. Wie muss sie korrekt lauten?	157
5	Welche Umweltzeichen gibt es? Wie schätzen Sie die Wirkung dieser Zeichen ein?	158
6	„Freiwillige Produktkennzeichnung dient weniger der Information der Verbraucher als der Werbung". Wie beurteilen Sie diese Behauptung?	158–159
7	Zu viel Zucker, Fette oder Salz – Übergewicht erhöht das Risiko für Krankheiten wie Bluthochdruck oder Diabetes. Recherchieren Sie im Internet (z. B. beim BMEL), welche Bedeutung das Label Nutri-Score hat und überzeugen Sie Ihre Mitschüler von einer gesunden Ernährung.	
8	a) Welchen Kriterien unterliegt die Verwendung der Begriffe „Öko", „Bio" oder „Light"? b) Können Produktnamen beliebig damit ausgeschmückt werden?	
9	Rufen Sie die Internetseite www.label-online.de auf und prüfen Sie, welche Anforderungen Unternehmen erfüllen müssen, die die folgenden Zeichen verwenden wollen: a) den Blauen Engel b) das Europäische Umweltzeichen (Euroblume)	
10	Rufen Sie die Internetseite www.lebensmittelklarheit.de auf. Welche aktuellen Fälle unklarer Lebensmittelkennzeichnung oder sogar bewusster Täuschung der Verbraucher werden dort zurzeit vorgestellt?	
11	Rufen Sie die Internetseite www.nachhaltig-einkaufen.de auf und erklären Sie, was mit a) nachhaltigem Konsum und b) Corporate Social Responsibility (CSR) der Unternehmen gemeint ist.	
12	Betrachten Sie die Karikaturen zur Ethik des Verbrauchers (S. 149 und 159) und legen Sie Ihre eigene Meinung dazu dar. Schauen Sie vorher auf die Methodenseite „Eine Karikatur lesen" auf S. 320.	

8.3 Verbraucherschutzgesetze

Anne hat sich schon oft über die „Tricks" so mancher Anbieter gewundert. Ob sie in die Stadt zum Einkaufsbummel geht oder im Internet nach Online-Angeboten sucht, überall stolpert sie über „Werbemaschen", bei denen sie sich fragt, ob das noch mit den geltenden Gesetzen übereinstimmt.

- Inwieweit ist Anne als „Verbraucherin" besonders geschützt?
- Muss man denn ständig darauf achten, dass man nicht auf Lockvogelangebote, „Mondpreise" und auf Spam im Internet hereinfällt?
- Welche Werbung ist noch zulässig und welche ist verboten?
- Muss man im Internet stets aufpassen, dass man nicht durch einen falschen Klick in eine Abo-Falle stolpert?
- Welche besonderen Regeln gelten beim Einkauf im Internet?
- Sollte man den Vertreter an der Haustür lieber gleich abweisen?

Verbraucher haben gegenüber Unternehmen regelmäßig eine schwächere Position und sind in Gefahr, von diesen benachteiligt zu werden. Informationen und Beratungen allein reichen oftmals nicht aus, um die Anbieter vom wettbewerbswidrigen Ausnutzen ihrer Markmacht abzuhalten. Daher hat der Gesetzgeber zusätzlich zahlreiche **gesetzliche Regelungen** geschaffen, um die Stellung der Verbraucher zu verbessern.

8.3.1 Verbrauchsgüterkauf

Die rechtliche Besserstellung der Verbraucher ist in den §§ 474 ff. BGB geregelt:

BGB § 474 [Verbrauchsgüterkauf]
Kauft ein Verbraucher von einem Unternehmen eine bewegliche Sache (Verbrauchsgüterkauf), gelten ergänzend die folgenden Vorschriften (§§ 475–479):

Geschäftsbeziehungen
*Zwischen Unternehmen und Verbrauchern werden Geschäftsbeziehungen auch als **B2C** (Business to Consumer) bezeichnet und zwischen Unternehmen als **B2B** (Business to Business).*

- Beim **Versendungskauf** geht die Gefahr des zufälligen Untergangs erst auf den Käufer über, wenn er die Sache tatsächlich hat, und nicht wie beim normalen Kauf am Erfüllungsort („Die Ware reist auf Gefahr des Verkäufers").
- Vereinbarte **Verjährungsfristen** dürfen bei neuen Sachen zwei Jahre und bei gebrauchten Sachen ein Jahr nicht unterschreiten (vgl. Kap. 7.6).
- Der vollständige oder teilweise vertragliche Ausschluss der **Mängelhaftung** (Gewährleistung) ist mit Ausnahme des Schadenersatzes unzulässig.
- Tritt bei einer gekauften Sache innerhalb der ersten zwölf Monate ein Mangel auf, so wird zugunsten des Käufers vermutet, dass dieser Mangel schon beim Kauf vorhanden war. Dies muss der Käufer nicht beweisen. Bestreitet der Verkäufer diese Vermutung, muss er hingegen beweisen, dass die Sache von Anfang an mangelfrei war (**Beweislastumkehr**).
- Gibt ein Verkäufer eine besondere **Garantieerklärung** ab, die über die normale Mängelhaftung (Gewährleistung) hinausgeht, so muss diese einfach und verständlich formuliert sein. Sie muss einen Hinweis auf die gesetzlichen Rechte enthalten und darauf, dass diese durch die Garantie nicht eingeschränkt werden.
- Bei **Verzugszinsen** zahlen Verbraucher nur einen Zinssatz von 5 %-Punkten über dem Basiszinssatz (Unternehmen zahlen 8 %-Punkte mehr als der Basiszinssatz).
- Bei diesen Verträgen haben Verbraucher ein 14-tägiges **Widerrufsrecht**: Fernabsatzverträge, Verbraucherdarlehen und Verträge, die außerhalb von Geschäftsräumen geschlossen wurden.

Garantieverlängerung – Schnäppchen oder Wucher?
Die Deutschen gehen gern auf Nummer sicher: Sie kaufen Garantieverlängerungen für Fernseher, Computer und Autos und zahlen z. B. für eine 2-jährige Verlängerung bis zu 20 % des Kaufpreises. Die Unternehmen freut es!

8.3.2 Gesetz gegen den unlauteren Wettbewerb (UWG)

Dieses Gesetz verfolgt das Ziel, Mitbewerber und Verbraucher vor dem schädigenden Verhalten eines Unternehmens zu schützen.

> § **UWG § 3 [Verbot unlauterer geschäftlicher Handlungen]**
> Geschäftliche Handlungen, die sich an Verbraucher richten oder diese erreichen, sind unlauter, wenn sie nicht der unternehmerischen Sorgfalt entsprechen und dazu geeignet sind, das wirtschaftliche Verhalten des Verbrauchers wesentlich zu beeinflussen.

Vergleichende Werbung

Die vergleichende Werbung ist erlaubt, wenn dabei einige Grundsätze eingehalten werden:
- *Sie darf nicht irreführend, herabsetzend oder verunglimpfend sein.*
- *Die Waren oder Dienstleistungen müssen für den gleichen Bedarf miteinander verglichen werden.*
- *Es dürfen nur objektiv wesentliche, typische und nachprüfbare Eigenschaften verglichen werden.*
- *Es darf nicht zu Verwechselungen kommen und es dürfen keine Nachahmungen sein. Der gute Ruf der Konkurrenz darf nicht beschädigt werden.*

Neben der Generalklausel des § 3 nennt der Gesetzgeber in den §§ 3a–7 Beispiele für unlautere geschäftliche Handlungen. Danach ist unter anderem **verboten**:
- Ausübung von Druck und unsachlicher Einflussnahme (z. B. aggressive Werbung).
- Ausnutzung geschäftlicher Unerfahrenheit oder Leichtgläubigkeit, insbesondere von Kindern und Jugendlichen.
- Verschleierung des Werbecharakters, sodass der Verbraucher den Werbecharakter einer Aussage oder Handlung nicht sogleich erkennen kann (z. B. Schleichwerbung im Fernsehen).
- Preisausschreiben und Gewinnspiele anzubieten, bei denen die Teilnahme vom Erwerb einer Ware abhängig gemacht wird.
- Mitbewerber und ihr Warenangebot wahrheitswidrig herabzusetzen oder zu verunglimpfen oder diese sogar gezielt zu behindern.
- Nachahmungen eines Produkts anzubieten und die Abnehmer über Herkunft und Wert einer Ware zu täuschen.
- Irreführende Angaben zu machen (z. B. über Verfügbarkeit, Herstellung, Herkunft, Verwendungsmöglichkeit, Preis und Preisnachlässe, Verschweigen wesentlicher Merkmale der Ware).
- Irreführende Vermarktung zu betreiben, die z. B. die Verwechselungsgefahr mit den Waren, Dienstleistungen oder der Marke eines Mitbewerbers hervorruft.
- Vergleichende Werbung, wenn sie irreführend und/oder objektiv falsch ist.
- Unzumutbare Belästigungen (z. B. per Telefon, Fax, E-Mail), in die der Verbraucher nicht ausdrücklich eingewilligt hat.

Falls doch Verstöße gegen den lauteren Wettbewerb vorkommen, kann der Verbraucher gegenüber dem Unternehmen die Rechte geltend machen, die ihm aus mangelhafter Lieferung (siehe Abschnitt 7.4.2) zustehen.
Nach § 434 Abs. 1 BGB muss die Ware die Eigenschaften aufweisen, die der Verkäufer in einer Werbung angepriesen hat. Anspruch auf Unterlassung der unlauteren Werbung können ansonsten nur Mitbewerber, Verbraucher- und Unternehmensverbände und Industrie- und Handelskammern geltend machen.

Was ist erlaubt in der Werbung, was nicht? Hier einige **Beispiele**:

erlaubt Sonderaktionen sind mit jedem (Teil-)Sortiment das ganze Jahr über zulässig.

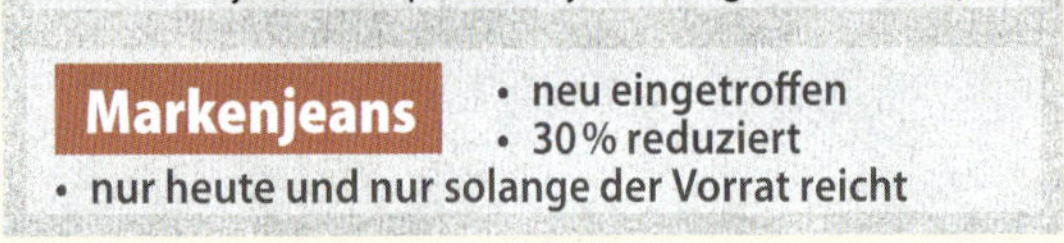

verboten Verstoß gegen den lauteren Wettbewerb: Lockvogelangebot! Vorrat muss nach herrschender Meinung für mindestens zwei Tage reichen.

erlaubt Werbeaktion, die gegen keine Regelung des UWG verstößt.

verboten Sofern es sich nicht nur um eine Billiguhr handelt unlauter, da sich der Kunde eventuell nur wegen der teuren Uhr für den Kauf entscheidet.

erlaubt Jeder Unternehmer kann Sonderverkäufe nach eigenem Gutdünken veranstalten. Sommer- und Winterschlussverkauf sind zeitlich und hinsichtlich des Sortiments nicht mehr gesetzlich geregelt.

erlaubt Werbung mit Preisgegenüberstellungen ist erlaubt, wenn der höhere Preis tatsächlich für eine längere Zeit gültig war.

verboten Preiskopplung ist nach der Preisangabenverordnung nicht erlaubt, wenn die Einzelpreise nicht erkennbar sind.

erlaubt Dieses Kopplungsgeschäft ist erlaubt, wenn die Vertragskosten mindestens genauso deutlich erkennbar sind wie der Handypreis (Kleingedrucktes in einer Fußnote ist demnach unzulässig).

8.3.3 Allgemeine Geschäftsbedingungen (AGB)

Allgemeine Geschäftsbedingungen, die von vielen Unternehmen verwendet werden, sind im BGB §§ 305–310 geregelt. Sie erleichtern den Abschluss von Verträgen, da auf vorformulierte Klauseln („das **Kleingedruckte**") zurückgegriffen werden kann und nicht jeder Fall neu ausgehandelt werden muss.

Die Unternehmen versuchen häufig bei Störungen des Kaufvertrags ihre Pflichten bzw. die Rechte des Verbrauchers durch ihre AGB unzulässig einzuschränken. Aber nicht alles, was gedruckt ist, hat auch rechtliche Gültigkeit!

§

BGB § 307 [Generalklausel]
Bestimmungen in allgemeinen Geschäftsbedingungen sind unwirksam, wenn sie den Vertragspartner entgegen den Geboten von Treu und Glauben unangemessen benachteiligen.

Darüber hinaus müssen AGB-Bestimmungen klar und verständlich sein, mit den wesentlichen Grundgedanken der gesetzlichen Regelungen übereinstimmen und dürfen das Erreichen des Vertragszwecks nicht gefährden. Im Einzelnen ist im BGB geregelt:

(1)	(2)	(3)	(4)	(5)
die AGB werden nicht automatisch Bestandteil des Vertrags	persönliche Absprachen haben Vorrang	„überraschende" Klauseln werden nicht wirksam	„gefährliche" Klauseln sind je nach Einzelfall unwirksam	„absolut verbotene" Klauseln sind ohne Einschränkung unwirksam
(§ 305 BGB)	(§ 305b BGB)	(§ 305c BGB)	(§ 308 BGB)	(§ 309 BGB)

(1) Das sogenannte „Kleingedruckte" wird **nicht automatisch Bestandteil** des Vertrags, sondern der Verbraucher muss ausdrücklich darauf aufmerksam gemacht werden. Er muss in zumutbarer Weise davon Kenntnis nehmen können und mit der Geltung einverstanden sein.
Allgemeine Geschäftsbedingungen, die z. B. auf der Rückseite einer Rechnung stehen, erlangen keine Gültigkeit, wenn sie bei Vertragsabschluss nicht schon bekannt waren.

(2) **Persönliche Absprachen** haben grundsätzlich Vorrang vor AGB. Wird als Liefertermin z. B. der 1. Juli vereinbart, so kann dies nicht durch eine Klausel auf der Rückseite des Vertrags aufgehoben werden, die z. B. besagt: „der umseitig angegebene Liefertermin ist unverbindlich".

(3) Klauseln, die so **ungewöhnlich** sind, dass damit nicht zu rechnen ist, werden nicht wirksam. Lässt jemand z. B. eine Blitzschutzanlage montieren, so rechnet er nicht damit, dass jährlich ein Mitarbeiter der Firma erscheint, um die Anlage zu warten. Auch wenn eine derartige Klausel in den Lieferbedingungen der Firma steht, wird sie nicht Bestandteil des Vertrags.

(4) Bestimmte Klauseln in den AGB des Lieferanten können **von Fall zu Fall unwirksam** sein (das sind Klauseln mit „Wertungsmöglichkeit").
Ein Änderungsvorbehalt kann z. B. vorsehen, dass eine bestellte Ware auch aus einem anderen Material, in anderen Farben oder anderen Maßen geliefert werden darf. Solche Vorbehalte sind für den Kunden nur dann wirksam, wenn sie zumutbar sind. Zumutbar könnten beispielsweise geringfügige Farbabweichungen sein, die sich etwa bei Möbeln nicht immer vermeiden lassen. Hier muss von Fall zu Fall entschieden werden.

(5) Es gibt Klauseln, die **von vornherein unwirksam** sind. Unzulässig ist es z. B., wenn beim Kauf eines neuen Autos Folgendes festgelegt ist: „Die Haftung des Verkäufers für sämtliche Schäden, die sich aus Sachmängeln ergeben, ist auf vorsätzliche Verursachung durch den Verkäufer beschränkt." Die Haftung für grobe Fahrlässigkeit kann in AGB nämlich nicht ausgeschlossen werden.

Unwirksame AGB
Sollten die verwendeten AGB tatsächlich ganz oder teilweise unwirksam sein, so bleibt der Vertrag, auf den sie sich beziehen, trotzdem wirksam. An die Stelle der unwirksamen AGB treten dann die gesetzlichen Regelungen.

Vorteile von AGB	Nachteile von AGB
• Vertragsinhalte müssen nicht ständig neu ausgehandelt werden, da vorformulierte Klauseln zur Verfügung stehen • Vereinheitlichung von Verträgen (Kosten- und Zeitersparnis) • Risikobegrenzung für den Verwender	• evtl. einseitige Benachteiligung des „schwächeren" Vertragspartners • Einschränkung der Vertragsfreiheit • Wettbewerbsbeschränkungen

8.3.4 Außerhalb von Geschäftsräumen geschlossene Verträge (früher: Haustürgeschäfte)

Immer wieder werden Verbraucher genau dann, wenn sie überhaupt nicht damit rechnen, zu einem unbedachten Geschäft gedrängt. Um einen lästigen Werber abzuschütteln oder weil man sich nicht genügend Gedanken über die Konsequenzen gemacht hat, wird schnell eine Unterschrift unter einen Vertrag gesetzt.
Da viele Menschen dem geschulten Verkaufspersonal oftmals nicht gewachsen sind, kommt es immer wieder zu unerwünschten Vertragsabschlüssen mit weitreichenden Folgen bzw. Kosten. Der Gesetzgeber hat bei derartigen Geschäften, die außerhalb von Geschäftsräumen abgeschlossen werden, ein besonderes Schutzbedürfnis gesehen und dem Verbraucher deshalb ein weitreichendes Widerrufsrecht eingeräumt.

***Typische Geschäfte**, die außerhalb von Geschäftsräumen abgeschlossen werden, sind zum Beispiel:*
- *Staubsaugerverkauf an der Haustür*
- *Kauf einer Kaschmirdecke anlässlich einer „Kaffeefahrt"*
- *Zeitschriftenabo in der Fußgängerzone*
- *Mitgliederwerbung für einen Buchclub am Arbeitsplatz*
- *Vertragsabschlüsse auf Messen und Märkten*

Für die Ausübung des **Widerrufsrechts** gelten beim außerhalb von Geschäftsräumen geschlossenen Vertrag folgende Regeln:

- Der Widerruf bedarf keiner Begründung.
- Er kann telefonisch oder in Schrift- bzw. Textform erfolgen (auch per E-Mail oder Fax, besser per Einschreiben!); es sollte eindeutig erklärt werden, dass der Vertrag widerrufen wird. Die bloße Rücksendung der Ware gilt nicht als Widerruf (es könnte sich auch um einen Mangel der Ware handeln). Unternehmen müssen Verbrauchern ein Muster-Widerrufsformular zur Verfügung stellen, das diese verwenden **können**.
- Die Widerrufsfrist von 14 Tagen beginnt frühestens mit einer wirksamen Widerrufsbelehrung, wobei auch auf die Rechtsfolgen hingewiesen werden muss.
- Erfolgt die Information über das Widerrufsrecht erst nach Vertragsabschluss, so beginnt die Frist erst mit diesem späteren Zeitpunkt. Bei einer unterbliebenen oder fehlerhaften Widerrufsbelehrung beträgt die Frist ein Jahr und 14 Tage.
- Zur Fristwahrung reicht die Absendung des Widerrufs innerhalb der Frist.
- Der Verbraucher muss ggf. eine Entschädigung für die Nutzung einer Sache, die über die reine Prüfung hinausgeht, erstatten.
- Eine Warenlieferung muss nach erfolgtem Widerruf auf Risiko des Verkäufers, aber – je nach Vertragsvereinbarung – in der Regel auf Kosten des Käufers zurückgeschickt werden.
- Das Widerrufsrecht ist zum Beispiel ausgeschlossen bei
  - Lieferung von leicht verderblichen Waren,
  - Waren, die eindeutig auf die persönlichen Bedürfnisse des Verbrauchers zugeschnitten sind,
  - Audio-/Videoaufnahmen und Software, wenn die Versiegelung entfernt wurde,
  - notariell beurkundeten Verträgen.

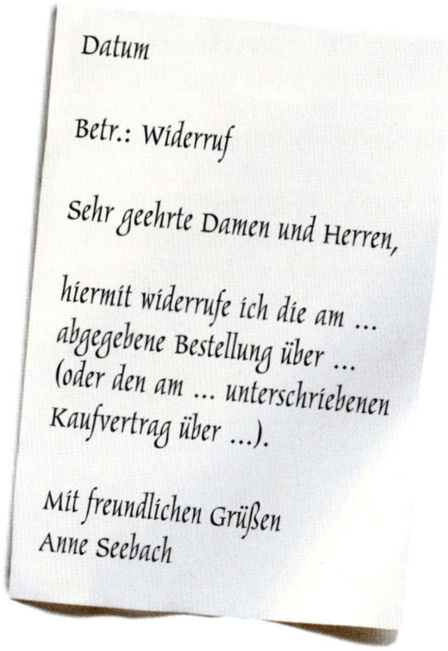

8.3.5 Teilzahlungsgeschäfte

Teilzahlungsgeschäfte (früher Abzahlungsgeschäfte, heute auch **Ratenkauf** genannt) sind Käufe, bei denen der Käufer nicht den gesamten Kaufpreis auf einmal bezahlen muss, sondern den Betrag durch (monatliche) Raten abzahlen kann. Der Vorteil für die Unternehmen liegt vor allem darin, dass sie dadurch einen größeren Kundenkreis erreichen und mehr Produkte verkaufen können.

Während der Ratenkauf für die Verkäufer also eher Vorteile bringt, kann die Bewertung aus Sicht des Kunden durchaus zwiespältig ausfallen:

Vorteile des Ratenkaufs für Kunden	Nachteile des Ratenkaufs für Kunden
• Sache kann sofort genutzt werden • keine lange Ansparzeit nötig • auch der Erwerb teurer Produkte wird so möglich	• zusätzliche Kosten (Zinsen, Gebühren) • langfristige finanzielle Belastung • Gefahr der Anhäufung von Schulden • keine Ausnutzung von Rabatten möglich • Verkäufer behält sich i. d. R. das Eigentumsrecht bis zur vollständigen Bezahlung vor

Aufgrund der nicht unerheblichen Gefahren für die Verbraucher hat der Gesetzgeber Bestimmungen ins Bürgerliche Gesetzbuch (BGB) aufgenommen, die im Rahmen der Verbraucherdarlehen (siehe Kap. 9.3) und Finanzierungshilfen den Verbraucher besonders schützen (siehe §§ 507, 491 und 495 auf der folgenden Seite).

Europäische Standardinformationen für Verbraucherkredite
Die Vorschriften für die genauen Angaben, die der Kreditgeber in den Kreditvertrag aufnehmen muss, sind europaweit einheitlich festgelegt. Sie sind im „Einführungsgesetz zum Bürgerlichen Gesetzbuch" (BGBEG) in der Anlage zu Artikel 247 geregelt (vgl. auch S. 199).

BGB § 507 [Teilzahlungsgeschäfte] i. Verb. m. §§ 491, 495
Bei einem Teilzahlungsgeschäft (Ratenkaufvertrag) gewährt der Kreditgeber einem Verbraucher einen entgeltlichen Zahlungsaufschub (Rückzahlung in Raten).
Zum Schutz der Verbraucher gelten u.a. folgende Bestimmungen:
- der Ratenzahlungsvertrag muss schriftlich abgeschlossen werden
- bestimmte Mindestinhalte sind vorgeschrieben:
  - Bar- und Teilzahlungspreis (einschließlich Zinsen und sonstiger Kosten)
  - effektiver Jahreszinssatz
  - Betrag und Fälligkeit der einzelnen Teilzahlungen
  - Kosten einer evtl. abzuschließenden Versicherung
  - Vereinbarung eines Eigentumsvorbehalts oder einer anderen Sicherheit
- Regelung zur Kündigung und Vorfälligkeitsentschädigung
- Belehrung über das 14-tägige Widerrufsrecht

Für das **Widerrufsrecht** bei Teilzahlungsgeschäften gelten die gleichen Regeln wie beim außerhalb von Geschäftsräumen geschlossenen Vertrag (siehe S. 165).

8.3.6 Fernabsatzverträge

Im Internet kommen Menschen aus aller Welt auf einem virtuellen Marktplatz zusammen, um Waren und Dienstleistungen auszutauschen. Die vertraglichen Beziehungen, die dabei entstehen, unterliegen rechtlichen Bestimmungen. Diese wurden auf europäischer Ebene als Richtlinien erlassen und auch in Deutschland in nationales Recht umgesetzt. Verträge, die per Mausklick im Internet oder telefonisch, per Fax oder E-Mail abgeschlossen werden, fallen unter die gesetzliche Regelung für **Fernabsatzverträge**.

§ 312c BGB [Fernabsatzverträge]
Um einen Fernabsatzvertrag handelt es sich, wenn:
- der Vertrag zwischen einem Unternehmer und einem Verbraucher unter ausschließlicher Verwendung von Fernkommunikationsmitteln zustande kommt und
- die Firma nach einem für den Fernabsatz organisierten Vertriebs- oder Dienstleistungssystem arbeitet und
- es sich um bewegliche körperliche (z. B. Haushaltswaren, Weinsendung) oder nicht körperliche Sachen (z. B. Strom, Gas, Fernwärme) oder um Dienstleistungen handelt.

(Ausgenommen sind: Fernunterricht, Finanz- und Immobiliengeschäfte, Lieferung von Lebensmitteln und das Angebot von Warenautomaten.)

Ähnlich wie Kaufleute auf ihrer Geschäftskorrespondenz (z.B. Briefe, Rechnungen) Informationen über ihr Unternehmen aufführen müssen, unterliegen die Betreiber von Internetshops bestimmten **Informationspflichten** nach § 312d BGB. Diese können in die allgemeinen Geschäftsbedingungen (AGB) eingefügt sein, müssen jedoch auf alle Fälle leicht erreichbar und verständlich formuliert sein. Dazu gehören insbesondere folgende Informationen:
- Der Unternehmer muss den Verbraucher rechtzeitig vor Abschluss des Fernabsatzvertrags über **Einzelheiten des Vertrags** und den geschäftlichen Zweck informieren und bei Waren diese Informationen spätestens mit der Lieferung in Textform übermitteln. Dazu gehören z. B. auch wesentliche Merkmale des Produkts, der Preis einschließlich aller Steuern, anfallende Zusatzkosten für Lieferung und Versand sowie die Zahlungsbedingungen.
- **Vertragsbeginn** und ggf. Mindestlaufzeit (bei dauernden oder regelmäßigen Leistungen).

- In einem Impressum müssen die **Identität des Anbieters**, eine gültige Anschrift (Postfach ist nicht zulässig), die Telefonnummer und E-Mail-Adresse sowie ggf. die Umsatzsteueridentifikationsnummer und Registernummer beim Handelsregister angegeben werden. Bei Telefongesprächen muss der Anbieter von vornherein seine Identität offenlegen.
- **Vorbehalt**, in Preis und Qualität gleichwertige Leistung zu erbringen und Vorbehalt, Leistung bei Nichtverfügbarkeit nicht zu erbringen. Außerdem Gültigkeitsdauer befristeter Angebote (z. B. bei Aktionspreisen).
- Auch hier steht dem Kunden eine 14-tägige **Widerrufsfrist** zu, die bei Nichteinhaltung der gesetzlichen Bestimmungen erst nach einem Jahr und 14 Tagen erlischt.

8.3.7 Produkthaftungsgesetz (ProdHaftG)

Für Fehler an einer gekauften Sache muss der Verkäufer geradestehen – oft übernimmt der Hersteller aber auch freiwillig eine umfassendere Garantie als gesetzlich vorgeschrieben ist. Was ist aber, wenn ein mangelhaftes Produkt zu einem Folgeschaden führt, z.B. zu einem Autounfall wegen eines geplatzten Reifens? Nach dem Gewährleistungsrecht hat der Kunde nur Anspruch auf einen neuen Reifen (Mängelhaftung), wenn den Verkäufer kein Verschulden trifft. Wer bezahlt jedoch die unter Umständen hohen Reparaturkosten für das Auto oder die Heilkosten und das Schmerzensgeld für die ggf. bei dem Unfall zu Schaden gekommenen Personen?

Nach dem **Produkthaftungsgesetz** haftet der Hersteller eines Produkts (oder ggf. derjenige, der das Produkt in den Verkehr bringt) für Schäden, die durch den Gebrauch oder Verbrauch eines fehlerhaften Produkts entstanden sind – und zwar unabhängig davon, ob er alles Menschenmögliche getan hat, um solch einen Fehler zu vermeiden (also verschuldensunabhängig).
Dabei gelten folgende Regelungen:

- Die Höchstgrenze für Personenschäden beträgt 85 Mio. €.
- Bei Sachschäden muss der Geschädigte mindestens 500,00 € selbst tragen (Selbstbeteiligung).
- Der Hersteller kann eine Ersatzpflicht in seinen AGB nicht ausschließen.
- Bei ausländischen Produkten tritt an die Stelle des nicht erreichbaren Herstellers derjenige, der das Produkt im Inland in Verkehr bringt.

8.3.8 Verbraucherinformationsgesetz (VIG)

Immer wieder sorgen Skandale im Lebensmittel- und Futtermittelbereich für negative Schlagzeilen (z. B. falsch etikettierte Lebensmittel, Gammelfleisch, Ehec, verseuchtes Tierfutter, gepanschter Alkohol). Angesichts solcher Verstöße gegen das Lebensmittel- und Futtermittelrecht soll das **Gesetz zur Verbesserung der gesundheitsbezogenen Verbraucherinformation** (Verbraucherinformationsgesetz) dazu beitragen, die Verbraucherrechte zu stärken und der Bevölkerung Informationen zugänglich zu machen, die die Sicherheit von Lebensmitteln und bestimmten Bedarfsgegenständen betreffen.

VIG § 1 [Anwendungsbereich]
Durch dieses Gesetz erhalten Verbraucher freien Zugang zu den bei informationspflichtigen Stellen vorliegenden Informationen über
- Erzeugnisse aus dem Lebensmittel- und Futtermittelbereich sowie
- Verbraucherprodukte wie z. B. Möbel, Elektrogeräte, Spielzeug, Kosmetik etc.,

damit der Markt transparenter gestaltet und hierdurch der Schutz der Verbraucher vor gesundheitsschädlichen oder unsicheren Erzeugnissen sowie vor Täuschung verbessert wird.

Info:
Seit 2016 können Verbraucher bei Streitigkeiten mit Unternehmen die „Allgemeine Verbraucherschlichtungsstelle" in Kehl am Rhein anrufen.
www.verbraucher-schlichter.de

Für die Behörden gibt es damit eine Vorschrift, dass die Bevölkerung in folgenden Fällen unter voller Nennung der Firma und des Produkts informiert werden muss:
- bei Gesetzesverstößen, auch wenn dadurch Betriebs- und Geschäftsgeheimnisse offengelegt werden müssen,
- bei schwerwiegenden Verbrauchertäuschungen,
- bei Gesundheitsgefahren (auch bei wissenschaftlicher Unsicherheit),
- beim Inverkehrbringen von „ekelerregenden" Lebensmitteln,
- bei erheblichen Nachteilen für redliche Mitbewerber.

Dies wird damit begründet, dass Rechtsverstöße grundsätzlich keine Betriebsgeheimnisse sind. Darüber hinaus bekommen die Verbraucher gegenüber Behörden – nicht aber gegenüber der einzelnen Firma – ein Recht auf Auskunft zu bestimmten Produkten oder Sachverhalten.

Was will der Verbraucher wissen?

Mögliche Verbraucherfragen (Beispiele)

- Welche allergenen Stoffe sind in meinem Shampoo enthalten?
- Ist der Zusatzstoff E 325 gesundheitsschädlich?
- Wird bei der Herstellung meines Teppichs Kinderarbeit eingesetzt?
- Sind bei der Herstellung meiner Einbauküche umweltfreundliche Materialien und Produktionsverfahren angewendet worden?
- Gibt es in meinem Lieblingsrestaurant Hygienemängel?
- Welche Gefahren entstehen durch Weichmacher?

Welche Behörde ist zuständig?

Zuständig für die Beantwortung solcher Fragen sind die Lebensmittelaufsichtsbehörden der Städte und Kreise, in denen die Firma ihren Sitz hat, bzw. bei anderen Produkten die Gewerbeaufsichtsämter oder Arbeitsschutzbehörden.

Wie kann eine Anfrage erfolgen?

Verbraucher können die Anfragen formlos schriftlich (per Brief, Fax, E-Mail) oder mündlich stellen. Sie müssen ihren Namen und ihre Anschrift angeben, die auf Nachfrage auch dem betreffenden Unternehmen bekannt gegeben wird.

Was kostet die Anfrage?

Allgemeine Anfragen (z. B. einfache Anfragen über Kontrollergebnisse der Behörden) sind bis zu einem Verwaltungsaufwand von 250,00 Euro kostenlos, ebenso Anfragen über Abweichungen von gesetzlichen Vorgaben (z. B. Belastungen, Hygieneverstöße, Sicherheitsmängel) bis zu einem Aufwand von 1.000,00 Euro. Bei einem Verwaltungsaufwand, der über diese Grenzen hinausgeht, müssen kostendeckende Gebühren gezahlt werden.

Welche Informationen fehlen noch?

Verbraucherschützer bemängeln vor allem, dass bestimmte Dienstleistungen (z. B. Bankgeschäfte, Versicherungen, Handyverträge) und das Handwerk (z. B. Werkstätten, Friseure) nicht unter das Verbraucherinformationsgesetz fallen.

ÜBERBLICK

VERBRAUCHERSCHUTZGESETZE UND VERBRAUCHERVERTRÄGE

- **Verbrauchsgüterkauf:** Kaufverträge von Unternehmen mit Verbrauchern unterliegen strengeren Vorschriften als Kaufverträge zwischen Unternehmen
- **Gesetz gegen den unlauteren Wettbewerb (UWG):** unlautere Geschäfte, die Verbraucher oder Mitbewerber beeinträchtigen, sind verboten
- **Allgemeine Geschäftsbedingungen (AGB):** Klauseln in den AGB dürfen Verbraucher nicht unangemessen benachteiligen (verbotene Klauseln und Klauseln mit Wertungsmöglichkeit)
- **Außerhalb von Geschäftsräumen geschlossene Verträge:** z. B. an der Haustür, am Arbeitsplatz, auf der Straße oder bei einer „Kaffeefahrt"
- **Teilzahlungsgeschäfte:** schriftlicher Vertrag über den Kauf einer Ware und Bezahlung in Raten (Mindestinhalte durch EU-Verordnung vorgeschrieben)
- **Fernabsatzverträge:** Vertrag kommt ausschließlich durch den Einsatz von Fernkommunikationsmitteln zustande

  } Dem Verbraucher muss ein in Text- oder Schriftform mitgeteiltes 14-tägiges Widerrufs-. recht eingeräumt werden.
- **Produkthaftungsgesetz:** unabhängig von einem eigenen Verschulden haftet der Produzent für Folgeschäden, die durch ein fehlerhaftes Produkt verursacht worden sind
- **Verbraucherinformationsgesetz (VIG):** Verbesserung gesundheitsbezogener Verbraucherinformationen

	Wie fit sind Sie beim Thema „Verbraucherschutzgesetze"?	Inhaltsbezug Seite
1	Welche Bedeutung hat der Wettbewerb zwischen den Unternehmen für die Verbraucher?	**162**
2	Wie beurteilen Sie folgende Fälle? a) Ein Autohändler bietet allen Käufern eines Neuwagens 5.000,00 € für ihre alten Autos an, unabhängig von Alter und Zustand der Wagen. b) „Bei uns bekommen Sie bei jedem Fahrradkauf ein diebstahlsicheres Kettenschloss kostenlos dazu!" c) Eine Versicherung versucht, telefonisch Kunden für eine private Krankenversicherung zu gewinnen.	**162–163**
3	Wie beurteilen Sie die folgenden Fälle nach den AGB-Bestimmungen? a) Ein Autoverkäufer behält sich für ein Auto, das erst nach einem halben Jahr geliefert werden soll, eine Preiserhöhung vor. b) Ein Händler verweist in einem Garantiefall auf den Hersteller, der für die Reparatur zuständig sei.	**163–164**
4	Welche Rechte stehen den Kunden in den folgenden Fällen zu? a) Eine ältere Dame nimmt an einer Kaffeefahrt teil und kauft auf der Werbeveranstaltung eine Kamelhaardecke für 400,00 €, die ihr hinterher aber doch nicht gefällt. Eine Belehrung über ein Widerrufsrecht hat sie nicht erhalten. b) Ein Berufsanfänger will sich informieren und bittet einen Versicherungsvertreter zu sich nach Hause. Bei dieser Gelegenheit schließt er eine Lebensversicherung ab, die sich hinterher als teuer herausstellt. c) Eine Schülerin lässt sich an der Haustür ein Zeitschriften-Abonnement für 38,00 € aufschwatzen. Hinterher ärgert sie sich darüber.	**164–165**
5	Bei einem neuen Fahrrad bricht nach kurzer Zeit die Vordergabel, die – trotz nachweislich eingehender Qualitätskontrolle – nicht richtig verschweißt war. Gegen wen und in welchem Umfang hat der schwer verletzte Radfahrer Ansprüche? Unterscheiden Sie zwischen Produkthaftung und Mängelhaftung.	**167**

8.4 KTB – Kompetenzorientierte Themenbearbeitung

Sarah, die Freundin von Anne, hat ihre Ausbildung zur Goldschmiedin beendet und ist bereits voll berufstätig. Um sich fit zu halten, hat sie sich einen Crosstrainer für 399,00 € bestellt.

a) Als verbraucherbewusste Bürgerin hat Sarah sich vor dem Kauf eingehend informiert und auch Vergleichstests studiert. Welche Möglichkeiten konnte sie dafür nutzen?

b) Es gibt offensichtlich viele Möglichkeiten, das Sportartikel-Versandgeschäft SportTrimm zu erreichen (siehe Kontaktdaten rechts). Können Sie die einzelnen Angaben erklären?

c) Von welcher gesetzlichen bzw. freiwilligen Einhaltung von Sicherheitsstandards kann Sarah bei SportTrimm ausgehen?

d) Prüfen Sie Punkt 5 aus den AGB der Firma (siehe unten). Sind Sie mit dem „Kleingedruckten" zur Mängelhaftung (Gewährleistung) einverstanden?

e) Leider ist es bei SportTrimm nicht möglich, einen „Finanzkauf" (Ratenkauf) zu tätigen. Wo kann Sarah in dieser Größenordnung einen Kleinkredit bekommen?

f) Helfen Sie Sarah und erkunden Sie mindestens bei einer Sparkasse/Großbank und einer Teilzahlungsbank die jeweiligen Konditionen für einen Kleinkredit und vergleichen Sie diese.

g) Sarah ist bei der Teilzahlungsbank mit zwei Raten rückständig, die sie dann aber sofort überweist. Trotzdem kündigt ihr die Bank den Kredit. Zu Recht?

h) Sarah ist mit diesem Vorgehen der Bank nicht einverstanden. Helfen Sie ihr, einen entsprechenden Brief an die Bank zu schreiben, in dem Sie Ihre Einwände begründen. Tipps für die Briefgestaltung finden Sie auf der Methodenseite „Schreib- und Gestaltungsregeln für die Textverarbeitung" auf S. 322).

i) Nach vier Wochen bricht beim Training ein Fußpedal des Crosstrainers aufgrund eines offensichtlichen Materialfehlers. Sarah verletzt sich dabei den Knöchel und beim Sturz geht auch noch eine Stehlampe zu Bruch. Wer kommt für die Personen- und Sachschäden auf?

5. Reklamation und Gewährleistung

Für offensichtliche Mängel leisten wir Gewähr, wenn uns innerhalb von 30 Tagen eine schriftliche Mängelrüge zugegangen ist, nachdem Sie die Ware erhalten haben. **Rücksendungen bitte freimachen.** Bei berechtigten Reklamationen werden Ihnen Porto- und Frachtkosten vergütet. Wir leisten nur Gewähr für Mängel, die im Zeitpunkt des Gefahrenübergangs vorliegen und zu denen auch das Fehlen zugesicherter Eigenschaften und Mengenabweichungen zählen, und zwar nur in folgender Weise:

Der Kunde hat in erster Linie Anspruch auf **Nacherfüllung**. Wir sind berechtigt nachzubessern, mangelhafte Teile zu ersetzen oder den Kunden auf **Rücktritt** (Rückgängigmachen des Vertrags) oder **Minderung** (Herabsetzung der Vergütung) zu verweisen.

Kleine Abweichungen unserer Modelle hinsichtlich Form und Farbe, insbesondere bei Nachlieferungen und technische Änderungen im Sinne von Weiterentwicklungen, gelten nicht als Mängel.

Wir, unsere Erfüllungsgehilfen und Verrichtungsgehilfen leisten keinen Schadenersatz aus vorvertraglicher oder außervertraglicher (gesetzlicher) Haftung. Dies gilt auch z. B. für Schäden oder Mängel an dem Liefergegenstand selbst sowie für Schäden durch Betriebsstörung und/oder sonstige Schäden beim Kunden oder bei Dritten, welche durch von uns gelieferte Produkte oder durch den Zeitpunkt und/oder Art und Weise der Lieferung oder Gewährleistung direkt oder indirekt entstehen.

SPORT*TRIMM*

fit for fun

Mertenstr. 6
22339 Hamburg

☎ 040/12345

Fax 040/12346

@ info@sport-trimm.de

www.sport-trimm.de

Garantie für Ihre Zufriedenheit

Geprüfte – Das TRIMM-Prinzip: – Qualität

Alle Sportartikel werden systematisch geprüft.

Viele von ihnen haben das GS-Zeichen, die Garantie für geprüfte Sicherheit.

DVE GS geprüfte Sicherheit

Wir beteiligen uns an wichtigen Institutionen bei der Fortentwicklung von Sicherheitsstandards und Funktionalität von Sportgeräten:

VSH Verband der Sportartikelhersteller Fachabteilung Fitness

Europäische Arbeitsgemeinschaft für Heimtraining HGW Home Gym Workshop

IIEH Internationales Institut für die Entwicklung von Heimtrainingsmethoden

KOMPETENZBEREICH II:
Konsumenten im Alltag

9

UMGANG MIT GELD

9.1 Formen des Zahlungsverkehrs

Paul Keller, 17 Jahre, beginnt im Schlosshotel in Freiburg eine Lehre als Hotelfachmann und mietet sich ein kleines Apartment.

- Kann er für die Überweisung seiner Ausbildungsvergütung ein Girokonto einrichten, obwohl er noch keine 18 Jahre alt ist?
- Wie bezahlt Paul am besten seine Einkäufe im Supermarkt, die Miete, die Telefonrechnung und sein Zeitschriftenabo?
- Kann er von den Hotelgästen Zahlungen mit einer Girocard oder einer Kreditkarte annehmen, ohne ein Risiko einzugehen?
- Welche Vorteile bringt ihm das Onlinebanking?
- Wie sollte der 17-Jährige am besten bezahlen, wenn er in einem Internetshop einkauft?

Paul kontrolliert regelmäßig seine Kontoauszüge und versucht, den Überblick zu behalten – aber manchmal sind die vielen verschiedenen Zahlungsmöglichkeiten ganz schön verwirrend ...

9.1.1 Zahlungsverkehr

Alle Geldbewegungen, die sich zwischen öffentlichen und privaten Unternehmen und Haushalten, den Kreditinstituten und dem Ausland abspielen, werden als **Zahlungsverkehr** bezeichnet. Der Zahlungsverkehr erfolgt mithilfe der verschiedenen Zahlungsarten und kann **bar, halbbar oder bargeldlos** erfolgen. Wird mit Münzen und/oder Banknoten bezahlt, liegt Barzahlung vor. Voraussetzung für die halbbare Zahlung ist, dass der Zahlende oder der Zahlungsempfänger ein Konto bei einem Kreditinstitut besitzt. Der Zahlende kann bar auf das Konto des Empfängers einzahlen oder der Zahlungsempfänger kann einen Barscheck des Käufers bei dessen Kreditinstitut gegen Bargeld einlösen. In der heutigen Praxis herrscht der bargeldlose Zahlungsverkehr vor. Dieser setzt voraus, dass sowohl Gläubiger als auch Schuldner ein Konto besitzen.

Hinweis
Zu allen Fragen im Zusammenhang mit dem Zahlungsverkehr gibt z. B. folgende Internetseite detaillierte Auskunft:
www.zahlungsverkehrsfragen.de

		Zahlungsempfänger	
		hat **kein** Konto	hat **ein** Konto
Zahlungspflichtiger	hat **kein** Konto	**bar** • persönlich i. d. R. gegen Rechnung, Kassenbon oder Quittung • Übergabe durch Boten • ggf. mit Postservice	**halbbar** • Zahlschein (gebührenpflichtige Einzahlung bei einer Bank oder bei der Post) • Nachnahme (Zahlung bei Empfang der Ware)
	hat **ein** Konto	**halbbar** • Barscheck • Zahlungsanweisung zur Verrechnung (ZzV) (Barauszahlung durch die Postbank oder Post)	**bargeldlos** • Überweisung/Dauerauftrag • Lastschrift • Verrechnungsscheck • Giro-/Kredit-/Geldkarte • Onlinebanking

Einheitlicher Euro-Zahlungsverkehrsraum
www.bundesbank.de

Durch die Umstellung auf den **einheitlichen Euro-Zahlungsverkehrsraum** (Single Euro Payments Area – **SEPA**) soll der Zahlungsverkehr im europäischen Wirtschaftsraum harmonisiert werden, sodass für die Kunden keine Unterschiede mehr zwischen nationalen und grenzüberschreitenden Zahlungen erkennbar sind. Die Vereinheitlichung soll dazu beitragen, dass der europäische Binnenmarkt weiter zusammenwächst und sich noch dynamischer entwickelt.

9.1.2 Barzahlung

Die **Barzahlung** ist auch heute noch eine weit verbreitete Zahlungsart im Wirtschaftsleben. Der tägliche Einkauf und viele Dienstleistungsgeschäfte (z. B. Restaurant- oder Friseurbesuch) werden überwiegend bar abgewickelt (das sind über 50 % aller Ausgaben für Waren und Dienstleistungen in Deutschland).
Der Kunde erhält als Nachweis seiner Zahlung eine Quittung, einen Kassenbon oder eine Rechnung.

Vorteile	Nachteile
• Handhabung ist unkompliziert • Empfänger kann sofort über das Geld verfügen (dadurch kein Zinsverlust) • keine Überwachung des Zahlungseingangs notwendig • keine Mahnungen erforderlich • Konsumenten glauben, eine bessere Ausgabenkontrolle zu haben.	• problematisch, wenn größere Beträge bezahlt werden müssen • Verlust durch Verzählen möglich • Gefahr der falschen Herausgabe von Wechselgeld • Verlust oder Diebstahl möglich • Gefahr von Falschgeld • Liquidität muss jederzeit gewährleistet werden

Neben der direkten Geldübergabe gibt es auch die Möglichkeit, sich eines Boten oder der Postdienste (Geldversand auch ins Ausland) zu bedienen.

9.1.3 Girokonto

Kontoeröffnung

Um am normalen Wirtschaftsleben teilnehmen zu können, ist die Eröffnung eines Kontos – auch schon für Minderjährige – unumgänglich. Dazu sind folgende Schritte erforderlich:

- Antrag auf Eröffnung eines Kontos (Formular der Bank)
- Nachweis der vollen Geschäftsfähigkeit (bei beschränkt Geschäftsfähigen siehe Informationen in der Randspalte)
- Abgabe von Unterschriftsproben aller Personen, die über das Konto verfügen dürfen (z. B. Eltern, Ehefrau bzw. Ehemann)
- Vorlage eines gültigen Personalausweises

Für die Entscheidung, bei welcher Bank oder Sparkasse ein Konto eröffnet werden soll, sollten folgende Überlegungen eine Rolle spielen:

- Zahlt die Bank Guthabenzinsen (meistens allerdings nur zu einem minimalen Zinssatz, abhängig vom aktuellen Zinsniveau)?
- In welcher Höhe fallen Kontogebühren an bzw. ist die Kontoführung für Schüler und Auszubildende gebührenfrei?
- Werden die Gebühren (später) pauschal oder werden Einzelbuchungen berechnet?
- Welche weiteren Serviceleistungen sind abgedeckt (z. B. Kontoauszüge, Barabhebungen auch im Ausland, Onlinebanking)?
- Wie hoch sind die Überziehungszinsen bei einem Dispositionskredit (ggf. bei einer geduldeten Überziehung über den Dispositionskredit hinaus)?
- Wie dicht ist das Filialnetz oder handelt es sich um eine Internetbank ohne jegliche Filialen?
- Beteiligt sich die Bank an einem Pool zur kostenlosen Barabhebung an Geldautomaten (z. B. Cash Group, CashPool)?

Info I

*Auch **beschränkt Geschäftsfähige** können ein Konto eröffnen. Dafür gilt in der Regel Folgendes:*

- *Die Zustimmung der/des Erziehungsberechtigten muss vorliegen (vgl. Sorgerecht BGB § 1629).*
- *Minderjährige können ein Konto ohne elterliche Zustimmung im Rahmen eines Arbeitsverhältnisses (nicht aber Ausbildungsverhältnisses) eröffnen.*
- *I. d. R. können diese Konten nur als Guthabenkonten geführt werden, sind dafür aber meistens gebührenfrei.*

Info II

Aufgrund einer EU-Richtlinie hat jeder Bürger in Deutschland seit 2016 einen Rechtsanspruch auf ein sogenanntes Basis-Konto auf Guthabenbasis (auch wenn er z. B. obdachlos ist oder finanzielle Probleme hat).

Mit der Eröffnung eines Girokontos sind folgende Rechte und Pflichten verbunden:

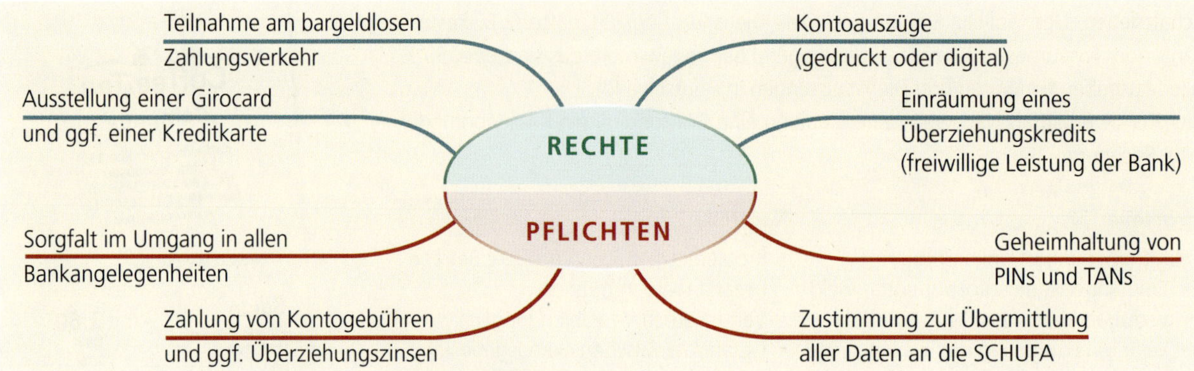

Pfändungsschutzkonto

prekär (franz.) = misslich, schwierig

Lohnzahlungen, Miete, Telefonrechnungen – viele Zahlungen erfolgen heutzutage bargeldlos; andere Zahlungsweisen wären umständlich und teuer. Menschen in prekärer finanzieller Lage haben jedoch oft Schwierigkeiten, überhaupt ein Konto zu eröffnen oder ihr Konto wurde aufgrund einer Überschuldung durch die Bank gesperrt. Wer über ein Konto verfügt und befürchten muss, dass die Guthaben oder Zahlungseingänge gepfändet werden, kann sein Konto in ein Pfändungsschutzkonto (P-Konto) umwandeln lassen. Beträge auf einem solchen Konto können bis zu bestimmten monatlichen Freibeträgen nicht gepfändet werden. Diese Beträge erhöhen sich, wenn Unterhaltspflichten zu erfüllen sind und sollen dazu beitragen, dem Kontoinhaber eine angemessene Lebensführung zu ermöglichen. Bestimmte Sozialleistungen, Kindergeld und Kinderzuschläge dürfen ebenfalls nicht gepfändet werden. Nur Guthaben, die über die Freigrenzen hinausgehen, können gepfändet werden.

Kontoauszug

Der Kontoauszug kann von der Bank zugeschickt werden oder über einen Kontoauszugsdrucker in einer Bankfiliale oder zu Hause im Zuge des Onlinebankings ausgedruckt und gespeichert werden.

Der Kontoinhaber sollte im eigenen Interesse alle Buchungen auf Vollständigkeit und Richtigkeit überprüfen und ggf. Einwendungen gegenüber der Bank erklären.

Die Aufbewahrungsfrist für Kontoauszüge beträgt für Geschäftsleute zehn Jahre, Privatleute sollten sie aus Beweisgründen mindestens drei Jahre aufbewahren.

1. *Name und Sitz der Bank*
2. *lfd. Nummer und Datum des Kontoauszugs*
3. *alter Kontostand*
4. *Tag der Buchung (der rein technische Vorgang des Buchens)*
5. *Tag der Wertstellung (Valuta; ist z. B. für Verzinsung wichtig)*
6. *Informationen zum Zahlungsvorgang*
7. *Abbuchungen (Lastschriften) erfolgen im Soll (S oder –)*
8. *Zubuchungen (Gutschriften) erfolgen im Haben (H oder +)*
9. *neuer Kontostand*
10. *IBAN und BIC des eigenen Kontos*
11. *Betrag, bis zu dem das Konto überzogen werden kann und Höhe des Überziehungszinssatzes*

ALPHA BANK (1)
Freiburg

(2) **Kontoauszug Nr. 21 vom 15.11.20xx**
Paul Keller • Freiburg

Alter Kontostand: (3) **1.075,00 €**

Bu. Tg. (4)	Wert (5)	Erläuterungen (6)	Soll (7)	Haben (8)
08.11.	07.11.	Rechnung Telekom	35,78 €	
12.11.	12.11.	Miete an Südbau-GmbH	385,00 €	
14.11.	13.11.	Ausbildungsvergütung Schlosshotel		655,22 €
			Neuer Kontostand: (9)	**1.309,44 €**

(10) IBAN: DE96680111990005678003 • BIC: ALPHDE71XXX
(11) Kreditlimit: 1.500,00 € • Sollzinssatz: 11,5 %

9.1.4 Zahlung mit Scheck

Barscheck

Wird der Barscheck zur Abhebung vom eigenen Konto verwendet, ist der Scheckaussteller gleichzeitig Empfänger des Schecks (und des Geldes). Soll der Barscheck dagegen zur Bezahlung einer offenen Rechnung an einen Gläubiger weitergegeben werden, können zwei Probleme auftreten:

1. Der Gläubiger ist nicht bereit, den Scheck entgegenzunehmen, da er nicht weiß, ob der Scheck gedeckt ist. Die Bank schreibt den Betrag auf dem Konto des Überbringers (Scheckinhabers) jedenfalls nur mit dem einschränkenden Hinweis „Eingang vorbehalten" gut.
2. Der Scheck kann verloren gehen und dann von jedem (auch unehrlichen) Überbringer eingelöst werden. Die Überbringerklausel auf einem Barscheck kann nicht gestrichen werden bzw. eine Streichung gilt als nicht erfolgt.

Verrechnungsscheck

Um Nachteile bei Verlust oder missbräuchlicher Verwendung zu vermeiden, können Zahlungen mit Verrechnungsschecks vorgenommen werden. Die Beträge können nur auf dem Empfängerkonto gutgeschrieben werden, eine Bareinlösung ist nicht möglich.

Jeder Barscheck kann durch die Aufschrift „nur zur Verrechnung" in einen Verrechnungsscheck verwandelt werden. Die Aufschrift erfolgt quer über die linke obere Ecke oder die gesamte Vorderseite. Umgekehrt kann ein Verrechnungsscheck aber nicht in einen Barscheck umgewandelt werden.

Reisescheck

Wer viel auf Reisen ist, kann für die Geldversorgung vor allem im (außereuropäischen) Ausland Reiseschecks (Travelers Cheques) mitnehmen. Je nach Zielland können sie in verschiedenen Währungen (z. B. Euro, Dollar, Pfund) ausgestellt werden. Dabei ist zu beachten:

- Reiseschecks sind ähnlich wie Geldscheine mit Sicherheitsmerkmalen ausgestattet und sollten sorgfältig aufbewahrt werden.
- Die Seriennummern der Scheine sind i. d. R. auf der Einkaufsquittung aufgedruckt und müssen bei Verlust angegeben werden können.
- Bei der Einlösung sind meistens die Quittung und der Personalausweis vorzulegen.
- Die Reiseschecks müssen bei Kauf und Einlösung vor den Augen des Empfängers ein zweites Mal unterschrieben werden.
- Bei Kauf ist eine Gebühr von 1–2 % des Scheckbetrags fällig.

Info

Reiseschecks werden in Deutschland seit 2015 nicht mehr verkauft. Sie sind zwar unbegrenzt gültig, können aber nur an entsprechenden Akzeptanzstellen eingelöst werden (z. B. in den USA).

9.1.5 Überweisung, Dauerauftrag und Lastschrift

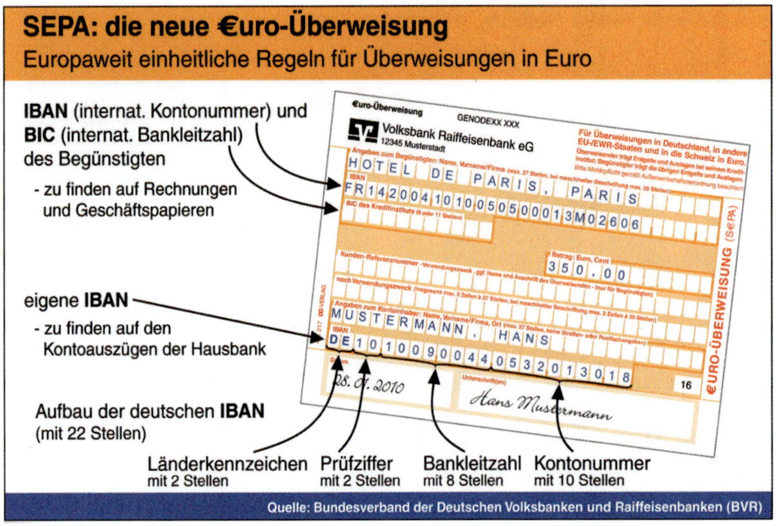

Je nachdem, ob ein Geldbetrag regelmäßig oder unregelmäßig, in gleichbleibender oder unterschiedlicher Höhe an einen Zahlungsempfänger übermittelt werden muss, bieten sich folgende unterschiedliche Zahlungsformen an:

- Überweisung
- Dauerauftrag
- Lastschrift

SEPA-Überweisung (Euro-Überweisung)

Mit einer SEPA-Überweisung kann der Aussteller einen Geldbetrag von seinem Konto auf ein anderes Konto – im Inland oder auch im europäischen Ausland – in unbegrenzter Höhe umbuchen lassen. Diese Art der bargeldlosen Zahlung bietet sich bei einzelnen Rechnungen an, die **unregelmäßig und in unterschiedlicher Höhe** anfallen. Häufig fügt der Zahlungsempfänger seiner Rechnung einen bereits vorgefertigten Überweisungsauftrag bei. Dann müssen nur noch die eigene Kontonummer (IBAN) und die Unterschrift eingetragen werden. Zahlender und Empfänger erhalten die Überweisungsmitteilung über ihren Kontoauszug.

Durch die Umstellung auf den einheitlichen europäischen Zahlungsverkehrsraum (SEPA) müssen alle Überweisungen mit IBAN angegeben werden:

Informationen zur SEPA-Überweisung

- *In Deutschland ist die IBAN im Wesentlichen aus der BLZ und der Kontonummer aufgebaut (siehe Abb. oben). Dazu kommen noch das Länderkennzeichen und zwei Prüfziffern.*
- *Für Überweisungen ins außereuropäische Ausland wird weiterhin eine Auslandsüberweisung benötigt.*

- **IBAN** = **I**nternational **B**ank **A**ccount **N**umber (internationale Kontonummer)
- **BIC** = **B**ank **I**dentifier **C**ode (internationale Bankleitzahl/nur bei Überweisungen außerhalb des Europäischen Wirtschaftsraums, z. B. in die Schweiz, erforderlich)

Die Kosten und die Laufzeit von Überweisungen in andere EU-Länder dürfen nicht höher ausfallen als bei Überweisungen im Inland.

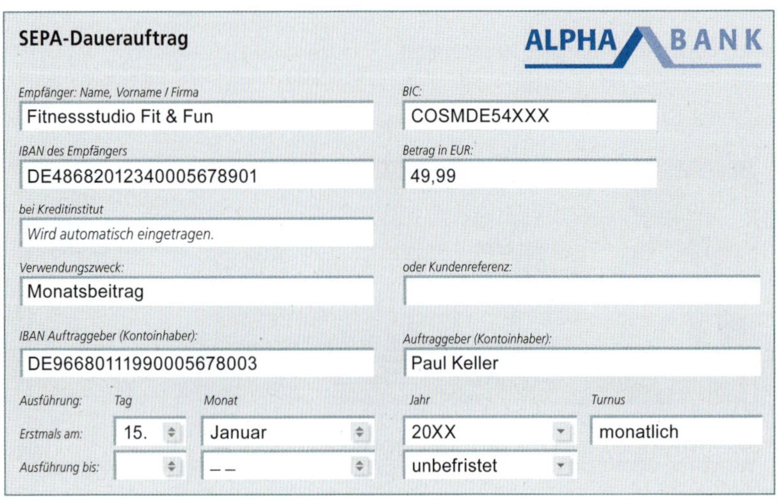

Dauerauftrag

Der Dauerauftrag ist sinnvoll, wenn Zahlungen **in regelmäßigen Abständen und in immer gleicher Höhe** über einen längeren Zeitraum fällig sind. Die Bank sorgt für die termingerechte Ausführung, sodass man sich selbst nicht darum kümmern muss (das ist in der Regel natürlich mit einer Gebühr verbunden).

Der Auftraggeber kann bei der Erteilung des Auftrags an die Bank angeben, wann die erste und ggf. letzte Zahlung erfolgen soll, in welchem Turnus und an welchem Tag im Monat.

SEPA-Lastschriftverfahren

Müssen Zahlungen geleistet werden, die **in unregelmäßigen Abständen und / oder in unterschiedlicher Höhe** anfallen, ist kein Dauerauftrag möglich. Stattdessen bietet sich das Lastschriftverfahren an, das gewissermaßen die „Umkehrung" einer Überweisung darstellt, da der Zahlungsempfänger die Überweisung veranlasst.
Mit der Umstellung des Zahlungsverkehrs auf das SEPA-Verfahren ist das Lastschriftverfahren in über 30 Ländern einheitlich geregelt – unabhängig davon, ob sie den Euro eingeführt haben oder nicht. Damit sind im einheitlichen Euro-Zahlungsverkehrsraum erstmals auch grenzüberschreitende Lastschriften möglich. Ebenso wie bei SEPA-Überweisungen muss auch bei SEPA-Lastschriften die IBAN angegeben werden. Man unterscheidet:

SEPA-Raum
Zum SEPA-Raum gehören alle EU-Mitgliedsländer sowie die Länder Island, Norwegen, Liechtenstein, Monaco, San Marino und die Schweiz.

- das SEPA-**Basislastschriftverfahren** (entspricht der bisherigen Einzugsermächtigung) und
- das SEPA-**Firmenlastschriftverfahren** (entspricht dem bisherigen Abbuchungsauftrag).

Das erste der beiden Verfahren gilt für Privatpersonen. Es soll im Folgenden näher beschrieben werden:

- Bei diesem Verfahren muss der Zahlungspflichtige (Kunde/Schuldner) dem Zahlungsempfänger (Verkäufer/Gläubiger) und seinem Geldinstitut ein widerrufliches **Lastschriftmandat** erteilen, dessen Inhalt verbindlich vorgeschrieben ist. Der Empfänger legt diesen Auftrag seiner Bank vor, die den Einzug über die Bank des Zahlungspflichtigen veranlasst.

Fit & Fun
Fitnessstudio

Fitnessstudio Fit & Fun, Heideweg 19, 79106 Freiburg
Gläubiger-Identifikationsnummer DE99ZZZ05678901234
Mandatsreferenz 987543CB2

SEPA-Lastschriftmandat
Ich ermächtige das Fitnessstudio Fit & Fun, Zahlungen von meinem Konto mittels Lastschrift einzuziehen. Zugleich weise ich mein Kreditinstitut an, die vom Fitnessstudio Fit & Fun auf mein Konto gezogenen Lastschriften einzulösen.
Hinweis: Ich kann innerhalb von acht Wochen, beginnend mit dem Belastungsdatum, die Erstattung des belasteten Betrags verlangen. Es gelten dabei die mit meinem Kreditinstitut vereinbarten Bedingungen.

Paul Keller
Alter Weg 10
79106 Freiburg

Alpha-Bank
BIC: ALPHDE71XXX
IBAN: DE96680111990005678003

Freiburg, den 05.01.20xx
Paul Keller

- Der Zahlungsempfänger (Gläubiger) muss seine Gläubiger-Identifikationsnummer (CI = Creditor Identifier) angeben, ggf. eine Referenznummer (z. B. Vertrags-, Kunden- oder Rechnungsnummer) und er muss die Lastschrift mindestens 14 Tage vor Fälligkeit ankündigen („Vorabinformation"), damit der Zahlungspflichtige für die nötige Kontodeckung sorgen kann.
- Bei falschen oder unberechtigten Abbuchungen kann innerhalb von acht Wochen nach Kontobelastung (ohne Begründung) Widerspruch bei der eigenen Bank eingelegt werden und diese muss dann den Betrag zurückbuchen. Wurde überhaupt keine Einzugsermächtigung bzw. kein Lastschriftmandat erteilt, beträgt die Frist 13 Monate. Zurückgegebene Lastschriften dürfen nicht erneut zum Einzug eingereicht werden.
- Bisher erteilte Einzugsermächtigungen nach deutschem Recht gelten auch weiterhin als Lastschriftmandate. Allerdings muss der Zahlungsempfänger seine CI und die Referenznummer mitteilen.

Hinweis
Wer selbst Lastschriften einziehen möchte, benötigt dazu eine Gläubiger-Identifikationsnummer, die bei der Deutschen Bundesbank beantragt werden muss:
www.glaeubiger-id.bundesbank.de

Die Umstellung auf das **SEPA-Verfahren** brachte für Verbraucher und Unternehmen etliche **Vorteile**. So werden Zahlungsvorgänge – auch ins europäische Ausland – schneller abgewickelt, ausländische Banken kommen als Dienstleister eher infrage und die Kosten, insbesondere für Auslandsüberweisungen, werden reduziert.

9.1.6 Zahlung mit Karten

Die Zahlung mit „Plastikgeld" hat in den letzten Jahren enorm zugenommen. Die wichtigsten Kartenarten sind:

Girocard

Die Girocard (früher hieß sie EC-Karte oder auch Bankkarte) ist eine universell einsetzbare Karte, mit der die verschiedensten Bankgeschäfte abgewickelt werden können:

▶ Barabhebung am Geldautomaten

Bei allen Geldinstituten mit einem der links in der Mitte abgebildeten Symbole kann man sich am Geldausgabeautomaten (GAA) mit Bargeld versorgen. Dies ist sowohl bei der eigenen Bank als auch bei anderen Geldinstituten im Inland oder im europäischen Ausland möglich. Eine Karte mit Maestro-Symbol ist sogar weltweit einsetzbar. In jedem Fall ist aber die Eingabe der Geheimzahl **(PIN = Persönliche Identifikationsnummer)** zur Identifizierung notwendig.

Bei der eigenen Bank ist die Bargeldbeschaffung in der Regel kostenlos. An Geldausgabeautomaten anderer Banken sollte man die Gebührentabelle sehr genau lesen, da z. T. Gebühren bis zu 2 % anfallen. Einige Geldinstitute haben sich zusammengeschlossen und verlangen gegenseitig keine oder nur reduzierte Gebühren.

▶ Electronic Cash

Mit diesem Verfahren können Konsumenten im Handel und in der Gastronomie ihre Einkäufe bzw. Rechnungen bargeldlos bezahlen. Wird die Girocard an einem Multifunktionsterminal verwendet und vom Kunden die PIN eingegeben, erfolgt eine Online-Autorisierung der Kartendaten (mit Limit-Überprüfung) und eine Abfrage in einer sogenannten Sperrdatei, ob die Karte gesperrt oder sogar gestohlen ist. Diese Abfragen sind für den Händler kostenpflichtig, dafür aber ist die Zahlung garantiert.

Ist die Girocard mit dem NFC-Logo (NFC: Near Field Communication = Nahfeldkommunikation) versehen, können Beträge bis zu 50 € kontaktlos bezahlt werden.

▶ Electronic Cash Offline-Verfahren (Electronic Cash mit Chip)

Dieses Verfahren funktioniert im Prinzip wie beim gewöhnlichen Electronic Cash, es wird aber nicht bei jeder Zahlung eine Autorisierung vorgenommen. Stattdessen wird im Chip ein Verfügungsrahmen über einen bestimmten Betrag und einen bestimmten Zeitraum gespeichert. Nur wenn das Terminal feststellt, dass der Verfügungsrahmen ausgeschöpft oder der Zeitraum abgelaufen ist, erfolgt eine neue Autorisierung. Weil nicht jedes Mal eine Onlineverbindung aufgebaut werden muss, ist dieses Verfahren für den Händler günstiger.

Weitere Symbole auf der Girocard

girocard®
- Symbol für die Akzeptanz der Girocard
- Kann auch im Ausland eingesetzt werden, wenn sich auf der Karte das Maestro- oder VPay-Symbol befindet oder dies mit der Bank vereinbart wurde

maestro.
- Dieses Zeichen weist darauf hin, dass mit der Karte weltweit bezahlt oder Bargeld abgehoben werden kann
- Mit Magnetstreifen-Technologie und daher ist illegales Kopieren (Skimming) möglich

V PAY
- Dieses Zeichen weist darauf hin, dass mit der Karte in den meisten europäischen Ländern bezahlt oder Bargeld abgehoben werden kann
- Mit sicherer Chip-Technologie

Ganz kostenlos sind diese Zahlungsmöglichkeiten natürlich nicht. In der Regel tragen die Geschäfte die Kosten für die technische Ausstattung und die bei jeder Buchung fälligen Autorisierungs- und Transaktionsgebühren. Wenn die Konkurrenzsituation es erlaubt, wird der Händler aber versuchen, diese Kosten über die Preise an die Kunden weiterzugeben.

Vorteile des Electronic Cash		
für Kunden	**für Händler**	**für die Bank**
• muss weniger Bargeld mit sich führen • jederzeit zahlungsfähig (im Rahmen des Kreditlimits)	• Sicherheit des Zahlungseingangs • geringes Falschgeld- und Beraubungsrisiko • Vereinfachung des Zahlungsvorgangs • Vermeidung von Kassenfehlbeständen	• weniger Belege • weniger Korrespondenz • Kosteneinsparung (Gebührensenkung) • modernes Image

Geldkarte und girogo

Die Geldkarte wird als ideale Ergänzung für die bargeldlose Zahlung im „Kleingeld"-Bereich angesehen (z. B. Fahrscheinautomat, Taxi, Kiosk). Es gibt sie als eigenständige Karte oder als Zusatzfunktion auf der Girocard (Chip). Sie kann bei der eigenen Bank an einem Ladeautomaten mit bis zu 200,00 € aufgeladen werden, d. h. der Betrag wird vom eigenen Konto auf den Chip der Geldkarte übertragen. Beim Zahlungsvorgang wird der Einkaufspreis von der Karte abgebucht und der Händler kann sich turnusmäßig alle Geldkartenzahlungen auf seinem Konto gutschreiben lassen. Bei diesem Verfahren ist also keine Onlineprüfung notwendig, da schon beim Laden der Karte die Bonität des Kunden festgestellt wird. Das gleiche Prinzip gilt für Girocards, die mit der girogo-Funktion ausgestattet sind. Beträge bis 20,00 € können hier kontaktlos bezahlt werden, indem die Karte nur kurz vor das Händlerterminal gehalten wird.
Diese Bezahlsysteme haben sich bisher noch nicht so stark durchgesetzt, wie von der Kreditwirtschaft eigentlich gewünscht. Dies liegt u. a. daran, dass die Kunden mangels Einsatzmöglichkeiten noch nicht von ihrem Nutzen überzeugt werden konnten.

GeldKarte

girogo

Kreditkarte

Mit der Kreditkarte ist immer noch ein bestimmtes Image verbunden: Junge, moderne Menschen, die als kreditwürdig angesehen werden (dazu reicht allerdings meist schon der Nachweis eines regelmäßigen Einkommens), werden heftig umworben, eine Kreditkarte zu beantragen. Die Einsatzmöglichkeiten liegen im gehobenen Konsumgüter- und Dienstleistungsbereich (z. B. Modebranche, Boutiquen, Schmuckateliers, Hotels, Fluggesellschaften, Internet-Shops). Geschäfte, die Kreditkarten akzeptieren, signalisieren dies meist durch einen entsprechenden Aufkleber im Schaufenster. Die Bezahlung mit Kreditkarte ist ähnlich einfach wie mit der Girocard. Beim Einkauf in einem Geschäft, das der entsprechenden Kreditkartenorganisation angeschlossen ist, muss nur die Kreditkarte vorgelegt und der Einkaufsbeleg unterschrieben oder mit einer PIN bestätigt werden. Diese Art der Zahlung wird durch das Zusammenspiel von vier Partnern ermöglicht, die untereinander vertraglich verbunden sind:

VISA

mastercard.

AMERICAN EXPRESS ®

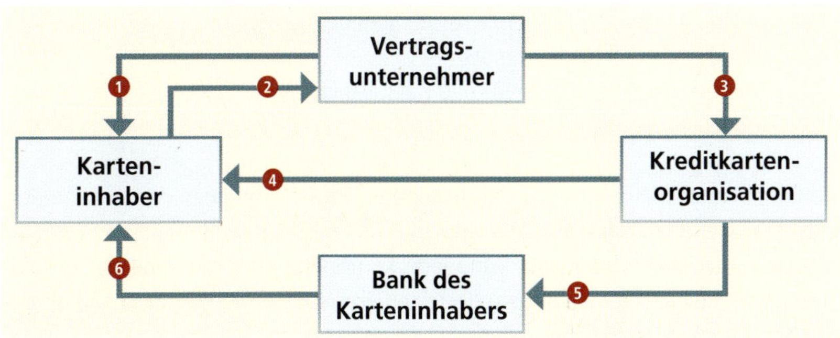

❶ Der Karteninhaber kauft bei angeschlossenen Vertragsunternehmen ein.
❷ Er unterschreibt den Kaufbeleg und erhält eine Durchschrift.
❸ Das Vertragsunternehmen schickt den Beleg an die Kreditkartenorganisation zur Abrechnung.
❹ Diese legt dem Karteninhaber monatlich eine Abrechnung vor.
❺ Der Gesamtbetrag wird vom Bankkonto des Karteninhabers abgebucht (eine Einzugsermächtigung ist erforderlich).
❻ Die Bank schickt den Lastschriftbeleg mit dem Kontoauszug an den Karteninhaber.

Prepaid-Kreditkarten
Eine Kreditkarte erhält von seiner Bank nur, wer über eine entsprechende Bonität verfügt und keine negativen SCHUFA-Einträge hat. Alternativ bieten Banken aber auch die sogenannten Prepaid-Kreditkarten an, bei denen nur über zuvor „hochgeladene" Beträge verfügt werden kann (Kreditkarte auf Guthabenbasis).

Was sind die Vor- und Nachteile einer Kreditkarte?

Vorteile	Nachteile
• Karteninhaber gilt als kreditwürdig • keine großen Bargeldbeträge nötig • Geldbeschaffung am Automaten möglich • Zinsgewinn wegen monatlicher Abrechnung	• teilweise ist Jahresgebühr fällig (wird bei hohem Umsatz z. T. zurückerstattet) • leichtfertige Konsumausgaben (Überblick kann verlorengehen) • Unterschriftenfälschung ist möglich • Eigenanteil bei Missbrauch und sofortiger Sperrung der Karte 50,00 €

Kundenkarte

Viele große Unternehmen oder Händler bieten sogenannte Kundenkarten an, mit denen ihre Kunden genauso bequem einkaufen können, wie mit einer Kreditkarte. Der Vorteil besteht darin, dass die Karten im Allgemeinen kostenlos ausgegeben werden. Allerdings kann mit ihnen auch nur bei dem jeweiligen Unternehmen eingekauft werden. Die Anbieter erhoffen sich dadurch eine stärkere Bindung der Kunden an ihr Unternehmen und sie sparen die Gebühren, die sie andernfalls an fremde Kreditkartenorganisationen zahlen müssten.

9.1.7 Digitale Zahlungsformen

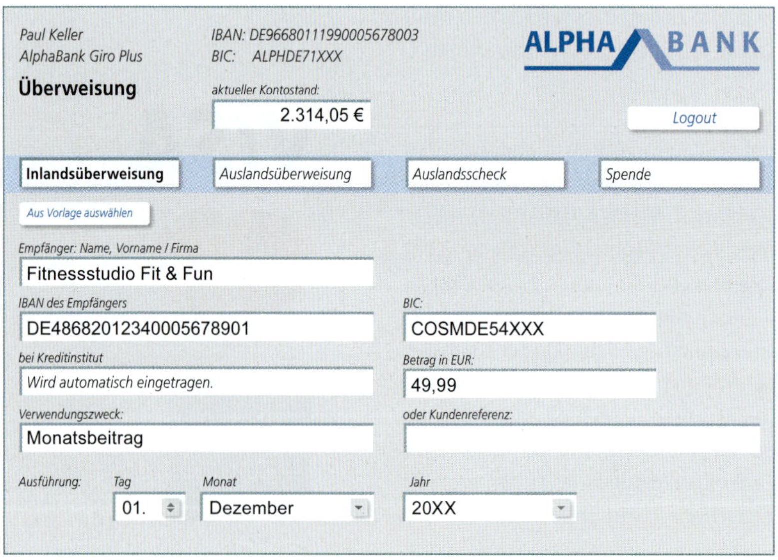

Onlinebanking

Bankkunden, die einen Internetanschluss und die entsprechenden Voraussetzungen hinsichtlich Hard- und Software besitzen, können von zu Hause aus ein breites Leistungsspektrum ihrer Bank in Anspruch nehmen – und dies an sieben Tagen in der Woche und 24 Stunden täglich. Zudem sind die Konditionen meistens günstiger als bei der herkömmlichen Kontenverwaltung.

Die wesentlichen Serviceleistungen beim Onlinebanking sind:

- Anzeige aller Kontenbewegungen und aktueller Kontostand (Umsätze)
- Abwicklung des gesamten Zahlungsverkehrs (Überweisungen)
- Verwaltung von Daueraufträgen (erteilen, ändern, löschen)
- Verwaltung eines Wertpapierdepots
- Abruf von Informationen zu Geld- und Kapitalanlagen
- Mitteilungen an die Bank

Die Bildschirmgestaltung ist oft den bekannten Papierformularen nachempfunden, sodass die Handhabung erleichtert wird. Aus Sicherheitsgründen muss man sich als Benutzer mit einer PIN anmelden und jede Kontobewegung muss mit der Eingabe einer durch die Bank zur Verfügung gestellten **Transaktionsnummer (TAN)** als Unterschriftersatz abgeschlossen werden. Zur Erhöhung der Sicherheit werden iTAN-, eTAN- und mTAN-Verfahren eingesetzt.

E-Payment (Zahlungsmöglichkeiten im Internet)

Wird ein Geschäft über das Internet abgeschlossen, so wirft die Frage der Zahlung oft spezielle Probleme auf. Einerseits soll der Vertrag möglichst ebenso schnell und einfach abgewickelt werden wie der Einkauf in einem Ladengeschäft, andererseits müssen sich gerade bei den Bezahlvorgängen beide Vertragspartner auf eine sichere Durchführung verlassen können.

Im „normalen" Geschäftsverkehr wird unmittelbar Ware gegen Geld getauscht (Alltagsgeschäft) oder es ist üblich, dass erst die Ware geliefert und anschließend gezahlt wird. Dies ist bei vielen Internetgeschäften umgekehrt: Erst muss die Bezahlung erfolgen, dann wird die Ware geliefert. Um hier eine gewisse „Gleichberechtigung" herzustellen, kann ein **Treuhänder** dazwischengeschaltet werden, der das Geld erst an den Lieferanten weiterleitet, wenn die Ware beim Käufer eingetroffen ist.

Gütesiegel für Onlineshops

Um das Vertrauen der Kunden in ihren Internetshop zu erhöhen, lassen sich viele Onlinehändler zertifizieren. Mit dem entsprechenden Gütesiegel können sie dann ihren Shop auszeichnen. Nähere Informationen z. B. auf: www.internet-guetesiegel.de

In Deutschland werden häufig jene „herkömmlichen Zahlungsmodalitäten" gewählt, die auch außerhalb des E-Commerce verwendet werden, wie

- Kreditkarte,
- Lastschrift,
- Nachnahme,
- Überweisung oder
- Scheck.

Für das Bezahlen geringer Beträge, z. B. eines Musik-Downloads oder eines Testergebnisses der Stiftung Warentest in Höhe von wenigen Euro, sind die genannten Möglichkeiten jedoch häufig zu aufwendig. Daher existieren neben den herkömmlichen Verfahren viele weitere Zahlungssysteme, die über das Internet abgewickelt werden können (sogenannte **E-Payment-Verfahren**) und oft

- **einfach** (leichte Bedienung),
- **sicher** (Schutz gegen Missbrauch) und
- **schnell** (keine umständliche erneute Anmeldung, sofortige Verfügbarkeit)

zu handhaben sind.

Hier einige Beispiele:

E-Payment-Verfahren (Beispiele)

→ **PayPal**
Über diesen Bezahldienstleister laufen die weitaus häufigsten Onlinezahlungen; Registrierung und Hinterlegung von Konto- oder Kreditkartendaten sind erforderlich; durch Eingabe von E-Mail-Adresse und Passwort auf der Seite des Verkäufers erfolgt der Überweisungsauftrag an PayPal; wahlweise wird das Konto, die Kreditkarte oder ein speziell eingerichtetes E-Geld-Konto des Käufers belastet.

→ **paydirekt**
paydirekt ist das Online-Bezahlverfahren der deutschen Banken und Sparkassen. Diese Zahlung wird direkt über das Girokonto der jeweiligen Bank abgewickelt. Im Gegensatz zu anderen Bezahldiensten ist kein externer Dritter eingeschaltet und alle sensiblen Kontodaten bleiben in der sicheren Bankumgebung.

→ **giropay**
Bei diesem Online-Bezahlverfahren von Banken und Sparkassen wird man zum Onlinebanking seiner Bank geleitet und muss nur die bereits vorausgefüllte Überweisung freigeben; eine gesonderte Anmeldung oder Registrierung ist nicht erforderlich; es werden lediglich die vorhandenen Zugangsdaten für das Onlinebanking (PIN, TAN) benötigt.

ÜBERBLICK

ZAHLUNGSVERKEHR

- **Barzahlung**
- **Girokonto**
  - **Zahlung …**
    - mit **Schecks**
      - Barscheck
      - Verrechnungsscheck
      - Reisescheck
    - mit **Überweisungen**
      - Überweisung
      - Dauerauftrag
      - Lastschrift
    - mit **Karten**
      - Girocard (GAA, Electronic Cash)
      - Geldkarte
      - Kreditkarte
      - Kundenkarte
    - in **digitaler Form**
      - Onlinebanking
      - E-Payment

	Wie fit sind Sie beim Thema „Formen des Zahlungsverkehrs"?	Inhaltsbezug Seite
1	a) Welche Rechte und Pflichten haben Sie als Inhaber eines Girokontos? b) Welche Besonderheiten gelten für die Kontoeröffnung bei Minderjährigen? c) Welche Zahlungsmöglichkeiten gibt es, je nachdem, ob einer oder beide Vertragspartner ein Konto haben? d) Was versteht man unter einem P-Konto?	173–174
2	Welche Risiken gehen Sie bei Bezahlung mit einem Barscheck, einem Verrechnungsscheck oder einem Reisescheck ein?	175
3	In welchen Fällen würden Sie die Bezahlung mit Überweisung, Dauerauftrag oder Lastschrift empfehlen?	176–177
4	Beschreiben Sie die vielfältigen Einsatzmöglichkeiten einer Girocard.	178–179
5	a) Beschreiben Sie den Ablauf bei einer Zahlung mit Kreditkarte. b) Welche Vor- und Nachteile sehen Sie in der Verwendung einer Kreditkarte?	179–180
6	a) Was bedeuten die Abkürzungen IBAN, BIC, TAN, PIN? b) Erkunden Sie im Internet die Bedeutung der Kürzel: iTAN, eTAN und mTAN.	176–180
7	Übertragen Sie folgendes Schema in Ihr Heft und tragen Sie in die Kästchen ein, welche Karte sich für den jeweiligen Kaufbereich besonders gut eignet. Begründen Sie Ihre Entscheidung. 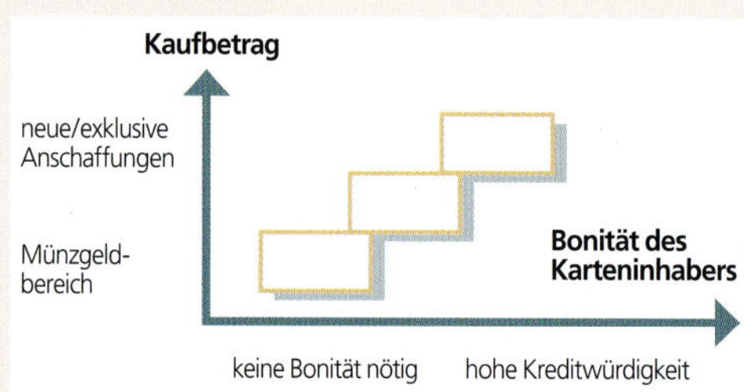 	178–180
8	Sie müssen einen Betrag über 180,00 € zahlen. a) Welche Möglichkeiten haben Sie, wenn Sie sofort bezahlen müssen? b) Ergeben sich andere Zahlungsmöglichkeiten, wenn es sich um eine Rechnung handelt, die erst in zehn Tagen fällig ist? c) Welche Kosten verursachen die von Ihnen vorgeschlagenen Zahlungsmöglichkeiten?	172–181
9	Was versteht man unter: a) Onlinebanking? b) E-Payment?	180–181

9.2 Sparen und Sparförderung

Inzwischen lebt Paul mit seiner Freundin Shari zusammen. Da sich die beiden eine gemeinsame Zukunft vorstellen können, überlegen sie natürlich auch, ob sie von ihrem Einkommen nicht etwas sparen sollten.

- Wofür kann es für Paul und Shari wichtig sein, Geld anzusparen?
- Welche Überlegungen sollten bei der Wahl einer Geldanlage eine Rolle spielen?
- Welche Geldanlagen gelten als ziemlich sicher und welche als eher risikobehaftet?
- Sollten Paul und Shari lieber einen Bausparvertrag oder einen Fondssparplan abschließen?
- Müssen die beiden auch schon an ihre Altersversorgung denken?
- Was versteht man unter der „volkswirtschaftlichen Sparquote" und welcher Unterschied besteht zur „persönlichen Sparquote"?

9.2.1 Überlegungen zum Sparen

Sparen bedeutet einerseits, dass ein Teil des verfügbaren Einkommens nicht konsumiert wird, andererseits wird durch das Sparen Vermögen gebildet. Dieser Konsumverzicht wird – wenn das Geld nicht in einen Sparstrumpf gesteckt wird – bestenfalls mit einem Zinsertrag belohnt.

Sparquote

Die Sparquote – das sind die gesamtwirtschaftlichen Ersparnisse in Prozent des verfügbaren Volkseinkommens – schwankt in Deutschland zwischen ca. 9,3 und 11,3 % (mit „Ausreißern" in den Corona-Jahren). Das heißt: Ein durchschnittlicher Haushalt gibt von 100,00 € verfügbaren Einkommens ca. 88,70 bis 90,70 € für Konsumzwecke aus. Die Sparquote ist abhängig von der Höhe des Einkommens, der allgemeinen Wirtschaftslage, dem Zinsniveau und den Sparmotiven. In Deutschland ist das Sparen traditionell bedeutsamer als in vielen anderen Ländern – das ist auch eine Folge der Erfahrungen mit Kriegen, Inflationen und Währungsreformen.

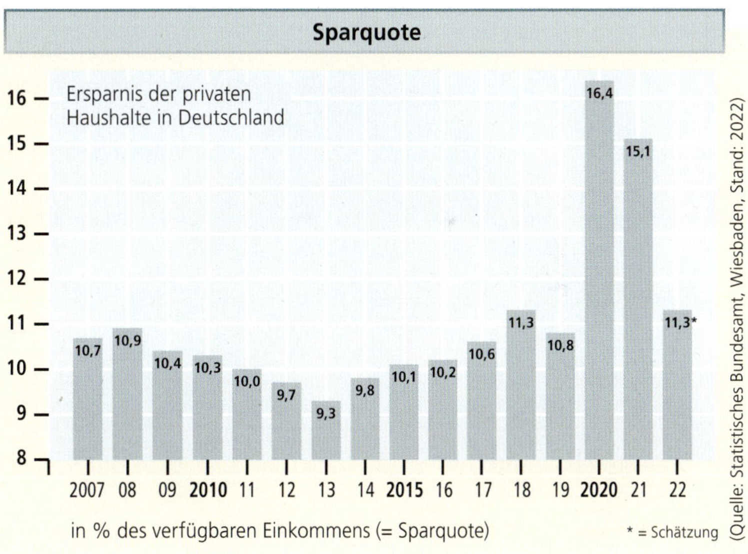

Sparfähigkeit

Die Fähigkeit, **sparen zu können**, hängt von der Einkommenshöhe, dem Lebensstandard und von der Preisentwicklung ab. Während Selbstständige bis zu einem Viertel ihres verfügbaren Einkommens auf die „hohe Kante" legen können und Arbeitnehmer ca. 10 % des verfügbaren Einkommens sparen, müssen Arbeitslose oder Geringverdiener sogar „entsparen", d. h. ihre Ersparnisse für ihren Lebensunterhalt aufbrauchen.

Zitat

„Reich wird man nicht durch das Geld, das man verdient, sondern durch das, was man nicht ausgibt."

(Henry Ford I)

Sparmotive

Die Bereitschaft, **sparen zu wollen**, hängt vom Lebensstandard, vom Vertrauen in die Wirtschaft und von den persönlichen Zielvorstellungen ab. Nur wer bereit ist, aktuell Konsumverzicht zu üben, hat hierdurch später die Möglichkeit, über einen entsprechend größeren Geldbetrag zu verfügen.

Gründe für das Sparen können sein:

- **Vorsorgesparen**
  Absicherung gegen wirtschaftliche und soziale Notsituationen, wie z. B. unvorhergesehene Arbeitslosigkeit, Unfälle oder Krankheitskosten, die nicht von der Krankenkasse abgedeckt sind; dazu gehört auch das langfristige Ansparen für die persönliche Aus- oder Weiterbildung oder die der Kinder sowie für die eigene Altersversorgung.
- **Zwecksparen**
  Sparen für größere geplante Ausgaben, die nicht ohne Weiteres aus dem laufenden Einkommen finanziert werden können, wie z. B. Auto, Urlaubsreise, Wohnungseinrichtung oder das eigene Haus bzw. die Eigentumswohnung.
- **Vermögensbildung**
  Geldanlage, besonders dann, wenn damit ein Zinsgewinn erzielt werden kann. Dies ist insbesondere bei langfristiger Anlage der Fall. Für Arbeitnehmer zahlt der Staat als Sparanreiz unter bestimmten Voraussetzungen Sparprämien.

Anlagekriterien

- **Sicherheit**
  Jeder möchte sein angelegtes Vermögen erhalten. Die Sicherheit einer Anlageform hängt aber von den Risiken ab. Das Risiko kann von der Bonität (Kreditwürdigkeit) des Schuldners, dem Kursrisiko oder – bei Auslandsanlagen – der politischen Stabilität des Anlagelands bestimmt werden. Wird das Vermögen auf verschiedene Anlageformen (z. B. unterschiedliche Wertpapierformen, Vermögensanlagen in verschiedenen Branchen, Ländern und Währungen) gestreut, kann sich die Sicherheit der Anlage erhöhen.
- **Liquidität**
  Das Anlagekriterium Liquidität (liquidus (lat.) = flüssig) gibt an, wie schnell eine Kapitalanlage wieder in Bargeld umgewandelt werden kann. Je schneller und flexibler ein investierter Geldbetrag dem Anleger wieder zur Verfügung steht, desto höher ist die Liquidität der Anlageform.
- **Rendite**
  Die Rendite ist der Ertrag, der sich aus einer Investition in eine Geldanlage ergibt. Erträge können z. B. durch Dividendenzahlungen, Zinszahlungen, Wertsteigerungen (Kursveränderungen) oder sonstige Ausschüttungen erzielt werden. Dabei ist es in der Regel so, dass eine Anlage umso mehr Ertrag abwirft, je risikoreicher sie ist, während risikolose Anlagen nur niedrig verzinst werden.

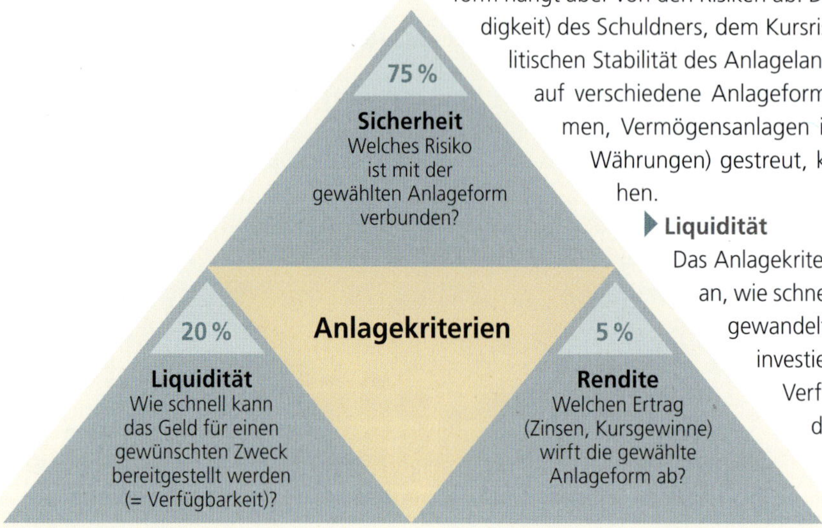

Erklärung zur Grafik
Die angegebenen Prozentzahlen besagen, wie viel Prozent der Deutschen, dem jeweiligen Anlagekriterium besondere Bedeutung beimessen.

nominal *= zum Nennwert*
real *= wirklich, tatsächlich*
Die Begriffe werden in Abschnitt 6.3.5 genau erklärt.

Leider unterliegt der Ertrag bei allen Anlageformen der **Inflation**. Im Extremfall liegt die Inflationsrate sogar über dem **nominalen Zinssatz**, sodass sich ein negativer **realer Zinssatz** ergibt (das heißt letztlich, dass die Substanz der Anlage angegriffen wird).

Die hier genannten Anlagekriterien werden auch als **magisches Dreieck der Anlagestrategie** bezeichnet, weil in keiner Anlageform alle drei Kriterien bestmöglich erreicht werden können.

9.2.2 Sparformen

Welche Anlagen die Bundesbürger bevorzugen, wird im Folgenden vorgestellt.

Beispiel: Anlageformen

Wie soll ich mein Erspartes anlegen? Diese Frage war für Deutschlands Sparerinnen und Sparer in den vergangenen Jahren schwer zu entscheiden. Denn die „klassischen" Sparformen bringen kaum noch Zinsen. Ein großer Teil der Ersparnisse wurde im Jahr 2021 erst einmal auf Girokonten geparkt oder als Bargeld gehalten – unterm Strich über 154 Milliarden Euro nach Angaben des Bundesverbands der Deutschen Volksbanken und Raiffeisenbanken. 109,6 Milliarden Euro investierten die privaten Haushalte in Investmentfonds – erstmalig mehr als in Versicherungen, auf die 94,9 Milliarden Euro entfielen. 25,2 Milliarden Euro legten die Sparer direkt in Aktien an. Dass sich die Menschen zunehmend für chancen-, aber auch risikoreichere Anlagen wie Aktien und Investmentfonds entscheiden, liegt vor allem an zwei Entwicklungen: zum einen an der Negativzinspolitik der Europäischen Zentralbank, zum anderen an der steigenden Inflation. (dpa)

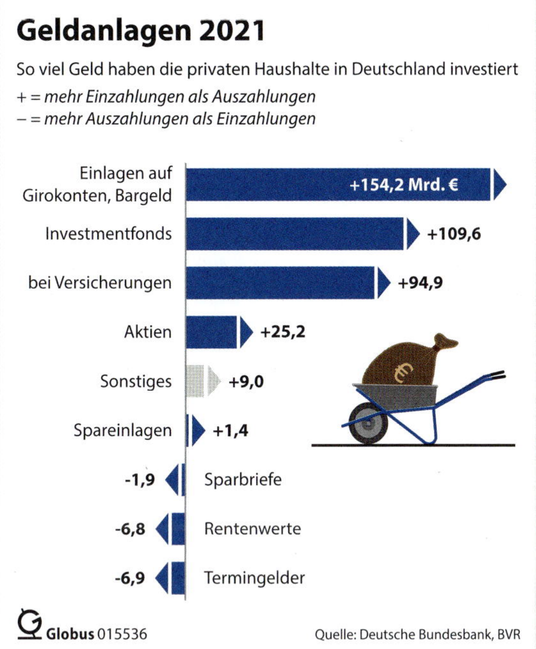

Sparbuch / Sparkonto

Ein Sparbuch ist eine Urkunde, die von einem Kreditinstitut über eine Spareinlage auf den Namen des Kontoinhabers ausgestellt wird. Im Sparbuch werden übereinstimmend mit dem Sparkonto alle Ein- und Auszahlungen und Zinsgutschriften eingetragen. Um Geld einzuzahlen oder abzuheben, ist die Vorlage des Sparbuchs erforderlich. Dies kann von jedem, der das Sparbuch besitzt, vorgenommen werden (also auch durch einen unehrlichen Finder oder Dieb).

Das herkömmliche Sparbuch (in gehefteter Form) ist in der letzten Zeit bei vielen Banken durch eine Loseblatt-Sammlung abgelöst worden. Einige Banken geben auch eine SparCard (mit Chip) aus. Durch diese Modernisierung werden der ständige Überblick und die Verfügung über das Sparguthaben erleichtert (auch Online). Diese Änderungen in der äußeren Form ändern aber nichts an dem eigentlichen Dienstleistungsprodukt „Sparkonto".

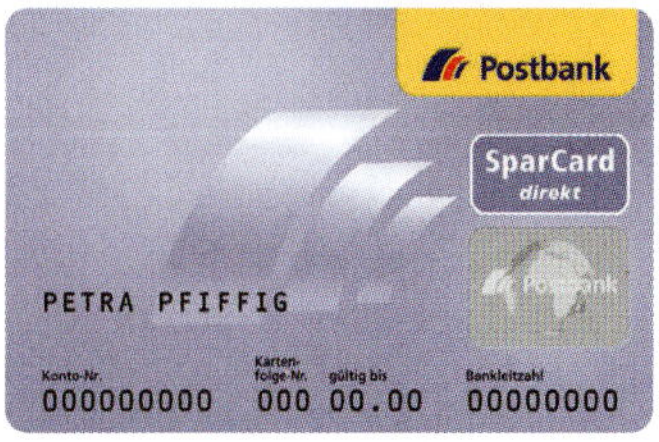

Sicherheit	Liquidität	Rendite / Zins
• Die Sicherheit dieser Sparform ist sehr hoch, es besteht so gut wie kein Verlustrisiko. • Es gibt eine gesetzlich vorgeschriebene Einlagensicherung (bis 100.000,00 €) und Einlagensicherungsfonds der Bankenverbände.	• Ohne Kündigung können i. d. R. im Monat 2.000,00 € abgehoben werden. • Höhere Beträge müssen mit einer Kündigungsfrist von drei Monaten gekündigt werden. • Soll ohne Kündigung über einen höheren Betrag verfügt werden, müssen Vorschusszinsen gezahlt werden.	• Der Zinssatz ist variabel und richtet sich nach dem allgemeinen Zinsniveau (insb. nach dem Basiszinssatz der EZB) und der Konkurrenzsituation der Bank. • Höhere Zinsen können bei längeren Laufzeiten vereinbart werden.

ALPHA BANK
Rheinstraße 11 · 79098 Freiburg

SPARBRIEF
– Namensschuldverschreibung –

Sparbriefkonto Nr. 12345678

Paul Keller
Kontoinhaber (Gläubiger)

Laufzeit: Sparbrief 5 Jahre
Zinssatz: 2,85 % p.a.
Sparbriefkapital:
5.000,00 €
Betrag in Worten: Fünftausend

Ausgefertigt am: 10.05.20xx

Vertragsbeginn: 10.05.20xx
Vertragsablauf: 10.05.20xx

Bedingungen für den Sparbrief
Es gelten die Bedingungen für den Sparverkehr der Alpha-Bank.

Alpha-Bank

Miriam Becker

i.A. Miriam Becker

Sparbrief Nr. 03478

Sparbrief

Ein Sparbrief ist ein mittelfristiges Wertpapier mit festem, jährlich steigendem oder variablem Zinssatz und einer Laufzeit von einem bis zu zehn Jahren. Der Käufer erhält eine Urkunde, auf der der Nennwert (das ist der auf dem Wertpapier angegebene Geldbetrag) und der Name des Käufers aufgedruckt sind. Nur er kann den Sparbrief am Ende der Laufzeit einlösen (Namenspapier).
Sparbriefe werden nicht an der Börse gehandelt und können daher nicht bzw. nur unter erschwerten Bedingungen vor Ende der vereinbarten Laufzeit eingelöst werden.

Je nachdem, ob die anfallenden Zinsen jährlich ausgezahlt oder schon im Voraus vom Kaufpreis abgezogen werden, unterscheidet man zwei Typen:

- **Sparbrief Typ V**
  Beim **verzinslichen** Sparbrief zahlt der Käufer den Nennbetrag und erhält über die gesamte Laufzeit hinweg die Zinsen jährlich (z. T. auch monatlich) ausgezahlt und kann darüber frei verfügen.
- **Sparbrief Typ A**
  Der Käufer eines **abgezinsten** Sparbriefs zahlt den Nennwert, von dem zuvor die zukünftig anfallenden Zinsen und Zinseszinsen für die gesamte Laufzeit abgezogen werden. Insofern muss der Käufer also weniger Anfangskapital aufbringen.

Der Effektivzins ist in beiden Fällen gleich hoch. Am Ende der Laufzeit wird bei beiden Typen der volle Nennwert ausgezahlt.

Sicherheit	Liquidität	Rendite / Zins
• Die Sicherheit dieses Wertpapiers ist sehr hoch. • Da Sparbriefe nicht an der Börse gehandelt werden, besteht kein Kursrisiko.	• Da Sparbriefe eine feste Laufzeit (1 bis 10 Jahre) haben, muss diese Frist abgewartet werden. • Eine vorzeitige Rückgabe ist i. d. R. nicht möglich.	• Der Zinssatz ist höher als bei einer Spareinlage, aber geringer als bei festverzinslichen Wertpapieren. • Der Zinssatz kann fest oder jährlich ansteigend vereinbart sein.

Festzinsanleihen

Diese Anleihen werden auch **festverzinsliche Wertpapiere** oder **Rentenpapiere** genannt, weil sie einen gleichbleibenden, regelmäßigen Ertrag abwerfen (Rente). Sie haben einen aufgedruckten Nennwert und werden an der Börse gehandelt.

Durch die Ausgabe dieser Wertpapiere verschaffen sich öffentliche und private Körperschaften finanzielle Mittel für ihre Aufgaben. Da hinter den ausgebenden Körperschaften (auch **Emittenten** genannt) der Staat mit seiner Steuerkraft bzw. Unternehmen mit großer Wirtschaftsmacht stehen, werden diese Anleihen als besonders sicher eingeschätzt. Verfügt der Emittent (Schuldner) jedoch über eine schlechte Bonität, steigt das entsprechende Ausfallrisiko der Anleihe.
Die Ausgabebedingungen werden so gestaltet, dass der Erwerb dieser Papiere eine attraktive Anlagemöglichkeit für die Anleger darstellt.

Auch Fußballclubs geben Anleihen aus.

- **Nennwert:** Betrag, der auf dem Wertpapier aufgedruckt ist
- **Kurswert:** Wert, der sich durch Angebot und Nachfrage an der Börse ergibt
- **Laufzeit:** langfristig festgelegt (bis zu 10 Jahre und länger)
- **Zinssatz:** ist über die gesamte Laufzeit fest (daher der Name Festzinssatz)
- **Ausgabekurs:** in der Regel unter Nennwert (Kauf ist dadurch attraktiv)
- **Rücknahmekurs:** in der Regel zum Nennwert
- **Bezeichnungen:** Anleihe, Obligation, Pfandbrief

Der Käufer einer Festzinsanleihe hat folgende Rechte:

- Anspruch auf regelmäßige **Zinszahlung** (in gleichbleibender Höhe = festverzinslich), unabhängig von der Ertragskraft der ausgebenden Körperschaft. Falls das allgemeine Zinsniveau über den vereinbarten Zins steigt, sinkt der Kurswert der Anleihe.
- Anspruch auf **Rückzahlung** gemäß Anleihebedingungen (in der Regel zum Nennwert), vorheriger Verkauf an der Börse zum Kurswert möglich.
- Käufer wird **Gläubiger** des Emittenten, nicht Teilhaber. Das dem Unternehmen zufließende Geld stellt **Fremdkapital** dar.

Sicherheit	Liquidität	Rendite / Zins
• Hohe Sicherheit durch kapitalkräftige Emittenten (Staat, Banken, Industrieunternehmen).	• Anleihen können jederzeit an der Börse gekauft und verkauft werden und sind dadurch sehr flexibel. • Ggf. muss dann allerdings ein Kursverlust in Kauf genommen werden.	• Die Höhe des Zinssatzes ist abhängig vom allgemeinen Zinsniveau zur Zeit der Ausgabe. • Der Zinssatz ist über die gesamte Laufzeit festgelegt.

Aktien

Aktien verbriefen die Mitgliedschaft eines Aktionärs an einer Aktiengesellschaft – sie stellen eine attraktive aber auch risikoreiche Anlagemöglichkeit dar.
Das Grundkapital einer Gesellschaft wird dabei in kleine Anteile (= Aktien) zerlegt, die an Wertpapierbörsen gehandelt werden. Bei den Kursbewegungen, die sich aus Angebot und Nachfrage ergeben, spielt aber nicht nur die Ertragskraft des ausgebenden Unternehmens eine Rolle, sondern auch allgemeine, wirtschaftliche und politische Entwicklungen.

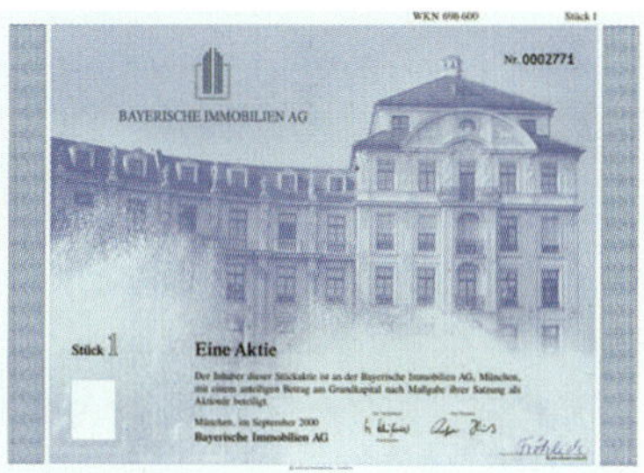

- **Nennwertaktie:** Anteil am Grundkapital beträgt mindestens 1,00 € oder ein Vielfaches davon (Nennwert ist auf der Aktie angegeben)
- **Stückaktie:** nennwertlose Aktie verbrieft eine bestimmte Quote am Grundkapital
- **Laufzeit:** Anleger entscheidet selbst, wie lange er eine Aktie behalten möchte
- **Dividende:** richtet sich nach dem Teil des Gewinns, der ausgeschüttet wird
- **Börsenkurs:** ergibt sich aus Angebot und Nachfrage nach der Aktie an der Börse

Der Käufer einer Aktie hat folgende Rechte:

- Anspruch auf Gewinnanteil (**Dividende**), je nach Wirtschaftslage des Unternehmens.
- Verkauf an der **Börse** ist jederzeit zum jeweils gültigen Kurswert möglich (es gibt keine Rückgabemöglichkeit an das ausgebende Unternehmen).
- Käufer wird je nach Aktienanteil **Mitinhaber** am Grundkapital einer Aktiengesellschaft, aber nicht Miteigentümer des Unternehmens. Das dem Unternehmen zufließende Geld stellt **Eigenkapital** dar.
- Der Aktionär hat ein **Auskunfts- und Stimmrecht** in der Hauptversammlung und ein **Bezugsrecht** bei der Ausgabe neuer Aktien.

Im **Aktienindex DAX** werden die 30 größten und umsatzstärksten Aktiengesellschaften in Deutschland berücksichtigt. Der DAX wird von der Deutschen Börse AG berechnet und herausgegeben. Die Berechnung des „Aktienkorbs" ist ähnlich wie beim Warenkorb für den Verbraucherpreisindex.

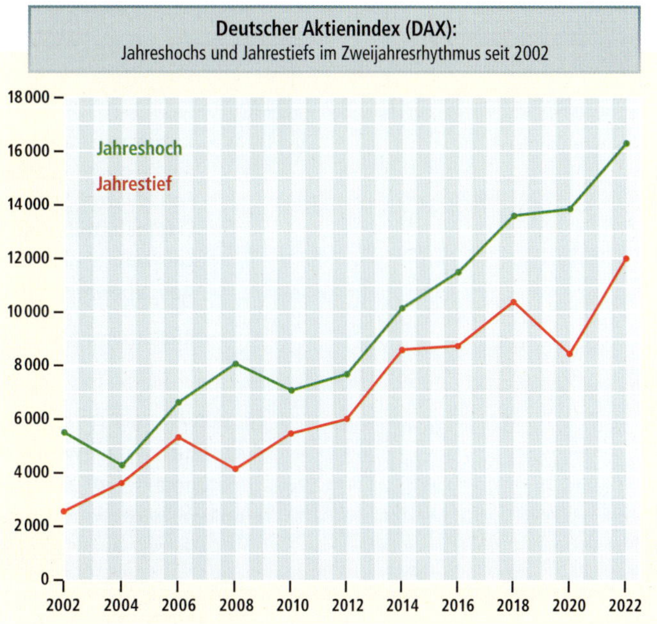

Sicherheit	Liquidität	Rendite/Dividende
• Risikoreiche und spekulative Geldanlage. • Der Kurswert kann steigen aber auch stark sinken. • Ggf. Totalverlust.	• Aktien können jederzeit an der Börse gekauft und verkauft werden und sind dadurch sehr flexibel. • Ggf. muss dann allerdings ein Kursverlust in Kauf genommen werden.	• Anspruch auf jährliche Zahlung einer Dividende, wenn das Unternehmen Gewinn erwirtschaftet. • Ggf. wird auch über einen längeren Zeitraum keine Dividende gezahlt (z. B. wenn Verluste gemacht werden). • Bei Kursverlusten auch negative Aktienrendite möglich.

Investmentzertifikate

Viele Anleger haben den verständlichen Wunsch nach einer breiten Risikostreuung. Da dies bei Aktien erst ab einer gewissen Anlagenhöhe möglich ist und man als Anleger viel Zeit und Know-how haben muss, sind **Investmentfonds** entstanden.

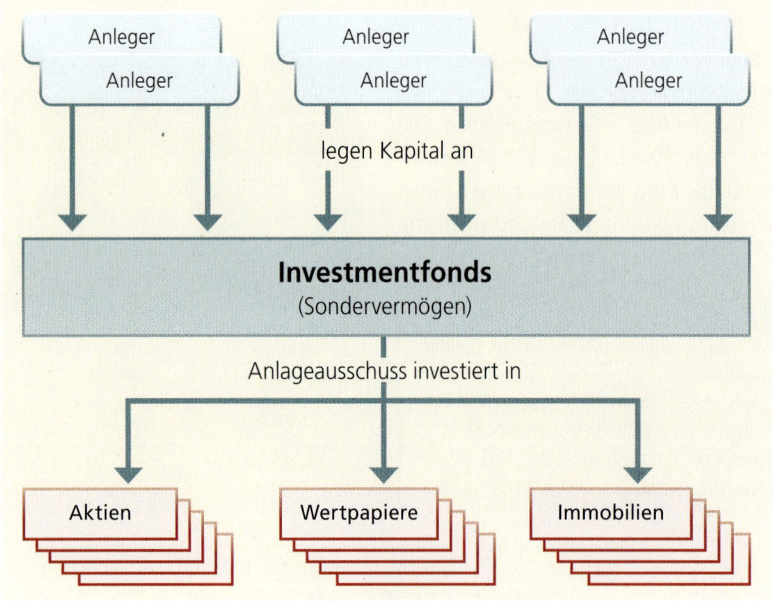

Bei dieser Anlageform erwirbt der Anleger über eine Investmentgesellschaft Anteilsscheine (**Zertifikate**) an einem Fonds. Die Investmentgesellschaft ihrerseits stellt diesen Fonds je nach den Marktgegebenheiten aus einer Vielzahl von Aktien, Rentenpapieren und zum Teil auch aus Immobilien zusammen. Der Anleger braucht sich also nicht selbst um die Auswahl und laufende Verwaltung der Anlagen zu kümmern.

Diese Fonds verbinden die Möglichkeit des Kursgewinns mit einer relativen Sicherheit der Geldanlage in breiter Streuung. Je größer die Streuung des Fondsvermögens ist, desto größer ist die Wahrscheinlichkeit, dass Kursverluste einzelner Vermögensanlagen durch Gewinne anderer ausgeglichen werden können.

- **Anteilswert am Fonds:** ergibt sich aus der Division des Fondsvermögens durch die Anzahl der ausgegebenen Anteile (Miteigentumsanteil am Fondsvermögen)
- **Fondsvermögen:** darin können enthalten sein: Wertpapiere, Aktien, Immobilien
- **Erfolgsbeteiligung:** je nach Fonds durch Ausschüttung oder Wertsteigerung
- **Laufzeit:** es gibt keine Mindestlaufzeiten und keine Kündigungsfristen
- **Ausgabepreis:**
- **Rücknahmepreis:**

} ergibt sich aus dem Wert des Fonds (abzüglich Verbindlichkeiten, Verwaltungskosten, Spesen) geteilt durch die Anteile; der Ausgabepreis liegt im Allgemeinen 3 % bis 5 % über dem Rücknahmepreis.

Für den Anleger gilt:

- Anspruch auf **Gewinnbeteiligung** und Rückgabe von Fondsanteilen an die Investmentgesellschaft zum jeweils gültigen Rücknahmepreis.
- Anleger wird entsprechend seiner Investmentanteile **Miteigentümer** am Fondsvermögen. Das der Investmentgesellschaft zufließende Geld stellt **Eigenkapital** dar.
- Anleger nimmt nicht an Hauptversammlungen der Investmentgesellschaft teil und hat **kein Stimmrecht**.

Sicherheit	Liquidität	Rendite / Zins
• Spekulative Geldanlage. Durch breite Streuung ist ein Totalverlust jedoch eher unwahrscheinlich. • In Deutschland gilt ein strenges Kapitalanlagengesetz; dadurch ist das Fondsvermögen bei Insolvenz besonders geschützt.	• Investmentanteile können jederzeit gekauft und verkauft werden.	• Je nach Anlageform können gute Renditen erzielt werden. • Gebühren und Kosten für das Fondsmanagement schmälern die Rendite. • Auch negative Renditen sind möglich (z. B. bei schlechtem Fondsmanagement, globalen Wirtschaftskrisen).

Lebensversicherung

Eine Lebensversicherung dient vor allem der Alters- und Hinterbliebenenvorsorge. Als Ergänzung der gesetzlichen Rentenversicherung kann eine Lebensversicherung durchaus sinnvoll sein, als gute Kapitalanlage aber eher nicht.

Während bei den meisten Versicherungen die gezahlten Prämien verloren sind, da sie zur Abdeckung entstandener Risiken eingesetzt werden, hat die **Kapitallebensversicherung** dagegen einen Doppelcharakter. Sie trägt einerseits dazu bei, ein Vermögen aufzubauen, und sichert andererseits dieses Sparziel auch gegen einen vorzeitigen Todesfall ab.

Dagegen bietet die **Risikolebensversicherung** einen Schutz im Todesfall. Tritt der Versicherungsfall bis zum Ende der Vertragslaufzeit nicht ein, kommt es aber nicht zu einer Auszahlung, da während der Vertragslaufzeit kein Sparanteil gebildet wird. Dafür sind die Beiträge viel geringer als bei einer kapitalbildenden Lebensversicherung.

	Lebensversicherung	
	Risikolebensversicherung (Todesfallversicherung)	**Kapitallebensversicherung** (gemischte Lebensversicherung)
Versicherungsfall	Tod der versicherten Person	Tod des Versicherten oder Ablauf des Versicherungsvertrags
Leistung	Versicherungssumme wird nur fällig, wenn der Versicherte innerhalb des Versicherungszeitraums stirbt	Versicherungssumme wird fällig, wenn der Versicherte vor Ablauf des Vertrags stirbt oder der Versicherte den Ablauf des Vertrags erlebt
Verwendung	vorrangig zur Absicherung der Hinterbliebenen bis zum Aufbau einer anderen Versorgung	bietet im Todesfall den Hinterbliebenen Schutz und dient gleichzeitig der eigenen Altersvorsorge

Es gelten folgende Regelungen:

- Die Höhe der **Versicherungsleistung** ist abhängig vom Eintrittsalter, der Laufzeit und dem geleisteten Beitrag.
- Vor Abschluss eines Vertrags erfolgt in der Regel ein **Gesundheitscheck**. Dazu muss der Versicherungsnehmer einen Fragebogen (wahrheitsgemäß!) ausfüllen und eventuell Arztberichte vorlegen. Die Versicherung kann gegebenenfalls einen Risikozuschlag verlangen.
- Um sich den steigenden Lebenshaltungskosten anzupassen, können fast alle Lebensversicherungen **dynamisiert** werden. In dem Fall steigt die Versicherungssumme und entsprechend auch der Beitrag an. Der Versicherungsnehmer kann hierüber zumeist von Jahr zu Jahr neu entscheiden.

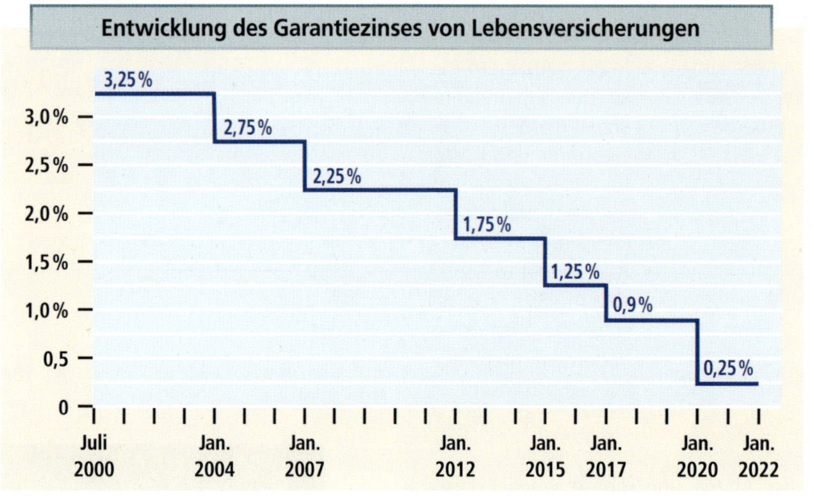

- Die **Rendite** solcher Versicherungen wird durch den hohen Verwaltungsaufwand der Versicherungsgesellschaften (für Provisionen, Gehälter, Verwaltung) und die Risikovorsorge geschmälert. Darüber hinaus ist der gesetzlich **garantierte Zinssatz** auf den verbleibenden Sparanteil parallel zum allgemeinen Zinsniveau stark gesenkt worden. Die Gewinnüberschüsse, mit denen die Versicherungen gerne werben, können für die Zukunft nicht garantiert werden.
- Der Abschluss einer Kapitallebensversicherung sollte gut überlegt sein.

Besteht schon vor Ablauf der Versicherung ein Kapitalbedarf, so fallen bei einem **Rückkauf** die entstandenen (Verwaltungs-)Kosten umso stärker ins Gewicht, je früher gekündigt wird. Die Erfahrung zeigt, dass sehr viele Kapitallebensversicherungen vorzeitig gekündigt werden mit entsprechend hohen Verlusten.

Hinweis
*Als gute Alternative zu einer Kapitallebensversicherung wird die **Riester-Rente** angesehen, die durch staatliche Förderung attraktiv erscheint (vgl. Abschnitt 5.2.1).*

Sicherheit	Liquidität	Rendite / Zins
• Sehr sicher durch gesetzlichen Sicherungsfonds. • Durch Garantiezins kein Kapitalverlust am Ende der Laufzeit.	• Verfügbarkeit sehr eingeschränkt, da hohe Einbußen erfolgen, wenn die Versicherung vor Ablauf gekündigt wird. • Vertragsabschluss nur langfristig sinnvoll.	• Rendite ist sehr niedrig, da hoher Verwaltungsaufwand. • Die genaue Höhe ist erst am Ende der Laufzeit bekannt.

Bausparen

Ein Bausparvertrag ist eine der am meisten bewährten und bis heute sehr beliebten Formen einer Baufinanzierung (Bau, Kauf oder Erhaltung eines (Reihen-)Hauses oder einer Eigentumswohnung). Er stellt eine sichere und solide Form der Kapitalbildung zu vertraglich fest vereinbarten Konditionen dar.
Das Bauspardarlehen sollte bei der Finanzierung von Wohneigentum neben den Eigenmitteln und einem Hypothekendarlehen eine der drei Säulen einer soliden Finanzierung darstellen.

Der Bausparvertrag weist einige Besonderheiten auf:
- Bausparer und Bausparkasse schließen einen Bausparvertrag über eine bestimmte Vertragssumme (**Bausparsumme**) ab.
- Von der vereinbarten Bausparsumme muss der Bausparer in der **Ansparphase** einen bestimmten Prozentsatz (meist 40 oder 50 %) als Sparguthaben selbst aufbringen (dieses wird nur geringfügig verzinst).
- Sobald außer der Mindestansparsumme eine bestimmte **Bewertungszahl** erreicht ist (abhängig von der Einhaltung der vereinbarten Mindestsparzeit und dem angesparten Guthaben), besteht ein Anspruch auf **Zuteilung** der Bausparsumme (sogenannte Zuteilungsreife). Der bis zur vereinbarten Vertragssumme noch fehlende Betrag wird dabei als Bauspardarlehen gewährt.

- Das Bauspardarlehen, das steuerlich begünstigt ist, muss in monatlichen Raten meist innerhalb von sieben bis zehn Jahren einschließlich einer moderaten Verzinsung zurückgezahlt werden (**Darlehensphase**). Der Zinssatz beträgt 2-4 % p. a., festgelegt über die gesamte Laufzeit des Darlehens. Sonderzahlungen bis hin zur völligen Tilgung des Bauspardarlehens sind jederzeit möglich. Obwohl die Zinsen vergleichsweise niedrig sind, muss der Bausparer aufgrund des relativ kurzen Rückzahlungszeitraums mit höheren monatlichen Belastungen rechnen als z. B. bei einem Hypothekendarlehen.

Phasen eines Bausparvertrags

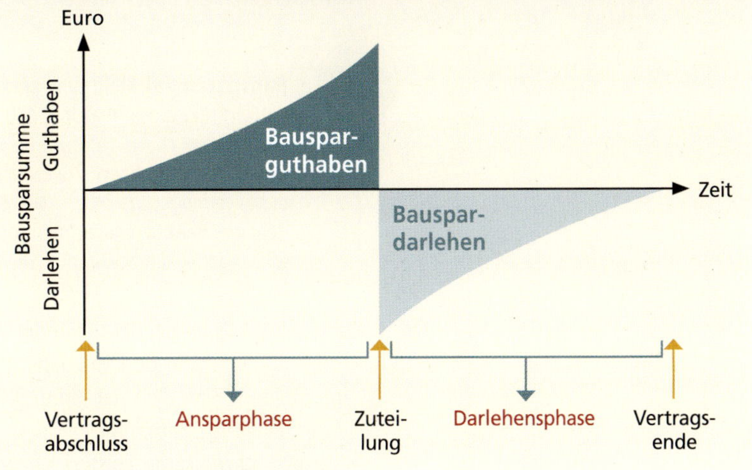

- Bauspardarlehen brauchen nur durch ein **nachrangiges Grundpfandrecht** gesichert zu werden (der erste Rang kann daher für eine Hypothek oder Grundschuld offen bleiben).

9.2.3 Sparförderung

Der Staat ist aus mehreren Gründen daran interessiert, dass seine Bürger sparen:

1. Die gesamtwirtschaftlichen Ersparnisse stehen für Investitionszwecke zur Verfügung und ermöglichen damit ein Wachstum der Wirtschaft.
2. Ersparnisse können der Altersversorgung dienen und helfen, Notfälle zu überwinden. Bürger mit entsprechenden Sparguthaben fallen im Notfall nicht der staatlichen Fürsorge (z. B. der Sozialhilfe) zur Last.
3. Arbeitnehmer sollen an einer breit gestreuten Vermögensbildung teilhaben und so ihren persönlichen Freiheitsraum erweitern und ihren Lebensstandard erhöhen. Insbesondere soll die Beteiligung am Produktivvermögen des eigenen Unternehmens gefördert werden.

Aus diesen Gründen fördert der Staat insbesondere Sparer mit niedrigem oder mittlerem Einkommen. Es gelten folgende Einkommensgrenzen, bei denen das zu „versteuernde Einkommen" zugrunde gelegt wird (das ist der Bruttoverdienst abzüglich aller Freibeträge und absetzbarer Aufwendungen).

Obergrenzen für das zu versteuernde Einkommen im Förderjahr	Ledige	Verheiratete
Vermögensbildungsgesetz		
• **Bausparen**	17.900,00 €	35.800,00 €
• **Investmentsparen**	20.000,00 €	40.000,00 €
Wohnungsbau-Prämiengesetz	35.000,00 €	70.000,00 €

Vermögenswirksame Leistungen

Die staatlich geförderte Vermögensbildung in Deutschland erfolgt durch die Anlage sogenannter **vermögenswirksamer Leistungen** (z. B. für einen Bausparvertrag oder für eine Kapitalanlage im Unternehmen des Arbeitnehmers). Der Staat unterstützt das Sparen durch die **Arbeitnehmersparzulage**.

Nach dem Vermögensbildungsgesetz können Arbeitnehmer, die die genannten Einkommensgrenzen nicht überschreiten, folgende Fördermöglichkeiten in Anspruch nehmen:

- **Bausparen:** Der Staat zahlt eine Sparzulage in Höhe von 9 % für vermögenswirksame Leistungen von maximal 470,00 €, die in einen Bausparvertrag eingezahlt werden.
- **Beteiligungssparen:** Zusätzlich wird die Beteiligung von Arbeitnehmern am Produktivvermögen gefördert. Die Anlage muss in einer Beteiligung an einem Unternehmen, in Aktien, Investmentfonds o. Ä. erfolgen. Die Förderung beträgt hier sogar 20 % von maximal 400,00 €.

Darüber hinaus gelten die folgenden Regelungen:

- Viele Tarifverträge oder Betriebsvereinbarungen sehen bei dieser Art der Vermögensbildung vor, dass der Arbeitgeber die vermögenswirksamen Leistungen ganz oder teilweise übernimmt.
- Vermögenswirksame Leistungen werden vom Arbeitgeber unmittelbar in einem Sparvertrag anlegt, den der Arbeitnehmer zuvor ausgewählt und abgeschlossen hat.
- Bei Bausparverträgen besteht eine siebenjährige Sperrfrist, d. h. der Sparer kann nicht vorzeitig über das angelegte Geld verfügen, ohne die Prämien zu verlieren.

Info
Die Arbeitnehmersparzulage muss man jedes Jahr neu zusammen mit der Steuererklärung beim Finanzamt beantragen. Eine Bescheinigung des Anlageinstituts (Anlage VL) ist beizufügen. Die Sparzulage wird aber nicht jährlich ausgezahlt, sondern erst nach Ablauf der für die jeweilige Anlageform vorgeschriebenen Sperrfrist.

Beispiel für die Arbeitnehmersparzulage
(Arbeitnehmer ist ledig und Einkommensgrenze liegt bei 17.900,00 €)

Bausparen			
eigene Bausparleistung:	12 · 15,00 €	=	180,00 €
Arbeitgeberzuschuss:	12 · 24,17 €	=	290,00 €
	Summe	=	470,00 €
	davon 9 %	=	42,30 €
Beteiligungssparen	12 · 33,33 €	=	400,00 €
	davon 20 %	=	80,00 €

Wohnungsbauprämie

Nach dem Wohnungsbau-Prämiengesetz können **Sparer** – unabhängig davon, ob sie berufstätig sind oder nicht – für Aufwendungen zur Förderung des Wohnungsbaus eine Wohnungsbauprämie erhalten (vorausgesetzt, dass für diese Sparbeiträge kein Anspruch auf Arbeitnehmersparzulage besteht).

- Förderung gibt es für Einzahlungen auf ein Bausparkonto für Sparleistungen von höchstens 700,00 € für Ledige und 1.400,00 € für Verheiratete.
- Die Prämie beträgt 10 % von der jährlichen Sparleistung.

Darüber hinaus gelten die folgenden Regelungen:

- Diese staatliche Förderung steht bereits **Jugendlichen** zu, die im Sparjahr 16 Jahre alt geworden sind. Somit ist ein Bausparvertrag für junge Leute eine interessante Möglichkeit, Vermögen anzusparen und dafür vom Staat eine Prämie zu erhalten.
- Für alle neu abgeschlossenen Verträge wird eine Wohnungsbauprämie grundsätzlich nur noch bei **wohnungswirtschaftlicher Verwendung** (also z. B. Modernisierung des eigenen Hauses, der Eigentums- oder auch der Mietwohnung) gezahlt.

- Ist der Sparer bei Vertragsabschluss **noch nicht 25 Jahre alt**, kann er auch ohne wohnungswirtschaftliche Verwendung für die letzten sieben Sparjahre die Wohnungsbauprämie erhalten. Diese Ausnahmeregelung ist jedoch nur ein einziges Mal nutzbar.
- Genau wie die Arbeitnehmersparzulage gilt die Wohnungsbauprämie übrigens nicht als Einkommen im steuerlichen Sinne und ist demnach bei der Ermittlung des zu versteuernden Einkommens nicht zu berücksichtigen.

Beispiel für die Wohnungsbauprämie
(Sparer ist verheiratet und Einkommensgrenze liegt unter 51.200,00 €)

Sparleistung:	150,00 €/Monat	=	1.800,00 €
Förderhöchstbetrag:	maximal	=	1.400,00 €
Wohnungsbauprämie:	10 % vom Höchstbetrag	=	140,00 €

Info
Der Antrag auf Wohnungsbauprämie erfolgt auf den Formularen der Bausparkasse und wird an diese zurückgeschickt. Die Gutschrift erfolgt auf dem Bausparkonto.

Sparer-Pauschbetrag

Alle Erträge aus Kapitalvermögen (Zinsen, Dividenden, Kursgewinne) werden mit der sogenannten **Abgeltungssteuer** in Höhe von 25 % (zzgl. Solidaritätsbeitrag plus ggf. Kirchensteuer) besteuert.

Allerdings werden Kapitalerträge erst besteuert, wenn sie den **Sparer-Pauschbetrag** in Höhe von
- **1.000,00 € für Ledige** bzw.
- **2.000,00 € für Verheiratete**

überschreiten. Ähnlich wie bei anderen Einkunftsarten werden in dieser Höhe Werbungskosten ohne Nachweis anerkannt.

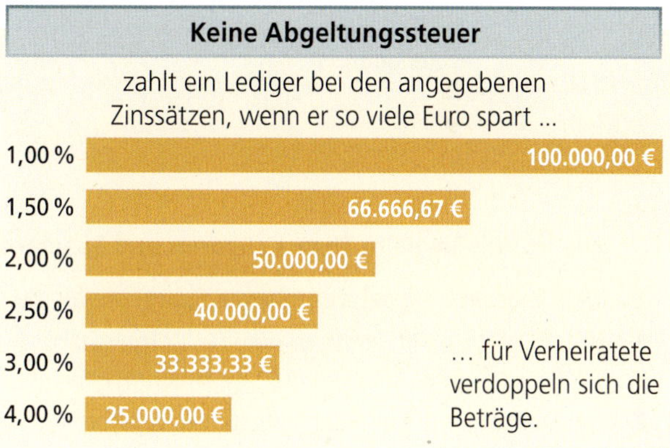

Da die Banken verpflichtet sind, die Abgeltungssteuer direkt einzubehalten und an das Finanzamt abzuführen (Quellensteuer), gibt es die folgenden Möglichkeiten, den Sparer-Pauschbetrag geltend zu machen:
- Der Steuerpflichtige kann seiner Bank einen sogenannten **Freistellungsauftrag** erteilen, wodurch Erträge bis zur Höhe des Pauschbetrags steuerfrei bleiben. Der Freibetrag kann auch auf mehrere Banken/Bausparkassen verteilt werden.
- Hat man den Freistellungsauftrag vergessen und die Kapitalerträge liegen unterhalb des Pauschbetrags, kann man sich die bereits gezahlte Abgeltungssteuer bei der nächsten Einkommensteuererklärung vom Finanzamt zurückholen.
- Auch bei Schülern und Auszubildenden, die eigentlich unter der Einkommensteuergrenze liegen, wird die Abgeltungssteuer bei Zinserträgen einbehalten. Sie können beim Finanzamt eine sogenannte **Nichtveranlagungsbescheinigung (NV)** beantragen und ihrer Bank vorlegen; dann werden keine Steuern abgezogen. In diesem Fall muss kein Freistellungsauftrag gestellt werden.

Freistellungsauftrag für Kapitalerträge — ALPHA BANK

Hiermit erteile ich Ihnen den Auftrag, meine bei Ihrem Institut anfallenden Kapitalerträge vom Steuerabzug freizustellen und / oder bei Dividenden und ähnlichen Kapitalerträgen die Erstattung von Kapitalertragssteuer zu beantragen, und zwar

☐ bis zu einem Betrag von € ____________
(bei Verteilung des Sparer-Pauschbetrags auf mehrere Kreditinstitute).

☒ bis zur Höhe des für mich geltenden Sparer-Pauschbetrags von insgesamt 1.000,00 €

Dieser Auftrag gilt ab dem 01.01.20XX so lange, bis Sie einen anderen Auftrag von mir erhalten.

Ich versichere, dass mein Freistellungsauftrag zusammen mit Freistellungsaufträgen an andere Kreditinstitute, Bausparkassen, das BZSt usw. den für mich geltenden Höchstbetrag von insgesamt 1.000,00 € nicht übersteigt.

Ich versichere außerdem, dass ich mit allen für das Kalenderjahr erteilten Freistellungsaufträgen für keine höheren Kapitalerträge als insgesamt 1.000,00 € im Kalenderjahr die Freistellung oder Erstattung von Kapitalertragssteuer in Anspruch nehme.

Bankkunde: Paul Keller

Steuer ID: 94576313804

ÜBERBLICK

SPAREN

Gründe für das Sparen
- Sparfähigkeit
- Sparmotive
  - Vorsorgesparen
  - Zwecksparen
  - Vermögensbildung

Sparformen
- Sparbuch/Sparkonto
- Sparbrief
- Festzinsanleihen
- Aktien
- Investmentzertifikate
- Lebensversicherung
- Bausparen

Anlagekriterien
- Sicherheit
- Liquidität
- Rendite

Sparförderung
- vermögenswirksame Leistungen
- Wohnungsbauprämie
- Sparer-Pauschbetrag

	Wie fit sind Sie beim Thema „Sparen und Sparförderung"?	Inhaltsbezug Seite
1	Welche Bedeutung hat die Höhe der Sparquote für die Gesamtwirtschaft?	183
2	a) Nennen Sie drei Gründe, warum ein Bürger spart. b) Wie verwenden Sie persönlich Ihr Einkommen?	184
3	Das Sparkonto ist eine der häufigsten Anlageformen. a) Warum ist das so? b) Erarbeiten Sie die Vor- und Nachteile.	185
4	a) Ist der Sparbrief eine Alternative zum Sparkonto? b) Erklären Sie den Unterschied zwischen den Sparbriefen Typ V und Typ A.	186
5	a) Erklären Sie die Unterschiede zwischen Festzinsanleihen, Aktien und Investmentzertifikaten. b) Welches sind die jeweiligen Vor- und Nachteile?	186–189
6	Was ist der DAX und wie hat er sich in den letzten 20 Jahren entwickelt?	187
7	a) Welche Arten von Lebensversicherungen gibt es (Unterschiede)? b) Was halten Sie vom Versicherungssparen?	189–190
8	a) Erläutern Sie, wie das Bausparen funktioniert. b) Welche Vorteile hat das Bausparen?	190–191
9	Übertragen Sie die Tabelle auf ein Blatt Papier und stellen Sie die Anlagekriterien für alle in Abschnitt 9.2.2 genannten Sparformen zusammen.	185–191
10	a) Warum fördert der Staat das Sparen? b) Welche Formen der Sparförderung gibt es? c) Können Sie persönlich die vorgestellten Sparförderungen alle in Anspruch nehmen?	191–193

Tabelle zu Aufgabe 9:

	Verfügbarkeit	Ertrag	Sicherheit
Sparbuch			
Kapitallebensversicherung	erst bei Eintritt des Versicherungsfalls	liegt bei 4 bis 6 %	bei seriöser Gesellschaft kein Risiko
	vorzeitiger Rückkauf ist sehr ungünstig	ist aber wegen des Risikoanteils schwer vergleichbar	Geldentwertung kann durch Dynamisierung umgangen werden

9.3 Verbraucherdarlehen

Paul und Shari haben zwar eine ordentliche Summe angespart, aber für ihr „Traumauto" (einen Kleinwagen) reicht es noch immer nicht. Daher überlegen sie, einen Kredit (Darlehen) in Höhe von 6.500,00 € aufzunehmen.

- Wie können die beiden feststellen, ob sie sich einen Kredit leisten können?
- Wäre es sinnvoll, diesen Betrag mit einem Dispositionskredit zu finanzieren?
- Die Banken werben mit besonders günstigen Zinsen bei Darlehensverträgen. Ob Paul und Shari diese auch gewährt bekommen?
- Welche Informationen muss die Bank ihnen nach der Verbraucherkreditrichtlinie der EU mitteilen?
- Welche Sicherheiten müssen der Bank unter Umständen geboten werden?
- Welche Möglichkeiten bestehen, wenn sich die beiden mit ihren Konsumwünschen übernommen – sprich „überschuldet" – haben?

9.3.1 Kreditaufnahme durch einen Verbraucher

Während Unternehmen in der Regel Kredite aufnehmen, um damit **Investitionen** zu finanzieren, die Gewinne abwerfen sollen, werden im privaten Bereich Kredite zu **Konsumzwecken** aufgenommen. Statt für eine größere Anschaffung (z. B. Auto, Haushaltsgeräte oder Wohnungseinrichtung) das dazu benötigte Geld vorher erst anzusparen, wird ein Kredit aufgenommen, der am Ende der Laufzeit in einem Betrag oder während der Laufzeit in Raten zurückgezahlt wird.

Einerseits ist eine Kreditaufnahme für Konsumenten verlockend, da die gekauften Gegenstände sofort genutzt werden können. Andererseits kann der schnell erfüllte Traum aber zum Alptraum werden, wenn der Verbraucher die auf ihn zukommende Belastung unterschätzt hat oder wenn er wegen einer unvorhergesehenen Notlage (Arbeitslosigkeit, Trennung, Krankheit etc.) in Zahlungsverzug gerät.

Im BGB wird für einen Kredit die Bezeichnung **Darlehen** verwendet. Ist einer der Vertragspartner Verbraucher, spricht das Gesetz von **Verbraucherdarlehen** (in der Alltagssprache auch Anschaffungsdarlehen oder Ratenkredit genannt).

Kredit

Der Begriff kommt aus dem Lateinischen (credere = glauben, vertrauen). Ein Kreditgeber (Gläubiger) setzt sein Vertrauen in die Fähigkeit und Bereitschaft des Kreditnehmers (Schuldner), seine Schuldverpflichtungen ordnungsgemäß zu erfüllen.

Die Begriffe „Kredit" und „Darlehen" werden zumeist synonym verwendet.

§

BGB § 488 (1) [Darlehensvertrag]

Durch den Darlehensvertrag wird der Darlehensgeber verpflichtet, dem Darlehensnehmer einen Geldbetrag in der vereinbarten Höhe zur Verfügung zu stellen.

Der Darlehensnehmer ist verpflichtet, einen geschuldeten Zins zu zahlen und bei Fälligkeit das zur Verfügung gestellte Darlehen zurückzuzahlen.

Für **Verbraucherdarlehen** gelten rechtliche Mindestanforderungen, die dafür sorgen, dass die finanzielle Belastung für den Verbraucher von vornherein klar erkennbar ist:

Kreditvertrag

(Inhalt entsprechend §§ 491 ff. BGB)

- Schriftform vorgeschrieben
- angefügter Tilgungsplan

← **Kreditgeber** (Bank)

- überlässt dem Kreditnehmer einen bestimmten Geldbetrag auf Zeit
- umfangreiche Informationspflichten
- Kündigungsrecht bei Zahlungsverzug

→ **Kreditnehmer** (Verbraucher)

- zahlt Zinsen und tilgt den Kredit durch Einmalzahlung oder in Raten
- Widerrufsrecht
- Kündigungsrecht

Gemäß der **europäischen Verbraucherkreditrichtlinie** (als §§ 491 ff. in das BGB eingefügt) gelten folgende Regelungen:

Verbotene Lockvogelwerbung
In der Werbung einer Bank darf nicht mit einem effektiven Zinssatz geworben werden, der nur Kunden mit bester Bonität angeboten wird. Stattdessen muss dieser oder ein günstigerer Zinssatz für die überwiegende Anzahl der Verträge (mindestens zwei Drittel) gelten (§ 6a Preisangabenverordnung – PAngV).

Bonitätsprüfung
Banken prüfen natürlich die **Bonität** (Kreditwürdigkeit) ihrer Kunden sehr genau. Nur wer die Gewähr bietet, seine Kreditschulden auch zurückzahlen zu können, bekommt überhaupt einen Kredit. Dazu muss der Antragsteller der Bank gegenüber Auskunft über seine persönlichen und wirtschaftlichen Verhältnisse geben:

- Name, Vorname, Geburtsdatum
- Adresse
- Familienstand
- ggf. Unterhaltspflichten
- Beruf, Arbeitgeber
- Einkommensverhältnisse
- monatliche Ausgaben
- vorhandene Vermögenswerte
- Kreditverpflichtungen

Die Bank kann die Höhe des Sollzinses von der Beurteilung der Bonität abhängig machen.

Informationspflicht

- **Vorvertraglich**
  Die Bank ist verpflichtet, dem Darlehensnehmer vor Abschluss eines Verbraucherdarlehensvertrags angemessene Erläuterungen zu geben, damit er beurteilen kann, ob der Vertrag den **gewünschten Zweck** erfüllt und auch seinen **Vermögensverhältnissen** entspricht. Sie muss den Darlehensnehmer schon bei der Vertragsanbahnung über Einzelheiten des Verbraucherdarlehensvertrags schriftlich unterrichten. Außerdem kann der Darlehensnehmer einen Entwurf des Verbraucherdarlehensvertrags verlangen.
- **Bei Vertragsabschluss**
  Der Verbraucherdarlehensvertrag muss schriftlich abgeschlossen werden. Beide Parteien erhalten je ein Exemplar. Der Vertrag muss in klarer und verständlicher Form alle Angaben gemäß den **Europäischen Standardinformationen für Verbraucherkredite** (siehe Abschnitt 9.3.2) enthalten.
  Auf Verlangen des Darlehensnehmers muss die Bank einen **Tilgungsplan** erstellen. Falls Formmängel auftreten, ist der Vertrag nichtig. Wurde das Darlehen aber bereits in Anspruch genommen, können eine Reihe von Formmängeln behoben werden, indem z. B. fehlende Angaben zum Zinssatz durch die günstigeren gesetzlichen Regelungen ersetzt werden (§ 494 BGB).
- **Während des Vertragsverhältnisses**
  Läuft die Zinsbindung in einem Verbraucherdarlehensvertrag vor Vertragsende aus, muss die Bank mindestens drei Monate vorher erklären, ob sie zu einer neuen Zinsbindung bereit ist und den neuen Sollzinssatz und alle daraus folgenden Änderungen mitteilen.

Effektiver Jahreszins

Damit Kreditnehmer die Angebote verschiedener Banken besser vergleichen können, muss bei Verbraucherdarlehen stets der **effektive** Jahreszins gemäß Preisangabenverordnung angegeben werden.

Bei der Berechnung des Effektivzinssatzes werden – im Gegensatz zum **nominalen** Zinssatz – neben dem Kreditbetrag alle sonstigen Kosten mit eingerechnet (z. B. Vermittlungsprovision, Abschlag [Disagio]) und unter Berücksichtigung der Laufzeit des Kredits vergleichbar gemacht. Außerdem ist im Effektivzins berücksichtigt, dass die Jahreszinsen ja schon vorzeitig, nämlich monatsweise ab Jahresbeginn gezahlt werden und nicht einmalig am Jahresende.

Für einen schnellen Preisvergleich nutzen die Banken Computerprogramme oder, wenn es sich um glatte Beträge handelt, Zins- und Tilgungstabellen. Statt der komplizierten Formel der Preisangabenverordnung gibt es auch einfache Näherungsformeln zur Berechnung des Effektivzinssatzes.
Noch einfacher geht die Berechnung mit einem Kreditrechner aus dem Internet (siehe Hinweis in der Randspalte).

Online-Kreditrechner
Entsprechende Angebote im Internet helfen dabei, Rückzahlungsraten, Laufzeit, Zinssatz, Restschuld oder Kreditsumme zu ermitteln. Darüber hinaus wird der effektive Jahreszins berechnet und ein individueller Tilgungsplan erstellt, z. B. unter: www.zinsen-berechnen.de/kreditrechner.php

Widerrufsrecht

Die Information zum Widerrufsrecht ist Teil des Verbraucherdarlehensvertrags. Hierbei sind die folgenden Punkte zu beachten:

- Die Widerrufsinformation muss im Vertrag deutlich erkennbar und hervorgehoben gestaltet sein. Zugleich muss auf die Folgen des Widerrufs hingewiesen werden: Rückzahlung der bis dahin erhaltenen Darlehensbeträge und Zahlung der Zinsen nach taggenauer Berechnung.
- Die Widerrufsfrist beträgt 14 Tage (die rechtzeitige Absendung des Widerrufs innerhalb der Frist reicht aus, er muss nicht innerhalb der Frist angekommen sein) und beginnt mit dem Abschluss des Vertrags und dem Erhalt aller Pflichtangaben.
- Der Widerruf kann mündlich, sollte aber aus Beweisgründen schriftlich oder in Textform (z. B. Brief, Fax, E-Mail) erfolgen; Gründe müssen nicht angegeben werden.

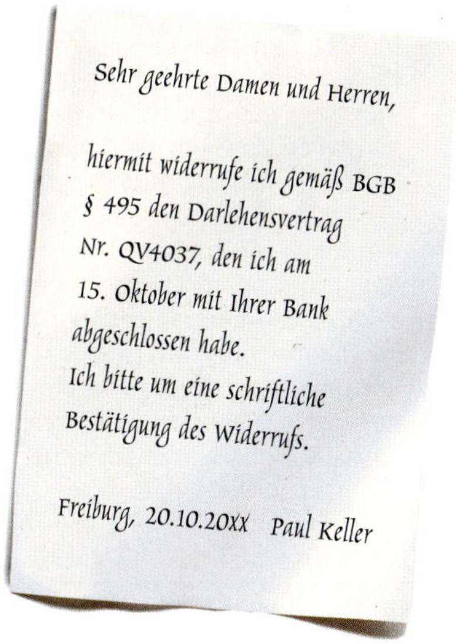
Sehr geehrte Damen und Herren,

hiermit widerrufe ich gemäß BGB § 495 den Darlehensvertrag Nr. QV4037, den ich am 15. Oktober mit Ihrer Bank abgeschlossen habe.
Ich bitte um eine schriftliche Bestätigung des Widerrufs.

Freiburg, 20.10.20xx Paul Keller

Kündigung

▶ **Durch den Kreditgeber**

Kommt der Kreditnehmer mit den Tilgungsraten in Verzug, so stehen der Bank Verzugszinsen zu und sie kann den Vertrag unter bestimmten Bedingungen sogar kündigen. Vorher sollte sie aber dem Kreditnehmer ein Gespräch über die Möglichkeiten einer einvernehmlichen Regelung anbieten.

▶ **Durch den Kreditnehmer**

Der Kreditnehmer kann den Kredit jederzeit ohne Einhaltung einer Frist kündigen. Allerdings muss er dann eine **Vorfälligkeitsentschädigung** in Abhängigkeit von der Dauer der noch verbleibenden Restlaufzeit zahlen.

Geltungsbereich

Die Vorschriften zum Verbraucherdarlehen sind **nicht** anzuwenden, bei

- einem Nettodarlehensbetrag unter 200,00 €
- zinsgünstigen Arbeitgeberdarlehen
- Darlehen bis zu maximal dreimonatiger Laufzeit und zu geringen Kosten
- öffentlich geförderten zinsgünstigen Darlehen

Kreditarten

Die folgenden Kreditarten fallen im Bürgerlichen Gesetzbuch (BGB) unter die Schutzbestimmungen für Verbraucherverträge, soweit es im Einzelfall sinnvoll ist bzw. soweit keine Ausnahmeregelungen gelten:

Dispositionskredit

- Bei diesem Kredit kann der Bankkunde sein Girokonto bis zu einem festgesetzten Limit überziehen, um einen kurzfristigen finanziellen Engpass zu beheben.
- Die Bank muss den Kreditrahmen vorher eingeräumt haben und fortlaufend über Zinsänderungen informieren, aber sonst sind keine Formalitäten notwendig.
- Dieser Kredit ist sehr flexibel und kann durch Zahlungseingänge auf dem Konto schnell wieder ausgeglichen werden.
- Allerdings müssen diese Vorteile mit einem relativ hohen variablen Zinssatz bezahlt werden.
- Wird das eingeräumte Limit überschritten, so duldet die Bank in der Regel diese erweiterte Überziehung, verlangt aber zusätzliche Überziehungszinsen.

Dispositionskredit als Beispiel

Shari hat ihr Konto in den letzten Monaten ein paar Mal überzogen, da sie einige Anschaffungen für ihre Wohnung gemacht hat. In der nebenstehenden Grafik sieht man den Verlauf ihres Kontostands jeweils am Monatsende. Die Bank hat ihr ein Kreditlimit von 200,00 € eingeräumt, das sie im Juli ganz und im August teilweise ausgenutzt hat. Im Oktober und November hat sie das Limit sogar überschritten; dafür muss sie relativ hohe Zinsen zahlen (je nach aktuellem Zinsniveau zwischen 5 und 15 %). Diese hohen Dispozinsen sind wiederholt von Verbraucherschützern kritisiert worden.

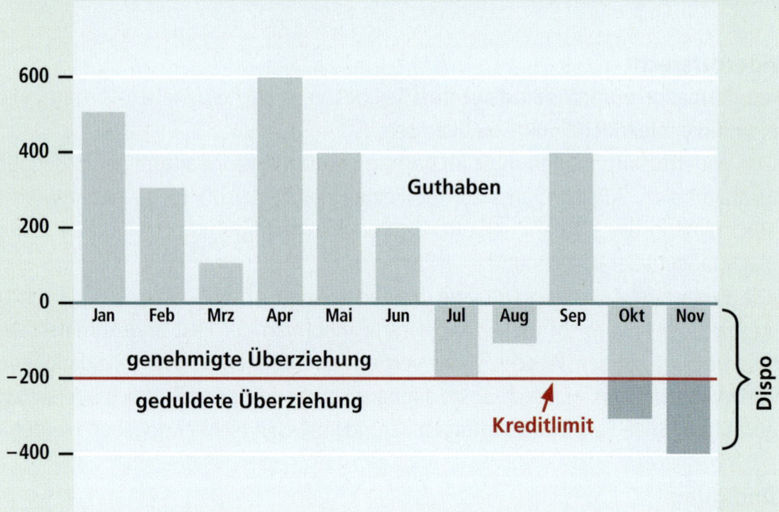

Info

Die nebenstehend aufgeführten Kredite werden in dieser Form auch an Unternehmen vergeben. Im Vergleich zu den Verbraucherdarlehen sind die Unternehmen allerdings weniger gut geschützt, da sie z. B. kein Widerrufsrecht und keinen Anspruch auf ausführliche vorvertragliche Informationen haben (vgl. Abschnitt 14.2.2).

Anschaffungsdarlehen

Diese Kredite werden in nachfolgenden Varianten angeboten. Die Unterschiede zwischen den verschiedenen Darlehensformen bestehen darin, in welcher Weise die Tilgungs- und Zinszahlungen erfolgen:

- **endfälliges Darlehen:** gleichbleibende Zinszahlung während der Laufzeit, Rückzahlung am Ende in einem Betrag.
- **Ratentilgungsdarlehen:** gleichbleibende Tilgung während der gesamten Laufzeit und abnehmende Zinszahlungen.
- **Annuitätendarlehen:** gleichbleibende Rate, aber abnehmende Zinszahlungen und ansteigende Tilgung.

Immobiliendarlehen

Privatkredite zur Finanzierung von Immobilien, die durch ein Grundpfandrecht abgesichert sind, fallen ebenfalls unter die Schutzbestimmungen für Verbraucherdarlehen. Allerdings ist unter anderem eine vorzeitige Kündigung oder Rückzahlung nicht möglich.

9.3.2 Anschaffungsdarlehen als Beispiel

Viele Privathaushalte machen heute ganz selbstverständlich von der Möglichkeit Gebrauch, für größere Anschaffungen langlebiger Konsumgüter – von der Wohnungseinrichtung bis zum Auto – im Vorgriff auf spätere Einkommen einen Kredit aufzunehmen. Meistens handelt es sich um ein **Annuitätendarlehen** bis 75.000,00 € und einer Laufzeit von 12 bis 84 Monaten. Der Zinssatz wird für die gesamte Laufzeit fest vereinbart und die monatlichen Rückzahlungen erfolgen in gleichbleibenden Raten.

Beispiel: Anschaffungsdarlehen

Auch Paul und Shari möchten sich ihren Traum von einem kleinen Auto erfüllen und lassen sich von der Beraterin der Alpha-Bank ein Angebot vorlegen. Sie haben ihre monatlichen Einnahmen und Ausgaben einander gegenübergestellt und können die monatliche Rate von 230,00 € über eine Laufzeit von 2 ½ Jahren aufbringen. Mithilfe eines Computerprogramms berechnet die Bank den Nominal- und den Effektivzins. Dann legt sie den beiden das folgende Formular vor:

Kreditrechner		
Kreditbetrag:	6.500,00 €	
Laufzeit (LZ):	30	Monate
Zinsen:	400,00 €	0,259 % p.Mon.
Bearbeitungsgebühr:	-	*siehe Hinweis I
Gesamtaufwand:	6.900,00 €	Kredit + Zinsen
mtl. Rückzahlungsrate:	230,00 €	Gesamtaufwand/LZ
→ Sollzinssatz:	4,68 %	p.a. nominal
→ effektiver Zinssatz:	4,78 %	p.a. effektiv

Europäische Standardinformationen für Verbraucherkredite	
1. Name und Kontaktdaten des Kreditgebers	
Name:	*Alpha-Bank*
Anschrift:	*Rheinstraße 11, 79098 Freiburg*
2. Beschreibung der wesentlichen Merkmale des Kredits	
Kreditart:	*Annuitätendarlehen/Anschaffungsdarlehen*
Kreditbetrag:	*6.500,00 €*
Bedingungen:	*Gutschrift auf dem Girokonto „Paul Keller“*
Laufzeit:	*30 Monate*
Teilzahlungen:	*30 Monatsraten à 230,00 € beginnend am 1. März d. J.*
Gesamtbetrag:	*6.900,00 € einschließlich Zinsen*
Sicherheiten:	*Sicherungsübereignung des Kfz mit dem Kennzeichen FR-...*
	Übergabe des Kfz-Briefs an die Bank
	Abschluss einer Vollkaskoversicherung
3. Kreditkosten	
Sollzinssatz:	*4,68 % p. a. fest über die gesamte Laufzeit*
Effektiver Jahreszins:	*4,78 % p. a.*
Kreditversicherung:	*nein*
Sonstige Kosten:	*Kontoführungsgebühren pauschal 3,00 € pro Monat*
Zahlungsverzug:	*Verzugszinsen: 5 %-Punkte über dem Basiszinssatz*
4. Andere wichtige rechtliche Aspekte	
Widerrufsrecht:	*ja, innerhalb von 14 Kalendertagen*
Vorzeitige Rückzahlung:	*Restlaufzeit > 1 Jahr:*

Hinweis I
Laut Urteil des Bundesgerichtshofs von 2014 dürfen die Kreditinstitute für Verbraucherkredite keine Bearbeitungsgebühren mehr erheben.

Hinweis II
*Das abgebildete Formular **„Europäische Standardinformationen für Verbraucherkredite“** entspricht weitgehend der Mustervorlage in der Anlage zu BGBEG Art. 247 (einige Formulierungen sind vereinfacht und nicht relevante Informationen ausgelassen worden).*

Die Bank muss auf Wunsch des Kreditnehmers einen Tilgungsplan vorlegen, aus dem die Entwicklung der Beträge über die gesamte Laufzeit ersichtlich ist. Durch diese zusätzliche Information sollen sämtliche Bedingungen und Folgekosten der Kreditaufnahme transparent gemacht werden.

Beispiel: Tilgungsplan

Monat	Schuldenstand Vormonat	Ratenzahlung am Monatsende	davon Zinsen/Geb.	davon Tilgung	Schuldenstand am Monatsende
1	6.500,00	230,00	25,35	204,65	6.295,35
2	6.295,35	230,00	24,55	205,45	6.089,90
3	6.089,90	230,00	23,75	206,25	5.883,65
4	5.883,65	230,00	22,95	207,05	5.676,60
5	5.676,60	230,00	22,14	207,86	5.468,74
29	457,32	230,00	1,78	228,22	229,11
30	229,11	230,00	0,89	229,11	0,00
Gesamtsummen		**6.900,00**	**400,00**	**6500,00**	**0,00**

(Tilgungsplan erstellt mit: www.zinsen-berechnen.de/kreditrechner.php)

9.3.3 Kreditsicherheiten

Kreditsicherheiten dienen grundsätzlich dazu, die Wahrscheinlichkeit, dass die Kreditraten nicht pünktlich oder nicht vollständig zurückgezahlt werden, zu minimieren. Kommt es doch dazu, so steht der Bank zusätzlich zum Rückzahlungsanspruch die Möglichkeit zur Verwertung der gestellten Sicherheiten zu.

Je nach Art des Kredits, der Kredithöhe und der Bonität des Kreditnehmers kommen unterschiedliche Kreditsicherheiten infrage:

- **Selbstauskunft**
  Wie schon zuvor bei der Bonitätsprüfung dargelegt, muss der Kreditnehmer Auskunft über seine persönlichen (Familienstand, Beruf) und wirtschaftlichen Verhältnisse (Einkommen, Vermögen, Unterhalts- und Kreditverpflichtungen) geben. Dazu gehört auch, dass er eine **Verdienstbescheinigung** vorlegen muss.
- **SCHUFA**
  Die Bank möchte durch eine Anfrage zur Kreditwürdigkeit ihres Kunden bei der **Schutzgemeinschaft für allgemeine Kreditsicherung** (SCHUFA) sichergehen, dass dieser sich nicht übernommen hat. Der Kreditnehmer muss seine Zustimmung geben, dass seine Daten bei der SCHUFA gespeichert bzw. abgerufen werden (mit Unterschrift!). Damit sollen Vertragspartner der SCHUFA vor Kreditverlusten gewarnt, aber auch Kunden vor übermäßiger Verschuldung geschützt werden.
  Besonders belastend für Verbraucher kann die Eintragung von sogenannten „Negativmerkmalen" sein (Zwangsvollstreckung, rückständige Kredittilgung oder Verbraucherinsolvenz). In solchen Fällen dürfte es für einen „vorbelasteten" Kunden schwierig sein, einen weiteren Kredit zu erhalten. Die SCHUFA ist verpflichtet, jedem Verbraucher auf Antrag kostenfrei Auskunft über die zu seiner Person gespeicherten Daten zu erteilen.

Vorsicht!

Bei Kreditangeboten mit der Werbung „ohne SCHUFA" sollte man sehr kritisch sein. Durch unseriöse Kreditvermittler kann sich das finanzielle Problem sogar noch verstärken.

Bürgschaft

Bei einer Bürgschaft haften weitere Personen (z. B. Ehegatte, Eltern oder Partner) für die Rückzahlung des Kredits, wenn der Schuldner seinen Verpflichtungen nicht vertragsgemäß nachkommt.

Selbstschuldnerisch ist eine Bürgschaft dann, wenn der Bürge genauso haftet wie der Kreditnehmer selbst. Der Kreditgeber kann sich unmittelbar an den Bürgen wenden, wenn der Kreditnehmer nicht zahlen kann oder will.

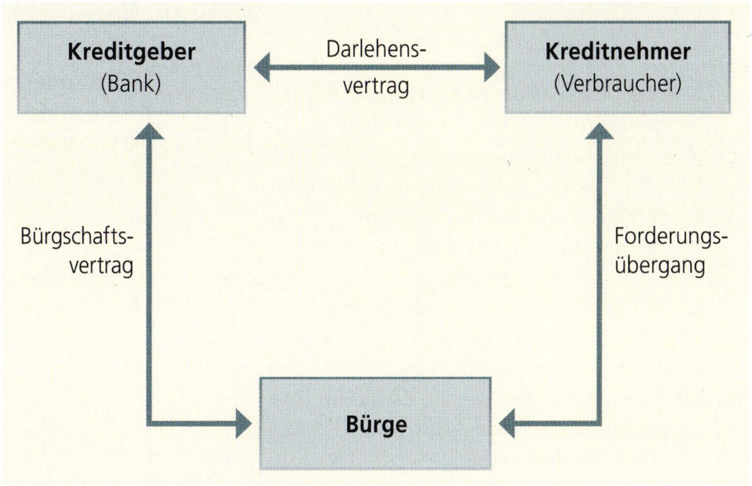

Beim Bürgschaftsvertrag ist die **Schriftform** bei Privatpersonen zwingend vorgeschrieben. Eine Bürgschaft mit einem mittellosen Angehörigen ist sittenwidrig und damit nichtig; ebenso, wenn zwischen dem Einkommen des Bürgen und dem verbürgten Betrag ein krasses Missverhältnis besteht.

Gehaltsabtretung

Bei einer Gehaltsabtretung wird der pfändbare Teil des Einkommens an den Kreditgeber abgetreten. Dies kann dadurch bewirkt werden, dass der Arbeitgeber im Fall des Ratenrückstands einen Teil des Einkommens direkt an die Bank überweist. Falls der Arbeitgeber die Abtretung (aus verständlichen Gründen) nicht erfahren soll, kann der Schuldner die Überweisung auch selbst vornehmen. Dem Kreditnehmer muss auf alle Fälle das Existenzminimum belassen werden. Als Alternative ist auch die Abtretung von Ansprüchen aus Versicherungsverträgen möglich.

Sicherungsübereignung

Durch einen Vertrag zur Sicherungsübereignung wird der Kreditgeber **Eigentümer** des abzuzahlenden Kaufgegenstands. Der Kreditnehmer wird nur **Besitzer**, d. h. er kann die Sache zwar benutzen, aber nicht wie ein Eigentümer frei darüber verfügen.

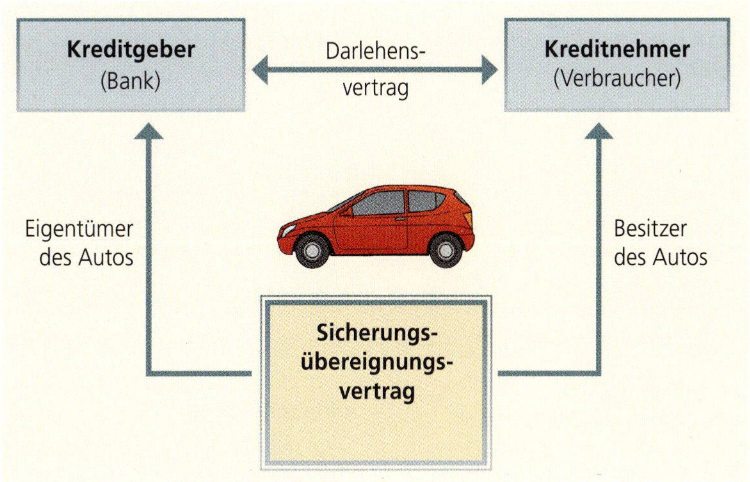

Diese Rechtskonstruktion ist aus der Praxis erwachsen und ist nicht im BGB geregelt. Sie wird häufig bei der Finanzierung eines Autos angewandt. Dabei behält der Kreditgeber als Sicherheit den Kfz-Brief ein, sodass der Besitzer nicht in der Lage ist, das Auto zu verkaufen. Häufig muss der Besitzer eine Vollkaskoversicherung für das Auto abschließen.

Restkreditversicherung

Zusätzlich kann überlegt werden, ob bei Aufnahme eines Kredits gleichzeitig eine Restkreditversicherung (auch als Restschuldversicherung bezeichnet) abgeschlossen werden sollte. Diese Versicherung übernimmt die Kredittilgung bei schwerer Krankheit, Unfall, Berufsunfähigkeit oder Tod. Allerdings kommt dann zu den üblichen Kreditkosten noch eine monatliche Versicherungsprämie dazu, die im Effektivzins nur ausgewiesen werden muss, wenn sie von der Bank zwingend verlangt wird. Dies erhöht den effektiven Jahreszins beträchtlich.

9.3.4 Gefahren der Kreditaufnahme: Überschuldung und Verbraucherinsolvenz

12 goldene Regeln der sparsamen Haushaltsführung

1. *Nie mehr Geld ausgeben, als man jeden Monat zur Verfügung hat.*
2. *Überziehung des Kontos (wenn überhaupt) nur kurzfristig.*
3. *Keine Ratenkäufe bei verschiedenen Unternehmen.*
4. *Überblick behalten (möglichst bar bezahlen).*
5. *Kontoauszüge regelmäßig und sorgfältig kontrollieren.*
6. *Einkäufe planen und nicht unüberlegt handeln (Sonderangebote).*
7. *Finanzielles Polster für „Unvorhergesehenes" schaffen.*
8. *Kurzfristige Konsumgüter nicht über langfristige Kredite finanzieren.*
9. *Soziale Leistungen in Anspruch nehmen, soweit sie einem zustehen.*
10. *Versicherungen, Kontogebühren und Energiekosten überprüfen.*
11. *Gegenstände, die man nicht unbedingt braucht, verkaufen.*
12. *Secondhand-Angebote nutzen.*

Schulden vermeiden

Bevor das Girokonto dauerhaft überzogen wird und die Möglichkeiten weiterer Kredite ausgeschöpft sind, sollte geprüft werden, ob Einsparungen bei der Haushaltsführung möglich sind. Zusätzlich zur Erstellung eines übersichtlichen Haushaltsplans sollte man sich an die Regeln (links) halten.

Wer mit einer permanenten Girokontoüberziehung lebt und keine Möglichkeit zum Ausgleich des Kontos hat (weil z. B. das laufende Einkommen keine Rückführung der Überziehung, sondern nur eine Zahlung der Zinsen erlaubt), der ist stark gefährdet, in die Überschuldung abzurutschen. Kommen weitere Faktoren hinzu, z. B. Arbeitslosigkeit, Unfall, persönliche Probleme, so ist der unaufhaltsame finanzielle Abstieg sehr wahrscheinlich.

Wer erst einmal tief in der finanziellen Klemme sitzt, ist oft auch anfällig für dubiose Kreditvermittler. So verlockend manches Kreditangebot klingen mag, „Bargeld sofort" ist in der Regel eine Sackgasse. Meistens handelt es sich dabei um unseriöse „Kredithaie", die es nur auf das Geld der Schuldner abgesehen haben und diese unter Umständen durch hohe Zinsen und Gebühren noch tiefer in die Schuldenfalle ziehen.

Die Schuldenfalle

Daher gilt: Wenn die Schuldensituation immer unüberschaubarer wird, ist es unbedingt ratsam, sich professionelle Hilfe bei einer Schuldner- und Insolvenzberatung zu holen. Diese Beratung bezieht sich aber oft genug nur auf den finanziell-rechtlichen Aspekt, obwohl die beiden anderen in der folgenden Tabelle genannten Aspekte ebenso wichtig wären:

Finanziell-rechtliche Beratung umfasst ...	Lebenspraktische Beratung umfasst ...	Pädagogisch-vorbeugende Beratung umfasst ...
• Erfassung der finanziellen Situation • Sicherung der Lebensgrundlage • anwaltliche Beratung • Umgang mit Mahn- und Vollstreckungsbescheid • Probleme der Pfändung • eidesstattliche Versicherung • Entschuldungsstrategie • Verbraucherinsolvenz	• Budgetplanung • Erschließung finanzieller Möglichkeiten • Einsparmöglichkeiten • Einkaufsberatung • Konsumplanung	• Bewusstmachung des eigenen Verhaltens • Veränderung der Lebensperspektiven • Verarbeitung der psychosozialen Folgen • Stärkung der Persönlichkeit • Schuldenprävention

Überschuldung

Die Vorschriften der EU-Verbraucherkreditrichtlinie und die darauf aufbauenden Regeln des BGB zum Verbraucherdarlehen schützen die Kunden vor Fallstricken bei Kreditverträgen. Trotzdem sollte sich der Kreditnehmer bei der Inanspruchnahme eines Kredits stets fragen, ob er die laufenden Kreditraten (Zins und Tilgung) aus seinem Einkommen ohne wesentliche Einschränkung seiner bisherigen Lebensgewohnheiten aufbringen kann. Dazu muss er überschlagen, wie viel von den regelmäßigen Einkünften nach Abzug aller dauernden Verpflichtungen (z. B. Miete, Versicherungen, Auto) noch verfügbar bleibt. Hierzu kommt die Frage nach der Sicherheit des Arbeitsplatzes oder ob größere Ausgaben in absehbarer Zeit auf den Kreditnehmer zukommen (z. B. Ausbildungskosten für Kinder, Neuanschaffungen, Reparaturen).

Wann ist ein Haushalt überschuldet?
Überschuldung liegt vor, wenn der Schuldner seine fälligen Zahlungsverpflichtungen auch in absehbarer Zeit nicht begleichen kann und ihm zur Deckung seines Lebensunterhalts weder Vermögen noch Kreditmöglichkeiten zur Verfügung stehen.

Hauptauslöser für Überschuldung sind:

objektive Faktoren (kritische Ereignisse)	**subjektive Faktoren** (vermeidbares Verhalten)
• Arbeitslosigkeit • Scheidung/Trennung • Krankheit/Unfall/Tod • gescheiterte Existenzgründung	• unangemessenes Konsumverhalten • unwirtschaftliche Haushaltsführung • Suchtverhalten

Auch jüngere Erwachsene (unter 25 Jahren) geraten zunehmend in eine Überschuldungsfalle oder weisen nachhaltige Zahlungsstörungen auf. Auslöser sind vor allem zu hohe Konsumausgaben (z. B. Partys, Smartphone, Mode, Urlaub), fehlende Eigenverantwortung und Kenntnisse über wirtschaftliche Zusammenhänge.

Haushaltsplan
Den finanziellen Überblick zu behalten ist eine tagtägliche Herausforderung.
Wie viel Geld habe ich zur Verfügung? Wie kann ich meine Ausgaben reduzieren?
Vier Schritte zu einem übersichtlichen Haushaltsplan:

1. Schritt: Nettoeinnahmen feststellen
- Wie hoch ist das Nettogehalt aller Familienmitglieder?
- Welche anderen (Neben-)Einnahmen kommen dazu?

2. Schritt: Feste (fixe) Ausgaben ermitteln
Feste Ausgaben sind regelmäßige Zahlungsverpflichtungen. Viertel-, halb- oder ganzjährlich anfallende Ausgaben sollten auf die Monate umgerechnet werden.

3. Schritt: Veränderliche (variable) Ausgaben ermitteln
Die veränderlichen Ausgaben, zu denen alle Kosten der Lebensführung gehören, sollten möglichst zeitnah (am besten täglich) anhand von Kontoauszügen, Rechnungen und Kassenzetteln erfasst werden.

4. Schritt: Monatsbudget errechnen
Nach der nebenstehenden Formel kann jetzt festgestellt werden, ob sich ein monatlicher Überschuss oder ein Fehlbetrag ergibt. Ein Fehlbetrag sollte möglichst bald ausgeglichen werden; ein Überschuss steht für einen Vermögensaufbau (Sparen) und/oder für besondere Anschaffungen zur Verfügung.

\+ *Einnahmen*
− *Feste Ausgaben*
− *Variable Ausgaben*

= ***Überschuss/Fehlbetrag***

Schuldnerberatung
Hat sich jemand finanziell übernommen und kann die eingegangenen Rückzahlungsverpflichtungen nicht mehr tragen, sollte er sich nicht in die Arme von sogenannten „Kredithaien" begeben, die ihm eine angeblich günstige Umschuldung anbieten. Sie erhöhen die Schulden in aller Regel noch zusätzlich durch Gebühren und Provisionen. Besser ist es in diesem Fall, sich zuerst an den Kreditgeber (Bank) oder an eine **Schuldnerberatungsstelle** zu wenden. Eine in der Regel kostenlose Beratung findet man unter anderem im Internet (siehe Randspalte), bei Verbraucherzentralen, den Sozialverbänden der Kirchen und unter der telefonischen Behördennummer 115.

Hinweis
Hilfreiche Informationen und Hilfestellungen für den Weg aus der Schuldenfalle finden Sie z. B. auf der folgenden Internetseite:
www.schuldnerberatung.de

Verbraucherinsolvenz

Das Verbraucherinsolvenzverfahren soll privaten Personen oder Haushalten, die keine selbstständige wirtschaftliche Tätigkeit ausüben, einen Neuanfang ermöglichen. Das Verfahren kann bei (drohender) Zahlungsunfähigkeit des Schuldners eingeleitet werden und führt unter bestimmten Voraussetzungen zu einer Befreiung von der Restschuld. Das Verbraucherinsolvenzverfahren gliedert sich in vier Stufen, wobei die nächste nur durchgeführt wird, wenn es auf der vorhergehenden Stufe keine Einigung gab:

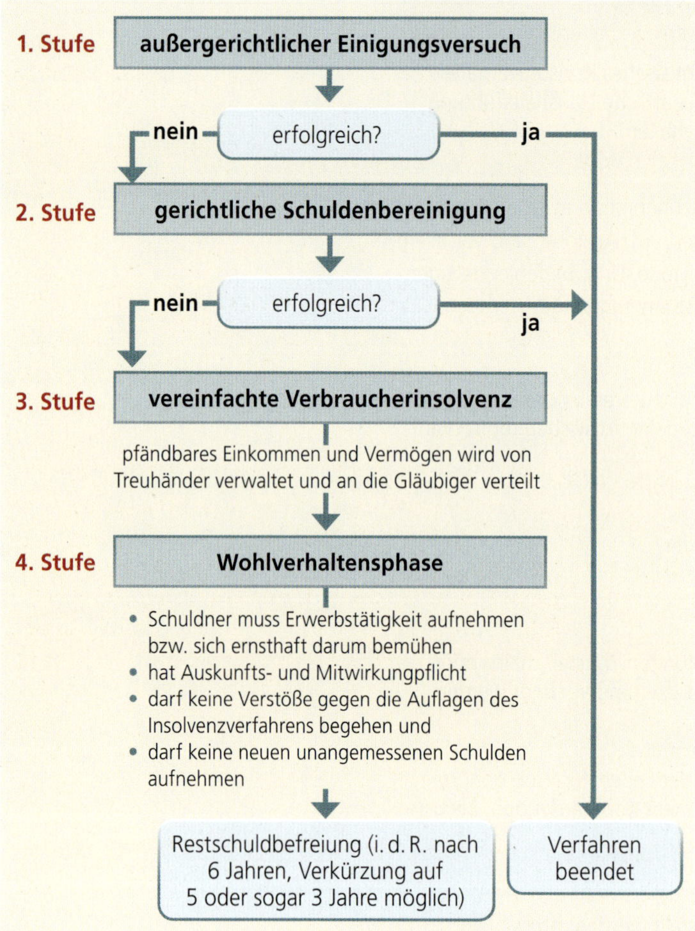

▶ 1. Stufe: Außergerichtliche Schuldenbereinigung

Zunächst muss sich der Schuldner mithilfe einer geeigneten Person oder Stelle (z. B. Schuldnerberatung, Rechtsanwalt) um eine außergerichtliche Schuldenbereinigung mit seinen Gläubigern bemühen. Dazu hat er seine Vermögensverhältnisse darzulegen und einen konkreten Vorschlag zur Tilgung der aufgelaufenen Schulden zu unterbreiten.

▶ 2. Stufe: Gerichtliches Verfahren über den Schuldenbereinigungsplan

Kommt es im außergerichtlichen Verfahren zu keiner Einigung, kann der Schuldner beim Amtsgericht Antrag auf Eröffnung des Insolvenzverfahrens stellen. Er muss dazu eine Bescheinigung über das Scheitern der außergerichtlichen Einigung, den (überarbeiteten) **Schuldenbereinigungsplan** und weitere Unterlagen und Erklärungen vorlegen.

Der Schuldenbereinigungsplan kann auch ein sogenannter **Nullplan** sein, d. h. der Schuldner kann keinerlei Zahlungen anbieten, weil er zurzeit dazu nicht in der Lage ist. Damit ist der gesetzlichen Forderung nach dem Angebot des Plans genüge getan.

Erheben die Gläubiger keine Einwendungen gegen den Schuldenbereinigungsplan, gilt er als angenommen und der Schuldner hat „nur" noch die darin aufgeführten Schulden zu begleichen.

▶ 3. Stufe: Vereinfachtes Verbraucherinsolvenzverfahren

Scheitert der gerichtliche Einigungsversuch, wird auf Antrag des Schuldners das Insolvenzverfahren eröffnet. Das pfändbare Vermögen des Schuldners wird durch einen Treuhänder verwertet und das Gericht kündigt die Restschuldbefreiung an.

▶ 4. Stufe: Wohlverhaltensphase mit Restschuldbefreiung

Die Restschuldbefreiung wird aber erst nach einer sechsjährigen Wohlverhaltensphase wirksam. Die Befreiung ist schon nach fünf Jahren möglich, wenn der Schuldner zumindest die Verfahrenskosten, sogar nach drei Jahren, wenn er zusätzlich 35 % der Forderungen beglichen hat. In dieser Zeit muss der Schuldner eine zumutbare Erwerbstätigkeit ausüben oder sich um eine solche bemühen und den pfändbaren Teil seines Arbeitseinkommens an den Treuhänder abführen.

Danach sind dem Schuldner sämtliche zum Zeitpunkt der Eröffnung des Verfahrens bestehenden Schulden erlassen.

ÜBERBLICK

Überlegungen bei Aufnahme eines DARLEHENS

1. Könnte der **Konsumwunsch** auch aufgehoben werden?
2. Können die **monatlichen Raten** problemlos aus dem laufenden Einkommen gezahlt werden?
3. Welche vorvertraglichen **Informationspflichten** hat die Bank?
4. Welche **Nebenkosten** fallen an?
5. Bleiben die **Konditionen** über die gesamte Laufzeit konstant?
6. Wie hoch ist der **Effektivzinssatz**?
7. Welche **Sicherheiten** müssen gestellt werden?
8. Sollte eine **Restkreditversicherung** abgeschlossen werden?
9. Welche **Beratungsmöglichkeiten** gibt es im Falle einer Überschuldung?
10. Wie läuft eine **Verbraucherinsolvenz** ab?

	Wie fit sind Sie beim Thema „Verbraucherdarlehen"?	Inhaltsbezug Seite
1	Wie schätzen Sie die gesellschaftliche Bedeutung des „Schuldenmachens" ein?	195 ff.
2	a) Was versteht man unter einem Verbraucherdarlehen? b) Welche Bedeutung hat die Bonitätsprüfung der Bank? c) Welche Informationspflichten muss die Bank erfüllen? d) Nennen Sie wesentliche Informationen, die dem Kreditnehmer gemäß EU-Verbraucherkreditrichtlinie mitgeteilt werden müssen. e) Warum ist die Angabe des Effektivzinssatzes von so großer Bedeutung? f) Welche Regeln muss man beim Widerruf eines Kreditvertrags beachten? g) Aus welchen Gründen und unter welchen Bedingungen können Kreditgeber und Kreditnehmer einen Kreditvertrag kündigen?	195–197
3	Erläutern Sie die Vor- und Nachteile eines Dispositionskredits.	198
4	Erklären Sie die Unterschiede zwischen einem endfälligen Darlehen, einem Ratentilgungsdarlehen und einem Annuitätendarlehen.	198
5	Ein Anschaffungsdarlehen über 18.000,00 € wird unter folgenden Bedingungen gewährt: Laufzeit 36 Monate, monatliche Rückzahlungsrate 550,00 €. a) Berechnen Sie mithilfe eines Online-Kreditrechners den nominalen und den effektiven Zinssatz. b) Wodurch unterscheiden sich die beiden Zinssätze? c) Erläutern Sie den zugehörigen Tilgungsplan. d) Wie erhöht sich der effektive Zinssatz, wenn eine Restkreditversicherung für monatlich 50,00 € abgeschlossen wird? Ist die Versicherung unter diesen Umständen sinnvoll?	199–200
6	Welche Bedeutung hat die SCHUFA für das Kreditwesen?	200
7	Nennen und erläutern Sie drei Möglichkeiten der Kreditsicherung.	201
8	Sie sollen für einen Freund eine Bürgschaft über 5.000,00 € übernehmen. Welches Problem könnte auf Sie zukommen?	201
9	a) Welche Gefahren können mit einer Kreditaufnahme verbunden sein? b) Wann gilt ein Haushalt als überschuldet? c) Wo kann man bei einer Überschuldung Hilfe bekommen?	202–203
10	Erläutern Sie die vier Stufen der Verbraucherinsolvenz.	204
11	a) Von der sozialen Umgebung wird Überschuldung oft als Beweis für Unfähigkeit und mangelnde Leistungsfähigkeit angesehen. Wie stehen Sie zu dieser Behauptung? b) Welche anderen persönlichen, familiären und sozialen Probleme können im Zusammenhang mit finanziellen Schwierigkeiten auftreten?	

9.4 KTB – Kompetenzorientierte Themenbearbeitung

Max, 19 Jahre alt, ist Auszubildender bei einem Steinmetz. Für den nächsten Sommerurlaub plant er mit seiner Freundin eine vierwöchige Skandinavien-Rundreise.

a) Max möchte feststellen, wie viel er von seinem monatlichen Budget für die Reise sparen kann. Helfen Sie ihm dabei, indem Sie eine Übersicht über seine möglichen Einnahmen und Ausgaben anfertigen (legen Sie dabei Durchschnittswerte zugrunde). Er wohnt in einem kostengünstigen Apartment seiner Großeltern, seine Ausbildungsvergütung beträgt 700,00 € pro Monat.

b) Angenommen Max kann monatlich 100,00 € sparen. Welche Anlageform würden Sie ihm für seine Ersparnisse empfehlen? Gehen Sie dabei auch auf die drei Anlagekriterien und die Sparförderung des Staates ein.

c) Das Interrail-Ticket der Deutschen Bahn für sieben Reisetage innerhalb eines Monats kostet 264,00 €. Welche Möglichkeiten zur Bezahlung am Schalter hat Max? Mit welcher Art der Zahlung könnte er das Ticket auch im Internet kaufen?

d) Größere Anschaffungen, die Max für seine Reise benötigt, bezahlt er mit seiner Girocard. Wie funktioniert diese Zahlungsmöglichkeit?

e) Die empfohlene Auslandskrankenversicherung für 12,50 € schließt Max im Internet ab. Welche Möglichkeiten zur sofortigen Zahlung bieten sich an?

f) Max überlegt, ob er sich für seine Reise eine Kreditkarte zulegen sollte. Können Sie ihm eine Empfehlung geben (Vorteile und Nachteile)?

g) Erläutern Sie, wie sich die IBAN aus der Bankleitzahl (BLZ) und der Kontonummer zusammensetzt.

h) Max hat Pech gehabt: Auf einem Bahnhof wurde ihm sein Rucksack mit der Girocard gestohlen. Was muss Max tun, um den Verlust möglichst klein zu halten?

i) Ein Jahr später hat Max seine Ausbildung beendet und ist von seiner Firma übernommen worden. Sein Einstiegsgehalt beträgt 1.850,00 €. Für seinen Weg zur Arbeit und für weitere Urlaubsreisen möchte er sich einen Gebrauchtwagen zulegen. Da seine Ersparnisse hierfür nicht ganz reichen, will er einen Kleinkredit i. H. v. 3.500,00 € aufnehmen. Innerhalb von drei Jahren möchte er ihn tilgen.
- Erkunden Sie bei einer Bank oder im Internet, mit welchem Zinssatz er für den Kredit rechnen muss.
- Bestimmen Sie sodann mit einem Kreditrechner (z. B. www.zinsen-berechnen.de), wie hoch die monatliche Rate, die Gesamtbelastung und der effektive Zinssatz sind.

j) Die Bank verlangt von Max Kreditsicherheiten.
- Erläutern Sie, welche Bedeutung in diesem Zusammenhang die SCHUFA hat.
- Warum kommt eine Bürgschaft seiner Freundin (Auszubildende zur Floristin) eher nicht in Frage?
- Die Bank möchte eine Sicherungsübereignung des Autos. Erklären Sie dieses Verfahren.

k) Da Max noch einige Anschaffungen für seine neue Wohnung machen möchte, kommt er langsam an die Grenzen seiner finanziellen Möglichkeiten. Mit einem Haushaltsplan hofft er einen besseren Überblick über seine Finanzen zu bekommen. Helfen Sie Max beim Aufstellen eines Haushaltsplans (mit angenommenen bzw. geschätzten Daten).

KOMPETENZBEREICH III:
Soziale Marktwirtschaft

10

MÄRKTE UND PREISBILDUNG IN DER SOZIALEN MARKTWIRTSCHAFT

Monika Struwe auf dem Wochenmarkt

10.1 Markt als Koordinator von Angebot und Nachfrage

Bernd Struwe ist Kfz-Mechatroniker in der Autowerkstatt „AUTO.MOBIL" in Erfurt. Seine Frau Monika arbeitet halbtags als Krankenschwester. Das Ehepaar hat zwei Kinder, Alice und Chris.
Beim Einkaufen bewegt sich die Familie auf vielen verschiedenen „Märkten".

- Welche Marktarten gibt es und was ist ihre jeweilige Funktion?
- Monika Struwe hat sich schon oft gewundert, dass die Äpfel auf dem Wochenmarkt so unterschiedliche Preise haben. Wie kommen diese eigentlich zustande?
- Bernd Struwe ärgert sich immer über das Auf und Ab der Benzinpreise. Ob sich die Mineralölfirmen bei der Preisgestaltung absprechen?
- Woher kennt die Werkstatt „AUTO.MOBIL" die Preise für Gebrauchtwagen?
- Tochter Alice hat ganz bestimmte Vorstellungen, wie sie sich kleiden möchte – sie mag nur Jeans ihrer Lieblingsmarke „Mon-Ami", obwohl die ein bisschen teurer sind.
- Nimmt eigentlich der Staat auch Einfluss auf die Preise?

Anzeigenblätter geben sehr anschaulich die verschiedenen Märkte wieder:

10.1.1 Marktarten und ihre Funktionen

Die meisten Güter, die wir zum Lebensunterhalt benötigen, bekommen wir nicht von der Natur gebrauchsfertig geliefert. Wir sind auf das **Angebot** von Landwirtschafts-, Handwerks-, Industrie- und Dienstleistungsunternehmen angewiesen. Unser Wille und unsere finanziellen Möglichkeiten, die angebotenen Güter zu kaufen, werden als **Nachfrage** bezeichnet.

Treffen Angebot und Nachfrage – auf ein bestimmtes Gut bezogen – zusammen, so spricht man von einem **Markt**. Dieses Zusammentreffen von Angebot und Nachfrage kann zu einer bestimmten Zeit an einem festen Ort erfolgen, z. B. auf dem Wochenmarkt, dem Jahrmarkt, dem Weihnachtsmarkt, dem Flohmarkt oder auf Messen und an der Börse.

Aber auch alle anderen Angebots- und Nachfragebeziehungen eines Wirtschaftssektors werden als Markt bezeichnet, auch wenn Anbieter und Nachfrager nicht tatsächlich an einem bestimmten Ort zusammenkommen – es handelt sich dann um einen „gedachten" (virtuellen) Ort (z. B. Holzmarkt, Agrarmarkt, Finanzmarkt, Immobilienmarkt, Arbeitsmarkt usw.). Darüber hinaus spricht man bei der Betrachtung aller Angebots- und Nachfragebeziehungen in Deutschland vom deutschen Markt, in Europa vom europäischen Markt und in der Welt vom Weltmarkt.

Marktarten			
sachlich	**zeitlich**	**räumlich**	**funktionell**
was wird auf dem Markt angeboten?	wann findet der Markt statt?	wo findet der Markt statt?	liegt der Markt vor oder nach der Produktion?
• Gütermarkt • Dienstleistungsmarkt • Arbeitsmarkt • Finanzmarkt • Immobilienmarkt • Agrarmarkt	• täglicher Markt • Wochenmarkt • Jahresmarkt	• Weltmarkt • EU-Binnenmarkt • deutscher Binnenmarkt • z. B. thüringischer Markt, hessischer Markt	• Beschaffungsmarkt • Absatzmarkt • Investitionsgütermarkt

Anbieter und Nachfrager treten auf dem Markt mit unterschiedlichen Zielsetzungen auf: Die Anbieter wollen möglichst viele Güter zu einem möglichst hohen Preis verkaufen, um so einen **maximalen Gewinn** zu erzielen. Die Nachfrager wollen dagegen ihre Güter möglichst günstig einkaufen, um mit ihrem Einkommen möglichst viele Bedürfnisse befriedigen zu können – sie wollen ihren **Nutzen maximieren**.

Modell des Homo oeconomicus
Die nebenstehende Grafik stellt ein volkswirtschaftliches Modell dar, das so in der Realität nicht unbedingt anzutreffen ist. Es unterstellt ein ausschließlich rationales und wirtschaftliches Verhalten der Marktteilnehmer (= Homo oeconomicus).

10.1.2 Marktformen – Verhalten der Marktteilnehmer

Die Anzahl der Marktteilnehmer ist für ihre Verhaltensweise von großer Bedeutung. Der einzige Anbieter auf einem Markt trifft andere Entscheidungen als der Anbieter mit vielen Konkurrenten. Ebenso können ein oder wenige Nachfrager anders auf ein Angebot reagieren als viele Nachfrager.
Je nachdem, wie viele Marktteilnehmer sich auf der Angebots- und Nachfrageseite gegenüberstehen, ist es sehr unterschiedlich, ob die eigenen Interessen am Markt durchgesetzt werden können.

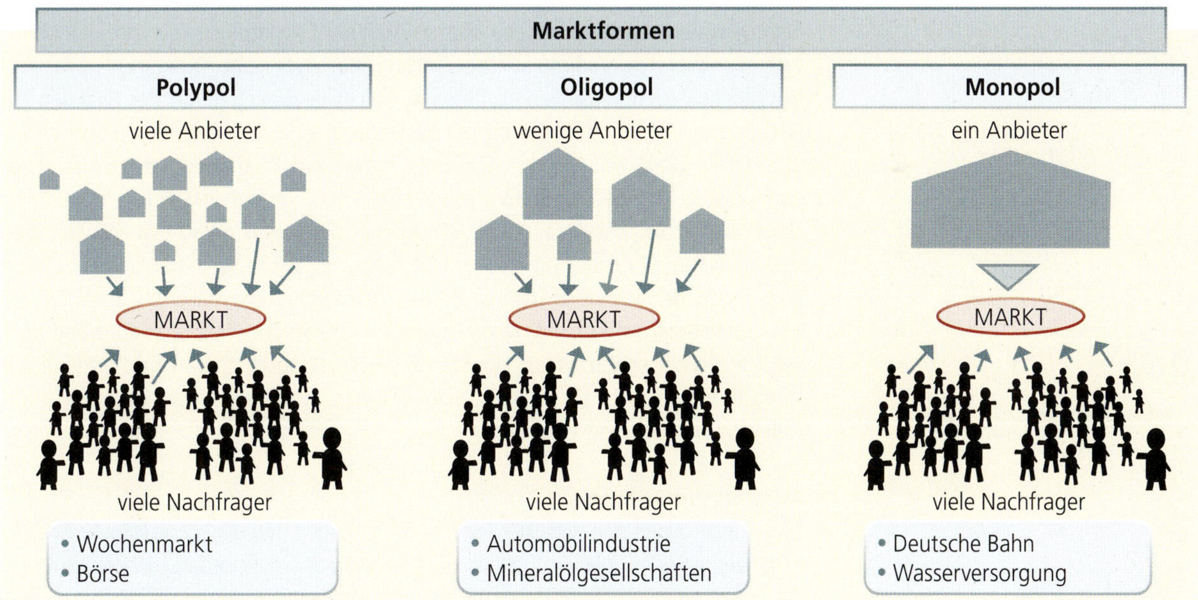

Auch auf der Nachfrageseite können einige (z. B. Rüstungsindustrie als Einkäufer) oder nur ein Marktteilnehmer (z. B. Deutsche Bahn als Einkäufer) auftreten.

Polypol

Stehen auf dem Markt sehr viele Anbieter und sehr viele Nachfrager einander gegenüber, so spricht man von einem Polypol. Auf diesem Markt muss sich jeder der allgemeinen Marktsituation anpassen, da keiner eine so große Marktmacht besitzt, dass er allein den Preis diktieren könnte. Sind zusätzlich die Bedingungen des vollkommenen Marktes erfüllt (siehe Abschnitt 10.1.3), herrscht **vollständige Konkurrenz**.

Info
Im Altgriechischen heißt
poly = viele
oligos = wenige
monos = einer

Oligopol

Stehen sich auf dem Markt nur einige Anbieter, aber viele Nachfrager gegenüber, so handelt es sich um ein **Angebotsoligopol**. Während der einzelne Nachfrager keine Marktmacht besitzt, wirkt sich das Verhalten einzelner Anbieter sehr wohl auf das der anderen Anbieter aus. Dabei können die Anbieter folgende Strategien verfolgen:

1. Ein Anbieter versucht, die anderen im Preis zu unterbieten („ruinöser Wettbewerb"), um so die Nachfrager dazu zu bewegen, bei ihm einzukaufen. Diese Situation ist für die Käufer so lange günstig, bis die anderen Anbieter aufgrund zu hoher Verluste aus dem Markt verdrängt sind und ein verbleibender Anbieter zum Monopolisten (siehe unten) wird.
2. Die Anbieter sprechen den Preis ab („Gentlemen's Agreement" bzw. „Frühstückskartell") und werden dadurch gemeinsam zu einem Monopolisten, der den Preis zum Nachteil der Käufer diktieren kann. Derartige Preisabsprachen gelten als Kartell (siehe Abschnitt 10.3.1) und sind in Deutschland verboten.
3. Statt sich über einen niedrigen Preis gegenseitig zu ruinieren, verlagern die Anbieter den Wettbewerb auf andere marktpolitische Instrumente, wie Kundendienst, Qualität usw.

Typische Beispiele für Angebotsoligopole sind die großen Mineralölfirmen, Touristikunternehmen, Fluggesellschaften und die Automobilindustrie, bei denen man immer wieder die Anwendung der verschiedenen Strategien beobachten kann.

Gentlemen's Agreement
Verbotene Kartellabsprachen werden häufig nur mündlich verabredet, damit sie nicht so leicht nachgewiesen werden können.

Monopol

Beim **Angebotsmonopol** steht einer Vielzahl von Nachfragern ein einziger Anbieter gegenüber. Ein monopolistischer Anbieter hat zwar keine Konkurrenten, ist aber – wenn er Gewinnmaximierung betreibt – nicht unabhängig von der Reaktion der Nachfrager. Ein zu hoher Preis könnte die Nachfrage nach dem Produkt drastisch sinken lassen, wenn Käufer die Möglichkeit haben, auf Ersatzprodukte auszuweichen oder unter Umständen sogar ganz auf das Produkt zu verzichten. Der Monopolist wird den Preis also so austarieren (= ins Gleichgewicht bringen), dass er einen maximalen Gewinn (= Umsatz minus Kosten) erzielt. Dieser Preis wird aber in der Regel über dem Preis liegen, der sich im Polypol bei vollständiger Konkurrenz ergeben würde.
Monopole entstehen häufig, wenn eine Firma ein Patent besitzt oder aufgrund technisch vorteilhafter Produktion andere Mitbewerber ausgeschaltet hat. Andererseits werden andere Anbieter in den Markt drängen, wenn sie sehen, dass dort hohe Gewinne erzielt werden können.

Administrierte Preise

Viele Preise bilden sich nicht nur allein durch das Verhalten der Marktteilnehmer, sondern werden vom Staat festgesetzt oder beeinflusst (administriert). Dabei zeigt sich, dass die Preise für öffentliche Güter (z. B. Straßenbau, Landesverteidigung, Teile des Bildungswesens, Klimaschutz) in den letzten Jahren weitaus stärker angestiegen sind als der Durchschnitt der Verbraucherpreise. Damit trägt der Staat nicht unerheblich zu einer erhöhten Inflationsrate bei.

Staatlich administrierte Preise		
festgesetzte Preise	**genehmigte Preise**	**beeinflusste Preise**
• Müllgebühren • Kindergarten • Rundfunk	• Posttarife • Versicherungsprämien • Verbrauchssteuern	• Agrarerzeugnisse • Steinkohle • Werftindustrie

10.1.3 Preisbildung unter Wettbewerb

Preisbildung auf dem vollkommenen Markt

Auf einem Markt mit vielen Anbietern, vielen Nachfragern und vollständigem Marktüberblick bei allen Beteiligten gilt:

- Die **Nachfrage** nach einem Gut ist umso höher, je niedriger der Preis ist, und umso niedriger, je höher der Preis ist (siehe Nachfragekurve im Schaubild).
- Das **Angebot** eines Gutes ist umso höher, je höher der Preis ist, und umso niedriger, je niedriger der Preis ist (siehe Angebotskurve im Schaubild).

Beispiel: Preisbildung auf dem Wochenmarkt

Die Preisbildung lässt sich gut am Beispiel des Wochenmarkts und der Nachfrage nach bzw. dem Angebot von Äpfeln veranschaulichen: Bei einem niedrigen Preis werden nur wenige Händler Äpfel anbieten. Steigt der Preis aber, sehen mehr Händler die Chance, einen Gewinn zu erzielen (= Angebotskurve). Umgekehrt werden viele Käufer Äpfel kaufen, wenn der Preis niedrig ist. Steigt der Preis, wird die Nachfrage sinken, da sich jetzt weniger Käufer die teuren Äpfel leisten wollen (= Nachfragekurve).
Es gibt nur einen Preis, bei dem die angebotene gleich der nachgefragten Menge ist (= Gleichgewichtspreis). Liegt der Preis darunter, ist die Nachfrage größer als das Angebot und kann nicht befriedigt werden. In dieser Situation können die Händler also mehr Äpfel zu einem höheren Preis anbieten: Der Preis bewegt sich auf den Gleichgewichtspreis zu. Liegt der Preis dagegen über dem Gleichgewichtspreis, besteht ein Angebotsüberschuss. Die Händler würden auf einem Teil der Äpfel sitzen bleiben, wenn sie nicht mit dem Preis heruntergehen.

Preis in €	angebotene Menge in kg	nachgefragte Menge in kg	Umsatz in € (Preis x Verkaufsmenge)
0,35	50	550	17,50
0,43	100	500	43,00
0,53	150	450	79,50
0,65	200	400	130,00
0,77	250	350	192,50
0,93	300	300	279,00
1,10	350	250	275,00
1,29	400	200	258,00
1,50	450	150	225,00
1,79	500	100	179,00
2,20	550	50	110,00

Gleichgewichtspreis → (0,93)

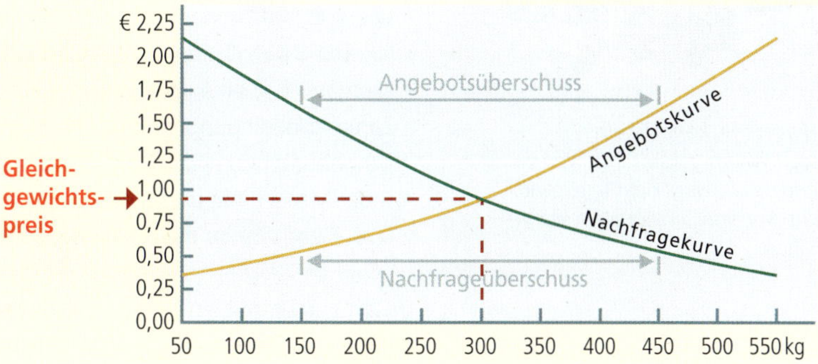

Preise spielen in einer Marktwirtschaft eine entscheidende Rolle:

- Sie zeigen durch ihre Höhe an, ob ein Gut knapp (und damit teuer) oder reichlich vorhanden (und damit billig) ist.
- Sie stimmen die Nachfragewünsche der Käufer und die Produktionspläne der Anbieter aufeinander ab.
- Der Gleichgewichtspreis „räumt den Markt", d. h. zu diesem Preis wird von einem Gut gerade so viel angeboten, wie auch nachgefragt wird.
- Beim Gleichgewichtspreis wird ein maximaler Umsatz für dieses Gut erreicht.

Wie bereits erwähnt, gilt dieser Markt-Preis-Mechanismus nur unter der Marktform der vollständigen Konkurrenz (viele Anbieter und viele Nachfrager). Es müssen aber noch einige weitere Bedingungen erfüllt sein, damit dieser Mechanismus tatsächlich so wirken kann – man spricht dann von einem **vollkommenen Markt:**

1. Es muss ein **einheitliches Produkt** vorliegen. Beispiel: Auf dem Wochenmarkt gibt es an allen Ständen nur eine einheitliche Sorte von Äpfeln und die Kunden dürfen z. B. nicht an einem Stand durch den Zusatz „Bio" zum Kauf gerade dieser Äpfel veranlasst werden.
2. Der Markt muss für alle Beteiligten vollständig **überschaubar (transparent)** sein. Beispiel: Die Käufer müssen wissen bzw. ohne große Probleme feststellen können, welcher Händler seine Äpfel am günstigsten anbietet.
3. Es darf zwischen Anbietern und Nachfragern **keine Bevorzugungen (Präferenzen)** geben, die nicht durch den Preis bestimmt sind. Beispiel: Ein Kunde darf einen Händler also nicht deswegen bevorzugen, weil dieser immer so freundlich und zu einem netten Gespräch bereit ist, weil er die Äpfel kostenlos in einem Spankorb mitgibt oder gar nach Hause liefert oder nur weil der Händler seinen Obststand gleich ganz vorne auf dem Marktplatz hat.

Das Beispiel des Wertpapierhandels an der **Börse** kommt dem Idealbild eines vollkommenen Markts noch am nächsten.

Kauf von Markenartikeln
Werden Waren gekauft, nur weil sie besonders angesagt oder teuer sind, spricht man von „irrationalem Marktverhalten".

Preisbildung auf dem unvollkommenen Markt

Tatsächlich sind die Bedingungen des vollkommenen Markts in den meisten Fällen so nicht gegeben. Kunden verhalten sich oft „unvernünftig" (nicht rational), kaufen eine Ware zum Beispiel wegen eines bestimmten Namens (Markenartikel) und nehmen dafür einen höheren Preis in Kauf.

Ist eine der oben genannten drei Bedingungen nicht erfüllt, so liegt ein **unvollkommener Markt** vor:

- Die Güter haben unterschiedliche Qualität – selbst eigentlich gleichartige Artikel wie z. B. Kaffee oder Waschmittel stellen sich durch Verpackung, Aufschrift und Werbung den Käufern unterschiedlich dar.
- Niemand hat eine volle Marktübersicht, denn Käufer kennen niemals die Preise, Zahlungsbedingungen, Rabatte und Qualitäten aller erreichbaren Anbieter in ihrer Umgebung und auch nicht im Internet.
- Jeder Mensch hat persönliche (z. B. höfliche und individuelle Bedienung), räumliche (z. B. Geschäft um die Ecke) oder zeitliche (z. B. Abendeinkauf) Präferenzen.

Unternehmen nutzen den unvollkommenen Markt zur **Preisdifferenzierung**, d. h. das gleiche Gut wird bei gleichen Kosten zu unterschiedlichen Preisen angeboten:

- **Mengenmäßig**
  Beispiel: Eine Ware wird mit dem Werbespruch „3 kaufen – 2 bezahlen" angeboten.
- **Zeitlich**
  Beispiel: Die gleiche Urlaubsreise wird in der Vorsaison günstiger angeboten als in der Hauptsaison.
- **Personell**
  Beispiel: Schüler, Auszubildende, Studenten und Senioren erhalten günstigere Ticketpreise (z. B. für Monatskarten im Nahverkehr, Museen, Theater).
- **Räumlich**
  Beispiel: Benzinpreise sind in einer Region niedriger als in einer anderen.

ÜBERBLICK

MARKT UND PREISBILDUNG

- **Marktarten**
  - **sachlich:** Gütermarkt, Arbeitsmarkt …
  - **zeitlich:** Wochenmarkt, Jahresmesse …
  - **räumlich:** Binnenmarkt, Weltmarkt …
  - **funktionell:** Beschaffungs- und Absatzmarkt …
  - } **Markt** = Zusammentreffen von Angebot und Nachfrage
- **Verhalten der Marktteilnehmer** als
  - **Polypolist** (viele Anbieter – viele Nachfrager) → der einzelne Polypolist kann den Preis nicht beeinflussen
  - **Oligopolist** (wenige Anbieter – viele Nachfrager) → der Oligopolist muss sich mit dem Preis anpassen
  - **Monopolist** (ein Anbieter – viele Nachfrager) → der Monopolist kann den Preis diktieren
- **Preisbildung unter Wettbewerb** auf dem
  - **vollkommenen Markt** → der Gleichgewichtspreis ergibt sich unter „optimalen Bedingungen"
  - **unvollkommenen Markt** → der Markt ist unübersichtlich und wird bewusst durcheinandergebracht

	Wie fit sind Sie beim Thema „Markt als Koodinator von Angebot und Nachfrage"?	Inhaltsbezug Seite
1	a) Was versteht man unter einem „Markt"? b) Nennen Sie Beispiele für konkrete und virtuelle Märkte.	208
2	Welcher Zusammenhang besteht zwischen der Anzahl der Marktteilnehmer und der Marktmacht, die diese Teilnehmer ausüben können?	209
3	a) Welche Möglichkeiten zur Preisgestaltung hat ein Polypolist? b) Nach welchen Strategien können Oligopolisten auf dem Markt vorgehen? c) Warum kann ein Monopolist den Preis nicht beliebig hoch ansetzen?	209–210
4	a) Was versteht man unter „administrierten" Preisen? b) Nennen Sie Beispiele für festgesetzte, genehmigte und beeinflusste Preise.	210
5	a) Erläutern Sie den Verlauf der Angebots- und der Nachfragekurve auf dem vollkommenen Markt. b) Erläutern Sie die Begriffe Gleichgewichtspreis, Angebotsüberschuss und Nachfrageüberschuss. c) In welchem Ausmaß wird sich die nachgefragte Menge Brot ändern, wenn der Preis steigt oder sinkt?	211
6	Welche Funktion hat der Preis in einer Marktwirtschaft?	211
7	a) Welche Voraussetzungen müssen gegeben sein, damit von einem „vollkommenen Markt" gesprochen werden kann? b) Wie realistisch sind diese Annahmen? Nennen Sie Gegenbeispiele.	212
8	a) Suchen Sie Beispiele für fast gleichartige Waren, bei denen die Anbieter durch bestimmte Maßnahmen erreichen, dass diese Waren nicht mehr ohne Weiteres als gleichartig erkannt werden. b) Wieso können sich die meisten Fachgeschäfte in der Innenstadt gegenüber den Supermärkten auf der grünen Wiese behaupten, obwohl bei letzteren fast alle Waren preisgünstiger sind?	

10.2 Bedeutung des Staates in der sozialen Marktwirtschaft

Herr und Frau Struwe sind zwar nicht immer mit der Wirtschaftspolitik des Staates einverstanden, aber sie freuen sich, dass ihnen die **soziale Marktwirtschaft** weitgehende Freiheitsrechte einräumt.

- Auf welche Freiheitsrechte können sie sich in der Bundesrepublik berufen?
- Gibt es auch Beschränkungen dieser Rechte? Dürfte Herr Struwe z. B. ohne Weiteres eine eigene Kfz-Werkstatt eröffnen?
- Auf welchen Grundideen beruht unsere soziale Marktwirtschaft?
- Welches sind die Merkmale der sozialen Marktwirtschaft?
- Welche Rolle spielt der Staat in dieser Wirtschaftsordnung?
- Greift der Staat entschieden genug ein, um die ökonomischen, aber auch die ökologischen Lebensgrundlagen seiner Bürger ausreichend zu schützen?

10.2.1 Wirtschaftsordnung

Wie die Rechtsordnung das Zusammenleben der Menschen in ihren rechtlichen Beziehungen festlegt und die Sozialordnung die Sozialleistungen des Staates gegenüber dem Bürger regelt, so wird in einer Wirtschaftsordnung der organisatorische Rahmen für das Zusammenwirken der Wirtschaftssubjekte (Haushalte, Unternehmen, Staat) in einer Volkswirtschaft grundsätzlich festgehalten. Die Wirtschaftsordnung stellt somit einen der Grundpfeiler jeder Gesellschaftsordnung dar, in der die drei Bereiche Wirtschaft, Recht und Soziales in einer engen gegenseitigen Beziehung stehen.

Die **Wirtschaftsordnung** ist die Summe aller geltenden Normen, Regeln und Institutionen, die den Handlungsrahmen für das individuelle und staatliche Handeln im Wirtschaftsprozess eines Landes bilden.

Modell
Von einem Modell spricht man in der Wirtschaftswissenschaft, wenn ein Sachverhalt gedanklich und losgelöst von der Realität dargestellt wird. Unwichtige Einflussfaktoren werden zunächst außer Acht gelassen. Das Modell kann dann anschließend schrittweise erweitert und der Realität angepasst werden.

In einer arbeitsteiligen Wirtschaft müssen die Aktivitäten von Unternehmen und Haushalten geplant und aufeinander abgestimmt werden. Vor dem Hintergrund der Knappheit aller Güter muss in jeder Wirtschaftsordnung grundsätzlich geklärt werden, wie die vorhandenen Ressourcen bestmöglich eingesetzt und die Ergebnisse gerecht verteilt werden. Welche Güter und Dienstleistungen sollen für wen und wie produziert und bereitgestellt werden? Je nachdem, wie diese Koordinierung ausgestaltet ist, unterscheidet man folgende Wirtschaftsordnungen:

Wirtschaftsordnungen

- **Marktwirtschaft**
  Koordination der Konsum- und Produktionswünsche erfolgt ganz oder z. T. durch den **Markt** (über **Preise**)
  - **freie Marktwirtschaft**
  - **soziale Marktwirtschaft**
- **Planwirtschaft**
  Koordination der Konsum- und Produktionswünsche erfolgt ganz oder z. T. durch zentrale **Planungsbehörden**
  - **Zentralverwaltungswirtschaft**
  - **sozialistische Planwirtschaft**

Bei der freien Marktwirtschaft und der Zentralverwaltungswirtschaft handelt es sich um **idealtypische Wirtschaftsordnungen**. Man spricht von Modellen, die gedanklich so ausgestaltet sein könnten, aber in der Realität so nicht anzutreffen sind. Dagegen sind die soziale Marktwirtschaft (z. B. in der Bundesrepublik) und die sozialistische Planwirtschaft (in der früheren DDR) **real-existierende Wirtschaftsordnungen**.

10.2.2 Die Freiheitsrechte des Grundgesetzes

Zwar schreibt das **Grundgesetz (GG)** der Bundesrepublik Deutschland keine bestimmte Wirtschaftsordnung vor, aber aus vielen Artikeln ergibt sich, welche wirtschaftlichen Grundfreiheiten den Bürgern unseres Staates gewährt werden:

GG Art. 2 Abs. 1 [Allgemeine (wirtschaftliche) Handlungsfreiheit]
Das allgemeine Persönlichkeitsrecht des Grundgesetzes schließt die Handlungs- und Vertragsfreiheit ein. Damit ist auch die Garantie verbunden, dass die unternehmerische Entscheidungsfreiheit Vorrang vor staatlichen Lenkungsmaßnahmen hat.

GG Art. 3 Abs. 1 [Gleichheitsgrundsatz (Willkürverbot)]
Im Hinblick auf diesen Artikel ist der Staat im wirtschaftlichen Bereich verpflichtet, alle Maßnahmen so zu gestalten, dass einzelne Wirtschaftssubjekte weder benachteiligt noch bevorzugt werden.

Die Gewerkschaften haben zu einem Streik aufgerufen, um bessere Arbeitsbedingungen zu erreichen

GG Art. 9 [Vereinigungs- und Koalitionsfreiheit]
Für jedermann und für alle Berufe wird das Recht gewährt, zur Wahrung und Förderung der Arbeits- und Wirtschaftsbedingungen Vereinigungen zu bilden. Aufgrund dieses Rechts dürfen also (Wirtschafts-)Vereine, Gewerkschaften und Unternehmensverbände gebildet werden.

GG Art. 11 [Freizügigkeit]
Jeder Bürger hat das Recht, seinen Aufenthalt und seinen Wohnsitz innerhalb des Bundesgebiets frei zu wählen. Dazu gehört auch das Recht zur Gründung einer Firma („Niederlassungsfreiheit").

GG Art. 12 [Berufs- und Gewerbefreiheit]
Alle Deutschen haben das Recht, Beruf und Arbeitsplatz frei zu wählen. Dem steht nicht entgegen, dass der Staat Ausbildungsverordnungen für anerkannte Berufe erlässt und die Zulassung zu bestimmten Berufen (z. B. Lebensmittelverkäufer, Apotheker) mit Auflagen versieht.

GG Art. 14 [Eigentum, Sozialbindung und Enteignung]
Der Staat sichert das Privateigentum (auch über die Produktionsmittel) und das Erbrecht zu. Eine Enteignung ist nur zum Wohle der Allgemeinheit möglich und nur gegen eine angemessene Entschädigung.

GG Art. 20 [Sozialstaatsprinzip]
Die Bundesrepublik Deutschland ist ein demokratischer und sozialer Rechtsstaat. Dieses Sozialstaatsprinzip erfordert die Ausgestaltung eines sozialen Sicherungssystems, das jedem eine ausreichende Lebensgrundlage und Hilfe in Notlagen (z. B. bei Arbeitslosigkeit) gewährt. Das soziale Netz der Sozialversicherungen ist Teil dieses Sicherungssystems.

WWSUVtr Art. 1 [Wirtschafts- und Sozialunion zwischen der BRD und der DDR]
In dem Vertrag zur Wiedervereinigung wurde 1990 bestimmt, dass die soziale Marktwirtschaft die Grundlage der Wirtschaftsunion ist und insbesondere durch Privateigentum, Leistungswettbewerb, freie Preisbildung und volle Freizügigkeit von Arbeit, Kapital, Gütern und Dienstleistungen gekennzeichnet ist.
Die Sozialunion umfasst ein auf dem sozialen Ausgleich beruhendes System der sozialen Sicherung.

WWSUVtr
Vertrag über die Schaffung einer Währungs-, Wirtschafts- und Sozialunion zwischen der Bundesrepublik Deutschland und der Deutschen Demokratischen Republik

10.2.3 Grundwerte und Leitgedanken

liber/liberalis *(lat.) = frei/freiheitlich*

Laissez-faire *(franz.) = lasst machen (im Sinne von „lasst es laufen") bzw. das Treiben-, Gewährenlassen*

Die Grundgedanken der sozialen Marktwirtschaft beruhen auf den Ideen des **Liberalismus**. Danach ist es um den Wohlstand einer Nation gut bestellt, wenn sich die wirtschaftlichen Kräfte frei entfalten können. Nach dem Grundsatz des Laissez-faire sollte sich der größte Nutzen für alle Bürger einstellen, wenn man der Wirtschaft freien Lauf gewährt und der Staat sich jeglicher Regulierung enthält.

Ein bekannter Vertreter dieses klassischen Wirtschaftsliberalismus war der Engländer **Adam Smith**. In seinem Buch „Der Wohlstand der Nationen" legte er dar, wie das Streben des Einzelnen nach Gewinn und Eigennutz zugleich dem Wohle der Allgemeinheit dient.

Adam Smith (1723–1790)
Vertreter des klassischen Liberalismus

„Jeder Mensch ist stets darauf bedacht, die ersprießlichste Anwendung allen Kapitals, über das er zu verfügen hat, ausfindig zu machen. Tatsächlich hat er nur seinen eigenen Vorteil und nicht den der Gesellschaft im Auge; aber natürlich, oder vielmehr notwendigerweise, führt ihn die Erwägung seines eigenen Vorteils gerade dahin, dass er diejenige Kapitalbenutzung vorzieht, die zugleich für die Gesellschaft höchst ersprießlich ist ..."

Ludwig Erhard (1897–1977)
(Mit-)Begründer der sozialen Marktwirtschaft

„Das Wesen der Marktwirtschaft besteht darin, dass der Wirtschaftsprozess, d.h. die Produktion, Güter- und Einkommensverteilung, nicht durch obrigkeitlichen Zwang gelenkt, sondern innerhalb eines wirtschaftspolitisch gesetzten Ordnungsrahmens durch die Funktion freier Preise und den Motor eines freien Leistungswettbewerbs selbstständig gesteuert wird. Die Marktwirtschaft ist damit diejenige Wirtschaftsordnung, die ein Maximum an Produktivität, Wohlstandsvermehrung und persönlicher Freiheit verbindet."

Vertreter des Ordoliberalismus, wie z.B. der Wirtschaftsprofessor **Walter Eucken**, haben aber erkannt, dass die Unternehmer in einer solch freiheitlichen Wirtschaftsordnung die Tendenz haben, den Wettbewerb durch Absprachen (also Kartellbildung) zum Schaden der Allgemeinheit zu beschränken oder auszuschalten. Um das zu verhindern, muss der Staat eingreifen und für einen funktionierenden Wettbewerb sorgen.

Diese Ideen wurden nach dem Zweiten Weltkrieg in der Bundesrepublik Deutschland vom damaligen Wirtschaftsminister und späteren Bundeskanzler **Ludwig Erhard** und dem Kölner Wirtschaftsprofessor **Alfred Müller-Armack** (Staatssekretär im Wirtschaftsministerium) aufgegriffen und die Wirtschaftsordnung der **sozialen Marktwirtschaft** eingeführt.

Die Bundesrepublik erholte sich unter dieser Wirtschaftsform sehr schnell von den verheerenden Folgen des Krieges – diese Zeit wird daher oft auch als „Wirtschaftswunder" der Fünfziger- und Sechzigerjahre bezeichnet. Dabei kam es auch zum Ausbau eines dicht geknüpften sozialen Netzes (vgl. S. 218).

Eine Wirtschaftsordnung ist aber nicht etwa ein statisches Gebilde, sondern muss ständig in ihrer Wirkung überprüft und weiterentwickelt werden. So wurden in Deutschland u.a. die Mitbestimmungsgesetze für mehr Demokratie in der Wirtschaft verabschiedet, die Renten wurden dynamisiert und damit an die Steigerung der Arbeitseinkommen gekoppelt, das Stabilitätsgesetz sollte für mehr Beschäftigung sorgen und durch das Vermögensbildungsgesetz sollten die Arbeitnehmer am allgemeinen Wohlstandszuwachs teilhaben.

10.2.4 Merkmale der sozialen Marktwirtschaft

Die **soziale Marktwirtschaft** ist eine nach sozialen Gesichtspunkten gesteuerte Marktwirtschaft, in der der Staat durch gezielte Maßnahmen eingreift, um Unzulänglichkeiten der Selbststeuerung des Marktes und als ungerecht angesehene Ergebnisse auszugleichen.

Setzen diese Eingriffe den Marktmechanismus nicht außer Kraft, spricht man von **marktkonformen** (z. B. Subventionen, Steuererleichterungen), andernfalls von **marktkonträren** Maßnahmen (z. B. Festlegung von Mindestpreisen).

***konform** (lat.) = übereinstimmend, ähnlich*
***konträr** (franz.) = gegensätzlich*

Die wesentlichen Merkmale der sozialen Marktwirtschaft sind:

Privateigentum

Dieses umfassendste Recht – über eine Sache verfügen zu können – garantiert dem Einzelnen weitgehende wirtschaftliche Freiheit. Insbesondere das Eigentumsrecht über Produktionsmittel sorgt dafür, dass das Kapital so eingesetzt wird, dass es den größtmöglichen Ertrag erbringt. Nur wer Gefahr läuft, durch Verluste sein eingesetztes Kapital zu verlieren, wird risikobewusst handeln und Verschwendung vermeiden. Da der Gebrauch des Eigentums zugleich dem Wohle der Allgemeinheit dienen soll (GG Art. 14), sind Einschränkungen durch Gesetze notwendig.

Preisbildung auf dem Markt

Die Preise für Güter und Dienstleistungen bilden sich durch Angebot und Nachfrage auf dem freien Markt unter Wettbewerb. In diesen Preisbildungsprozess greift der Staat, wenn überhaupt, nur mit marktkonformen Maßnahmen ein. So unterstützt der Staat bestimmte Branchen oder Firmen (Angebotsseite) mit Subventionen (Finanzhilfen) oder ermöglicht erhöhte Abschreibungen. Die Nachfrage der privaten Haushalte kann durch Erhöhung oder Senkung von Steuern beeinflusst werden. Die Preise auf dem Arbeitsmarkt (Löhne und Gehälter) sind letztlich das Ergebnis von Macht und Gegenmacht der Gewerkschaften und der Unternehmensverbände. Hierzu hat der Staat im Tarifvertragsgesetz (TVG) im Rahmen der Ordnungspolitik die Leitlinien vorgegeben, mischt sich aber selbst nicht in die Verhandlungen ein.

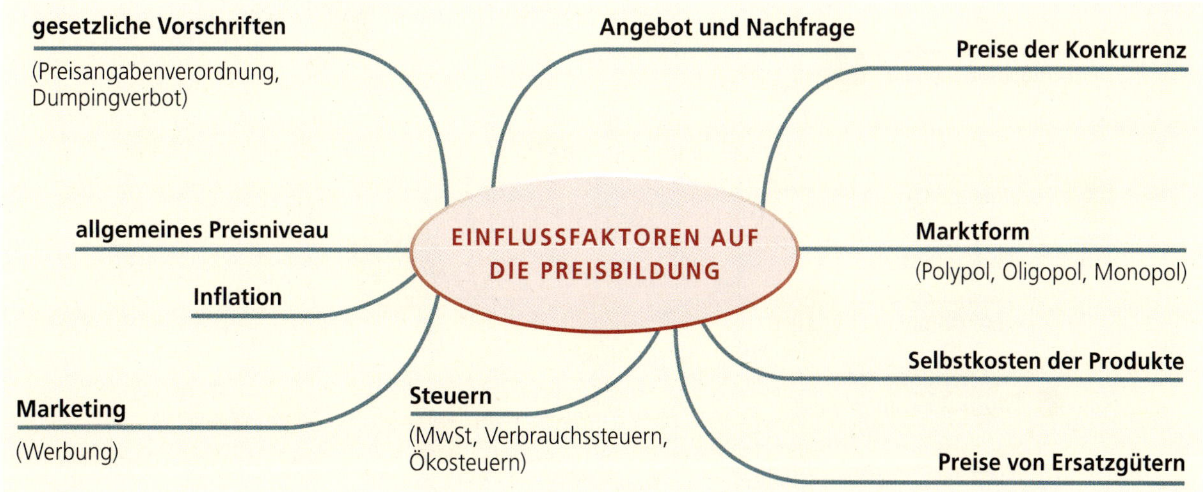

Freier Wettbewerb

Der Wettbewerb ist der Motor der Wirtschaft. Durch den Wettbewerb wird sichergestellt, dass der Verbraucher die beste Qualität zum günstigsten Preis kaufen kann. Um ihn funktionstüchtig zu erhalten, hat der Staat im Rahmen der Ordnungspolitik eine Vielzahl von Gesetzen erlassen und kontrolliert deren Einhaltung:

- **Gesetz gegen Wettbewerbsbeschränkungen (GWB)** zur Einschränkung bzw. Verhinderung von Kartellen und Unternehmenszusammenschlüssen.
- **Gesetz gegen den unlauteren Wettbewerb (UWG)**, um beispielsweise unfaire Werbemethoden zu verhindern.
- **Gewerbeordnung (GewO)**, damit u. a. bestimmte Erwerbstätigkeiten nur ausgeführt werden, wenn ein Nachweis der erforderlichen Fachkenntnisse vorliegt.
- **Verbraucherschutzregelungen im BGB**, um Verbraucher vor allzu starker Benachteiligung zu schützen.

Sozialstaatlichkeit

Die eigenverantwortliche Daseinsvorsorge (Sparen, Vermögensbildung, private Versicherungen) wird ergänzt durch ein breit gefächertes System der sozialen Sicherung. Dazu gehören:

- in erster Linie die **Sozialversicherung** als Pflichtversicherung mit ihren fünf Säulen: Renten-, Kranken-, Pflege-, Arbeitslosen- und Unfallversicherung.
- Ergänzend werden unter bestimmten Voraussetzungen z. B. **Elterngeld, Kindergeld, Wohngeld, Ausbildungsbeihilfe** oder **Sozialhilfe** bewilligt.
- Bestimmten Bevölkerungsgruppen gewährt der Staat Hilfen bei der **privaten Vermögensbildung** (Hilfe zur Selbsthilfe), indem er z. B. das Sparen durch Prämien belohnt oder Steuerbegünstigungen für den Hausbau oder die Sanierung einräumt.
- Durch die Gestaltung des **Einkommensteuertarifs** (höhere Einkommen prozentual höher besteuert) soll eine „gerechte" Einkommensverteilung erreicht werden.

Das soziale Netz

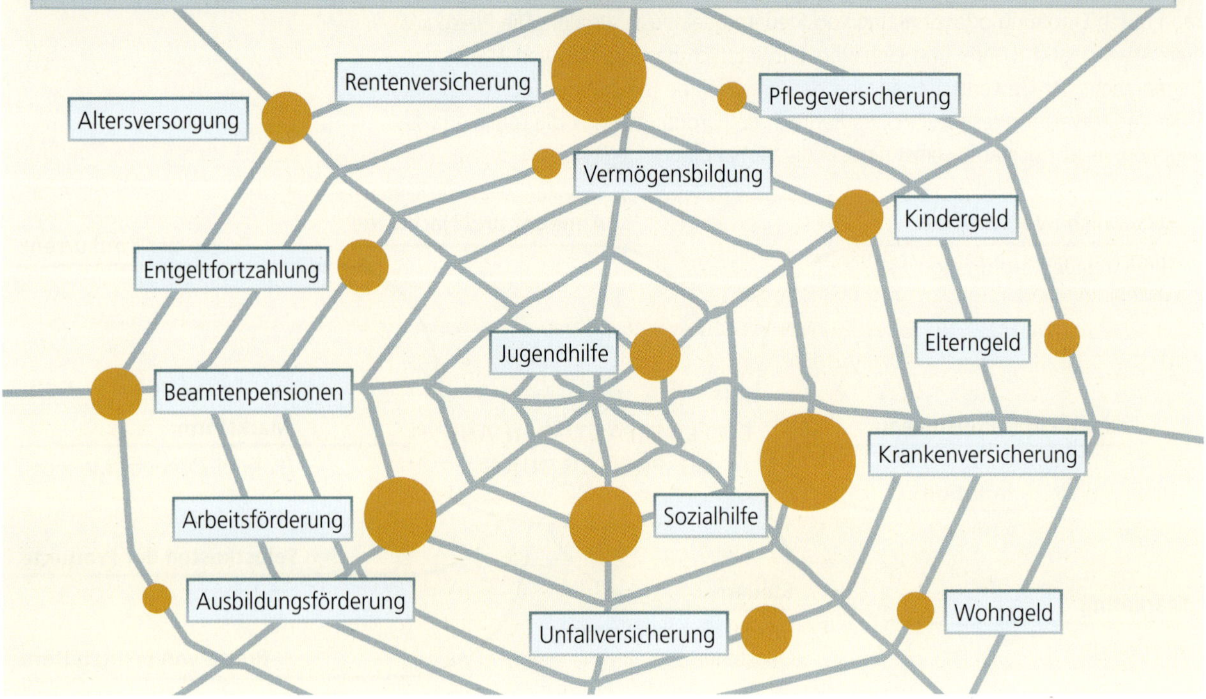

- Zur Sozialstaatlichkeit gehören auch die **Humanisierung der Arbeitswelt**, die betriebliche Mitbestimmung, die Sicherheit des Arbeitsplatzes und die verschiedenen Schutzgesetze (z. B. JArbSchG, KSchG, MuSchG, SGB IX).

Die Rolle des Staates

In einer **freien Marktwirtschaft** gibt der Staat den rechtlichen Ordnungsrahmen vor (Vertragsfreiheit, freier Wettbewerb, funktionierendes Geldwesen) und enthält sich im Übrigen jeglicher Einflussnahme auf das Wirtschaftsgeschehen („Nachtwächterstaat"). Demgegenüber greift der Staat in der **sozialen Marktwirtschaft** direkt ein, um Unzulänglichkeiten der Marktregulierung und negative soziale Auswirkungen abzumildern oder zu vermeiden.

Zu diesen Maßnahmen gehören vor allem:

▶ **Wettbewerbspolitik**

Der Staat erlässt nicht nur die Gesetze zur Verhinderung von Wettbewerbsverzerrungen, sondern setzt diese auch durch, indem z. B. das Kartellamt Wettbewerbsverstöße aufdeckt und mit teilweise drastischen Bußgeldern belegt oder Unternehmenszusammenschlüsse untersagt.

▶ **Sozialpolitik**

In diesen Bereich gehören vor allem die gesetzlich vorgeschriebenen Sozialversicherungen (Renten-, Kranken-, Arbeitslosen-, Unfall- und Pflegeversicherung). Darüberhinaus zahlt der Staat z. B. Kinder- und Elterngeld, Ausbildungsförderung oder gewährt Steuervorteile wie das Ehegattensplitting. Damit die Bürger auch in Notlagen ein würdiges Leben führen können, gibt der Staat Hilfen, u. a. durch Arbeitslosengeld, Wohngeld, Sozialhilfe und Sicherung des Existenzminimums.

Bis zu bestimmten Einkommensgrenzen zahlt der Staat Prämien bei der privaten Vermögensbildung.

▶ **Einkommens- und Verteilungspolitik**

Zur Erreichung einer „gerechten" Einkommensverteilung ist das Steuersystem progressiv ausgestaltet, d. h. Besserverdienende zahlen proportional höhere Steuern als Geringverdiener. Zusätzlich kann der Staat Vermögens- und Erbschaftssteuern erheben, wobei in der Regel hohe Freibeträge gelten.

▶ **Umweltpolitik**

Die großen Umweltprobleme, die insbesondere von den Industrienationen verursacht werden, sollen durch eine entsprechende Umweltpolitik entschärft werden. Dazu gehören z. B. Maßnahmen wie die staatliche Förderung der Solartechnik, die Begrenzung von schädlichen Emissionen und die steuerliche Begünstigung von schadstoffarmen Autos und Kraftstoffen.

▶ **Wachstums-, Konjunktur- und Strukturpolitik**

Zur Erhaltung und Steigerung des Wohlstands im Land soll ein stetiges wirtschaftliches Wachstum nach dem Stabilitätsgesetz erreicht werden. Kurzfristige Schwankungen der Wirtschaftsentwicklung sollen durch konjunkturpolitische Maßnahmen stabilisiert werden. Zur Erreichung einheitlicher Lebensverhältnisse in allen Landesteilen können strukturpolitische Fördermaßnahmen (auch von der EU) eingesetzt werden. Außerdem stellt der Staat öffentliche Einrichtungen wie Krankenhäuser, Schwimmbäder, Schulen und Universitäten zur Verfügung.

Insgesamt umfasst die Wirtschaftsordnung der sozialen Marktwirtschaft damit eine Vielzahl von Grundsätzen und Maßnahmen, die den Bürgern eine Lebensgestaltung nach eigenen Vorstellungen mit (mindestens) ausreichender Wirtschaftsgrundlage ermöglichen.

Zitat

„Maßstab und Richter über Gut und Böse der Wirtschaftspolitik sind nicht Dogmen oder Gruppenstandpunkte, sondern ist ausschließlich der Mensch. Eine Wirtschaftspolitik ist nur dann und nur so lange für gut zu erachten, als sie den Menschen schlechthin zum Nutzen gereicht."

Ludwig Erhard

ÜBERBLICK

SOZIALE MARKTWIRTSCHAFT

Grundaussagen der Verfassung

Das Grundgesetz (GG) gewährt den Bürgern weitgehende wirtschaftliche Freiheitsrechte

- **Art. 2** Vertrags- und Handlungsfreiheit
- **Art. 3** Gleichheitsgrundsatz/Willkürverbot
- **Art. 9** Vereinigungs- und Koalitionsfreiheit
- **Art. 11** Freizügigkeit/Niederlassungsfreiheit
- **Art. 12** Berufs- und Gewerbefreiheit
- **Art. 14** Eigentumsrecht, Sozialbindung und Enteignung
- **Art. 20** sozialer Rechtsstaat

Merkmale

- Privateigentum
- Preisbildung auf dem Markt
- freier Wettbewerb
- Sozialstaatlichkeit

Staat greift ein:
- Steuerpolitik
- Ordnungspolitik
- Strukturpolitik
- Konjunkturpolitik
- Umweltpolitik

	Wie fit sind Sie beim Thema „Bedeutung des Staates in der sozialen Marktwirtschaft"?	Inhaltsbezug Seite
1	a) Was versteht man unter einer Wirtschaftsordnung? b) Erläutern Sie den Unterschied zwischen idealtypischen und real-existierenden Wirtschaftsordnungen.	214
2	a) Welche (wirtschaftlichen) Freiheitsrechte gewährt das Grundgesetz den Bürgern unseres Staates? b) Welches sind die Grundwerte und Leitgedanken der sozialen Marktwirtschaft?	215–216
3	Um die Mietbelastungen für einkommensschwache Familien niedrig zu halten, kann der Staat eine Höchstmiete festlegen oder Wohngeld gewähren. a) Begründen Sie, ob diese Maßnahmen marktkonträr oder marktkonform sind. b) Sind diese Maßnahmen überhaupt mit unserer Wirtschaftsordnung vereinbar?	217–218
4	a) Nennen und erläutern Sie die fünf Merkmale der sozialen Marktwirtschaft. b) Wieso kommt dem Privateigentum an den Produktionsmitteln so große Bedeutung zu? c) Welche gesetzlichen Regelungen dienen dem Schutz der Wettbewerbsfreiheit? d) Nennen Sie mindestens zehn Sozialleistungen, die an die Bürger gezahlt werden.	217–219
5	Mit welchen Maßnahmen der Wirtschaftspolitik greift der Staat in das Wirtschaftsgeschehen ein?	219
6	Die industrielle Entwicklung in Deutschland im 19. Jahrhundert vollzog sich in einer sehr liberalen Wirtschaftsordnung ohne wesentliche Eingriffe des Staates. Erläutern Sie, wie folgende Probleme der damaligen Zeit in der sozialen Marktwirtschaft heutzutage gelöst werden: - schlechte Arbeitsbedingungen - Kinderarbeit - lange Arbeitszeiten - wenig Urlaub - niedrige Löhne (z. T. unter dem Existenzminimum)	217–219
7	Welches Verhalten der Unternehmer soll mit der Karikatur in der Randspalte auf S. 219 kritisiert werden?	

10.3 Wettbewerbsstörungen und Wettbewerbspolitik

Herr und Frau Struwe informieren sich regelmäßig im Wirtschaftsteil der Tageszeitung und im Fernsehen über wirtschaftspolitische Fragen. Dabei diskutieren sie auch über Meldungen wie z. B. „Kartellamt gegen zu teures Benzin" (siehe nebenstehende Zeitungsmeldung), „Preisabsprachen bei Fernsehzeitschriften", „Zementkartell aufgeflogen", „Unternehmenskonzentrationen weiter gestiegen" oder „EU-Kommission verdonnert Banken wegen Zinsabsprachen zu höchsten Kartellstrafen aller Zeiten".

- Welche negativen Auswirkungen können Absprachen unter bzw. die Zusammenarbeit von Unternehmen für Familie Struwe haben?
- Warum verstoßen Unternehmen immer wieder gegen die Vorschriften des Gesetzes gegen Wettbewerbsbeschränkungen (GWB)?
- Welche Formen der Kooperation und Konzentration gibt es in der Wirtschaft?
- Welche Maßnahmen kann das Kartellamt ergreifen, um Verstöße gegen das GWB zu ahnden?

Kartellamt gegen zu teures Benzin

Die Wettbewerbshüter des Bundeskartellamtes haben wegen missbräuchlich überhöhter Benzinpreise an den Autobahnen Bußgeldbescheide in Millionenhöhe gegen die betroffenen Mineralölkonzerne verhängt. Nach Meinung des Kartellamts nutzen die Mineralölkonzerne ihre monopolartige Stellung an den Autobahnen missbräuchlich aus. Der Literpreis an den Autobahntankstellen darf nicht mehr als 3 Cent über dem Durchschnitt der fünf nächstgelegenen Tankstellen liegen.

10.3.1 Kooperation und Konzentration in der Wirtschaft

Der Wettbewerb zwischen Unternehmen ist der Motor jeder Marktwirtschaft. Nur durch den Wettbewerb ist die freie Preisbildung am Markt gewährleistet. Zunehmender Konkurrenzdruck, auch auf dem europäischen Binnenmarkt und dem Weltmarkt, veranlasst Unternehmen aber dazu, den Wettbewerb durch Zusammenarbeit mit anderen Unternehmen einzuschränken (**Kooperation**) oder durch Zusammenschluss auszuschalten (**Konzentration**) – oft zum Nachteil der Konkurrenten und Kunden.

Ziele der Zusammenarbeit und von Zusammenschlüssen

Ziel der Kooperation und Konzentration von Unternehmen ist es in erster Linie, dem Druck des Wettbewerbs möglichst auszuweichen oder sich ihm ganz zu entziehen. Dabei spielen folgende strategische Überlegungen eine Rolle:

- Ausschaltung oder Beschränkung des Wettbewerbs, z. B. durch Preis- und Mengenabsprachen.
- Größere Marktmacht hilft eher, im internationalen Wettbewerb bestehen zu können.
- Kostenersparnis durch Größenvorteile, z. B. günstigere Konditionen auf dem Beschaffungsmarkt, geringere Stückkosten bei Massenproduktion.
- Erhöhung des eigenen Marktanteils (bis hin zur marktbeherrschenden Stellung) und damit das Erreichen von höheren Preisen und Gewinnen.
- Das Risiko unternehmerischer Entscheidungen kann durch Zusammenschlüsse gemindert werden.
- Erhöhung der finanziellen Möglichkeiten, z. B. für teure Forschung und innovative Produktion.

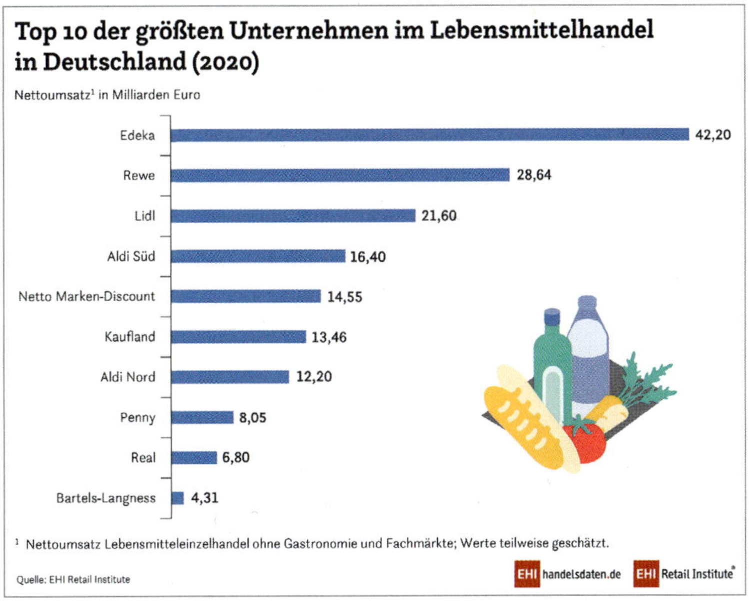

Die Geschäfte im deutschen Lebensmitteleinzelhandel erwirtschafteten im Jahr 2020 einen Nettoumsatz von 179,8 Milliarden Euro. Die 10 größten Unternehmen steuerten laut EHI-Schätzungen rund 168 Milliarden Euro (über 90 %) dazu bei.

Formen der Unternehmenszusammenschlüsse

Unter **wirtschaftlichen Gesichtspunkten** unterscheidet man die Zusammenarbeit oder den Zusammenschluss von Unternehmen auf unterschiedlichen Wirtschaftsebenen:

Horizontal	
Zusammenschluss	Unternehmen der **gleichen** Produktionsstufe
Vorteile	weniger Konkurrenz, kostengünstiger Einkauf
Beispiel	Hersteller von Haushaltsgeräten stimmen ihr jeweiliges Produktionsprogramm aufeinander ab

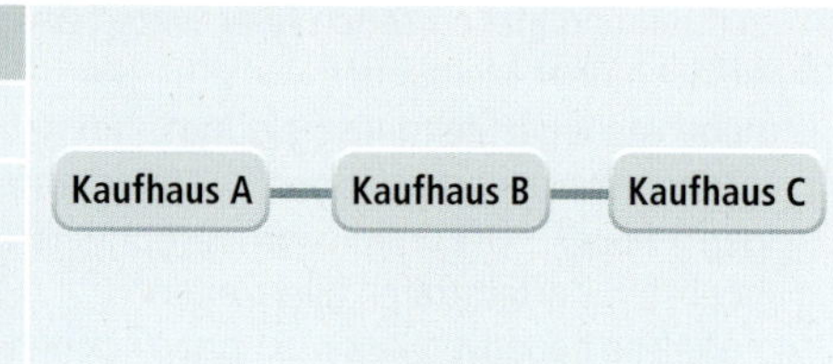

Vertikal	
Zusammenschluss	Unternehmen von **nachgelagerten** Produktionsstufen
Vorteile	günstige Beschaffungs- und Absatzmöglichkeiten
Beispiel	vom Getreidebauer über die Mühle bis zur Bäckerei

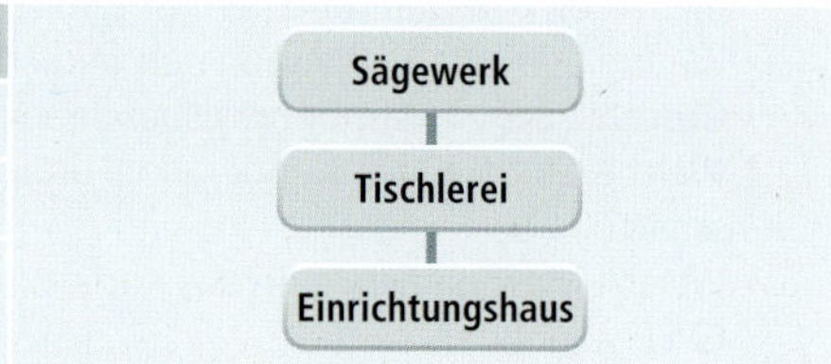

Diagonal	
Zusammenschluss	Unternehmen **verschiedener** Branchen
Vorteil	Risikostreuung
Beispiel	Brauerei–Kosmetikhersteller–Maschinenfabrik („Mischkonzern")

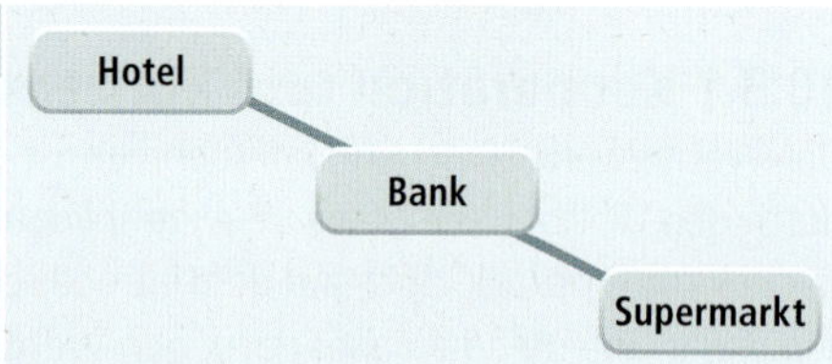

Kooperations- und Konzentrationsformen

Unter **rechtlichen Gesichtspunkten** unterscheidet man die folgenden Konzentrationsformen, je nachdem wie stark die wirtschaftliche oder rechtliche Selbstständigkeit aufgegeben wird:

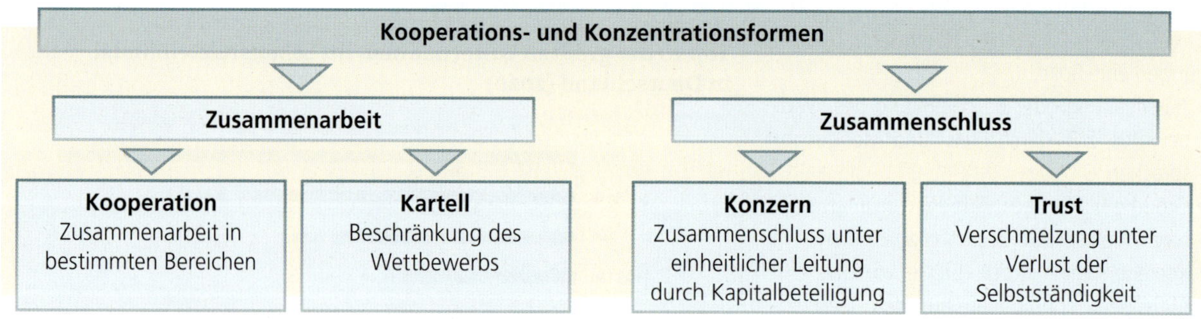

▶ Kooperationsformen

Haben gesellschaftliche Gruppen gleiche Interessen und Ziele, so schließen diese sich gewöhnlich zu einem (Wirtschafts-)**Verband** zusammen. Verbände begnügen sich meistens damit, ihre Forderungen durch Einflussnahme auf Parlament, Regierung, Verwaltung und Parteien zur Geltung zu bringen, ohne selbst die Durchführung der von ihnen erstrebten Maßnahmen in die Hand nehmen zu wollen. Beispiele sind: Arbeitgeberverband, Bauernverband, Gewerkschaften, Mieterbund, Verband der Versicherten etc.

Eine **Arbeitsgemeinschaft** (auch Arge genannt) ist der Zusammenschluss mehrerer Unternehmen oder Institutionen mit dem Zweck, gemeinsam eine Aufgabe zu erledigen; sie tritt nach außen als Einheit in Erscheinung.

Die beteiligten Unternehmen/Institutionen bleiben rechtlich selbstständig, arbeiten aber wirtschaftlich meistens als **Gesellschaft bürgerlichen Rechts (GbR)** zusammen, die sich dann ggf. mit Erfüllung des Auftrags wieder auflöst. Sehr häufig kommt eine Arge im Bauhandwerk zustande, wenn ein Großprojekt (z. B. eine Schule, ein Krankenhaus oder eine Brücke) gebaut werden soll.

Kartelle

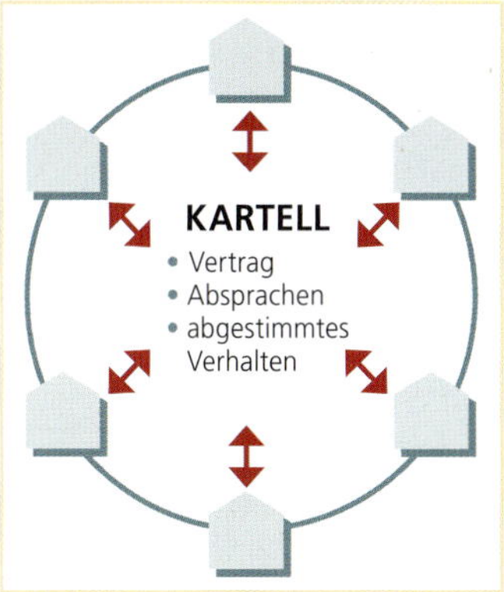

Kartelle werden durch vertragliche Vereinbarungen von Unternehmen der gleichen Produktionsstufe (horizontaler Zusammenschluss) gebildet. Die beteiligten Unternehmen bleiben rechtlich völlig selbstständig, verpflichten sich aber, auf bestimmten Gebieten ihre wirtschaftliche Selbstständigkeit einzuschränken und mit den Kartellmitgliedern zusammenzuarbeiten.

Von einem **Frühstückskartell** spricht man, wenn ein verbotenes Kartell in geheimer Absprache getroffen wird. Dies kann auch schon durch **abgestimmtes Verhalten** zustande kommen.

Die Vertragspartner vereinbaren mündlich oder schriftlich die Einhaltung bestimmter Absprachen, z. B.:

- **Preiskartell:** Abstimmung der Angebotspreise und Lieferbedingungen
- **Gebietskartell:** Zuteilung von Absatzgebieten zur alleinigen Belieferung
- **Quotenkartell:** Aufteilung von Angeboten und Aufträgen nach Quoten

Das **Gesetz gegen Wettbewerbsbeschränkungen (GWB = Kartellgesetz)** verbietet die Kartellbildung, da hierdurch der Wettbewerb unter den Anbietern beschränkt und der Verbraucher durch das abgestimmte Verhalten der Hersteller benachteiligt werden kann. Ausnahmen von diesem Verbot werden in Abschnitt 10.3.3 genannt.

Konzerne

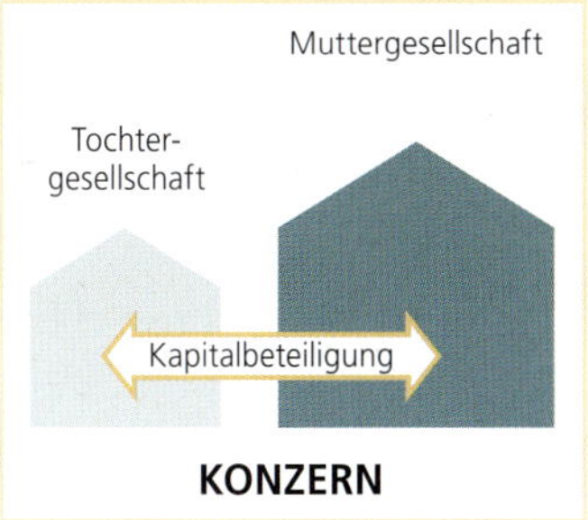

Konzerne sind Zusammenschlüsse von rechtlich selbstständigen Unternehmen zu einer wirtschaftlichen Einheit unter einheitlicher Leitung und gegenseitiger Kapitalbeteiligung.

Nach der Abhängigkeit zwischen den beteiligten Unternehmen werden Unterordnungs- und Gleichordnungskonzerne unterschieden:

- Handelt es sich um eine einseitige Beherrschung verschiedener Tochtergesellschaften durch eine gemeinsame Muttergesellschaft, so liegt ein **Unterordnungskonzern** vor.
- Beteiligen sich Unternehmen gegenseitig am Kapital anderer Unternehmen, liegt ein **Gleichordnungskonzern** vor. Die einheitliche Leitung der Schwestergesellschaften erfolgt durch eine **Dach-** bzw. **Holdinggesellschaft**.

Beteiligungen von mehr als 25 % führen zu gegenseitiger Einflussnahme. Auch Konzerne können zu einer Beschränkung des Wettbewerbs führen, allerdings sind sie im Gegensatz zu Kartellen grundsätzlich zulässig, in bestimmten Fällen aber beim Bundeskartellamt anzeigepflichtig.

Trusts

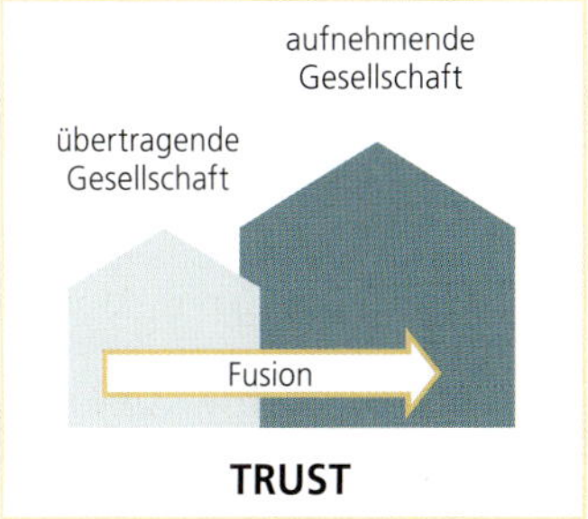

Als Trusts bezeichnet man Zusammenschlüsse von Unternehmen, die ihre rechtliche und wirtschaftliche Selbstständigkeit aufgegeben haben. Die einzelnen Unternehmen gehen durch **Fusion** (Verschmelzung) in einem neuen Unternehmen auf. Entweder werden ein oder mehrere kleine Unternehmen von einem großen Unternehmen völlig übernommen, oder es wird eine neue Gesellschaft gegründet, in welche mehrere, früher selbstständige Unternehmen aufgenommen werden.

Von einem Trust spricht man erst bei einer außerordentlichen Betriebsgröße und wenn durch die aufnehmende Gesellschaft eine so große Marktmacht erlangt wird, dass der Markt beherrscht werden kann.

Staatliche Eingriffe

Auf der einen Seite ist der Staat durch die Gesetzgebung der „Hüter des Wettbewerbs", auf der anderen Seite ist er der größte „Sünder" gegen den freien Wettbewerb – und gerade hier greift das Kartellgesetz nicht, da es nur für die private Wirtschaft gilt. Ausgestattet mit hoheitlicher Gewalt, beschränkt der Staat den Wettbewerb in vielen Wirtschaftszweigen:

Öffentlich kontrollierte Betriebe unterliegen nicht dem permanenten Anpassungsdruck, der privatwirtschaftliche Unternehmen im harten Wettbewerb zur ständigen Verbesserung ihrer Leistungen zwingt. Staatliche Beihilfen für Unternehmen unterliegen aber der Kontrolle durch die europäische Wettbewerbsbehörde.

In den letzten Jahren hat sich der Staat aus vielen Wirtschaftsbereichen zurückgezogen. Die betroffenen Unternehmen sind ganz oder teilweise privatisiert und damit dem Wettbewerb ausgesetzt worden (z. B. VEBA, VW, Telekom, Postbank, Lufthansa und andere öffentliche Versorgungs-, Entsorgungs- und Verkehrsunternehmen).

Internationalisierung und Globalisierung der Märkte

Mit der Internationalisierung der Märkte ist vor allem die weltweite Öffnung der Märkte nach innen und außen gemeint. Diese Tatsache ist durchaus zwiespältig zu betrachten: Einerseits werden dadurch neue Waren und Dienstleistungen angeboten, andererseits wird der Wettbewerb der Starken gegen die Schwachen noch gefördert. Zwar soll durch die Harmonisierung der Rechtsvorschriften in der EU der Wettbewerb auf europäischer Ebene gesichert werden, aber viele Konzerne (z. B. Automobilhersteller, Mineralölfirmen) agieren weltweit und können sich dadurch staatlichen Kontrollen leichter entziehen.

In Europa sorgten die Vorgänger der EU seit den 1950er-Jahren für einen Handel ohne Hindernisse. Weltweit stehen das Allgemeine Zoll- und Handelsabkommen (GATT) und als Nachfolgeorganisation die Welthandelsorganisation (WTO) für einen zunehmend freien Handel.

Im Zusammenhang mit der Internationalisierung spielt auch der Begriff der **Globalisierung** eine entscheidende Rolle. Damit wird nicht nur der internationale Austausch von Waren und Dienstleistungen angesprochen, sondern es soll auch darauf hingewiesen werden, dass die Wirtschaftsräume – insbesondere durch die neuen Kommunikationssysteme – immer „enger" zusammenrücken.

Internetadressen zur Globalisierung:
www.globalisierung-fakten.de
www.bpb.de (Stichwort: Globalisierung)

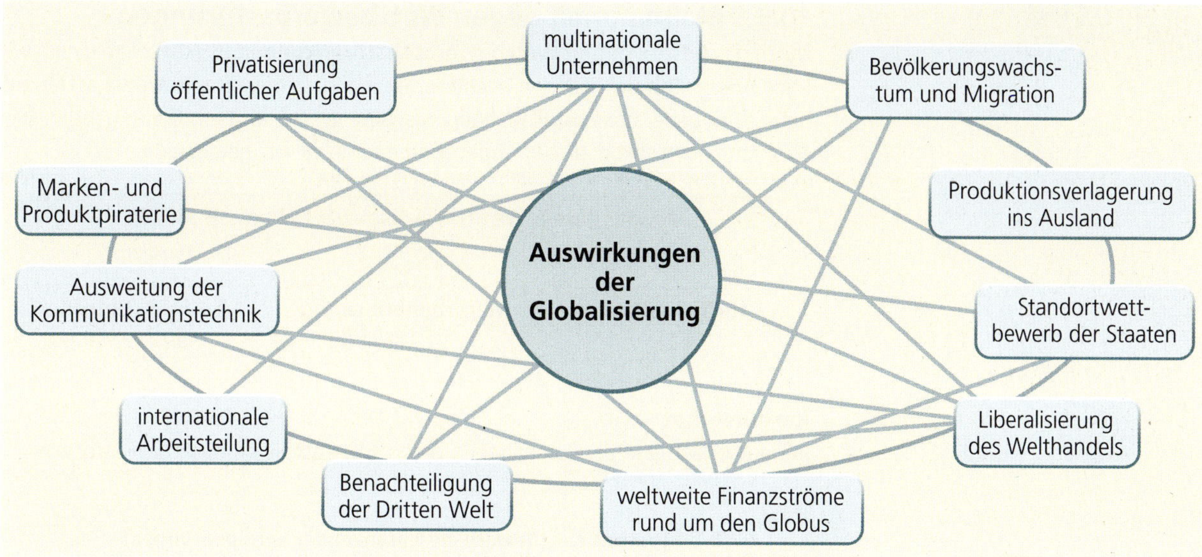

10.3.2 Auswirkungen von Wettbewerbsstörungen

„Wettbewerb ist der Motor der Wirtschaft". Es ist jedoch geschichtliche Erfahrung, dass Unternehmen immer wieder versuchen, sich dem Wettbewerb zu entziehen. Dies führt zu unerwünschten Folgen:

- **Überhöhte Preise**
  Preisabsprachen oder eine marktbeherrschende Stellung erlauben es Unternehmen, höhere Preise zu fordern, als dies bei funktionierendem Wettbewerb möglich wäre. Höhere Preise führen bei Unternehmen zu höheren Gewinnen, sofern die Käufer nicht ausweichen können. Höhere Gewinne wiederum festigen die Marktmacht der Unternehmen, wodurch sich eine Tendenz zur Monopolisierung ergibt.
- **Ausschaltung von Konkurrenz**
  Marktbeherrschendes Verhalten kann andere Unternehmen dieser Branche so sehr in Bedrängnis bringen, dass diese aufgeben müssen. Dies ist oft die Gelegenheit für den Marktführer, die anderen Unternehmen zu „schlucken".
- **Einseitige Einflussnahme**
  Konzerne können versuchen, Einfluss auf die wirtschaftspolitischen Instanzen eines Landes zu nehmen, um einseitig ihre Interessen durchzusetzen.
- **Erhaltung unwirtschaftlicher Betriebe**
  Betriebe, die unter normalen Wettbewerbsbedingungen wegen Unwirtschaftlichkeit aufgeben müssten, werden am Leben erhalten und bekommen unter Umständen Subventionen oder nutzen Steuererleichterungen aus.

Es gibt Gründe, die – insbesondere aus Sicht der Unternehmen – für mehr Kooperation und Konzentration sprechen: So haben zusammengeschlossene Unternehmen eine größere Kapitalbasis und damit eine bessere Verhandlungsposition gegenüber Banken. Kostenintensive Abteilungen (z. B. Forschung und Entwicklung, Kundendienst) können gemeinsam betrieben werden. Schließlich werden Argumente wie die Sicherung und Erhaltung von Arbeitsplätzen oder der internationalen Wettbewerbsfähigkeit genannt.

Doch ein funktionierender Wettbewerb hat für die Gesamtwirtschaft eine überragende Bedeutung. Ist der Wettbewerb gestört, können die Vorteile, die dies für einzelne Unternehmen hat, die Nachteile für die Gesamtwirtschaft nicht ausgleichen.

10.3.3 Maßnahmen gegen Wettbewerbsstörungen

Durch das **Gesetz gegen Wettbewerbsbeschränkungen (GWB)** sollen die im vorigen Abschnitt beschriebenen Nachteile verhindert werden. Das **Bundeskartellamt** hat die Aufgabe, über die Einhaltung des Gesetzes zu wachen. Die folgenden drei Hauptaufgaben sind in diesem sogenannten Kartellgesetz geregelt:

Gesetz gegen Wettbewerbsbeschränkungen (GWB)

Kartellverbot	Marktbeherrschung	Fusionskontrolle
§§ 1–3	§§ 18–21	§§ 35–43a

Kartellverbot

In Deutschland und der Europäischen Union sind Kartelle grundsätzlich verboten:

> **GWB § 1 [Verbot wettbewerbsbeschränkender Vereinbarungen]**
> Vereinbarungen zwischen Unternehmen, (...) die eine Verhinderung, Einschränkung oder Verfälschung des Wettbewerbs (...) bewirken, sind verboten.

www.bundeskartellamt.de

Das Bundeskartellamt verfolgt insbesondere die sogenannten „Hardcore-Kartelle", das sind schwerwiegende Wettbewerbsbeschränkungen wie Preis-, Gebiets- und Quotenabsprachen zwischen Unternehmen – gleichgültig, ob sie ausdrücklich vereinbart sind oder durch abgestimmtes Verhalten erreicht werden. Solche Kartelle behindern die wirtschaftliche Betätigungsfreiheit von Mitbewerbern und wirken sich für die Verbraucher preissteigernd aus, weswegen sie mit hohen Bußgeldern belegt werden können. Von der Aufgabenstellung her müsste das Bundesamt daher eigentlich **„Anti-Kartellamt"** heißen.

Das Kartellamt kann – vergleichbar einer Kronzeugenregelung – gegenüber Unternehmen, die an einer verbotenen Absprache beteiligt sind, von einem Bußgeld absehen bzw. dieses reduzieren, wenn die betroffenen Unternehmen wesentlich zur Aufdeckung eines Kartells beitragen und ihr kartellrechtswidriges Verhalten beenden **(Bonusregelung)**.

Wird durch Vereinbarungen zwischen Unternehmen der Wettbewerb nicht wesentlich behindert, sind **Ausnahmen vom Kartellverbot** zulässig. Das ist der Fall, wenn die Zusammenarbeit zu Vorteilen führt, von denen auch die Verbraucher profitieren. Die Zulässigkeit wird aber nicht mehr wie früher vom Kartellamt geprüft und genehmigt, sondern die Unternehmen müssen in eigener Verantwortung darüber entscheiden: Dies nennt man **Legalausnahme**. Im Zweifel liegt die Beweislast bei dem Unternehmen, das sich auf die Freistellung vom Kartellverbot beruft.

Freigestellte Vereinbarungen sind nach GWB zum Beispiel Vereinbarungen über:
- gemeinsame Beschaffung und/oder Vertrieb
- wechselseitige Spezialisierung
- gemeinsame Forschung und Entwicklung
- Rationalisierung bei Mittelstandskartellen
- Erzeugung oder Absatz landwirtschaftlicher Produkte
- Preisbindung bei Zeitungen, Zeitschriften und (Schul-)Büchern

Missbrauchsaufsicht

Wettbewerbsverstöße durch den Missbrauch von Marktmacht durch marktbeherrschende Unternehmen sollen verhindert werden. Dieser Missbrauch kann zum Beispiel bestehen in:

- **Behinderung oder Verdrängung der Konkurrenz** (durch Dumpingpreise, Liefer- und Bezugssperren, Nichtaufnahme in Wirtschaftsverbände)

Beispiel

Das Kartellamt ist dagegen eingeschritten, dass die Soda-Club GmbH Konkurrenten daran hindern wollte, die Mietpatronen der Firma Soda-Club für die Herstellung von Sprudelwasser mit CO_2 wiederzubefüllen.

- **Ausbeutung der Marktgegenseite** (durch Forderung überhöhter Preise, Angabe von „Mondpreisen", Preisbindungen, ungünstige Geschäftsbedingungen, Ausschluss vom Markt)

Beispiel

Gasversorgungsunternehmen hatten ihre marktbeherrschende Stellung missbraucht und von den Haushaltskunden überhöhte Preise gefordert. Die Kunden mussten mit etwa 444 Millionen Euro finanziell entlastet werden.

Fusionskontrolle

Fusionen – also Zusammenschlüsse, bei denen die beteiligten Unternehmen ihre wirtschaftliche und rechtliche Selbstständigkeit ganz oder teilweise aufgeben – werden durch das Bundeskartellamt kontrolliert und können verboten werden.
Zwar sind nicht alle Zusammenschlüsse von vornherein wettbewerbsschädlich. Sie sind jedoch dann gefährlich, wenn in einem Markt nicht mehr genügend Anbieter vorhanden sind oder ein einzelner Anbieter eine zu große wirtschaftliche Marktmacht erlangt. Das Bundeskartellamt kann den Zusammenschluss von Unternehmen untersagen, wenn zu erwarten ist, dass dadurch eine marktbeherrschende Stellung entsteht oder verstärkt wird. **Ausnahmen** können genehmigt werden, wenn die Unternehmen nachweisen, dass dadurch Wettbewerbsverbesserungen eintreten und diese Verbesserungen gegenüber den Nachteilen überwiegen, oder wenn der Bundesminister für Wirtschaft trotz eines Verbots durch das Kartellamt die Erlaubnis zur Fusion erteilt, um gesamtwirtschaftliche Nachteile abzuwenden.

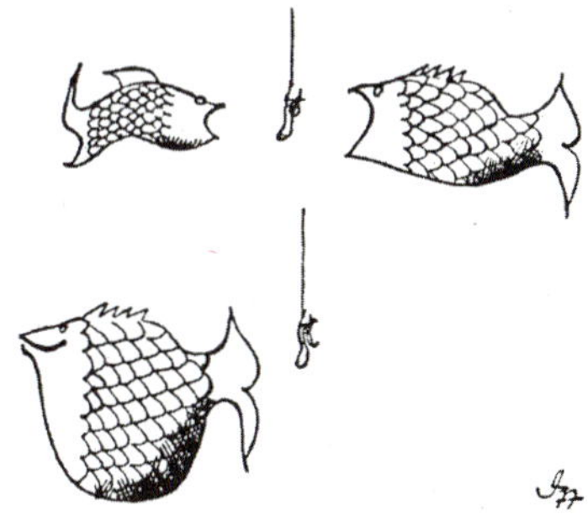

Zuständigkeiten

Zur Erhaltung eines funktionierenden, ungehinderten und möglichst vielgestaltigen Wettbewerbs gibt es neben dem Bundeskartellamt auch noch **Kartellämter auf der Ebene der Bundesländer**. Die Zuständigkeiten bestimmen sich danach, ob sich die Wettbewerbsbeschränkungen innerhalb eines Bundeslandes auswirken oder Einfluss auf mehrere Bundesländer bzw. das gesamte Bundesgebiet haben.

Auf europäischer Ebene ist die **Wettbewerbsbehörde der Europäischen Kommission** für die Wettbewerbskontrolle zuständig, wenn Verstöße gegen das europäische Wettbewerbsrecht Auswirkungen über die Staatsgrenzen hinweg haben.
Die Frage ist allerdings, ob die nationale und europäische Wettbewerbspolitik in der Lage ist, die auf internationalen Märkten auftretenden Wettbewerbsbeschränkungen erfolgreich zu bekämpfen, z. B. sogenannte „Elefantenhochzeiten".

Download des Infoflyers unter:
www.bundeskartellamt.de

ÜBERBLICK

WETTBEWERBSSTÖRUNGEN

Ursachen
- Kartellbildung (Absprachen)
- Konzerne (Mutter-/Tochtergesellschaften)
- Trusts (Verschmelzung)
- Verhalten des Staates (staatliche Monopole)
- Internationalisierung und Globalisierung der Märkte

Auswirkungen
- überhöhte Preise
- Ausschaltung von Konkurrenz
- Einflussnahme auf wirtschaftspolitische Instanzen
- Erhaltung von unwirtschaftlichen Betrieben

Maßnahmen zur Kontrolle
- Kartellverbot (mit Ausnahmen)
- Fusionskontrolle
- Missbrauchsaufsicht
- europäisches und internationales Wettbewerbsrecht

Wie fit sind Sie beim Thema „Wettbewerbsstörungen und Wettbewerbspolitik"?

Inhaltsbezug Seite

1 Nennen Sie wesentliche Gründe, warum Unternehmen zusammenarbeiten bzw. sich zusammenschließen. — 221

2 a) Was versteht man unter horizontalen, vertikalen und diagonalen Zusammenschlüssen von Unternehmen?
b) Unterscheiden Sie Kooperationsformen und Konzentrationsformen.
c) Grenzen Sie Kartelle, Konzerne und Trusts voneinander ab.
d) Übertragen Sie die nachfolgende Tabelle in Ihr Heft und tragen Sie ein, inwieweit die rechtliche bzw. wirtschaftliche Selbstständigkeit bei der jeweiligen Konzentrationsform erhalten bzw. aufgegeben ist.

	Kartell	Konzern	Trust
wirtschaftliche Selbstständigkeit			
rechtliche Selbstständigkeit			

— 222–223

3 a) Welche Arten von Kartellen gibt es?
b) Begründen Sie, warum sich Kartelle und Marktwirtschaft grundsätzlich ausschließen. — 223

4 Auf der einen Seite erlässt der Staat Gesetze gegen Wettbewerbsbeschränkungen, auf der anderen Seite ist er selbst einer der größten Sünder wider den freien Wettbewerb.
a) Wie ist dieser Widerspruch zu erklären?
b) Nennen Sie Eingriffe des Staates in das Wirtschaftsgeschehen, die geeignet sind, den freien Wettbewerb zu stören. — 224

5 Welche Auswirkungen haben die „Internationalisierung" und „Globalisierung" auf den internationalen Wettbewerb? — 224–225

6 a) Warum sind Hardcore-Kartelle grundsätzlich verboten?
b) Nennen Sie vier Ausnahmen vom Kartellverbot.
c) Was versteht man im Zusammenhang mit freigestellten Kartellen unter dem Begriff der „Legalausnahme"?
d) Welche Möglichkeiten hat das Kartellamt, Kartellbildungen zu verhindern?
e) Gehen Sie auf die Internetseite des Bundeskartellamts und berichten Sie anschließend über aktuelle Verfahren der Kartellbehörde gegen Wettbewerbsverstöße. — 226

7 a) Welche Auswirkungen haben Wettbewerbsstörungen von Unternehmen gegenüber Konkurrenten und Verbrauchern?
b) Wie sind europäische und internationale Maßnahmen gegen Wettbewerbsstörungen in ihrer Wirksamkeit zu beurteilen? — 225, 227

10.4 KTB – Kompetenzorientierte Themenbearbeitung I

In Deutschland gibt es immer wieder Streit wegen des zu hohen oder zu niedrigen Milchpreises. Das sind die Standpunkte und Sorgen der Akteure auf dem Milchmarkt:

- Die Verbraucher möchten natürlich möglichst günstige Preise.
- Die Molkereien können den Bauern keine höheren Milchpreise zahlen, weil sie von den Handelsketten „gedrückt" werden.
- Die Handelsketten behaupten, sie stünden unter enormem Wettbewerbsdruck und unterbieten sich teilweise im Preiskampf.
- Die Bauern müssen bei den niedrigen Milchpreisen sogar draufzahlen und u. U. die Milchwirtschaft aufgeben.

1 Marktarten und Marktformen

a) Ordnen Sie die oben angesprochenen Märkte nach sachlichen, zeitlichen, räumlichen und funktionellen Gesichtspunkten richtig ein.

b) Handelt es sich bei diesen Märkten um Polypole, Oligopole oder Monopole?

c) Welche Rolle spielt der Staat bei der Preisbildung auf dem Milchmarkt?

d) Wird der Preis auch von der EU-Agrarpolitik beeinflusst?

e) Aufgabe des Marktes ist es, Angebot und Nachfrage zum Ausgleich zu bringen. Dies geschieht über den Preis, der in der Marktwirtschaft wichtige Funktionen übernimmt: Ausgleichsfunktion, Signalfunktion, Lenkungsfunktion, Erziehungsfunktion. Erläutern Sie diese vier Funktionen.

f) Kann man beim Milchmarkt von einem „vollkommenen Markt" sprechen? Prüfen Sie alle Kriterien, die dafür bzw. dagegen sprechen.

2 Preisbildung

Angenommen, der Milchmarkt wäre ein vollkommener Markt. Erläutern Sie anhand der folgenden Aufgaben, wie sich der Preis in der jeweiligen Situation ergibt (vgl. Sie zu den folgenden Aufgaben die Abb. auf S. 211):

a) Erstellen Sie zunächst eine Excel-Tabelle mit den nebenstehenden Daten und ermitteln Sie den Gleichgewichtspreis.

b) Fügen Sie eine Spalte für den Umsatz an und ermitteln Sie den maximalen Umsatz.

c) Erstellen Sie das zugehörige Preis-Mengen-Diagramm.

d) Was würde passieren, wenn die Anbieter einen Mindestpreis von 1,20 € verlangen würden?

e) Was würde passieren, wenn die Nachfrager nicht bereit wären, einen Milchpreis über 90 Cent zu akzeptieren?

f) Welche Möglichkeiten der Preisdifferenzierung sehen Sie bei dem Produkt „Milch"?

Preis	angebotene Menge	nachgefragte Menge
0,69	3,0 Tsd. L	17,4 Tsd. L
0,72	4,2 Tsd. L	16,2 Tsd. L
0,76	5,4 Tsd. L	15,0 Tsd. L
0,81	6,6 Tsd. L	13,8 Tsd. L
0,87	7,8 Tsd. L	12,6 Tsd. L
0,94	9,0 Tsd. L	11,4 Tsd. L
1,02	10,2 Tsd. L	10,2 Tsd. L
1,11	11,4 Tsd. L	9,0 Tsd. L
1,21	12,6 Tsd. L	7,8 Tsd. L
1,32	13,8 Tsd. L	6,6 Tsd. L
1,44	15,0 Tsd. L	5,4 Tsd. L
1,57	16,2 Tsd. L	4,2 Tsd. L
1,71	17,4 Tsd. L	3,0 Tsd. L

3 Diskussion über Alternativen

Natürlich hängen die Entscheidungen der beteiligten Wirtschaftsakteure nicht nur vom Preis ab.

a) Welche Möglichkeiten hätten die Bauern, um ihre Milch besser zu vermarkten?

b) Wie könnte das Nachfrageverhalten der Verbraucher nach Milch verändert werden?

c) Könnte es sein, dass die Discounter und Supermarktketten eine oligopolartige Marktmacht haben und dadurch den Milchpreis auf ein nicht kostendeckendes Niveau drücken können?

d) „Ein Preis kann weder fair noch unfair sein, sondern allenfalls ehrlich!" Wie beurteilen Sie diese Aussage?

10.4 KTB – Kompetenzorientierte Themenbearbeitung II

Führen Sie ein Interview mit einem oder mehreren Experten (z. B. Stadt-/Gemeinderäte; Landtags-, Bundestags- oder Europa-Abgeordnete unterschiedlicher Parteien; Gewerkschafts- oder Arbeitgeberfunktionäre; Unternehmer; ggf. Fachlehrer) und bilden Sie sich eine eigene Meinung zu folgenden Punkten (beachten Sie dabei auch die Methodenseite „Expertenbefragung" auf S. 317):

1 Themenbereich: Wirtschaftsordnung und Grundgesetz

a) Laut Artikel (Art.) 12 des Grundgesetzes (GG) besteht in Deutschland eine allgemeine Berufs- und Gewerbefreiheit. Warum gibt es dann Handwerksberufe mit Meisterpflicht (z. B. Maurer, Kraftfahrzeugtechniker, Tischler, Bäcker) und ohne Meisterpflicht (z. B. Schneider, Goldschmied, Parkett- und Fliesenleger)?

b) Wie sozial ist die soziale Marktwirtschaft, wenn die Einkommensschere zwischen den einfachen Arbeitnehmern und ihren Chefs/Managern immer weiter auseinandergeht? Oder ist dies nur eine Neiddebatte?

c) Was halten Sie von der Privatisierung von Aufgaben der Daseinsvorsorge (z. B. Wasser- und Energieversorgung, Bildungseinrichtungen, Personennahverkehr), die bisher vom Staat übernommen wurden?

d) Ist es nicht ein Missbrauch der Vereinigungs- und Koalitionsfreiheit (Art. 9 GG), wenn eine kleine Gruppe von Arbeitnehmern durch einen Streik ihrem Unternehmen großen Schaden zufügen kann (z. B. bei der Bahn oder bei Fluggesellschaften)?

e) Wie verträgt sich das Mitbestimmungsrecht der Arbeitnehmer mit dem Eigentumsrecht (Art. 14 GG), das dem Unternehmer die Verfügungsgewalt über sein Eigentum garantiert?

f) Müsste die soziale Marktwirtschaft wegen der gravierenden Umweltprobleme nicht in eine „sozial-ökologische Marktwirtschaft" umgewandelt werden?

2 Themenbereich: Rolle des Staates

a) Durch hohe Subventionen des Staates (z. B. für Kohle und Stahl, Landwirtschaft, Abwrackprämie, Prämien für Elektroautos) wird der Wettbewerb in der Wirtschaft unnötig verzerrt. Welche Subventionen sollten Ihrer Ansicht nach abgebaut werden?

b) Wo ist Ihrer Meinung nach das „soziale Netz" zu eng geknüpft? Welche Leistungen sollten Ihrer Ansicht nach entfallen oder gekürzt werden?

c) Halten Sie die teilweise massiven Eingriffe des Staates in das Wirtschaftsgeschehen noch für gerechtfertigt (z. B. Mindestlohn, Gesundheitswesen, Umweltpolitik, Wohnungswirtschaft)?

3 Themenbereich: Wettbewerbsstörungen

a) Die häufigen Medienberichte beweisen es: In Deutschland kommt es trotz hoher Bußgelder immer wieder zu verbotenen Kartellabsprachen (Preis-, Mengen-, Gebietsabsprachen). Wie kann dies Ihrer Meinung nach verhindert werden?

b) Halten sie die Ausnahmen vom Kartellverbot (z. B. Mittelstandskartell, Spezialisierung, Preisbindung) für gerechtfertigt?

c) Im Zuge der Europäisierung und Globalisierung ist es in der Vergangenheit (insbesondere bei Banken und Versicherungen) immer wieder zu spektakulären Unternehmenszusammenschlüssen gekommen. Auch in der Gegenwart und Zukunft wird es weitere Unternehmenskonzentrationen und -kooperationen geben. Welche Gefahren sehen Sie darin und wie kann dem Ihrer Meinung nach begegnet werden?

d) Der Wirtschaftsminister kann Ausnahmen vom Fusionsverbot genehmigen. Mit welcher Begründung wird dies gerechtfertigt und halten Sie dies für sinnvoll?

4 Themenbereich: Globalisierung

a) Was müsste getan werden, damit sich die Globalisierung der Weltwirtschaft nicht zum Nachteil der Arbeitnehmer auswirkt (z. B. prekäre Arbeitsverhältnisse [Selbst-]Ausbeutung der Arbeitnehmer durch ständige Erreichbarkeit)?

b) Müsste es nicht verhindert werden, dass multinationale Unternehmen ihre Gewinne zwar im Inland erwirtschaften, diese dann aber in Niedrigsteuer-Länder verschieben, um möglichst wenig Steuern zu zahlen?

c) Wie könnten Marken- und Produktpiraterie Ihrer Meinung nach besser bekämpft werden?

KOMPETENZBEREICH III:
Soziale Marktwirtschaft

11

DER WERT DES GELDES

11.1 Kaufkraftschwankungen

Paul, inzwischen fertiger Hotelfachmann, kann sich noch gut an seine Kindheit erinnern. Damals bekam er für 1,00 € zwei Kugeln Eis. Heute bekommt er für 1,00 € nur noch eine Kugel.

- Wie kommt es, dass sich der Wert des Geldes über die Jahre verändert hat?
- Welche Bedeutung hat der Preisindex und was versteht man in diesem Zusammenhang unter einem Warenkorb?
- Was ist eigentlich eine Inflation und warum fürchten sich viele Leute davor?

11.1.1 Der Wert des Geldes (Kaufkraft)

Jeder Konsument merkt es beim Einkauf: Mal ist das eine, dann das andere Produkt teurer geworden – die Preise sind gestiegen. Anders ausgedrückt kann man auch sagen: Für die gleiche Geldmenge können nun weniger Güter eingekauft werden – die **Kaufkraft** ist gesunken. Preise und Kaufkraft verhalten sich also gegenläufig: Je höher die Preise, desto niedriger die Kaufkraft und umgekehrt.

$$\text{Preis} = \frac{\text{Geldmenge}}{\text{Gütermenge}} \qquad \text{Kaufkraft} = \frac{\text{Gütermenge}}{\text{Geldmenge}}$$

Allgemein gilt: Die Kaufkraft ist in der Bundesrepublik unterschiedlich verteilt. Für die Absatz- und Standortüberlegungen der Firmen kann dies sehr bedeutsam sein. Die durchschnittliche Kaufkraft beträgt ca. 2.000,00 € monatlich pro Bürger (vom Baby bis zum Greis), ist aber in den reichsten Regionen Deutschlands doppelt so hoch wie in den ärmsten.

Auch wenn die einzelnen Produkte und Dienstleistungen heute teurer als früher sind und die Kaufkraft dementsprechend gesunken ist, kann ein Arbeitnehmer von seinem Lohn heute wesentlich mehr kaufen, als z. B. noch vor über 50 Jahren. Der Anstieg der Löhne hat insofern den Kaufkraftverlust mehr als ausgeglichen und sich in einer Steigerung des Lebensstandards niedergeschlagen.

Beispiel

Kaufkraft im Zeitvergleich

Im Jahr 1960 musste ein Beschäftigter noch 38 Minuten arbeiten, um ein Stück Butter kaufen zu können. 2012 waren es nur noch vier Minuten – die Kaufkraft des Lohns hat sich in dieser Zeit fast verzehnfacht.

Eine noch stärkere Zunahme der Kaufkraft ergab sich bei Fernsehern (im Schaubild nicht aufgeführt): Damals musste man für den Kauf eines Fernsehers 340 Stunden, 2012 nur noch 28 Stunden Arbeit aufbringen – und das bei einer mittlerweile stark verbesserten Qualität der Geräte.

Da Dienstleistungen, ein Bereich, in dem weniger stark rationalisiert werden konnte, dagegen sehr viel teurer geworden sind, ergibt sich insgesamt ein bescheidener Kaufkraftgewinn.

11.1.2 Die Messung der Kaufkraft (Verbraucherpreisindex)

Der **Verbraucherpreisindex für Deutschland (VPI)** misst die durchschnittliche Preisentwicklung aller Waren und Dienstleistungen, die private Haushalte für Konsumzwecke kaufen. Darunter fallen z. B. Nahrungsmittel, Bekleidung und Kraftfahrzeuge ebenso wie Mieten, Reinigungsdienstleistungen oder Reparaturen.
Die Gesamtheit dieser Waren und Dienstleistungen wird durch den sogenannten **Warenkorb** repräsentiert. Dabei werden alle Ausgaben berücksichtigt, die z. B. von Single-Haushalten, Ehepaaren, Familien oder Rentnerehepaaren, aber auch von ausländischen Touristen getätigt werden. Die Veränderung des Verbraucherpreisindex zum Vorjahresmonat bzw. zum Vorjahr wird oft auch als **Inflationsrate** bezeichnet.

Der Verbraucherpreisindex ist der zentrale Maßstab zur Beurteilung der Geldwertentwicklung in Deutschland. Er wird vom Statistischen Bundesamt in Wiesbaden monatlich ermittelt und wird unter anderem bei der Berechnung der **realen Entwicklung** der Löhne und – zusammen mit anderen Preisindizes – bei der Berechnung der realen Entwicklung der Wirtschaftsleistung (BIP) verwendet.

DESTATIS
Statistisches Bundesamt
www.destatis.de

Für die Messung der Preisentwicklung der einzelnen Güter des Warenkorbs notieren Preiserheber in ganz Deutschland die Preise der gleichen Produkte in denselben Geschäften. Zusätzlich erfolgt für viele Güterarten eine zentrale Preiserhebung, z. B. im Internet oder in Versandhauskatalogen. Insgesamt werden so monatlich über 300.000 Einzelpreise erfasst.
Ein einmal für die Preisbeobachtung ausgewählter Artikel wird gegen einen anderen ausgetauscht, wenn er nicht mehr oder nur noch wenig gekauft wird. So wird gewährleistet, dass der Warenkorb stets die aktuellen Konsumgewohnheiten der Haushalte widerspiegelt.

50er-Jahre	70er-Jahre	80er-Jahre	90er-Jahre	ab 2000
Kernseife, Kaffeeersatz, Brennholz, Suppenhühner, Schallplatten, elektrische Haushaltsgeräte	Farbfernseher, Stereoanlage, Geschirrspüler, Quarzuhren, Taschenrechner, Herren-Lederjacke, Fertigpizza	Videorekorder, Walkman, PC, Skateboard, Videokamera, Diätmargarine	Kiwi, Körnerbrot, Einwegfeuerzeug, Mikrowellenherd, CD-ROM	Digitalkamera, Internetanschluss, Pflegekosten, Espressomaschine, Flatrate, DVD-Player, Smartphone, Musik-Stream, E-Book-Reader, E-Book-Download

Zur Berechnung des Verbraucherpreisindex werden die Güter des Warenkorbs zunächst zu Güterarten zusammengefasst. Die durchschnittliche Preisentwicklung einer Güterart wird dann jeweils mit dem Ausgabenanteil gewichtet, der den Ausgaben der privaten Haushalte in Deutschland im Basisjahr für diese Güterart entspricht.

Gewichtungen im Verbraucherpreisindex
Wägungsschema zum Basisjahr 2020 in %

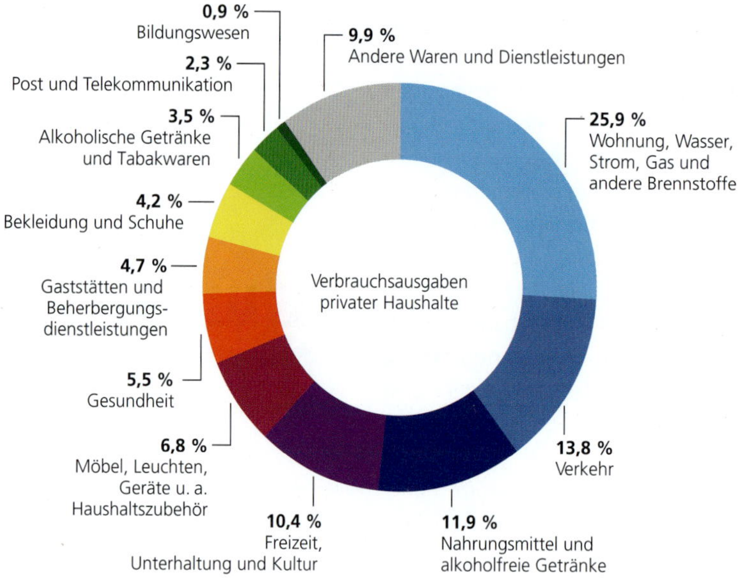

Quelle: Statistisches Bundesamt (Destatis), 2023

Die Ausgabenanteile der einzelnen Waren und Dienstleistungen des Warenkorbs sind im sogenannten **Wägungsschema** (siehe Abbildung links) enthalten. Im Gegensatz zum Warenkorb wird das Wägungsschema für den Verbraucherpreisindex nur alle fünf Jahre aktualisiert (zuletzt 2023 für das Basisjahr 2020), um innerhalb des Fünfjahreszeitraums die reine Preisentwicklung, unbeeinflusst von Änderungen der Ausgabengewichte, darstellen zu können.
Beim Preisvergleich werden auch Mengenänderungen eingerechnet. Verringert z. B. ein Anbieter die Verpackungsgröße bei gleichbleibendem Preis, wird dies in der Preisstatistik wie eine Preiserhöhung behandelt. Außerdem werden Qualitätsänderungen, z. B. bei Gütern mit technischem Fortschritt, berücksichtigt.

Folgende Punkte sind bei der Interpretation des Verbraucherpreisindex zu beachten:

- Die amtliche Inflationsrate ist ein Mittelwert, der sich auf die Konsumausgaben aller privaten Haushalte in Deutschland bezieht. Wer z. B. kein Auto hat, gibt in der Regel auch kein Geld für Benzin aus – Kraftstoffe gehören aber zum Warenkorb der Verbraucherpreisstatistik.
- Um die reine Preisentwicklung über einen längeren Zeitraum unbeeinflusst von Mengenänderungen feststellen zu können, werden die Verbrauchsmengen des Basisjahres für einen bestimmten Zeitraum konstant gehalten, obwohl sich das Konsumverhalten der privaten Haushalte zwar langsam, aber dennoch stetig ändert.

Die Preisstatistik veröffentlicht Ergebnisse von zeitlichen und räumlichen Preisvergleichen in Form von Indizes. Dabei wird für das zugrundeliegende Vergleichsjahr (= Basisjahr) der Index auf 100 gesetzt. Aus diesen Indizes lässt sich die jährliche Preiserhöhung ableiten:

Berechnung der Inflationsrate

Jahr	2010	2011	2012	2013	2014	2015	2016	2017	2018	2019	2020	2021	2022
Inflationsrate zum Vorjahr in %	1,0	2,2	1,9	1,5	1,0	0,5	0,5	1,5	1,8	1,4	0,5	3,1	6,9
Preisindex (2010 = 100)	100,0	102,2	104,1	105,7	106,8	107,3	107,8	109,4	111,4	113,0	113,6	117,1	125,2

Damit haben sich die Preise in den 12 Jahren von 2010 bis 2022 um 25,2 % erhöht. (Quelle: Statistisches Bundesamt und eigene Berechnungen)

Aufbauend auf dem Verbraucherpreisindex berechnet das Statistische Bundesamt auch einen **Harmonisierten Verbraucherpreisindex** für Deutschland. Der Harmonisierte Verbraucherpreisindex wurde in der Europäischen Union entwickelt, um Preisänderungen international vergleichen und zu einer Gesamtinflationsrate für Europa und die europäische Währungsunion zusammenfassen zu können.

11.1.3 Inflation und Deflation

Die Preiserhöhungen der letzten Jahre (2021: 3,1 %, 2022: sogar 6,9 %) lagen deutlich über dem Durchschnitt der Jahre davor. Betrachtet man den Gesamtindex im Verhältnis zu einem Vergleichsjahr (Basisjahr), ist die „schleichende Geldentwertung" deshalb noch viel erheblicher, als sie bereits bisher war. Mit einem bestimmten Geldbetrag kann ständig weniger gekauft werden, d. h. die Kaufkraft des Geldes vermindert sich dauernd.

- **Inflation** bedeutet einen anhaltenden Anstieg des Preisniveaus bzw. ein Sinken der Kaufkraft des Geldes.
- Demgegenüber bezeichnet **Deflation** einen stetigen und dauerhaften Rückgang des Preisniveaus.

inflare *(lat.) = aufblähen*

Dabei können bei einer Inflation einzelne Preise von Gütern oder Dienstleistungen durchaus fallen oder konstant bleiben, wesentlich ist, dass das Preisniveau insgesamt steigt. Umgekehrt ist es bei einer Deflation, die sich durch ein insgesamt sinkendes **Preisniveau** auszeichnet.

Für eine Inflation gibt es in Deutschland auch die Begriffe „Geldentwertung" und „Teuerung". Dies hat mit den Erfahrungen mit großen inflationären und deflationären Entwicklungen im letzten Jahrhundert zu tun. Die Furcht vor einer Geldentwertung ist bei vielen Menschen stets gegenwärtig.

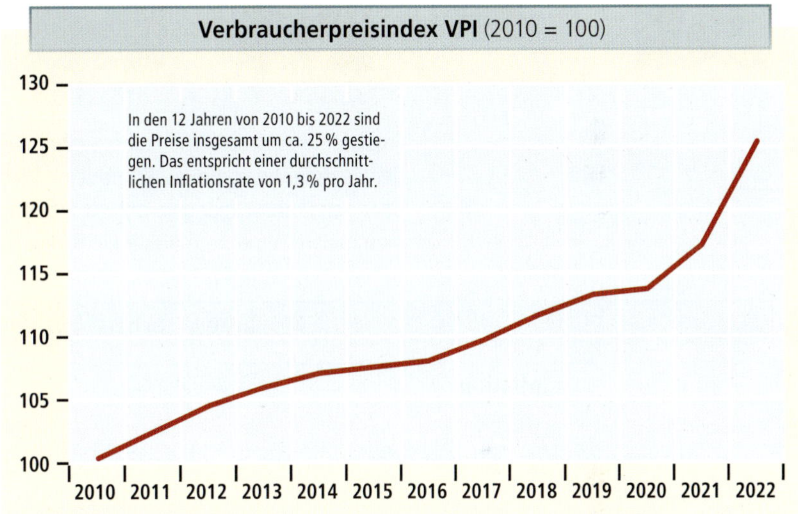

Welche Formen der Inflation werden unterschieden?

- Je nach der Höhe des Preisanstiegs spricht man bei einer Inflationsrate
  - bis zu 5 % von einer **schleichenden Inflation**,
  - zwischen 5 und 20 % von einer **trabenden Inflation** und
  - zwischen 20 und 50 % von einer **galoppierenden Inflation**.
  - Steigt das Preisniveau über 50 %, spricht man von einer **Hyperinflation**.
- Nach der Erkennbarkeit unterscheidet man zwischen
  - einer **offenen Inflation** (Preissteigerungen und Geldentwertung für jeden wahrnehmbar) und
  - einer **verdeckten Inflation** (Preise werden durch die Regierung reglementiert – z. B. Festsetzung von Höchstpreisen, Lohnstopp – sodass die Inflation nicht ersichtlich ist).
- Obwohl das Statistische Bundesamt die **gemessene Inflation** korrekt berechnet, sind viele Bürger der Meinung, dass die **gefühlte Inflation** viel höher ist. Dies liegt unter anderem daran, dass die Konsumenten die Preissteigerungen beim täglichen Einkauf viel bewusster wahrnehmen, als beim Kauf von langlebigen Waren, die viel seltener gekauft werden, und deren Preise weniger stark steigen oder mitunter sogar gesenkt werden.
- Die Tatsache, dass es auch bei einer Stagnation (Konjunkturphase ohne Wirtschaftswachstum) zur Inflation kommen kann, wird als **Stagflation** bezeichnet.

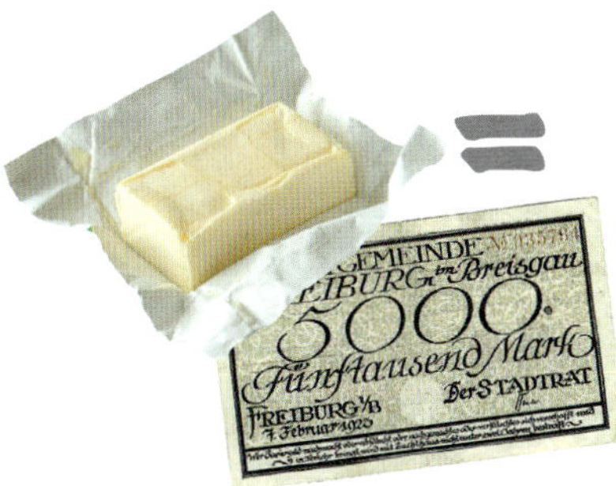

Hyperinflation 1923 am Beispiel der Butter

Was sind die Ursachen von Inflation und Deflation?

Bei der Entstehung von Inflation und Deflation spielt die **Geldmenge** eine wesentliche Rolle. Inflation entsteht immer dann, wenn die Geldmenge größer ist als die zur Verfügung stehende **Gütermenge**. Ein Ausgleich zwischen Angebot und Nachfrage kann dann nur durch Preissteigerungen erzielt werden. Umgekehrt kommt es zu einer Deflation, wenn die Geldmenge kleiner ist als die vorhandene Gütermenge:

Inflation

Preisstabilität

Deflation

Entscheidend ist aber die Frage, woher die Impulse zur Erhöhung bzw. Verminderung der Geldmenge kommen. Es gibt eine Vielzahl von Ursachen, die für den Preisanstieg oder den Preisrückgang verantwortlich gemacht werden können. In der Realität kommen meistens mehrere dieser Ursachen zum Tragen:

Mögliche Ursachen

Inflation

Eine **nachfrageinduzierte Inflation** wird durch eine zu hohe Nachfrage nach Gütern und Dienstleistungen verursacht:

- private Haushalte erhöhen ihren Konsum; da sie Preissteigerungen befürchten, lösen sie sogar Sparreserven auf
- Unternehmen investieren in neue Anlagen und stellen zusätzliche Arbeitskräfte ein
- sprudelnde Steuereinnahmen des Staates werden für neue Ausgaben verwendet, anstatt zur Schuldentilgung
- Qualität und Preise der inländischen Güter sind für das Ausland attraktiv, sodass die Nachfrage nach Exportgütern steigt

Eine **angebotsinduzierte Inflation** lässt sich v. a. auf Kostensteigerungen bei den Unternehmen zurückführen:

- die Arbeits-, Rohstoff-, Energiekosten und Zinsen für die Unternehmen sind gestiegen
- die Unternehmen erhöhen die Preise, um die Gewinnspanne zu halten
- staatlich administrierte Preise steigen (Gebühren, indirekte Steuern, Verbrauchssteuern)
- Importe von Rohstoffen werden teurer, da die Weltmarktpreise bei knappen Ressourcen steigen oder die eigene Währung „schwächelt"

Deflation

Sinkende Preise bzw. eine steigende Gütermenge werden verursacht durch

- eine Unterversorgung der Wirtschaft mit Geldmitteln durch die Deutsche Bundesbank bzw. die Europäische Zentralbank (EZB),
- eine starke Einschränkung der öffentlichen Investitionen durch den Staat,
- steigende Importe (führen zu einer Verringerung der inländischen Geldmenge und zu einem Ansteigen der Gütermenge),
- zusätzliches Sparen in Krisenzeiten.

Durch dieses Verhalten verringert sich die nachfragewirksame Geldmenge.

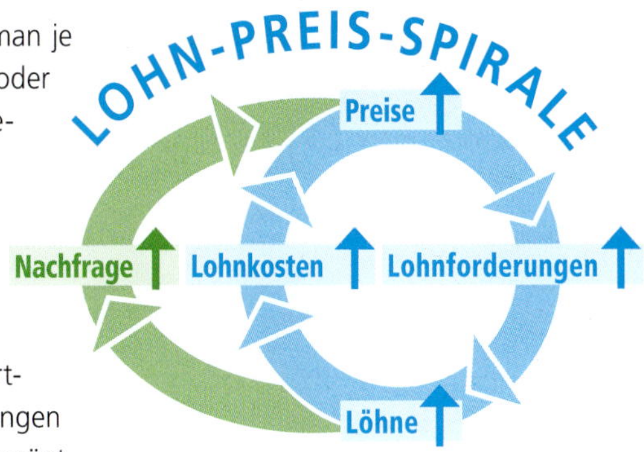

Wenn sich Lohnerhöhungen und Preise gegenseitig „aufschaukeln" spricht man je nach Sichtweise von einer **Lohn-Preis-Spirale** (Sicht der Arbeitgeberseite) oder einer **Preis-Lohn-Spirale** (Sicht der Gewerkschaften). Arbeitgeber argumentieren, dass hohe Lohnforderungen für sie erhöhte Kosten bedeuten und diese sich zwangsläufig in höheren Preisen niederschlagen. Dazu kommt, dass hohe Löhne gleichzeitig zu einer erhöhten Nachfrage führen und dadurch ebenfalls Preissteigerungen verursachen. Aus Arbeitnehmersicht sind es wiederum die hohen Preise, die die Gewerkschaften zu hohen Lohnforderungen veranlassen. Letztlich ist der Effekt Ausdruck des Verteilungskampfes zwischen den Tarifpartnern, der durch die ständigen Anpassungsreaktionen auf inflationäre Entwicklungen entsteht. Die Auswirkungen der Lohn-Preis-Spirale sind weniger stark ausgeprägt, wenn es den Unternehmen z. B. bei starker Konkurrenz nicht gelingt, die erhöhten Kosten auf die Preise abzuwälzen oder wenn die Gewerkschaften in Zeiten einer schwachen Konjunktur nur schwer Lohnerhöhungen durchsetzen können.

Was sind die Folgen von Inflation und Deflation?

Die Folgen von starken Kaufkraftschwankungen können für die Gesamtwirtschaft und auch für den Einzelnen sehr nachteilig sein:

Mögliche Folgen

Inflation	Deflation
Aufgrund der sinkenden Kaufkraft zwingt die Inflation private Haushalte dazu, ihre Nachfrage nach Gütern und Dienstleistungen einzuschränken, ihre Sparquote zu senken oder sich zu verschulden.	Private Haushalte profitieren – zumindest kurzfristig – von einer Deflation, da sie aufgrund der gestiegenen Kaufkraft mehr konsumieren bzw. ihre Sparquote erhöhen können.
Für die Wirtschaft ergeben sich negative Wachstumseffekte, da die Verzerrung des Preisgefüges zu fehlerhaften Investitions- und Produktionsentscheidungen führt.	Unternehmen müssen aufgrund der niedrigen Güterpreise mit Gewinneinbußen oder sogar Verlusten rechnen.
Je nachdem, wie sich Löhne, Sozialleistungen, Steuern und Zinsen im Vergleich zur Inflationsrate entwickeln, kommt es zu unerwünschten Umverteilungseffekten des Vermögens.	Kontensparer profitieren, da der reale Wert steigt.
Kontensparer erleiden einen realen Verlust, da die Inflationsrate oft über dem Zinssatz für Sparkonten liegt.	Da die Kaufkraft steigt, warten die Nachfrager tendenziell ab, ob die Produkte/Leistungen nicht noch günstiger werden. Dies hat Produktionsrückgang und Kurzarbeit oder gar Entlassungen zur Folge.
Aus dem vorgenannten Grund findet eine Flucht in Sachwerte (Immobilien, Gold usw.) statt.	Der reale Wert von Schulden nimmt zu.
Der reale Wert von Schulden verringert sich durch den Geldwertverlust.	

Welche Maßnahmen können ergriffen werden?

Um die Entsprechung von Gütermenge und Geldmenge und damit von Stabilität wiederherzustellen, gibt es grundsätzlich zwei Möglichkeiten:

1. Konjunkturpolitik der Bundesregierung und/oder
2. Geldpolitik der Europäischen Zentralbank (EZB) bzw. der Deutschen Bundesbank.

Beide Maßnahmen werden in Abschnitt 12.2.2 (S. 261 ff.) ausführlich behandelt.

ÜBERBLICK

KAUFKRAFTSCHWANKUNGEN

werden beobachtet anhand ... → Entwicklung der Kaufkraft
- z. B. Lebensmittel und Elektrogeräte (Kaufkraft stark gestiegen)
- Dienstleistungen (Kaufkraft eher gesunken)

werden gemessen mit ... → Verbraucherpreisindex (VPI)
- Warenkorb und Wägungsschema
- misst die Preissteigerung gegenüber dem Vorjahr
- ermöglicht als Indexreihe Vergleich gegenüber einem Basisjahr
- Harmonisierter VPI (einheitlich in Europa)

äußern sich durch ... → Inflation (Geldmenge > Gütermenge)
- **Ursachen:**
  - nachfrageinduziert
  - angebotsinduziert
- **Folgen:**
  - negative Wachstumseffekte
  - unerwünschte Umverteilungseffekte
  - Verluste bei Geldvermögen
  - Flucht in Sachwerte
  - Vorteile für Schuldner

oder ... → Deflation (Geldmenge < Gütermenge)
- **Ursachen:**
  - Unterversorgung mit Geld
  - Einbruch der Nachfrage
- **Folgen:**
  - private Haushalte profitieren
  - Nachteile für Unternehmen
  - Rückgang der Produktion
  - Geldvermögen steigt
  - Nachteile für Schuldner

Auswirkungen werden durch Deutsche Bundesbank oder EZB (Geldpolitik) und Staat (Konjunkturpolitik) bekämpft

	Wie fit sind Sie beim Thema „Kaufkraftschwankungen“?	Inhaltsbezug Seite
1	a) Was versteht man unter der Kaufkraft des Geldes? b) Wie verhalten sich Kaufkraft und Preisniveau zueinander? c) Wie hängt die Kaufkraft von der Art der gekauften Güter und Dienstleistungen ab?	232
2	Um wie viel Prozent ist der Preis für eine Kugel Eis seit Pauls Kindheit (vgl. Einführungsbeispiel) gestiegen und um wie viel Prozent ist die Kaufkraft gesunken?	232
3	a) Erläutern Sie, wie der Verbraucherpreisindex (VPI) berechnet wird. b) Warum wird der Warenkorb laufend und das Wägungsschema zur Berechnung des Verbraucherpreisindex nur alle fünf Jahre erneuert?	233–234
4	a) Rufen Sie auf der Internetseite des Statistischen Bundesamtes (www.destatis.de) den „persönlichen Inflationsrechner“ auf und berechnen Sie Ihre persönliche Inflationsrate. b) Rufen Sie auf der genannten Internetseite außerdem das „Preis-Kaleidoskop“ auf. Prüfen Sie, welche Ausgaben der Haushalte besonders stark ins Gewicht fallen. Welche Güter/Dienste sind gegenüber dem Vorjahr besonders stark gestiegen bzw. sind günstiger geworden?	
5	Erklären Sie die Begriffe Inflation und Deflation.	235
6	Was sind maßgebliche Ursachen für eine Inflation auf der Nachfrageseite und auf der Angebotsseite?	236
7	Welche Auswirkungen hat eine Inflation auf die Konsum- und Sparneigung der Bevölkerung, auf das allgemeine Zinsniveau, die Investitionsneigung der Unternehmen und die Lohnforderungen der Gewerkschaften?	237

11.2 Das europäische Währungssystem

Paul denkt gerne an die Ferien in seiner Kindheit zurück, die er mit seinen Eltern in Frankreich, der Schweiz und Italien verbracht hat. Er weiß auch noch, dass er mit den verschiedenen Währungen Franc, Franken und Lire gar nicht gut zurechtgekommen ist – da ist es doch gut, dass es heutzutage in vielen europäischen Ländern den Euro gibt.

- Welche Länder haben den Euro als Währung eingeführt?
- Welche Vor- und Nachteile bringt die Gemeinschaftswährung mit sich?
- Wie sieht das Währungssystem der Eurozone aus und wer ist verantwortlich für die Währungspolitik in den beteiligten Ländern?
- Was bedeuten die folgenden Abkürzungen und Begriffe: EZB, EWWU, Eurozone, Eurosystem, Konvergenzkriterien?

www.europa.eu

11.2.1 Die Länder der Eurozone

1999 wurde der Euro vorerst als Buchgeld, im Januar 2002 dann auch als Bargeld (Münzen und Banknoten) eingeführt. Inzwischen haben 20 Länder innerhalb der **Europäischen Wirtschafts- und Währungsunion (EWWU)** ihre nationalen Währungen auf das gemeinschaftliche Zahlungsmittel Euro umgestellt. Diese Länder werden auch als **Eurozone** bezeichnet (siehe Schaubild).

EWWU-Länder mit Euro-Währung (in Klammern: Ländercodes nach ISO 3166)
Belgien (BE), Deutschland (DE), Estland (EE), Finnland (FI), Frankreich (FR), Griechenland (GR), Irland (IE), Italien (IT), Kroatien (HR), Lettland (LV), Litauen (LT), Luxemburg (LU), Malta (MT), Niederlande (NL), Österreich (AT), Portugal (PT), Slowakei (SK), Slowenien (SI), Spanien (ES), Republik Zypern (CY)

EU-Länder, die den Euro bislang nicht eingeführt haben
Bulgarien (BG), Dänemark (DK), Polen (PL), Rumänien (RO), Schweden (SE), Tschechien (CZ), Ungarn (HU)

Ausgetreten
Großbritannien („Brexit" 02/2020)

langfristige Beitrittskandidaten
Türkei, südosteuropäische Staaten

Nicht-EU-Mitglieder, die ebenfalls den Euro eingeführt haben *(in der Karte teils nicht eingezeichnet)*
Andorra, Kosovo, Monaco, Montenegro, San Marino, Vatikan

Die Länder in der EWWU, die noch nicht zur Eurozone gehören, müssen zunächst die Konvergenzkriterien (siehe Seite 241) einhalten, bevor sie den Euro einführen können. Für Schweden und Dänemark gilt eine Sonderregelung, sie werden den Euro zunächst nicht einführen.

Die Eurozone

- *umfasst ca. 340 Mio. Einwohner, das sind ca. 4,2 % der Weltbevölkerung.*
- *erwirtschaftet etwa 15 % der Weltwirtschaftsleistung und ca. 25 % der Exporte von Gütern und Dienstleistungen.*

Der Euro bringt für die Bürger und die Wirtschaft der Euroländer viele **Vorteile:**

- Bei Urlaubsreisen und grenzüberschreitendem Handel innerhalb der Eurozone ist kein Umtausch in andere Währungen notwendig (kein Wechselkursrisiko, keine Umtauschkosten).
- Durch die Verwendung einer gemeinsamen Währung erhöht sich die Preistransparenz (z. B. im Internethandel). Durch den leichteren Preisvergleich wird der Wettbewerb zugunsten der Verbraucher gestärkt.
- Der bargeldlose Zahlungsverkehr wird erleichtert. Auslandsüberweisungen dürfen nicht mehr kosten als Inlandsüberweisungen.
- Eine gemeinsame Währung ist die logische Ergänzung des europäischen Binnenmarkts, der dadurch gestärkt wird.
- Vereinfachung des innereuropäischen Handels und der Vertragsabschlüsse, ohne dass wie früher Kursschwankungen zu unternehmerischen Risiken führen.
- Der Organisationsrahmen, in dem der Euro verwaltet wird, gewährleistet die Stabilität dieser Währung mit geringer Inflation und geringen Zinssätzen und fördert solide öffentliche Finanzen. Verantwortlich für die Geldpolitik im Euroraum ist die unabhängige **Europäische Zentralbank (EZB)**. Zusammen mit den nationalen Zentralbanken bildet sie das **Eurosystem**.
- Der europäische Währungsraum erhält durch seine Größe und Wirtschaftsmacht eine gewichtigere Stimme in der Welt. Der Euro wird neben dem Dollar zur weltweiten Leitwährung.
- Nicht zuletzt ist der Euro für die EU-Bürger ein greifbares Symbol der europäischen Identität.

Eine einheitliche Währung in der Eurozone erfordert einen weitgehenden wirtschaftlichen Gleichlauf der beteiligten nationalen Volkswirtschaften. Die Mitgliedsländer sind eigentlich verpflichtet, sich in ihrer Wirtschafts-, Finanz- und Währungspolitik abzustimmen und sie als „Angelegenheit von gemeinsamem Interesse" zu behandeln. Trotz dieses Vorsatzes zur Zusammenarbeit hat sich jedoch wegen großer Unterschiede in der wirtschaftlichen Wettbewerbsfähigkeit und aufgrund einer hohen Staatsverschuldung in einigen südeuropäischen Ländern eine bedrohliche Euro-Krise entwickelt – diese versuchen die EZB und die Staaten der Eurozone wieder in den Griff zu bekommen.

Während die Vorderseiten der Euro-Münzen der einzelnen Euroländer einheitlich sind und den allgemein gültigen Wert anzeigen, haben die Rückseiten unterschiedliche Motive. Einige Beispiel für das 2-Euro-Stück:

11.2.2 Das Währungssystem der Euroländer

Das Währungssystem (= alle gesetzlichen Regelungen zur Ordnung des Geldwesens) der Euroländer ist durch folgende Merkmale gekennzeichnet:

- Die Währungseinheit ist der **Euro**, dieser ist in 100 Cent „gestückelt".
- Nur die **Banknoten (Scheine)** sind gesetzliches Zahlungsmittel, für sie besteht Annahmezwang (Schecks etc. können, müssen aber nicht zahlungshalber angenommen werden). **Münzen** gelten nur eingeschränkt als gesetzliches Zahlungsmittel – sie müssen nicht in jeder beliebigen Höhe bzw. Menge angenommen werden (max. 50 Münzen).

- Die **Europäische Zentralbank (EZB)** mit Sitz in Frankfurt am Main koordiniert den Druck sowie die Ausgabe der Banknoten bzw. die Prägung der Münzen in den teilnehmenden EU-Mitgliedsstaaten. Zusammen mit den nationalen Notenbanken **(= Eurosystem)** gewährleistet sie eine stabile Währung durch währungspolitische Maßnahmen:

- Neue Mitglieder können in die Eurozone nur aufgenommen werden, wenn sie die **Konvergenzkriterien** erfüllen.

Konvergenzkriterien (Einhaltung ist Voraussetzung für die Einführung des Euro)			
gesunde Staatsfinanzen	**stabile Wechselkurse**	**wirtschaftliche Konvergenz**	**stabiles Preisniveau**
• Haushaltsdefizit höchstens 3 % • Gesamtschuld höchstens 60 % des Bruttoinlandsprodukts (BIP)	Teilnahme am Wechselkursmechanismus II seit zwei Jahren ohne Kursschwankungen zum €	langfristige Zinsen höchstens 2 Prozentpunkte über dem Durchschnitt der drei stabilsten Länder	Inflationsrate höchstens 1,5 Prozentpunkte über dem Durchschnitt der drei stabilsten Länder

- Die Länder der EWWU, die den Euro noch nicht eingeführt haben, weil sie die Konvergenzkriterien gegenwärtig noch nicht erfüllen, stehen sozusagen im „Warteraum zum Euro". Es ist vereinbart, dass die Wechselkurse ihrer nationalen Währungen zum Euro mindestens zwei Jahre lang in einer Bandbreite von maximal ± 15 % (die dänische Krone um ± 2,25 %) um den festgelegten Leitkurs schwanken dürfen (= **Wechselkursmechanismus II**).
- Die Staaten, die den Euro bereits als nationale Währung eingeführt haben, müssen weiterhin das erste Konvergenzkriterium der „gesunden Staatsfinanzen" (Haushaltsstabilität) einhalten.

Währungsumstellung
*Die Umstellung der nationalen Währungen auf den Euro war bzw. ist **keine Währungsreform!** Es handelt sich dabei lediglich um eine Rechenoperation (in Deutschland z. B. 1,00 € ~ 2,00 DM). Niemand hat durch die Umstellung einen Vermögensverlust erlitten.*

Ziele der EZB
- *Sicherung der Geldwertstabilität*
- *Steuerung der Bankenliquidität*
- *Unterstützung der Wirtschaftspolitik*

ÜBERBLICK

EUROPÄISCHES WÄHRUNGSSYSTEM

Euro

- Einführung: 1999 als Buchgeld, 2002 als Bargeld
- Währungseinheit: Euro und Cent als alleiniges Zahlungsmittel
- **Vorteile:**
  - einheitliches Zahlungssystem
  - kein Wechselkursrisiko und keine Umrechnung
  - Preistransparenz und dadurch erhöhter Wettbewerb
  - starke Währung neben dem Dollar
  - Euro als Identifikationssymbol

Eurozone

- 20 Länder innerhalb der EWWU
- EZB ist „Hüterin der Währung"
- teilnehmende Staaten müssen Konvergenzkriterien erfüllen
- Eurosystem (= EZB + nationale Notenbanken) koordiniert die Währungspolitik (Geldpolitik, Devisengeschäfte, Zahlungssysteme, Währungsreserven)

	Wie fit sind Sie beim Thema „Das europäische Währungssystem"?	Inhaltsbezug Seite
1	a) In welchen Ländern ist der Euro zurzeit alleiniges gesetzliches Zahlungsmittel? b) Welche Länder der EU sind nicht an der Eurozone beteiligt und warum nicht? Recherchieren Sie die relevanten Informationen im Internet.	239
2	a) Wann wurde der Euro als Zahlungsmittel eingeführt? b) Welche Vorteile haben die Bürger der Eurozone von der einheitlichen Währung? c) Gelten diese Vorteile auch für Unternehmen? d) Welche Bedeutung hat der Euro in der Weltwirtschaft?	239–240
3	Welche Motive sind auf der Vorder- und Rückseite der verschiedenen Euromünzen und Euroscheine abgebildet? (Informationsquelle: www.bundesfinanzministerium.de)	
4	a) Wo befindet sich der Sitz der Europäischen Zentralbank (EZB)? b) Wer ist zurzeit Präsident der EZB? c) Was versteht man unter dem Eurosystem? d) Welche grundlegenden Aufgaben hat das Eurosystem?	241
5	a) Welche Konvergenzkriterien müssen Staaten erfüllen, wenn sie den Euro einführen wollen? b) Gelten diese Regeln auch für die Staaten, die den Euro bereits eingeführt haben?	241
6	Vor einigen Jahren kam es in der Europäischen Wirtschafts- und Währungsunion (EWWU) zu einer Euro-Krise. Um dies zukünftig zu verhindern, wurde der Europäische Stabilitätsmechanismus (ESM) installiert. a) Welche Länder sind daran beteiligt und wann und wo wurde der ESM gegründet? b) Welches sind die Ziele des ESM? c) Welche Maßnahmen können gemäß ESM ergriffen werden, um zukünftige Krisen zu verhindern? d) Welche Gegenleistungen müssen die Länder erbringen, die den ESM beanspruchen? (Informationen zum ESM finden sich u. a. bei www.tagesschau.de / im Suchmenü esm110 eingeben.)	
7	Worauf weisen die folgenden Zitate zum Euro hin? a) „Der Euro wird kommen, aber er wird keinen Bestand haben." (Alan Greenspan, ehem. Chef der US-Notenbank Federal Reserve, 1997) b) „Der Euroraum ist insgesamt bedeutend stabiler als viele Währungen der einzelnen Mitgliedsstaaten vor der Einführung des Euro." (Jean-Claude Trichet, ehem. Präsident der EZB, 2008) c) „Der Euro ist ein neues Instrument zur Schaffung von Frieden und Stabilität in Europa." (Jean-Claude Juncker, ehemaliger Chef der Euro-Gruppe). d) „Der Euro ist ein Stück Europa in unseren Händen." (Romano Prodi, ehem. Präsident der Europäischen Kommission, 2002)	

11.3 Der Außenwert des Geldes

Wenn Paul in einem „Nicht-Euro-Land" Urlaub macht oder ein Gast im Schlosshotel mit einer fremden Währung bezahlen möchte, muss er die Währungen umrechnen können. Dabei tauchen u. a. folgende Fragen auf:

- Wie sieht es mit der Kaufkraft in anderen europäischen Ländern aus bzw. was ist der Euro dort wert?
- Gibt es einen Maßstab, mit dem die unterschiedliche Kaufkraft in den verschiedenen Ländern gemessen werden kann?
- Welche Informationen kann man einer Währungstabelle entnehmen?
- Was ist der Unterschied zwischen Mengennotierung und Preisnotierung?
- Wann muss man bei der Umrechnung den Einkaufs-/Geldkurs und wann den Verkaufs-/Briefkurs verwenden?
- Wie kommen Wechselkurse überhaupt zustande?
- Welche Auswirkungen können Wechselkursschwankungen haben?

Außenwert des Geldes
(1 EUR ≈ 1,5 AUD (Stand: Jan. 2023)

11.3.1 Die Kaufkraft des Euro in anderen Ländern

Verbraucher schauen häufig auf günstige Angebote, wenn sie z. B. im Urlaub ins Ausland fahren wollen oder im Ausland einkaufen (insbesondere, wenn sie in Grenznähe wohnen). Waren und Dienstleistungen können dort zum Teil erheblich teurer oder günstiger sein – dies kommt auf das Preisniveau und damit auf die Kaufkraft im jeweiligen Land an. Dabei macht es keinen Unterschied, ob es sich um ein Euroland handelt oder nicht.

Beispiel

Kaufkraftvergleich

Wer im Ausland Urlaub machen möchte, sollte genau hinschauen, in welchem Land er für sein Geld höhere Leistungen geboten bekommt.

Wie man aus der nebenstehenden Grafik sieht, ist der Euro auch innerhalb der Eurozone nicht überall das Gleiche wert. Grundsätzlich ist ein vergleichbarer Warenkorb in nordischen Ländern sehr viel teurer als in süd- oder osteuropäischen Ländern. Mit 100 € kann man in der Türkei Waren im Wert von 271 € in den Warenkorb packen, in der Schweiz aber nur Waren im Wert von 64 €.

Teilen sich mehrere Länder eine gemeinsame Währung, so wie in der Eurozone, heißt das nämlich noch lange nicht, dass sich das Preisniveau und damit die Kaufkraft in diesen Ländern gleichmäßig entwickeln. Dies hängt ganz wesentlich vom Lebensstandard in den jeweiligen Ländern, von der Wettbewerbsfähigkeit, vom Lohnniveau und von den Konsumgewohnheiten der jeweiligen Bevölkerung ab.

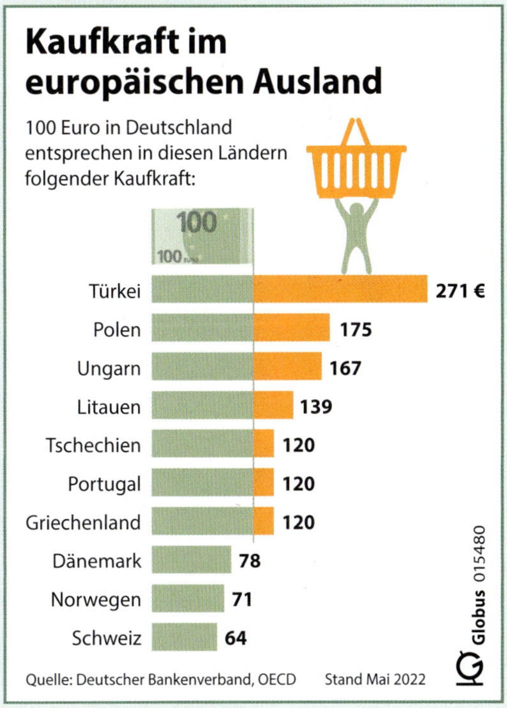

11.3.2 Umtausch in fremde Währungen (Wechselkurse)

Spätestens, wenn man als Tourist „Euroland" verlässt oder wenn Unternehmen mit Ländern, die nicht zur Eurozone gehören, Handel treiben, entsteht das Problem, dass Währungen umgetauscht werden müssen.

Beispiel

Internationale Währungen
In der nebenstehenden Tabelle ist zu jedem Land die zugehörige Bezeichnung der Währung genannt. Der Begriff „Stückelung" bezieht sich auf die Untereinheiten der betreffenden Währung.

Die nationalen Abkürzungen werden gerne im Zusammenhang mit Bargeld (also Reisedevisen) verwendet.

Der internationale Währungscode setzt sich zusammen aus zwei Buchstaben, die als Länderkennzeichen dienen, und einem Buchstaben für die Währungsbezeichnung. Dieser Code wird im Devisenhandel verwendet.

Länder	Währung und Stückelung	Nationale Abkürzung	Internationaler Währungscode
China	Yuan (10 Jiao)	¥	CNY
Dänemark	Dänische Krone (100 Øre)	dkr	DKK
Europa (EWWU)	Euro (100 Cent)	€	EUR
Großbritannien	Pfund Sterling (100 neue Pence)	£	GBP
Japan	Yen (100 Sen)	¥	JPY
Norwegen	Norwegische Krone (100 Øre)	nkr	NOK
Polen	Zloty (100 Groszy)	Zl	PLN
Rumänien	Leu (100 Bani)	Leu	RON
Russland	Rubel (100 Kopeken)	Rbl	RUB
Schweden	Schwedische Krone (keine Stückelung)	skr	SEK
Schweiz	Schweizer Franken (100 Rappen)	sfr	CHF
Türkei	Türkische Lira (100 Kurus)	TL	TRY
Ungarn	Forint (100 Fillér)	Ft	HUF
USA	US-Dollar (100 Cents)	US-$	USD

Für den Umtausch der Währungen benötigt man den **Wechselkurs**, der börsentäglich an den Devisenbörsen bestimmt und von den Banken und Tageszeitungen veröffentlicht wird.

Mengennotierung
Der Wechselkurs gibt an, welche **Menge** ausländischer Währungseinheiten für eine Einheit inländischer Währung getauscht wird (üblich im Devisenhandel).
Beispiel: 1,00 EUR wird gegen 7,47 DKK getauscht.

Preisnotierung
Der Wechselkurs gibt an, wie hoch der **Preis** in inländischer Währung für eine Einheit/100 Einheiten der Auslandswährung ist (noch teilweise üblich bei Reisesorten).
Beispiel: 100 dkr kosten 14,05 €.

Devisenkurse je 1 Euro (Mengennotierung)

	Code	Geld	Brief
US-Dollar	USD	1,0850	1,0910
Britisches Pfund	GBP	0,8797	0,8837
Schweizer Franken	CHF	0,9936	0,9976
Dänische Krone	DKK	7,4281	7,4681
Japanische Yen	JPY	144,0100	144,4900
Türkische Lira	TRY	20,8091	20,8891
Russischer Rubel	RUB	83,5000	85,5000
Polnische Zloty	PLN	4,6135	4,7535

(Stand März 2023)

Sortenkurse in Euro (Preisnotierung)

	Abk.	Ankauf	Verkauf
1 US-Dollar	$	0,8912	0,9513
1 Britisches Pfund	£	1,0948	1,1773
1 Schweizer Franken	sfr	0,9725	1,0378
1 Dänische Krone	dkr	0,1287	0,1405
1 Japanischer Yen	Y	0,0066	0,0072
1 Türkische Lira	TL	0,0406	0,0554
1 Russischer Rubel	Rbl	k. A.	k. A.
1 Polnischer Zloty	Zl	0,1947	0,2421

(Stand März 2023)

Zum Verstehen einer **Währungstabelle** benötigt man folgende Erklärungen:

- **Sorten**
  = ausländische Banknoten und Münzen (Bargeld); im Reiseverkehr üblich.
- **Devisen**
  = Zahlungsanweisungen in fremder Währung, also Schecks, Wechsel und telegrafische Anweisungen auf Auszahlung (Buchgeld); im internationalen Handel üblich.
- **Geldkurs**
  = der (niedrigere) Ankaufskurs von Euro durch die Bank; sie gibt dafür ausländische Zahlungsmittel.
- **Briefkurs**
  = der (höhere) Verkaufskurs von Euro durch die Bank; sie nimmt dafür ausländische Zahlungsmittel entgegen.

Beispiele für Währungsumrechnungen

Privatvergnügen
Paul und Shari wollen Urlaub in den Schweizer Alpen machen. Dafür tauscht jeder bei der Alpha-Bank 500,00 € gegen Schweizer Franken (sfr) um.
Wie viele Schweizer Franken bekommt jeder?

Geschäftsbeziehung
Pauls Arbeitgeber, das Schlosshotel, muss eine Rechnung eines britischen Touristikunternehmens über 6.650,00 Britische Pfund (£) begleichen.
Mit welchem Eurobetrag wird das Geschäftskonto des Hotels belastet?

Preisnotierung
Bank **verkauft** Fremdwährung gegen **€**
→ **Verkaufskurs für Sorten**

Mengennotierung
Bank **kauft €** gegen Fremdwährung
→ **Geldkurs für Devisen**

Lösung:
Die Alpha-Bank tauscht sfr gegen die im Verkaufskurs angegebenen Euro:

1,0378 € → 1,00 sfr
500,00 € → x sfr

$$x = \frac{1 \cdot 500{,}00}{1{,}0378} = 481{,}79$$

Jeder von beiden bekommt 481,79 sfr.

Lösung:
Die Alpha-Bank tauscht EUR gegen die im Geldkurs angegebenen Britischen Pfund:

0,8797 GBP → 1,00 EUR
6.650,00 GBP → x EUR

$$x = \frac{1 \cdot 6.650{,}00}{0{,}8797} = 7.559{,}40$$

Das Hotelkonto wird mit 7.559,40 EUR belastet.

11.3.3 Wechselkurse und Kursschwankungen

Der Euro steht zu den Währungen anderer Länder in einem bestimmten Austauschverhältnis (Währungsparität / **Außenwert**). Die freie Austauschbarkeit der Währungen (**Konvertibilität**) ist für den internationalen Handel und den Tourismus von größter Bedeutung. Besonderes Augenmerk wird auf den Kurs des Euro im Verhältnis zum amerikanischen Dollar (USD) gelegt:

Chart
= grafische Darstellung, die die Entwicklung der Wechselkurse zeigt

Beispiel

Entwicklung des Eurokurses

Das Auf und Ab des Euro gegenüber dem amerikanischen Dollar, dem englischen Pfund und dem japanischen Yen in den ersten Jahren nach seiner Einführung ließ kritische Fragen nach dem Erfolg der Währungsunion laut werden:

- Kann eine Währungsunion ohne einheitliche (Wirtschafts-)Politik überhaupt funktionieren?
- Sind die Unterschiede in der Wirtschafts-, Sozial- und Finanzpolitik der Euroländer nicht zu groß?
- Wird sich das Problem der Arbeitslosigkeit nicht noch vergrößern?
- Wird sich die Europäische Zentralbank (EZB) dem politischen Druck der Mitgliedsstaaten dauerhaft entziehen können?

Bei längerfristiger Betrachtung besteht aber die berechtigte Hoffnung, dass der Euro zu Wohlstand und Stabilität in Europa beiträgt.

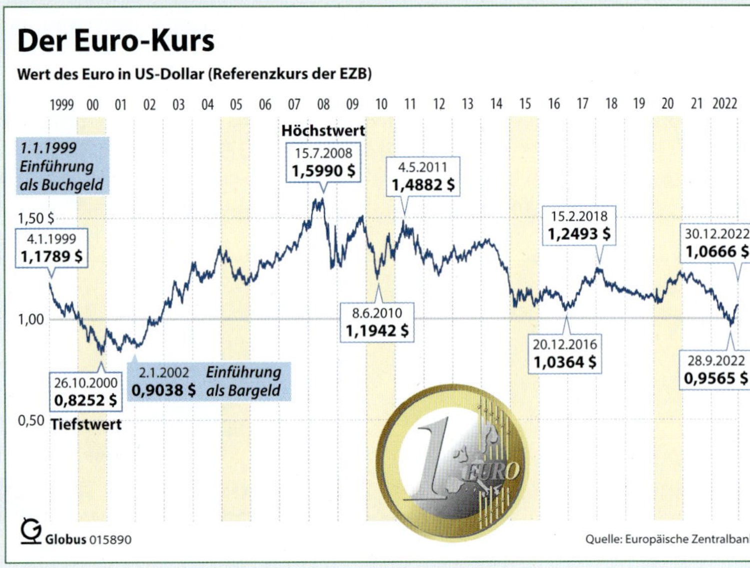

Während es weltweit nur wenige Länder gibt, bei denen der Wechselkurs **fest** an eine andere Währung oder einen Währungskorb (Zusammenfassung verschiedener Währungen zu einer Einheit) gekoppelt ist, ist der Wechselkurs des Euro gegenüber anderen Währungen **flexibel** – ebenso wie die meisten Währungen anderer Staaten. Das heißt, die Wechselkurse können sich je nach Angebot und Nachfrage frei an den Devisenbörsen bilden (auch **Floating** genannt).

	Feste Wechselkurse	Flexible Wechselkurse
Zustandekommen	Vereinbarungen zwischen den Staaten oder deren Notenbanken	Angebot und Nachfrage auf dem Devisenmarkt (Börse)
Vorteile	Wirtschaft hat verlässliche Daten für die Kalkulation im internationalen Handel	Kurs spiegelt die „wahren" Tauschverhältnisse zwischen zwei Ländern wider
Nachteile	Anpassung an unterschiedliche wirtschaftliche Entwicklung unterbleibt und es kommt zu Währungsspekulationen; außerdem kann es zu einem Schwarzmarkt für Devisen kommen	zwischen Abschluss eines Kaufvertrags und Bezahlung kann es zu Kursänderungen kommen, die entweder die Export- oder die Importsituation der beteiligten Länder verschlechtern oder verbessern (Risiko für Firmen)

Die EZB greift in den Mechanismus des Floatings nicht ein. Die Wechselkurse des Euro gegenüber anderen Währungen richten sich nach der Entwicklung von Angebot und Nachfrage im In- und Ausland.

- **Aufwertung:** Die Nachfrage nach der inländischen Währung steigt und dadurch steigt der Kurs dieser Währung.
- **Abwertung:** Die Nachfrage nach der inländischen Währung geht zurück und dadurch fällt der Kurs dieser Währung.

Die Aufwertung der Inlandswährung ist immer gleichbedeutend mit der Abwertung der Auslandswährung.

Welche Wirtschaftsfaktoren beeinflussen aber die Höhe des Angebots bzw. der Nachfrage nach Devisen? Hier sind beispielhaft einige Ursache-Wirkungs-Zusammenhänge genannt:

Ursachen	Wirkungskette
Touristen machen gerne Urlaub im Ausland	→ die Nachfrage nach ausländischer Währung steigt ↳ dies führt zu einer Abwertung der inländischen Währung ↳ und damit wird der Urlaub im Ausland teurer
Exporte steigen, weil Ausländer gerne inländische Waren kaufen	→ die Nachfrage nach inländischer Währung steigt zwangsläufig ↳ dies führt zu einer Abwertung der ausländischen Währung ↳ und damit werden die Exporte teurer und gehen zurück
Der Leitzins im Ausland wird angehoben (Zinsniveau steigt)	→ die Nachfrage nach ausländischen Anlagemöglichkeiten steigt ↳ und damit steigt die Nachfrage nach ausländischer Währung ↳ dies führt tendenziell zu einer Abwertung der inländischen Währung ↳ Anlagen im Ausland werden teurer und damit weniger interessant
Spekulanten kaufen ausländische Währung in der Hoffnung auf eine Kurssteigerung	→ die Nachfrage nach ausländischer Währung steigt ↳ dies führt tendenziell zu einer Aufwertung der ausländischen Währung ↳ die Spekulanten verkaufen die ausländische Währung wieder und machen Gewinn

Die oben aufgeführten Beispiele zeigen, dass stets die Tendenz besteht, zu einem neuen Gleichgewicht zurückzukehren. Allerdings wird das Gleichgewicht auch häufig durch politische Eingriffe oder wirtschaftlich bedeutsame Ereignisse wie z. B. Kriege (auch um Rohstoffquellen), Ölpreisexplosionen oder Finanz- und Wirtschaftskrisen gestört.

Welche Auswirkungen eine Aufwertung (hier des Euro gegenüber dem Dollar) haben kann, zeigt folgendes Beispiel ganz konkret:

Beispiel für einen Warenimport
(im Fall einer Aufwertung)

Pauls Bruder hat sich im Jahr 2002 ein Motorrad von Harley-Davidson aus Amerika für 15.000,00 $ (US-Dollar) gekauft und nach Deutschland importiert. Da hätte er wohl besser mit dem Kauf noch 6 Jahre gewartet …

Im Jahr 2002 galt:

Kurs:

0,9038 $ → 1,00 €

15.000,00 $ → x €

$$x = \frac{1 \cdot 15.000,00}{0,9038} = 16.596,59\ €$$

Im Jahr 2008 galt:

Kurs:

1,5990 $ → 1,00 €

15.000,00 $ → x €

$$x = \frac{1 \cdot 15.000,00}{1,5990} = 9.380,86\ €$$

Während das Motorrad also im Jahr 2002 **16.596,59 €** gekostet hat, hätte Pauls Bruder im Jahr 2008 durch die **Aufwertung des Euros** nur noch **9.380,86 €** gezahlt.
(Tiefst- und Höchstwert seit Einführung des Euro als Bargeld aus der Grafik „Der Euro-Kurs", S. 246)

Big-Mac-Index

Eine Methode ganz besonderer Art, die Kaufkraft in den Ländern weltweit zu vergleichen, hat das britische Wirtschaftsmagazin „The Economist" entwickelt. Das Magazin vergleicht seit über 25 Jahren den Preis eines Produkts, das in der ganzen Welt in fast gleicher Art angeboten wird: der Big Mac von McDonald's.

Der Preis eines Big Mac in der lokalen Währung wird in Dollar oder wie in den Beispielen hier in Euro umgerechnet. Wenn man davon ausgeht, dass der Big Mac überall gleich viel kosten müsste, ist z. B. der Schweizer Franken gegenüber dem Euro stark überbewertet und die chinesische Währung unterbewertet.

Der Big-Mac-Index eignet sich zwar für einen groben Vergleich der Kaufkraft, man darf die Werte aber nicht zu ernst nehmen. Statt nur ein einzelnes Produkt zu nehmen, wird für solche Vergleiche üblicherweise ein ganzer Warenkorb an Produkten genommen und der Preis für alle Produkte zusammen verglichen.

ÜBERBLICK

AUSSENWERT DES GELDES

Kaufkraft des Euro gegenüber anderen Ländern

- Kaufkraft ist sowohl innerhalb der Eurozone als auch gegenüber Nicht-Euro-Ländern sehr unterschiedlich
- Gründe dafür sind u. a.: Preisniveau, Lebensstandard, Wettbewerbsfähigkeit

Umtausch in fremde Währungen

- **Wechselkurs** (Umtauschverhältnis zwischen den Währungen bildet sich durch Angebot und Nachfrage an den Devisenbörsen)
- **Preisnotierung** (Preis für 1 oder 100 Einheiten fremder Währung in €)
- **Mengennotierung** (Anzahl Geldeinheiten fremder Währung für 1,00 €)
- **Sorten** (ausländische Noten und Münzen) bei Reisen
- **Devisen** (ausländische Zahlungsmittel einschließlich Schecks, Wechsel etc.) im Geschäftsverkehr
- **Wechselkurs-Charts** (grafische Darstellung der Entwicklung der Wechselkurse)

Wechselkursschwankungen

- freie (flexible) Wechselkurse können frei schwanken (floaten)
- feste Wechselkurse werden staatlich festgesetzt
- Änderungen der Währungsparität durch Auf- und Abwertungen

	Wie fit sind Sie beim Thema „Der Außenwert des Geldes"?	Inhaltsbezug Seite
1	a) In welchen europäischen Ländern können Sie preisgünstig Urlaub machen? b) Was sind die Gründe dafür, dass die Kaufkraft in den Ländern unterschiedlich hoch ist?	243
2	Wie ist der Wechselkurs einer Währung definiert? a) Preisnotierung? b) Mengennotierung?	244
3	In welchen Fällen wird der Geldkurs (Ankaufskurs) bzw. der Briefkurs (Verkaufskurs) angewendet?	245
4	Ein deutscher Tourist besucht London und rechnet mit Ausgaben in Höhe von 500,00 £. Wie viel Eurogeld muss er dafür umtauschen?	244–245
5	a) Nennen Sie wichtige Einflussfaktoren auf die Wechselkurse. b) Aus welchen Gründen befürwortet die Wirtschaft feste Wechselkurse? c) Welche Möglichkeiten hat eine Notenbank, Einfluss auf den Wechselkurs zu nehmen?	246–247
6	Beschreiben und beurteilen Sie die Entwicklung des Eurokurses gegenüber dem US-Dollar anhand des Schaubildes auf S. 246.	
7	Welche Wirkungskette wird ausgelöst, wenn die Importe eines Landes stark ansteigen?	247
8	Welche Auswirkungen hat eine Aufwertung bzw. eine Abwertung der inländischen Währung auf das Preisniveau und die Arbeitsplätze eines Landes?	247–248
9	Welche Auswirkungen spürt ein Tourist, der sich bereits im Urlaub befindet, wenn die eigene Währung in dieser Zeit gegenüber der Währung des Urlaubslandes aufgewertet wird?	247–248
10	Die Wechselkurse auf dem globalen Devisenmarkt ändern sich nahezu im Sekundentakt. Suchen Sie sich fünf Währungen heraus und überprüfen Sie mithilfe eines „Währungsrechners" im Internet (z.B. www.bankenverband.de/waehrungsrechner), inwieweit sich die Kurse gegenüber der Kurstabelle auf S. 244 geändert haben.	

11.4 KTB – Kompetenzorientierte Themenbearbeitung

1 Verbraucherpreisindex (VPI) und Inflation

Das Statistische Bundesamt bietet im Internet interaktive Anwendungen an, die den Warenkorb mit Wägungsschema sowie die persönliche Inflationsrate sehr anschaulich darstellen (in Suchmaschine „destatis" und „Kaleidoskop" bzw. „destatis" und „Persönlicher Inflationsrechner" eingeben).

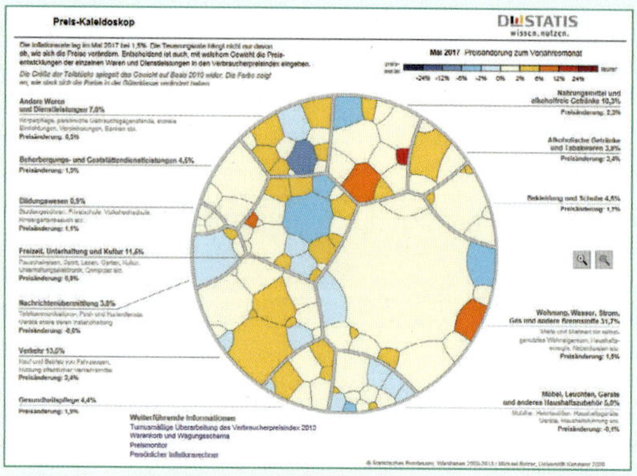

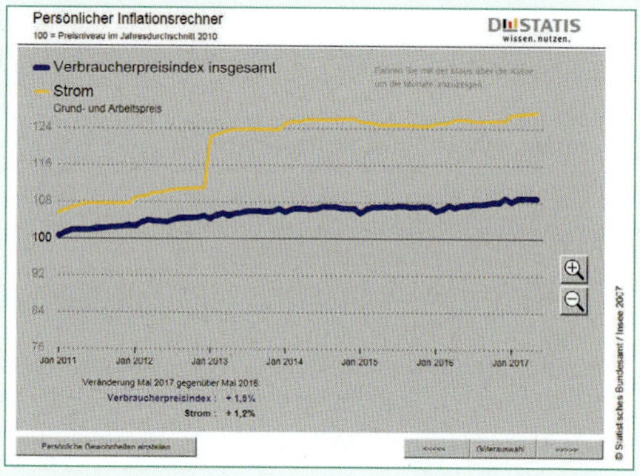

a) Welche Bedeutung hat in dem Preis-Kaleidoskop die Größe der eingezeichneten Warengruppen bzw. Untergruppen und welche Bedeutung haben die Farben?

b) Welche Waren haben sich (stark) verteuert und welche sind (viel) günstiger geworden?

c) Stellen Sie fest, welchen Anteil bestimmte von Ihnen gekaufte Güter haben und wie hoch deren Preissteigerung bzw. -rückgang gegenüber dem Vorjahr ist.

d) Berechnen Sie mit dem „Persönlichen Inflationsrechner" Ihren eigenen Preisindex bzw. den Ihrer Familie. Stellen Sie dafür mit der linken Schaltfläche Ihre Verbrauchsgewohnheiten ein (wenn Sie nicht rauchen und kein Auto haben, setzen Sie natürlich „Tabakwaren" und „Kraftstoffe" auf 0,0 %).

e) Warum bewegt sich der Preis bei einigen Waren (Bekleidung, Reisen) auf und ab, während die Entwicklung bei anderen Waren stetig fallend, steigend oder gleichbleibend ist (rechte Schaltfläche „Güterauswahl")?

2 Euro, Eurosystem und Europäische Zentralbank (EZB)

a) Beurteilen Sie die Entwicklung des Euros seit 1999 im Vergleich zum US-Dollar (s. Chart auf S. 246)?

b) Ein wichtiges Ziel der EZB ist die Geldwertstabilität (VPI möglichst unter 2 %). Ist dieses Ziel Ihrer Meinung nach bisher erreicht worden?

c) Bedingt durch die Vorgaben der EZB ist/war das Zinsniveau in der Eurozone sehr niedrig. Welche Auswirkungen hat das auf Sparer, Kreditnehmer und die Staatsverschuldung einiger Euro-Staaten?

3 Wechselkurse, Auf- und Abwertung

Knüpfen Sie an die Reiseplanung von Max für eine Interrailreise nach Skandinavien (S. 206) an.

a) Sein Reisebudget plant Max entsprechend der jeweiligen Aufenthaltsdauer und der Höhe der Lebenshaltungskosten in den einzelnen Ländern. Wieso spielt Letzteres eine Rolle?

b) Für Dänemark rechnet Max mit Ausgaben von 380,00 €, für Norwegen mit 450,00 € und für Schweden mit 400,00 €. Wie viel Geld in Landeswährung erhält er jeweils, wenn die neuesten Sortenkurse zugrunde gelegt werden? (Verwenden Sie einen Währungsrechner aus dem Internet, z. B. www.oanda.com)

c) Max wundert sich, dass der Big Mac in Dänemark um rund 40 % teurer als in Deutschland ist. Welche Bedeutung hat in diesem Zusammenhang der „Big-Mac-Index"?

d) Während seines Dänemarkaufenthalts wird die Dänische Krone abgewertet. Ändert diese Tatsache etwas an der finanziellen Situation von Max? Wie wäre die Situation, wenn er den Umtausch des Geldes noch vor sich hätte? Welche Folgen hat die Abwertung, wenn Max zu Hause noch übrige Kronen zurücktauschen möchte?

e) Welche Vorteile hat es für Max, dass es den Euro in vielen anderen EU-Ländern gibt?

12

BRUTTOINLANDSPRODUKT UND WIRTSCHAFTSPOLITIK

Hängt Wohlstand wirklich nur davon ab, wie viel Geld sich jeder zu sichern vermag?

12.1 Bruttoinlandsprodukt (BIP) als wirtschaftliche Messgröße

Herr und Frau Struwe tragen durch ihre berufliche Tätigkeit natürlich auch zur Wertschöpfung und damit zum Bruttoinlandsprodukt (BIP) bei.

- Was ist mit Wertschöpfung genau gemeint?
- Welche Bedeutung hat das BIP als wirtschaftliche Messgröße?
- Wie entsteht das BIP, wofür wird es verwendet und wie wird es verteilt?
- Welchen Einfluss hat die Inflationsrate auf das BIP?
- Wird Haushaltstätigkeit auch zum BIP gezählt?
- Kann das BIP auch als Wohlfahrtsmaßstab dienen?

12.1.1 Entstehung – Verwendung – Verteilung

Wertschöpfung

Die wirtschaftliche Leistung einer Volkswirtschaft setzt sich aus den vielen Einzelleistungen der in ihr beschäftigten Menschen in den verschiedensten Wirtschaftsbereichen zusammen. Es scheint unvorstellbar, dass die Summe dieser Einzelleistungen ermittelt werden könnte. Das folgende Beispiel zeigt, wie dieses Problem dennoch gelöst werden kann:

Wertschöpfung der einzelnen Produktionsstufen

Auf jeder Produktionsstufe (Getreide, Mehl, Brot) wird das Produkt „mehr wert". Die Summe der Wertschöpfung entspricht dem Verkaufspreis des fertigen Produkts an den Endverbraucher (im Beispiel 10.000,00 €). Den Privathaushalten fließt die **Wertschöpfung** in Form von Löhnen für die Arbeitnehmer und in Form von Gewinnen für die Unternehmer zu.

Getreideerzeugung durch einen Landwirt

Löhne 2.500,00 €
Gewinn 800,00 €
Getreide im Wert von 3.300,00 €

Der Landwirt baut Getreide an (das Saatgut hat er kostenfrei vom Vorjahr) und zahlt an seine Angestellten Löhne in Höhe von 2.500,00 €. Da er das Getreide für 3.300,00 € an die Getreidemühle verkauft, bleibt ihm selbst ein Gewinn von 800,00 €. Der Landwirt hat neue Werte in Höhe von 3.300,00 € geschaffen (= Wertschöpfung auf der Stufe der Urproduktion).

Mehlerzeugung durch eine Mühle

Löhne 1.800,00 €
Gewinn 600,00 €
Getreide als Vorleistung 3.300,00 €
Mehl im Wert von 5.700,00 €

Die Mühle mahlt das Getreide zu Mehl. Der Müller zahlt 1.800,00 € Löhne und streicht durch den Verkauf des Mehls 600,00 € Gewinn ein. Die Wertschöpfung beträgt auf dieser Stufe der Verarbeitung 2.400,00 € und nicht etwa 5.700,00 €, da das Getreide als Vorleistung eingeht und nicht doppelt gezählt werden darf.

Broterzeugung durch einen Bäcker

Löhne 3.100,00 €
Gewinn 1.200,00 €
Mehl als Vorleistung 5.700,00 €
Brot im Wert von 10.000,00 €

Der Bäcker backt aus dem Mehl Brot, zahlt dafür 3.100,00 € Löhne und erzielt beim Verkauf des Brotes an die Endverbraucher 1.200,00 € Gewinn. Seine Wertschöpfung beträgt also 4.300,00 €.

Bruttoinlandsprodukt (BIP)
Die **Summe aller Wertschöpfungen** (Waren und Dienstleistungen), die in einer Volkswirtschaft in einem Jahr über alle Wirtschaftsbereiche hinweg (von Inländern und bei uns lebenden Ausländern) erzeugt werden, heißt **Bruttoinlandsprodukt (BIP)**, wobei die **Vorleistungen** abgezogen werden müssen, damit es nicht zu Doppelzählungen kommt.

Das BIP ist die wichtigste Kennzahl zur Beurteilung von wirtschaftlicher Leistung und Wohlstand einer Volkswirtschaft und wird weltweit in gleicher Form berechnet. Damit kann die Wirtschaftskraft der Länder verglichen und die konjunkturelle Entwicklung beurteilt werden. Man kann das BIP auf drei verschiedene Arten ermitteln:

1. Wo erarbeitet? → Entstehungsrechnung

Bei der Entstehungsrechnung wird die gesamtwirtschaftliche Wertschöpfung dadurch bestimmt, dass man alle neu geschaffenen Werte in den verschiedenen Wirtschaftsbereichen (siehe Übersicht in der Randspalte) zusammenfasst. Um Doppelzählungen auszuschließen, müssen vom Produktionsergebnis jedes Wirtschaftsbereichs die Werte aller bezogenen Güter und Dienstleistungen (Vorleistungen) abgezogen werden. Der sich hieraus ergebende Nettoproduktionswert entspricht der Wertschöpfung dieses Wirtschaftsbereichs.

Wird die Entstehungsrechnung über einen längeren Zeitraum betrachtet, so kann man den **Strukturwandel** verfolgen, der sich in der deutschen Wirtschaft ergeben hat. Dieser Wandel ist Zeichen einer dynamischen Wirtschaft, vollzieht sich aber nicht in allen Regionen problemlos – eine Aufgabe der Strukturpolitik. Wie die Grafik zeigt, haben sich zudem seit 1950 gewaltige Verschiebungen zwischen den Wirtschaftssektoren ergeben:

- **Primärer Sektor (Urproduktion)**
  = Land- und Forstwirtschaft, Fischerei, Bergbau
- **Sekundärer Sektor (Güterproduktion)**
  = Industrie, Bauwesen, Handwerk
- **Tertiärer Sektor (Dienstleistungen)**
  = Handel, Banken, Verkehr, Kultur, Gesundheit

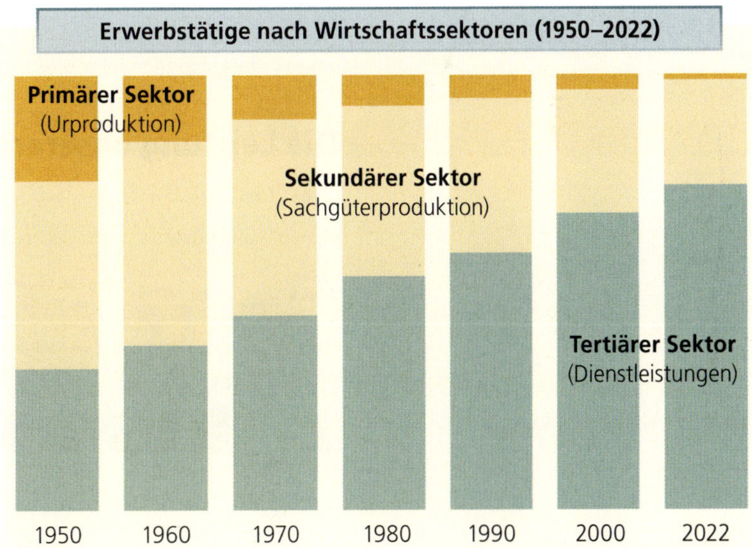

2. Wie verteilt? → Verteilungsrechnung

Das BIP kann auch dadurch bestimmt werden, dass alle Entgelte für die zur Verfügung gestellten Produktionsfaktoren (Löhne, Gehälter, Unternehmergewinne, Zinsen, Dividenden und Mieten), die auf den verschiedenen Produktionsstufen gezahlt worden sind, zusammengezählt werden. In Höhe dieser Zahlungen sind neue Werte geschaffen worden (Wertschöpfung).

Die Summe aus Arbeitnehmerentgelt und Unternehmens- und Vermögenseinkommen heißt **Volkseinkommen**. Rechnet man noch die Produktions- und Importabgaben sowie die Abschreibungen (durch die Abnutzung der Produktionsanlagen bedingte Kosten) hinzu, so ergibt sich wiederum das BIP.

Bruttoinlandsprodukt

– Produktions- u. Importabgaben
– Abschreibungen
= Volkseinkommen
– direkte Steuern
\+ Transferzahlungen
= verfügbares Volkseinkommen

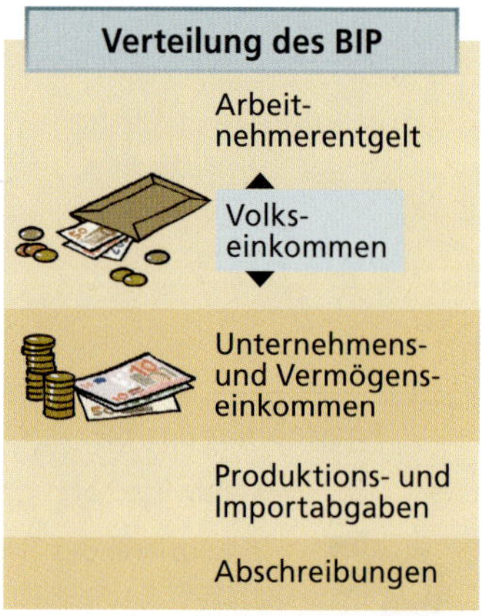

Da sich aus statistischen Gründen nicht feststellen lässt, ob das Kapitaleinkommen und das Einkommen aus Vermietung und Verpachtung Arbeitnehmern oder Unternehmern zugeflossen sind, werden die Einkunftsarten Zinsen, Mieten und Pachten der Unternehmerseite zugeschlagen.

Der immer wieder auftauchende Streit, welches Einkommen in den letzten Jahren stärker gestiegen ist, kann statistisch also nicht endgültig geklärt werden. Fest steht, dass sich der Anteil der beiden großen Einkommensgruppen über Jahrzehnte bei einem Verhältnis von ca. 70 % (Einkommen aus unselbstständiger Arbeit) zu 30 % (Einkommen aus Unternehmertätigkeit und Vermögen) eingespielt hat.

Das Verhältnis der Arbeitnehmerentgelte zum Volkseinkommen heißt **Lohnquote** und ist eine stark beachtete Kennzahl der Verteilungsrechnung.

3. Wofür verwendet? → Verwendungsrechnung

Der größte Teil des Sozialprodukts fließt in den privaten Verbrauch. Der Teil, der von den Unternehmen beansprucht wird, stellt (Neu-)Investitionen dar. Diese Investitionen sind für das Wachstum einer Wirtschaft besonders wichtig.

Ist der private Verbrauch oder der Kollektivkonsum zu hoch (es wird zu wenig gespart), stehen nicht genug Mittel für Investitionen zur Verfügung. Mit dem Kollektivkonsum sind die Personal- und Sachkosten des Staates gemeint, aber auch die Investitionen (z. B. Schulen, Universitäten, Straßen) und die Ausgaben für das Militär. Außerdem muss ein Teil des Sozialprodukts zur Finanzierung des Außenbeitrags herangezogen werden, wenn die Importe größer waren als die Exporte.

12.1.2 Nominales und reales BIP

Eines der wirtschaftspolitischen Ziele des Stabilitätsgesetzes lautet „stetiges und angemessenes Wirtschaftswachstum" (siehe S. 259). Das BIP und seine Komponenten können herangezogen werden, um zu beurteilen, ob dieses Ziel erreicht worden ist.

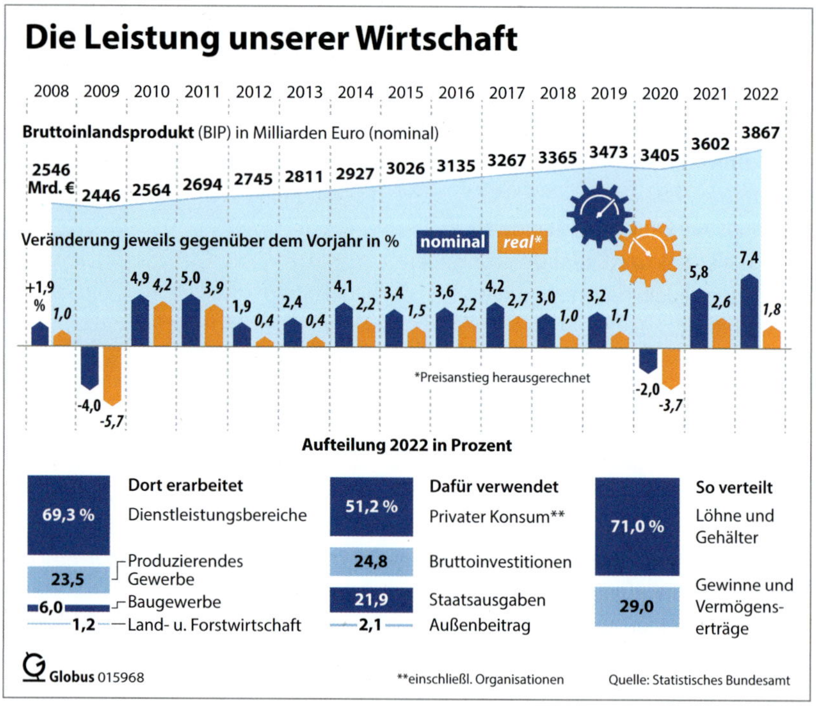

Eine Zunahme des BIP gegenüber dem Vorjahr bedeutet, dass in diesem Jahr mehr geleistet worden ist. Da die Berechnung des BIP zu Marktpreisen erfolgt, könnte es aber sein, dass die Steigerung ganz oder zum Teil auf Preiserhöhungen zurückzuführen ist. Um eine falsche Beurteilung auszuschließen, muss das **nominale BIP** um die Preissteigerungsrate korrigiert werden. Erst dadurch erhält man das **reale BIP**.

Beispiel für die Berechnung des realen Bruttoinlandsprodukts

BIP nominal 2021	3.602 Mrd. €
BIP nominal 2022	3.867 Mrd. €
= Zunahme des BIP **nominal**	265 Mrd. € = 7,4 %
– Preissteigerungsrate	5,6 %
= Zunahme des BIP **real**	1,8 %

Diese Beispielrechnung verdeutlicht, dass ein Teil der Zunahme des BIP in der Grafik auf der Vorseite allein dadurch entstanden ist, dass die Preise im gleichen Zeitraum um 5,6 % gestiegen sind. Wird die gemessene (nominale) Steigerung um den Preisanstieg korrigiert, erhält man die wirkliche (reale) Steigerung von nur noch 1,8 %.

12.1.3 Problematik des BIP als Wohlstandsmaßstab

Welche Einflussgrößen sind nicht im BIP berücksichtigt?

Zwar ist das BIP tatsächlich ein Indikator für einen gewachsenen materiellen Wohlstand in der Bundesrepublik – sowohl im zeitlichen (Steigerung in den letzten zehn Jahren real um rund 12 %) als auch im internationalen Vergleich: Die Bundesrepublik gehört zu den zehn wohlhabendsten Ländern. Andererseits sind in dieser Messgröße wichtige Bereiche nicht berücksichtigt:

- Die sogenannten **externen** oder **sozialen Kosten**, die nicht in Euro ausgedrückt werden können bzw. die nicht im Preis eines Gutes berücksichtigt wurden, die aber von der Gesamtgesellschaft zu tragen sind, müssten eigentlich bei der Berechnung des BIP abgezogen werden. Dazu gehören z. B. die Zerstörung der natürlichen Umwelt durch Raubbau und Landschaftsverbauung und die Belastung der Luft mit Auto- und Industrieabgasen.
- **Krankheitskosten**, die durch Lärm, Schmutz und Unfälle entstehen, dürften nicht erhöhend, sondern müssten vermindernd auf das BIP wirken.
- Zur **Schattenwirtschaft** gehören Arbeiten im privaten Haushalt, die unentgeltlich von Hausfrauen/Hausmännern bzw. Erziehenden geleistet werden, sowie ehrenamtliche Tätigkeiten und solche der Nachbarschaftshilfe. Auch die illegale Schwarzarbeit, die auf bis zu 5 % des BIP geschätzt wird, ist im BIP nicht enthalten.

Externe Kosten (Beispiel)
Anwohner einer verkehrsreichen Straße werden durch Lärm und Abgase belästigt. Sie müssen ggf. die extern verursachten Krankheitskosten und die Lärmschutzmaßnahmen selbst zahlen.
Gerechter wäre es, wenn die Verkehrsteilnehmer die Kosten selbst zahlten, indem sie leisere und abgasreduzierte (und dadurch teurere) Autos kaufen würden/kaufen müssten.

Taugt das BIP als Vergleichsmaßstab?

Das BIP ist eine Durchschnittsgröße und sagt nichts über die **Verteilung des Wohlstands** aus. Große Ausschläge nach oben (Reichtum) und nach unten (Armut) sind eher ein Zeichen für eine ungerechte Wirtschaftsordnung. Auch der Vergleich des BIP mit anderen Ländern und hier besonders mit den Entwicklungsländern ist aus folgenden Gründen problematisch:

- In weniger entwickelten Ländern werden viele bäuerliche und handwerkliche Arbeiten und Dienstleistungen überhaupt nicht erfasst.
- Die Einkommens- und Vermögensverteilung ist oft sehr ungleich.
- Die Bedürfnisstruktur ist klimatisch bedingt sehr unterschiedlich.

Persönliches Glück hängt nicht von statistisch festgestellten Wachstumsraten ab

Auch eine gute Ausbildung kann ein Indikator für Wohlstand sein

- Der international übliche Vergleichsmaßstab, nämlich der US-Dollar, kann großen Währungsschwankungen unterliegen, außerdem haben Entwicklungsländer oft sehr schwache Währungen.

Wie misst man das „Bruttonationalglück"?

Die Lebensqualität kann nicht nur durch einen in Euro bewerteten Indikator wie das BIP angegeben werden, sondern durch weitere (nicht quantifizierbare) **soziale Indikatoren** in verschiedenen gesellschaftlichen Bereichen:

- **Gesundheitswesen:** z. B. Säuglingssterblichkeit, Arztdichte, Anzahl der Krankenhausbetten
- **Bildungswesen:** z. B. Schulpflicht, Schulgeldfreiheit, Lehrer-Schüler-Verhältnis, Forschungsförderung, kulturelle Entwicklung
- **Erwerbstätigkeit:** z. B. Berufschancen, Arbeitszufriedenheit, Arbeitslosigkeit, Arbeitsunfälle, Arbeitszeiten, Urlaubslänge, Aufstiegsmöglichkeiten, Einkommens- und Vermögensverteilung
- **Ordnungsrahmen:** z. B. persönliche Freiheitsrechte, Beteiligungsrechte (im Arbeitsleben und in der Politik), Aufklärungsquote bei Straftaten, soziale Sicherheit
- **Umwelt:** z. B. Wasserversorgung, Luftqualität, Wohnqualität, Verkehrsinfrastruktur (Bus- und Straßenbahnnetz, Autobahnen etc.)

Info

Der „Erfinder" des BIP, der Ökonom Simon Kuznets, erhielt dafür 1971 den Nobelpreis für Wirtschaftswissenschaften. Er war jedoch auch der Ansicht, dass die Wohlfahrt einer Nation kaum von der Messung des nationalen Einkommens abgeleitet werden könne.

Offensichtlich ist die Messung des Wohlstands einer Volkswirtschaft allein mit dem BIP ein ziemlich untaugliches Mittel.

- Wenn der Maßstab aber nichts taugt, wie sollen dann die darauf fußenden Entscheidungen richtig sein?
- Wie wollen Politiker, Unternehmer oder Verbraucher richtige Entscheidungen treffen, wenn sie sich in Wahrheit einer Wohlstandsillusion hingeben?

Aus diesem Grund versuchen Politik und Wissenschaft schon seit Längerem, neue Maßstäbe für den Wohlstand einer Nation zu entwickeln:

	Alternative Konzepte zur Wohlstandsmessung
HDI	Der **Human Development Index** (HDI = Index der menschlichen Entwicklung) stellt den Versuch der UN dar, den Wohlstand eines Landes anhand von Kriterien wie dem BIP pro Kopf, der Lebenserwartung und dem Bildungsgrad zu bemessen.
ESI	Der **Environmental Sustainability Index** (ESI = Umweltindex Nachhaltigkeit) ist u. a. von amerikanischen Universitäten entwickelt worden und umfasst 21 Faktoren (u. a. Treibhausemissionen, Artenvielfalt und politisches Umweltengagement).
GPI	Der **Genuine Progress Indicator** (GPI = echter Fortschrittsindikator) ist ein Wirtschaftsindikator, der das Bruttoinlandsprodukt (BIP) ersetzen und an dessen Stelle eine bessere Einschätzung der Leistung von Volkswirtschaften erlauben soll. Dieser Index, an dem mehrere europäische und amerikanische Staaten mitarbeiten, befindet sich noch in der Entwicklung.
Enquete-Kommission des Bundestags	Die Kommission **„Wachstum, Wohlstand, Lebensqualität"** stellte 2013 den Schlussbericht ihrer Untersuchungen zum Stellenwert des Wachstums vor. Die Kommission schlägt darin einen neuen Begriff von Wohlstand und eine neue Wohlstandsmessung vor, die neben dem materiellen Wohlstand auch soziale und ökologische Dimensionen abbildet.

ÜBERBLICK

BRUTTOINLANDSPRODUKT (BIP)

- **Ermittlung**
  - **Entstehung** in Handwerk, Industrie, Handel, Dienstleistungssektor
  - **Verteilung** auf Arbeitnehmer und Unternehmer
  - **Verwendung** für Konsum, Investitionen = Sparen, Staatsverbrauch
- **Messproblematik**
  - **nominales BIP**
  - **reales BIP** (inflationsbereinigt)
- **Problematik als Wohlstandsindikator**
  - soziale Kosten sind nicht berücksichtigt
  - Krankheitskosten erhöhen das BIP
  - „Hausfrauentätigkeit" und ehrenamtliche Tätigkeiten werden nicht berücksichtigt
  - Leistungen der „Schattenwirtschaft" (Schwarzarbeit) sind nicht erfasst
  - Alternativen zum BIP: **soziale Indikatoren**
    - Umweltstandards
    - Gesundheit
    - Bildung etc.

	Wie fit sind Sie beim Thema „Bruttoinlandsprodukt (BIP) als wirtschaftliche Messgröße"?	Inhaltsbezug Seite
1	a) Erläutern Sie an einem eigenen Beispiel den Wertschöpfungsprozess. b) Was versteht man unter Wertschöpfung? c) Warum werden bei der Berechnung der Wertschöpfung die Vorleistungen nicht mitgezählt?	252
2	a) Welche Bedeutung hat das Bruttoinlandsprodukt (BIP) im Wirtschaftsleben? b) In welchen Wirtschaftsbereichen wird das BIP erarbeitet? c) Auf welche Bevölkerungsgruppen wird das BIP verteilt? d) Wofür wird das BIP verwendet?	253–254
3	Wie werden das Volkseinkommen und das „verfügbare Volkseinkommen" ermittelt?	253
4	Wie lassen sich die gewaltigen Verschiebungen zwischen den (primären, sekundären, tertiären) Wirtschaftssektoren (siehe Grafik S. 253) in den letzten Jahrzehnten erklären?	
5	Was versteht man unter der Lohnquote und welche Bedeutung hat sie?	254
6	a) Welcher Unterschied besteht zwischen dem nominalen und dem realen BIP? b) Welche Bedeutung hat dieser Unterschied?	254–255
7	a) Nennen Sie Leistungen, die keinen Marktpreis haben und die deshalb nicht im BIP erfasst sind. b) Schwarzarbeit wird nur pauschal im BIP berücksichtigt (geschätzt). Welche Nachteile ergeben sich aus der Schwarzarbeit für die Gesellschaft? c) Was versteht man unter externen Kosten? d) Nennen Sie Leistungen, die das BIP erhöhen, obwohl sie eigentlich nachteilig für die Bürger sind.	255
8	a) Welche Faktoren sollten in einem alternativen Wohlstandsindikator neben den rein finanziellen Werten berücksichtigt werden? b) Welcher Zusammenhang besteht zwischen der Zunahme des BIP und der Erhaltung einer lebenswerten Umwelt?	256

12.2 Wirtschaftspolitische Ziele und Konjunktur

Chris, der Sohn des Ehepaars Struwe, hat in der Berufsschule gelernt, dass sich die Bundesregierung bei ihren wirtschaftspolitischen Maßnahmen an den Zielen des Stabilitätsgesetzes orientieren muss. Dazu möchte Chris gerne mehr erfahren:

- Welches sind die Ziele des „magischen Sechsecks" nach dem Stabilitätsgesetz und welche Zielgrößen sollten erreicht werden?
- Welche wirtschaftspolitischen Maßnahmen kann die Regierung ergreifen, um die Ziele zu erreichen?
- Was versteht man unter „nachfrageorientierter" und „angebotsorientierter" Konjunkturpolitik?
- Welche Möglichkeiten hat die EZB bzw. die Bundesbank, um die Wirtschaftspolitik der Regierung zu unterstützen?

12.2.1 Ziele und Zielkonflikte in der Wirtschaftspolitik

Die wirtschaftspolitischen Ziele, die Bundes- und Landesregierungen verfolgen müssen, sind im **Gesetz zur Förderung der Stabilität und des Wachstums der Wirtschaft** (Stabilitätsgesetz) festgelegt:

§

Stabilitätsgesetz (StabG) § 1
Bund und Länder haben bei ihren wirtschafts- und finanzpolitischen Maßnahmen die Erfordernisse des gesamtwirtschaftlichen Gleichgewichts zu beachten. Die Maßnahmen sind so zu treffen, dass sie im Rahmen der marktwirtschaftlichen Ordnung gleichzeitig zur Stabilität des Preisniveaus, zu einem hohen Beschäftigungsstand und außenwirtschaftlichen Gleichgewicht bei stetigem und angemessenem Wirtschaftswachstum beitragen.

Zu den im Gesetz aufgezählten vier Zielen („magisches Viereck") sind im Laufe der politischen Diskussion über die Umweltproblematik und die soziale (Un-)Gerechtigkeit in Deutschland die links in der Randspalte aufgeführten zwei weiteren Ziele hinzugekommen („magisches Sechseck").

Stabiles Preisniveau

SOLL:
Inflationsrate unter 2 %
IST:
Vorgabe wurde über viele Jahre regelmäßig erfüllt: VPI lag unter 2 %, ist aber in den beiden letzten Jahren auf bis zu fast 10 % angestiegen.

1. Ziel: Preisniveaustabilität

Als Preisniveau bezeichnet man die durchschnittliche Höhe der Güterpreise, die mit Hilfe des **Verbraucherpreisindex** (VPI) gemessen wird (vgl. Abschnitt 11.1.2). Die Stabilität des Preisniveaus ist auch gegeben, wenn zwar einzelne Güterpreise steigen, andere aber fallen, sodass die Preise im Durchschnitt konstant bleiben.
Steigerungen des Preisniveaus (= Geldwertminderungen) haben für die verschiedenen an der Wirtschaft beteiligten Gruppen unterschiedliche Auswirkungen:

- Der Lebensstandard der Verbraucher sinkt, weil sie sich immer weniger Güter leisten können, solange die Einkommen konstant bleiben.
- Betroffen sind auch Kontensparer, da der Wert ihrer Ersparnisse abnimmt.
- Schuldner profitieren, da mit dem Geldwert auch der Wert ihrer Schulden sinkt.

Letztlich werden also durch Preisniveausteigerungen soziale Ungerechtigkeiten hervorgerufen. Da diese politisch nicht erwünscht sein können, liegt die Bedeutung des Ziels Preisniveaustabilität auf der Hand. Absolute Preisniveaustabilität kann in einer dynamischen Wirtschaft allerdings nicht erreicht werden, auch weil viele Preise vom Ausland beeinflusst sind (z. B. Anstieg der Rohstoffpreise).

2. Ziel: Vollbeschäftigung

Ein vorrangiges Ziel der Wirtschaftspolitik ist es, Vollbeschäftigung zu erreichen. Das Einkommen aus einer regulären Beschäftigung ist für Arbeitnehmer die Existenzgrundlage. Arbeitslosigkeit bedeutet Einschränkungen des Lebensstandards und Inanspruchnahme von staatlichen Hilfen – für den Staat bedeutet dies zusätzliche Ausgaben.

Eine hundertprozentige Vollbeschäftigung kann es kaum geben, denn aufgrund des Auf und Ab der **Konjunktur** kommt es zwangsläufig auch zu Beschäftigungsschwankungen. Ebenso bedingen **Strukturveränderungen** in der Wirtschaft Arbeitslosigkeit (z. B. in der optischen Industrie oder in der Textilindustrie). In bestimmten Wirtschaftsbereichen kommt es durch **saisonale Schwankungen** zu Arbeitslosigkeit (z. B. Landwirtschaft, Fremdenverkehr, Baugewerbe). Dazu kommt noch die Arbeitslosigkeit durch **Fluktuation** (z. B. bei Arbeitsplatzwechsel, verursacht durch Kündigungsfristen, Zeiten für die Suche nach neuen Arbeitsplätzen, Einstellungstermine). In einer dynamischen Wirtschaft lassen sich diese Auswirkungen kaum ausschließen. Dennoch muss versucht werden, sie möglichst niedrig zu halten.

Vollbeschäftigung

SOLL:
Arbeitslosenquote unter 3 %
IST:
Quote liegt seit vielen Jahren zwischen 5 und 10 % und teilweise sogar darüber

3. Ziel: Außenwirtschaftliches Gleichgewicht

Der Wert der Ausfuhren (Exporte) und der Einfuhren (Importe) sollte möglichst gleich groß sein (außenwirtschaftliches Gleichgewicht). Bei einem Importüberschuss fehlt das nötige Geld, um alle Einfuhren bezahlen zu können, sodass Kredite im Ausland aufgenommen werden müssen. Bei einem Exportüberschuss kommt zu viel Geld aus dem Ausland ins Inland, sodass die nachfragewirksame Geldmenge aufgebläht und zur Inflationsgefahr wird. Obwohl Deutschland als Exportweltmeister gilt, konnte bisher keine „importierte Inflation" festgestellt werden.

Ein gewisser Exportüberschuss ist durchaus wünschenswert für die Begleichung anderer Auslandsverpflichtungen (z. B. Entwicklungshilfe, Beiträge an internationale Organisationen wie UNO, Internationaler Währungsfonds, Urlaubsausgaben, Überweisungen von Gastarbeitern usw.). Als Maßstab für das Ziel „außenwirtschaftliches Gleichgewicht" eignet sich deshalb besonders die **Leistungsbilanz**, also die Summe aus den Salden von Handelsbilanz, Dienstleistungsbilanz und Übertragungsbilanz.

Außenwirtschaftliches Gleichgewicht

SOLL:
ausgeglichene Handelsbilanz (Export ≈ Import)
IST:
seit vielen Jahren hohe Handelsbilanzüberschüsse (Export > Import)

4. Ziel: Stetiges und angemessenes Wirtschaftswachstum

Langfristig gesehen hat sich das Wachstum in Deutschland (gemessen am realen Bruttoinlandsprodukt, BIP) stetig nach oben entwickelt. Wie sich aber an den jährlichen Zuwachsraten ablesen lässt, erfolgt das Wachstum in aller Regel nicht gleichmäßig, sondern die wirtschaftliche Entwicklung unterliegt kurz- bis mittelfristigen Schwankungen. Dabei ist es in Krisenzeiten auch schon zu einem Wachstumsrückgang gekommen. Ziel der Wirtschaftspolitik ist es, das Auf und Ab der Konjunktur zu verstetigen und mittel- und langfristig ein angemessenes Wirtschaftswachstum zu erreichen – d. h. nicht unbedingt ein größtmögliches, sondern ein Wachstum, das andere wirtschaftspolitische Ziele (wie z. B. die Preisstabilität oder den Schutz der natürlichen Umwelt) nicht gefährdet.

Die Ausrichtung der Wirtschaftspolitik auf eine Erhöhung des Wachstums ist in den letzten Jahren trotzdem auf Kritik gestoßen, da diese Politik unübersehbare Schäden an unserer natürlichen Umwelt (Klima, Natur) hinterlässt und den Raubbau der Rohstoffreserven (Erdöl, Gas, Seltene Erden) befordert.

Stetiges & angemessenes Wirtschaftswachstum

SOLL:
Wachstumsrate des BIP nominal 3 – 4 %
IST:
Rate lag seit 2012 zum Teil unter dem Sollwert und war 2020 sogar negativ.

Lebenswerte Umwelt

SOLL:
- nachhaltiger Ressourcenverbrauch
- saubere Luft (Klima)
- gesunde Lebensmittel
- unbeschädigte Natur

IST:
Anfänge sind gemacht:
- Ökosteuern
- Emissionsrechte
- Haftung bei Umweltdelikten
- Klimaschutzgesetz

Gerechte Einkommens- und Vermögensverteilung

SOLL:
sozial ausgeglichene Einkommens- und Vermögensverhältnisse

IST:
- Einkommensschere hat sich in den letzten Jahren weiter geöffnet: Reiche werden immer reicher, Arme immer ärmer
- Vermögen ist sehr ungleich verteilt

5. Ziel: Erhalt einer lebenswerten Umwelt

Die Umwelt galt lange als freies Gut, auf das weder die Bevölkerung noch Industrie und Gewerbe Rücksicht nahmen. Wirtschaftliche Aktivitäten, wie z. B. Produktion, Landwirtschaft und Verkehr, wirken aber in vielfältiger Weise auf die Umwelt ein. Aus diesem Grund stellt das Statistische Bundesamt mit der **umweltökonomischen Gesamtrechnung (UGR)** Daten zu den Wechselwirkungen zwischen Wirtschaft und Umwelt zur Verfügung. Darin werden nicht nur die wirtschaftlichen Folgen der Inanspruchnahme der Umwelt, sondern auch der Zustand der Umwelt selbst und deren Veränderung beschrieben.

Ziel ist es, die Beurteilung der Erfolge der Marktwirtschaft realistischer zu sehen. Außerdem sollen dem Staat mithilfe der Zahlen aus der UGR Argumente an die Hand gegeben werden, um bestimmte politische Gegenmaßnahmen zu begründen.

6. Ziel: Gerechte Einkommens- und Vermögensverteilung

Ob die Einkommens- und Vermögensverteilung in Deutschland als gerecht angesehen wird, hängt von der jeweiligen Gerechtigkeitsvorstellung ab (subjektives Werturteil). Laut dem Armutsbericht der Bundesregierung gilt für die Verteilung des Einkommens und des Vermögens in Deutschland:
- 50 % der ärmeren Haushalte verfügen nur über 20 % des Einkommens und über ca. 5 % des Vermögens.
- Demgegenüber verfügen die reichsten 10 % der Haushalte bereits über 50 % des Vermögens und die reichsten 20 % der Haushalte bereits über 50 % des Einkommens.
- Die Konzentration von Einkommen und Vermögen in Deutschland hat sich gegenüber früheren Jahren erhöht.

Menschen gelten als arm bzw. armutsgefährdet, wenn sie über weniger als 60 Prozent des mittleren Einkommens der Gesamtbevölkerung verfügen. Der Anteil der Armen in Deutschland beträgt dennach rund 17 %, das sind ca. 14 Millionen Menschen.

Zielkonflikte

Je nachdem, ob sich Ziele gegenseitig behindern, fördern oder unabhängig voneinander sind, spricht man von Zielkonflikt, Zielharmonie oder Zielneutralität. Ideal wäre es, wenn sowohl die vier im Stabilitätsgesetz genannten als auch die beiden weiteren Ziele gleichzeitig erreicht werden könnten. In der Praxis ergeben sich dabei aber zum Teil unüberwindliche Zielkonflikte:
- Nach den bisherigen Erfahrungen haben sich die Ziele Vollbeschäftigung und Preisstabilität als schwer vereinbar erwiesen: Bei hoher Beschäftigung ergibt sich tendenziell eine hohe Nachfrage, wodurch die Preise wieder steigen.
- Theoretisch sollte Wachstum automatisch mit mehr Beschäftigung gekoppelt sein – dies ist in der Realität auch meistens der Fall. Allerdings muss das Wachstum relativ stark steigen, um einen Rückgang der Arbeitslosenzahlen zu bewirken.
- Die Ziele Erhaltung einer lebenswerten Umwelt und die Verteilungsgerechtigkeit bei der Einkommens- und Vermögensverteilung stützen sich weder gegenseitig, noch behindern sie sich. In diesem Fall liegt also Zielneutralität vor.

Es grenzt also fast schon an Magie, wenn alle vier Ziele des Stabilitätsgesetzes sowie die beiden zusätzlichen Ziele gleichzeitig erreicht werden könnten. Deshalb spricht man bei der Verfolgung dieser Ziele vom **magischen Viereck** bzw. **Sechseck.**

12.2.2 Konjunkturpolitik und andere wirtschaftspolitische Maßnahmen

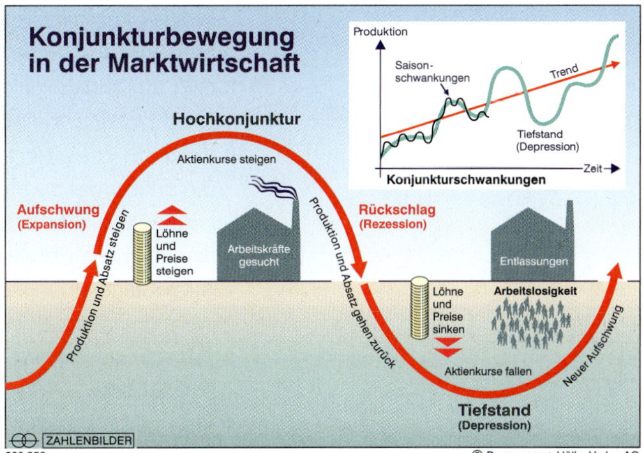

200 350

Konjunkturpolitik

Unsere Wirtschaftsordnung, die soziale Marktwirtschaft, führt ein stetiges Wirtschaftswachstum nicht automatisch herbei, vielmehr ergeben sich ständige Aufs und Abs der kurz- und mittelfristigen Wirtschaftsentwicklung. Diese werden Konjunkturzyklen (Konjunkturschwankungen) genannt. Die wellenförmigen Bewegungen der Konjunktur, die sich meistens nach vier bis sieben Jahren wiederholen, werden in vier Phasen unterteilt, die (idealtypisch) folgende Merkmale aufweisen:

Im **Konjunkturaufschwung** (Expansion) steigt die Nachfrage, die wiederum eine erhöhte Produktion zur Folge hat. Die Unternehmen erwarten bessere Gewinnchancen, investieren und stellen zusätzliche Arbeitskräfte ein. Die Löhne, aber auch die Preise und Zinsen beginnen zu steigen, die Sparneigung nimmt ab.

In der **Hochkonjunktur** (Boom) herrscht Vollbeschäftigung oder sogar Arbeitskräftemangel, sodass die Einkommen und damit die kaufkräftige Nachfrage, aber auch die Preise und die Zinsen, stark steigen. Da die Produktion aufgrund der Neuinvestitionen auf Hochtouren läuft, zeichnet sich eine Überproduktion und Marktsättigung ab.

Im **Konjunkturabschwung** (Rezession) schätzen die Unternehmen aufgrund schlechter Absatzerwartungen die weitere Wirtschaftsentwicklung pessimistisch ein. Es werden höchstens noch Ersatzinvestitionen getätigt, die Produktion wird zurückgefahren und Arbeitskräfte werden entlassen. Das niedrigere Einkommen hat eine geringere Nachfrage bei gleichzeitig höherem Sparen zur Folge. Preise und Zinsen sinken.

Im **Konjunkturtief** (Depression) stagnieren Nachfrage, Produktion, Löhne, Gewinne und Zinsen auf niedrigem Niveau. Die Investitionsneigung ist – trotz niedriger Zinsen, aber wegen schlechter Absatzerwartungen – sehr gering; es gibt viele Entlassungen und Firmenzusammenbrüche. Die Arbeitslosigkeit ist hoch und ebenso die Sparneigung (aus Zukunftsangst).

Aufgabe der Konjunkturpolitik ist es, die Schwankungen mit möglichst marktkonformen Mitteln so auszugleichen, dass die Entscheidungsfreiheit der Unternehmen und der Verbraucher nicht eingeschränkt wird. Die Wirtschaftspolitik geht dabei von zwei möglichen Ansätzen aus, die in Deutschland zum Teil ineinandergreifend angewendet werden:

- **Nachfrageorientierte Konjunkturpolitik**

  Bei voll ausgelasteten Produktionsanlagen, Vollbeschäftigung und steigenden Preisen muss der Staat die Wirtschaft „**bremsen**", d. h. er muss Maßnahmen ergreifen, die eine Senkung der gesamtwirtschaftlichen Nachfrage bewirken, um so Preissteigerungstendenzen zu verhindern. Umgekehrt muss der Staat bei geringer Auslastung der Produktionsanlagen und Arbeitslosigkeit die Wirtschaft „**ankurbeln**", d. h. er muss sich um eine Erhöhung der gesamtwirtschaftlichen Nachfrage bemühen, um damit positive Beschäftigungswirkungen zu erzielen. Der Staat sollte also dem Verhalten der anderen Wirtschaftssubjekte (private Haushalte und Unternehmen) entgegensteuern, indem er eine **antizyklische Fiskalpolitik** betreibt.

Um dies zu erreichen, hat der Staat eine Reihe von ausgaben- und steuerpolitischen Mitteln, die er einsetzen kann: Steuererhöhungen bzw. -senkungen, Gewährung bzw. Streichung von Unterstützungszahlungen und Subventionen, Erhöhung bzw. Einschränkung von Abschreibungen und der staatlichen Kreditaufnahme.

Angebotsorientierte Konjunkturpolitik

Die Kritiker des nachfrageorientierten Ansatzes führen vor allem ins Feld, dass eine verstärkte staatliche Kreditaufnahme eine Erhöhung des Zinsniveaus nach sich ziehen kann und damit einen Rückgang von Investitionen der Unternehmen bewirkt. Auch Steuererhöhungen führen zu einem Rückgang des verfügbaren Einkommens und damit zu einem Nachfrageausfall. Es reicht also nicht, die globale Größe „Nachfrage" (insbesondere die des Staates) zu erhöhen, wenn nicht gleichzeitig die Bedingungen auf der Angebotsseite verbessert werden. Um dies zu erreichen, müssen einerseits die Kosten für Investitionen der Unternehmen gesenkt und damit die Rentabilität der Produktion erhöht werden, andererseits müssen die wirtschaftlichen Rahmenbedingungen insgesamt verbessert werden.

Wesentliche Unterschiede in den Zielsetzungen der beiden Strategien bestehen darin, dass mit dem **nachfrageorientierten Ansatz** eine Initialzündung gegeben werden soll, um kurzfristig das gesamtwirtschaftliche Gleichgewicht wiederherzustellen, während beim **angebotsorientierten Ansatz** nicht so schnell Wirkungen erzielt werden können und sich das angestrebte Gleichgewicht eher mittelfristig einstellt.
Es geht bei der Konjunkturentwicklung aber nicht immer nur um wirtschaftliche Fakten, sondern es ist auch sehr viel **Psychologie** (Wertungen und Einstellungen) im Spiel. Die Rede eines Notenbankpräsidenten, der Zusammenbruch einer Bank, die Veröffentlichung eines Wirtschaftsgutachtens, die Meinungsäußerung eines Arbeitgeber- oder Gewerkschaftsfunktionärs können manchmal Auslöser für eine konjunkturelle Veränderung sein.

Strukturpolitik

Mit Strukturpolitik sind wirtschaftspolitische Maßnahmen gemeint, die verschiedene staatliche Ebenen (Europäische Union, Bund, Länder, Kommunen) ergreifen, um den Strukturwandel für **Wirtschaftsregionen** (strukturschwache Gebiete) und **Wirtschaftssektoren** (Unternehmen, Branchen) zu erleichtern. Die wichtigsten Instrumente der Strukturpolitik sind Steuererleichterungen und Subventionen sowie die finanzielle Förderung von Grundlagenforschung und Bildung. Strukturpolitik soll die Schaffung von Arbeitsplätzen, die Wettbewerbsfähigkeit und das Wirtschaftswachstum fördern, die Lebensqualität verbessern und nachhaltige Entwicklung unterstützen. Diese Politik orientiert sich auch am Auftrag des Grundgesetzes zur Schaffung von gleichwertigen Lebensverhältnissen in allen Regionen in Deutschland (= **Gemeinschaftsaufgabe** von Bund und Ländern).

Regionale Strukturpolitik

Hilfen für wirtschaftsschwache Regionen zum Abbau von Standortnachteilen, z. B.:
- Verbesserung der Verkehrsinfrastruktur
- Vergünstigungen bei Industrieansiedlungen
- Hilfen für die Eingliederung in den Arbeitsmarkt
- Investitionshilfen für kleine und mittlere Unternehmen
- Organisation von Metropolregionen
- Verbesserung des Bildungs- und Qualifikationsniveaus
- Förderung der regionalen Wettbewerbsfähigkeit

Sektorale Strukturpolitik

Hilfen zur Überwindung von Strukturkrisen bzw. Anpassung in bestimmten Wirtschaftsbereichen:
1. Bestehende Strukturen erhalten, z. B.:
   - Landwirtschaft
   - Kohlebergbau
2. Anpassung an sich wandelnde Bedingungen, z. B.:
   - Textilindustrie
   - Schiffsbau
3. Zukünftige Wirtschaftsstrukturen gestalten, z. B.:
   - Luft- und Raumfahrt
   - Umwelt- und Energietechnik
   - Informations- und Kommunikationstechnik

Geldpolitik

Die Maßnahmen der Konjunktursteuerung greifen besser, wenn sie durch geld- und währungspolitische Maßnahmen der **Europäischen Zentralbank** (EZB) unterstützt werden. Die EZB wird dabei von den nationalen Notenbanken – in Deutschland der **Deutschen Bundesbank** – unterstützt. Die EZB ist eine von den Regierungen unabhängige Institution mit der Aufgabe, die Währung zu sichern („Hüterin der Währung"), indem sie auf die Geldmenge, die sich im Umlauf befindet, Einfluss nimmt. Sie muss dafür sorgen, dass einem ansteigenden bzw. abnehmenden Angebot an Gütern bzw. Dienstleistungen eine entsprechende Geldmenge gegenübersteht. Sie muss also versuchen, Geld aus dem Markt zu nehmen oder in den Markt zu „pumpen".

Festlegung des Leitzinssatzes

Der wichtigste Zinssatz der EZB für das Hauptrefinanzierungsgeschäft ist der sogenannte **Leitzins**. Zu diesem Zinssatz wird den Geschäftsbanken Zentralbankgeld zur Verfügung gestellt. Wird der Leitzins erhöht, so wird es für die Geschäftsbanken teurer, sich bei der EZB Geld zu beschaffen, bzw. günstiger, wenn der Zinssatz gesenkt wird. Dies hat Rückwirkungen auf die Kreditvergabe der Geschäftsbanken an Unternehmen und Privatpersonen. Bei einem niedrigen Zinssatz ist natürlich die Bereitschaft, einen Kredit aufzunehmen (sich zu verschulden) höher als bei einem hohen Zinssatz. Der Leitzins ist übrigens auch die Grundlage für die Bestimmung des Basiszinssatzes nach § 247 BGB, mit dem die Verzugszinsen berechnet werden (für Verbraucherverträge 5 und für Handelsverträge 9 Prozentpunkte über dem Basiszinssatz).

- **Mindestreserve**

  Den Banken stehen durch die Guthaben ihrer Kunden erhebliche liquide Mittel zur Verfügung. Da die Kunden aber nie alle gleichzeitig auf ihre Guthaben zugreifen, kann die Bank diese Gelder für die Kreditvergabe nutzen. Allerdings müssen die Banken einen bestimmten Prozentsatz (zurzeit 1 %) der Kundeneinlagen bei der EZB zu marktüblichen Zinsen anlegen. Durch Änderungen der Höhe dieser Mindestreserve kann die EZB somit den Spielraum der Banken für die Kreditvergabe und damit die in Umlauf befindliche Geldmenge beeinflussen. Für die Wirtschaft kann dies eine konjunkturdämpfende bzw. konjunkturstimulierende Wirkung haben.

- **Offenmarktpolitik**

  Auch mit der „Offenmarktpolitik" beeinflusst die EZB die Menge des sich in Umlauf befindenden Geldes. Sie kauft oder beleiht für eine bestimmte Frist Wertpapiere der Banken. Dadurch fließt Geld zu den Geschäftsbanken und in die Wirtschaft. Umgekehrt wird den Banken und der Wirtschaft Geld entzogen, wenn die abgebende Bank die Wertpapiere nach Ablauf der Frist wieder zurücknehmen muss.

- **Ständige Fazilitäten**

  Eine „Fazilität" ist eine Kreditmöglichkeit, die bei Bedarf in Anspruch genommen werden kann. Da der Geldbedarf der Banken kurzfristig hohen Schwankungen unterliegt, können sie sich „über Nacht" kurzfristig bei der EZB Geld beschaffen oder umgekehrt überschüssige Liquidität kurzfristig bei der EZB anlegen.

Der Rentenzahler der Zukunft

Sozialpolitik

Die soziale Marktwirtschaft hat gezeigt, dass diese Wirtschaftsordnung den Menschen Wohlstand und eine hohe Lebensqualität bescheren kann. Das erzielte Wirtschaftswachstum hat große Spielräume für eine staatliche Sozial- und Umverteilungspolitik eröffnet.

In einer freiheitlichen Wirtschaftsordnung ist es zunächst Pflicht jedes Einzelnen, Vorsorge für die Wechselfälle des Lebens zu treffen. Die eigenverantwortliche Vorsorge wird ergänzt durch ein breit gefächertes System der sozialen Sicherung.

Im staatlichen Bereich gehört die Sozialpolitik zu den ältesten und größten Politikfeldern. Ihr primäres Ziel ist es, die soziale Lage benachteiligter Gruppen zu verbessern, insbesondere durch eine Angleichung der Lebenschancen und Existenzbedingungen.

Wichtige Bereiche der Sozialpolitik sind bereits angesprochen worden:

- Sozialer Arbeitsschutz → Abschnitt 2.1.3
- Sozialversicherungen → Kapitel 5.1

An der Höhe der Ausgaben für die Sozialpolitik kann deren Bedeutung in unserer Gesellschaft ermessen werden. Diese hohen Kosten verursachen aber zunehmende Probleme, von denen einige im Folgenden angesprochen werden:

Rentenproblematik

Die Rentenversicherung, der größte Ausgabenposten im sozialen Netz, wird nach einem Umlageverfahren finanziert. Gemäß diesem **Generationenvertrag** finanzieren die Arbeitnehmer die Renten ihrer Eltern, sowie sie selber später Anspruch auf die Finanzierung ihrer Renten durch ihre Kinder haben werden. Aber nur ein konstantes Verhältnis von Einnahmen und Ausgaben kann die Einhaltung des Rentenniveaus garantieren. Da sich aber die Schere – immer *weniger Junge* müssen die Renten für immer *mehr Alte* finanzieren – in Zukunft weiter öffnet, gibt es nur zwei Möglichkeiten, will man das derzeitige Verfahren beibehalten: Das Rentenniveau sinkt und / oder die Beiträge steigen. Beide Alternativen bergen erheblichen politischen Sprengstoff.

Armut in Deutschland

Auch in einem reichen Land wie Deutschland treten vielfältige Erscheinungsformen von Armut auf. Nach einer Definition der EU gelten Personen als **armutsgefährdet**, wenn ihr Einkommen weniger als 60 % des mittleren Einkommens beträgt.

Auch wenn das physische Überleben gesichert ist, können die Betroffenen meistens nicht oder nur eingeschränkt am sozialen und kulturellen Leben der Gesellschaft teilnehmen. Im Sozialgesetzbuch (SGB) ist geregelt, ob sie Arbeitslosengeld, Bürgergeld oder Sozialhilfe erhalten können, um ihnen die Führung eines würdigen Lebens zu ermöglichen. Die Leistung soll die Empfänger so weit wie möglich befähigen, unabhängig von der Hilfe zu leben. Auf dieses Ziel haben sie auch selbst nach ihren Kräften hinzuarbeiten.

Kosten des Sozialsystems

Im Sozialbudget des Bundesministeriums für Arbeit und Soziales sind alle Sozialleistungen, die in Deutschland gewährt werden, zusammengetragen (mehr als ein Drittel der gesamten Wirtschaftsleistung). Die Finanzierung dieses engmaschigen Netzes wirft u. a. folgende Probleme auf:

- Die Kosten des Gesundheitswesens steigen trotz großer Anstrengungen.
- Die Sozialversicherungsbeiträge betragen ca. 40 % des Bruttolohns. Dies bedeutet einen niedrigen Nettolohn der Arbeitnehmer und hohe Lohnnebenkosten für den Arbeitgeber.
- Die neue Armut eines nicht unerheblichen Teils der Bevölkerung macht Ausgaben für die Sozialhilfe notwendig, die die Finanzkraft der Kommunen belasten.
- Der Staat hat in besseren Zeiten keine Rücklagen für die öffentlich Bediensteten (Beamte) gebildet.

Mindestlohn

Immer mehr Menschen haben zwar Arbeit, können davon aber nicht leben. Eine Möglichkeit zur Lösung dieses Problems ist die Einführung von Mindestlöhnen. Darunter versteht man einen gesetzlich oder tarifvertraglich vorgeschriebenen Lohn, der einen bestimmten, existenzsichernden Betrag nicht unterschreiten darf. Über die Wirkung des Mindestlohns gehen die Meinungen weit auseinander. Die einen sehen darin einen Jobkiller, andere ein Heilmittel zur Beschäftigungssicherung. Seit Anfang des Jahres 2015 ist der **Mindestlohn** auch in Deutschland **gesetzlich vorgeschrieben**. Es gibt aber einige Ausnahmen, unter anderem für unter 18-Jährige ohne Berufsausbildung, Auszubildende und Menschen in Pflichtpraktika oder Praktika unter drei Monaten. Die Unternehmen müssen umfangreiche Aufzeichnungspflichten erfüllen, um den Nachweis der korrekten Handhabung des gesetzlichen Mindestlohns zu erbringen.

12.2.3 Harmonisierung in der Europäischen Union

Die Europäische Union (EU) ist erst rund 30 Jahre alt und hat doch die wirtschaftliche und politische Lage in Europa entscheidend verändert – und zwar so, dass jeder einzelne Bürger persönlich davon nicht unerheblich betroffen ist:

Wo der Bürger von der Europäischen Union profitiert ...

Arbeit	Einkauf	Verkehr	Ausbildung	Gesundheit
• Arbeitnehmerfreizügigkeit • Dienstleistungsfreiheit • soziale Mindeststandards • europ. Betriebsräte • Währungsunion (Euro) • Gleichberechtigung	• Gewährleistungsfristen • Lebensmittelkennzeichnung • Hygienestandards • Interneteinkauf • Einkauf in anderen EU-Staaten	• Rechte im Flugverkehr • günstige Handygebühren • keine Grenzkontrollen • europ. Krankenversicherungskarte	• Schüleraustausch • Auslandsstudium • einheitliche Bildungsabschlüsse & Anerkennung (europass)	• sauberes Trinkwasser • gutes Klima • geringer Straßenlärm • Pestizidverbot • Kosmetik-Zusatzstoffe

Europäischer Binnenmarkt

Der gemeinsame Binnenmarkt der EU-Mitgliedsstaaten ist wahrscheinlich der Bereich, der das Leben der Bürger am stärksten beeinflusst. Von Anfang an ist er ein Grundstein der europäischen Einigung gewesen und ist heute gemessen an seiner Wirtschaftskraft der weltweit größte gemeinsame Markt. Viele der materiellen, technischen, rechtlichen und steuerlichen Hindernisse, die dem freien Verkehr von Personen, Waren, Dienstleistungen und Kapital zwischen den Staaten im Wege standen, sind bereits beseitigt. Die vier Freiheiten des europäischen Binnenmarkts sind:

Freizügigkeit im Personenverkehr

Innerhalb der EU finden in der Regel keine Grenzkontrollen mehr statt, d. h.: freier Verkehr für Personen und Güter.

Jeder Bürger kann in dem Land, in dem er seinen Wohnsitz hat, an den Europa-, aber auch an den Kommunalwahlen teilnehmen (allerdings noch nicht an den Wahlen zu den Parlamenten). Nach dem Diskriminierungsverbot müssen Bürger anderer EU-Staaten genauso behandelt werden wie Inländer.

Europäischer Führerschein und europäischer Reisepass (ePass) erleichtern die Mobiliät in und außerhalb der EU.

Mit dem europass kann man seine Qualifikationen europaweit verständlich darstellen, wenn man z. B. im Ausland eine Arbeit sucht. Schüler und Studenten erhalten besondere Förderung, wenn sie im europäischen Ausland studieren.

Freier Warenverkehr

Keine Zölle/Mengenbeschränkungen bei Warenverkehr in der EU; gegenüber Drittstaaten gilt ein einheitlicher Zolltarif.

Privatpersonen können Waren für den privaten Gebrauch in allen EU-Staaten ohne Formalitäten kaufen und über die Grenzen mitnehmen. Eine Ware, die in einem Mitgliedsland legal auf den Markt gebracht wurde, darf auch in allen anderen EU-Staaten frei verkauft werden. Kein Land kann Sonderprüfungen oder abweichende Regelungen verlangen.

Technische Standards (Normen, Sicherheits- und Schutzbestimmungen, Umweltauflagen) sind großteils vereinheitlicht.

Bei Lebensmitteln ist eine einheitliche Gesetzgebung bei Zusatz- und Konservierungsstoffen, Verpackung und Etikettierung vorgesehen.

Freier Arbeits- und Dienstleistungsverkehr

Die Ausbildungs- und Berufsabschlüsse werden in den EU-Mitgliedsstaaten weitgehend anerkannt.

Die Arbeitsaufnahme ist für jeden EU-Bürger in jedem Mitgliedsland ohne besondere Formalitäten möglich.

Selbstständige können sich in jedem Mitgliedsland niederlassen. Diese Regelung gilt auch für Handwerker, wenn sie mindestens sechs Jahre einen Betrieb geführt haben.

Öffentliche Aufträge müssen (ab einer bestimmten Größenordnung: europaweit) ausgeschrieben werden.

Freier Kapital- und Zahlungsverkehr

Der Kapitalverkehr zwischen den EU-Staaten ist weitgehend liberalisiert.

Finanzdienstleistungen in den anderen Staaten können ohne Einschränkungen in Anspruch genommen werden.

Der Zahlungsverkehr ist durch den einheitlichen europäischen Zahlungsverkehrsraum (SEPA) vereinheitlicht und erleichtert worden.

Grenzüberschreitende Zahlungen werden genauso schnell, einfach, sicher und kostengünstig wie im Inland ausgeführt.

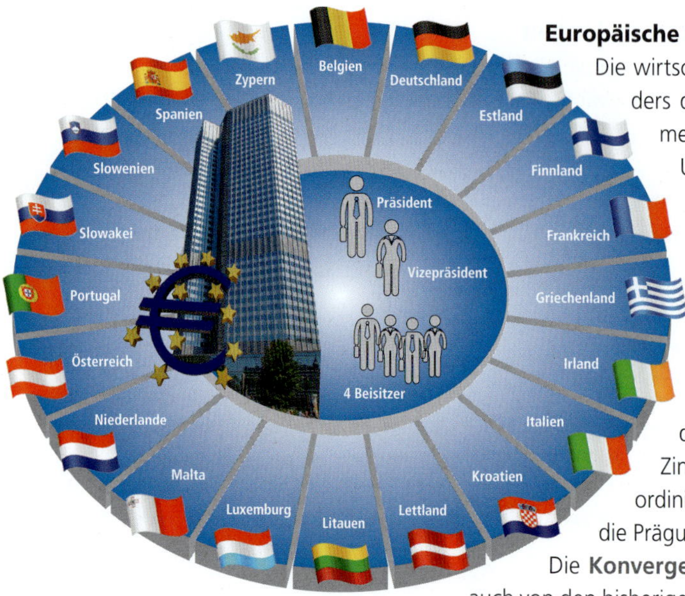

Europäische Wirtschafts- und Währungsunion (EWWU)

Die wirtschaftliche Integration der Mitgliedsstaaten wird besonders deutlich durch die Einführung des **Euro** als gemeinsamer einheitlicher Währung in 20 Staaten der Europäischen Union (vgl. hierzu auch Kap. 11.2).

Die europäische Währungspolitik mit der gemeinsamen Währung ist ein Herzstück der europäischen Integration. Die Währungspolitik basiert auf klaren Grundsätzen und wird von der **Europäischen Zentralbank (EZB)** mit Sitz in Frankfurt am Main ausgeführt. Nach dem Vorbild der Deutschen Bundesbank ist sie unabhängig von Regierungseinflüssen und gewährleistet durch währungspolitische Maßnahmen (insbesondere Zinsentscheidungen) eine stabile Währung. Außerdem koordiniert sie den Druck und die Ausgabe der Banknoten und die Prägung der Münzen in den Mitgliedsstaaten.

Die **Konvergenzkriterien** (siehe S. 241), die sowohl von neuen als auch von den bisherigen Mitgliedern eingehalten werden sollten, sind wiederholt verletzt worden. Dies ist unter anderem ein Grund für die **Finanzkrise** und die Schwächung der Stabilität des Euro.

Europäischer Agrarmarkt

Der gemeinsame Agrarmarkt spielte von Anfang an eine Sonderrolle in der EU, gilt es doch bis heute sowohl hoch industrialisierte als auch stärker landwirtschaftlich strukturierte Volkswirtschaften zu integrieren. Die **Gemeinsame Agrarpolitik (GAP)** ist der älteste Bereich der Gemeinschaftspolitik – und auch der umstrittenste, denn:

- rund 40 % des EU-Haushalts fließen in die Landwirtschaft,
- aber nur 2 % des BIP der EU werden in der Landwirtschaft erwirtschaftet,
- und nur 5 % aller Beschäftigten sind dort tätig.

Schwerpunkte der EU-Agrarpolitik	
50er-Jahre	wirtschaftliche Unabhängigkeit; Versorgungssicherheit
60er- und 70er-Jahre	Beseitigung der Einkommensunterschiede; Erhalt bäuerlicher Familienbetriebe
80er- und 90er-Jahre	Überschussbeseitigung; Umweltschutz; Übergang von Preisstützungen zu Direktzahlungen
1. und 2. Jahrzehnt im 21. Jahrhundert	Entkopplung der Direktzahlungen von der Produktion; Prämien für Flächenstilllegung und Schlachtung; Ausgleichszahlungen; Einhaltung von Standards (Umwelt- und Tierschutz, Lebensmittelsicherheit)

Regional- und Strukturpolitik

Durch die Regional- und Strukturpolitik der Europäischen Union werden ärmere oder besonders vom Strukturwandel betroffene Regionen in der EU unterstützt, um ihnen dabei zu helfen, den Rückstand aufzuholen. Die Ursache dafür ist oft die ungünstige wirtschaftsgeografische Lage der Region. Zu diesen Regionen gehören auch die neuen Bundesländer, bei denen erschwerend hinzukommt, dass sie erst seit 1990 in das westliche Wirtschaftssystem eingegliedert wurden. Solchen Regionen – deren Anzahl und Flächengröße durch den Beitritt der mittel- und osteuropäischen Staaten stark zugenommen hat – wird eine spezielle Strukturhilfe gewährt, sodass ihre wirtschaftliche Leistungsfähigkeit angeglichen wird, regionale Unterschiede zurückgehen und eine harmonische Entwicklung der Gemeinschaft als Ganzes gefördert wird.

ÜBERBLICK

WIRTSCHAFTSPOLITISCHE ZIELE UND KONJUNKTUR

Die Ziele der **Wirtschaftspolitik** sind	• Vollbeschäftigung • Preisniveaustabilität • außenwirtschaftliches Gleichgewicht • stetiges und angemessenes Wirtschaftswachstum	lt. Stabilitätsgesetz = **„magisches Viereck"**	zwischen diesen Zielen kann es zu Zielkonflikten kommen = **„magisches Sechseck"**
	• lebenswerte Umwelt • gerechte Einkommens- und Vermögensverteilung	neu hinzugekommene Ziele	
Die **Instrumente**, um die Ziele zu erreichen sind	• **Konjunkturpolitik** (nachfrage- und angebotsorientiert) • **Strukturpolitik** • **Geldpolitik** (Zins- und Liquiditätspolitik) • **Sozialpolitik** (soziale Sicherung, Chancengleichheit, Schutz der Arbeitnehmer)		
Die **Harmonisierung** in der EU	• hat bereits viele Hindernisse im **Binnenmarkt** beseitigt • steckt beim **Agrarmarkt** in einer dauerhaften Krise • ist mit dem **Euro** geglückt (aber Verschuldungskrise!) • schreitet durch **Regional- und Strukturpolitik** voran		

	Wie fit sind Sie beim Thema „Wirtschaftspolitische Ziele und Konjunktur"?	Inhaltsbezug Seite
1	a) Nennen Sie die Ziele des „magischen Sechsecks". b) Geben Sie an, welche Zielerreichung jeweils wünschenswert ist und wie es mit der tatsächlichen Zielerreichung aktuell aussieht. c) Was ist „magisch" am wirtschaftspolitischen Viereck bzw. Sechseck? d) Nennen Sie Beispiele für Zielkonflikte in der Wirtschaftspolitik.	258–260
2	Beschreiben Sie anhand der Veränderung des BIP in Prozent den Konjunkturverlauf in Deutschland in den letzten zehn Jahren (siehe Grafik „Die Leistung unserer Wirtschaft" auf S. 254). In welchen Jahren gab es eine Hochkonjunktur und wann ein Konjunkturtief?	261
3	a) Mit welchen Instrumenten nimmt die Wirtschaftspolitik Einfluss auf das Wirtschaftsgeschehen? b) Welche Wirkung hat eine Erhöhung der Massenkaufkraft auf die Wirtschaftsentwicklung? Gibt es Unterschiede in der Beurteilung aus nachfrage- bzw. angebotsorientierter Sicht? c) Welche Möglichkeiten hat die Europäische Zentralbank, um die Geldversorgung der Wirtschaft zu beeinflussen?	261–264
4	a) Nennen Sie die Gründe für die Kostenexplosion im Sozialsystem. b) Erläutern Sie den Generationenvertrag und geben Sie an, welche Probleme sich aus ihm ergeben. c) Wie erklärt sich, dass es in Deutschland ein „Armutsproblem" gibt? d) Diskutieren Sie die Vor- und Nachteile von Mindestlöhnen.	264
5	a) Nennen Sie mindestens fünf Beispiele für vorteilhafte Regelungen in der EU, von denen Sie auch persönlich profitieren können. b) Welche Erfolge der europäischen Integration sehen Sie im Binnenmarkt, in der Währungsunion, im Agrarmarkt und in der Regional- und Strukturpolitik?	265–266

Ein Wegweiser durch den „Steuerdschungel" – allerdings ohne Anspruch auf Vollständigkeit

12.3 Finanzierung der staatlichen Aufgaben

Einerseits zahlt niemand gerne Steuern und auf der anderen Seite sind die Aufgaben, die der Staat bewältigen soll, schier endlos.
- Wie viele Steuern gibt es eigentlich und wie ergiebig sind diese?
- An welche Tatbestände knüpft die Erhebung von Steuern an?
- Welche Steuereinnahmen fließen an Bund, Länder und Gemeinden und wie werden diese aufgeteilt?
- Hat der Staat darüber hinaus noch andere Einnahmen?
- Gibt es sogar „heimliche" Steuern?
- Was versteht man unter dem vertikalen und dem horizontalen Finanzausgleich?
- Welche Aufgaben werden bei Bund, Ländern und Gemeinden mit den Steuern finanziert?

12.3.1 Arten der Staatseinnahmen

Das Zusammenleben von Menschen in einem Staat erfordert die Finanzierung vielfältiger öffentlicher Aufgaben und Maßnahmen, die der Einzelne nicht allein (z. B. Straßenbau, Verteidigung) oder nur zu ungleich höheren Kosten (z. B. Bildung, Sicherheit) erbringen kann.

Einerseits nehmen die Bürger das breit gefächerte Leistungsangebot des Staates gerne in Anspruch und verlangen nach immer mehr Leistungen, andererseits zahlt kein Bürger gerne Steuern und andere öffentliche Abgaben, die der Staat zur Finanzierung seiner Aufgaben erhebt.

Je nach Einkommen, Konsumgewohnheiten und sozialem Status (Kinderzahl, Alter) werden die Bürger sehr unterschiedlich mit Steuern und anderen Abgaben belastet.

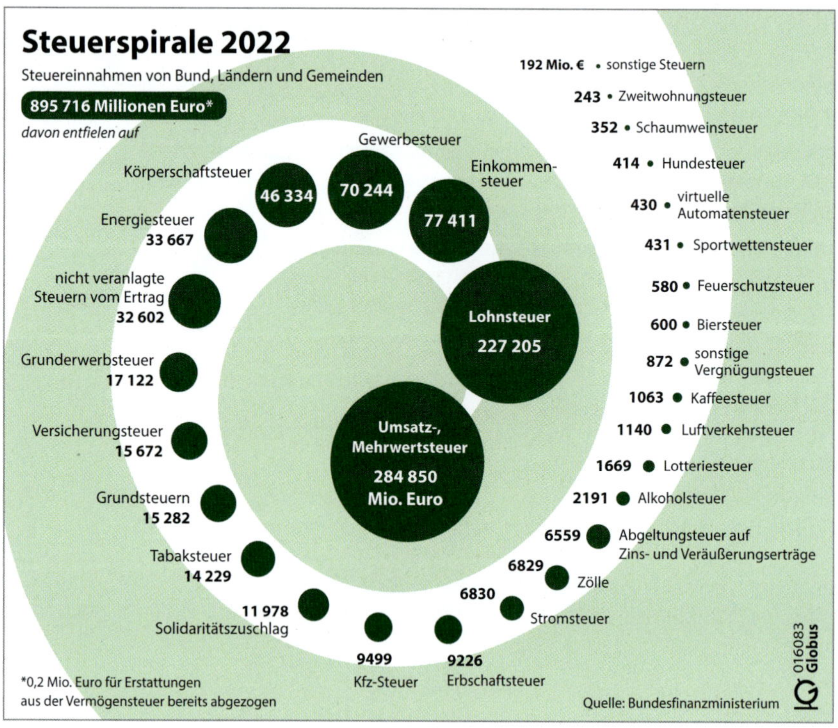

Steuern

Gemäß Abgabenordnung (AO) sind Steuern Abgaben, für die gilt:
- sie sind Zwangsabgaben,
- sie begründen keinen Anspruch auf Gegenleistung,
- sie sind nicht zweckgebunden,
- sie dienen nicht ausschließlich der Erzielung von Einnahmen.

Zurzeit werden in der Bundesrepublik über 40 verschiedene Steuern erhoben. Diese brachten dem Staat (Bund, Länder und Gemeinden) 2022 Einnahmen in Höhe von rund 896 Milliarden €. Die Ergiebigkeit der Steuern ist aber sehr unterschiedlich. Während die zehn wichtigsten Steuern über 90 % des gesamten Steueraufkommens ausmachen, erbringen die „kleinen" Steuern den Rest – und dies bei einem enormen Verwaltungsaufwand.

Zölle – Gebühren – Beiträge

- **Zölle** sind Abgaben, die auf Waren im grenzüberschreitenden Verkehr erhoben werden. Sie dienen als Einnahmequelle des Staates bei im Inland begehrten Gütern (z. B. Kaffee) oder als Schutz der heimischen Wirtschaft.
- **Gebühren** werden für öffentliche Leistungen erhoben, die der Staat für den einzelnen Bürger erbringt (= individuelle Leistungen), wobei Gebühr und öffentliche Leistung sich im Wert nicht entsprechen müssen. Beispiele sind: Müllgebühren, Kfz-Zulassung, Eintrag ins Grundbuch.
- **Beiträge** werden erhoben für öffentliche Leistungen, die der Staat allen oder einer bestimmten Gruppe von Bürgern zur Verfügung stellt (= kollektive Leistungen). Auch wenn die Leistung vom Einzelnen nicht oder nur teilweise in Anspruch genommen wird, muss er die Beiträge in voller Höhe zahlen (z. B. Krankenkassenbeiträge, Erschließungsbeiträge für Grundstücke).

Sonstige Einnahmen des Staates

- Der Staat betätigt sich selbst als **Unternehmer** oder ist an Firmen beteiligt: z. B. Deutsche Bahn, Deutsche Post, KfW-Bank, Volkswagen AG, Salzgitter AG.
- Neben den regulären Steuern gibt es noch eine Reihe von steuerähnlichen **Sonderabgaben**, die auf bestimmte Waren oder Leistungen erhoben werden oder an bestimmte wirtschaftliche Gegebenheiten anknüpfen. Dazu gehören auch Ergänzungsabgaben, die aus konjunkturpolitischen Gründen erhoben werden, oder der Solidaritätszuschlag zur Finanzierung der deutschen Wiedervereinigung.
- Soweit die Ausgaben die Einnahmen übersteigen, muss der Staat **Kredite** aufnehmen. Allerdings ist diese Art der Finanzierung nicht unproblematisch wegen der zunehmenden Höhe der „öffentlichen Verschuldung".

Info
Seit 2021 entfällt der Solidaritätszuschlag bis zu einem zu versteuernden Einkommen von 61.717 € im Grundtarif und im Splittingtarif dem doppelten Betrag. Das betrifft etwa 90 % der Einkommensbezieher.

12.3.2 Erhebung der Staatseinnahmen

Bei der Erhebung der Steuern knüpft der Staat an sehr verschiedene Steuertatbestände an, um genügend Geld in seine Kassen zu bekommen, z. B.:

- **Autofahren:** Kfz-Steuer, Mineralölsteuer
- **Geldverdienen:** Lohn- und Einkommensteuer
- **Konsumieren:** Umsatzsteuer
- **Vergnügen:** Biersteuer, Vergnügungssteuer, Tabaksteuer, Hundesteuer u. v. a. m.

Aufgrund des **vertikalen Finanzausgleichs** stehen den Gebietskörperschaften (Bund, Länder und Gemeinden) bestimmte Steuern alleine zu. Einige sehr ergiebige Steuern jedoch werden nach politisch ausgehandelten Schlüsseln aufgeteilt (Gemeinschaftssteuern). Insbesondere zur Stärkung der neuen Bundesländer ist der Anteil der Länder an der Umsatzsteuer erhöht worden. Die Gemeinden in den alten Bundesländern beteiligen sich an diesem Ausgleich durch eine höhere Gewerbesteuerumlage.

Durch den **horizontalen Finanzausgleich** zwischen den Bundesländern ist geregelt, dass steuerstarke Länder einen Teil ihrer Einnahmen an steuerschwache Länder abführen. Manche Bundesländer sind aufgrund ihrer Größe, Lage und Infrastruktur in ihrer Wirtschaftskraft stärker und haben dadurch höhere Steuereinnahmen. Andere Bundesländer sind beispielsweise sehr ländlich strukturiert und haben wenig oder eine nur sehr einseitig ausgerichtete Industrie, die unter Umständen noch subventionsbedürftig ist.

Indirekte Steuern werden auch als „heimliche" Steuern bezeichnet. Beim Einkaufen zahlt man indirekte Steuern, ohne sich dieser Tatsache bewusst zu sein. Der Käufer zahlt diese Steuer durch einen Preisaufschlag an den Verkäufer, und dieser leitet die Steuer an das Finanzamt weiter. Die Höhe der im Laufe eines Monats oder Jahres gezahlten Steuer bleibt dabei unbekannt.

Die ergiebigste indirekte Steuer ist die **Umsatzsteuer** (auch **Mehrwertsteuer** genannt) auf fast alle Waren und Dienstleistungen. Bei der Umsatzsteuer werden unterschiedliche Prozentsätze angewendet:

- **Normalsatz (19 %):** für fast alle Waren und Dienstleistungen
- **ermäßigter Satz (7 %):** für die meisten Lebensmittel, gedruckte/digitale Bücher und Zeitschriften, Blumen, Tiernahrung und bestimmte Hygieneartikel
- **umsatzsteuerfrei (0 %):** Arzt- und Zahnarztleistungen, Mieten und Grundstückskäufe/-verkäufe, Postdienste (aber nur für Endverbraucher), Bank- und Versicherungsdienste, Glücksspielgewinne und, ganz wichtig: Verkäufe unter Privatpersonen

Die **direkten Steuern** werden dagegen im Allgemeinen unter Berücksichtigung der persönlichen Verhältnisse des Steuerzahlers erhoben. Sie sind direkt vom Steuerpflichtigen zu zahlen. Allerdings sind die Lohnsteuer und die Abgeltungssteuer sogenannte Quellensteuern, d. h. sie werden vom Arbeitgeber bzw. vom Geldinstitut, also an der Quelle, einbehalten und an das Finanzamt überwiesen.

Die Steuern werden im Allgemeinen nach drei verschiedenen Merkmalen eingeteilt:

Einteilung der Steuern

Steuergegenstand Was wird besteuert?	**Erhebungshoheit** Wer besteuert?	**Erhebungsart** Wie wird besteuert?
Besitzsteuer (besteuert wird der Besitz oder das Einkommen = werdender Besitz) • Lohn- und Einkommensteuer • Körperschaftssteuer • Gewerbesteuer • Grundsteuer	**Bundessteuern** (beansprucht der Bund für sich allein) • Energiesteuer • Tabaksteuer • Kfz-Steuer	**direkte Steuern** (werden vom Steuerpflichtigen direkt an das Finanzamt gezahlt) • Lohn- und Einkommensteuer (die Tatsache, dass der Arbeitgeber die Steuer an das Finanzamt überweist, stellt nur eine Erleichterung der Steuereinziehung dar) • Grundsteuer
Verkehrssteuer (besteuert werden rechtliche und wirtschaftliche Vorgänge) • Umsatzsteuer • Grunderwerbssteuer • Kfz-Steuer • Vergnügungssteuer • Lotteriesteuer • Versicherungssteuer	**Ländersteuern** (erhalten die Bundesländer) • Biersteuer • Gewerbesteuer	**indirekte Steuern** (werden in den Warenpreis einkalkuliert; der Unternehmer zahlt die Steuer, „wälzt" sie aber über den Preis auf die Kunden ab) • Umsatzsteuer • Energiesteuer • Tabaksteuer
Verbrauchssteuer (besteuert wird die Höhe des Verbrauchs bestimmter Waren im Inland) • Energiesteuer • Tabaksteuer • Biersteuer	**Gemeindesteuern** (erhalten die Gemeinden) • Grundsteuer • Hundesteuer • Gewerbesteuer	
	Gemeinschaftssteuern (werden nach bestimmten Prozentschlüsseln auf die drei Körperschaften verteilt) • Lohn- und Einkommensteuer • Umsatzsteuer • Körperschaftssteuer	
	Kirchensteuer (wird vom Staat für die Kirchen einbehalten und an diese abgeführt)	

12.3.3 Verwendung der Staatseinnahmen

Mithilfe der Steuern und sonstiger öffentlicher Abgaben finanziert der Staat wichtige Maßnahmen. Entsprechend der Aufgabenverteilung im Grundgesetz hat der Bund die höchsten finanziellen Lasten zu tragen:

Finanzierung öffentlicher Aufgaben

Aus den Haushaltsplänen der drei Gebietskörperschaften (Bund, Länder und Gemeinden) lässt sich ersehen, wozu die Einnahmen verwendet werden.

Die wichtigsten öffentlichen Aufgaben

Bund	Länder	Gemeinden
• soziale Sicherung • Wissenschaft und Forschung • Verteidigung • Verkehrswesen/Straßenbau (Autobahnen, Bundesstraßen) • Wirtschaftsförderung • Entwicklungshilfe • auswärtige Angelegenheiten	• Hochschulen/Universitäten • Gesundheitswesen • Jugend/Sport • Verkehrswesen/Straßenbau (Landstraßen) • sozialer Wohnungsbau • Sozialeinrichtungen • öffentliche Sicherheit (Polizei)	• Sozialhilfe/Gesundheitswesen • Bau- und Wohnungswesen • Schulen/kulturelle Aufgaben • Theater, Schwimmbäder usw. • Straßenbau (Gemeindestraßen) • öffentliche Einrichtungen (Wasserversorgung, Kläranlagen, Müllabfuhr, Feuerwehr)

Finanzierung konjunkturpolitischer Maßnahmen

Aufgrund des Stabilitätsgesetzes kann der Staat zur Beeinflussung der Konjunktur Steuern erhöhen oder senken oder seine Staatsausgaben (z. B. Subventionen für Unternehmen bzw. Transferzahlungen an private Haushalte) entsprechend dem konjunkturellen Bedarf antizyklisch anpassen (vgl. Abschnitt 12.2.2).

Finanzierung sozialpolitischer Maßnahmen

Durch die Gestaltung des Steuertarifs nimmt der Staat Einfluss auf die Einkommensverteilung. So zahlen Besserverdiener prozentual mehr Steuern als Geringverdiener. Einkommen bis zum Existenzminimum bleiben steuerfrei. Für Kinder werden zusätzlich Freibeträge gewährt.

Steuern als Lenkungsinstrument

Mithilfe von Steuern versucht der Staat, das Konsumverhalten seiner Bürger zu beeinflussen. So soll mit einer Erhöhung der Tabaksteuer das Rauchen eingeschränkt werden und eine drastische Erhöhung der Mineralölsteuer könnte bewirken, dass mehr Bürger auf öffentliche Verkehrsmittel umsteigen. Mithilfe von Ökosteuern (z. B. auf Einwegflaschen) soll ein umweltbewussteres Verhalten erreicht werden.

offener haushalt

Open Data Portale

Es gibt immer mehr Portale im Internet, in denen staatliche Institutionen Informationen für die Bürger einstellen, um damit eine größere Transparenz zu erreichen. Der Bundeshaushalt wird z. B. erklärt auf:
https://www.bundeshaushalt.de/DE/Erklaerwelt/erklaerwelt.html

ÜBERBLICK

FINANZIERUNG DER STAATLICHEN AUFGABEN

Arten von Staatseinnahmen
- Steuern
- Zölle
- Gebühren
- Beiträge
- Kreditaufnahme
- Einnahmen aus Unternehmertätigkeit

Steuern, Zölle: **ohne** direkte Gegenleistung
Gebühren, Beiträge: **mit** direkter Gegenleistung

Erhebung von Steuern
- **Was** wird besteuert? – Besitz-, Verkehrs-, Verbrauchssteuern
- **Wer** besteuert? – Bund, Länder, Gemeinden
- **Wie** wird besteuert? – direkte/indirekte Steuern

Verwendung der Staatseinnahmen für
- Soziale Sicherung
- Bildung, Forschung & Wissenschaft
- Verteidigung & Sicherheit (Polizei)
- Verkehrswesen, Straßenbau
- Gesundheitswesen
- Öffentliche Einrichtungen
- Kultur

aufgeteilt auf die Gebietskörperschaften Bund, Länder und Gemeinden

	Wie fit sind Sie beim Thema „Finanzierung der staatlichen Aufgaben“?	Inhaltsbezug Seite
1	a) Warum ist es notwendig, dass der Staat von seinen Bürgern Steuern erhebt? b) An welche Tatbestände knüpft die Erhebung von Steuern an?	268–269
2	Arbeiten sie mit der „Steuerspirale 2022“ auf Seite 268: a) Welches sind danach die fünf einnahmestärksten Steuern? b) Wie viel Prozent machen diese fünf Steuern vom gesamten Steueraufkommen aus?	268
3	Grenzen Sie folgende Staatseinnahmen inhaltlich voneinander ab: a) Steuern, b) Zölle, c) Gebühren, d) Beiträge.	268–269
4	Erklären Sie den Unterschied zwischen a) vertikalem und horizontalem Finanzausgleich, b) direkten und indirekten Steuern.	269–270
5	Was ist mit „Gemeinschaftssteuern“ gemeint?	269–270
6	Steuern sind grundsätzlich nicht zweckgebunden, sie fließen alle in einen großen Topf. Wäre es Ihrer Meinung nach nicht sinnvoll, zum Beispiel die Kfz-Steuer und die Mineralölsteuer ausschließlich für den Straßenbau zu verwenden?	268–271
7	Ein Besserverdienender zahlt erheblich mehr Einkommensteuer als ein Geringverdiener. Wie beurteilen Sie in dieser Hinsicht die Situation bei der Umsatzsteuer?	269–270
8	Nennen Sie öffentliche Aufgaben und ordnen Sie zu, ob der Bund, die Länder oder die Gemeinden diese Aufgaben erledigen müssen.	271
9	Rufen Sie die Internetseite www.bundeshaushalt.de des Finanzministeriums auf: a) Sowohl die Einnahmen als auch die Ausgaben sind nach Einzelplänen, Gruppen und Funktionen dargestellt. Was bedeuten die Einteilungen? b) Stellen Sie fest, wie hoch die Einnahmen bzw. Ausgaben im aktuellen Jahr (in Millionen Euro) sind. c) Wie hoch ist der Anteil der Steuern an den Gesamteinnahmen in Prozent? d) Wie hoch ist der Anteil des Ministeriums für Arbeit und Soziales an den Gesamtausgaben in Prozent?	

12.4 KTB – Kompetenzorientierte Themenbearbeitung I

1 Wertschöpfung

Forstbetrieb

Sägewerk

Tischlerei

a) Erläutern Sie anhand der dargestellten Produktionsstufen den Prozess der Wertschöpfung.

b) Welche Produkte sind in diesem Beispiel Vorleistungen, die nicht doppelt gezählt werden dürfen?

2 BIP – Entstehungsrechnung

Aus der Grafik (rechts) geht hervor, dass sich das BIP seit der Wiedervereinigung bis heute weit mehr als verdoppelt hat.

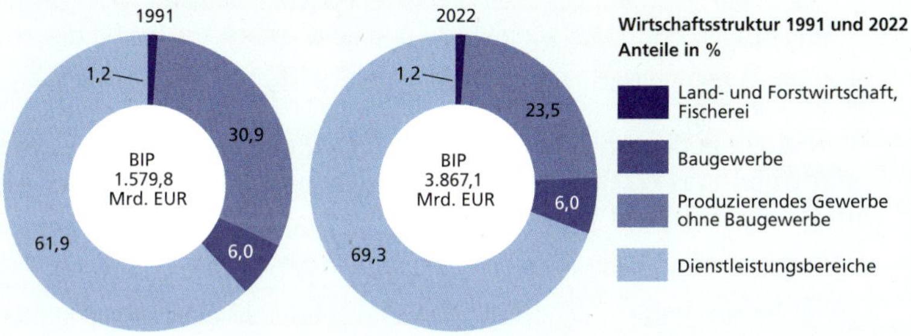

a) Hat sich in diesem Zeitraum der absolute Anteil von Land-, Forstwirtschaft und Fischerei tatsächlich halbiert?

b) Wie ist es zu erklären, dass der Dienstleistungsbereich in dieser Zeit absolut und prozentual weiter angestiegen ist?

3 BIP – Verteilungsrechnung

Suchen Sie auf der Internetseite des Statistischen Bundesamtes (www.destatis.de) nach der Veröffentlichung „Wichtige Zusammenhänge im Überblick 2022" (Stand: Januar 2023).

a) Berechnen Sie in einer Excel-Tabelle nach den Daten der Veröffentlichung (S. 9 im PDF) mithilfe der Verteilungsrechnung das Volkseinkommen ausgehend vom Bruttoinlandsprodukt.

b) Wie hoch ist der Anteil der Arbeitnehmereinkommen bzw. der Unternehmens- und Vermögenseinkommen am Volkseinkommen (zu den Prozentsätzen siehe die Grafik „Die Leistung unserer Wirtschaft", S. 254).

c) Stellen Sie anhand der Veröffentlichung fest, wie sich die Lohnquote in den letzten sechs Jahren entwickelt hat und erklären Sie, was unter der un-/bereinigten Lohnquote zu verstehen ist.

	Bruttoinlandsprodukt (BIP)	
–	ins Ausland gezahlte Einkommen	
+	aus dem Ausland erhaltene Einkommen	
=	**Bruttonationaleinkommen**	
–	Abschreibungen	
=	**Nettonationaleinkommen**	
–	Produktions- und Importabgaben	
+	Subventionen an unternehmen	
=	**Volkseinkommen**	
→	Arbeitnehmereinkommen ___%	
→	Unternehmens- & Vermögenseink. ___%	

4 Human Development Index (HDI)

Dieser Index wird seit 1990 jährlich für (aktuell) 191 Länder von der UN veröffentlicht.

a) Stellen Sie mithilfe des Internets fest, aus welchen drei Komponenten der Index berechnet wird.

b) Erstellen Sie eine Excel-Tabelle, tragen Sie Rank und HDI für die genannten Länder ein und sortieren Sie die Tabelle nach dem Rank (entnehmen Sie die Daten aus www.hdr.undp.org).

c) Welche Kritikpunkte gibt es zu diesem Index?

	Rank	HDI
China		
Deutschland		
Indien		
Niger		
Norwegen		
Polen		
Türkei		

12.4 KTB – Kompetenzorientierte Themenbearbeitung II

Die ersten beiden Szenarien für Deutschland sind frei erfunden. Sie könnten so oder in Teilen zwar tatsächlich eintreten – für die hier geforderte Analyse und Beurteilung spielt das aber keine Rolle.

1 Szenario I: Deutschlands Konjunkturlokomotive steht unter Volldampf, Boom am Arbeitsmarkt, Exportrekord, die Unternehmen investieren, die Verbraucher konsumieren, die Zinsen sind auf einem Rekordtief.

a) Beschreiben Sie die Konjunkturphase, in der sich die Wirtschaft nach diesem Szenario befindet.

b) Das Ziel hoher Beschäftigung ist augenscheinlich erreicht. Welche Probleme können sich längerfristig ergeben, wenn der Arbeitsmarkt leergefegt ist?

c) Das Ziel einer ausgeglichenen Handelsbilanz ist durch den hohen Exportüberschuss klar verfehlt. Die ausländischen Handelspartner kritisieren dies vehement.
- Was kann die deutsche Regierung tun, um das Ungleichgewicht zu reduzieren?
- Mit welchen Gegenmaßnahmen der Handelspartner muss ggf. gerechnet werden?
- Welche Wirkung hätte in dieser Situation ein stärkerer Euro gegenüber dem Dollar?

d) Begründen Sie, warum es unter den beschriebenen Bedingungen sehr wahrscheinlich ist, dass es zu inflationären Tendenzen kommt. Was können EZB und Bundesbank tun, damit dies nicht eintritt?

e) Welche Vor- und Nachteile bestehen für die Wirtschaft und für Privatleute durch niedrige Zinsen?

2 Szenario II: In diesem Szenario wird Deutschland als der „kranke Mann Europas" beschrieben: relativ geringes Wachstum unter 0,6 % (teilweise sogar negativ), Arbeitslosigkeit über 12 %, Inflationsrate über 4 %.

a) Wie beurteilen Sie die wirtschaftliche Lage in diesem Szenario im Hinblick auf die Ziele des Stabilitätsgesetzes?

b) Welche nachfrage- und/oder angebotsorientierten Maßnahmen könnte die Regierung in dieser depressiven Konjunkturphase ergreifen?

c) Warum wird es für die Gewerkschaften unter den gegebenen Umständen schwierig, höhere Löhne durchzusetzen?

d) Aufgrund niedriger Löhne sind auch die Lohnstückkosten relativ günstig. Welche Bedeutung hat das für die Wettbewerbsfähigkeit des Landes?

e) Welche Maßnahmen der Geldpolitik könnten den angestrebten Konjunkturaufschwung begünstigen?

3 Szenario III: Der Bund der Steuerzahler hat errechnet, dass die Bundesbürger über die Hälfte des Jahres arbeiten, nur um die Steuern und Sozialabgaben zu erwirtschaften.

a) Rufen Sie die Internetseite (www.steuerzahler.de) auf und stellen Sie fest, auf welches Datum der sogenannte „Steuerzahlergedenktag" im aktuellen Jahr fällt.

b) Halten Sie die Argumentation, dass die Abgabenlast zu hoch sei, für stichhaltig, wenn Sie bedenken, was mit dem Geld finanziert wird?

c) Welche Argumente sprechen für die Abschaffung des Solidaritätszuschlages und der „kalten Progression" sowie die Senkung der Grundsteuer?

4 Die Höhe der Altersrente ist ein gesellschaftliches Dauerthema: Reichen die Beiträge der arbeitenden Bevölkerung zur Deckung der Altersrenten?

a) Erläutern Sie kurz den „Generationenvertrag" und welche Rolle der Demografie-Faktor dabei eine Rolle spielt.

b) Welche Möglichkeiten hat jeder Einzelne, die Versorgungslücke im Alter zu schließen?

5 Viele Leute sind skeptisch, wie es mit der EU und dem Euro weitergeht. Dazu kommt das Problem der Integration von Zuwanderern.

a) Welche Vorteile sehen Sie in der deutschen EU-Mitgliedschaft? Was haben Sie persönlich vom EU-Binnenmarkt?

b) Wie beurteilen Sie die einheitliche Währung Euro in neunzehn Ländern der EU?

c) Sehen Sie ein Problem darin, wenn die EU als Ganzes (ca. 500 Mio. Einwohner) eine Million Zuwanderer aufnimmt und diese integriert?

KOMPETENZBEREICH IV:
Berufliche Selbstständigkeit

13

MOTIVE, CHANCEN UND RISIKEN DER SELBSTSTÄNDIGKEIT

13.1 Unternehmensziele

Tobias Marx hat als Schreiner seinen Meisterbrief in der Tasche. Er überlegt, wo er jetzt arbeiten soll. Ihm liegt ein Angebot seines früheren Arbeitgebers Schreinerei Meninger vor. Er hat aber auch die Möglichkeit, in der Schreinerei des Stadttheaters zu arbeiten. Außerdem hat er in der Zeitung eine Anzeige gelesen, dass eine Genossenschaftsbank einen Schreiner und Planer für die Ausgestaltung ihrer Filialen sucht. Tobias fragt sich:

- Welche Ziele verfolgt sein früherer Arbeitgeber, die Schreinerei Meninger?
- Hat die Schreinerei im Theater andere Ziele? Und wenn ja, welche?
- Wie sehen die Ziele der Genossenschaftsbank aus?
- Welche dieser Unternehmensziele lassen sich am besten mit seinen persönlichen Vorstellungen und Zielen vereinbaren?

13.1.1 Ziele von erwerbswirtschaftlichen Unternehmen

Herr Meninger verdient mit seiner Schreinerei den Lebensunterhalt für sich und seine Familie. Es ist klar, dass er an einem möglichst hohen **Gewinn** interessiert ist.

Gewinn = Nettoverkaufserlöse minus Selbstkosten

So wie Schreinermeister Meninger verhalten sich alle privaten (erwerbswirtschaftlichen) Betriebe. Sie versuchen, möglichst hohe Gewinne zu erzielen. Dieses Verhalten ist aus ökonomischer Sicht gerechtfertigt, denn der Gewinn soll

- die **Arbeitsleistung** des Unternehmers entlohnen,
- das eingesetzte **Kapital verzinsen** und
- das **Investitionsrisiko** belohnen.

Wie kann der Gewinn gesteigert werden?

Herr Meninger kann nicht einfach die Preise für seine Produkte und seine Arbeit immer weiter erhöhen. Dies erlauben ihm seine Konkurrenten nicht, da diese dann preiswerter wären und die Kunden bei ihnen kaufen würden.

Wenn Herr Meninger sich vom Preisvergleich mit der Konkurrenz abheben und trotzdem am Markt erfolgreich sein will, muss er Folgendes anstreben:

- die **Wünsche der Kunden** beachten, d. h. er muss die Qualität und Attraktivität seiner Produkte und Dienstleistungen gewährleisten.
- die **Arbeitsbedingungen und Arbeitsplätze der Mitarbeiter** sicher, human und attraktiv gestalten, unter folgenden Gesichtspunkten: Vereinbarkeit von Familie und Beruf, gerechte Entlohnung sowie Einräumung von Mitbestimmungs- und Mitwirkungsrechten.
- den Aufbau eines guten Rufs (**Image**) für sein Unternehmen.
- die **betrieblichen Abläufe** immer optimal aufeinander abstimmen.
- die **Kosten** immer genau beobachten und nachrechnen, z. B. durch eine Zwischen- und Nachkalkulation jedes Auftrags, damit bei zu hohen Kosten sofort entsprechende Maßnahmen ergriffen werden können.

Aber auch **ökologische Ziele** können in den Zielkatalog aufgenommen werden, z. B.:

- umweltfreundliche Produkte
- umweltfreundliche Produktion
- Senken von Emissionen
- schonender/nachhaltiger Ressourcenverbrauch
- korrekte Entsorgung von Abfallprodukten
- Energieeffizienz

13.1.2 Ziele von öffentlichen Unternehmen

Im Gegensatz zu den privaten Betrieben sind öffentliche (gemeinwirtschaftliche) Unternehmen nicht gewinnorientiert, sondern haben als oberstes Ziel das Allgemeinwohl. Sie liegen deshalb in den Händen von Bund, Ländern, Gemeinden oder Zweckverbänden.

Insbesondere im Dienstleistungsbereich sorgt der Staat dafür, dass alle Bürger in den Genuss einer **Grundversorgung** kommen (z. B. Wasser, Strom). Ziel ist es, die Bevölkerung gleichmäßig und kostengünstig mit Gütern und Leistungen zu versorgen, die sonst nicht oder nicht zu diesem „günstigen" Preis angeboten werden könnten. Besonders Aufgaben, die keinen oder wenig Gewinn bzw. sogar Verluste bringen, werden von öffentlichen Unternehmen übernommen. Ihre Ziele sind je nach Bereitstellung der Leistung unterschiedlich:

Ziele	Bedarfsdeckung	Kosten- und Verlustminimierung	Kostendeckung	angemessener Gewinn
Aufgaben	Öffentliche Unternehmen/Einrichtungen stellen Leistungen bereit, …			
	… unabhängig davon, ob deren Kosten nicht oder nur zu einem Teil von den Abnehmern bezahlt werden können.	… deren Kosten nicht vollständig durch die Einnahmen gedeckt werden. Über Steuereinnahmen wird der Rest finanziert.	… deren Preise zu Erträgen führen sollen, die die Kosten decken. Es liegt keine Gewinnabsicht vor.	… deren Preise zu einem angemessenen Gewinn führen, den die Verwaltung zum Verlustausgleich anderer öffentlicher Unternehmen verwendet.
Beispiele	Gas, Wasser, Abwasser	öffentliche Verkehrsmittel, Theater, Museen	Müllabfuhr, Wasserwerke, öffentliche Bäder, Bibliotheken	Wasser- und Energieversorgungsbetriebe

Trotzdem sollten neben der Bereitstellung von Leistungen auch betriebswirtschaftliche Erkenntnisse wie Wirtschaftlichkeit und Effektivität durch das Management der öffentlichen Unternehmen berücksichtigt werden, in Verbindung mit Transparenz und Bürgernähe.

13.1.3 Ziele von Genossenschaften

In Genossenschaften haben sich Gleichgesinnte zusammengefunden, um gemeinsam wirtschaftliche Ziele zu verfolgen. Nicht das Streben nach Gewinn, sondern das Prinzip der **Selbsthilfe, Selbstverwaltung und Selbstorganisation** steht im Vordergrund. Die Genossenschaften übernehmen bestimmte Funktionen für ihre Mitglieder.

Zentralgenossenschaften
Zur gegenseitigen Unterstützung schließen sich Genossenschaften auch häufig zusammen, um dadurch als noch stärkere Wirtschaftseinheit auftreten und im wirtschaftlichen Wettbewerb besser bestehen zu können.

Allgemein werden folgende **Arten** unterschieden:

Genossenschaft	Funktion	Beispiel
Kreditgenossenschaft	günstige Kreditgewährung	Raiffeisen- und Volksbanken
Rohstoffgenossenschaft	gemeinsamer Einkauf von Rohstoffen	gewerbliche Wirtschaft
Absatzgenossenschaft	gemeinschaftlicher Verkauf	Winzergenossenschaften
Produktivgenossenschaft	Herstellung und Verkauf auf gemeinsame Rechnung	Molkereien
Konsumgenossenschaft	gemeinsamer Einkauf für Endverbraucher	Edeka
Einkaufsgenossenschaft	gemeinsamer Einkauf von Waren für Einzelhändler	Bäcker
Baugenossenschaft	Herstellung von günstigen Wohnungen und Häusern	örtliche Bauvereine

ÜBERBLICK

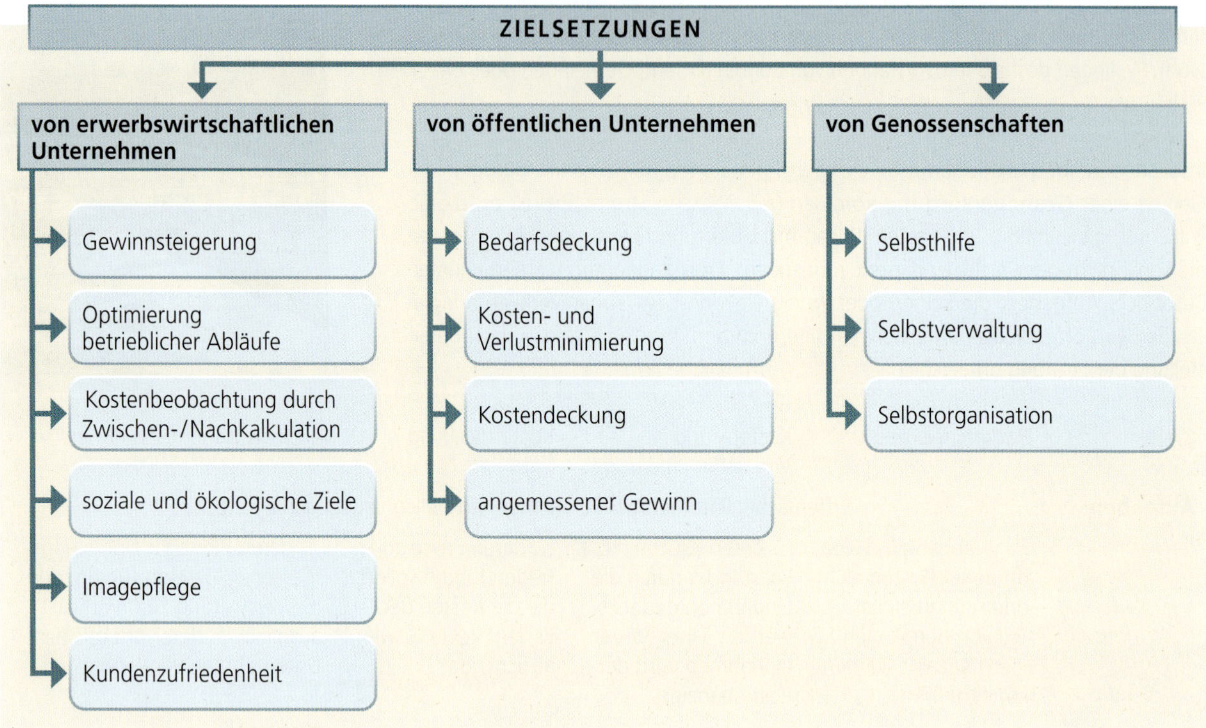

	Wie fit sind Sie beim Thema „Unternehmensziele“?	Inhaltsbezug Seite
1	Welche Ziele verfolgt ein Unternehmer mit dem Vorhaben, einen möglichst hohen Gewinn zu erwirtschaften?	276
2	Was muss ein guter Unternehmer beachten, wenn er seinen Gewinn steigern will?	276
3	Welche Ziele verfolgt Herr Meninger mit seiner Schreinerei?	276
4	a) Welche Ziele verfolgen öffentliche Unternehmen? b) Nennen Sie drei öffentliche Unternehmen.	277
5	a) Welche Aufgaben haben öffentliche Unternehmen/Einrichtungen? b) Nennen Sie zu den einzelnen Leistungsbereichen je ein Beispiel.	277
6	a) Welche Ziele verfolgen Genossenschaften? b) Welche Arten von Genossenschaften werden unterschieden?	277
7	Nennen Sie jeweils ein Ihnen bekanntes Firmenbeispiel für ein erwerbswirtschaftliches Unternehmen, ein öffentliches Unternehmen und eine Genossenschaft.	

13.2 Standort, Voraussetzungen, Gründungshilfen

Nachdem Tobias sich mit den unterschiedlichen Unternehmenszielen auseinandergesetzt hat, überlegt er, ob er sich selbstständig machen soll. Doch wie geht er dabei am besten vor? Für die Gründung einer Schreinerei benötigt er neben einer Werkstatt und Maschinen auf jeden Fall einen Kredit, um das alles finanzieren zu können. Diesen bekommt er aber nur, wenn er der Bank einen Businessplan, also die Aufzeichnung seines unternehmerischen Vorhabens, vorlegt. Wie ein solcher Businessplan erstellt wird, findet Tobias im Internet z. B. auf der Seite www.existenzgruender.de. Klar und deutlich wird ihm dort ein Fahrplan in die Selbstständigkeit beschrieben.

- Welcher Standort ist für eine Schreinerei sinnvoll?
- Welchen Bildungsabschluss und welche persönlichen Voraussetzungen muss Tobias für die Gründung einer Schreinerei haben?
- An wen kann er sich wenden, um eine gute Beratung zu bekommen?

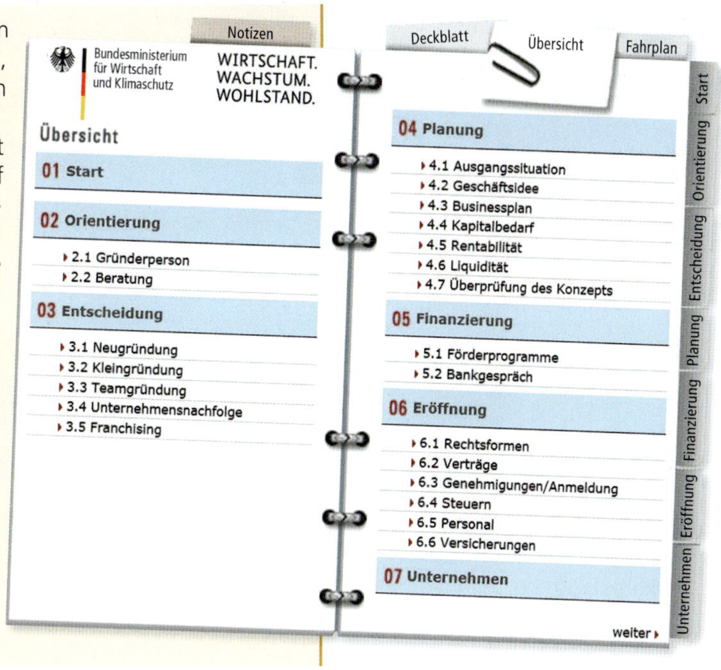

Ein **Businessplan** soll die Existenzgründung vereinfachen, denn er ermöglicht ein planvolles Vorgehen. In einem solchen Businessplan müssen folgende Fragen beantwortet werden:

- **Gründerperson**
  Welche Qualifikationen machen den Existenzgründer zum Unternehmer?
- **Geschäftsidee**
  Welche kurzfristigen und langfristigen Ziele sollen angestrebt werden?
- **Angebot**
  Welche Produkte und Dienstleistungen sollen hergestellt bzw. angeboten werden?
- **Markt und Wettbewerb**
  Welche Kundengruppe soll erreicht werden und welche Konkurrenz wird erwartet?
- **Standort**
  Wo liegt der beste Standort für das Unternehmen?
- **Marketing**
  Wie soll das Angebot gegenüber den Kunden präsentiert werden, damit es sich von der Konkurrenz abhebt?
- **Unternehmensorganisation**
  Wie soll die Verantwortung im Unternehmen verteilt werden? Nach welchen Kriterien sollen Mitarbeiter ausgewählt werden?
- **Rechtsform**
  Welche Rechtsform ist die günstigste?
- **Finanzierung**
  Welcher Kapitalbedarf liegt vor und wie soll er finanziert werden?
- **Risiken und Chancen**
  Welche Risiken geht man mit der Existenzgründung ein? Welche Chancen bestehen? (Siehe hierzu auch Grafiken auf S. 280 oben.)

Hinweis
Weitere hilfreiche Informationen finden sich im Internet z. B. hier:
www.arbeitsagentur.de (in Suche „Existenzgründung" eingeben)
www.existenzgruender-jungunternehmer.de
www.stuttgart.de/existenzgruendung
www.ihk.de/karlsruhe (in Suche „Existenzgründung" eingeben)

Download der Broschüre unter: www.existenzgruender.de

13.2.1 Standort

Der richtige Standort, also die räumliche Niederlassung, kann entscheidend für den Erfolg eines Unternehmens sein. Die Standortfrage stellt sich im Allgemeinen bei der Unternehmensgründung, aber auch bei einer eventuell notwendigen Verlagerung oder einer Ausdehnung des Geschäftsbereichs.

Dabei spielen die folgenden **Standortfaktoren** eine entscheidende Rolle:

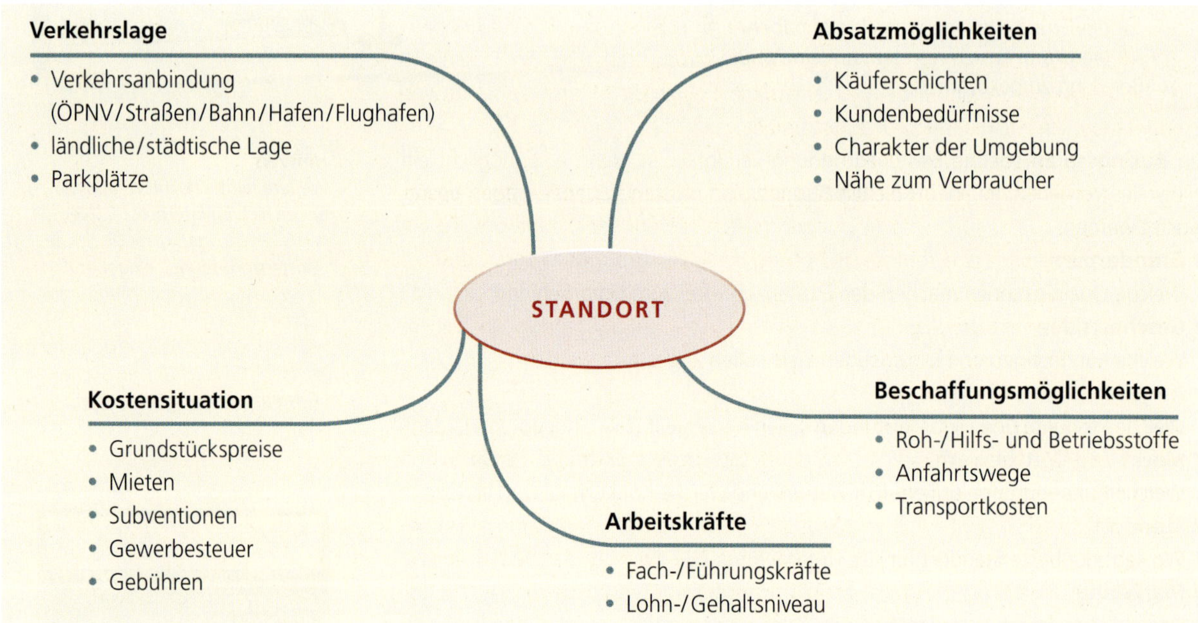

Je nachdem, welches Produkt hergestellt bzw. angeboten wird, können sehr unterschiedliche Standortfaktoren von Bedeutung sein. Ein Getränkevertrieb sucht sicher eher die Kundennähe und ein Chiphersteller die Nähe zu Technologiezentren mit entsprechend hoch spezialisierten Fachkräften, während ein Betrieb, der Massengüter herstellt, auf eine günstige Verkehrsanbindung achten muss.

Der Standort der neu zu gründenden Schreinerei von Tobias sollte in einem Gewerbegebiet liegen, mit guten Verkehrsanbindungen für Arbeitskräfte, aber auch Kunden; denn Tobias möchte auf jeden Fall einen Ausstellungsraum in seinem zukünftigen Betrieb einrichten.

13.2.2 Berufsbezogene Voraussetzungen

Eine Existenzgründung, die mit Erfolg durchgeführt werden soll, stellt hohe Anforderungen an die Person und Qualifikation des Gründers. Deshalb ist es notwendig, sich selbstkritisch und ehrlich zu prüfen, ob man diese Anforderungen erfüllt bzw. ihnen gewachsen ist.

Folgende persönliche Voraussetzungen muss jeder Existenzgründer mitbringen:

- **Umfangreiches Fachwissen**
  Dieses wird in einem gewerblichen Beruf normalerweise durch den Meisterbrief nachgewiesen.
- **Umfangreiches kaufmännisches und rechtliches Wissen**
  Das Fehlen der kaufmännischen Kenntnisse ist der Hauptgrund für viele Insolvenzen. Hier unterstützen die Handwerkskammern und Industrie- und Handelskammern die Gründer durch Betriebsberater und Fortbildungsveranstaltungen (z. B. Betriebswirt des Handwerks).
- **Führungseigenschaften**
  Der Unternehmer muss seine Mitarbeiter führen, d. h. motivieren können. Die Arbeit muss den Mitarbeitern Spaß machen. Geld alleine reicht dazu nicht aus bzw. wirkt nur sehr kurzfristig. Lob, Anerkennung und Bestätigung sind Stufen des Motivationsprozesses ebenso wie Korrektur und Tadel. In der Praxis finden sich dagegen häufig schlechte Arbeitsvorbereitung, falscher Informationsfluss, Ungerechtigkeiten und Bevorzugungen bestimmter Mitarbeiter. Vorkommnisse dieser Art können die Mitarbeiter frustrieren und damit die Arbeitsleistung stark mindern. Deshalb ist die laufende Überprüfung der Arbeitsabläufe, die durch die Mitarbeiter verantwortet werden, ein wichtiges Führungsinstrument.
- **Persönliche Eigenschaften**
  Der Unternehmer muss als Selbstständiger ein umfangreiches Arbeitspensum absolvieren. Er muss viele Entscheidungen treffen, davon manche mit unsicherem Ausgang. Dafür wird eine robuste und psychisch stabile Gesundheit vorausgesetzt. Weitere wichtige persönliche Eigenschaften eines Existenzgründers sind Eigeninitiative, Entscheidungsfreudigkeit, Durchsetzungsvermögen, Selbstdisziplin, Begeisterungs- und Kontaktfähigkeit sowie Freude am Beruf.

13.2.3 Rechtliche Vorschriften

Bei der Unternehmensgründung sollten als erster Schritt zunächst die **staatlichen Vorschriften** beachtet werden:

Bei der Standortwahl muss sich der Gründer mit dem Bauplanungsamt in Verbindung setzen, um festzustellen, ob der gewünschten Bauweise seines Betriebs nichts im Wege steht. Die **Baunutzungsverordnung** sieht für diesen Zweck Wohn-, Gewerbe-, Industrie- und Mischgebiete vor.

Die **Arbeitsstättenverordnung** macht Angaben u. a. über Raumhöhe, Belüftung und Beleuchtung. Die **Gewerbeordnung**, die **Unfallverhütungsvorschriften** und die **Immissionsschutzgesetze** schränken den Betrieb ein, wenn sie nicht rechtzeitig berücksichtigt werden. Möglicherweise müssen bei Übernahme von gewerblichen Räumen Nutzungsänderungsanträge bei den zuständigen Behörden gemacht werden.

Umweltschutz ist heute ein wichtiger Faktor bei jeder Betriebsgründung. Nicht nur die Kunden legen Wert darauf, sondern auch der Staat fordert von Unternehmen Umweltschutzmaßnahmen. So müssen beachtet werden: das **Bundesimmissionsschutzgesetz**, das **Kreislaufwirtschaftsgesetz** und die **Gefahrstoffverordnung**.

Der Gewerbetreibende ist weiterhin verpflichtet, seine Betriebsgründung bei folgenden Stellen zu **melden**:

- Das **Gewerbeamt** stellt den Gewerbeschein aus und meldet das Gewerbe automatisch an das **Finanzamt** und die **Industrie- und Handelskammer** bzw **Handwerkskammer**.
- Die zuständige **Kammer** trägt das Unternehmen in die Handwerksrolle ein.
- Die **Berufsgenossenschaft** verlangt die Anmeldung zur Unfallversicherung.
- Das **Amtsgericht** führt das Handelsregister und nimmt dort die Eintragung vor.
- Die **Krankenkasse** ist zu informieren, wenn Mitarbeiter eingestellt werden. Sie überweist die Pflichtbeiträge für die **Renten- und Arbeitslosenversicherung** an die entsprechenden Stellen.

13.2.4 Gründungshilfen

Finanzielle Förderung

Die Existenzgründung ist immer abhängig von der Finanzierung. Es gibt nur selten die Möglichkeit, das neu zu gründende Unternehmen aus eigenen Mitteln zu finanzieren. Fast immer werden fremde Geldquellen benötigt. Aus diesem Grund sollte im Rahmen der **Kapitalbedarfsplanung** exakt ermittelt werden, wie viel Kapital aus welchen Quellen für die betrieblichen Zwecke beschafft werden muss.

Bei der Kapitalbedarfsplanung sind folgende Informationen und Begriffe wichtig:

- **Eigenkapital:** Kapital vom Eigentümer und/oder dessen Partner(n)
- **Fremdkapital:** Kapital von fremden Geldgebern
- Der **Staat** bietet zur Förderung von Existenzgründungen besonders günstige Kreditprogramme an, z. B. ERP- (= European Recovery Program) und KfW-Kredite (KfW Bankengruppe = Förderbank der deutschen Wirtschaft). Bedingung ist eine Antragstellung über die Hausbank, die dem Staat gegenüber mit einem offiziellen Gutachten haftet.
- **Banken** stellen ebenfalls besondere Programme für Gründungsunternehmer bereit. Sie lassen sich zum Teil sehr gut mit den staatlichen Programmen kombinieren.
- **Private Kreditgeber** sollten – soweit sie nicht aus der Familie kommen – sehr kritisch hinsichtlich ihrer Solidität geprüft werden.
- **Franchising:** Der Gründer kann sich viele Probleme und Risiken ersparen, die die Gründung eines Betriebs im Alleingang mit sich bringt: Er kann ein fertiges Konzept kaufen. Dieses Vorgehen nennt man Franchising. Es basiert auf Verträgen, die mit Fachleuten intensiv für jeden einzelnen Fall überprüft werden müssen. Insgesamt gewinnt das Franchising in unserer Wirtschaft immer mehr an Bedeutung. Bekannte Beispiele sind u. a. Coca-Cola, McDonald's und OBI.

Gründungszuschuss der Bundesagentur für Arbeit

Arbeitslose mit Restanspruchsdauer auf ALG 1 von mindestens 150 Tagen, die den Schritt in die Selbstständigkeit wagen wollen, können bei der Arbeitsagentur den sogenannten Gründungszuschuss beantragen. Er wird in zwei Phasen insgesamt 15 Monate lang gewährt. 1. Phase (6 Monate): ALG 1 + 300 Euro Pauschale, 2. Phase (9 Monate): ausschließlich 300 Euro Pauschale.

Dem Franchising liegt ein Vertrag zwischen Franchisegeber und Franchisenehmer zugrunde. Der Franchisegeber liefert Name, Marke, Know-how und Marketing. Er bietet Kalkulationshilfen, betreibt überregionale Werbung und Ausbildung, berät und gewährt finanzielle Hilfen, besonders in Gründungszeiten. Der Franchisenehmer zahlt eine Gebühr für das Recht, in einem festgelegten Gebiet die Waren und Dienstleistungen des Franchisegebers exklusiv zu verkaufen.

Vorteile für den Franchisenehmer	Nachteile für den Franchisenehmer
• das Marktrisiko wird gemindert • keine Konkurrenz für das Produkt im Absatzgebiet • Know-how, Image, Ausbildung, Werbung, Verkaufsförderung, Public Relations (siehe S. 313) werden zentral geregelt	• eingeschränkte Selbstständigkeit • wirtschaftliche Abhängigkeit • Fehlentscheidungen des Franchisegebers treffen auch den Franchisenehmer

Gründungsberatung
Jeder Existenzgründer sollte sich für die Gründung professionelle Hilfe holen. Es bieten sich viele Organisationen und Personen an:

- **Handwerkskammern, Industrie- und Handelskammern sowie Landwirtschaftskammern** haben eigene Betriebsberater, darunter befinden sich auch Spezialisten für Existenzgründungen. Eine solche Gründungsberatung ist kostenlos.
- **Verbände und Innungen** aller Berufsgruppen bieten ebenfalls solche Hilfestellungen an.
- Der **Staat** liefert nur indirekt Unterstützung, indem er entsprechende finanzielle Fördermittel sowohl für die Existenzgründung als auch für die Existenzfestigung (nach der Gründung) bereitstellt.
- **Unternehmensberater** haben sich zum Teil auf Existenzgründungen spezialisiert. Sie sind freiberuflich tätige Fachleute, die einerseits betriebswirtschaftliche, steuerliche und juristische Beratungen vornehmen, andererseits aber auch die Formalien regeln und unterstützend bei Gesprächen z. B. mit Banken, Vorbesitzern, Lieferanten oder bei der Einstellung von Mitarbeitern dabei sind.

Hinweis
Informationen zu Förderprogrammen und Finanzhilfen von Bund, Ländern und EU:
www.foerderdatenbank.de

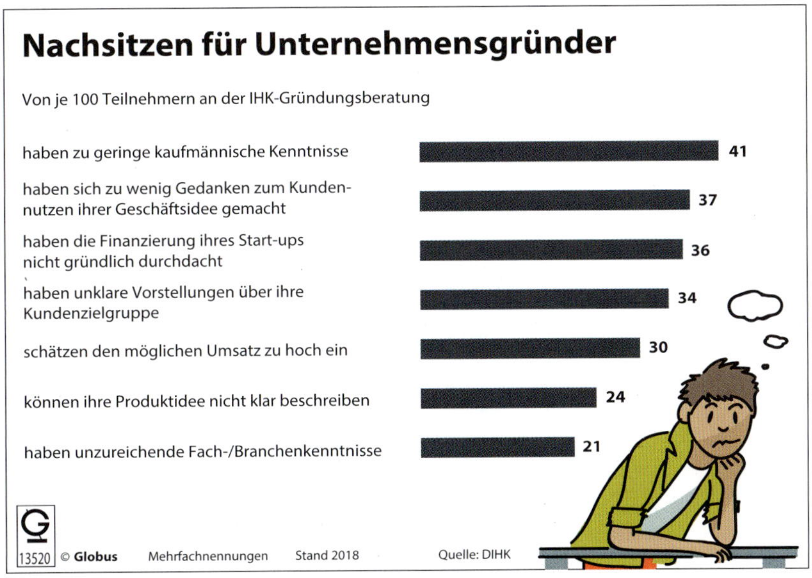

ÜBERBLICK

ZUR EXISTENZGRÜNDUNG NOTWENDIGE VORAUSSETZUNGEN

- **Standort**
  - Verkehr
  - Kosten
  - Absatz
  - Beschaffung
  - Arbeitskräfte
- **Berufliche Anforderungen**
  - Fachwissen
  - kaufmännisches Wissen
  - rechtliches Wissen
  - Führungseigenschaften
  - persönliche Eigenschaften
- **Rechtliche Vorschriften**
  - staatliche Vorschriften
  - Anmeldestellen
- **Gründungshilfen**
  - finanzielle Förderungen
  - Franchising
  - Gründungsberatung

	Wie fit sind Sie beim Thema „Standort, Voraussetzungen, Gründungshilfen"?	Inhaltsbezug Seite
1	Welche Fragen müssen in einem Businessplan beantwortet werden?	279
2	Welches sind die größten Anreize/Risiken bei einer Existenzgründung?	280
3	Welches sind die wichtigsten Standortfaktoren für folgende Betriebe: a) Schreinerei d) Schuhfabrik b) Zimmerei e) Steinmetzbetrieb c) Friseur f) Möbelhaus	280
4	a) Zur Gründung eines Unternehmens sind spezielle berufsbezogene Voraussetzungen notwendig. Nennen und erklären Sie diese. b) Wo kann man das erforderliche Wissen erwerben?	281
5	Nennen Sie fünf staatliche Vorschriften, die möglicherweise bei der Gründung eines Unternehmens berücksichtigt werden müssen.	281
6	An welchen Stellen muss sich ein Existenzgründer anmelden?	282
7	An welchen Stellen kann der Existenzgründer finanzielle Unterstützung bekommen?	282
8	Erklären Sie Begriff, vertragliche Gestaltung und Bedeutung des Franchising.	282–283
9	An welchen Stellen kann der Unternehmer eine durchgängige Gründungsberatung vom Businessplan bis zur Eröffnung seines Unternehmens bekommen?	283
10	Nehmen Sie an den auf der Internetseite www.existenzgruender.de angebotenen Gründer- und Unternehmertests teil. Um am einfachsten dorthin zu gelangen, rufen Sie die Internetseite www.existenzgruender.de auf und geben in der Suche den Begriff „Gründertest" ein.	

13.3 KTB – Kompetenzorientierte Themenbearbeitung I

Existenzgründung darf kein Schnellschuss sein.

Jakub Bielski hat seine Meisterprüfung als Dachdecker bestanden und ist nun wild entschlossen, sich selbstständig zu machen. Er spricht mit seiner Ehefrau und seinen Eltern darüber. Es wird kritisch, aber fair diskutiert. Vor- und Nachteile der Selbstständigkeit werden gegenübergestellt.

Außerdem spricht Jakub mit seiner Familie offen darüber, ob er neben der gerade erreichten fachlichen Reife auch die persönlichen Voraussetzungen für eine Selbstständigkeit mitbringe.

Alternativ liegt ihm ein Angebot seines bisherigen Arbeitgebers – eines Fertighausherstellers – vor, bei diesem als Meister zu arbeiten. Der dortige Chef hat Jakub neben regelmäßigen Gehaltserhöhungen auch einen Aufstieg in der Hierarchie des Unternehmens in Aussicht gestellt.

Hier wäre er zwar aber überwiegend im Außendienst tätig. Die viele Fahrerei würde ihm auch nicht so gut gefallen, aber er brächte jeden Monat ein festes Gehalt mit nach Hause. Seiner Familie würde diese Sicherheit schon eher zusagen, andererseits möchte sie aber auch nicht seinem schon seit langer Zeit gehegten Wunsch nach beruflicher Selbstständigkeit im Wege stehen.

Jakub Bielski träumt von beruflicher Selbstständigkeit als Dachdeckermeister. Die Realisierung des Traums will allerdings wohl überlegt sein.

1 **Motive, Vor- und Nachteile beruflicher Selbstständigkeit**

a) Welche Motive könnte Jakub haben, um sich unbedingt selbstständig machen zu wollen?

b) Stellen Sie die Vor- und Nachteile einer beruflichen Selbständigkeit gegenüber.

c) Stellen sie unabhängig davon die Vor- und Nachteile für den Fall zusammen, dass sich Jakub für das Angebot seines bisherigen Arbeitgebers entscheidet.

2 **Businessplan**
Da Jakub für seine Existenzgründung Geld von der Bank benötigt, muss er hierfür einen „Businessplan" aufstellen. Informieren Sie sich im Internet über das „Thema Businessplan".

a) Was ist ein Businessplan?

b) Welche Kriterien muss Jakub in diesem Businessplan bearbeiten bzw. erfüllen?

c) Erstellen Sie einen Businessplan mithilfe des Internets: www.existenzgruender.de

Wer die Entscheidung zur Existenzgründung nicht später bereuen will, muss Vor- und Nachteile, Chancen und Risiken systematisch analysieren.

13.3 KTB – Kompetenzorientierte Themenbearbeitung II

3 Voraussetzungen der Existenzgründung

a) Welche Voraussetzungen muss Jakub mitbringen?

b) Wie wichtig ist der Standort für die Existenzgründung …
- bei Jakub als Dachdecker?
- bei Jonas, Jakubs Freund und Steinmetzmeister, der überwiegend Grabsteine herstellen will?
- bei Jakubs Ehefrau Lina, die eine Boutique eröffnen will?

c) Nennen Sie für Jakob, Jonas und Lina je drei Standortfaktoren, die für die Existenzgründung in der von ihnen jeweils gewählten Branche von Bedeutung sein könnten.

4 Zuständige Stellen, Beratung und Förderung

a) Bei welchen Stellen muss sich Jakub für die Existenzgründung anmelden?

b) Jakub sieht, dass er nicht alles alleine planen und entscheiden kann. Er braucht fachkundige Beratung. Wo findet er entsprechende Fachleute?

c) Nehmen Sie Stellung zu den Gefahren, die sich aus den einzelnen im Schaubild auf S. 283 genannten Kenntnismängeln für den Existenzgründer ergeben können.

d) Recherchieren Sie im Internet drei Möglichkeiten für Jakub, finanzielle Förderung für seine Existenzgründung zu erhalten, und geben Sie jeweils eine Kurzbeschreibung der Förderungsmöglichkeit.

e) Vergleichen Sie die Anteile Selbstständiger an der Gesamtzahl der Erwerbstätigen in den EU-Staaten anhand des Schaubilds und der Tabelle daneben. Deutschland rangiert unter allen 27 EU-Staaten an letzter Stelle. Überlegen Sie, warum der Anteil Selbstständiger in Deutschland vergleichsweise gering ist.

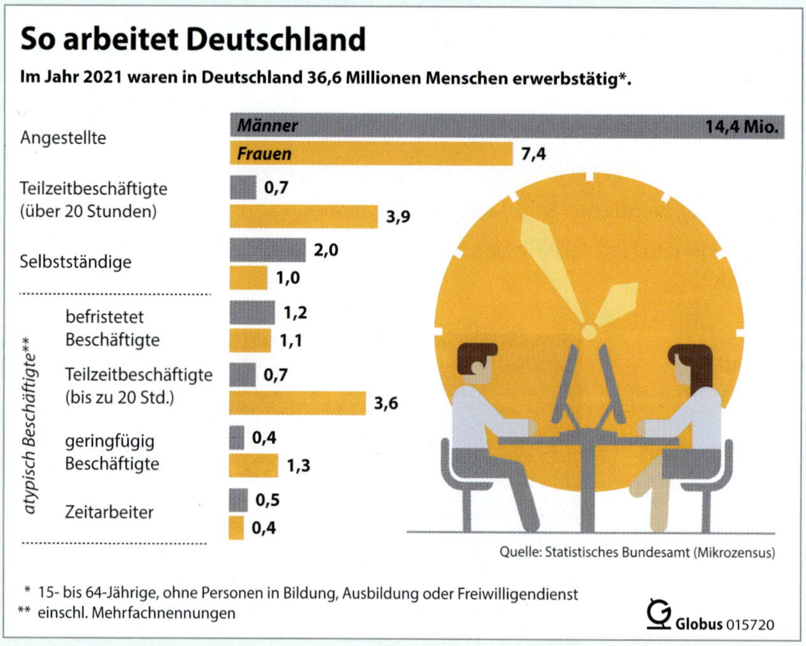

Anteil Selbstständiger an allen Erwerbstätigen (EU)	
Griechenland	28,8 %
Italien	20,8 %
Polen	18,5 %
Tschechien	15,5 %
Spanien	15,4 %
…	
Bulgarien	10,4 %
Schweden	10,0 %
Luxemburg	8,8 %
Dänemark	8,5 %
Deutschland	**8,4 %**

f) Nehmen Sie mit einem Existenzgründungs-Berater Kontakt auf und laden Sie ihn zu einer Demonstration in Ihre Klasse ein. (Siehe Methodenseite M1: Expertenbefragung, S. 317)

KOMPETENZBEREICH IV:
Berufliche Selbstständigkeit

14

UNTERNEHMEN IN DER PRAXIS

14.1 Wahl der Rechtsform eines Unternehmens

Wenn sich Tobias Marx selbstständig machen will, muss er auch einen Namen für sein Unternehmen finden. Da in Deutschland – je nach Region – mal Schreiner, mal Tischler zu seinem Beruf gesagt wird, will er einen Firmennamen finden, der sofort auf sein Handwerk hinweist. Auf seinen Nachnamen möchte er hingegen bei der Benennung seiner Firma verzichten. Nach langen Überlegungen entscheidet er sich für den Namen „MöbelArt". Er soll zum Ausdruck bringen, dass er Möbel herstellt und gestaltet.

- Kann Tobias diesen Namen für sein Unternehmen verwenden?
- Welches Risiko übernimmt er in einem Einzelunternehmen?
- Ein Freund fragt ihn, ob sie nicht zusammen eine Schreinerei gründen könnten. Ist das unter diesem Namen auch möglich?
- Welche Unternehmensform ist für diesen Fall am sinnvollsten?

Die Entscheidung für die richtige **Unternehmensform** ist wohl die wichtigste, die bei der Gründung eines Unternehmens getroffen werden muss. Die Wahl der Rechtsform ist für ein Unternehmen grundsätzlich frei. Das Gesetz stellt hierzu bestimmte Rechtsformen zur Auswahl.

Da dieses Themengebiet sehr umfangreich ist, soll zunächst eine kleine **Übersicht der Unternehmensformen** den Zusammenhang darstellen:

Rechtsformen von Unternehmen

- **Einzelunternehmen**
- **Gesellschaftsunternehmen**
  - **Personengesellschaften**
    - Gesellschaft bürgerlichen Rechts (GbR)
    - Offene Handelsgesellschaft (OHG)
    - Kommanditgesellschaft (KG)
  - **Kapitalgesellschaften**
    - Gesellschaft mit beschränkter Haftung (GmbH)
    - Unternehmergesellschaft (UG haftungsbeschränkt/ „Mini-GmbH")
    - Aktiengesellschaft (AG)

14.1.1 Einzelunternehmen

Gründung

Das Einzelunternehmen wird von einer **Einzelperson**, dem Kaufmann oder der Kauffrau, gegründet und repräsentiert. Der Einzelunternehmer muss sein Unternehmen durch Abkürzungen als solches kennzeichnen. Als Abkürzungen gelten: e. K. = eingetragener Kaufmann oder eingetragene Kauffrau, e. Kfr. = eingetragene Kauffrau, e. Kfm. = eingetragener Kaufmann.

Für den Einzelunternehmer sind folgende Kennzeichnungen möglich:

- **Namensfirma:** z. B. „Hoffmann e. K.", „Jeanette Meier e. Kfr.", „Tobias Marx e. Kfm."
- **Sachfirma:** z. B. „Prima Lebensmittel e. K.", „WohnArt e. Kfm.", „Wollknäuel e. Kfr."
- **Fantasiefirma:** z. B. „Holzkopf e. K.", „Fixprüf e. Kfm."
- **Kombinationsformen:** z. B. „Fixprüf Kfz-Werkstatt e. K.", „MöbelArt Tobias Marx e. Kfm."

Hinweis

Ist generell gegen den Firmennamen „MöbelArt" nichts einzuwenden, so muss Tobias doch noch prüfen, ob sich nicht ein anderes Unternehmen derselben oder einer ähnlichen Branche möglichwerweise denselben Namen bereits beim Deutschen Patent- und Markenamt im Markenregister hat eintragen lassen.

- **Kapitalaufbringung und Haftung**
  Das Geschäftskapital muss vom Inhaber allein aufgebracht werden. Eine gesetzliche Mindestkapitalausstattung ist nicht vorgeschrieben.
  Der Inhaber des Einzelunternehmens haftet für Forderungen von Gläubigern mit seinem Geschäftsvermögen und seinem gesamten Privatvermögen.
- **Geschäftsführung und Vertretung**
  Die Geschäftsführung und Vertretung des Unternehmens nach außen obliegt dem Inhaber allein. Er hat alle Rechte und Pflichten allein zu tragen, die mit dem Unternehmen verbunden sind.
- **Gewinnverteilung**
  Der Unternehmer bekommt den gesamten Gewinn, trägt aber auch den Verlust allein.

Die **Vorteile** dieser Rechtsform liegen auf der Hand: Da der Inhaber alle Rechte allein besitzt, kann er schnell, selbstständig und frei von anderen Einflüssen seine unternehmerischen Entscheidungen fällen und den möglichen Erfolg für sich allein verbuchen. Aber auch **Nachteile** sind mit dieser Unternehmensform verbunden. Der Unternehmer muss das gesamte Risiko bei einer Insolvenz tragen und im gegebenen Fall mit seinem gesamten Vermögen (Geschäftsvermögen und Privatvermögen) gegenüber Gläubigern der Firma haften. Auch seine Kreditbeschaffungsmöglichkeiten für notwendige Investitionen sind häufig geringer, da die entsprechenden Sicherheiten nur von einer Person und nicht von mehreren Gesellschaftern getragen werden.

14.1.2 Personengesellschaften

Gesellschaft bürgerlichen Rechts (GbR)

Wenn aus finanziellen Gründen, aus fachlicher Notwendigkeit oder erbrechtlicher Situation mehrere Gesellschafter einen Betrieb führen wollen, muss eine Personengesellschaft oder Kapitalgesellschaft gegründet werden. Zu den Personengesellschaften zählt u. a. die GbR.

Achtung: MoPeG!
Ab 2024 gilt das Gesetz zur Modernisierung des Personengesellschaftsrechts (MoPeG). Die GbR kann dann freiwillig in das neue Gesellschaftsregister eingetragen werden und erhält so als „eGbR" (eingetragene GbR) eine eigene Rechtspersönlichkeit. Registrierte Rechte wie den Eintrag ins Grundbuch oder in die Gesellschafterliste einer GmbH kann nur eine eGbR innehaben.

- **Gründung**
  Die GbR entsteht durch Zusammenschluss von zwei oder mehr Personen. Diese verpflichten sich zur vertraglichen Förderung eines gemeinsamen Zwecks. Die Gründung ist an keine Form gebunden, sie kann schriftlich, aber auch mündlich oder stillschweigend (z. B. Tippgemeinschaft) vereinbart werden. Die GbR führt keinen eigenen Firmennamen. Sie muss deshalb im Geschäftsverkehr mit Vor- und Familiennamen aller Gesellschafter auftreten, kann aber zusätzlich auch eine Sach- oder Fantasiebezeichnung im Namen führen. Wichtig ist, dass das Kürzel GbR oder „Gesellschaft bürgerlichen Rechts" angefügt wird. Die GbR ist nach einem Urteil des Bundesgerichtshofs (BGH) rechtsfähig.
- **Arten**
  Die GbR eignet sich für:
  - Kleingewerbetreibende
  - Praxisgemeinschaften freier Berufe, z. B. Architekten, Ärzte, Ingenieure
  - Arbeitsgemeinschaften (Arge) des Baugewerbes, die nur einen bestimmten Zeitraum zur gemeinsamen Durchführung eines Auftrags zusammenarbeiten.

  Wollen die Gesellschafter einer GbR zukünftig ein Handelsgewerbe betreiben, so wird die GbR zur Offenen Handelsgesellschaft (OHG) und muss ins Handelsregister eingetragen werden. Die GbR darf nämlich nur ein Gewerbe betreiben, das nicht Handelsgewerbe ist.

Wann spricht man von einem Handelsgewerbe?
Ein Handelsgewerbe liegt vor, wenn der Gewerbebetrieb wegen seiner Art oder seinem Umfang einen in kaufmännischer Weise eingerichteten Geschäftsbetrieb erfordert, der auf Dauer angelegt ist und selbstständig geführt wird.

Kapitalaufbringung und Haftung

Ein Mindestkapital ist nicht vorgeschrieben. Die Festlegung der Kapitalhöhe und die Einzahlung erfolgen nach Absprache. Ein Gesellschafter hat bei der Erfüllung der ihm obliegenden Verpflichtungen nur für diejenige Sorgfalt einzustehen, welche er in eigenen Angelegenheiten anzuwenden pflegt. Jeder Gesellschafter haftet mit seinem Betriebs- und Privatvermögen.

Geschäftsführung und Vertretung

Die Geschäftsführung steht den Gesellschaftern gemeinschaftlich zu; für jeden Geschäftsabschluss ist die Zustimmung aller erforderlich. Ist im Gesellschaftsvertrag die Führung einem oder mehreren Gesellschaftern übertragen, so sind die übrigen von der Geschäftsführung ausgeschlossen. Nur diese ausgewählten Gesellschafter können mit Kunden, Lieferanten, Banken usw. Verträge abschließen.

Gewinnverteilung

Ist nichts anderes festgelegt, bekommt jeder den gleichen Anteil. Ab 2024 richtet sich die Gewinnverteilung vorrangig nach den Geschäftsanteilen.

Offene Handelsgesellschaft (OHG)

Diese Rechtsform wird häufig gewählt, wenn der Einzelunternehmer aus Gründen der Risikoverteilung, der Arbeitsentlastung oder aus Finanzierungsgründen einen oder mehrere Gesellschafter in sein Unternehmen aufnehmen will. Diese Unternehmensform muss mit dem Zusatz OHG gekennzeichnet werden.

Kapitalaufbringung und Haftung

Die jeweiligen Kapitalanteile der Gesellschafter werden im Gesellschaftsvertrag festgelegt. Eine Mindestkapitalhöhe ist nicht vorgeschrieben. Das durch die Gesellschafter aufgebrachte Vermögen wird Gemeinschaftsvermögen der Gesellschaft. Die Gesellschafter haften für die Verbindlichkeiten der Gesellschaft gegenüber den Gläubigern persönlich als Gesamtschuldner, d. h. ein Gläubiger kann von jedem Gesellschafter nach seinem Belieben die Zahlung fordern. Alle Gesellschafter haften mit ihrem Geschäftsvermögen und ihrem gesamten Privatvermögen.

Geschäftsführung und Vertretung

Zur Geschäftsführung und Vertretung ist jeder Gesellschafter berechtigt. Verpflichtungen, die ein Gesellschafter für die Gesellschaft eingeht, sind nach außen voll wirksam, auch wenn er mit seinen Mitgesellschaftern darüber nicht einig war.

Achtung: MoPeG!
Ab 2024 richtet sich auch bei der OHG die Gewinnverteilung, wenn nichts anderes festgelegt wurde, nach dem Beteiligungsverhältnis. Für das Beispiel unten (Jahresgewinn: 33.200 €) heißt das: A erhält 12.450 €, B 20.750 €.

Gewinnverteilung

Soweit im Gesellschaftsvertrag nichts anderes geregelt ist, gilt die gesetzliche Regelung: Jeder Gesellschafter bekommt sein eingesetztes Kapital aus dem Gewinn mit 4 % verzinst. Der verbleibende Rest wird dann nach Köpfen verteilt. Gewinnanteile, die nicht entnommen werden, erhöhen die Kapitalanteile der Gesellschafter auf ihren jeweiligen Kapitalkonten. Entstehende Verluste werden ausschließlich nach Köpfen verteilt. Sie vermindern die Kapitalanteile der Gesellschafter.

Beispiel (Rechtslage bis 31.12.2023)

In einer OHG mit zwei Gesellschaftern (A und B) entsteht ein **Jahresgewinn von 33.200,00 €**. Er soll nach den gesetzlichen Vorschriften des HGB verteilt werden:

	Kapitaleinlage	Gewinnverteilung		Gesamtgewinn
		4 % Verzinsung	Rest nach Köpfen	
Gesellschafter A	30.000,00 €	1.200,00 €	15.000,00 €	16.200,00 €
Gesellschafter B	50.000,00 €	2.000,00 €	15.000,00 €	17.000,00 €
Summen	80.000,00 €	**3.200,00 €**	**30.000,00 €**	**33.200,00 €**

Vorteile	Nachteile
• Verteilung des Unternehmerrisikos auf mehrere Gesellschafter • großes Interesse am Unternehmen durch Haftungsrisiko • mehrere Gesellschafter bringen mehr Kapital und Fachwissen auf	• unbeschränkte direkte und gesamtschuldnerische Haftung • Kapitalabzug und mangelndes Fachwissen gefährden das Unternehmen • Meinungsverschiedenheiten unter den gleichberechtigten Gesellschaftern können das Unternehmen gefährden

Kommanditgesellschaft (KG)

KG

Die Rechtsform der KG wird besonders häufig gewählt, wenn an dem Unternehmen Familienmitglieder beteiligt werden sollen, die Geschäftsführungs- und Vertretungsbefugnis des Unternehmers aber nicht eingeschränkt werden soll.

Bei der Kommanditgesellschaft gibt es zwei Arten von Gesellschaftern:

- Die **Komplementäre** (auch Vollhafter genannt) haften für die Verbindlichkeiten der Gesellschaft gegenüber den Gläubigern persönlich als Gesamtschuldner – und zwar sowohl mit ihrem Geschäfts- wie auch Privatvermögen. Sie haben alle das Recht zur Geschäftsführung und zur Vertretung der Gesellschaft nach außen.
- Die **Kommanditisten** (auch Teilhafter genannt) haften hingegen nur mit ihrem Geschäftsvermögen, sind aber auch nicht zur Geschäftsführung berechtigt. Sie haben lediglich ein Kontrollrecht, ein Informations- und Widerspruchsrecht und das Recht, ihre Beteiligung durch Kündigung zu beenden.

Hinsichtlich der **Gewinnverteilung** gelten nach § 168 HGB als Kapitalverzinsung 4 %. Der verbleibende Rest wird aber im angemessenen Verhältnis, das im Gesellschaftsvertrag festgelegt wird, aufgeteilt.

Achtung: MoPeG!
Auch bei der KG gilt ab 2024: Gewinnverteilung nach Beteiligungsverhältnis, wenn nichts anderes festgelegt ist.

Vorteile	Nachteile
• eignet sich besonders in Erbfällen für die Umwandlung aus einem Einzelunternehmen • Komplementäre können fast uneingeschränkt das Unternehmen leiten	• unbeschränkte direkte und gesamtschuldnerische Haftung der Komplementäre • eventuell unterschiedliche Interessenlagen zwischen Komplementären und Kommanditisten führen zu Meinungsverschiedenheiten

14.1.3 Kapitalgesellschaften

Gesellschaft mit beschränkter Haftung (GmbH)

GmbH

▶ Gründung

Die GmbH ist eine Kapitalgesellschaft mit eigener Rechtspersönlichkeit. Die Gesellschafter sind aber nicht nur durch ihre Kapitalbereitstellung (vgl. AG), sondern häufig auch mit persönlichem Einsatz an der GmbH beteiligt. Eine Person („Ein-Mann-GmbH") oder mehrere können eine GmbH gründen. Ein notariell beurkundeter **Gesellschaftsvertrag** muss vorliegen und die GmbH kann sowohl als Sachfirma (z. B. „Strickwaren GmbH"), Fantasiefirma (z. B. „MöbelArt GmbH"), Personenfirma (z. B. „Meier GmbH") oder auch als Mischform (z. B. „MöbelArt T. Marx GmbH") firmieren.

▶ Kapitalaufbringung und Haftung

Durch eine oder mehrere Personen muss ein **Stammkapital** von mindestens 25.000,00 € aufgebracht werden. Es kann in Geld- oder Sacheinlagen (z. B. Maschinen, Geschäftsausstattung usw.) geleistet werden. Die Gesellschafter haften der GmbH gegenüber mit ihrem Gesellschaftsanteil (Stammeinlage = beschränkte Haftung). Die GmbH als juristische Person haftet Gläubigern gegenüber nur bis zur Höhe des jeweiligen Gesellschaftsvermögens.

Geschäftsführung und Vertretung

Die Gesellschafter der GmbH bestimmen in der **Gesellschafterversammlung** einen oder mehrere Geschäftsführer, die selbst nicht Gesellschafter sein müssen. Sie sind weisungsgebunden an die Gesellschafterversammlung. Bei über 500 Arbeitnehmern ist – wie bei der AG – ein **Aufsichtsrat** gesetzlich vorgeschrieben. Die GmbH wird vom Geschäftsführer bzw. den Geschäftsführern gemeinschaftlich nach außen vertreten, soweit der Gesellschaftsvertrag nicht etwas anderes bestimmt.

Gewinnverteilung

Der Reingewinn wird nach Anteilen am Stammkapital oder nach Regelung im Gesellschaftervertrag auf die Gesellschafter verteilt.

Vorteile	Nachteile
• Haftungsbegrenzung auf das Stammkapital • Trennung von Unternehmensführung und Kapital • Möglichkeit, einen Gesellschafter als Geschäftsführer einzusetzen • geeignet für kleinere/mittelständische Unternehmen	• unterliegt zusätzlich der Körperschaftssteuer • Veröffentlichungspflicht der Bilanz und des Anhangs • Gesellschafter haben Mitspracherecht über Entscheidungen in der Gesellschafterversammlung

Unternehmergesellschaft (UG [haftungsbeschränkt]/„Mini-GmbH")

Die Unternehmergesellschaft ist eine Unterform der normalen GmbH und besonders für Existenzgründer geschaffen worden. Das **Mindeststammkapital** beträgt nur 1,00 €. Allerdings sollte sich die Kapitalausstattung immer am konkreten Bedarf orientieren, denn eine unzureichende Kapitalausstattung birgt eine hohe Insolvenzgefahr. Sacheinlagen sind bei der Mini-GmbH nicht zulässig. Das Stammkapital muss in bar und vor der Anmeldung zum Handelsregister in voller Höhe aufgebracht werden.

Die Mini-GmbH besitzt eine eigene Rechtspersönlichkeit. Demnach muss sie alle ihre Verbindlichkeiten aus ihrem Gesellschaftsvermögen begleichen. Diese Form der Haftung ist für viele Gesellschafter – Existenzgründer – von enormer Bedeutung, da die Angst vor der persönlichen Haftung den Schritt in die Selbstständigkeit oft verhindert. Im Rechts- und Geschäftsverkehr muss die Mini-GmbH mit „**Unternehmergesellschaft (haftungsbeschränkt)**" oder „**UG (haftungsbeschränkt)**" firmieren, um mögliche Geschäftspartner über die beschränkte Haftung zu informieren.

Die Mini-GmbH muss jährlich ein Viertel ihres erwirtschafteten Gewinns zurücklegen, um die Höhe des Stammkapitals einer normalen GmbH (25.000,00 €) zu erreichen. Ist dies geschehen, wird die „UG (haftungsbeschränkt)" in eine GmbH umgewandelt.

Für vereinfachte Gründungen der Unternehmergesellschaft mit maximal drei Gesellschaftern kann ein **Musterprotokoll** verwendet werden, das keine vom Gesetz abweichenden Bestimmungen enthalten darf. Es beinhaltet die Satzung, die Gesellschafterliste und die Geschäftsführerbestellung und muss notariell beurkundet werden.

Aktiengesellschaft (AG)

Gründung

Die Aktiengesellschaft (AG) zählt zu den Kapitalgesellschaften. Das Gesellschaftskapital wird durch die Gesellschafter (Aktionäre) aufgebracht. Sie sind nicht an der Geschäftsführung beteiligt.

Wie GmbH und UG ist die AG eine juristische Person, also eine Gesellschaft mit eigener Rechtspersönlichkeit. Zu ihrer Gründung ist **mindestens eine Person** erforderlich und es muss ein notariell beurkundeter Gesellschaftsvertrag vorliegen. Das Unternehmen firmiert als Sachfirma mit dem Zusatz AG (z. B. „Siemens AG").

- **Kapitalaufbringung und Haftung**

Mindestens 50.000,00 € müssen durch die Aktionäre aufgebracht werden. Dieses Kapital heißt bei der AG **Grundkapital**. Es setzt sich aus Aktien mit einem Nennwert von mindestens 1,00 € zusammen und verteilt sich in der Regel auf viele Aktionäre, die die Aktien über ihre Banken an der Wertpapierbörse kaufen oder verkaufen lassen können. Die Aktionäre haften nur mit ihrem eingesetzten Kapital gegenüber der AG. Privat können sie über ihre Aktienbeteiligung hinaus nicht haftbar gemacht werden.

- **Geschäftsführung und Vertretung**

Die Leitung der AG liegt beim **Vorstand**, der vom Aufsichtsrat für höchstens fünf Jahre „bestellt" wird. Diesem berichtet er regelmäßig über die Geschäftsentwicklung, die Rentabilität von Eigen- und Gesamtkapital und macht einen Gewinnverteilungsvorschlag. Als geschäftsführendem Organ obliegt dem Vorstand auch die Vertretung der Gesellschaft nach außen, also gegenüber anderen natürlichen oder juristischen Personen.

Der **Aufsichtsrat** ist das kontrollierende Organ der AG. Er besteht aus mindestens drei Mitgliedern und wird auf vier Jahre von der Hauptversammlung, also den Aktionären, und der Belegschaft gewählt. Seine Aufgabe ist es, den Vorstand zu überwachen, den Jahresabschluss zu kontrollieren und der Hauptversammlung darüber zu berichten. Dazu gehört auch, die gesteckten Ziele des Unternehmens mit dem Erreichten zu vergleichen.

Die **Hauptversammlung** ist das beschließende Organ der AG, in der alle Aktionäre oder deren Vertreter ein Stimmrecht entsprechend ihrer Aktienanzahl besitzen. Die Hauptversammlung entlastet den Aufsichtsrat und den Vorstand, beschließt über die Verteilung des Gewinns und bestellt die Wirtschaftsprüfer für Abschluss- oder Sonderprüfungen.

- **Gewinnverteilung**

Auf Vorschlag des Aufsichtsrats beschließt die Hauptversammlung über die Verwendung des Gewinns der AG. Der **Reingewinn** wird dann aufgeteilt in den Teil, der zur Ausschüttung gelangt (= **Dividende** für die Aktionäre in € pro Aktiennennwert), und in den Teil, der nicht ausgeschüttet wird, sondern zum Zwecke der Selbstfinanzierung wichtiger Investitionsvorhaben genutzt wird.

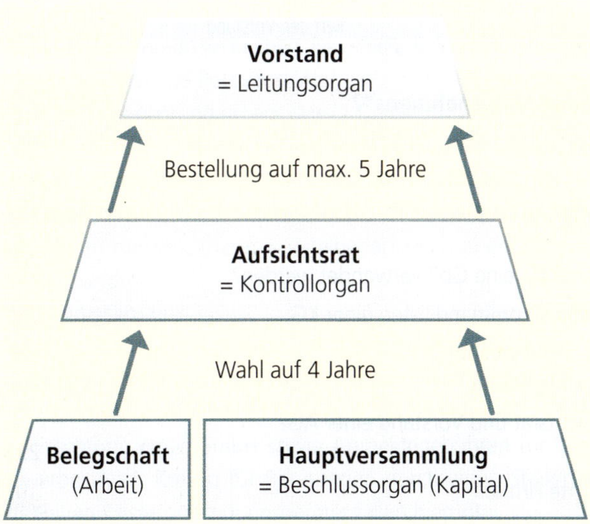

- Leitung der AG
- Gesamtvertretungs- und Geschäftsführungsbefugnis
- vierteljährl. Berichterstattung an den Aufsichtsrat
- Aufstellung des Jahresabschlusses (Bilanz, GuV, Geschäftsbericht)
- Recht auf Gewinnanteil (Tantieme)

- bestellt, überwacht und beruft Vorstand (ggf. Abberufung)
- Prüfung und Genehmigung des Jahresabschlussberichts an die Hauptversammlung
- Vorschlag über Gewinnverwendung

- Wahl des Aufsichtsrats
- Entlastung des Aufsichtsrats und des Vorstands
- Satzungsänderungen
- Entgegennahme des Jahresabschlusses
- Beschluss über Gewinnverwendung (Stimmrecht nach Aktienkapital)

Markteinführungskosten

Existenzgründer müssen sich ihren Kundenstamm erst aufbauen. Die Markterschließung kann dabei beachtliche Kosten verursachen, z. B. für die Einführungswerbung. So muss auch das neu gegründete Unternehmen MöbelArt über längere Zeit Aktionen oder Anzeigen durchführen, um sich bei den Kunden bekannt zu machen. Dazu gehört auch eine entsprechende Eröffnungsveranstaltung, über die die lokalen Medien in geeigneter Weise berichten.

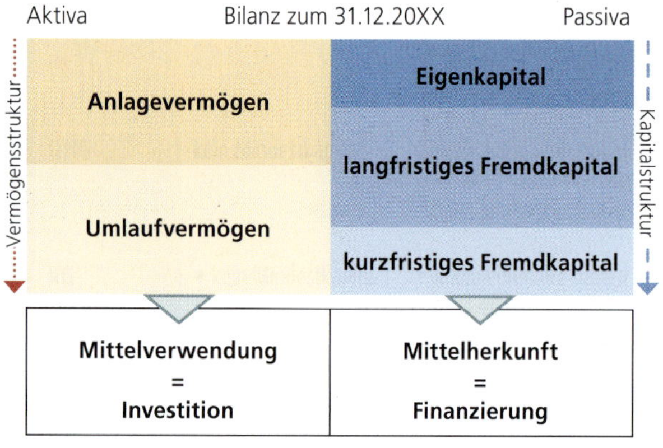

Finanzierungsgrundsätze

Die Schreinerei MöbelArt soll nun aus verschiedenen Quellen finanziert werden:

Einerseits aus dem **Eigenkapital**, das von dem oder den Eigentümern zur Verfügung gestellt wird, in unserem Fall also von Tobias selbst. Es steht dem Unternehmen unbefristet zur Verfügung. Daher sollte Anlagevermögen, das ja auch langfristig im Unternehmen verbleibt, mit Eigenkapital finanziert werden (**„goldene Bilanzregel“**). Ideal ist es, wenn darüber hinaus auch ein Teil des Umlaufvermögens (Rohstoffe, Waren) durch Eigenkapital gedeckt ist (**„goldene Finanzierungsregel“**). Allerdings ist die Beschaffung von zusätzlichem Eigenkapital oft nicht ohne Weiteres möglich. Der Einzelunternehmer hat sein Kapital ja schon in die Firma eingebracht, und die Aufnahme neuer Eigentümer ist nur unter Änderung der Rechtsform möglich. Zwar erwarten der oder die Eigenkapitalgeber eine angemessene Verzinsung ihres Kapitals (**Rendite**), aber die kann in wirtschaftlich schwierigen Zeiten auch einmal niedriger ausfallen.

Andererseits muss **Fremdkapital** aufgenommen werden, für das **Zinsen** gezahlt werden müssen. Bei der Aufnahme von **langfristigem Fremdkapital** besteht seitens des Kapitalgebers (meistens eine Bank) immer ein Anspruch auf regelmäßige Zinszahlungen, unabhängig vom jeweiligen Geschäftsverlauf. Diese Zinszahlungen stellen Kosten dar, die den finanziellen Spielraum einengen. Außerdem muss der Kredit in Raten oder einmalig nach der Laufzeit getilgt werden. Der Bank ist im Allgemeinen eine Sicherheit z. B. in Form einer Hypothek oder einer Bürgschaft zu bieten. Um den laufenden Betriebsprozess aufrechterhalten zu können, muss unter Umständen auch **kurzfristiges Fremdkapital** zur Verfügung stehen, für das oft hohe Zinszahlungen anfallen. So müssen z. B. folgende Zahlungen sichergestellt werden:

- Löhne und Gehälter
- Material- und Warenbezug
- Steuern und Sozialabgaben
- Reparaturen
- Miet-, Strom- und Heizungskosten

14.2.2 Kreditarten

Das Geld zur Finanzierung des Betriebsvermögens kann von innen (z. B. vom Unternehmer selbst, Gewinn) oder von außen (z. B. Bank, Lieferanten) kommen. Soweit die laufenden Einnahmen nicht alle Zahlungen abdecken, muss auf einen **Bankkredit (Dispositionskredit)** oder auf **Lieferantenkredite** zurückgegriffen werden. Diese Kredite sind zwar kurzfristig verfügbar, aber immer mit hohen Zinssätzen verbunden. Stehen nicht genügend „flüssige Mittel“ (**Liquidität**) zur Verfügung, kann es zu Zahlungsunfähigkeit und zur Insolvenz kommen.

Kapitalaufbringung und Haftung

Mindestens 50.000,00 € müssen durch die Aktionäre aufgebracht werden. Dieses Kapital heißt bei der AG **Grundkapital**. Es setzt sich aus Aktien mit einem Nennwert von mindestens 1,00 € zusammen und verteilt sich in der Regel auf viele Aktionäre, die die Aktien über ihre Banken an der Wertpapierbörse kaufen oder verkaufen lassen können. Die Aktionäre haften nur mit ihrem eingesetzten Kapital gegenüber der AG. Privat können sie über ihre Aktienbeteiligung hinaus nicht haftbar gemacht werden.

Geschäftsführung und Vertretung

Die Leitung der AG liegt beim **Vorstand**, der vom Aufsichtsrat für höchstens fünf Jahre „bestellt" wird. Diesem berichtet er regelmäßig über die Geschäftsentwicklung, die Rentabilität von Eigen- und Gesamtkapital und macht einen Gewinnverteilungsvorschlag. Als geschäftsführendem Organ obliegt dem Vorstand auch die Vertretung der Gesellschaft nach außen, also gegenüber anderen natürlichen oder juristischen Personen.

Der **Aufsichtsrat** ist das kontrollierende Organ der AG. Er besteht aus mindestens drei Mitgliedern und wird auf vier Jahre von der Hauptversammlung, also den Aktionären, und der Belegschaft gewählt. Seine Aufgabe ist es, den Vorstand zu überwachen, den Jahresabschluss zu kontrollieren und der Hauptversammlung darüber zu berichten. Dazu gehört auch, die gesteckten Ziele des Unternehmens mit dem Erreichten zu vergleichen.

Die **Hauptversammlung** ist das beschließende Organ der AG, in der alle Aktionäre oder deren Vertreter ein Stimmrecht entsprechend ihrer Aktienanzahl besitzen. Die Hauptversammlung entlastet den Aufsichtsrat und den Vorstand, beschließt über die Verteilung des Gewinns und bestellt die Wirtschaftsprüfer für Abschluss- oder Sonderprüfungen.

Gewinnverteilung

Auf Vorschlag des Aufsichtsrats beschließt die Hauptversammlung über die Verwendung des Gewinns der AG. Der **Reingewinn** wird dann aufgeteilt in den Teil, der zur Ausschüttung gelangt (= **Dividende** für die Aktionäre in € pro Aktiennennwert), und in den Teil, der nicht ausgeschüttet wird, sondern zum Zwecke der Selbstfinanzierung wichtiger Investitionsvorhaben genutzt wird.

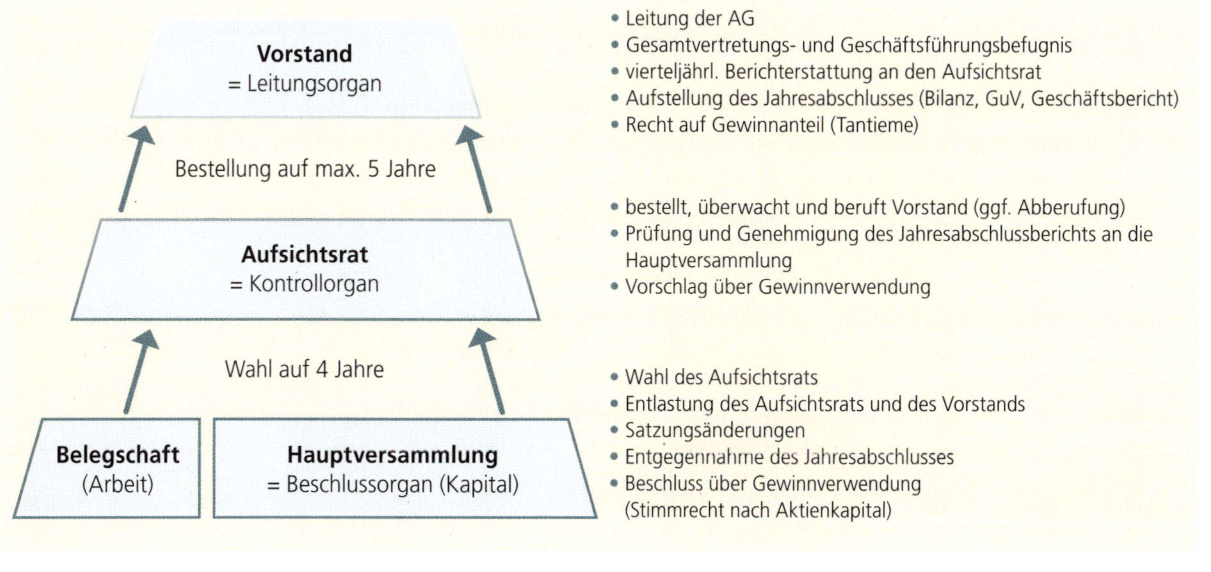

ÜBERBLICK

	Rechtsform	Kapitalausstattung	Haftung	Geschäftsführung und Vertretung	Kontrollrecht	Gewinnbeteiligung (ab 2024)
EINZELUNTERNEHMEN	e. K. e. Kfm. e. Kfr.	kein Mindestkapital	Inhaber haftet mit Geschäfts- und Privatvermögen (uneingeschränkt)	Inhaber	Inhaber	Inhaber
PERSONENGESELLSCHAFTEN	GbR	kein Mindestkapital	Gesellschafter haften mit Geschäfts- und Privatvermögen (uneingeschränkt)	alle Gesellschafter sind zur Geschäftsführung und Vertretung berechtigt und verpflichtet	alle Gesellschafter	• nach Beteiligungsverhältnis, wenn nicht anderes festgelegt wurde
	OHG	kein Mindestkapital	Gesellschafter haften mit Geschäfts- und Privatvermögen (uneingeschränkt)	alle Gesellschafter sind zur Geschäftsführung und Vertretung berechtigt und verpflichtet	alle Gesellschafter	• nach Beteiligungsverhältnis, wenn nicht anderes festgelegt wurde
	KG	• kein Mindestkapital • Kapitalanteil der Kommanditisten ist für die Eintragung festzusetzen	• Komplementäre haften mit Geschäfts- und Privatvermögen (uneingeschränkt) • Kommanditisten nur mit eingetragener Einlage	alle Komplementäre sind zur Geschäftsführung und Vertretung berechtigt und verpflichtet	• Komplementäre • Kommanditisten können Kopie des Jahresabschlusses verlangen und prüfen	• nach Beteiligungsverhältnis, wenn nicht anderes festgelegt wurde
KAPITALGESELLSCHAFTEN	GmbH	• Mindestkapital 25.000,00 € • jeder Gesellschafter muss ¼ seiner Einlage sofort einzahlen (insg. mind. die Hälfte des Stammkapitals)	Gesellschafter haften nur mit ihrem Anteil	• alle Geschäftsführer führen und vertreten die Gesellschaft gemeinsam • Gesellschafter können sich oder andere als Geschäftsführer einsetzen	• Gesellschafterversammlung • Aufsichtsrat möglich, aber erst bei mehr als 500 Mitarbeitern vorgeschrieben	Verteilung nach der Höhe der Geschäftsanteile
	UG (haftungsbeschränkt)/ Mini-GmbH	• Mindestkapital 1,00 € • ab 25.000,00 € Kapital muss GmbH gegründet werden	Gesellschafter haften nur mit ihrem Anteil	wie GmbH	• Gesellschafterversammlung • Aufsichtsrat möglich, aber praktisch kaum von Bedeutung	¼ des erwirtschafteten Gewinns muss zurückgelegt werden
	AG	• Mindestkapital 50.000,00 € • Aktie mind. 1,00 €	Gesellschafter haften nur mit ihrem Anteil	Vorstand, bestellt auf max. 5 Jahre, führt und vertritt die Gesellschaft	• Hauptversammlung wählt Aufsichtsrat • Aufsichtsrat kontrolliert den Vorstand	Dividende pro Aktiennennwert

	Wie fit sind Sie beim Thema „Wahl der Rechtsform eines Unternehmens“?	Inhaltsbezug Seite
1	Tobias ist zunächst Einzelunternehmer. Nach einiger Zeit gründet er mit seinem Freund eine GmbH. Vergleichen Sie Kapitalaufbringung, Haftung, Geschäftsführung, Vertretung und Gewinnverteilung der beiden Rechtsformen miteinander.	289, 291–292
2	a) Wann ist die Gründung einer GbR sinnvoll? b) Unter welcher Voraussetzung kann auch ein Fantasiename für eine GbR verwendet werden?	289
3	Beschreiben Sie die Aufgaben eines Komplementärs und eines Kommanditisten einer KG.	291
4	a) Erklären Sie den Unterschied zwischen der Mini-GmbH und der GmbH. b) Warum sind aus Sicht der Haftung beide Gesellschaften interessant?	291–292
5	a) In welchem Verhältnis stehen Hauptversammlung, Aufsichtsrat und Vorstand einer AG? b) Welche Aufgaben haben diese Organe jeweils?	293
6	Nennen Sie zu jeder Unternehmensform eine Ihnen bekannte Firma.	

14.2 Finanzierung

> Für seine neu zu gründende Schreinerei „MöbelArt" benötigt Tobias rund 200.000,00 €, wenn er alles zusammenzählt: Er braucht u. a. Handsägen, Hobelwerkzeuge, Bohrmaschinen, Schrauber, Schleifer und große Maschinen wie Formatkreissäge, Schleifmaschinen, Plattensäge und Furnierpresse. 50.000,00 € kann er privat beisteuern, für 150.000,00 € muss er bei der Bank einen Kredit aufnehmen.
> - Welcher dieser Beträge ist für Tobias Eigenkapital, welchen Betrag muss er als Fremdkapital besorgen?
> - Welche Finanzierungsmöglichkeiten für das Fremdkapital hat er?
> - Mit welchen Gründungskosten muss Tobias darüber hinaus rechnen?
> - Wäre auch Leasing eine Alternative?

14.2.1 Finanzplanung

Kapitalbedarfsplan

Tobias fragt bei seiner Hausbank nach, ob sie ihn bei der Finanzierung der zusätzlich benötigten 150.000,00 € unterstützen kann. Bevor die Bank eine Zusage erteilt, verlangt sie neben einem Businessplan einen detaillierten Überblick über die Vermögenslage und die Aufstellung eines **Kapitalbedarfsplans**. Aus dieser detaillierten Aufstellung muss hervorgehen, wofür das Geld im Einzelnen benötigt wird:

- **Kapitalbedarf für Investitionen in Güter des Anlagevermögens**
  Hierunter fallen Investitionen in Gebäude, Maschinen, Fahrzeuge und Büromöbel, zusammen mit allen Kosten, die anfallen, um diese Güter in einen betriebsbereiten Zustand zu setzen. Also müssen hier auch Kosten für die Installation einer Maschine oder die Renovierung eines Bürogebäudes berücksichtigt werden.
- **Kapitalbedarf für allgemeine Betriebsmittel**
  Zu den allgemeinen Betriebsmitteln (Umlaufvermögen) eines Unternehmens gehören alle Vermögensteile, die nicht dauerhaft im Unternehmen verbleiben. Das sind z. B. Warenbestände oder Roh-, Hilfs- und Betriebsstoffe.
  Manche Existenzgründungen, wie z. B. die Gründung eines Einzelhandelsgeschäfts, haben viel Kapital in ihrem Warenlager gebunden. Das Gleiche gilt aber auch für Handwerksbetriebe oder Werkstätten, die Ersatzteile und Arbeitsmaterialien vorrätig haben müssen. Dieser Kapitalbedarf muss ebenfalls gut geplant werden.
- **Gründungskosten**
  Dazu zählen alle Kosten, die zur Errichtung eines Unternehmens benötigt werden. Gründungskosten sind z. B. das Honorar für den Notar, Kosten für die Eintragung in das Handelsregister bei der Errichtung einer GmbH sowie Anmeldegebühren für das Gewerbe. Auch Kosten für Beratungen durch einen Steuerberater, Rechtsanwalt oder einen Existenzgründungsberater fallen hierunter.

Kapitalbedarfsplan

Investitionen für die Herstellung		**€**
	Grundstücke/Gebäude	
	Umbaumaßnahmen	
	Zahlung an Vorgänger	
	Maschinen, Werkzeuge	
	Büroeinrichtung	
	Fahrzeuge	
Summe		
Allgemeine Betriebsmittel		
	Roh-, Hilfs- und Betriebsstoffe	
	sonstige Warenausstattung	
Summe		
Gründungskosten		
	Anmeldungen	
	Genehmigungen	
	Eintragung in das Handelsregister	
	Honorare für Beratungen	
	Notarhonorar	
Summe		
Markteinführungskosten		
	Eröffnung	
	Erstwerbung	
Summe		
Liquiditätsreserve für Unvorhergesehenes		
Gesamtkapitalbedarf		

Hinweis
Eine interaktive Checkliste zum Thema Kapitalbedarfsplan finden Sie auf: www.existenzgruender.de

Markteinführungskosten

Existenzgründer müssen sich ihren Kundenstamm erst aufbauen. Die Markterschließung kann dabei beachtliche Kosten verursachen, z. B. für die Einführungswerbung. So muss auch das neu gegründete Unternehmen MöbelArt über längere Zeit Aktionen oder Anzeigen durchführen, um sich bei den Kunden bekannt zu machen. Dazu gehört auch eine entsprechende Eröffnungsveranstaltung, über die die lokalen Medien in geeigneter Weise berichten.

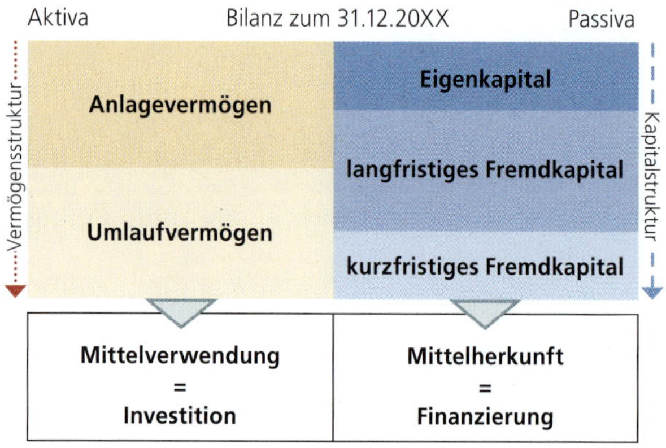

Finanzierungsgrundsätze

Die Schreinerei MöbelArt soll nun aus verschiedenen Quellen finanziert werden:
Einerseits aus dem **Eigenkapital**, das von dem oder den Eigentümern zur Verfügung gestellt wird, in unserem Fall also von Tobias selbst. Es steht dem Unternehmen unbefristet zur Verfügung. Daher sollte Anlagevermögen, das ja auch langfristig im Unternehmen verbleibt, mit Eigenkapital finanziert werden (**„goldene Bilanzregel"**). Ideal ist es, wenn darüber hinaus auch ein Teil des Umlaufvermögens (Rohstoffe, Waren) durch Eigenkapital gedeckt ist (**„goldene Finanzierungsregel"**). Allerdings ist die Beschaffung von zusätzlichem Eigenkapital oft nicht ohne Weiteres möglich. Der Einzelunternehmer hat sein Kapital ja schon in die Firma eingebracht, und die Aufnahme neuer Eigentümer ist nur unter Änderung der Rechtsform möglich. Zwar erwarten der oder die Eigenkapitalgeber eine angemessene Verzinsung ihres Kapitals (**Rendite**), aber die kann in wirtschaftlich schwierigen Zeiten auch einmal niedriger ausfallen.

Andererseits muss **Fremdkapital** aufgenommen werden, für das **Zinsen** gezahlt werden müssen. Bei der Aufnahme von **langfristigem Fremdkapital** besteht seitens des Kapitalgebers (meistens eine Bank) immer ein Anspruch auf regelmäßige Zinszahlungen, unabhängig vom jeweiligen Geschäftsverlauf. Diese Zinszahlungen stellen Kosten dar, die den finanziellen Spielraum einengen. Außerdem muss der Kredit in Raten oder einmalig nach der Laufzeit getilgt werden. Der Bank ist im Allgemeinen eine Sicherheit z. B. in Form einer Hypothek oder einer Bürgschaft zu bieten. Um den laufenden Betriebsprozess aufrechterhalten zu können, muss unter Umständen auch **kurzfristiges Fremdkapital** zur Verfügung stehen, für das oft hohe Zinszahlungen anfallen. So müssen z. B. folgende Zahlungen sichergestellt werden:

- Löhne und Gehälter
- Material- und Warenbezug
- Steuern und Sozialabgaben
- Reparaturen
- Miet-, Strom- und Heizungskosten

14.2.2 Kreditarten

Das Geld zur Finanzierung des Betriebsvermögens kann von innen (z. B. vom Unternehmer selbst, Gewinn) oder von außen (z. B. Bank, Lieferanten) kommen. Soweit die laufenden Einnahmen nicht alle Zahlungen abdecken, muss auf einen **Bankkredit (Dispositionskredit)** oder auf **Lieferantenkredite** zurückgegriffen werden. Diese Kredite sind zwar kurzfristig verfügbar, aber immer mit hohen Zinssätzen verbunden. Stehen nicht genügend „flüssige Mittel" (**Liquidität**) zur Verfügung, kann es zu Zahlungsunfähigkeit und zur Insolvenz kommen.

Bei der **Fremdfinanzierung** wird dem Unternehmen Kapital von außen zugeführt, das nach einer bestimmten Frist wieder zurückbezahlt werden muss.

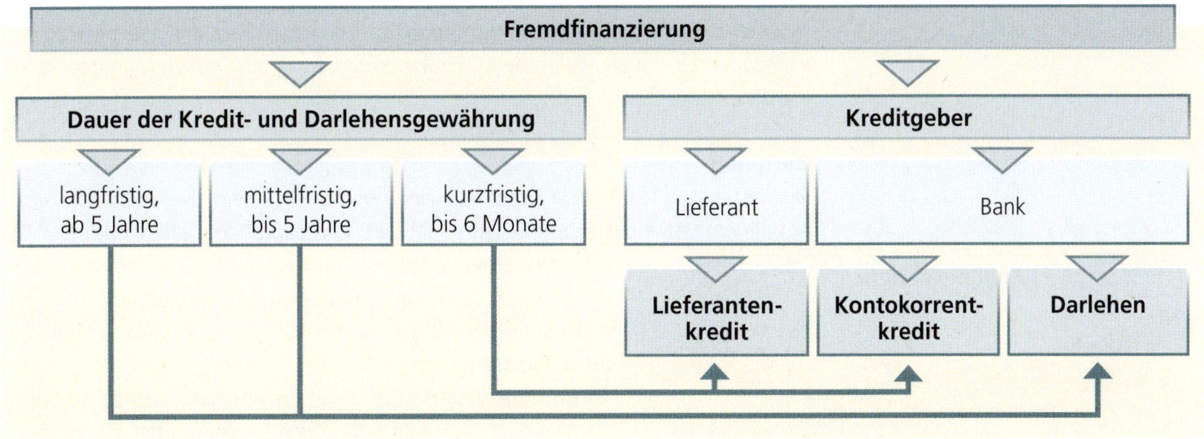

Lieferantenkredit

Beim Einkauf von Ware entsteht eine zeitliche Spanne zwischen Lieferung und Zahlung, da im Normalfall der Lieferant dem Kunden oder dem Unternehmen ein Zahlungsziel einräumt, z. B. „Zahlung innerhalb von 10 Tagen mit 2 % Skonto oder innerhalb von 30 Tagen rein netto". Damit bietet der Lieferant dem Kunden einen Kredit an: für 10 Tage gewährt er den Kredit kostenlos, für 20 Tage verlangt er 2 % Zinsen. Zahlt in unserem Beispiel der Kunde statt am 10. Tag am 30. Tag und nimmt die 2 % Skonto nicht in Anspruch, so entspricht dies einem Jahreszinssatz von 36 %.

$$\begin{aligned} 20 \text{ Tage} &= 2\,\% \\ 360 \text{ Tage} &= x\,\% \end{aligned} \qquad x = \frac{360 \text{ Tage} \cdot 2\,\%}{20 \text{ Tage}} = 36\,\%$$

Skonto abziehen oder Zahlungsziel ausnutzen?								
Skontoabzug in Prozent	**Differenztage zum Zahlungsziel**							
	10	20	30	40	50	60	70	80
	Zinssätze pro Jahr für nicht in Anspruch genommenes Skonto							
2	72,0	36,0	24,0	18,0	14,4	12,0	10,3	9,0
2,5	90,0	45,0	30,0	22,5	18,0	15,0	12,9	11,3
3	108,0	54,0	36,0	27,0	21,6	18,0	15,4	13,5
3,5	126,0	63,0	42,0	31,5	25,2	21,0	18,0	15,8
4	144,0	72,0	48,0	36,0	28,8	24,0	20,6	18,0
4,5	162,0	81,0	54,0	40,5	32,4	27,0	23,1	20,3
5	180,0	90,0	60,0	45,0	36,0	30,0	25,7	22,5

Kontokorrentkredit

Der Kontokorrentkredit entspricht auf geschäftlicher Seite dem Dispositionskredit auf Verbraucherseite (siehe Abschnitt 9.3.1). Die Abwicklung aller eingehenden und ausgehenden Zahlungen wird über dieses Geschäftskonto vorgenommen. Das Konto kann neben zeitweiligem Guthaben auch Schulden aufweisen, z. B. wenn Lohn oder

Waren bezahlt werden. Dazu ist es notwendig, ein **Kreditlimit (Kreditobergrenze)** zu einem festgelegten Zinssatz mit der Bank zu vereinbaren.
Dieser Kredit, also die Überziehung des Geschäftskontos, sollte immer so kurz wie möglich sein, da die Zinsen überproportional hoch sind. Falls die Überziehung des Kontos länger dauert, sollte der Kontokorrentkredit in ein Darlehen umgewandelt werden.

Darlehen

Die mittel- und langfristige Fremdfinanzierung wird allgemein als Darlehen bezeichnet. Einem Darlehensvertrag liegen folgende Daten zugrunde: Darlehenshöhe, Auszahlungsbetrag, Jahreszins, Laufzeit und Rückzahlungsweise. Da die Art der Rückzahlung gleichzeitig die Liquidität des Unternehmens stark beeinflusst, wird diese häufig als Unterscheidungsmerkmal verwendet:

- **Kündigungsdarlehen:** Die Laufzeit des Darlehens ist unbefristet. Erst nach Kündigung und Einhaltung der Kündigungsfrist erfolgt die gesamte Rückzahlung. Zinsen fallen während der Laufzeit regelmäßig an.
- **endfälliges Darlehen:** Wie Kündigungsdarlehen, nur wird hierbei der Zeitpunkt der Rückzahlung im Vertrag exakt festgelegt.
- **Tilgungsdarlehen:** Gleich hohe Tilgungsraten werden vereinbart, die Zinshöhe bezieht sich auf das Restdarlehen. Entsprechend sinkt der Rückzahlungsbetrag im Laufe des Kreditzeitraums.
- **Annuitätendarlehen:** Der Rückzahlungsbetrag ist über die gesamte Laufzeit gleich hoch; d.h. zunächst beinhalten die Rückzahlungen hohe Zinsen und eine geringe Tilgung, im Laufe der Zeit kehrt sich dieses Verhältnis um.

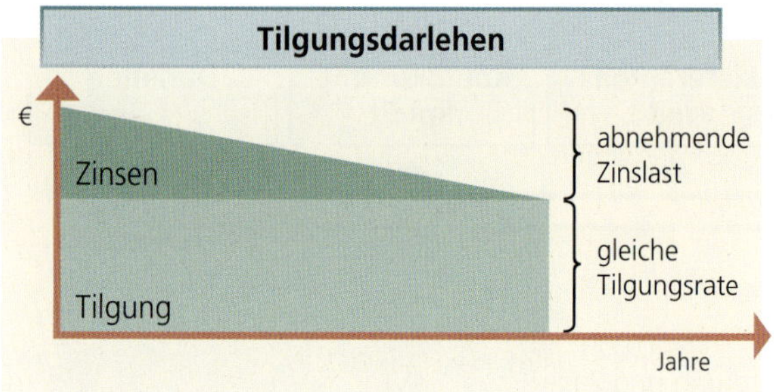

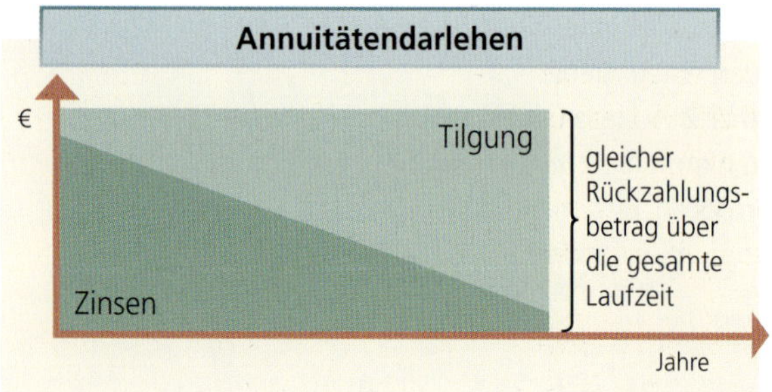

14.2.3 Leasing

Leasing ist eine Form der Anmietung von Investitionsgütern für ein Unternehmen, die später als Eigentum erworben werden können, aber nicht müssen. Für das Unternehmen ergeben sich hier völlig neue Finanzierungsmöglichkeiten. Eine Maschine kann z. B. sofort genutzt werden, ohne dass der Unternehmer gleich eine Kaufentscheidung fällen muss. Diese interessante Finanzierungsform findet in der Wirtschaft immer mehr Anhänger.

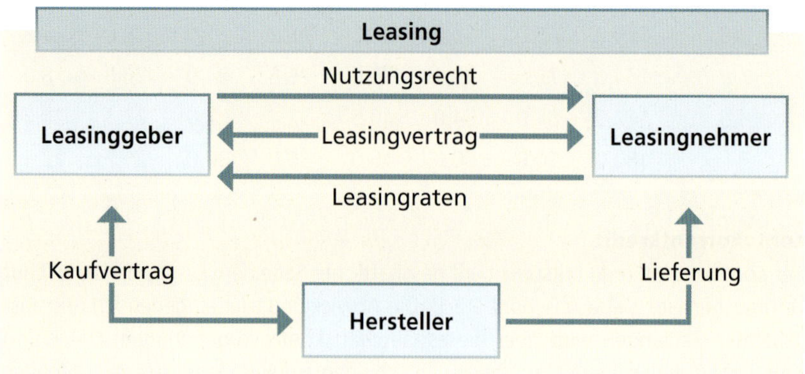

Aus Sicht des Leasinggebers werden zwei verschiedene Finanzierungsformen unterschieden, die mit ihrer Leasingrate den Leasingnehmer unterschiedlich belasten:

Vollamortisationsvertrag	Teilamortisationsvertrag
Die vollen Objektkosten werden während der Grundmietzeit über die Mietraten des Leasingnehmers finanziert.	Die Leasingraten decken nicht die Kosten des Objekts. Nach Ablauf der Grundmietzeit muss der Unternehmer das Verwertungsrisiko tragen (Verlängerung des Vertrags oder Kauf des Objekts).

Amortisation *= allmähliche Tilgung einer langfristigen Schuld nach vorgegebenem Plan*

Folgende Vertragsbestandteile sind in den Leasingvertrag aufzunehmen:
- **Grundmietzeit**, in der i.d.R. kein Kündigungsrecht für den Leasingnehmer zugelassen wird. Es ist aber zu beachten, dass die Finanzierungsdauer und die Lebensdauer z.B. einer Maschine oder eines Autos immer übereinstimmen sollten.
- Vereinbarung von **Verlängerungs- oder Kaufoptionen** nach Ablauf der Grundmietzeit.
- Höhe der zu entrichtenden **Leasingraten**.
- Die **Übernahme des Risikos** bei Beschädigung oder übermäßigem Wertverlust muss zwischen Leasinggeber und Leasingnehmer eindeutig geklärt werden.
- Evtl. Vereinbarungen über **Wartung und Pflege** des Leasingobjekts durch Leasingnehmer oder Leasinggeber.

Es gibt keine Regeln zur Ausgestaltung eines Leasingvertrags. Die Vertragspartner können ihren Vertrag nach eigenen Vorstellungen formulieren. Deshalb soll hier nur ein Überblick über die Erscheinungsformen des Leasings gegeben werden:
- Das **Hersteller-Leasing (direktes Leasing)** beinhaltet, dass die Produktionsfirma ihre Produkte direkt an den Leasingnehmer liefert und beide Firmen miteinander auch den Vertrag abschließen.
- Der Vertragsabschluss über **Leasinggesellschaften (indirektes Leasing)** bedeutet, dass diese Gesellschaft zwischen Produktionsfirma und Leasingnehmer steht und eine Finanzierungsfunktion übernimmt.

Leasing ist heute für die verschiedensten Produkte üblich:
- **Investitionsgüter-Leasing:**
  - Immobilien-Leasing: z.B. Grundstücke, Häuser, Lagerhallen, ganze Firmen
  - Mobilien-Leasing: z.B. Maschinen, EDV-Anlagen, Fahrzeuge, Arbeitskleidung
- **Konsumgüter-Leasing:** Güter mit längerer Lebensdauer, die im Privatbereich eingesetzt werden, wie Privatfahrzeuge, Fernsehgeräte usw.

Pflichten des Leasingnehmers	Pflichten des Leasinggebers
• Zahlungspflicht (Zahlung der Leasingraten) • Sorgfaltspflicht (im Umgang mit Leasinggegenständen) • Reparaturpflicht (Zahlung und Durchführung der notwendigen Reparaturen)	Überlassungspflicht (Überlassung der Sache zum vereinbarten Zweck)

Vorteile des Leasings	Nachteile des Leasings
• Der Unternehmer zahlt nur die Leasingrate und benötigt keinen Kredit. • Die Ausgaben fallen in kleinen Raten an. • Der Unternehmer kann flexibel auf technische Fortschritte reagieren.	• Leasing verursacht hohe Kosten, da die Finanzierung der Hersteller oder die Leasinggesellschaft übernimmt. • Der Unternehmer ist an Verträge gebunden.

ÜBERBLICK

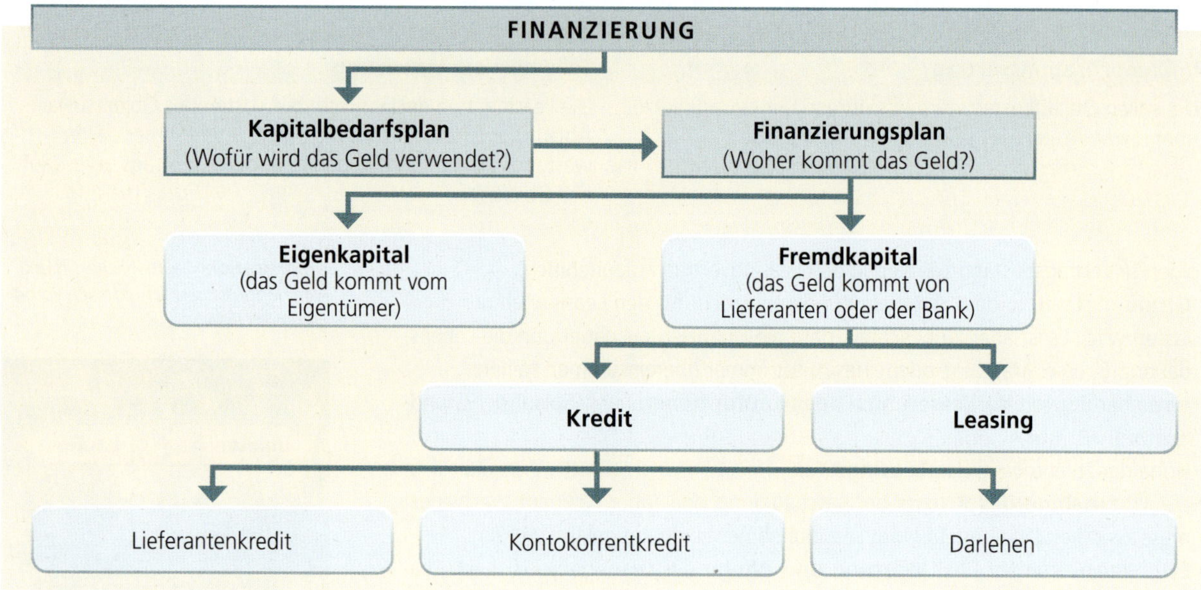

	Wie fit sind Sie beim Thema „Finanzierung"?	Inhaltsbezug Seite
1	Welche Punkte müssen in einem Kapitalbedarfsplan berücksichtigt werden?	295–296
2	Erklären Sie die „goldene Bilanzregel" und die „goldene Finanzierungsregel".	296
3	Worauf ist bei der Aufnahme von langfristigem und kurzfristigem Fremdkapital zu achten?	296
4	Welche Finanzierungsarten gibt es? Beschreiben Sie diese.	296–298
5	Errechnen Sie den Jahreszins, wenn das angebotene Skonto auf einer Rechnung nicht in Anspruch genommen wird: „Zahlung innerhalb von 14 Tagen 3 % Skonto, innerhalb von 4 Wochen rein netto."	297
6	Bei der Finanzplanung ist die Art der Rückzahlung von besonderer Wichtigkeit. Welche Darlehensarten gibt es? Erklären Sie diese hinsichtlich Zinszahlung und Tilgung.	298
7	a) Erklären Sie die Besonderheiten des Leasings. b) Welche Vor- und Nachteile sind mit dem Leasing verbunden?	298–299
8	a) Um was für einen Leasingvertrag handelt es sich? b) Rechnen Sie diesen Leasingvertrag nach und überprüfen Sie, wie der Anbieter auf die monatliche Leasingrate kommt. c) Durchleuchten und beurteilen Sie diesen Leasingvertrag sehr kritisch. Ziehen Sie für diese Art von Leasingverträgen das Internet zurate.	294

Beispiel für einen Leasingvertrag mit Restwertabrechnung für einen Privatkunden:

Audi A3 1.4 TFSI, 3-türig, 1.390 ccm, 125 PS/92 KW, Super, 6-Gang

Listenpreis ohne Sonderausstattung in € (vor Mwst.)	19.327,73
Sonderausstattung lt. Anlage in € (vor Mwst.)	1.714,30
Listenpreis gesamt in € (vor Mwst.)	21.042,03
Laufzeit in Monaten	36
Mietsonderzahlung in € (vor Mwst.)	4.208,40 € *(Zahlung eines Festbetrags zu Beginn des Vertrags)*
Restwert in %	55 %
Restwert in € (vor Mwst.)	11.573,11 € *(angenommener Verkaufspreis am Markt zum Ende des Leasingvertrags; gezahlt wird aber der dann gültige Marktwert)*
Finanzleasingfaktor in %	0.763 % *(individueller Faktor zur Berechnung der Leasingrate)*
monatl. Finanzleasingrate in € (vor Mwst.)	160,55 €

14.3 Betriebliche Kosten

Tobias hat seine Schreinerei MöbelArt inzwischen gegründet und seine erste Anfrage vorliegen. Er soll für eine Gaststätte Bauernstühle herstellen. Auf seinem PC läuft das spezielle Softwareprogramm „Schreinerkalkulation", mit dem er die Bauernstühle kalkulieren will. Wichtig ist, dass der von ihm festgesetzte Preis nicht unter dem Selbstkostenpreis liegt.

- Was versteht man unter dem Selbstkostenpreis?
- Welche Kosten entstehen bei der Herstellung von Bauernstühlen?
- Kostet jeder Stuhl gleich viel oder verändern sich die Kosten, je mehr Stühle hergestellt werden?

Das Ergebnis der Produktion sind die **Leistungen** eines Betriebs. Diese Leistungen können Sachgüter oder Dienstleistungen sein. Um sie zu erstellen, müssen andere Güter und Dienstleistungen (Rohstoffe, Energie, Arbeitskraft usw.) eingesetzt werden; sie werden dabei „verzehrt". In Geldgrößen (€) ausgedrückt, bezeichnet man diesen „Werteverzehr" als **Kosten**.

Kosten =
in Geld ausgedrückter Werteverzehr von Gütern und Dienstleistungen, z. B.:
- Löhne
- Holz, Furniere
- Abschreibungen

Leistungen =
Wert (Ertrag) der erstellten Güter und Dienstleistungen, z. B.:
- Möbel
- Restaurationen
- Reparaturen

Die Leistungen von MöbelArt bestehen in der Herstellung neuer oder der Restauration alter Möbel. Die Kosten, die dabei entstehen, sind Löhne für Mitarbeiter, Ausgaben für Holz, Abschreibungen auf Maschinen usw. Um einen Überblick über die anfallenden Kosten zu haben, muss ein Betrieb diese möglichst genau erfassen, denn:

- auf Dauer kann ein Gewinn nur erzielt werden, wenn die Kosten niedriger sind als der Wert der Leistungen.
- die Ermittlung eines Angebotspreises ist nur möglich, wenn alle Kosten exakt erfasst und in die Preisermittlung einbezogen wurden.
- die Entscheidung, ob ein Zusatzauftrag angenommen werden soll, hängt davon ab, ob durch den Verkaufserlös ein Teil der ohnehin anfallenden Kosten gedeckt werden kann.
- durch Branchenvergleichszahlen kann ein Betrieb feststellen, ob in seinem Betrieb zu hohe Kosten angefallen sind.

14.3.1 Fixe und variable Kosten

Stückkosten

Tobias hält die Kosten für seinen Bauernstuhl mithilfe seines PC-Programms fest:

Stückkosten			
Monat	Stückzahl	Gesamtkosten	Stückkosten
Juli	15	950,00 €	63,33 €
September	25	1.250,00 €	50,00 €
Dezember	45	1.850,00 €	41,11 €

Die Stückkosten hat Tobias nach folgender Formel berechnet:

$$\text{Stückkosten} = \frac{\text{Gesamtkosten}}{\text{Stückzahl}}$$

Er stellt fest, dass die Stückkosten bei zunehmender Stückzahl immer geringer werden.

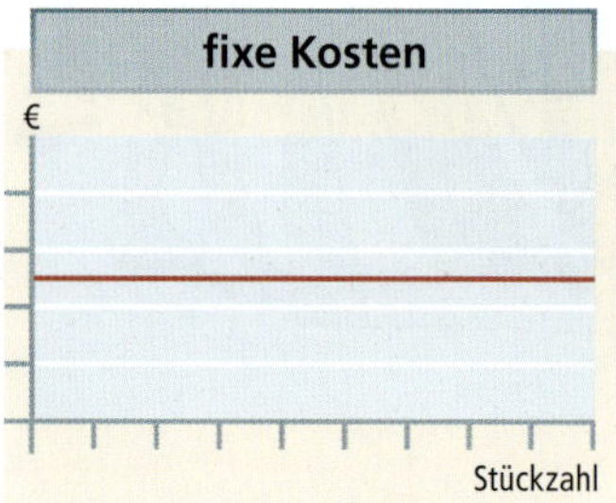

Fixe Kosten

Kosten, die immer in gleicher Höhe unabhängig von der produzierten Menge anfallen, nennt man fixe (feste) Kosten.

Zu den fixen Kosten gehören die Abschreibungen für die Maschinen (Wertverlust), die Miete für die Werkstatt, das Gehalt für die Bürokraft, Versicherungen, Zinsen und Steuern.

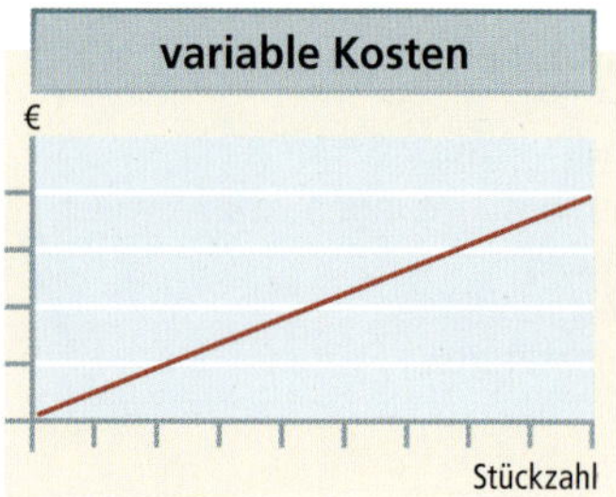

Variable Kosten

Die variablen Kosten fallen nur an, wenn produziert wird. Sie steigen, je mehr produziert wird und sie fallen, je weniger produziert wird.

Kosten, die sich in Abhängigkeit von der produzierten Stückzahl ändern, nennt man variable (veränderliche) Kosten.

Zu den variablen Kosten gehören z. B. die Kosten für das Holz zum Bau der Stühle, der Leim, der Lack, aber auch die Löhne der Gesellen und Stromkosten. Tobias hat festgestellt, dass sich variable Kosten in Höhe von 30,00 € pro Stuhl ergeben.

Gesamtkosten

Tobias berechnet die Gesamtkosten in seiner Kostenübersicht nach der Formel:

fixe Kosten + variable Kosten = Gesamtkosten

Sein Softwareprogramm kommt zu diesem Ergebnis:

Gesamtkostentabelle				
Monat	Stückzahl	fixe Kosten	variable Kosten	Gesamtkosten
Juli	15	500,00 €	450,00 €	950,00 €
September	25	500,00 €	750,00 €	1.250,00 €
Dezember	45	500,00 €	1.350,00 €	1.850,00 €

Grafisch sieht das so aus:

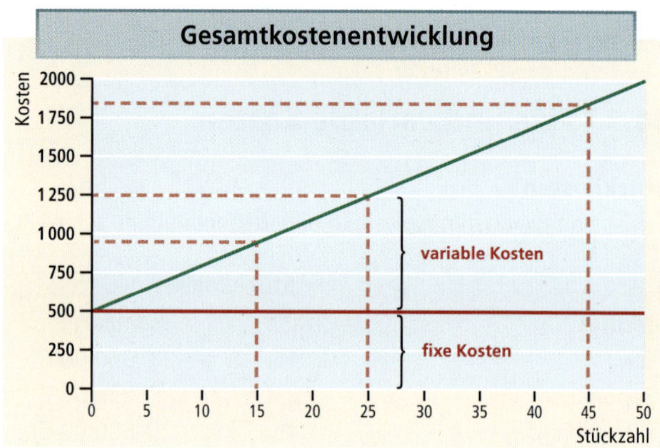

Gesetz der Massenproduktion

Tobias ist klar geworden, weshalb die Stückkosten bei zunehmender Stückzahl zurückgehen. Er hatte errechnet, dass die variablen Kosten pro Stück 30,00 € betragen, dazu kommt noch der Fixkostenanteil in Höhe von 500,00 €, der stets auf die Anzahl der produzierten Stücke verteilt werden muss.

Stückkostentabelle

Monat	Stückzahl	fixe Stückkosten	variable Stückkosten	gesamte Stückkosten
Juli	15	33,33 €	30,00 €	63,33 €
September	25	20,00 €	30,00 €	50,00 €
Dezember	45	11,11 €	30,00 €	41,11 €

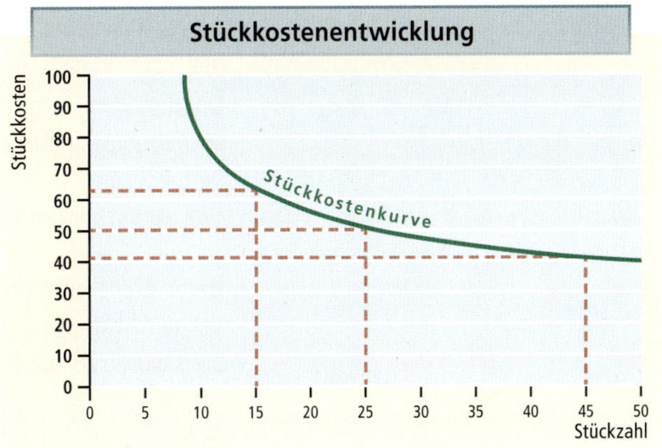

Dieser Zusammenhang wird auch als **Gesetz der Massenproduktion** bezeichnet:

> Die Kosten pro hergestelltes Stück werden umso kleiner, je höher die Produktionsmenge ist.

Dieses Gesetz wirkt sich bei Produktionssteigerung positiv auf die Entwicklung der gesamten Herstellkosten aus. Umgekehrt steigen die Herstellkosten pro Stück bei Produktionssenkung stark an.

14.3.2 Einzel- und Gemeinkosten

Zur Kalkulation des Verkaufspreises der erstellten Möbel ist eine weitere Unterteilung der Kosten von Bedeutung:

- Kosten, die einem Produkt direkt zugerechnet werden können, werden **Einzelkosten (direkte Kosten)** genannt.
- **Gemeinkosten (indirekte Kosten)** sind in ihrer Höhe für den einzelnen Auftrag nicht genau feststellbar. Es sind nicht direkt verrechenbare Kosten. Sie werden über einen Zuschlag in % den Einzelkosten zugerechnet (**Gemeinkostenzuschlag**).

Tobias überlegt, wie er die Miete für die Werkstatt, die Gehaltskosten für die Bürokraft und die weiteren Fixkosten verteilen soll. Es ist nicht ohne Weiteres möglich, diese Kosten den einzelnen Produkten zuzuordnen. Anders verhält es sich dagegen mit den Materialkosten und den Lohnkosten für die erstellten Möbel.

Einzelkosten (direkte Kosten)

- **Materialeinzelkosten** (Fertigungsmaterial)
- **Fertigungseinzelkosten** (Fertigungslöhne)

Gemeinkosten (indirekte Kosten)

- **Materialgemeinkosten** (Lagerkosten, Versicherungen, Materialpflege)
- **Fertigungsgemeinkosten** (Gehälter für Meister, Hilfslöhne, Energiekosten, Abschreibungen, Hilfs- und Betriebsstoffe)
- **Vertriebs- und Verwaltungskosten** (Gehälter in der Verwaltung, Mieten, Büromaterial, Werbung, Absatzkosten)

14.3.3 Selbstkostenermittlung

Grundproblematik

Tobias steht vor dem Problem, für den geplanten Erweiterungsbau des Kindergartens in der Gemeinde ein Angebot über Einbauschränke, Regale und Garderoben einzureichen. Dieser Auftrag ist öffentlich ausgeschrieben und er würde ihn gerne bekommen.

Um der Gemeinde ein konkretes Angebot machen zu können, muss er die in der Ausschreibung genau bezeichneten technischen Angaben berücksichtigen und berechnen, was die Durchführung des Auftrags seinen Betrieb kosten würde (**Berechnung der Selbstkosten**).

Unter Berücksichtigung eines Gewinnaufschlags auf diesen Selbstkostenpreis ergibt sich der **Angebotspreis**, den er verlangen muss. Ein Angebot unter dem Selbstkostenpreis würde zu einem Verlust führen, ein Angebot darüber sichert ihm einen Gewinn.

Aufgrund seiner Fachkenntnisse und seiner langjährigen Erfahrung in seinem früheren Betrieb hat Tobias keine Probleme, die anfallenden Kosten für das erforderliche Material und für die erforderlichen Arbeitsstunden seines Gesellen zu kalkulieren, denn hier handelt es sich um Einzelkosten.
Fast unmöglich ist es aber festzustellen, wie viele Stunden die Sekretärin mit diesem Auftrag beschäftigt sein wird, wie viel Liter Treibstoff der Lieferwagen für diesen Auftrag verbrauchen wird usw. Deshalb werden diese Gemeinkosten dem Auftrag pauschal zugerechnet.

Berechnung der Gemeinkostenzuschlagssätze

Um bei der Angebotserstellung die Gemeinkosten den Einzelkosten zuzurechnen, kann Tobias die vergangene Rechnungsperiode (Vorjahr) als Grundlage für seine Berechnungen nehmen.

Tobias hatte im vergangenen Jahr die folgenden Kosten und berechnet daraus den entsprechenden Zuschlagssatz:

Gemeinkostenzuschlagssätze			
	Vorspalte	**Hauptspalte**	**Zuschlagssätze in %**
Einzelmaterial	16.500,00 €		
+ Materialgemeinkosten	3.300,00 €		**20,0**
= Materialkosten		**19.800,00 €**	
Fertigungslöhne	24.000,00 €		
+ Fertigungsgemeinkosten	43.200,00 €		**180,0**
= Fertigungskosten		**67.200,00 €**	
= Herstellkosten		**87.000,00 €**	
+ Verwaltungsgemeinkosten		8.700,00 €	**10,0**
+ Vertriebsgemeinkosten		4.350,00 €	**5,0**
= Selbstkosten		**100.050,00 €**	

Aufgrund seines Vorjahresergebnisses wird er bei allen Angeboten im laufenden Jahr die Gemeinkosten wie folgt den Einzelkosten zuschlagen:

- **Materialgemeinkosten:** 20 % vom Einzelmaterial
- **Fertigungsgemeinkosten:** 180 % der Fertigungslöhne
- **Verwaltungsgemeinkosten:** 10 % der Herstellkosten
- **Vertriebsgemeinkosten:** 5 % der Herstellkosten

Berechnung des Angebotspreises

Schreinermeister Tobias weiß, dass er für die Arbeit im Kindergartenneubau für 1.500,00 € Einzelmaterial benötigt und dass die Fertigungslöhne 2.500,00 € betragen werden. Aus diesen Angaben erstellt er die folgende Kalkulation, wobei er einen Gewinn in Höhe von 15 % des Selbstkostenpreises einplant.

Kalkulation des Angebotspreises			
	Zuschlagssätze in %	**Vorspalte**	**Hauptspalte**
Einzelmaterial		1.500,00 €	
+ Materialgemeinkosten	**20,0**	300,00 €	
= **Materialkosten**			**1.800,00 €**
Fertigungslöhne		2.500,00 €	
+ Fertigungsgemeinkosten	**180,0**	4.500,00 €	
= **Fertigungskosten**			**7.000,00 €**
= **Herstellkosten**			**8.800,00 €**
+ Verwaltungsgemeinkosten	**10,0**		880,00 €
+ Vertriebsgemeinkosten	**5,0**		440,00 €
= **Selbstkosten**			**10.120,00 €**
+ Gewinnzuschlag	**15,0**		1.518,00 €
= **Nettoangebotspreis**			**11.638,00 €**
+ Mehrwertsteuer	**19,0**		2.211,20 €
= **Bruttoangebotspreis**			**13.849,20 €**

Diesen errechneten Angebotspreis über 13.849,20 € übermittelt Tobias der Gemeinde. Diese muss im Rahmen der öffentlichen Ausschreibung Angebote von mehreren Anbietern einholen und sich für das preiswerteste entscheiden. Wenn Tobias seine Kosten niedrig hält, kann er als günstigster Anbieter den Zuschlag und damit den Auftrag für die Herstellung der für den Kindergartenneubau benötigten Einbauschränke, Regale und Garderoben erhalten.

Stellt Tobias nach Ausführung des Auftrags fest, dass seine Kosten doch höher waren als vorgesehen (z. B. weil die Arbeit länger dauerte als geplant), so vermindert sich sein Gewinn oder er macht sogar Verlust. Sind seine wirklichen Kosten allerdings niedriger als geplant, dann erhöht sich sein Gewinn.

Eine solche Nachkalkulation bei allen Aufträgen ist für jeden Unternehmer überlebenswichtig.

ÜBERBLICK

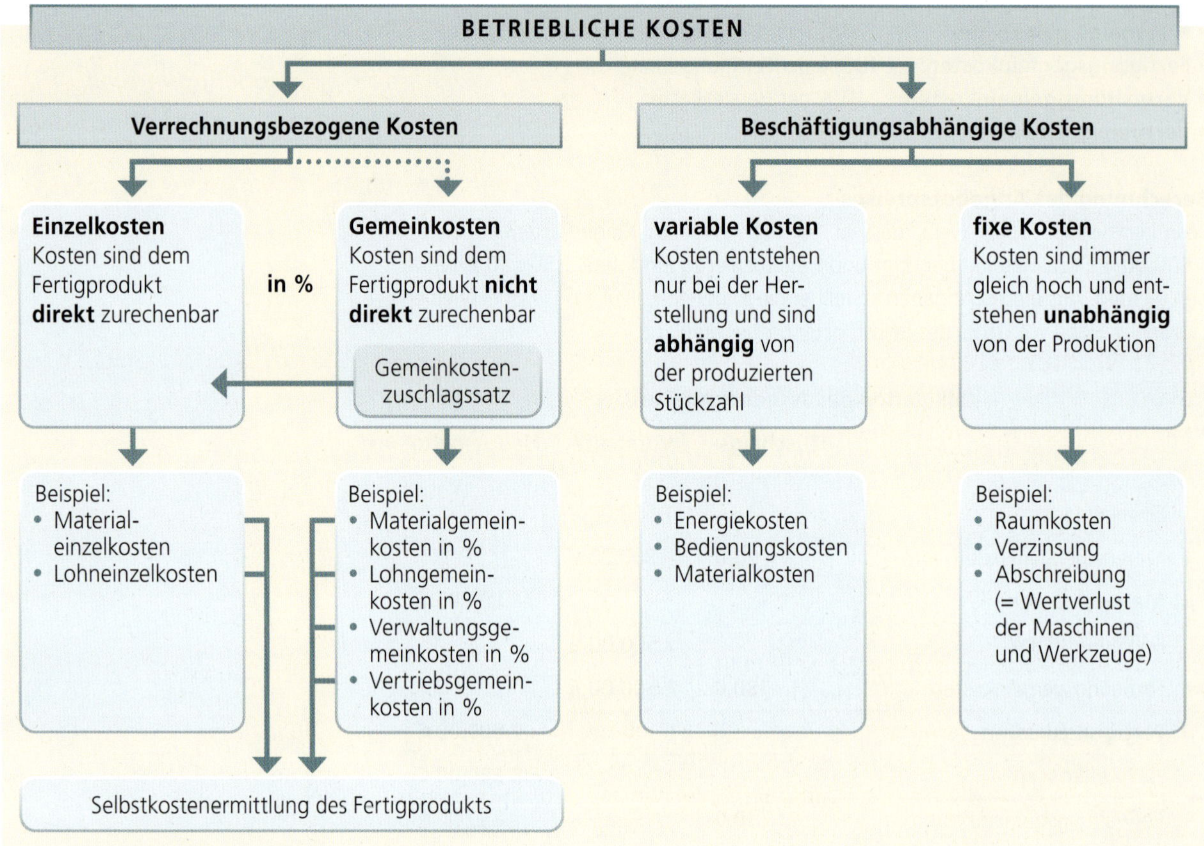

	Wie fit sind Sie beim Thema „Betriebliche Kosten"?	Inhaltsbezug Seite
1	Warum ist es wichtig, alle Kosten, die in einem Betrieb anfallen, und alle Leistungen, die ein Betrieb erarbeitet, genau zu erfassen?	**301**
2	Grenzen Sie voneinander ab: a) fixe und variable Kosten b) Einzel- und Gemeinkosten	**302–303**
3	Ein Kunde holt bei MöbelArt ein Angebot über einen 2-türigen Kleiderschrank ein. MöbelArt hat für die Kalkulation dieses Schranks folgende Daten zur Verfügung: Das Material kostet gemäß Holzliste 135,00 €, für Topfbänder, Schloss, Kleiderstange und -halter, Leim, Dübel, Lack und sonstiges Kleinmaterial werden nochmals 45,00 € veranschlagt. Ein Schreinergeselle arbeitet 18 Stunden an dem Schrank zu einem Stundenlohn von 13,50 €. Die Gemeinkosten betragen: - Materialgemeinkosten: 20 % vom Einzelmaterial - Fertigungsgemeinkosten: 180 % des Fertigungslohns - Verwaltungsgemeinkosten: 10 % der Herstellkosten - Vertriebsgemeinkosten: 5 % der Herstellkosten Der Gewinnaufschlag wird mit 15 % festgesetzt. Errechnen Sie in der vorgegebenen Reihenfolge: a) die Herstellkosten b) die Selbstkosten c) den Nettoangebotspreis d) den Bruttoangebotspreis	**305**

14.4 Marketing

Die Firma MöbelArt möchte die Treue ihrer Kunden mit einem kleinen Geschenk belohnen, das diese zum einen erfreut und zum anderen bei ihnen zu einer längerfristigen Werbewirkung und Kundenbindung führt. Aus diesem Grund verschenkt Tobias zu Weihnachten einen USB-Stick mit 8 GB und seinem Logo für MöbelArt.
- Was muss er vor der Auswahl des Präsents beachten?
- Welche Art von Werbung ist das Geschenk?
- Was will MöbelArt mit diesem Geschenk bewirken?
- Warum ist das Kundengespräch die wichtigste Werbung für MöbelArt?

14.4.1 Marketingkonzept

Tobias möchte eine möglichst große Stammkundschaft aufbauen, die die Qualität seiner Arbeit zu schätzen weiß und seinem Unternehmen die Treue hält. Er hofft, so der direkten täglichen Preiskonkurrenz weniger stark ausgesetzt zu sein.

Instrumente des Marketings

Wie kann er diese Zielsetzung verwirklichen?
1. Er muss sich zunächst mit dem Markt, also seinen möglichen und derzeitigen Kunden intensiv beschäftigen (= **Marktforschung**).
2. Er muss Kunden mit ähnlichen Problemen, Wünschen und Bedürfnissen zu Gruppen zusammenfassen (= **Marktsegmentierung**).
3. An diese Gruppen mit gleichem oder ähnlichem Kaufverhalten wendet sich die Firma MöbelArt dann mit bestimmten Aktionen (= **Marketinginstrumenten**), die ganz auf deren jeweilige Probleme, Wünsche und Bedürfnisse abgestimmt sind. Werden nämlich die Wünsche des Kunden durch das Angebot des Unternehmers gänzlich erfüllt, so wird sich der Kunde auch später wieder an den Unternehmer wenden. Er wird sogar Freunden und Bekannten von seiner Zufriedenheit erzählen, sodass auch von dieser Seite neue Kunden auf MöbelArt zukommen werden.

Einige gängige **Vorurteile** zum Thema Marketing lauten:
- „Marketing ist nur etwas für die großen Unternehmen."
- „Qualität – das ist mein Marketing!"
- „Gute Arbeit verkauft sich von selbst."
- „Wir haben bisher auch gut ohne Marketing gelebt."

Was will Marketing wirklich?
Der heutige Markt wird vom Kunden, nicht vom Unternehmer bestimmt. Man spricht deshalb heute vom **Käufermarkt**. Mithilfe von Marketingmaßnahmen wird der Markt vom Unternehmen **aktiv** mitgestaltet. Da der Käufer als das wichtigste Element des Marktes erkannt wurde, muss sich der Unternehmer intensiv mit den Problemen der Kunden auseinandersetzen. Derjenige Unternehmer, dem diese Problemlösung am besten gelingt, wird das Vertrauen des Kunden gewinnen. Deshalb heißt **Marketing**:

Planung, Koordination und Kontrolle aller auf den Markt und den Kunden gerichteten Aktivitäten mit dem Ziel,
- den Kunden dauerhaft mit den Leistungen des Unternehmens zufriedenzustellen und
- gleichzeitig die Unternehmensziele (z. B. Gewinn- und Umsatzsteigerung) zu verfolgen.

Bei richtigem Marketing ist der Kunde gleichwertiger Partner

Zielgruppenanalyse

Der Markt ist vielschichtig und unübersichtlich. Er muss deshalb von jedem Unternehmen entsprechend seinen Bedürfnissen neu geordnet werden.
Man fasst Kunden zu **Kundengruppen** zusammen, die sich beim Einkaufen ähnlich oder auch gleich verhalten. Jedes Unternehmen hat mehrere Kundengruppen **(Marktsegmente oder Zielgruppen)**, die sich grundsätzlich in ihrem Kaufverhalten unterscheiden. Sie müssen deshalb auch mit unterschiedlichen Marketinginstrumenten (z. B. Produkte, Vertriebswege, Preise, Werbung und Service) angesprochen werden. Eine Zielgruppenanalyse für Möbel könnte so aussehen:

Zielgruppe	Ansprüche an Möbel
Kleinkinder	Fürsorge, Prestige, Besonderheiten
Kinder	Ergonomie, Haltbarkeit
Jugendliche	Ausbaufähigkeit, Systemlösungen, modischer Trend, Besonderheiten, Ideen
Teenager und junge Erwachsene	modischer Trend, Besonderheiten, Ideen, Gesellschaft, Umwelt, Prestige
Erwachsene	Geborgenheit, Status, Sicherheit, Geselligkeit, Genuss
Ältere Erwachsene	Geborgenheit, Sicherheit

14.4.2 Produkt- und Sortimentspolitik

Dieses Instrument umfasst das gesamte Leistungsangebot eines Unternehmens. Schwierig ist die Beurteilung einzelner Produkte.
Während für den Unternehmer die technische Konstruktion, die DIN-Normen und die Kosten im Vordergrund stehen, sind für den Kunden überwiegend aktuelle Trends, Farbe, Design, Qualität, Marke und Preis wichtig. Hier muss jeder Unternehmer versuchen, durch **Marktforschung** die Wünsche der Kundengruppen zu berücksichtigen.

Beispiel

Früher haben japanische Autohersteller ihre Autos nur für die USA gebaut, diese aber auch auf dem deutschen Markt angeboten. Die Autos entsprachen nicht den deutschen Geschmacksvorstellungen und ihre Absatzzahlen waren entsprechend gering. Seit sich die japanischen Hersteller auf den deutschen Geschmack eingestellt haben, z. B. mithilfe italienischer Designer, sind die Verkaufszahlen auch hier enorm gestiegen.

QUALITÄT ist –

wenn der Kunde zurückkommt und nicht das Produkt

Die Produkt- und Sortimentspolitik arbeitet mit dem Einsatz folgender Instrumente:

- **Qualität**

  Wird ein Kunde gefragt, warum er ein bestimmtes Produkt gekauft hat, so wird er in den meisten Fällen antworten: „wegen der Qualität". Was ist aber Qualität? Jeder versteht darunter etwas anderes. Der Begriff setzt sich aus verschiedenen Elementen (Meinungen, Vorstellungen) zusammen:

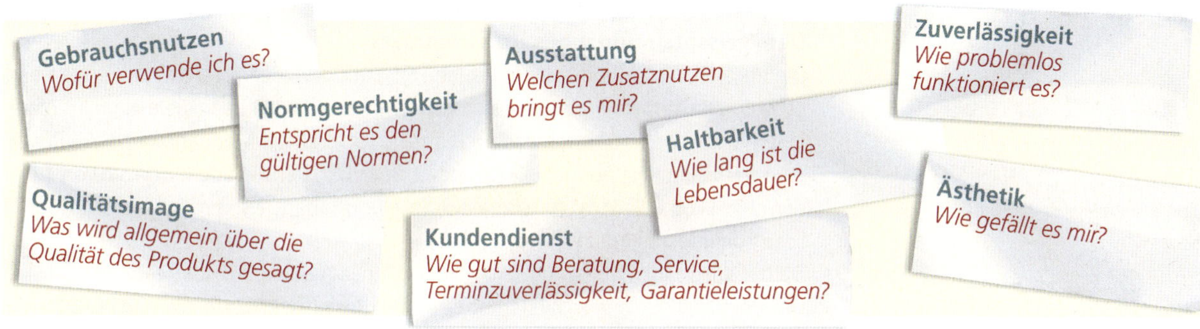

- **Sortiment**

  Jeder Betrieb hat Produkte in seinem Leistungsangebot, die sich voneinander unterscheiden. Diese Unterschiedlichkeit soll die verschiedenen Zielgruppen besser ansprechen. Ein Schuhfabrikant hat deshalb Damen-, Herren- und Kinderschuhe im Sortiment. Er wird aber auch speziellen Wünschen nach Sport- und Wanderschuhen entsprechen wollen. Und bei den Sportschuhen können der Langstreckenläufer, der Sprinter und der Hürdenläufer, der Jogger, der Fußballer und der Hallensportler ihre speziellen Schuhe bekommen – jeder nach seinen Bedürfnissen.

- **Markenname**

  Der Markenname ist die in der Öffentlichkeit vorgenommene **„Markierung mit Erinnerungswirkung"** für ein Produkt oder ein Unternehmen. Es muss deshalb eine Selbstverständlichkeit für jeden Unternehmer sein, einen Markennamen bzw. ein Markenzeichen zu entwickeln, das überall in gleicher Art, Form und Farbe zu sehen ist: auf dem Briefkopf, der Visitenkarte, der Rechnung, den Firmenfahrzeugen, den Anzeigen, den Arbeitsanzügen der Mitarbeiter und auf dem Produkt. Das Markenzeichen führt zur **Wiedererkennung** und zur **Markentreue** und damit zum **Wiederholungskauf**.

MöbelArt

ALPHA BANK

Markierung mit Erinnerungswirkung

- **Image**

  Image ist die Einstellung einer Person zu einem Produkt, einer Firma oder einer Marke. Es handelt sich um ein subjektives Vorstellungsbild, das ein Kunde hat und das sehr schwer zu verändern ist.

  So ist das industrielle Marketing vor allem daran interessiert, für Produkte ein positives Image entstehen zu lassen (Produktimage).

14.4.3 Preisgestaltung

Die Festsetzung des Preises richtet sich nach: den **Selbstkosten**, den Preisen der **Konkurrenz** – bei gleichen/ähnlichen Produkten – und der **Nachfrage** bzw. dem Preis, den der Kunde bereit ist zu zahlen. Mit folgendem Schaubild soll das Spektrum des möglichen Preisspielraums für ein Produkt deutlich gemacht werden:

Preisobergrenze

Was ist der Käufer maximal bereit zu zahlen?
(= strategischer Preis = nachfrageorientiert)

Preisspielraum
(Welchen Preis lässt die Konkurrenz zu?)

abhängig von der Vergleichbarkeit der Produkte

je einmaliger das Produkt, umso unabhängiger die Preisgestaltung **= freie Preisgestaltung**

ist das Produkt direkt vergleichbar mit Konkurrenzprodukten, so gibt es kaum einen Preisspielraum **= vorgegebener Preis**

Preisuntergrenze

Wie hoch sind die Selbstkosten des Unternehmens?
(= kalkulierter Preis = vollkostenorientiert)

Der Preisspielraum eines Unternehmers

Die meisten Waren haben einen festen Preis, und trotzdem besteht häufig die Chance, z. B. ein Auto preiswerter als zum Listenpreis einzukaufen. Viele Händler bieten einen Rabatt an (z. B. Handwerkerrabatt, Personalrabatt, Mengenrabatt). Außerdem wird bei vielen Rechnungen Skonto gewährt (z. B.: „Bei Zahlung innerhalb von 14 Tagen 3 % Skonto."), d. h. es wird ein Barzahlungsrabatt, also ein Nachlass für pünktliche Zahlung eingeräumt.

Da die Nachfrage nach bestimmten Produkten immer wieder schwankt, versucht der Unternehmer durch verschieden hohe Preise (**Preisdifferenzierung**), diese Schwankungen auszugleichen. Daher werden z. B. Skier im Sommer preiswerter angeboten als im Winter (**zeitliche Preisdifferenzierung**) und deshalb sind die Plätze im Theater vorne teurer als hinten (**räumliche Preisdifferenzierung**).

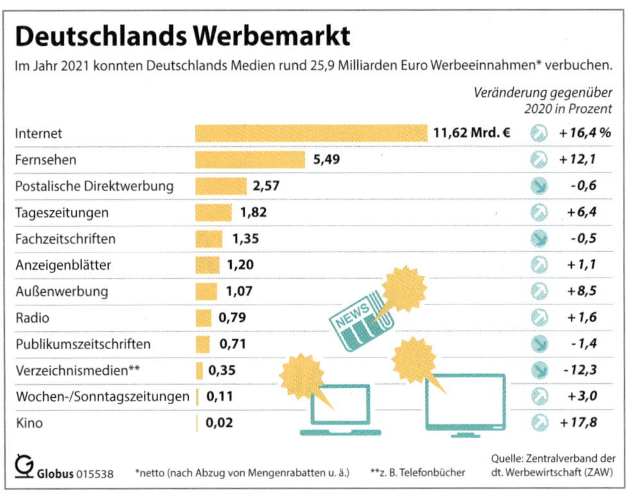

14.4.4 Werbung

„Selbst wenn Sie 1,00 € für 80 Cent verkaufen wollen; Sie müssen es den Leuten sagen!" Diese treffende Aussage stellt die Aufgabe der Werbung deutlich heraus: wichtige Informationen sollen vom Unternehmer an den Kunden übermittelt werden. Dabei ist die **Absatzwerbung** im Gegensatz zur firmenbezogenen Imagewerbung oder Öffentlichkeitsarbeit darauf ausgerichtet, einen gezielten Einfluss auf die Kaufentscheidungen der Kunden zu nehmen. Für die Werbemaßnahmen gilt der Grundsatz, dass nicht jede Information jeden Kunden erreicht, sondern eine genau definierte Kundengruppe mit einer exakt geschneiderten Information erreicht werden soll. Noch besser als mit den sog. Printmedien glaubt die Werbeindustrie über das Internet an die Kunden zu gelangen. Deshalb wird in Online-Werbung zunehmend Geld gesteckt (siehe Grafik). Werbung kann also so definiert werden:

> Werbung ist eine versuchte Verhaltensbeeinflussung bestimmter ausgesuchter Personengruppen mithilfe bestimmter Werbemittel.

Werbeplanung

Um die angestrebten Werbeziele zu erreichen, muss eine genaue Werbeplanung vorgenommen werden, die in folgende Schritte unterteilt werden kann:

Situationsanalyse	**Ausgangssituation analysieren:** Unternehmen, Produkte, Kunden, Konkurrenz, Unternehmens-/Marketingziele
Werbeziele / Werbebotschaft	• **Ziele festlegen:** z.B. Umsatzsteigerung, besseres Image, höherer Marktanteil, Kundenbindung, Einführung neuer Produkte/Dienstleistungen • **Zielgruppe bestimmen:** für jede Zielgruppe ist eine gesonderte Werbeplanung erforderlich • **Werbebotschaft formulieren:** der einzigartige Verkaufsvorteil soll herausgestellt werden
Werbebudget	• Festlegung des Gesamtbudgets • Aufteilung der Mittel auf die unterschiedlichen Produktgruppen und Werbearten

Werbestrategie

Werbemittel auswählen (= Ausdrucksform der Werbung), z. B.:		**Werbeträger** bestimmen (= Medium, das die Werbebotschaft zum Konsumenten bringt), z. B.:
• Kundengespräch, Telefonanruf	⟷	• Chef persönlich, Mitarbeiter
• Anzeige, Inserat, Beilage	⟷	• Zeitungen, Zeitschriften, Anzeigenblätter, Branchen-/Bürgerbücher
• Newsletter, Banner, Pop-up	⟷	• Internet
• Werbebrief, Flyer, Mailing, Katalog	⟷	• Post
• Warenpräsentation, Prospekt	⟷	• Ausstellung, Messe
• Werbespot	⟷	• TV, Funk, Kino, Internet
• Plakat	⟷	• Plakatwand, Litfaßsäule
• Schaufenster, Leuchtreklame, Fassaden	⟷	• Außenwerbung
• Aufschriften	⟷	• Verkehrswerbung
• Aufdrucke	⟷	• Werbegeschenke, Mitarbeiterkleidung, Einkaufstüten, Sporttrikots

Werbezeitraum	Exakte Festlegung der zeitlichen Gestaltung der Werbemaßnahme
Werbegebiet	Exakte Festlegung der regionalen Verbreitung der Werbemaßnahme
Werbeerfolgskontrolle	**Auswertung der Ergebnisse:** Wurden die angestrebten Werbeziele erreicht (z. B. Umsatz- bzw. Imagesteigerung, Rücklaufquote)? Was folgt daraus für zukünftige Werbeaktionen?

Das wichtigste Ergebnis einer jeden Werbekampagne heißt:

Erkenne und unterscheide!

Das bedeutet, dass der Kunde ein Produkt eines Unternehmers sofort erkennt und die Unterschiede im Sortiment, aber auch zur Konkurrenz feststellen kann.

Beispiel

Der interessierte Kunde erkennt sofort einen BMW, kennt die Unterschiede zwischen 3er, 5er und 7er Serie, kennt aber auch die M-, X- und Z-Modelle. Er kennt natürlich auch die Unterschiede zu Mercedes, VW und Toyota. Ob er aber die Modellreihen von Toyota kennt ist zweifelhaft. Sie interessieren ihn nicht.

Dass sich Werbung für den Unternehmer auszahlen soll, versteht sich von selbst. Aber auch aus Verbrauchersicht geht es nicht nur um „Kundenmanipulation" oder „Konsumterror". Hier eine Übersicht über die Vor- und Nachteile der Werbung:

Vorteile für den Verbraucher	Nachteile für den Verbraucher
• Die Markttransparenz wird durch Informationen erhöht. • Die vielfältige Werbung bringt eine Übersicht über das Produktangebot, die Preissituation und die Qualität der Produkte. • Die Unsicherheit beim Kauf wird gesenkt, da Vergleichsmöglichkeiten über Produkte und Bezugsquellen geboten werden.	• Unvollkommene und einseitige Informationen verschleiern die Markttransparenz. • Durch unzählige Informationen kommt es zu einer Informationsüberflutung und damit zur Verunsicherung beim Kauf. • Kapitalkräftige Firmen dominieren den Markt und schränken die Übersicht ein.
Vorteile für den Unternehmer	**Nachteile für den Unternehmer**
• Aufgrund der Medienvielfalt (Zeitschriften, Internet, TV, Funk) können Zielgruppen sehr gut angesprochen werden. • Werbung führt bei Erhöhung des Absatzes zur Kostensenkung. • Der direkte Kontakt zum Kunden wird gepflegt. • Informationen zu Preisgestaltung, Produktangebot, Serviceleistungen etc. können übermittelt werden. • Werbung kann zur Abgrenzung gegenüber dem Angebot der Konkurrenz genutzt werden.	• Werbung kostet viel Geld. • Es ist eine Kontrolle notwendig, um die Wirkung der Werbung zu messen. • Der Kunde kann Vergleiche mit der Konkurrenz anstellen.

Persönlicher Verkauf

Der persönliche Verkauf

Die direkteste persönliche Kommunikation mit dem Kunden ist das **Kundengespräch**. Es handelt sich bei dieser Form des Kundenkontakts um ein **Beratungs- und Überzeugungsinstrument**, welches immer dann angewandt werden muss, wenn es sich um erklärungsbedürftige Produkte handelt. Der Unternehmer sollte deshalb in ein solches Kundengespräch vorbereitet und überlegt gehen, d. h. sich vorher eine Verkaufsstrategie und Verkaufstaktik zurechtlegen. Aus diesem Grund sollte immer der kompetenteste Mitarbeiter ein solches Gespräch führen, weil er

- die größte Glaubwürdigkeit besitzt,
- die technischen Probleme am besten kennt,
- die terminliche Organisation im Blick hat.

Der Kunde ist besonders ärgerlich, wenn vereinbarte Termine nicht eingehalten und technische Probleme nicht erkannt werden. Ein zufriedener Kunde gibt dagegen gerne die Adresse eines Unternehmens weiter. Er ist die beste Referenz!

Verkaufsförderung (Sales-Promotion)

Bei der **Verkaufsförderung** handelt es sich um direkte kommunikative Maßnahmen zur Unterstützung und Verbesserung des Verkaufens am Verkaufsort (Point of Sale = POS).

Beispielhaft seien hier einige **Verkaufsförderungsmaßnahmen** genannt:

- Prospekte, Muster, Modelle, Produktproben
- Sonderangebote, Gutscheine, Treuerabatte
- Aktionen mit Prominenten aus Kunst, Sport, Politik oder Gesellschaft
- Aktionen zu speziellen Themen des Unternehmens
- kleine Geschenke für Kunden
- Einrichtung eines Ausstellungsraums
- Gestaltung von Schaufenstern
- Preisausschreiben oder Verlosungen

Öffentlichkeitsarbeit (Public Relations)

Als **Public Relations (PR)** wird die planmäßig vorbereitete Beziehung zwischen einem Unternehmen und der Öffentlichkeit verstanden. Ziel ist es, durch Aussagen, Handlungen und sichtbare Symbole die öffentliche Meinung zugunsten eines Unternehmens und seiner Produkte oder Dienstleistungen zu beeinflussen und ein positives **Image** zu erzeugen.

PR-Aktion

Dabei muss den **Grundsätzen der Öffentlichkeitsarbeit** Rechnung getragen werden: Nur mit Wahrheit, Offenheit und Informationsbereitschaft ist eine Erfolg versprechende PR-Arbeit möglich.
Alle PR-Aktionen müssen im Zeichen der **„Corporate Identity"** stehen, d. h. Unternehmen, Produkt, Mitarbeiter, Image, Werbung und PR müssen eine Einheit bilden. Nur so kann verhindert werden, dass es zwischen den Aussagen, die die PR veröffentlicht, und der Realität bzw. dem Verhalten des Unternehmens zu geschäftsschädigenden Widersprüchen kommt.
Zu den möglichen PR-Maßnahmen zählen:

Informationen (direkt)	**Kontakte** (indirekt)
• Presseinformationen • Betriebsbesichtigungen • PR-Anzeigen, die allgemein ohne ein Produktangebot über das Unternehmen berichten (z. B. bei Firmenjubiläen, Spendenaktionen oder bei sonstigen interessanten Aktionen) • Messen, Ausstellungen, „Tag der offenen Tür" (evtl. mit aktiven Vorführungen)	• gute Kontakte zur Presse • Verbindungen zu Teilen der Öffentlichkeit oder gar Übernahme repräsentativer Ämter (z. B. in Behörden, Parteien, Gewerkschaften, Kirchen, Verbraucherverbänden, Sportvereinen, Kammern, Innungen, Schulen) • aktive Unterstützung z. B. von Sportvereinen oder sozialen Einrichtungen mit werblicher Nutzung

14.4.5 Vertrieb und Logistik

Jedes Produkt oder jede Dienstleistung muss zum Kunden gebracht werden. Die **Wahl des Absatzweges** kann der Unternehmer direkt (z. B. im Handwerk) oder indirekt (z. B. durch den Handel/Großhandel) durchführen.
Der **direkte Vertrieb** ist sehr überzeugungswirksam und kann ein evtl. entstandenes Problem vor Ort zur Zufriedenheit des Kunden lösen. Beim **indirekten Vertrieb** übernimmt der Handel eine Lager- und Verkaufsfunktion für das Unternehmen, das infolgedessen keinen direkten Einfluss mehr auf die Kunden hat.
Eine optimale **Lagerhaltung** an vorher genau berechneten Orten ist notwendig, um im Rahmen der Logistik die Organisation, Steuerung und Bereitstellung von Gütern zu gewährleisten. Um das zu erreichen muss beim **Transport** darauf geachtet werden, dass das Produkt zur richtigen Zeit in der richtigen Menge zum richtigen Ort geliefert wird, z. B. das frische Obst in den Lebensmitteleinzelhandel.
Die Lieferkette muss reibungslos eingehalten werden, damit beim Kunden keine Versorgungslücke entsteht. Der Kunde würde sonst sofort ein Konkurrenzprodukt wählen, was jeder Unternehmer natürlich zu vermeiden versucht.

14.4.6 Kundenservice und Kundenberatung

Als **Kundenservice** bezeichnet man alle Arten von **Dienstleistungen** der Unternehmer, die **vor, während und nach dem Kauf** erbracht werden und dem Kunden helfen, den vollen Nutzen aus dem Gekauften zu ziehen. Kundenservice wird bei Unternehmern sehr unterschiedlich beurteilt und gehandhabt. Bei den Kunden hingegen gilt er als Maßstab für Qualität.

Kundendienst bedeutet z. B. Geschwindigkeit, Höflichkeit, Sachkenntnis und Leichtigkeit bei der Ausführung von Reparaturen. Es interessiert hier besonders die Zeit zur Behebung des Schadens, die Einhaltung der Kundendiensttermine sowie die ordentliche Durchführung der Reparatur. Letzteres ist besonders wichtig, da der Ruf eines Unternehmens extrem darunter leidet, wenn der Kunde nach der Reparatur weiterhin unzufrieden ist und eventuell eine weitere Reparatur ausführen lassen muss.

Aus folgender Tabelle können den jeweiligen Zeitphasen die entsprechenden Kundendienstleistungen entnommen werden:

Kundenservice		
vor dem Kauf	**während des Kaufs**	**nach dem Kauf**
• qualifizierte technische und kaufmännische Beratung • Projektausarbeitung • Problemlösungsvorschläge • Vorträge • Lieferung zur Probe • kostenlose Parkplätze	• qualifizierte technische, kaufmännische und vertragsrechtliche Beratung • rechtliche Aufklärung über AGB und/oder VOB (= Vergabe- und Vertragsordnung für Bauleistungen) als Grundlage des Vertrags	• Änderung • Montage • Ersatzteilversorgung • Wartung • Reparaturdienst • Umtauschrecht (bei Gattungsware) • Kulanz • Verpackung • Kundenschulung • Transport

Die Industrie hat besonders den Punkt „Beratung nach dem Kauf" als elementar erkannt, indem sie geschulte Mitarbeiter eigens für die Bearbeitung von Beschwerden einsetzt („Beschwerdemanagement"). Die schlimmste mögliche Reaktion auf Beschwerden ist Rechthaberei. Konfrontation kann zu schweren Einbußen auf Seiten des Unternehmens führen (z. B. durch Negativwerbung), während ein gut geführtes Gespräch einerseits kein Geld kostet, andererseits das Qualitätsimage der Firma verbessert. Ein Gespräch führen heißt selbstverständlich nicht, sofort und immer nachzugeben. Vereinfacht sollte ein **Kundengespräch** wie folgt ablaufen:

Zuhören	Klären	Danken
Unterbrechen Sie Ihren Gesprächspartner nicht. Es hat ihn schon einige Überwindung gekostet, Sie anzurufen. Lassen Sie ihn aussprechen.	Der Sachverhalt sollte dann in den angesprochenen Punkten geklärt werden, sowohl aus der Sicht des Vertrags (Angebot) als auch aus der Sicht der Ausführung. Eventuell reichen Erklärungen zum Verständnis beim Kunden aus.	Der Kunde wird über Ihre Umgangsform überrascht sein, sie zu seiner eigenen machen und weicher in seiner Gesprächsführung werden. Einem höflichen und freundlichen Handwerker wird ein Kunde selten aggressiv begegnen.

Negatives und positives Beispiel für ein telefonisches Kundengespräch

ÜBERBLICK

	Wie fit sind Sie beim Thema „Marketing"?	Inhaltsbezug Seite
1	Was versteht man unter Marketing?	307
2	Wozu muss die Firma MöbelArt ihre Kunden zu Gruppen zusammenfassen?	308
3	Erklären Sie ausführlich den Begriff Qualität und zeigen Sie, aus welchen Elementen er sich zusammensetzt.	309
4	Warum ist es für jeden Unternehmer wichtig, einen eigenständigen Markennamen zu besitzen?	309
5	Erläutern Sie, wie ein Preis a) für ein stark konkurrierendes Produkt (z. B. Milch) b) für ein einmaliges Produkt (z. B. Patent) zustande kommt.	310
6	Was soll Werbung erreichen?	310
7	Welche Schritte sind bei der Werbeplanung vorzunehmen?	311
8	Erarbeiten Sie zehn Verkaufsförderungsmaßnahmen für Ihren Betrieb.	312–313
9	Welche Arten von Kundenservice sind zu unterscheiden?	314
10	Wie sollte ein Gespräch mit einem Kunden, der sich über ein Produkt beschwert, ablaufen?	314

14.5 KTB – Kompetenzorientierte Themenbearbeitung

Franz Huber gründet das **Einzelunternehmen** „Franz Huber Textilien e. K." und beginnt mit Hilfe seiner Frau und seiner Tante Strickmoden zu produzieren. Nach und nach muss er weitere Maschinen hinzukaufen und neue Mitarbeiter einstellen.

Die kleine Firma wächst und wächst, bis plötzlich ein unerwartetes Problem auftaucht: Einige der alten Maschinen gehen etwa gleichzeitig irreparabel zu Bruch und es werden umfangreiche Investitionen nötig. Da Franz Huber all sein Geld in das Unternehmen gesteckt hat, muss er sich irgendwo Fremdkapital beschaffen. Nachdem sein Freund Emil Kaiser die Entwicklung und Bilanz der „Franz Huber Textilien e. K." gesehen hat, ist er bereit, in die Firma einzusteigen und sein ererbtes Kapital einzubringen. Diese Geldspritze rettet das Unternehmen, erfordert aber eine Änderung der Rechtsform, weil Kaiser zusätzlich Geschäftsführer wird. Die beiden Freunde gründen eine **offene Handelsgesellschaft (OHG)** und nennen ihr Unternehmen „Huber OHG".

Als Emil Kaiser einige Jahre später stirbt, sieht sich seine Frau fachlich nicht in der Lage, Geschäftsführerin der Firma zu werden, will aber als Gesellschafterin im Unternehmen bleiben. Aus diesem Grund gründet Franz Huber eine **Kommanditgesellschaft (KG)**, in der er selbst Komplementär wird und seine Frau sowie Frau Kaiser Kommanditisten. Die Firma heißt jetzt „Huber KG".

Einige Jahre später tritt Franz Hubers Sohn Markus in die Firma mit ein und kümmert sich insbesondere um den Vertrieb. Um dem Sohn mehr Selbstständigkeit zu ermöglichen, beschließt Franz Huber, den Vertrieb organisatorisch von der Kommanditgesellschaft zu trennen und seinem Sohn zu übertragen (Outsourcing). Dieser gründet nun eine Vertriebsgesellschaft als **Unternehmergesellschaft (haftungsbeschränkt)**, die er ins Handelsregister als „Markus Huber UG (haftungsbeschränkt)" eintragen lässt. Als sich der Vater aus Altersgründen aus dem Geschäft zurückzieht, übernimmt der Sohn beide Betriebe und wählt als neue Rechtsform die **GmbH.**

1 Sie beobachten in der oben beschriebenen Entwicklungsgeschichte der Firma Huber verschiedene Situationen, die sich in den veränderten Unternehmensformen niederschlagen.

a) Welche Ziele verfolgt das Unternehmen in seinen verschiedenen organisatorischen Phasen?

b) Erklären Sie, warum es notwendig wird, dass aus der „Huber OHG" die „Huber KG" wird. Beziehen Sie sich dabei auf die wesentlichen Unterschiede zwischen den Begriffen „Komplementär" und „Kommanditist".

c) Als Markus Huber die „Huber KG" übernimmt und mit seiner eigenen „Markus Huber UG (haftungsbeschränkt)" vereinigt, nennt er das neue Unternehmen „Markus Huber GmbH". Überlegen Sie sich zwei weitere mögliche Namen für das neue Unternehmen und begründen Sie Ihre Wahl.

d) Hätte es für Markus Huber Sinn gemacht, statt der GmbH als Rechtsform die Aktiengesellschaft (AG) zu wählen?

e) Die Firma Huber muss eine neue CNC-Maschine für 175.000,00 € finanzieren – entweder über ein Bankdarlehen oder über Leasing. Beschreiben Sie zunächst beide Finanzierungsarten und vergleichen Sie diese dann hinsichtlich ihrer Gesamtkosten.

f) Die Firma Huber soll für einen Kunden einen Angebotspreis erstellen. Folgende Daten sind bekannt:

Material:	2.500,00 €
zugehörige Materialgemeinkosten:	10 %
Lohn:	4.800,00 €
zugehörige Lohnfertigungskosten:	210 %
Verwaltungs- und Vertriebsgemeinkosten:	12,5 %
Gewinn:	20 %

Errechnen Sie den Bruttoangebotspreis mit 19 % MwSt.

2 Markus Huber will in seine Firma Jeanshosen als zusätzliche Produktgruppe aufnehmen und dafür drei Preiskategorien einführen: 49,00 €, 99,00 € und 149,00 €.

a) Entwickeln Sie für jede Preisgruppe Qualitätsaussagen und legen Sie geeignete Zielgruppen fest.

b) Entwerfen und budgetieren Sie eine entsprechende Werbeplanung.

M1 – Expertenbefragung

Allgemeine Informationen

Ein Experte kennt sich in besonderer Weise im Themenbereich eines Gebietes aus – er ist Fachmann auf seinem Gebiet. Er hat die Entwicklung in den letzten Jahren sehr genau verfolgt, kennt alle Informationen, die zurzeit bekannt sind und ist deshalb eher als andere Personen geeignet, Aussagen über die zukünftige Entwicklung in seinem Fachgebiet zu machen. Er verfügt über den erforderlichen theoretischen Hintergrund und kann diesen für sein Sachgebiet kompetent anwenden.

Beispiele

- Ein „Banker" soll Auskunft über einen Vergleich Darlehen/Leasing, über Aktien und Kursentwicklungen, Währungen, den Euro und die Eurokrise geben.
- Ein Fachmann der Krankenkasse wird über Kostenentwicklungen im Gesundheitswesen, über Vorsorge, über die Pflegeversicherung, die Rentenentwicklung usw. befragt.
- Ein Inhaber einer Werbeagentur soll den Entwurf einer Werbekonzeption anhand von Beispielen erläutern und den Aufbau, die Entwicklung und die Wirkung eines Markenzeichens darstellen.
- Ein Fachmann Ihres angestrebten Berufs soll Sie mit der Vielfältigkeit, den Vor- und Nachteilen dieses Berufs vertraut machen.

Vorgehensweise

1. Vorbereitung

a) Ort, Zeitpunkt, Dauer und natürlich Thema der Befragung müssen vorher in Absprache mit dem Experten genau geklärt werden.

b) Idealerweise sollten drei Schüler eine solche Expertenbefragung durchführen. Zwei Schüler sollten die Gesprächsführung abwechselnd übernehmen, der dritte sollte darüber ein Protokoll anfertigen.

c) Die Fragen sollten so vorbereitet werden, dass zunächst sogenannte Einstiegsfragen gestellt werden, z. B. zum Unternehmen selbst, zur Position des Experten und zu seiner täglichen Arbeit.

d) Danach sollten die Sachfragen folgen, die in dieser oder einer größeren Gruppe ausführlichst vorformuliert worden sind. Sie orientieren sich zunächst an der aktuellen Situation, führen aber dann zu Handlungsmöglichkeiten, Prognosen oder auch Wunschentwicklungen.

e) In diesem Verlauf sind auch konstruktiv-kritische Fragen angebracht.

2. Anwendung

a) Seien Sie vor der vereinbarten Zeit am verabredeten Ort. Der Experte steht zumeist unter Zeitdruck. Empfinden Sie es als Entgegenkommen, dass er sich Zeit für die Befragung nimmt.

b) Falls Sie die Befragung als Film, als Tonaufzeichnung oder mit Fotos festhalten wollen, müssen Sie den Experten vorher um Zustimmung bitten.

c) Fragen Sie auch nach Fachinformationen über das vorgetragene Thema.

d) Geben Sie eine Begründung, warum diese Befragung gerade mit diesem Experten durchgeführt wird, welches Ziel Sie mit der Befragung verfolgen und wie sie ausgewertet werden soll.

3. Auswertung

a) Das Protokoll, evtl. die Tonaufzeichnung und weitere verfügbare Informationen zu diesem Thema, sind die Grundlage für eine Auswertung. Das geführte Gespräch kann in Form eines Vortrags zunächst einmal dargestellt werden – ohne Wertung.

b) Denken Sie daran, dass der Experte immer der Fachmann einer Seite ist. Es gibt zu diesem Thema möglicherweise weitere Argumente, die noch gar nicht angesprochen wurden. Diese können in einer anschließenden Klassendiskussion erarbeitet werden.

c) Falls zu einem Thema mehrere Experten von verschiedenen Gruppen interviewt wurden, so ist es hochinteressant, die angesprochenen Schwerpunkte auf Übereinstimmung oder Gegensätze hin zu überprüfen.

d) Vergessen Sie auf keinen Fall, dem Experten einige Tage nach dem Gespräch schriftlich zu danken. Es entspricht der guten Form. Der Experte wird möglicherweise seine zukünftige Gesprächsbereitschaft von diesem Echo abhängig machen.

M2 – Mit WebQuest arbeiten

Allgemeine Informationen

Ein WebQuest (engl. quest = Suche) ist ein komplexes, computergestütztes Lehr-Lern-Arrangement im Internet, welches das handlungsorientierte und selbstständige Lernen fördern soll. Weniger wissenschaftlich ausgedrückt geht es um „abenteuerliche Spurensuche im Internet". Hintergrund für die Einführung dieser Methode ist die Tatsache, dass das Internet nie als Lernumgebung gedacht war und daher keine didaktischen Strukturen oder eine Aufbereitung der Informationen aufweist. Bei der Informationssuche erhält man Zigtausende von Verweisen (Links), die erst langwierig gesichtet werden müssten. Es ist Aufgabe des Lehrenden, diese Vorarbeiten zu leisten und die Schüler mit konkreten Fragestellungen anzuleiten.

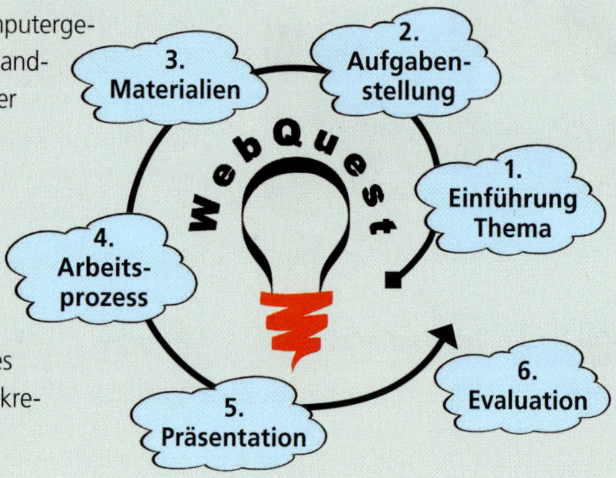

Beispiel

Thema: Geschäftsmodelle des E-Commerce

- Onlineshopping
- Auktionen
- Co-Shopping (Powershopping)
- Tauschhandel
- Preisagenturen

Die Schüler bearbeiten in Gruppen Teilprobleme zu einem übergeordneten Thema. Dazu erhalten sie (möglichst auf einer Webseite) Leitfragen mit gezielten (und getesteten!) Informationsquellen. Die Informationen müssen von den Schülern gesichtet, neu strukturiert und präsentiert werden.

Leitfragen könnten sein:

- Was versteht man unter E-Commerce und den dazu gehörenden Geschäftsmodellen?
- Welche Vorteile haben diese für den Verbraucher und den Händler?
- Welche rechtlichen Aspekte müssen bei Onlinekäufen beachtet werden?

Weitere Informationen gibt es unter www.lehrer-online.de bzw. www.e-teaching.org

Vorgehensweise

1. Vorbereitung

a) Je nach angestrebtem Unterrichtsziel wird vom Lehrenden (entsprechend dem Lehrplan) ein Problem vorgegeben oder die Schüler entwickeln selbst Ideen und einigen sich gemeinsam auf ein Thema.

b) Entweder ist das Thema (wie in obigem Beispiel) bereits in Unterthemen aufgegliedert oder es wird vom Lehrenden in Abhängigkeit von der Komplexität des Themas und den Vorkenntnissen der Schüler in Teilschritte zerlegt. Dazu werden Leitfragen formuliert.

c) Zur Gesamtthematik und zu den Teilaufgaben muss der Lehrende Materialien bereitstellen. Dies können neben den Internetlinks auch Fachliteratur (Bücher, Fachzeitschriften), Aufsätze und aktuelle Zeitungsartikel sein.

2. Anwendung

Mithilfe des bereitgestellten Materials werden die Fragestellungen am besten in Gruppenarbeit durch die Schüler bearbeitet (Informationen sammeln und zusammenfassen) und so neue Erkenntnisse erworben. Der Lehrende hält sich selbst in dieser Phase weitgehend zurück und gibt nur auf Nachfrage Hilfestellung.

3. Auswertung

a) Die Schüler stellen ihre Ergebnisse strukturiert im Internet, mit Folien oder mit PowerPoint dar und präsentieren diese vor dem Plenum bzw. der jeweiligen Zielgruppe.

b) Zum Schluss sollen die Lernenden die Möglichkeit erhalten, den Lernprozess kritisch zu reflektieren und ihr Ergebnis zu bewerten (Eigenbewertung). Hier ist auch eine Bewertung durch den Lehrenden (Fremdbewertung) möglich.

M3 – Rollenspiel

Allgemeine Informationen

Rollenspiele sollen Situationen des Alltagslebens ins Klassenzimmer übertragen. Sie beschäftigen sich mit täglichen Problemen und Entscheidungen und bieten die Möglichkeit, Verhaltensweisen in bestimmten Situationen zu trainieren. Der Einsatz von Videoaufnahmen bietet sich an. Das Sich-Hineinversetzen in verschiedene Rollen soll Verständnis für die mit der jeweiligen Rolle verbundene Argumentation ermöglichen, aber auch die Kreativität der Teilnehmer fördern. Anschließende Diskussionen beurteilen die gesamte Situation.

Beispiele

- Es wird eine Gerichtsverhandlung mit zwei streitenden Parteien, einem Richter (evtl. mit zusätzlichen Laienrichtern) und einem Protokollanten nachgespielt.
- Es findet eine Betriebsversammlung statt, in der der Unternehmer wegen konjunktureller Einbrüche in der Nachfrage die Entlassung jedes vierten Arbeitnehmers ankündigt.
- Ein Meister spricht mit seinem Gesellen darüber, dass Letzterer zwar sehr gut, aber zu langsam und damit zu teuer arbeite.
- Es findet ein Bewerbungsgespräch zwischen dem Chef bzw. dem Personalleiter und einem Bewerber statt.
- Zwischen Arbeitgebervertretern und Gewerkschaftsfunktionären werden Tarifverhandlungen geführt.

Vorgehensweise

1. Vorbereitung

a) Wählen Sie das Thema aus und grenzen Sie es genau ab.
b) Benennen Sie die Personen, die am Rollenspiel teilnehmen sollen.
c) Die teilnehmenden Personen sollten genügend Zeit haben, sich mit dem zu behandelnden Thema vertraut zu machen, z. B. mit Rollenkarten.
d) Wählen Sie einen Raum oder verändern Sie einen Teil der Klasse so, dass auch ungefähr die Atmosphäre der Situation zum Ausdruck kommt.

2. Anwendung

a) Versetzen Sie sich in die jeweilige Rolle und versuchen Sie, diese möglichst glaubwürdig zu vertreten.
b) Wählen Sie Ihre Argumente so aus, dass Ihr Gegenüber damit umgehen kann. Verwenden Sie dazu evtl. schriftliche Unterlagen, wie z. B. Gesetze, Dokumente, Zeitungsartikel usw.
c) Vermeiden Sie Aggressivität. Bleiben Sie in jeder Phase der Diskussion sachlich und konstruktiv.
d) Setzen Sie sich mit der Argumentation der Gegenseite inhaltlich auseinander.
e) Beobachten Sie die Körpersprache der Gegenseite.
f) Machen Sie sich Notizen während des Gesprächs.
g) Das Rollenspiel kann evtl. von weiteren Schülern zum gleichen Thema wiederholt werden. Jedes Rollenspiel verläuft anders. Dadurch werden den Zuschauern unterschiedliche Argumentationstaktiken aufgezeigt.

3. Auswertung

a) Sowohl teilnehmende als auch nicht teilnehmende Schüler notieren sich während des Rollenspiels Stichpunkte für eine spätere Diskussion.
b) Sprechen Sie anschließend über das jeweilige Rollenspiel, indem Sie konstruktive Kritik üben, d. h. indem Sie zunächst die Stärken und erst dann die Schwächen der Rollenteilnehmer ansprechen.
c) Vergleichen Sie bei mehreren Rollenspielen die einzelnen Gruppen miteinander.
d) Mit der Kamera gefilmte Sequenzen lassen sich später beliebig wiederholen, was für ihre Interpretation hilfreich ist. So kann nicht nur der Inhalt, sondern auch die Körpersprache genau untersucht werden.

M4 – Eine Karikatur lesen

Allgemeine Informationen

Es gibt kaum eine Zeitung oder Zeitschrift, die auf Karikaturen verzichtet. Karikaturen üben auf witzig-ironische Weise Kritik an gesellschaftlichen Zuständen, Ereignissen oder Personen. Meistens wird ein bestimmtes Merkmal überzeichnet. Hierdurch soll bei schwierigen Zusammenhängen auf ein Kernproblem aufmerksam gemacht werden. Karikaturen sollen provozieren, nachdenklich machen und somit Denkanstöße geben.

Beispiel

• **Peter Gaymann** karikiert gerne persönliche Dinge aus dem alltäglichen Leben. Diese Karikatur bringt zum Ausdruck, dass eine Diät zur Hölle werden kann. Die Suche nach der richtigen Diät aber auch die Überwindung sie durchzuführen, durchzuhalten und eine gesunde Ernährung folgen zu lassen, erfordert viel Standhaftigkeit.

• **Klaus Stuttmann** ist politischer Karikaturist. Diese Karikatur soll verdeutlichen, dass die Parteien über „Hartz-IV"-(heute Bürgergeld-) Empfänger folgende Meinung bei den Wählern vermuten: dass sich diese eher vor der Arbeit drücken und dafür noch Geld kassieren wollen (was in den meisten Fällen nicht stimmt). Die Parteien versuchen also, mit Populismus Wählerstimmen zu gewinnen.

Vorgehensweise

1. Vorbereitung

a) Eine Karikatur ist immer ein guter Beginn für Vorträge, um die Aufmerksamkeit der Zuhörer auf sich zu ziehen.

b) Der Einsatz von Karikaturen muss genau durchdacht werden, um damit das Thema im Kern zu treffen.

c) Karikaturen sind keine Bildergeschichten, sondern wirken für sich allein. Deshalb sollte man sich auf eine Karikatur beschränken.

d) Karikaturen können nur eingesetzt werden, wenn die Betrachter den Inhalt auch verstehen können.

e) Für die Analyse einer Karikatur bietet sich sowohl Einzel- als auch Gruppenarbeit an.

2. Anwendung

a) Das Bild selbst und der dazugehörige Text müssen genau betrachtet und gelesen werden.

b) Jetzt beginnt die Zuordnung der Karikatur zu einem Lebensbereich (z. B. Politik, Wirtschaft, tägliches Leben, Religion, Gesellschaft, Wissenschaft usw.).

c) Eine Karikatur muss dann daraufhin durchleuchtet werden, in welchem (möglicherweise tagesaktuellen) Zusammenhang sie zur Realität steht.

d) Jede(r) sollte sich beim Betrachten Notizen machen.

e) Danach ist eine Gruppenarbeit sinnvoll, in die jede(r) seine Notizen einbringt.

3. Auswertung

a) Was will die Karikatur aussagen? Soll sie nur aufklärend wirken? Will man die Meinung des Betrachters bestätigen? Oder soll diese Meinung gar in eine bestimmte Richtung verändert werden?

b) Die Gruppenergebnisse werden vor der Klasse vorgetragen.

c) Eine anschließende Diskussion zwischen den Gruppen – mit möglicherweise ganz unterschiedlichen Interpretationen der Karikatur – kann zu neuen Erkenntnissen führen.

M5 – Fallstudie

Allgemeine Informationen

Die Fallstudie soll sich in einer handlungs- und entscheidungsorientierten Unterrichtsform auf die Lebenswelt der Lernenden beziehen. Das Lernen wird an einer Situation ausgerichtet, die der Lebenswelt der Schüler entspricht und bekannt ist, der sie allerdings möglichst bisher noch nicht ausgesetzt waren. Jeder Schüler kann durch den vorgegebenen Fall individuell mit seinen Erfahrungen und Kenntnissen angesprochen werden. Fälle lassen sich aber auch in Gruppen lösen. Bei Anwendung im Wirtschaftsleben werden durch den Praxisbezug des Falls Fachkompetenz, Sozialkompetenz und Methodenkompetenz, also Schlüsselqualifikationen, gefördert.

Beispiel (Fall)

Durch Autounfälle entstehen dem Einzelnen, aber auch der Gesellschaft z. T. hohe Kosten. In dem hier dargestellten Fall stößt ein Privatwagen bei winterlichen Verhältnissen mit dem Pkw eines ambulanten Pflegedienstes zusammen. Beide Fahrer werden schwer verletzt.

a) Versuchen Sie, die Kosten anhand folgender Informationen zu ermitteln:
- Zwei Personen werden verletzt und müssen stationär behandelt werden.
- Beide Autos erleiden Totalschaden.
- Polizei, Feuerwehr und ein Krankenwagen sind im Einsatz.
- Viele Unbeteiligte müssen in dem verursachten Stau warten.
- Aufgrund des Unfalls kann der Pflegedienst einen Termin bei der dringend pflegebedürftigen Emma G. nicht einhalten.
- Inwiefern sind die Familien der Verletzten und ihre Arbeitgeber betroffen?

b) Welches sind monetäre Kosten (die in Geld bewertet werden können) und nicht-monetäre Kosten (die nicht oder nur hilfsweise in Geld bewertet werden können)?

c) Suchen Sie nach Kriterien für die Bewertung nicht-monetärer Kosten.

d) Welche Kosten sind „privat", also vom Einzelnen, und welche „sozial", also von der Allgemeinheit, zu tragen?

e) Welche Folgen hat der Unfall für das Bruttoinlandsprodukt (BIP – vgl. Kap. 12.1, S. 252 f.)?

f) Könnte es sein, dass vorbeugende Sicherheitsmaßnahmen unter Umständen günstiger sind als die Beseitigung von Unfallfolgen?

Vorgehensweise

1. Vorbereitung

a) Dem Einzelnen bzw. der Gruppe muss die Bearbeitungszeit des Falls vorgegeben werden.

b) In den Räumlichkeiten müssen die notwendigen Arbeitsmittel wie Internetzugang, Bücher, Zeitungen usw. zur Verfügung stehen. Falls eine Bibliothek vorhanden ist, sollte der Zugang gewährleistet sein.

2. Anwendung

a) Zunächst müssen alle Informationen vom Einzelnen oder der Gruppe zusammengetragen werden.

b) Die Informationen müssen gesichtet, bewertet, geordnet und protokolliert werden.

c) Jeder Schüler oder jede Gruppe muss einen eigenen Weg zur Lösung finden.

d) Nicht gelöste Fragen müssen benannt und begründet werden.

3. Auswertung

a) Die Erkenntnisse werden vom Einzelnen oder der Gruppe zusammengetragen.

b) Die Erkenntnisse werden aufbereitet und die Ergebnisse in Form einer Präsentation vor der Klasse dargestellt.

c) Ein Lern- und Erkenntnisprozess soll erkennbar sein.

d) Eine Diskussion über die Ergebnisse muss in der Klasse im Rahmen der Zeitvorgabe möglich sein.

e) Soweit eine Verallgemeinerung oder Übertragung der Erkenntnisse auf andere ähnliche Geschehnisse möglich ist, sollte darauf hingewiesen werden.

M6 – Schreib- und Gestaltungsregeln für die Textverarbeitung

Allgemeine Informationen

Schriftstücke sind wie eine Visitenkarte. Sie sollen informieren und zugleich durch ihre Aufmachung Aufmerksamkeit erzeugen. Dabei sollte es sowohl im privaten (z. B. Bewerbung) als auch im geschäftlichen Bereich (z. B. Mahnung, Bestellung) selbstverständlich sein, dass die Regeln zur Gestaltung von Schriftstücken eingehalten werden und der Text orthografisch und grammatikalisch ohne Fehler geschrieben ist.

Beispiel

Die Schreinerei MöbelArt (vgl. Kap. 14) lädt zu einem Tag der offenen Tür ein. Formulieren und gestalten Sie ein entsprechendes Einladungsschreiben mit persönlicher Anschrift der Kunden (Serienbrief).

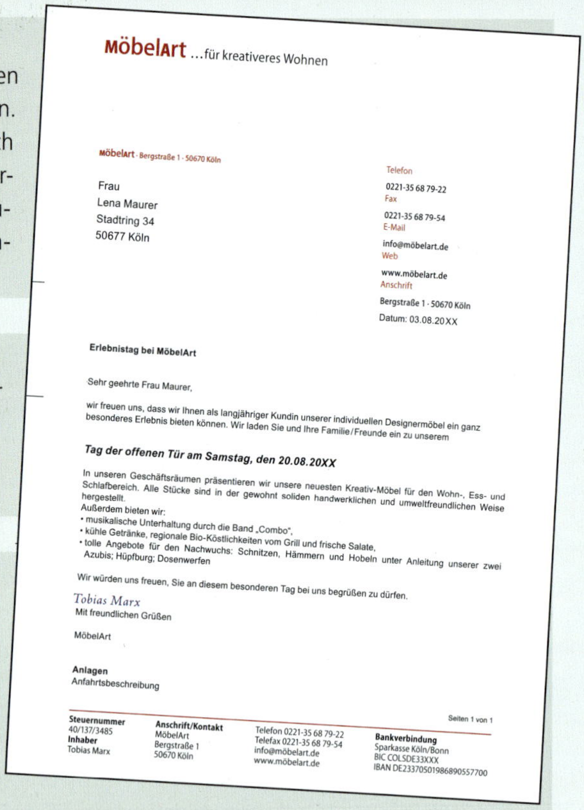

MöbelArt ...für kreativeres Wohnen

MöbelArt · Bergstraße 1 · 50670 Köln

Frau
Lena Maurer
Stadtring 34
50677 Köln

Telefon
0221-35 68 79-22
Fax
0221-35 68 79-54
E-Mail
info@möbelart.de
Web
www.möbelart.de
Anschrift
Bergstraße 1 · 50670 Köln
Datum: 03.08.20XX

Erlebnistag bei MöbelArt

Sehr geehrte Frau Maurer,

wir freuen uns, dass wir Ihnen als langjähriger Kundin unserer individuellen Designermöbel ein ganz besonderes Erlebnis bieten können. Wir laden Sie und Ihre Familie/Freunde ein zu unserem

Tag der offenen Tür am Samstag, den 20.08.20XX

In unseren Geschäftsräumen präsentieren wir unsere neuesten Kreativ-Möbel für den Wohn-, Ess- und Schlafbereich. Alle Stücke sind in der gewohnt soliden handwerklichen und umweltfreundlichen Weise hergestellt.
Außerdem bieten wir:
- musikalische Unterhaltung durch die Band „Combo",
- kühle Getränke, regionale Bio-Köstlichkeiten vom Grill und frische Salate,
- tolle Angebote für den Nachwuchs: Schnitzen, Hämmern und Hobeln unter Anleitung unserer zwei Azubis; Hüpfburg; Dosenwerfen

Wir würden uns freuen, Sie an diesem besonderen Tag bei uns begrüßen zu dürfen.

Tobias Marx
Mit freundlichen Grüßen

MöbelArt

Anlagen
Anfahrtsbeschreibung

Seiten 1 von 1

Steuernummer 40/137/3485 **Inhaber** Tobias Marx
Anschrift/Kontakt MöbelArt Bergstraße 1 50670 Köln
Telefon 0221-35 68 79-22 Telefax 0221-35 68 79-54 info@möbelart.de www.möbelart.de
Bankverbindung Sparkasse Köln/Bonn BIC COLSDE33XXX IBAN DE23370501986890557700

Vorgehensweise

1. Vorbereitung

a) Für den Aufbau und die Gestaltung von Schriftstücken gelten u. a. folgende Normen:
- DIN 5008: Schreib- und Gestaltungsregeln für die Textverarbeitung
- DIN 4991: Geschäftsvordrucke (u. a. Rechnung, Anfrage, Angebot, Bestellung)

b) Zum Nachschlagen der korrekten Schreibweise gibt es Rechtschreibwörterbücher (z. B. Duden) oder entsprechende Onlineangebote (z. B. www.duden.de).

c) Wenn Sie Serienbriefe schreiben wollen, ist es sinnvoll, eine entsprechende „Formatvorlage" zu erstellen.

d) Achten Sie auf ein klares und sauberes Schriftbild. Bei Druckern bei Bedarf Farbband, Tintenpatronen oder Tonerkassetten erneuern.

2. Anwendung

a) Erstellen Sie zunächst einen Entwurf. Erkundigen Sie sich dazu genauestens über den jeweiligen Sachverhalt.

b) Überlegen Sie sich dann das Layout des Briefs. Firmen verwenden häufig Geschäftsbriefe mit einem einheitlichen Layout und einem Firmenlogo. Mehr Gestaltungsfreiheit haben Sie, wenn Sie eigenständig einen Brief entwerfen sollen.

c) Gestaltungsfreiheit besteht aber nur im Rahmen der oben erwähnten DIN-Normen, die Sie unbedingt einhalten sollten. Sie dienen nicht nur einer rationelleren Briefgestaltung, sondern gleichzeitig einer raschen Erfassung des Briefinhalts. Das Auge eines sachkundigen Lesers stört sich an ungewöhnlichen Gestaltungselementen oder gar Regelverstößen.

d) Wichtige Gestaltungsregeln sind:
- Einhaltung der vorgeschriebenen Ränder und Abstände (insbesondere im Anschriftenfeld).
- Datum in der Form tt.mm.jj (z. B. 25. 01. 2023) oder 25. Januar 2023 (auch möglich: jj-mm-tt).
- Währungsbeträge in der Form: 1.234,50 EUR.
- Nicht zu kleine Schriftgrößen und keine ausgefallenen Schriftarten wählen.
- Hervorhebungen durch Einrücken, Zentrieren, Unterstreichen, Fettschrift, Großbuchstaben, Wechsel der Schriftart sparsam verwenden.
- Regeleinhaltung bei Bezugs- und Betreffzeilen, Anrede, Grußformel, Anlagevermerk, Folgeseiten.

3. Auswertung

a) Überprüfen Sie die Briefgestaltung – befragen Sie ggf. Kollegen oder Bekannte dazu.

b) Sammeln Sie Formatvorlagen für die verschiedenen Schreibanlässe, auf die Sie dann zu gegebener Zeit zurückgreifen können.

c) Überlegen Sie, ob der Einsatz von „Textbausteinen" für Sie bzw. für Ihre Firma infrage kommt.

d) Gestalten Sie gleiche Briefe an verschiedene Kunden als Serienbriefe.

M7 – Informationssuche im Internet

Allgemeine Informationen

Die richtigen Informationen im „World Wide Web“ zu finden, ist nicht immer leicht. Am einfachsten ist es, wenn die Seite mit der gesuchten Information bereits bekannt ist. Wenn das nicht der Fall ist, geht oftmals die eigentlich gesuchte Information in der Vielzahl ähnlicher, aber nicht passender und/oder veralteter Treffer unter. Viele Informationen bleiben leider zu lange im Internet stehen und täglich kommen Millionen von Seiten, Unterseiten, Berichten und Blog-Beiträgen hinzu.

Beispiel

Sie suchen nach Beendigung der Ausbildung eine Arbeitsstelle in einem anderen Betrieb.

Vorgehensweise

1. Vorbereitung

Sie informieren sich auf Seiten wie *www.suchmaschinen-datenbank.de* oder auch *www.google.com/search/about/* über Arten und Funktionsweisen von Suchmaschinen.

2. Anwendung

a) **Allgemeine Suchmaschinen nutzen:** Es gibt allgemeine Suchmaschinen (z. B. *Google, Bing* oder *Yahoo*), mit denen man alles suchen kann. Sie sind die meist verwendeten im Internet, finden aber nicht alles!

b) **Metasuchmaschinen einsetzen:** Sie durchsuchen mehrere andere Suchmaschinen gleichzeitig und stellen die Informationen nach eigenen Maßstäben zusammen, wie z. B. *www.metager.de*, eine der bekanntesten. Vorteilhaft ist, dass zwar eine Vielzahl von Quellen gleichzeitig durchsucht, aber der gleiche Fund nur einmal dargestellt wird. Wegen der gleichzeitigen Anfragen werden die Infos jedoch langsamer aufgebaut.

c) **Spezialsuchmaschinen nutzen:** Dieser Typ Suchmaschine hat sich (als allgemeine oder Metasuchmaschine) auf bestimmte Themen spezialisiert und führt deshalb oft zu besseren Treffern. Spezialisten gibt es z. B. für die Suche nach:

- Arbeitsstellen (z.B. *www.jobs.de, www.careerjet.de*)
- Zimmern bzw. Immobilien (z.B. *www.immobilo.de*)
- Regionen und Städten. Bei *www.meinestadt.de* können z. B. Informationen über Zimmer, Sehenswürdigkeiten oder Diskotheken gefunden und bei *www.yelp.de* auch noch bewertet werden.
- Personen (z.B. *www.yasni.de*)

d) **Suchmaschinen richtig bedienen über erweiterte Suchoptionen:** Meistens werden von den Benutzern einfach Begriffe in das Feld der Suchmaschine eingegeben und die Suche gestartet. Oft wird allerdings übersehen, dass man die Suchmaschinen – z. B. über die Optionen „erweiterte Suche“ und „Sucheinstellung“ – nach folgenden Kriterien einstellen kann:

- Aktualisierungsdatum der Information (z. B. Tag, Woche, Monat, Jahr) → hierdurch werden veraltete Informationen gefiltert.
- Ort des Begriffs im Titel, Text oder Link der gefundenen Seite → die Datenmenge ist reduzierbar.
- Dateityp: pdf, xls(x), doc(x) etc. → auch hier wird die Datenmenge deutlich begrenzt.

Über die „erweiterte Suche“ kann durch „Operatoren“ bestimmt werden, dass z. B.:

- mehrere Begriffe gleichzeitig gesucht werden – sobald einer vorkommt, wird der Treffer aufgelistet → Eingabe der Begriffe nacheinander (z. B. Löwe Astrologie).
- mehrere Worte in genau der Reihenfolge gesucht werden → Eingabe der Begriffe in Anführungszeichen (z. B. „Löwe im Zoo“).
- ein Begriff gesucht wird, aber auf keinen Fall ein anderer Begriff vorkommen soll → Eingabe des Begriffs, der ausgeschlossen werden soll, mit Minus-Zeichen (z. B. Löwe – Tier).
- mit Platzhalter nach Begriffen gesucht wird, die man nicht kennt oder vergessen hat → Eingabe des Platzhalters als * (z. B. der * ist der König der Tiere).

3. Auswertung

Gefundene Seiten sollten überprüft werden, ob sie von seriösen Quellen stammen. Hier hilft ein Blick in das Impressum der Seite. Es muss immer mit nur einem Klick auf der Startseite einer Homepage erreichbar sein. Außerdem sind gefundene Informationen auch durch leicht veränderte Suchanfragen auf Objektivität, Wahrheitsgehalt, Neutralität etc. zu prüfen.

M8 – Arbeiten mit Gesetzestexten

Allgemeine Informationen

Aus dem Zusammenleben der Menschen ergeben sich viele Konfliktfelder und Streitfälle. Aufgabe der Rechtsordnung und der Gesetze ist es, solche Konflikte zu vermeiden bzw. zu schlichten und ein friedliches, geordnetes und freies Zusammenleben der Bürger zu gewährleisten. Da die Rechtsverhältnisse der Bürger untereinander und zum Staat sehr unterschiedlich ausgestaltet sind, gibt es speziell darauf abgestimmte Gesetze. Für den Wirtschaftsbereich sind dies insbesondere: Bürgerliches Gesetzbuch (BGB), Handelsgesetzbuch (HGB), Gesellschaftsrecht (GmbHG, AktienG), Wettbewerbsrecht (GWB und UWG), Steuerrecht (EStG, AO, UStG), Sozialrecht (SGB).

Beispiel

Der 17-jährige Auszubildende Sven wohnt bei seinen Eltern. Von der Ausbildungsvergütung (750,00 €) muss er 250,00 € abgeben, den Rest hat er zur freien Verfügung. Ohne Wissen der Eltern kauft er sich ein Quad (50 ccm, max. 45 km/h) für 2.500,00 €. Sven zahlt 1.000,00 € an und will den Rest in monatlichen Raten abbezahlen. Die Eltern sind dagegen und verlangen von ihm, das Quad zurückzugeben. Muss der Verkäufer das Quad zurücknehmen?

Vorgehensweise

1. Vorbereitung

a) Da es hier um ein Rechtsverhältnis zwischen einer Privatperson und einem Kaufmann geht und es sich um einen Kaufvertrag handelt, kommt das BGB zur Beurteilung des Falls infrage.

b) Grundkenntnisse vom Aufbau des BGB sind hilfreich:
   1. Buch (Allgemeiner Teil) §§ 1-240 (u. a. Willenserklärungen, Nichtigkeit)
   2. Buch (Schuldrecht) §§ 241-853 (u. a. Kaufvertrag und Störungen bei der Erfüllung)

c) Außerdem sollten der formale Aufbau und die Zitierweise von Gesetzestexten bekannt sein: Paragraf → Absatz → Satz → Nummer → Gesetz (z. B. § 434 Abs. 1 Satz 2 Nr. 2 BGB).

2. Anwendung

Die Lösung zu obigem Beispiel erfolgt folgendermaßen:

Sachverhalt: Sven hat einen Kaufvertrag abgeschlossen, der durch zwei übereinstimmende **Willenserklärungen** zustande gekommen ist. Allerdings könnte die Willenserklärung von Sven nichtig (unwirksam) sein.

Tatbestand: Nach § 106 BGB ist Sven beschränkt geschäftsfähig. Eine vorherige oder nachträgliche Einwilligung der gesetzlichen Vertreter nach §§ 107, 108 BGB liegt nicht vor und er hat auch nicht einen „lediglich rechtlichen Vorteil", da er den Kaufpreis als Gegenwert zahlen muss. Dennoch könnte der Vertrag nach § 110 BGB gültig sein, weil er den Kaufpreis mit „eigenen Mitteln bewirkt" hat.
Jetzt kommt der wichtigste Teil: Es muss geprüft werden, ob der Sachverhalt tatsächlich unter diese Gesetzesnorm fällt; dies nennt man **Subsumtion** (= Einordnung, Unterordnung). „Bewirkt" heißt, dass der Kaufpreis vollständig bezahlt worden ist – das ist hier nicht der Fall, da die Restzahlung in Raten erfolgen soll.

Rechtsfolge: Die Ableitung der Rechtsfolge erfolgt aus § 110 BGB im Umkehrschluss: Der Vertrag eines Minderjährigen ist unwirksam, wenn er die Leistung nicht mit eigenen Mitteln bewirkt hat. Die Aussage könnte auch lauten: Wenn der Minderjährige die Leistung nicht (vollständig) bewirkt hat, dann ist der Vertrag unwirksam.

3. Auswertung

Die Lösung lässt sich verallgemeinern und kann wie im Schaubild rechts dargestellt werden.

Übrigens: Da kein Kaufvertrag zustande gekommen ist, sind die Leistungen der beiden Beteiligten ohne rechtlichen Grund erfolgt. Daher muss Sven das Quad und der Händler die Anzahlung zurückgeben. Grundsätzlich gilt: Über **zukünftige** eigene Mittel kann der Minderjährige nicht frei verfügen, also z. B. keinen Ratenvertrag und kein Abonnement mit regelmäßigen Zahlungen abschließen.

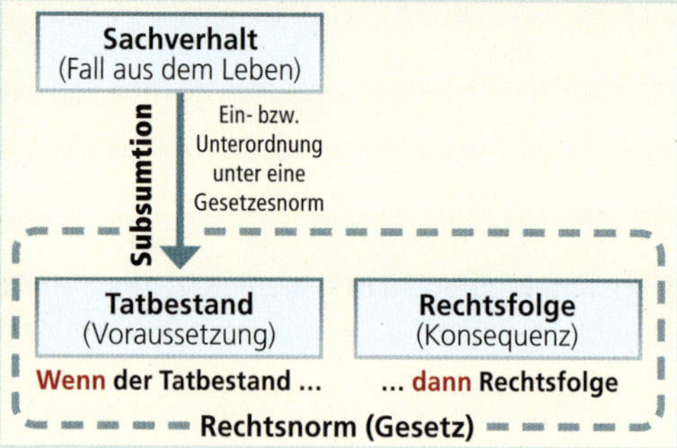

M9 – Eine Mindmap erstellen

Allgemeine Informationen

Das Mindmapping (sinngemäß übersetzt als „Gedanken-Skizze") ist eine Kreativitätstechnik. Sie hilft Ihnen, Ihre Gedanken geordnet zu Papier zu bringen, auch wenn Sie Ihnen spontan und ungeordnet in den Sinn kommen.

Die grafische Darstellung mithilfe eines Mindmaps ist besonders gut geeignet, die Gedanken abzubilden, da Gedankensprünge, Erweiterungen und Ergänzungen jederzeit erlaubt sind (im Gegensatz zu einer linearen, fortlaufenden Darstellung). Mindmaps unterstützen das Gedächtnis, die Konzentration, den Überblick, den Ideenreichtum – und machen viel Spaß. Die kleinsten Alltagsaufgaben und die kompliziertesten Projekte können damit festgehalten, strukturiert und veranschaulicht werden:

- Organisation und Planung von Projekten
- Entwicklung eines Konzepts
- Visualisierung in einer Präsentation
- Zusammenfassung und Strukturieren von Informationen (z. B. bei Prüfungsvorbereitungen sinnvoll!)
- Gedankenskizze bei einem Vortrag

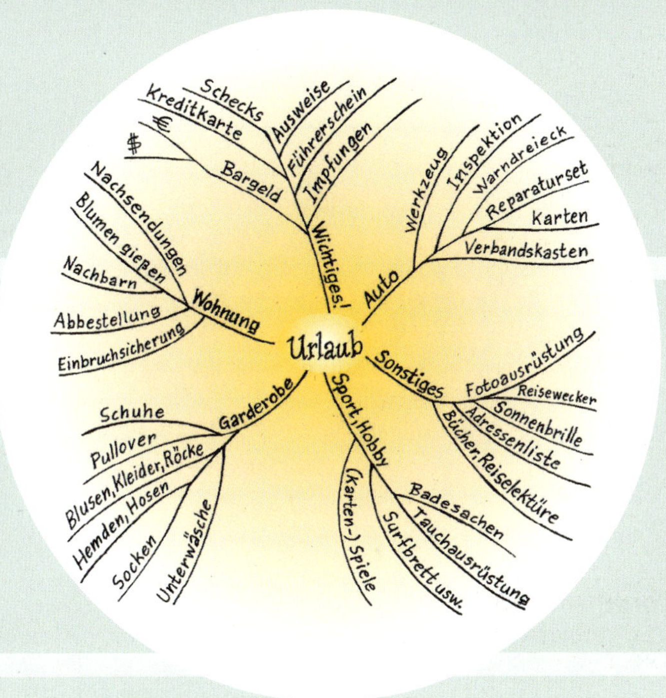

Beispiel

Sie wollen auf einem „Spickzettel" alles Wichtige für Ihren Urlaub festhalten, damit Sie nichts vergessen. Dabei soll Zusammengehörendes auch zusammenstehen und Ihr Zettel soll jederzeit an allen möglichen Stellen ergänzbar sein.

Vorgehensweise

1. Vorbereitung

Eigentlich brauchen Sie nichts anderes als einen klaren Kopf, ein Blatt Papier und einen Stift.

Alternativ ist es auch möglich, ein entsprechendes Computerprogramm zu benutzen.

2. Anwendung

Das oben abgebildete Beispiel verdeutlicht den Aufbau einer Mindmap:

a) Beginnen Sie auf der Mitte des Blatts mit dem eigentlichen Thema.

b) Jeder übergeordnete Gedanke wird auf einem (Haupt-) Zweig festgehalten.

c) Lassen Sie zuerst (insbesondere beim Brainstorming) alle Gedanken zu.

d) Aufsplitterungen der Gedanken und Detailinformationen sind in Verästelungen unterzubringen. Auf diese Weise entsteht nach und nach ein ganzer „Gedankenbaum", der jederzeit noch wachsen kann.

e) Darüber hinaus gibt es u. a. noch folgende Gestaltungsmöglichkeiten:
- Hervorhebungen durch Schriftgröße, Schriftart und farbige Darstellung.
- Ergänzung der verbalen Informationen durch Bilder, Fotos oder Piktogramme.
- Anordnung der Hauptgedanken im Uhrzeigersinn.
- Zusammenhänge können zusätzlich durch Pfeile verdeutlicht werden.

3. Auswertung

a) Handschriftlich erstellte Mindmaps sollten für eine Präsentation sauberer und übersichtlicher mit einem Computerprogramm nachgebaut werden.

b) Bewerten und begrenzen Sie die Auswahl der abgebildeten Informationen. Ist die gewählte Einteilung übersichtlich und sinnvoll?

c) Kommen neue Aspekte hinzu, können Sie Ihre Mindmap ohne große Probleme ergänzen.

M10 – Ein Projekt durchführen

Allgemeine Informationen

Die Projektmethode ist eine attraktive Unterrichtsform, die die Anforderungen an einen handlungsorientierten Unterricht in hervorragender Weise erfüllt: Sie fördert Selbstständigkeit, Kooperation und Kritikfähigkeit.

Im Rahmen der Projektmethode wird der Lernprozess so organisiert, dass die Teilnehmer zum Lösen komplexer Aufgabenstellungen befähigt werden. Durch „Learning by doing" soll die Trennung von theoretischen Lern- und realen Lebenssituationen überwunden werden: Sie planen was Sie tun wollen, Sie führen diesen Plan weitgehend selbst aus und Sie lernen dabei,

- sich realistische Ziele zu setzen,
- mit der Zeit umzugehen,
- Probleme arbeitsteilig anzupacken und
- ein Vorhaben zu Ende zu bringen.

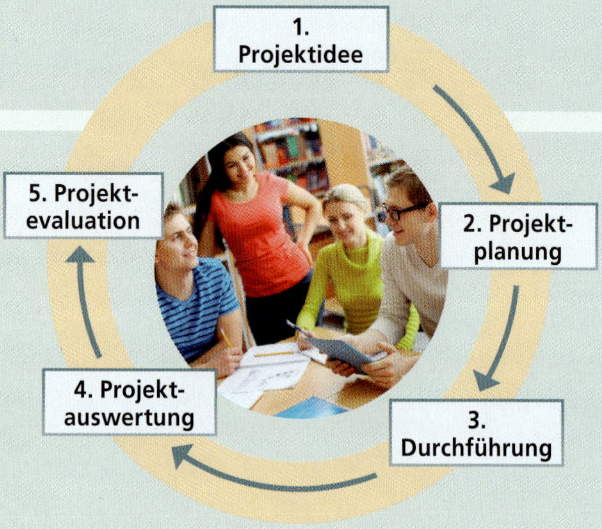

Beispiele

- Kooperation zwischen den Lernorten Berufsschule und Betrieb
- Zufriedenheit/Unzufriedenheit mit der Ausbildung
- Umweltschutz in der Kfz-Branche (oder anderen Branchen)
- Tag der offenen Tür (an der Schule, im Betrieb)
- Aufstiegschancen im gewählten Beruf
- Gründung einer Juniorfirma
- Vorstellung des eigenen Ausbildungsbetriebs
- Unternehmen in unserer Stadt
- Schüler als „echte" Aktionäre

Vorgehensweise

1. Vorbereitung

a) Entwickeln Sie eine Idee zu einem Thema, das Sie näher untersuchen wollen. Dies kann insbesondere durch den Berufseinstieg und damit zusammenhängende Fragen veranlasst sein, oder durch ein aktuelles Ereignis an der Schule, in der Stadt oder in der politischen Diskussion. Die Projektidee sollte möglichst von allen Beteiligten getragen werden.

b) Entwerfen Sie eine Projektskizze und legen Sie dabei den Untersuchungsrahmen, die Themenbereiche und das methodische Vorgehen fest.

c) Anschließend verteilen Sie die Aufgaben auf die Beteiligten. Dabei wird das Wünschenswerte und Realisierbare von unmöglichen Zielvorstellungen getrennt und das Zeitbudget auf die einzelnen Phasen aufgeteilt.

d) Der Zeitrahmen ist in der Regel von außen vorgegeben und muss unbedingt eingehalten werden.

2. Anwendung

a) Setzen Sie sich jetzt einzeln oder in Gruppen intensiv mit Ihrem Teilgebiet auseinander. Dabei ist es wichtig, dass eine laufende Rückmeldung im Plenum stattfindet (sogenannte Fixpunkte), damit die in der Planung formulierte Gesamtaufgabe nicht aus dem Blickfeld gerät und damit die Gruppen/Teilbereiche sich aufeinander abstimmen.

b) Es kann dabei auch das Verhalten, die Zusammenarbeit und der Einsatz der Teilnehmer besprochen werden (Metainteraktion).

3. Auswertung

a) Je nach Art des Projekts ist das Ergebnis eine Leistung oder ein Produkt, das präsentiert werden kann.

b) Hinsichtlich einer Benotung des Projekts gibt es sowohl Argumente dafür als auch dagegen. Eine Benotung akzeptieren Sie eher, wenn Sie dafür selbst einen Kriterienkatalog aufgestellt haben. Auf alle Fälle sollte nicht nur abfragbares Wissen, sondern auch der Leistungsprozess berücksichtigt werden.

c) Nach der Präsentation erhalten Sie die Möglichkeit, den Lernprozess kritisch zu reflektieren und Ihr Ergebnis zu bewerten (Eigenbewertung). Hier ist auch eine Bewertung durch die Gruppe oder die Lehrkraft (Fremdbewertung) möglich.

A

B

C

D

E

F

G

H

akg-images GmbH, Berlin: S. 216/2

alias GmbH, Berlin: S. 36; 49; 95; 100; 102 (Konrad Zwingmann); 149/4; 156/5; 161; 162; 163/1; 165/1; 170/2; 174; 175/1,2; 176/2; 177; 180/2; 186/1; 191; 193; 197; 198; 200; 209; 214; 237; 240/1; 258/1; 275; 288; 289; 290; 291; 292; 307/2; 309; 322

American Express International, Inc., Niederlassung Deutschland, Frankfurt/Main: S. 175/3

Atelier Peter Gaymann, Köln: S. 320/1

Bauwirtschaft Baden-Württemberg e.V., Stuttgart: S. 222

Bayerisches Landesamt für Steuern, München: S. 109/2

Bergmoser + Höller Verlag AG, Aachen: S. 31/2; 52; 55; 56/2; 62/1; 71; 74/3; 78; 107; 136/1,2; 232/3; 261/1

bpk - Bildagentur für Kunst, Kultur und Geschichte, Berlin: S. 26/3

Bundesagentur für Arbeit, Nürnberg: S. 73

Bundesanstalt für Landwirtschaft und Ernährung, Bonn: S. 158/2,3

Bundeskartellamt, Bonn: S. 227/2

Bundesministerium der Finanzen, Berlin: S. 109/1; 110; 111

Bundesministerium für Arbeit und Soziales (BMAS), Berlin: S. 28; 43; 56/1

Bundesministerium für Bildung und Forschung, Bonn: S. 10; 21

Bundesministerium für Familie, Senioren, Frauen und Jugend (BMFSFJ), Berlin: S. 30/2; 31/1

Bundesministerium für Gesundheit (BMG), Bonn: S. 70

Bundesministerium für Wirtschaft und Klimaschutz: S. 279; 284

Bundesregierung, Berlin: S. 153/4

Bundesverband der Deutschen Volksbanken und Raiffeisenbanken e.V. (BVR), Berlin: S. 176/1; 178/3; 179/5

Bundeszentrum für Ernährung (BZfE) ind der Bundesanstalt für Landwirtschaft und Ernährung, Bonn: S. 152/3

Cartoon-Caricature-Contor, München: S. 91/2; 227; 264

CHIP Communications GmbH, München: S. 152/8

Der Bundesbeauftragte für den Datenschutz und die Informationsfreiheit (BfDI), Berlin: S. 152/4

Deutsche Gesetzliche Unfallversicherung (DGUV), Berlin: S. 27/2

Deutsche Postbank AG, Bonn: S. 185/3

Deutsche Rentenversicherung, Berlin: S. 69

Deutscher Mieterbund e.V., Berlin.: S. 151/4; 153/2

Deutscher Sparkassen Verlag GmbH, Stuttgart: S. 178/1,2; 179/1-3

Die VERBRAUCHER INITIATIVE e.V., Berlin: S. 152/2; 158/1

DIHK | Deutscher Industrie- und Handelskammertag e. V: S. 283 (Balkendiagramm)

DIN Deutsches Institut für Normung e. V., Berlin: S. 27/1,4

dpa-Picture-Alliance GmbH, Frankfurt/Main: S. 12; 18/2; 47; 51 (Bernard Darko); 60/2; 62/2; 68; 84; 87 (chromorange); 96; 103; 133/1; 147 (Hendrik Schmidt); 167/1; 185/1; 207 (Gero Breloer); 215/2 (BeckerBredel); 216/1 (Quagga Illustrations); 231 (Jens Kalaene); 243/3; 246; 254/6; 268/2; 283; 286

EHI Retail Institute e.V., Köln: S. 221

Erstes Deutsches Fernsehen, München: S. 153/5

Europäische Kommission, Brüssel, Belgien: S. 157/2; 266/2

Europäische Zentralbank, Frankfurt/Main: S. 241

European Payments Council AISBL, Brüssel, Belgien: S. 172/2

Ewers-Basbay, Ute, Hamburg: S. 118/2 (Fotomontage); 173 (Montage)

FC St. Pauli v. 1910 e.V., Hamburg: S. 186/2

foodwatch e. v., Berlin: S. 152/1

Fotolia Deutschland, Berlin, © www.fotolia.de: S. 7 (Ehrenberg Bilder); 9/1,2 (Findus 2000); 18/1 (Kadmy); 26/1 (FM2),2 (Marco2811),4 (lpotthoff); 30/1 (chesterF); 34 (magdal3na); 39/1 (hati),2 (WoGi); 40/(momius); 42 (DOC RABE Media); 44 (FM2); 46 (Alexander Steinhof); 48 (eschwarzer); 60/1 (jonasginter); 66 (juan_aunion); 72 (Alexander Raths); 74/2 (m.schuckart); 76 (CandyBox Images); 80 (ehrenberg-bilder); 83/1 (RioPatuca Images),2 (T. Michel); 89 (bluedesign); 91/1 (Stauke); 92/2 (Gina Sanders); 93/1 (Volker Witt),2 (shefkate),3 (Kurhan),4 (Karin & Uwe Annas); 98/1 (katz215); 116/1 (BeTa-Artworks); 120/1 (Lisa F. Young),2 (nmann77),3 (bildergala); 121/1 (lenets_tan); 124/2 (Gina Sanders); 128/1 (eccolo); 139 (V. Reichenberg); 143; 156/1 (dinostock),4 (Giuseppe Porzani); 164/2 (guukaa); 165/2 (mopsgrafik); 166 (momius); 170/1 (Sven Vietense); 171 (lightwavemedia); 173 (jamesbin); 183 (Marina Lohrbach); 185/2 (Denis Junker); 189 (FM 2); 190/2 (arsdigital); 195/1 (lom123); 196 (guukaa); 201 (lom123); 202 (Gina Sanders); 206/2 (Ekler); 208 (Robert Kneschke); 210 (christophe BOISSON) ; 215/1 (Marem); 229 (fotohansel); 232/1 (taffi); 236/2,4,6 (Ljupco Smokovski); 243/1 (taffi); 245 (koya979); 248/2-7 (emaria); 251 (Saklakova); 252/1 (hainichfoto),2 (Christian Jung),4 (vertmedia. Martin R.); 255 (Subbotina Anna); 256/1 (ikonoklast_hh); 266/1 (cunico); 268/1 (kamasigns); 271/1 (Tom-Hanisch.de),2 (Kammerer),3 (Gina Sanders); 273/1 (dieter76),2 (gen_A),3 (Ingo Bartussek); 285/1(Edler von Rabenstein), 2 (dp@pic); 276 (Kzenon); 299 (cirquedesprit); 308/1 (Riorita); 317 (Alexander Raths); 319 (K.- P. Adler); 321 (benjamin-nolte); 323 (nyul)

Gay, Claude-Bernard, Hamburg: S. 234/2

giropay GmbH, Frankfurt/Main.: S. 181/5

Handwerkskammer Freiburg: S. 13

HWPH Historisches Wertpapierhaus AG, Zorneding: S. 187/1

illustrationsbüro Müller-Wegner, Hamburg: S. 15; 20; 22; 37/1-4; 54; 58; 63; 75; 98/2-4; 105; 116/3;4; 117; 118/1; 121/2-5; 122; 128/2-4; 130; 131; 137; 149/5; 159/5; 164/1; 167/2; 184; 199; 212; 233/2-6; 253; 254/1-5; 258/2; 259; 260; 261/2; 269; 281; 282; 301/1,2; 307/3; 308/2-7 (emaria); 316

Ing.-Büro Horstkotte, Baden-Baden: S. 159/1

Innovest AG, Hamburg: S. 190/1

iStock.com, Dublin, Irland: S. 8/1,2 (sturti); 88/3 (alf75); 133/2 (vgajic); 155/1 (Vitaly Raduntsev); 156/3 (Devan Muir); 163/2 (RobBarbery), 3 (CollinsChin); 168 (Michael Phillips); 236/1,3,5 (Maria Toutoudaki); 239/1 (Dirk Rietschel); 248/1 (Johnrob),8-13 (Ari Nousiaine); 307/1 (Riorita)

JAHR TOP SPECIAL VERLAG GmbH & Co. KG, Hamburg: S. 152/10

Jobcenter Gießen: S. 74/1

KEYSTONE Pressedienst GmbH&Co. KG, Hamburg: S. 172/1 (Volkmar Schulz)

Mastercard, Frankfurt/Main: S. 178/4; 179/4

mauritius images GmbH, Mittenwald: S. 25 (Brigitte Protze); 35 (Wolfgang Filser); 67 (United Archives)

Mecklenburg, Gregor, Pinneberg: S. 24; 50; 65; 86; 146

Michael E. Brieden Verlag GmbH, Duisburg: S. 152/9

Munz, Eckhard, Stuttgart: S. 219

Nationales Europass Center (NEC), Bonn: S. 19

Neese, Anika, Berlin: S. 155/3

ÖKO-TEST Verlag GmbH, Frankfurt/Main.: S. 151/3; 152/7

Open Knowledge Foundation Deutschland e.V., Berlin: S. 271/4

Parfümerie Douglas GmbH, Hagen: S. 180/1

PayPal (Europe) S.à r.l. et Cie, S.C.A., Luxemburg: S. 181/3

Shutterstock Images LLC, New York, USA: S. 88/1 (Phovoir),2 (AVAVA); 92/1 (Lisa S.),3 (Vasily Smirnov); 104/1 (Leremy),2 (Potapov Alexander),3 (Genestro); 115 (VadimGuzhva); 118/2 (Maxim Blinkov); 124/1 (Hugo Felix); 160 (Lia Li); 178/2a (simpleicon); 195/2 (Goodluz); 206/1 (ssuaphotos); 224/(Telnov Oleksii); 232/2 (M. Unal Ozmen); 235/1 (Valentyna7); 243/2 (KARTHIKEYAN_R), 2a (ilapinto); 252/3 (studiogi); 265/1(Nevada31), 2 (alexyndr), 3 (Nevada31); 277 (Kekyalyaynen); 287/1 (Foto-Ruhrgebiet), 2 (Duncan Andison),3 (Rawpixel.com), 4 (Wrangler); 312 (Dmitry Kalinovsky); 314/1 (ESB Professional),2 (Bojan Milinkov); 326 (Pressmaster)

Statistisches Bundesamt, Wiesbaden: S. 233/1; 234/1; 250; 273/4

Stiftung Warentest, Berlin: S. 81; 148/1,2; 151/2; 152/5,6; 153/1; 157/1 (Montage: Alias GmbH, Berlin)

Stuttmann, Klaus, Berlin: S. 320/2

Thinkstock, München: S. 82

TISKO Consulting GmbH, Halle: S. 181/2

TOTAL Deutschland GmbH, Berlin: S. 313

TransFair e.V. (Fairtrade Deutschland), Köln: S. 159/4

Trusted Shops GmbH, Köln: S. 159/3; 181/1

Umweltbundesamt, Dessau: S. 152/4a; 158/4,5

UN Economic Commission for Europe Information Service, Genf, Schweiz (www.unece.org): S. 27/3

VDE Prüf- und Zertifizierungsinstitut GmbH, Frankfurt/Main: S. 27/5; 159/2

Verbraucherzentrale Bundesverband e.V., Berlin: S. 150

Verbraucherzentrale Hessen e.V, Frankfurt/Main: S. 153/6

Verbraucherzentrale Nordrhein-Westfalen e.V., Düsseldorf: S. 149/2; 153/3

Verbraucherzentrale Sachsen e.V., Leipzig: S. 149/1

Vereinigte Lohnsteuerhilfe e.V., Neustadt an der Weinstraße (www.vlh.de): S. 109/3

Verlag Handwerk und Technik GmbH, Hamburg: S. 149/3; 156/2; 265/4,5; 301/3

www.c5.net: S. 226

www.wikipedia.org: S. 116/2 (Bundeszentrale für politische Bildung); 187/2 (Jashuah)

Zentralverband Gartenbau e.V. (ZVG) Bundesverband Zierpflanzen (BVZ), Bonn: S. 155/2

Zentrum für Europäischen Verbraucherschutz e.V., Kehl: S. 151/1

Zweites Deutsches Fernsehen, Mainz: S. 153/4

ISBN 978-3-582-76444-7 Best.-Nr.: 4971

Verlag Dr. Felix Büchner – Handwerk und Technik GmbH,
Lademannbogen 135, 22339 Hamburg; Postfach 63 05 00, 22331 Hamburg – 2023
E-Mail: info@handwerk-technik.de – Internet: www.handwerk-technik.de

Satz: PER MEDIEN & MARKETING GmbH, 38102 Braunschweig
Umschlag: Motiv (Colourbox, Odense N, Dänemark), Idee (Harro Wolter, 20253 Hamburg), Umsetzung (Handwerk und Technik GmbH)
Druck: appl druck GmbH, 86650 Wemding